사회과 교육학 핸드북:
Key Point

내일을여는지식 교육 9

사회과 교육학 핸드북:
Key Point

박은종 지음

한국학술정보㈜

  뉴밀레니엄(New millennium)이라고 일컬어지는 새천년이 밝은 지도 10년이나 지났다. 이제 "세월이 흐르는 물 같다."라는 말은 옛말이 되었고, 현대 사회의 시대 흐름처럼 "세월은 시위를 떠난 화살처럼 빠르다."라는 말이 실감 나는 즈음이다. 정녕 우리는 사회와 시대가 시시각각으로 변화와 발전을 거듭하고 있는 현대 사회, 지구촌 시대의 구성원으로서 함께 삶을 영위하고 있다.

  사회과 내지 사회과 교육은 이러한 사회를 기저로 하여 사회 사상(社會 事象)을 다루는 교과 교육이다. 따라서 사회과 교육은 인간과 공간, 인간과 시간, 인간과 사회에 관련된 여러 현상과 변화를 규명하며, 합리적인 사회 인식을 바탕으로 바람직한 민주시민의 자질을 함양하고자 하는 교과 내지 교과 교육인 것이다.

  본서는 이와 같은 사회과 교육의 특성을 기저로 하여 사회과와 사회과 교육의 내용과 체제에 대한 핵심적 요점을 제시한 것이다. 즉, 사회과의 기본 체제인 목표, 내용, 지도 방법, 평가, 환류(feedback) 등의 핵심적 이론과 실제를 요약하였으며, 이러한 체제와 관련된 몇 가지 주제를 포함하여 전체적인 목차와 내용을 구성하였다. 다만, 이와 같은 사회과의 체제와 각 주제들이 '칼로 무를 써는 것'처럼 경계가 명확한 것이 아니기 때문에 상호 중복되며, 종합과 요약을 하다 보니까 많은 부분에 중첩이 나타나게 되었다.

  본서는 사회과 교육학의 엑기스, 이슈와 쟁점에 대한 요약집이다. 많은 망설임 끝에 '사회과 교육학 핸드북: Key Point'라고 도서명을 명명한 이유가 그것이다. 한편에서는 사회과 교육학에 대한 모든 내용이 담겨진 측면이 있는가 하면, 어느 한 측면도 상세히 취급하지 못한 측면도 있는 것이 사실이다. 환언하면 도서의 성격상 사회과 교육학의 모든 면을 빠뜨리지 않고 망라한 반면, 어느 한 측면을 특별히 중시하여 강조하지 않은 것이다. 도서명 그대로 일단 핵심적 내용과 요점인 뼈대(骨格)를 제시하고, 거기에 알맞은 살(肉)인 찰흙을 붙여서 하나의 소조 작품인 사회과 교육학의 내용을 탐구할 수 있으리라는 기대가 내포되어 있다. 그 탐구 과정에서 학습자와 연구자들의 사회과 교육학에 대한 깊은 통찰과 연구를 기대하고 있는 것이다.

본서는 사회과 교사 예비 교사로 교사임용시험을 준비 중인 교육대학교 학생, 사범대학 사회과교육과 학생, 현직 사회과 교사, 사회과 교육 전문가, 사회과 교육학자, 사회과 교육 전문직 등이 두루 사용할 수 있도록 꾸며져 있다. 특히 사회과 교육학에 대한 이론을 중심으로 실제를 구현할 수 있도록 구성되어 있다. 이론과 실제를 중심으로 사회과 교육학의 현장 실행을 모색하고 있다. 부록으로 사회과 교육과정, 사회과 수업안, 교사임용시험 기출 문제 등 현장에서 활용할 수 있는 자료들을 제시한 것도 이와 같은 취지에서이다.

아무쪼록 본서가 사회과와 사회과 교육학을 연구하고 담당하는 많은 관련자들에게 좋은 사회과, 사회과 교육학의 길라잡이가 되기를 기대한다. 특히 국민 공통기본교육과정을 실행하는 초·중·고교 사회과 교실 현장에서 두루 활용되기를 소망한다. 부족하고 미흡하지만, 사회과 교육을 연구하고 탐구하며 학습하는 많은 분들에게 '사회과가 무엇'이며, '할 수 있다'는 의욕과 용기를 북돋워 주는 빛과 소금 역할을 충실히 하기를 갈구하는 바이다.

본서를 세상에 내놓으면서 많은 분들의 고마움을 되새기고자 한다. 돌이켜 보면 아스라한 날들인 강산이 두 번 반이나 바뀔 동안의 교직 생활과 학문 탐구의 고된 생활을 뒷받침해 주시면서, 늘 성원과 선처를 아끼지 않으신 가족들과 친지들에게 정말로 고마운 인사를 드린다. 때로는 형언할 수 없는 외로움과 괴로움으로 마음고생을 했지만, 늘 옆에서 말없이 기도와 성원으로 감싸 주셨기 때문에 현재까지 묵묵히 올 수 있었다. 학문 연구는 한없이 외롭고 어려운 긴 여정이면서도 한편으로는 보람 있고 행복한 동행이다.

또한, 필자를 늘 사랑으로 이끌어 주시면서 학문적, 인격적 성장을 뒷받침해 주시는 공주대학교 사범대학 일반사회교육과의 김병무 전 학장님과 정종호 교수님, 김덕수 교수님, 임경수 교수님, 그리고 현승숙 조교님께 고마운 말씀을 드린다. 아울러, 필자를 처음 사회과로 이끌어 주시고 보듬어 주신 이종문(전 진주교대), 강상철(전 충남대), 권오정(일본 류우코쿠대), 김범주(한국교원대) 교수님들에게 감사를 드린다. 그리고 오랜 동반자로 긴 교단생활의 애환을 같이하며 호형호제하는 박명배(서울 자양초), 김완선(아산 금곡초), 이종숙(공주 신관초), 신현영(경기 포천초), 오정학(보령 대천여고) 선생님 등에게도 심심한 사의를 드리는 바이다. 그들과 함께 하는 교학상장(敎學相長)의 아름다운 날들이 늘 필자를 올곧고 반듯하게 나아가게 하는 향도이자 나침반이라는 점도 부연하고자 한다.

끝으로 최근 전반적인 경기 불황으로 인한 출판계의 어려움에도 불구하고, 쾌히 본서를 출판하여 세상에 빛을 보도록 배려해 주신 한국학술정보(주)의 채종준 사장님, 임은정 선생님, 이지연 선생님에게도 거듭 감사를 드린다.

이러한 많은 분들의 배려와 선처, 그리고 독자 여러분들의 성원에 보답하기 위하여 앞으로 가일층 분발한 노력으로 학문 탐구에 매진하리라 다짐한다. 늘 옷깃을 여미고 교육 수행과 학문 연구에 최선을 다하는 아름다운 자세를 변함없이 견지해 나아가겠다는 약속을 드리는 바이다. 많은 분들의 배려에 보답하기 위해서 늘 쉬지 않고 정진하리라 다짐하는 바이다. 세상은 역시 '꽃보다 사람'이 아름답고, '꽃보다 교육'이 더 아름답다.

기축년(己丑年) 새봄에
웅진골 연구실에서
박은종 드림

목 차

머리말 ··· 5

Chapter 1

사회과 교육의 개관 ·· 13

제1절 사회과 교육의 본질 ·· 13
제2절 사회과 교육의 모형 ·· 15
제3절 사회과 교육과 사회과학 ··· 18
종합 정리 ·· 21

Chapter 2

사회과의 성격과 접근 ·· 23

제1절 사회과의 성격 ·· 23
제2절 사회과의 기능 ·· 28
제3절 사회과의 역사적 접근과 발달 ·· 29
종합 정리 ·· 48

Chapter 3

사회과의 전통과 민주시민성 ··· 50

제1절 사회과와 민주시민성 ·· 50
제2절 민주시민성의 모형 ·· 53
제3절 다중시민성과 세계시민교육 ··· 57
제4절 사회과 교육과정 및 사회과 교과서와 민주시민성 ························ 60
제5절 사회과 교육론: 사회과 전통과 민주시민성 교육 분석 ·················· 63
종합 정리 ·· 72

Chapter 4

사회과 교육의 목표 74

제1절 사회과 교육 목표의 개념 74
제2절 사회과 목표의 사적(史的) 고찰 77
제3절 사회과 교육의 유형 80
제4절 사회과 교육의 목표 분석 83
제5절 사회과 교육과정의 사회과 목표 85
종합 정리 88

Chapter 5

사회과의 내용 선정과 조직 90

제1절 사회과의 내용 구성 90
제2절 사회과의 내용 선정과 조직 98
제3절 사회과의 통합교육과정 104
제4절 한국의 사회과 내용 선정과 조직 116
종합 정리 119

Chapter 6

사회과 교육과정의 사조와 내용 변천 121

제1절 교과중심 교육과정 121
제2절 경험중심 교육과정 125
제3절 학문중심 교육과정 129
제4절 인간중심 교육과정 133
제5절 사회과 교육과정의 내용 변천 136
종합 정리 144

Chapter 7

한국 사회과 교육과정의 변천 ·· 146

제1절 사회과 도입 이전의 사회 인식 교육 ······················ 146
제2절 사회과 교육과정의 변천과 발달 ···························· 147
제3절 2007년 개정 사회과 교육과정 ······························ 176
종합 정리 ··· 182

Chapter 8

사회과의 교수·학습 설계 ·· 184

제1절 일반적인 교수·학습 설계 ···································· 184
제2절 교수·학습 과정의 주요 개념 ································ 188
제3절 사회과의 교수·학습 지도 방법 ······························ 189
제4절 사회과 단원계획 및 수업 계획 ······························ 192
종합 정리 ··· 196

Chapter 9

사회과의 수업 모형과 학습 방법 ·································· 198

제1절 수업 모형의 개관 ·· 198
제2절 수업 모형과 수업 계획 ······································ 201
제3절 사회과 수업 모형의 측면 ···································· 204
제4질 사회과 교수·학습 지도 ······································ 207
제5절 사회과의 수업방법 및 수업기법 ···························· 210
제6절 사회과 교육과정상의 지도방향과 유의점 ·················· 213
제7절 사회과 수업 모형 탐구 ······································ 218
종합 정리 ··· 223

Chapter 10

사회과 교육의 평가 225

제1절 교육 평가의 개념 및 목적 225
제2절 교육 평가의 원리 226
제3절 교육 평가의 기준 227
제4절 사회과 교육 평가의 방법 230
제5절 사회과 교육 평가 결과 처리 및 활용 240
제6절 사회과 교육 평가의 방향 243
종합 정리 250

Chapter 11

사회과의 수업 지도 전략 252

제1절 사회과 교수·학습 설계 252
제2절 사회과 수업 과정 255
제3절 사회과 수업 관찰과 분석 261
종합 정리 263

Chapter 12

사회과 교수·학습 연구 265

제1절 사회과 수업의 전략 265
제2절 사회과 교수·학습 지도의 실제 267
제3절 사회과 수업 설계의 관점과 기준 275
제4절 사회과 교수·학습 지도(과정)안 작성 요령 276
제5절 사회과 교수·학습 지도(과정)안 (예) 280
종합 정리 297

Chapter 13

사회과 교육학 핵심 요약(Summary) ·················· 299

참고문헌 ················· 358

부록

　·: 부록 1: 2007년 개정 사회과 교육과정 ·························· 380
　·: 부록 2: 외국의 사회과 교육과정 ····························· 506
　·: 부록 3: 초등 교사임용시험 기출 문제 풀이 및 해설(교육과정: 사회과) ······ 511
　·: 부록 4: 중등 교사임용시험 기출 문제 풀이 및 해설(사회과: 일반사회) ······ 531
　·: 부록 5: 중등 교사임용시험 기출 문제 풀이 및 해설(사회과: 공통사회) ······ 564
　·: 부록 6: 중등교사 임용시험 가산점 분석 ······················ 602
　·: 부록 7: 사회과 교수·학습 지도(과정) 안(예) ··················· 605

찾아보기 ················· 684

Chapter 1

사회과 교육의 개관

제1절 사회과 교육의 본질

1. 사회과 교육의 본질과 지향

21세기 세계화·정보화 시대인 오늘날의 현대 사회는 다양한 역동성이 구현되는 격렬한 부정형의 장소이다. 진정한 삶의 박동이 뛰는 격동의 사회적 장(場)이기도 하다. 또한 각자의 개성과 능력이 중요시되고 있다. 이러한 사회현실 속에서 교과 교육으로서 사회과의 역할은 매우 중요하다고 생각된다.

기타 교과목과는 달리 사회과는 단순한 지식의 주입이 아니라 학생 개개인이 미래 사회생활을 해 나가는 준비 과정으로 다양한 가치 속에서 자신만의 가치관을 정립하고 의사결정 능력을 향상시킴으로써, 궁극적으로 민주시민으로서의 원만한 사회생활을 해 나갈 수 있도록 도와주는 교과목이다. 따라서 사회과 교사의 가치관 또는 지식을 단순히 주입하거나 학문적 지식만을 교수하는 것이 아니라 학생들 스스로 다양한 사고 과정을 통하여 옳고 그름을 판단하고 합리적 의사결정을 할 수 있도록 해야 할 것이다.

결론적으로, 개인적으로 사회과의 교육 방법, 즉 사회과 교육 모형은 학생들이 주위의 사회현상들을 주체적이고 합리적으로 해석하고 판단할 수 있다는 가정(假定) 아래 사회를 발전 유지할 수 있도록 여러 사회현상을 비판적으로 생각하고 반성적으로 탐구할 수 있도록 교육해야 한다. 그러므로 시민성 전수 모형, 사회과학 모형을 강조하면서도 방법적으로는 반성적 사고 모형으로서 사회과 교육을 지향하여야 한다.

2. 사회과의 본질로서의 민주시민성

사회과는 사회현상을 올바르게 인식하고 사회생활에 필요한 기능을 익혀 삶을 살아가는 데 필요한 올바른 가치와 합리적 의사결정을 할 수 있도록 민주시민으로서의 자질을 육성하는 교과이다.

시민성이란 개념은 고대 그리스부터 다양하게 존재하였고 시민성에 대한 입장은 매우 다양하다. 시민성의 개념을 사회적 관계에서 요구되는 행위의 표준으로 정의한다면, 좋은(옳은, 훌륭한) 행위와 나쁜(잘못된, 좋지 못한) 행위를 구별해 주는 등 해야 할 행위와 하지 말아야 할 행위를 제시하는 '내용으로 보는 관점'과, 문제 상황을 해결하는 데 요구되는 절차나 원리 등을 찾고 적용할 수 있는 지적 능력을 강조하는 '형식으로 보는 관점'으로 분류되기도 한다.

이러한 의미에서 현대 사회에서 바람직한 민주시민성이란 '자신이 살고 있는 사회에서 자신의 역할에 대해 정확히 파악하고 순리에 맞게 행동할 줄 아는 시민이 되는 것, 그리고 사회적 동물로서 타인과 함께 살아가기 위한 규범과 규칙을 익혀 사회 구성원으로서 주체적이고 자율적인 삶을 살아가며 문제 상황에 직면했을 때 합리적으로 의사결정을 할 수 있는 능력'을 의미한다고 본다.

3. 민주시민성과 사회과(교육)

오늘날 사회과 교육은 민주적 시민성을 육성하려는 교과 교육으로 이해되고 있고, 민주적 시민성은 사회현상에 대한 과학적 이해, 사회문제의 합리적 해결 능력(의사결정 능력), 민주적 가치와 태도, 사회 참여와 실천 등으로 규정되고 있다. 따라서 사회과 교육의 목표도 일반적으로 지식, 기능, 가치와 태도, 실천 등 4가지 영역으로 진술되고 있다

이러한 의미에서 민주시민성을 기르기 위하여 사회과 교육과정은 학생의 발달 수준과 사회적·문화적 경험, 배경적 지식을 고려하여 학교 급별로 다르게 구성되어야 한다. 나아가 다양한 사회과학과 인문학의 지식과 탐구 방법을 습득하여 사회현상을 종합적으로 이해하고, 다양한 정보를 활용하여 사회문제를 창의적이며 합리적으로 해결하고, 사회생활에 자발적으로 참여하는 능력을 기르는 것을 목표로 하여 궁극적으로 국가와 인류의 발전에 기여할 수 있는 민주적 시민의 자질, 즉 시민성을 길러 내야 할 것이다.

제2절 사회과 교육의 모형

1. 사회과(교육)의 모형: 시민성 전달(전수) 모형, 사회과학 모형, 반성적 탐구 모형

1) 시민성 전달(전수) 모형

〈표 1〉 사회과 시민성 전달 모형의 특징

구 분	주요 특징(특성)
등장 배경	〈미국 사회의 시민적 통합 지향〉 　미국 사회는 이주민들이 급증하면서 토착민들과 이주민들 사이의 갈등이 심화되었고, 여러 민족이나 인종 간의 불화가 증대되었다. 또한 가치 상대주의가 널리 퍼지면서 사회질서가 혼란에 빠질 것이라는 불안이 생기기 시작했다. 　미국 사회는 사회질서를 유지하고 경제를 발전시키기 위해 많은 민족과 인종들을 한 국가의 구성원으로 결합시키고 가치와 신념을 전달하여 구성원들을 문화적으로 통합시켜야 할 필요가 생겼다.
교육 목표	〈훌륭한 시민성(애국적 시민)의 양성〉 　시민성 전달 모형은 사회과의 목표를 '훌륭한 시민성'의 육성이라고 믿지만 이 모형에서 제시하는 시민성 개념은 현대적 의미의 시민성과는 매우 다르다. 이 모형에서 기르고자 했던 시민의 모습은 그 사회에서 승인된 가치 규범을 내면화하고, 사회규범에 복종하고 법과 규칙을 준수하는 것이다.
교육 내용	〈전통적 문화유산(역사, 정치제도 등)〉 　훌륭한 시민성을 기르기 위한 교육 내용은 크게 전통적인 문화유산에 관한 지식, 그 문화유산에 대한 이해, 지속적으로 중요하다고 생각되는 가치와 규범을 가르쳐야 하며 가장 중요한 것은 문화유산에 대한 지식과 이해로부터 특정한 정서, 태도, 가치관을 전수해야 할 것이다.

구 분	주요 특징(특성)
교육 방법	〈주입(기술 + 설득), 행동 수정 기술〉 애국적 시민을 육성하는 데 중요한 요소는 문화유산과 관련된 내용보다는 그 내용을 해석하고 주입하는 것이다. 즉 문화유산의 '전달(전수), 주입 또는 교화(敎化)'이다. 문화유산의 전달 방법은 크게 직접적 전달과 간접적 전달로 나눌 수 있는데 직접적 전달로는 교과서를 이용한 사실적 묘사가 있고, 간접적 전달로는 칭찬과 벌 등이 있다.
비판 및 평가	〈지나친 정태적 사회 관조〉 이 모형은 다원적 사회현실을 무시하고 사회과학의 다양한 연구 결과를 배제했을 뿐 아니라 학생들의 흥미와 욕구를 고려치 않아 기존 체제와 규범에 맹목적으로 길들이고 거짓을 사실처럼 가르치는 잘못된 교육이 될 가능성이 크다.

2) 사회과학 모형

〈표 2〉 사회과 사회과학 모형의 특징

구 분	주요 특징(특성)
등장 배경	〈경험중심, 아동중심주의 교육 사종에 대한 대안〉 20세기 초반 이후 사회과학의 독립된 학문으로의 발전과 1957년 소련의 인공위성 발사에 따른 충격(Sputnik사건), 브루너의 '교육의 과정', 신사회과 운동 등이 핵심 배경이다
교육 목표	〈꼬마 사회과학자 양성〉 사회과학의 탐구 방식을 철저하게 습득한 미래시민 양성을 목표로 사회과학적 지식의 획득, 사회과학자의 관점과 탐구 방법의 습득, 사회과학자의 탐구 과정의 훈련의 목표를 삼았다.
교육 내용	〈사회과학의 지식, 탐구 방식〉 특정한 지식을 단순하게 나열하는 것이 아니라 주로 사회과학자들이 탐구하는 '1차 자료와 탐구 문제'를 제시하고 그것을 탐구하는 방법에 의거하여 학생들이 탐구(사고)하여 결론을 맺는 내용으로 구성된다.
교육 방법	〈탐구수업, 사회 탐구 강조〉 탐구수업에서는 사회과학자가 사회현상이나 사회문제를 '탐구하는 방법'을 그대로 가르친다. 사회과학자의 연구 방법은 보통 실증주의적 연구로서 자연현상의 연구 방법을 사회현상의 연구에 그대로 적용할 수 있다고 가정하고 자연과학의 탐구 방법과 동일하게 '문제 인식→가설 설정→자료 수집→자료 분석→결론 도출' 등의 순으로 전개된다.
비판 및 평가	〈학문적 성과에 치중, 현실적 사회 인식 미흡〉 사회과학으로서의 사회과는 '인지주의적 가정'에 기초하여 과학적 사고력을 증진시키는 데 초점을 맞추고 있기 때문에 실제의 상황에서 실천하는 시민을 기르는 데 한계가 있다. 실제의 상황으로부터 추상화된 사회과학의 지식 그 자체는 실제의 상황에서 구체적인 사회적 행위를 지시해 줄 수 없으며, 객관성과 가치중립성을 추구하는 사회과학적 지식은 가치 의존적인 사회적 행위와 의사결정에 직접적인 해결책을 제시해 주기 어렵다.

3) 반성적 탐구 모형

<표 3> 사회과 반성적 탐구 모형의 특징

구 분	주요 특징(특성)
등장 배경	〈사회 발달 및 다양한 문제 야기: 변화와 발달이 화두(key word)〉 20세기 미국은 정보, 통신 기술이 발달하면서 급격한 사회변동을 겪게 되고 폭발적으로 증가되는 사회문제를 합리적으로 해결해야 할 필요가 생기게 되었으며, 그런 사회적 상황과 요구는 새로운 교육과정을 필요로 하게 되었다.
교육 목표	〈의사결정 능력(문제 해결 능력)의 발달〉 혁명적인 사회변동과 다원주의로 특징지어지는 미국 사회에는 수많은 사회문제들이 발생하고 있었기 때문에 이런 사회문제를 인식하고 객관적인 자료를 분석하여 문제 해결을 위한 합리적인 의사결정을 내리는 능력을 육성할 것이 요구되었다.
교육 내용	〈사회문제와 관련 자료〉 반성적 탐구의 교육 내용은 사회문제와 문제 해결과 관련된 자료들로 구성되며 단순한 사실들이나 정보를 나열하는 것이 아니라 사회문제의 해결에 필요한 탐구의 자료들로 구성된다. '문제'를 다룬다는 점에서 사회과학 모형과 비슷하나 사회과학 모형에서는 과학적 문제 주로 사실과 관련된 문제이고, 반성적 탐구에서는 일상적 사회문제, 사실과 가치가 혼합된 문제이다.
교육 방법	〈반성적 탐구와 토론 수업〉 반성적 탐구 모형에서의 탐구란 유의미한 사회문제를 인식하고 가설을 설정하여 검증하고 문제 해결 방법을 일반화하는 것이다. 탐구의 과정은 크게 5단계로 구분되며 '경험 → 문제의 체계화 → 가설의 설정 → 탐색과 검증 → 일반화' 반성적 탐구수업의 핵심은 토론으로 진행된다는 것이다.
비판 및 평가	〈실제적 민주시민성 함양 간과〉 사회과학 모형과 마찬가지로 인지주의적 가정에 의거하여 의사결정 능력 또는 문제 해결 능력을 발달시키는 데 초점을 맞추기 때문에 실제의 사회적 현실에서 실천하는 시민을 기르는 데 한계가 있으며, 가치 상대주의에 입각하여 반성적 탐구 과정에 의하여 의사결정을 할지라도 의사결정의 옳음을 객관적으로 판단할 수 없다. 현실적으로 대부분의 사회과 교사가 반성적 탐구 과정에 기초한 수업을 할 능력이 부족하며, 학생의 흥미와 필요에 기초한 교육 내용의 구성도 어렵다.

2. 사회과의 시민성 구성 요소

<표 4> 사회과 시민적 자질 구성 요소

학자(학회)	시민적 자질 주요 구성 요소
Massialas & Cox.(1966)	인지적 능력, 참여적 능력, 정의적 능력 등
Barr et al.(1977)	지식의 습득, 정보처리 능력, 가치분석, 참여 등
Kaltsounis.(1979)	지식, 사회적 가치, 지적 능력, 가치명료화 능력, 사회적 능력 등
NCSS(1994)	지식, 기능, 가치·태도 등
한국 교육과학기술부(2007)	지식, 기능, 가치·태도 등

출처: 최용규 외, 사회과, 교육과정에서 수업까지, 교육과학사, 2008: 51.

3. 한국 사회과 교육의 지향 방향

우리나라의 사회과 교육은 민주시민으로서 필요한 자질을 함양하는 교과로서 사회과의 3가지 모형 전통 중 어느 하나를 지목하여 중점적으로 가르치는 것은 옳지 않다. 따라서 우리 사회에 필요한 자질을 기르기 위해 세 가지 전통의 여러 요인이 모두 필요할 것이다. 물론 시대에 따라 더욱 강조되는 사회과의 방향은 있을 수 있을 것이다.

오늘날 지식과 정보의 홍수 속에서 각종 자료가 쏟아지는 정보화 사회의 현실에서는 개인의 의사결정과 문제 해결 능력이 중요시되는 만큼, 구성주의에 입각하여 학습자가 스스로 사회의 문제를 해결할 수 있는 반성적 탐구로서의 사회과가 요구된다.

다만 한국 사회과 교육이 나아갈 방향과 관련하여 간과해서는 안 될 점은 시민성 전달(전수) 모형, 사회과학 모형, 반성적 탐구 모형 등 세 가지 모형 전통 모두가 궁극적으로 현대 사회를 슬기롭게 살아나갈 민주시민적 자질 함양을 지향하고 있다는 점이다.

제3절 사회과 교육과 사회과학

1. 사회과 교육과 사회과학의 관계

1) 사회과(교육)와 사회과학의 비교

〈표 5〉 사회과 교육과 사회과학의 특성 비교

구 분	사회과(교육)	사회과학
의 미	〈전인적 시민 자질 함양 교과〉 사회생활에 관한 인간관계를 중심으로 하여 사회문제를 학습하고 학생들이 사회생활에 필요한 지식, 기능, 태도를 형성하여 국가와 사회에 공헌할 수 있는 시민(국민)의 자질을 형성하게 하는 학교의 교과목	〈제 사회과학의 총칭〉 인간관계 및 사회현실을 과학적으로 탐구하는 정치학, 경제학 등의 개별 학문을 집단적으로 가리키는 말로 사회현상을 과학적으로 연구하여 법칙을 발견하려는 학문(정치학, 경제학, 사회학, 문화인류학, 법학, 역사학, 지리학, 윤리학, 심리학, 철학 등의 총칭)

구 분	사회과(교육)	사회과학
목 표	〈시민성의 육성〉 사회과는 민주적 시민성 육성을 목표로 하며 시민성 교육이 사회과의 본질적인 목표이다. 따라서 시민성 육성을 위해 도움이 되는 사회과학과 인문과학적 지식을 선택, 추출하여 내용을 재구성하는 것이다.	〈사회현상의 과학적 연구〉 복잡한 사회현상에 대한 과학적인 설명이나 예측을 목표로 한다. 일반적으로 사회과학자는 사회문제의 해결이나 사회개혁에 참여하기 위해서가 아니라 사회현상을 과학적으로 설명하고 예측하기 위해서 연구하는 것이다.
내 용	〈시민성 육성을 위해 재구성한 사회과학 및 인문학적 지식과 보편적 가치, 태도〉 사회과학적 지식들에 기초하고 있지만 시민성의 육성을 위해 필요한 내용을 사회과학적 지식들에서 선택, 추출한 내용으로 재구성된다.	〈과학적 연구 방법과 연구 결과들(사회과학적 지식의 구조)〉 각 분과 학문의 과학자(역사학자와 지리학자 포함)의 연구 방법과 연구 결과들로 구성된다.
방 법	〈사회과학 및 인문학적 지식, 가치 및 태도의 종합〉 사회적 삶 속에서 올바르게 행동하는 시민을 기르는 것을 목표로 하기 때문에 시민성 교육에 도움이 되는 사회과학 및 인문과학지식들과 보편적인 가치 및 태도를 종합한다. 훌륭한 시민으로서 사회문제를 올바르게 해결하고 사회에 참여하는 데 있어서 결정적 요소는 사실적 지식이 아니라 궁극적으로 가치와 태도이다. 따라서 사회과학과 인문학적 지식뿐 아니라 보편적인 가치와 태도를 종합하여 재구성한다.	〈특정한 사회현상의 분석〉 사회현상에 대한 과학적 연구를 목표로 하기 때문에 사회과학자는 각 분과 학문의 고유한 관점 또는 연구 방법에 기초하여 특정한 사회현상을 해부하고 분석한다. 각 분과 학문마다 연구하고자 하는 사회현상이 특정하게 정해져 있고 그 현상을 연구하는 방법론이 제한되어 있기 때문에 제한된 관점과 방법론이 제한되어 있기 때문에 제한된 관점과 방법론에 근거하여 사회현상을 세부적으로 해부, 분석하여 복잡한 요소들의 상관관계와 인과관계를 밝힌다. 그러므로 가치중립적이고 과학적 태도와 객관성 논리성 가치중립성을 중요시한다.

2) 사회과(교육)에서 사회과학의 활용

(1) 사회과학의 지식은 우리가 다양하고 복잡하게 얽혀 있는 사회적 관계와 사회현상을 보다 과학적으로 이해하여 대처하는 데 도움이 된다.

우리가 복잡한 사회현상과 사회문제를 이해하고 합리적으로 해결하기 위해서는 그것들에 대한 기본적인 지식과 안목이 필요한데 사회과학적 지식과 탐구방법이 그런 요구를 어느 정도 충족시켜 줄 수 있다.

(2) 사회과학적 지식은 사회문제의 해결책을 찾을 때 중요한 근거를 제시해 줄수 있으며, 사회문제의 해결과 사회 참여를 위한 지적 능력을 향상시키는 데기여할 수 있다.

사회과학과 사회과학적 지식은 알게 모르게 우리 생활을 원만하고도 슬기롭게 살아나가는 열쇠가 된다.

3) 사회과 교육과정의 교과 내용학

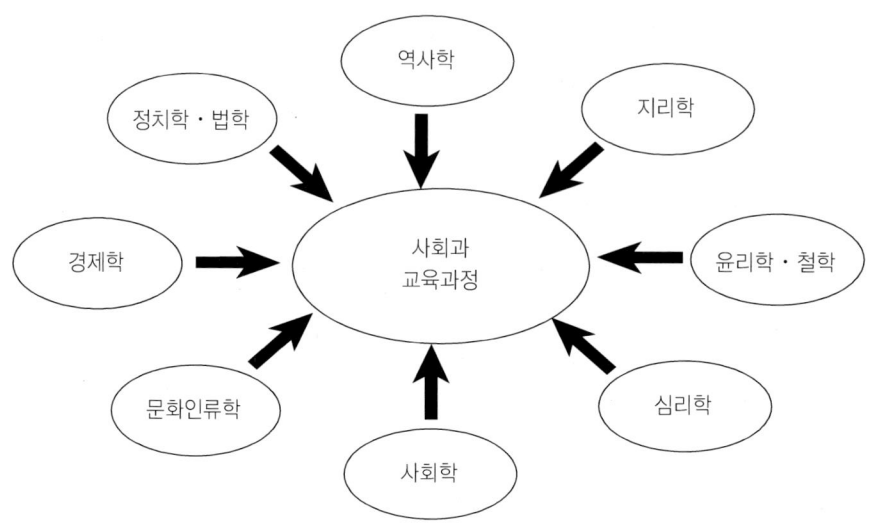

[그림 1] 사회과 교육과정과 사회과학

　사회과는 정치학, 경제학, 사회학, 문화인류학, 법학, 윤리학, 심리학, 철학, 역사학, 지리학 등 다양한 사회과학을 그 배경으로 한다. 따라서 사회과 교육과정에서는 이들 다양한 사회과학의 내용을 모두 포함하여야 한다.

2. 사회과학의 주요 개념

〈표 6〉 사회과학의 주요 개념

사회과학	기본 개념	중심 개념
1. 정치학	① 권 력	통치, 통제, 질서, 정치 행위
	② 권 위	주권, 정당성, 민주성, 정치사회화
	③ 정치제도(체제)	정치조직, 정치형태, 정치기능
	④ 국제성	도덕성, 협동성, 국제문제, 자주성
2. 경제학	① 생 산	노동, 자본, 기술, 공급, 이윤 추구, 기업
	② 소 비	개인 소비, 사회적 소비, 수요, 결핍
	③ 성장과 계획	투자, 저축, 국민 소득, 상호 의존
	④ 화 폐	제도, 기능, 금융, 재정
	⑤ 교 역	시장, 가격, 무역

사회과학	기본 개념	중심 개념
3. 사회학	① 인간 집단	조직 community(공동사회), association(단체, 협회) 계층
	② 역 할	수행, 성취 지위, 신분, 남녀
	③ 사회 체계	하위 체계(부자, 부부), 가정 제도적 기능, 규범
	④ 가 치	심미적, 정서적, 행동적, 지적
4. 문화인류학	① 문화 유형	문화 내용, 문화 요소, 문화 복합
	② 문화 전승	전통, 발생, 문화절대주의, 문화상대주의
	③ 문화 접변	전파, 선택, 통합, 변용(變容)
5. 역사학	① 변 천	일반성과 특수성(정치, 경제, 사회, 문화)
	② 시대성	일개체와 합체(고대, 중세, 근대, 현대)
	③ 민 족	주체성, 민족문화, 민족의식
	④ 혁명과 갈등	개혁, 내분, 문화적 갈등, 전쟁
6. 지리학	① 자연과 인간	자원 개발, 자원 보전, 재해
	② 지 역	성격, 차이 구분, 공업계
	③ 공 간	방향, 거리, 넓이, 축척, 입지 분포, 이동과 교류
	④ 자연환경	지형과 지질, 기후와 식생활, 토양, 육수(陸水), 해양

출처: 강우철 외. 사회과 교육. 주식회사 능력개발. 1975: 31.

종합 정리

1. 주요 개념

```
┌─────────────────────────────────────────────────────────┐
│  ┌──────────────────────┐                                 │
│  │  주요 개념 및 키워드  │                                 │
│  └──────────────────────┘                                 │
│                                                           │
│  ○ 사회과, 사회과 교육, 사회과 교육의 개념, 사회과 교육의 정의  │
│  ○ 사회과 교육의 개념, 사회과 교육의 정의, 사회과 교육의 의미   │
│  ○ 사회과 교육의 유형, 사회과 교육의 모형                    │
│  ○ 사회과 교육의 유사 용어                                  │
│  ○ 시민성 함양 모형, 사회과학 모형, 반성적 탐구 모형          │
│  ○ 지혜로운 인간 형성 접근법, 사회과학 접근법, 위대한 국가 사회상 접근법,  │
│    시민성 행동 발달 접근법, 법리적 접근법                     │
└─────────────────────────────────────────────────────────┘
```

2. 탐구 문제

1) 사회과(교육)의 성격과 개념에 대해서 간단하게 기술해 보시오.

2) 사회과(교육)의 목적과 목표에 대해서 설명해 보시오.

3) 사회과(교육)의 본질을 사회과(교육)의 정의와 개념, 목적과 목표와 견주어 설명해 보시오.

4) 학교교육에서 얻어지는 지식의 4가지 유형을 제시하고, 이를 사회과(교육)와 관련하여 논리적으로 기술해 보시오.

5) 사회과의 최초 성립기의 사회적 환경과 사회과의 특성을 비교하여 설명해 보시오.

6) 올리버(Oliver. D. W)의 사회과 6대 유형을 열거하고 간단하게 설명해 보시오.

Chapter 2

사회과의 성격과 접근

제1절 사회과의 성격

---

1. 사회과(교육)의 성격(본질, 목표)

1) 사회과의 성격 규정 어려움: 핵심적 이유

(1) 사회과(교육)는 다양하고도 오랜 역사성 보유(다양한, 통합성, 역사성, 전통성)

(2) 내용구조를 이루고 있는 배경 학문이 지나치게 다수(단일 학문이 아님)
  ① 통합적 요소가 강함(내용적 통합, 방법적 통합, 요소(Strand)적 통합, 학교급적 통합)
  ② 교과 이기주의의 팽배(일반사회, 역사, 지리, 그 외 타 교과 등)

(3) 목표의 추상성(시민성 함양)
  ① 목표 달성을 위한 사회과 고유의 내용과 방법에 대한 불일치
  ② 초기부터 타 교과와의 병렬 위치 아님: Core(중핵, 중심)에 위치했기 때문
  ③ 사회과의 교과 목표(목적): 민주시민의 자질 육성(모든 교과, 모든 학교의 궁극적 목적·목표)→ 사회과 목표에 대한 추상성, 비구체성(교과 정체성에 회의(懷疑) 야기)

(4) 교육 결과의 구체적 유용성(실용성) 불분명

    ① 구체적 실용성을 갖는 능력을 갖추기가 어려움

    ② 일상생활과 직접적 연계

    ③ 타 교과에서도 목표 구현 가능: 본질 교과로서의 정체성 확립 필요

2) 사회과 성격 이해의 필요성

(1) 교과로서의 올바른 사회과 이해

(2) 사회과의 목표, 내용, 교수·학습상의 정확한 방향을 제시하기 위해→ 사회과 정체성 파악

(3) 타 교과와의 관계 설정(모든 교과의 초점: 바람직한 인간 육성, 인간다운 인간 육성, 사람다운 사람 육성)

3) 사회과 성격 규정을 위한 접근 방식(Approach)

(1) 교과 구조적 측면에서의 접근법: 학교교육의 여러 교과와의 관계에서 접근하는 것으로서 사회과는 중핵(본질) 교과

    예) 본질적 교과(사회과), 도구적 교과(국어과, 영어과, 수학과 등), 내용적 교과(과학과, 실험·실습 과목), 표현 교과(체육과, 음악과, 미술과 등)

(2) 역사적 측면에서의 접근법: 사회과가 교과로서 탄생한 배경을 통해서 성격을 파악하는 방법

(3) 유형적 측면에서의 접근법: 사회과 교육이 실제로 학교 현장에서 이루어지고 있는 것을 교과 교육학자들이 수집하고 정리하여 어떠한 준거에 따라 분류한 후 비슷한 형태에 따라 명명한 사회과를 살펴보는 방법

(4) 각 나라 사회과 교육의 비교 접근법: 각 나라별로 사회과 교육이 어떻게 이루어지고 있는가를 알아보는 방법(사회과 국제 비교 연구)

2. 교과 구조적 측면의 접근: 학교교육에서 사회과 교육의 위상 파악

1) 교육과 사회과 교육

(1) 교육(일반 교육): 인간 발달을 목표(전인적 발달 추구)→ 인간다운 인간 육성, 사람다운 사람 양성(원만한 사회 구성원으로서 생활)

(2) 학교교육: 제1차적으로 교과 수업, 즉 지식 발달을 추구

(3) 사회과 교육

    ① 지식 중에서도 사회적 지식 추구→ 근본적으로 인간 형성에 초점

    ② 사회생활경험＋사회과학＋역사·지리→ 사회 인식 능력의 발달 추구→ 시민성 함양

2) 사회과 교육과 발달 연계

(1) 사회과 지식의 습득 효과 - 인간 발달과 어떻게 연결할 것인가: 초점

(2) 사회과 교육과 발달

    ① 인식(지식＋과정, 절차 방법) 체계 재구성

    ② 환경(문명) 통제 능력의 향상

    ③ 집단사고(의식)의 형성 - 상호의식의 배양

    ④ 올바른 예측과 합리적 판단 가능 - 의사결정력 신장

3) 지식의 4가지 유형: 학교교육을 통해 얻어지는 지식

(1) 문화적 지식 - 일반적이고 상식적인 지식(학교 이외도 가능)

    ① 사회의 적응(사회화): 전통적 입장

    ② 사고의 틀(Gedankenkreis) 형성

    ③ 도덕적 품성 계발: 인격 형성

※ 수학적 지식→ 논리적 사고 배양→ 모든 사고 체계에 통용

> 예) 이론적 배경: Herbart의 도야론
> **실질도야** ⇒ **형식도야**
> (많은 지식 획득)(논리적 추리, 사고 그릇 형성)

① 실질도야: 인류가 만들어 놓은 문화유산→ 사고권(思考圈) 형성→ 개인을 초월해 있는 사고권을 내면화하는 것이 교육의 과정이다. 내면화 매개물＝교육, 내면화 과정에 교사가 반드시 필요, 도덕성 함양에 초점을 둠, 교육을 통해 도덕적 인간을 육성하고자 함.

② 형식도야: 전이의 내용이 동일한 요소에 의한다고 봄.

   (손다이크(Thorndike): 사회과적 내용은 사회화과적 사고로만 전이)

(2) 기초적 지식 – 상위 지식 습득의 도구가 되는 지식

   학교 교육에서 가장 비중 큼(학교 이외도 가능)

① 인격 형성

② 3R's(讀 · 書 · 算: 읽기, 쓰기, 셈하기)

(3) 교양적 지식 – 인격과 직접 연결되는 지식(학교 이외 획득 가능)

   각종 레크리에이션 활동, 사회적 상호작용 활동

(4) 구조적 개념적 지식 – 학교에서만 획득되는 지식

   전이적, 설명적, 방법적 지식: 어떤 구체적 사실들을 법칙, 원리를 적용하여 사실을 밝혀낼 수 있는 지식

※ 학교교육에서 (1) 문화적 지식 (2) 기초적 지식 (3) 교양적 지식 등만 가지고는 인간 발달에 기여 부족, 충분하지 못함(특히 사회과의 경우 더 그러함) → (4) 구조적 지식이 더 중요(무엇인가를 적용하고 탐구하려는 활용 지식: 활성화된 지식)

4) 지식의 구조

(1) 사실적 지식:
   ① 한 가지 사항에 대해 아는 것(특수성, 개별성, 단편성)
   ② 경험에 의해 획득→ 전이(轉移)가 안 됨
     예) 콩나물 값, 세탁비 및 변화

(2) 개념적 지식:
   ① 일반적이나 보편성을 가진 일종의 '구성 개념'
   ② 법칙, 원리, 이론 개념들을 말함(전이적, 방법적, 설명적, 반성적 사고 강함)
     예) 상품, 가격, 수요, 공급
   ① 수요 증가→ 가격 상승
   ② 공급 증가→ 가격 하락

(3) 규범적 지식:
   ① 일종의 이념(이데올로기), 도덕과 같은 가치 성향(방향성)이 큰 지식(과학적
     지식으로는 논의 어려움)
   ② 실증주의자: 규범적 지식을 사회과학적 지식에서 배제
     이념주의자: 규범적 지식을 사회과학적 지식에 포함 주장

※ 지식의 구조란 - 일반적 개념과 원리, 기본적 아이디어와 동의어: 생활적응교
  육에 대한 비판에서 출발, 교육주체 중심 → 교육객체 중심(교과, 학문)으로
  되돌리려는 입장
   ① 피닉스(Phenix): 개념이 단순화된 것 → 법칙, 원리, 이론, 이론(지식의 구조:
     사실 → 개념 → 일반화→ 법칙, 원리, 이론)
   ② 다른 견해: 슈랍(Schwab. J. J)
     - 실질적 구조(Substantive Structure)→ 개념, 법칙, 원리 등
     - 구문적 구조(Syntactical Structure)→ 방법, 과정 등

제2절 사회과의 기능

1. 사회과의 기능과 역할

1) 사회과의 역할(사회과 교육의 기능): 일반론

(1) 사회에 대한 올바른 지식을 토대로 해서 그 사회가 요구하는 인간을 형성하는 것이 사회과의 역할. 사회과 성격 규정이 매우 애매, 논란과 갈등 야기
  ① 문제1) 사회에 대한 지식이란 무엇을 일컫는가?
    사회에 대한 지식은 어떻게 얻어지는가?
  ② 참고1) 사회과학적 개념적 지식

(2) 형식도야론: 지식을 경험에 연결시켜 사회 인식을 하고자 하는 입장
  과학적 지식 → 생활경험 → 사회 인식: 객체 중시
  (학문중심주의: 신사회과)

(3) 생활적응교육: 생활 사태 그 자체에 대하여 그 지식을 대체하고자 함(지식의 주관성)
  아동의 흥미 필요를 교육 내용 선정 기준으로 함→ 지식
  생활적 경험 → 지식 → 사회 인식: 주체 중시
  (경험중심주의: 초기 사회과)
  사회 인식을 할 수 있는 두 가지 관점을 조화 필요
  (사회과 교육의 양면성: 형식도야론과 생활 적응 교육)

2) 사회과의 관점

(1) 사회과의 관점
  ① 문제1) 사회가 요구하는 인간을 국민 → 시민의 관점으로 볼 것인가?
    개개인의 입장에서 볼 것인가? (국민은 집단에 관심, 시민은 개인에 관심)
  ② 참고1)

- 국민(國民) – 체제 긍정적(집단 초점)
- 시민(市民) – 체제 비판적(개인 초점)
- 공민(公民) – 국가로부터 토지를 받고 의무를 이행(시민성 강조)

③ 참고 2)
- 역사 – 체제 긍정적 교육
- 사회 – 체제 비판적 교육

(2) 사회과가 지향하는 인간: 합리적 지식을 토대로 비판적(간주관적 판단, 의사결정 등)으로 사고할 수 있는 인간(시민) 형성

제3절 사회과의 역사적 접근과 발달

1. 역사적 측면에서의 접근: 사회과의 성립과 전개(발전)

1) 사회과의 성립: 미국의 경우

(1) 사회과 성립기의 배경
① 사회적 변동; 국민의 애국심 – 일반적 사회적 요구(시민적 자질 육성: 시민성(Citizenship) 요구)
② 사회적 효율성 강조(주체 중시)
③ 충성심 요구, 애국심 요구
④ 교육 이론(실천)의 변화: J. Dewey의 경험주의 교육관의 영향
⑤ 사회과학의 발달 → 학계의 요구 반영: 과학(교수 내용)의 효율성 강조(객체 중시)

(2) 사회과의 등장 → 성격의 양면성: 논쟁 야기, 쟁점 등장
① 사회과 등장 이전: 역사(history)가 사회과 역할 주로 담당

(3) 사회적 변동에 따른 학교교육에 대한 사회적 요구의 변화
① 산업화 결과(19세기 중 이후) → 도시화, 인구 증가, 계층 분화

- 국내 인구 이동→ 지역성 파괴: 교육력 상실(identity 불형성)

  → 시민성의 문제 대두(시민적 자질과 slum의 문제)

  → 통합력의 약화(아노미(anomie) 현상 야기)

- 국제적 인구 이동: 이민의 증가(동남 유럽인)

  → 미국인화 잘 안 됨: 시민성, 사회통합력의 약화

② 사회적인 요구(미국인적 자질 육성 필요)에 대한 교육적 대응: 사회적 효율성 운동

(4) 20세기 초 사회과의 등장 과정

① 산업화의 이전: '역사'가 사회과의 주된 역할(애국심, 충성심 육성)을 담당하였으나 한계에 부딪힘

② 산업화 이후: 새로운 교과의 필요성 대두(NEA의 권고)

③ 1913년: 중등교육의 개조를 위한 위원회 조직

④ '사회과(Social Studies)' 교과 명칭 성립

⑤ 1916년: 사회과 개발을 위한 보고서(사회과 교과 설립 결의)→ 사회과의 기원

⑥ 제1차 세계대전 발발→ 국민들에 대한 요구(충성심, 민주주의 발달, 미국인화 강조)→ 사회과에 대한 기대 증대

⑦ 1918년: 사회과의 실험적 보급→ 교육과정상 수업 시작(학교 교과로 빨리 자리 잡음→ 지방분권적 영향)

⑧ 1922년: NCSS(미국사회과교육협의회) 탄생→ 초·중·고·대학(교)의 전문가들의 참여(국제 규모의 사회과 학회로 성장)

⑨ 1923년: 통합 사회과의 출발

⑩ 1930년대: 세계공황→ 실업 등 각종 사회문제 등장

 → 사회과에 대한 새로운 요구(사회생활에 필요한 지식 전달과 사회문제를 해결, 국제 사회문제화)

 → 사회과는 시민을 육성할 수 있는 본질 교과로 등장

  (중핵교과: 중핵 교육과정(Core Curriculum)→ 우리나라 1946년 도입)

(5) 성립기의 사회과(Social Studies)의 정의: 사회과학 자체가 아님

① '인간과 사회에 관한 문제를 직접적으로 다루는 교과'

② 개인적: 사회의 여러 가지 규범을 지키고, 책임을 자각할 수 있는 능력 배양

③ 사회적: 현실적으로 일어나고 있는 사회문제 해결

(6) 초기 사회과의 개념

① 사회적 효율성의 목표: 시민교육(Citizenship Education) 강조

－ 미국인으로서의 시민적 자질 육성(통합적 사회과)

(Americanize: 미국적 사회화)

→ 사회과는 ‘민주주의 훈련시키는 교과’

② 내용: 민주주의를 가능케 하는 지적 지식의 축적

→ 사회문제에 대한 비판적 하고, 적극적인 참여, 합리적인 태도 및 의사결정, 개방적인 태도

③ 교과의 구조: 통합적 성격

→ 한 교과 안에서만 길러질 수 있는 것이 아니고, 모든 교과 활동에서 이루어져야 할 ‘사회적 효율성’을 핵심으로 한 교과

→ 학습자의 사회적 발달을 토대로 한 사회 인식 교과이다.

④ 교수 이론적 차원에서 사회과는 실질 내용보다는 목적, 방법, 과정을 중시하는 교과이다.

→ 사회적인 요구의 변화에 초점을 맞추면 사회과는 충성심, 집단의식, 참여의식이 높은 시민 양성을 위한 교과라고 정의할 수 있다.

2) 교육 이론의 발달

(1) 사회적 효율성 운동의 일환으로 교육사조의 변화(20세기 초 1913년－1916년): 학교교육의 기능은 완전한 사회생활의 준비

(2) 목표: 사회적 효율성 운동 강조, 사회적 효율성 → 산업적 효율

시민적 효율(시민적 자질 형성을 의미하며 학교교육에서 생활경험을 통해서 달성할 수 있다고 존 듀이(J. Dewey)는 주장)

(3) 교육심리학의 발달: 손다이크(Thorndike) 동일요소설

① 교육학이 심리학의 시녀와 같은 시대로 전락

② 종래의 교육 이론(예: Herbart의 형식도야론 등) 비판

③ 학습 속도상의 개인차를 전제로 한 장면에서 학습된 사실이 다른 장면에 전이되는 것은 그들 사이에 공통 요소가 있을 때뿐(동일요소설 주장)

→ 특정의 습관이나 능력은 그를 목적으로 하는 교과에 의해서만 신장 가능 주장

④ 사회생활 능력의 배양 → 그에 맞는 교육과정 개발 요구 (시민 육성 교과) → 사회과의 등장 필요성 뒷받침)

(4) 경험주의 교육 이론의 등장: J. Dewey
  ① 진리: 사회생활 속에서 실용성 있는 것(학습자의 경험 중시)
  → 이론적 체계는 경시
  ② 교육에 동기 – 흥미를 중시하고, 주체(어린이)와 객체(학습 대상)의 일체화론을 전개
  ③ 사회생활(경험)을 가르치는 교과: 사회과(Social Studies)의 탄생을 뒷받침하는 이론적 배경
  ④ 사회적 효율성 운동과도 연결
  ⑤ 경험주의 이론에서 본 사회과의 성격 – 포괄적, 종합적, 통합적 성격
  – 사회생활 자체를 학습하는 교과
  – 타 교과를 포함하는 중핵 교육과정(Core Curriculum)의 역할(교육과정의 통합적 모체(母體))

※ 교육 이론의 변화에 초점을 두면 사회과는 사회문제 해결 능력을 갖춘 반성적 사고력이 높은 인간 형성을 위한 교과라고 정의 가능함.

3) 사회과학의 발달: 19C(세기) 말~20C(세기) 초

(1) 실증주의적(경험적) 사회과학의 발달 – 경제학, 정치학, 사회학 등 대학의 학과 설립, 학회 구성
  ① 독일적 전통의 이념적 사회과학에서 새로운 전환
  ② 사회현상(사실)을 법칙에 따라 인과관계를 설명하려고 함
    예) Robinson New History: 실증주의적 역사학 주장

① 종래의 인문학적 역사학과 다름

② 다른 사회과학에 영향 변화

③ 학교에서 실증주의적 사회과학을 토대로 한 새로운 사회 인식 교육의 모색 (종래의 역사, 지리 교과에서 탈피→ 새로운 교과 모색 - 연대사 중심의 역사 과목에서 탈피)

④ 사회과학에 대한 초·중등에서 대학 예비 교육의 필요성 증대

⑤ 학문적 요구의 변화에 초점을 두면 사회과는 사회과학의 내용 방법을 가르치는 교과라 정의

⑥ 사회현상(사실)을 학습할 수 있는 사회과학으로서의 위치 가짐

(2) 사회과학에 배경을 둔 사회과의 등장

① 성격, 목표, 내용 구성, 교수 방법, 평가 등에 전반적 영향

(3) 정의적, 가치·태도적 측면의 목표 중시 → 사회적 효율성 증진과 시민적 자질의 육성을 목표로 하는 교과이기 때문

(4) 사회과와 사회과학의 관계: 미국사회과교육위원회(NCSS)의 정의

① 사회과의 내용 구성: 사회적 문제나 상황 중심으로

② 사회과학: 사회적 문제나 상황을 이해(인식)하기 위한 도구에 불과

③ 사회과는 독자적 영역이 아닌 여러 학문의 조합과 도움으로 가능(학제적, 간학문적 교과: Interdisciplinary) → 통합 사회과의 바탕

(5) 성립 초기 사회과의 Scope(내용 선정 범위)와 Sequence(내용 조직, 계열성, 차례)의 논리

① 범위(Scope): 사회생활에서 경험하는 사회기능을 중심으로 결정(수평적 조직)

② 계열성(Sequence): 학습자의 경험 확대 과정에 따라 결정(수직적 조직)

(6) 사회과의 두 가지 성격 - 교육사회적 논리 + 과학적 논리를 동시에 만족

① 목표: 규범적 - '시민적 자질 육성'은 사회과만의 목표 아님

② 내용: 사실적 - 내용 구성에 사회과학적 색채가 강해짐

③ 사회과의 개념이 모호하고 범위가 넓어짐

4) 사회과의 발전: 1950년대 이후 'New Social Studies
(신사회과)'의 등장 - 학문 강조

① 1970년대 이후 'New Social Studies(신사회과)'의 등장(신듀이파)
  - 학문+가치교육 강조
② 지식의 구조, 사회과학 중심 사회과에 치우침

(1) 학문중심 교육사조(교육과정)로의 변화: 배경
  ① 경험중심 교육과정의 한계점 제기→ 스푸트니크 충격
  ② 폭발적인 지식 증가에 대한 대책→ 지식의 구조(개념적 지식) 전수 강조
  ③ J. Dewey 교육사상의 잘못 해석 적용 결과→ 교육의 질 저하 반성
  ④ 지나치게 사회생활의 적응을 위한 상식 전도→ 사회과의 '사회개혁'이란
    목표 훼손
  ⑤ 아동(주체)중심에서→ 대상(객체)중심으로 변화
    (경험중심 교육과정) (학문중심 교육과정)

※ 학문의 구조: 개념, 원리(일반화), 방법
  ① 실질적인 구조: 개념, 법칙(원리)
  ② 구문(문맥)적 구조: 방법
  ③ 방법에 따라 개념, 원리 법칙을 수정

(2) New Social Studies(신사회과)의 등장: 1950년대
  ① '학문의 구조' 전수에 치중: 사회과학중심 교과로 경사(치우침)
  ② 사회를 과학적으로 인식하는 능력의 배양을 목표로 함.
  ③ 표면적으로는 '시민적 자질 육성'에 목표를 두었으나, 실제는 사회과학에
    중점→ '과학의 자기 목적화'로 경사
  ④ 교육의 본래 목표인 '인간 발달'론의 약화
  ⑤ 생활, 경험보다 지식, 학문에 치중(아는 것이 힘)
  ⑥ 사회과학의 중심 개념 강조

(3) New Social Studies의 강조(중시): 1970년대

① 1950년대 이후 New Social Studies의 '과학의 자기 목적화'에 대한 비판과 반성에서 새로운 사회과의 모색

② 1970년대 이후 사회과의 관심이 '어린이(주체) 중시'와 '지구사회의 환경 중시' 등으로 새로운 변화 시도(예: 환경교육, 국제이해교육의 강조)

③ 신사회과의 지식, 학문중심 일변도에서 변화 지향(기본적 관점은 유지)

2. 사회과 교육과정 측면에서의 접근

※ 교육과정 사조(思潮) 변화와 특징

① 교과중심 교육(교육과정)사조 → 객체(객관적 지식) 강조

② 경험중심 교육(교육과정)사조 → 주체(학습자: 어린이) 강조

③ 학문중심 교육(교육과정)사조 → 객체(학문의 구조) 강조

④ 인간중심 교육(교육과정)사조 → 주체(학습자) 강조

(객관적 지식의 원리와 학습자의 발달을 조화시키는 것이 교육의 해결책)

※ 핵심 개념: 각 교육과정의 근본 이념과 지향점

1) 사회과의 목표

① 궁극적 목표: 시민교육(Citizenship Education)

② 제1차적 목표: 사회 인식(생활경험·사회과학 성과) 논쟁(큰 쟁점)

→ 어느 하나로 합일(合一)시킬 수 없는 것이 사회과의 특성

→ 목표 자체가 광범위하고 다양함

※ 유형적 측면에서의 접근: 사회과의 유형화(목표를 중심으로)

① 유형화의 유의점 - 일종의 단순화이므로 '기준이 명확'해야 함.

- 지나친 단순화로 '본질규명이 어렵지 않도록' 함

2) 사회과의 유형

올리버(Oliver. D. W)의 6대 유형: 목표를 중심으로
→ 800여 개의 기록 수집: 6개로 단순화, 유형화의 선구적 역할

(1) The Wisdom Approach(지혜적 접근)

① 과정: 사회 일반에 널리 퍼진 사실적, 일반적 결론적인 지식 학습→ 사회
   적응력 배양(도야론적 사고: Hebart): 주입, 암기 → 지혜 발생
② (예) 유럽의 제국주의하에서의 지리, 역사중심의 교육
③ 폐쇄적인 사회과→ 개인의 발달보다 사회질서 유지
④ 전통적인 사회과로 우리나라도 대체로 이 유형에 속함

(2) The Social Science Discipline Approach(사회과학과로서의 접근) 과정

→ 사회과학의 개념, 법칙(새로운 문제 규명을 위한 지식)을 학습
① 사회를 올바로 설명해 주는 능력을 갖도록 하는 사회과
② 1960년대의 사회과: 사회과학적 방법론을 내포한 사회과
③ 문제점: '과학의 자기 목적화'로 인간 형성의 불가능
④ 구체적 사회지식보다 추상적인 면을 가르친다는 비판 제기

(3) The Harmonist Approach(조화로운 인간 형성을 위한 사회과) 과정

① 협동학습, 그룹 활동을 통한 협동적이고 조화로운 인간 형성 목표
② 교수의 내용보다 교수의 과정을 중시
③ 개인 도덕적 사회과: 국가의 목표보다는 학습자 개개인의 인격적 발달 지행

(4) The Image of Greatness Approach(위대한 국민상 정립을 위한 사회과) 과정

① 국가관 확립을 위한 사회과(국민윤리적 사회과)
② 과정: 자극적 에피소드, 심벌 제시 → 각성, 각오→ 국가의식 형성
③ 환각에서 깨어났을 때 국가성이 매몰될 위험

(5) The Juris - Prudential Approach(법리적 탐구지향의 사회과) 과정

① 법이론적 과정을 통해 사회 이슈에 접근(법학의 Case Study 방법도입)
② 과정: 동시에 두 개의 과정 필요 - 사실 탐구와 가치 탐구

③ 이슈의 갈등과 모순→ 법리적 과정을 통한 원인 규명→ 사회 인식, 사회문제를 해결하려는 태도 가치 형성

④ 갈등의 사실관계 및 가치관계 파악: 탐구 과정의 중립성

⑤ 수업의 전체: 열린 수업의 여건 완비

⑥ Oilver 자신이 지지하는 사회과: 사회과 본래 목적과 일치
   (사회문제: 갈등을 정확히 파악)

⑦ 한국에서는 상당히 어려운 과정

(6) The Civic Action Approach(시민적 행동 접근) 과정

① 시민생활과적 사회과: 초등학교 과정에서 많이 활용

② 과정: 직접 실천과 행동을 통해서 시민적 자질을 형성

③ 견학, 체험, 역할놀이 강조(지식보다는 실천 강조: 저학년에서 활용함이 좋음)

④ 교실에서는 학습을 학교 밖의 시민생활까지 확대하려는 사회과

⑤ 실제는 여러 접근법을 적용하게 됨: '사회과란 무엇이냐?'에 대한 명쾌한 대답 어려움(사회과 성격의 복합성 때문)

3) 사회과의 양면적 성격

① 주체 중시: 도덕 중심 – 가치, 태도 중시 – 방법중시 – 개방적(가치중립)

② 객체 중시: 과학 중심 – 지식(이론) 중시 – 내용 중시 – 폐쇄적(국가주의, 덕목 강조)

(1) 올리버(Oliver)의 견해

① 내용 중시: (1)(지혜로운 인간 형성), (2)(사회과학 중심) 유형

② 방법 중시: (5)법리적, (6)(시민 행동적) 유형

(2) 한국의 사회과 유형: 객체중심, 내용 중시, 태도형성중심(가치지향 목표 설정)

4) 앵글(Engle. S. H)의 2대 분류

– 분류 기준:

① 교육의 객체에 중점을 두느냐? → 내용 치중→ 분과적 성격

② 교육의 주체에 중점을 두느냐? → 방법 치중 → 통합적 성격

(1) 사회과학을 교육 목적에 따라 단순화한 것(The Social Studies as Simplified Social Sciences)

① 사회과란 사회과학이다(사회과＝사회과학, 사회과 교육＝사회과학 교육).

② 1962: Wesley(전 NCSS 회장): '사회과란 교육적 목적에 따라서 사회과학을 단순화시킨 것'이다.

③ 그 후 주목과 지지를 받음(Citizenship이 후퇴: 1960년대의 사회과 경향) 주장: 사회과의 성격을 명확히 해 주는 이점(利點)이 있다.

④ 사회 인식의 도구(사회과학의 성과: 법칙, 원리) 필요에서

⑤ 사회과학적 방법 즉 사회과학의 과정 터득→전이하여 활용할 수 있는 능력을 기를 수 있다.

[문제점]

① 학습상의 곤란: 성립과정의 학습을 도외시함으로써 사회의 구체적인 모습을 알 필요가 있는 아동들의 균형적 발달보다는 '과학의 자기 목적화'로 흐를 가능성이 항존(사회과의 목적인 어린이 발달이 뒷전으로 밀릴 수 있다.

② 전이가 의문: 사회과학의 지식이 통용 안 되는 부분이 상당히 많음(신듀이 파인 Engle이 주장)

－ 사실적 지식의 습득으로 끝남

－ 학습자는 단순한 지식의 소비자에 불과

③ Engle 자신은 이 견해를 비판적으로 봄

(2) 시민적 자질의 육성을 목적으로 하는 사회과(The Social Studies as Citizenship Education) → 시민교육과: 세 가지로 분류

① 통합형(Unified S. S)

－ 사회과학의 내용을 재구성하고 통합하여 시민적 자질 육성에 접근

－ 광범위한 사회문제에 직접 접근시켜 시민적 자질 형성

－ 사회문제는 통합적인 성격(시간적, 공간적, 가치적, 법률적, 경제적인 요소들이 동시 포함을 가지고 있으므로 학습 내용 구성도 통합적이어야 한다.

[문제점]

  - 사회문제에 대한 종합적, 통합적 접근 방법에 대한 합의가 어려워 형식상의 통합에 그칠 가능성이 크고, 그에 따라 상식적, 단편적 지식의 다량 전수화가 되기 쉽다.

  ② 교화형(Indoctrination S. S)
   - 특정한 가치, 규범, 이데올로기 등을 절대적인 것으로 설교 주입(교화)
   - Oliver의 'The Image of Greatness Approach'와 비슷함

[문제점]

  - 절대적 가치의 존재 문제
  - 가치실현(=학습) 과정이나 방법의 비민주성 문제→가치선택의 능력을 무시하고 가치를 일방적으로 주입
  - 일종의 도덕과적 사회과(우리나라 사회과의 성격과 비슷함)
  - 가치교육(Value Ed.)과는 구별
  ③ 의사결정 과정형(Decison Making Process S. S)
   - Banks, Engle 등이 지지
   - 대립하는 사회적, 정치적 논쟁문제에 대해 보다 합리적인 판단, 의사결정을 내릴 수 있는 능력 육성
   - Oliver의 'The Image of Greatness Approach'에 해당
   - 가치의 상대성 과정 방법의 특수성 중시. 절대적 가치의 주입 거부
   - 반성적 탐구 과정 중심: 시민교육에서 가르쳐야 할 것은 결론으로서의 지식 가치가 아니라 그것들의 생성, 발전, 선택의 과정이다.
   - 방법론상의 실증주의: 사실과 객관화시킨 가치의 탐구 과정은 동일

5) 사회적 문제 규명

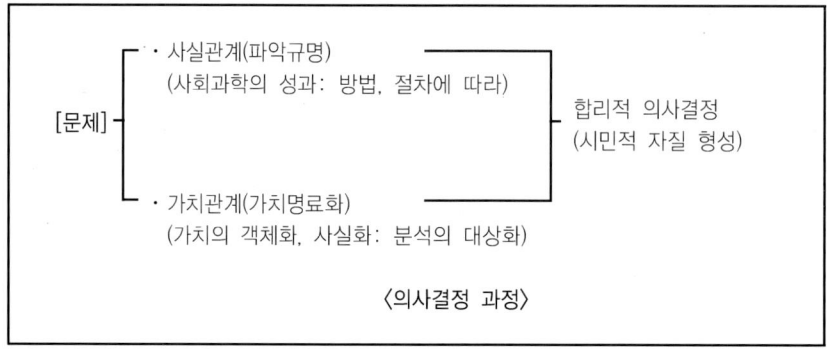

6) Glenn의 사회과란

(1) 문제 발생→ 사회 탐구 과정 → 결과 → 합리적 의사결정

     → 가치 탐구 과정 → 과정, 방법 → 합리적 의사결정

(2) 가치 그 자체를 객체화시킬 수 있는 힘이 있어야 합리적 의사결정 가능(가치 그 자체보다 가치 수행과정, 방법 등이 중요)

(3) 과거 우리나라 한국교육개발원(KEDI): 가치주입형(예: 반공, 충성)

(4) 의심할 수 없는 가치가 국가에 있는가?

(5) 합리적인 의사결정 과정이 이루어지지 않음

7) Barr, Barth, Shermis의 3대 분류(유형)

(1) 시민성 전수로서의 사회과(S. S as Citizenship Transmission)

 ① Oliver: (1)(wisdom), (3)(hamonist), (4)(greatness approach)와 Engle: 교화형이 이에 해당

 ② 목적: 특정한 시민성의 개념이 학습되고 신념화되게 하는 것

 ③ 내용: 주어진 것 즉, 그대로의 가치를 받아들이게 되는 데 필요한 자명한 진실로서 생각되는 지식, 가정, 신념들(지식의 항목, 행동지침, 도덕적, 윤리적 색채 규정 등)

④ 방법: 문화 속에서 최고로 중요하다고 생각되는 가치를 교화시키는 것으로, 주로 기술과 설득을 혼합하여 사용

⑤ 가치 중심, 주로 도덕과적 사회과, 전통적인 사회과 유형

(2) 사회과학적 사회과(NF S. S as Social Science)

① Oliver: (2)(사회과학)와 Engle: 사회과학을 단순화시킨 사회과가 이에 해당.

② 목적: 특정한 사회과학의 지식, 기술, 방법들을 획득→ 훌륭한 시민이 되게 하는 것, 즉 사회과학자들이 연구한 지식의 방법 획득→ 사회에서 효과적으로 기능

③ 방법: 발견(discovery): 사화과학은 나름대로 지식들을 수집하고 검증하는 방법 있음→ 학생들이 이 방법을 활용하고 발견하게 하는 것이 목적

④ 내용: 구조, 개념, 문제 또는 분과되거나 통합된 사회과학들의 과정

(3) 반성적 탐구로서의 사회과(S. S as Reflective Inquiry)

① Oliver: (5)(법리적 접근법)와 Engle: 의사결정 과정형이 이에 해당

② 목적: 의사결정과 문제 해결을 위해 시민들이 필요로 하는 지식들을 추출하는 탐구 과정을 통해서 시민의식을 증진시키고자 함

③ 방법: 반성적 탐구 또는 사고(학생 스스로가 해답을 찾는 데 필요한 기술과 전략을 포함한 과정)→ 개방적 과정이어야 함

④ 내용: 학생들에게 그들의 문제로서 확인된 사회문제들
반성적 사고를 할 수 있는 토대 위에서 시민적 자질 형성
(의도적, 과학적, 합리적 사고 고려)→ '열린 사회과 수업'이 가능

⑤ 이 유형은 J. Dewey에서 비롯되었으나, 신Dewey파가 주장한 것임

※ 반성적 탐구 과정: 개방적 과정(문제 해결 과정에서 여러 가지로 사고)
(문제에 직면)→ (가설 설정)→ (실험)→ (문제해결)

3. 각국의 사회과(교육) 비교를 통한 접근: 공통적 사회과(교육)관

※ '사회 인식교육' 차원에서의 사회과란?

1) 어디(어느 측면)에 중점을 두어 설명할 것이냐의 문제 대두

(1) 목표 – 대체로 모든 나라 민주시민성(Citizenship) 추구: 본질적 목적, 목표
(2) 내용 – 사회문제(생활)냐, 사회과학적 지식이냐?(초점의 문제)
(3) 방법 – 문제 해결 학습 방법이냐, 또는 지식의 전수냐?

2) 사회과(교육)관[社會科(敎育)觀]

(1) 논쟁 속의 합의점 모색(다양한 특성 보유)
(2) 사회과란(정의): 사회생활경험과 사회과학적 성과(내용을 교수・학습(지도)함으로써 인간과 사회를 올바르게 인식(구체적 목표)하고 나아가 민주시민적 자질 육성(궁극적 목표)에 이르게 하는 교과이다.
(3) 사회과(성격)는 본질교과, 시민교육과 통합교과, 방법중심의 교과이다.
(4) 사회과의 특성: 실용성, 응용성, 통합성, 방법성, 시사성, 탐구성, 인간성 함양, 국제적 성품 함양, 미래지향성 등이 특징이다.
(5) 사회과는 유능한 시민적 자질 향상(궁극적 목표), 올바르고 과학적인 사회 인식(1차적 목표)을 목적으로 한다.
(6) 사회과는 인간과 사회현상을 학습 대상으로 한다.
(7) 사회과는 사회적 현상에 관한 지식을 발견하고 적용하는 데 필요한 사고능력 신장을 강조한다.
(8) 사회과는 사회현상에 관한 지식과 관련된 제반, 가치・태도의 변화를 추구하는 교과이다.

종합 탐구

(1) 각 유형에서 강조하는 사회과의 목적은 무엇인가?

지혜로운 인간 형성을 위한 접근법 (The wisdom approach)	이 접근법은 주로 '사회과학의 성과로서의 지식의 전달'을 목표로 생각한다. 곧 이와 같은 지식의 전달을 사회과 교육의 과제로 보고 있다 . 이 접근법이 전제로 하고 있는 것은 '지식은 이해와 지혜에 도달하게 하므로 선이다.'라는 신념이다.
사회과학적 접근법 (The social science disciplines approach)	이 접근법은 사회과학자들이 사회현상에 대해 연구하는 것과 같이 이론의 증명 과정이나 사회현상의 인과적 설명 방법의 학습에 중점을 둔다. 따라서 교수, 학습 과정에서는 증명에 도달하는 과학적 방법이나 분석적 개념을 중심하며, 사회과학의 성과로서의 지식을 가르친다 해도 그것 자체를 기억시키기 위해서가 아니라 새로운 문제를 밝히기 위한 도구의 제공이라고 생각한다.
조화로운 태도 형성을 위한 접근법 (The harmonist approach)	이 접근법은 역사나 사회과학의 내용 혹은 방법의 교수에 중점을 두지 않고 어린이의 조화로운 성장을 직접적으로 추구한다. 어린이로 하여금 될 수 있는 한 욕구불만 없이 성장할 수 있도록 하고 '함께 생활하는' 태도의 육성을 목표한다. 요컨대 이 접근법은 조화로운 인관관계를 형성할 수 있는 가치와 방법을 가르치는 데 주목적을 두고 있다.
위대한 국가 사회상 정립을 위한 접근법 (The image of greatest approach)	이 접근법은 어린이들에게 기본적인 인간문제나 소속 사화의 특수한 문화적 문제를 극적으로 해결할 수 있는 자극적인 심벌을 제공하는 것을 중심적인 목표로 삼는다. 이 접근법에서는 교수 학습 내용의 객관성이나 진실성보다는 감동적 효과를 우선시키며, 개개인의 발달이라는 교육 본래의 목적보다 국가, 사회체제를 위한 유용성을 앞세운다.
시민적 행동 발달을 위한 접근법 (The civic action approach)	이 접근법에서는 교실에서의 학습을 학교 밖의 시민적 활동으로까지 확대해 가려고 시도한다. 그 목표는 물론 시민적 자질의 육성에 있겠는데 훌륭한 시민이란 무엇을 해야 할 것인가를 알고 있는 데 그치지 않고 지역사회의 구체적인 생활 속에서 실천하고 사회 변혁을 위해 행동하는 인간이라고 본다. 실천적 행동의 훈련을 중시한다.
법리적 접근법 (The jurisprudential approach)	이 접근법은 지식과 가치 사이의 갭(Gap)에 다리 놓는 접근법이라고 볼 수 있다. 이 접근법에서 주로 다루는 것은 개인의 자요와 같은 기본권이나 공공정책의 문제를 둘러싼 갈등문제이다. 쟁점을 둘러싸고 있는 갈등이나 논쟁문제를 분석하고 판단하는 능력을 기르려는 게 이 접근법의 목표이다.

(2) 각 유형에서 강조하는 목적을 달성하기 위하여, 기본적으로 어떠한 교수·학습 방법을 활용하는가?

지혜로운 인간 형성을 위한 접근법 (The wisdom approach)	지식 전달에만 가치를 부여하는 이 접근법은 전체적이고 총괄적인 지식을 전달함으로써 어린이에게 폭넓은 교육 내용을 제공한다는 측면에서는 도움이 될 것 같다. 그러나 모든 지식은 언젠가 반드시 도움이 되고 지식이 곧 선이라는 측면은 일면 억지성이 있는 주장이 아닌가 싶다. 그렇게 모든 지식을 가르친다고 하지만, 일방적인 주입식 교육 방법으로 가르쳐 보았자 학습자에게 지적 혼란을 야기하고, 과연 효율적으로 그 지식을 기억하고 문제 상황에서 활용할 수 있을지 의문이다. 그리고 모든 지식을 소중히 보는 입장에서 지식을 어떤 순서로 가르치고 어떤 내용을 구성할 수 있을지도 단점으로 본다.
사회과학적 접근법 (The social science disciplines approach)	이 접근법은 사회과학자들이 사회현상에 대해 연구하는 것과 같이 이론의 증명 과정이나 사회현상의 인과적 설명 방법의 학습에 중점을 둔다. 따라서 교수 학습 과정에서는 증명에 도달하는 과학적 방법이나 분석적 개념을 중시하며, 사회과학의 성과로서의 지식을 가르친다 해도 그것 자체를 기억시키기 위해서가 아니라 새로운 문제를 밝히기 위한 도구의 제공이라고 생각한다.
조화로운 태도 형성을 위한 접근법 (The harmonist approach)	이 접근법은 조화로운 인간관계를 형성할 수 있는 가치와 방법을 가르치는 데 주목적을 둠으로써 학생들에게 문제를 일으키지 않고, 다른 사람을 배려하고, 타인과 의사 절충하고 타협하는 점들을 기르도록 함으로써 사회성을 기르는 데는 장점이 있다고 본다. 그러나 너무 평등, 우애 같은 점만을 강조한 나머지 사회과학의 내용, 방법들을 무시함으로써 사회성 면에서는 높지만, 사회문제라든가 지식에는 우매한 시민들을 양성하는 단점이 있지 않을까 생각된다.
위대한 국가 사회상 정립을 위한 접근법 (The image of greatest approach)	이 접근법은 조화로운 인간관계를 형성할 수 있는 가치와 방법을 가르치는 데 주목적을 둠으로써 학생들에게 문제를 일으키지 않고, 다른 사람을 배려하고, 타인과 의사 절충하고 타협하는 점들을 기르도록 함으로써 사회성을 기르는 데는 장점이 있다고 본다. 그러나 너무 평등, 우애 같은 점만을 강조한 나머지 사회과학의 내용, 방법들을 무시함으로써 사회성 면에서는 높지만, 사회문제라든가 지식에는 우매한 시민들을 양성하는 단점이 있지 않을까 생각된다.
시민적 행동 발달을 위한 접근법 (The civic action approach	이 접근법은 교실 내에서의 학습을 학교 밖의 시민적 활동으로까지 확대해 나가려고 시도함으로써, 생활 속에서 실천하고, 사회변혁을 위해서 행동하는 행동가, 사회 참여자를 만든다는 점에 강점이 있다고 하겠다. 또 교수과정에 있어서 지역사회의 사건 현상들을 조사대상으로 삼는 다는 점에서 사회에 대한 관심을 유도할 수 있다는 점이다. 그렇지만 지역사회에 대한 대상들을 교수 내용으로 삼으면 사회과학적인 내용이나 방법 같은 학문적 측면을 등한시하는 단점이 있을 것 같다.
법리적 접근법 (The jurisprudential approach)	이 접근법은 사회적으로 의견이 엇갈려 있는 어려운 문제에 대해서 학생들이 자기의 의견을 종합적으로 정리하고, 의사결정을 하여 자기 입장을 옹호할 수 있는 능력을 길러 줄 수 있다는 점에서 매우 의미 있는 모형이다. 사회의 안정적인 발전을 위해서 교육적으로 가치가 높은 모형이지만 사회의 기본가치를 옹호하고 비판의 대상에서 제외하였기 때문에 보수적이라는 비판이 있다.

(3) 각 유형을 지지하는 사회과의 강점과 약점을 평가하여 보자.

지혜로운 인간 형성을 위한 접근법 (The wisdom approach)	이 접근법은 지식은 이해와 지혜에 도달하게 함으로 선이고, 모든 지식이 필요하다고 보는 접근법이다. 지혜란 전체적인 역사상과 같은 것이며, 그러한 전체적인 역사상은 모든 역사, 세계사와 같은 총체적인 가르침을 사용함으로써 형성된다고 보는 것이다. 그러므로 폭넓은 지식을 전달하기 위하여 시민성 전달 모형의 교수 방법과 같은 전수하는 모형으로 교수해야 할 것 같다.
사회과학적 접근법 (The social science disciplines approach)	교수, 학습의 과정 방법은 과학 연구의 과정 방법을 그대로 옮겨다 놓은 것과 같다. 다만 그 과정을 교수자의 엄격한 통제 과정으로 보는 경우와 학습자의 자유로운 탐구 과정으로 보는 경우가 있어 일률적으로 그 특색을 말하기는 어렵다. 어떤 경우든 사회현상을 엄밀하고 객관적인 절차에 따라 관찰, 분석, 설명해 가는 방법을 이미 발견된 지식과 똑같이 중요시한다.
조화로운 태도 형성을 위한 접근법 (The harmonist approach)	이 접근법에서는 교수 내용보다도 집단작업, 교사 – 학생의 협동 계획, 교실 안에서의 민주주의 학습과 같은 학습형태를 중요시한다. 공격이나 경쟁은 배척되고 우애와 평등이 학급정신이 된다. 이 접근법에서 역사적 내용을 다룰 때는 공동행위나 집단적 연대를 선으로 하고, 공격이나 적대적 행위를 악으로 하는 가치 기준에서 교재를 선택한다. 역사는 하나의 교훈으로서 조화로운 가치 체계를 가르칠 수 있는 좋은 교재라고 생각한다. 여컨대 콜럼버스는 그의 부하들과 '협력'하여 신대륙을 발견했다든가, 워싱턴은 그 부하들과 '협력'하여 전쟁에 이겼다는 식으로 가르치는 것이다.
위대한 국가 사회상 정립을 위한 접근법 (The image of greatest approach)	이 접근법은 국민적 자각을 육성하는 사회과라고 볼 수 있다. 역사 내용 중에서 국가 민족을 위해 자극적이고 드라마틱한 행위를 연출한 인물이나 사건을 골라 줌으로써 위대하고 감동적인 국민상을 부각시키려 하는 것이다. 예컨대 어떤 열사가 국가의 독립을 위해 처절히 투쟁하는 모습, 혹은 처참하게 죽어 가면서도 최후의 일각까지 국가 민족을 사랑하고 염려하는 모습을 생생하게 전달함으로써 국민적 일체감을 갖도록 한다. 경우에 따라서는 본래 비교육적이라고 보는 살인, 방화와 같은 장면도 재현시켜 어린이를 흥분과 분노에 휩싸이게 하고 그 감정이 애국심 충성심으로 승화되도록 유도한다. 교수 방법으로서는 구체적인 '이야깃거리'를 이용하여 자극적으로 감동을 주거나, 혹은 시청각 교재를 이용한 영상효과를 노리기도 한다.
시민적 행동 발달을 위한 접근법 (The civic action approach)	실천적인 시민을 육성하기 위하여 지역사회에서 일어나는 사건 현상들을 조사하여 사회발전에 활용할 수 있도록 자료로 제공하는 등 사회현상에 대해 잘 이해하고 사회의 전반적인 활동에 잘 참여하도록 하는 실천적 행동의 훈련을 중시한다.
법리적 접근법 (The jurisprudential approach)	이 접근법의 교수 모형은 제기된 문제에 대하여 (1) 개념의 명료화 (2) 경험적 증거에 의한 사실의 증명 (3) 가치갈등의 해결 등 세 가지 방법에 의하여 문제를 해결하려고 시도하였다. 가치갈등의 해결의 기준으로서는 윤리적 법률적 원칙과 가치를 기준으로 제시했다.

☞ 다음 앵글의 사회과 교육의 유형을 보고 논의하여 보자.

(1) 각 유형이 지향하는 사회과의 목적은 무엇인가

① 단순화된 사회과학으로서의 사회과

사회과는 여러 가지 사회과학적 지식을 가르치는 교과이며, 단지 학생의 수준을 고려하여 단순화 또는 번역한 것이라는 것이다. 즉, 학생들은 정치학, 경제학, 사회학 등의 사회과학을 각각의 학문이 갖는 학문적 근거에 따라 교양 교육적 차원에서 교수하면 궁극적으로 시민적 자질 육성이 성취될 수 있다고 생각하는 것이다.

② 시민교육으로서의 사회과

사회과는 훌륭한 시민적 자질 육성을 직접적으로 목표하는 교과라는 입장으로서 앵글은 이를 다시 3형태로 나누고 있다.

(2) 위 유형 중 '시민교육으로서의 사회과'의 방법으로 대표적인 것으로 언급되는 것은 어느 것인가?

① 통합 사회과(United Social Studies)

이 사회과는 '광범위한 사회문제에 보다 직접적으로 접근하기 위하여 사회과학의 내용을 재구성하고 통합하여 시민적 자질 육성 목표를 달성하려고 한다.' 따라서 이 형태의 사회과는 단순화된 사회과학이 아니라 통합되고, 종합된 혹은 응용된 사회과학을 내용으로 한다.

앵글이 말하는 통합 사회과는 사회문제 해결을 위해 사회과학의 광범위한 내용을 종합적으로 이용한다. 이와 같이 사회문제를 사회과학적으로 추구하는 훈련을 쌓음으로써 사회문제에 지적으로 대처할 수 있는 시민이 육성될 수 있다고 보는 입장은 전통적인 사회과의 계보에 속한다고 볼 수 있다. 이 입장은 사회생활을 하고 있는 인간의 삶을 전체적, 통일적인 것으로 파악하고 있으며, 또 사회현상이나 문화현상도 전체적인 것으로 파악하여 전체적 삶을 영위하는 인간에게 전체적인 사회를 학습시켜야 한다는 교육학적 근거를 갖고 있다고 할 수 있다.

② 교화주의 사회과(Indoctrination)

훌륭한 시민적 자질의 육성을 목표로 하는 사회과의 입장에서는 시민으로서의 '훌륭한' 가치·태도를 전제하고 있다고 볼 수 있다. 따라서 시민적 자질의 육성을 중심과제로 삼는 사회과를 주장하는 사람들 중에는 사회과의 역할은 특정한 가치, 태도를 주입하는 것이라 생각하는 그룹이 있을 수 있다. 앵글은 이런 그룹의 주장을 다음과 같이 정리해 주고 있다.

"사회과의 목적은 학생들에게 무엇이 가치 있는 것인가를 가르치는 데 있을 뿐 대립하는 가치들 사이에서 어떻게 선택할 것인가를 훈련하는 데 있지 않다."

요컨대 이 입장의 사회과는 가치판단의 과정을 학습하거나 판단에 필요한 훈련을 시키는 게 아니라, 의심할 여지가 없는 결정적인 가치를 주입하는 것을 과제로 삼고 있다.

③ 의사결정 과정을 중시하는 사회과(Decision - Making Process)

앵글은 결정적인 가치를 주입하는 데 중점을 두는 사회과와 달리, 의사결정 과정을 가르쳐야 한다고 주장한다. 이는 부르너 등이 과학의 탐구 과정과 구조의 발견이라고 하는 과학적 연구과정을 중시하였던 데 비하여 가치가 대립하는 논쟁문제에 관한 가치판단, 결단의 과정을 보다 합리화시키려 하는 특색을 갖는다.

☞ 바아, 바스, 셔미스(Barr, Bath & Shermis)의 사회과의 3가지 전통이 위의 유형들을 어떻게 포섭할 수 있을까? 요약해 보자.

(1) 시민성 전수를 위한 사회과
   ① 지혜로운 인간 형성을 위한 사회과(올리버)
   ② 위대한 국가 사회상 정립을 위한 사회과(올리버)
   ③ 교화주의 사회과(앵글)

(2) 사회과학으로서의 사회과
   ① 단순화된 사회과학으로서의 사회과(웨슬리, 앵글)
   ② 사회과학적 접근법(올리버)
   ③ 통합 사회과(앵글)

(3) 반성적 탐구로서의 사회과

　① 성역에 대한 반성적 탐구(헌트 & 매트갈프)

　② 시민적 행동 발달의 위한 접근법(올리버)

　③ 법리적 접근법(올리버)

　④ 의사결정 과정을 중시하는 사회과(앵글)

☞ 연구자・학습자 자신이 그리고 있는 사회과와 가장 밀접한 관계가 있다고 생
　각되는 사회과의 유형은 무엇인가? 그 목적은 무엇인가? 어떤 방법으로 접근
　해야 하는 사회과인가? 발표하여 보자.

복잡하고 다양한 변화 속에서 자신의 참모습을 잃어 가는 아이들에게 뚜렷한 목
적의식과 만족스러운 생활양식을 찾을 수 있도록 바람직한 가치를 심어 주고 올바
른 의사결정을 할 수 있는 능력을 키워 줄 수 있도록 학생들이 관심을 갖는 문제
를 중심으로 교육하는 것이 중요하다.

종합 정리

1. 주요 개념

주요 개념 및 키워드
○ 사회과의 성격, 사회과의 관점, 사회과 교육의 접근 ○ 사회과 목표의 구체성, 사회과 목표의 추상성, 사회과 구조적 측면 ○ 문화적 지식, 기초적 지식, 교양적 지식, 구조적 지식, 개념적 지식 ○ 사실적 지식, 개념적 지식, 규범적 지식, 사회과의 기능, 사회과의 역할 ○ 사회과 성립기, 사회적 변동, 교과의 구조 ○ NCSS, 신사회과, 시민교육, Oliver의 유형, Engle의 분류

2. 탐구 문제

1) 사회과(교육)를 바라보는 관점과 접근 방법에 대하여 간단하게 기술해 보시오.

2) 전통적 사회과와 신사회과(New social studies)의 공통점과 차이점에 대해서 설명해 보시오.

3) 사회과 교육을 중심으로 지식에 관한 실질도야론과 형식도야론을 설명해 보시오.

4) 기초적 지식으로서의 3R's(讀·書·算)를 사회과의 기능적 목표와 비교, 관련하여 설명해 보시오.

5) 지식의 구조인 사실, 개념, 일반화를 사회과 교육과 관련하여 약술(略述)해 보시오.

6) 사회과의 두 가지 성격인 교육사회적 논리와 과학적 논리를 바탕으로 규범적 목표, 사실적 내용을 설명해 보시오.

Chapter 3

사회과의 전통과
민주시민성

제1절 사회과와 민주시민성

---

1. 사회과와 시민성

사회과는 근본적인 교육적 목표가 올바른 시민의 육성과 자질의 계발이라는 지향점을 가지고 있다. 올바른 시민의 육성과 자질의 계발이라는 것은 간략히 농축해서 말하자면 현 시대가 요구하는 바람직한 민주성을 가진 시민을 부르는 말이다.

자신이 살고 있는 이 사회에서 자신의 역할을 알고 순리에 맞게 행동할 줄 아는 그런 시민이 많은 사회를 이상적인 사회로 생각하고 있는 사회과가 시민성을 중요시하는 것은 당연한 점일 것이다.

2. 시민성의 두 측면(공동체 구성원의 자질 + 원만한 사회생활 영위 시민의 자질)

① Citizenship이라는 용어의 어원은 'CIVITAS'라는 말로 '국가나 공동체를 구성하며 이를 위해 기능하는 개인이나 제도의 역할'이라는 뜻으로 사용되었다.

② Citizenship이라는 말은 시민으로서의 요구되는 자질이라는 뜻이 담겨져 있다. 시민성은 특정 시대에 따라 다르게 그려질 수 있을지 모르지만 특정한 시대와

사회에서 형성된 사회적 관계에 근거해서 요청된 자질이라는 공통점이 있다.

③ 모든 활동 양식이 시민성이 될 수 있는데 모든 관계, 자신과 타인, 타인과 타인 등 삶의 과정에서 나타나는 일체의 관계에서 요구되는 행위의 표준이 시민성이 되는 것이다.

④ 시민성은 사회와 분리되어 있는 개인을 상징하는 것이 아니라, 사회 속에서 간주관적인 행위를 주고받는 행위의 주체를 상징한다.

⑤ 시민성은 일반 사회에서 통용되고 믿어지는 표준적인 행동과 상식을 기준으로 정의된다.

3. 시민성에 대한 관점

시민성에 대한 관점은 시민성을 내용으로 보는 관점과 형식으로 보는 관점으로 나뉜다. 전자는 좋은 행위와 나쁜 행위를 구별해 주는 규범적 기준에 따라 해야 할 행위와 하지 말아야 할 행위를 구체적으로 제시하는 입장이며, 후자는 어떻게 하는 것이 옳은지 문제가 되는 사태에서 문제를 해결하는 데 요구되는 절차나 원리 등을 적용할 수 있는 지적 능력을 시민성으로 보는 입장이다. 따라서 시민성을 내용으로 보는 입장은 사회적 실행이나 도덕적 관례, 덕목 등에서 시민성을 구하는 반면 형식적으로 보는 입장은 자율성에 기초한 합리적 판단 능력에서 시민성을 추구한다.

(1) 내용으로 보는 관점

① 도덕성은 개인에서 비롯되는 것이 아니고 외부에서 제시되는 표준으로서의 도덕성을 전제한 뒤 그 도덕성을 내면화하여 개인이 져야 할 품성으로 본다는 점의 학자들 간의 공통된 견해가 있다.

② 덕목과 같은 내용으로서의 도덕은 한 개인의 삶이 시작되기 이전에 이미 역사와 사회 속에 존재해 있으며, 개인의 삶은 그러한 역사와 사회가 지향하는 표준을 좇아 의미 있는 시작과 끝을 만들어 가는 것이다.

③ 시민이 따라야 할 행위의 표준으로서의 시민성이 새롭게 변화해 갈 수 있는 여지가 있음을 인정하고 그러한 변화의 여지를 판단과 선택의 합리성에

맡긴다.

(2) 형식으로 보는 관점

① 특정한 가치나 덕목 등을 시민성으로 표준화해서 행위 주체에게 전달할 수 없다는 데 공통적인 의견을 지니고 있는 관점이다.

② 특정 가치나 덕목을 도덕성으로 내세울 경우 그것이 도덕적인 진리임을 증명할 수 있는 근거를 갖추지 못했음에도 불구하고 그것을 외적으로 강요하는 교화에 빠질 수 있다는 비판이 제기된다.

③ 일정한 절차와 원리에 따라 주어진 사태에서 요구되는 시민성이 무엇인지를 판단하고 선택하는 지적 능력을 시민성으로 간주한다.

④ 지적 능력의 발달을 시민성의 발달로 간주하고 있다.

⑤ 자율적 행동에 대한 판단으로 선택의 합리성을 추구하는데 이는 좋은 행동 나쁜 행동을 구별하는 데 관심을 갖기보다는 옳은 혹은 그른 판단을 구별해 내는 데 주된 관심이 있다.

4. 형식 측면과 내용 측면의 관계

① 이 두 관계는 대립하거나 배타적인 관계가 아니고 단지 시민성의 측면을 달리하는 관계에 놓여 있는 것으로 보아야 한다.

② 두 측면은 상보적이며 동시에 변증적인 관계에 있는 것으로 볼 수 있다.

③ 두 측면은 관계와 관련해서 각각의 관점에 대해 서로 다른 가정을 지닌다. 덕목 등과 같은 내용으로 시민성을 나타내는 관점은 관계를 사회와 관련지어 그 속에서 구하고, 합리성에 근거하는 지적 판단 형식에서 시민성을 구하는 입장은 관계를 사회 속에서 구하지 않고 자신 스스로의 판단과 선택을 통해서 모색한다.

④ 두 측면은 표준에 있어서 각각의 관점에 대해 서로 다른 가정을 지닌다. 덕목 중시의 입장은 행위 주체가 따라야 할 규범적 표준이 있음을 가정하고 반면 합리적인 판단 능력에서 시민성을 구하는 입장은 규범적 표준을 따르기보다는 어떤 행위가 옳은 행위인지를 판단하고 선택하는 인지적 능력을 중심으

로 도덕적 원리나 절차와 같은 인지적 기술적 기준을 따른다.

⑤ 시민성에 대한 두 관점은 행위와 관련해서 차별되어야 한다는 가정을 지닌다. 내용 중시 입장은 시민성에 행위가 포함되어야 된다고 하고 형식 중시 입장은 시민성에 행위가 내표되어 있지 않다고 보고 행위는 단지 생각이나 판단에 의해 자연스레 생기는 현상으로 본다.

5. 시민성의 지향점

① 시민성이라는 개념은 두 측면으로 나뉘고 각각의 측면에 들어 있는 가정들이 서로 다르지만, 양자의 관계는 갈등적이거나 배타적이지 않고 변증적이며 상호관계적인 관계에 있다.

② 우리들은 시민성과 시민교육의 목적을 같은 것으로 보는 관점이 필요하다.

③ 시민은 덕목을 배우면서 동시에 그러한 덕목에 들어 있는 합리성을 함께 배우는 것이 된다.

제2절 민주시민성의 모형

1. 시민성 모형

1) 시민성의 구조

사회과 교육은 사회에서 전래되어 오는 문화적 유산을 학생들에게 전수하여 학생들이 미래 사회의 훌륭한 시민이 되게 하는 것이 목적이라는 전통적 사회과 교육의 모형이 곧 시민성 전수 모형이다. 민주시민성은 정체성, 덕목, 법률적 측면, 정치적 측면, 사회적 측면 등의 요소 구조, 지식, 기능, 가치·태도 등의 교육 요소, 그리고 세계, 대륙, 국가, 지방 등의 지리적 수준 요소 등 3차원적 구조로 구성된다. 이와 같은 입체적 구조를 통해서 학생들은 원만한 사회생활을 영위할 수 있는 민주시민성을 함양하게 되는 것이다.

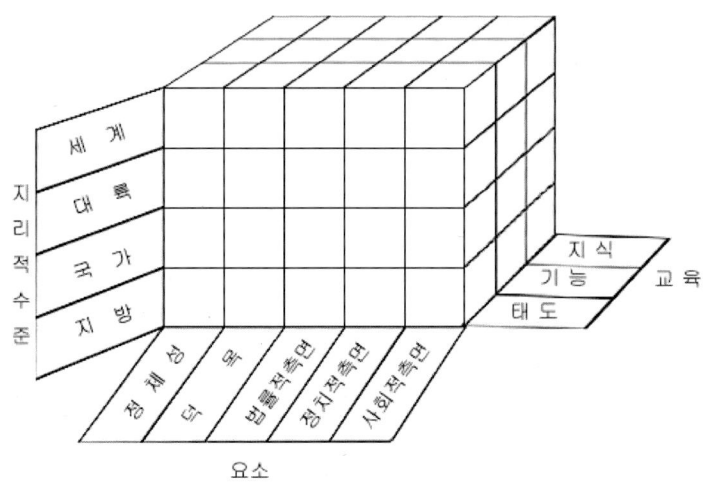

[그림 2] 민주시민성의 3차원 구조

2) 시민성 목록

사회과의 시민성 전수 모형(Citizenship Transmission Model)은 학습자는 시민성 함양을 위하여 바람직한 가치 수용을 하여야 하며, 교사는 이러한 가치 전수를 독려해야 한다는 입장이다. 가치의 정보(正誤) 여부는 기성세대에 의해 전통적으로 판단이 내려진 상태이기 때문에 학습자는 수용하기만 하면 된다는 입장이다. 그렇기 때문에 사회과 교수·학습은 교과서 암송, 교사의 주입 등이 주류를 이루며, 학습자는 수업의 주체라기보다는 객체로서 수업의 과정에서 주로 수동적 위치에 서게 된다(남호엽, 2008: 24 - 25).

시민성 전달 내지 문화유산 전달로서의 사회과는 사회 구성원인 민주시민으로서 갖추어야 할 자질이란 이미 사회적 합의를 얻고 있는 것으로 보고, 그것을 다음 세대에 전달, 전수하여 사회적 안정과 발전을 기대하려고 한다. 이와 같은 사회과 교육이 갖는 특징은 교육 내용으로서 중요한 것은 사회적 합의에 도달한 가치이고, 그것의 전수 방법으로서는 기본적 전달, 자유로운 교화라는 데서 찾을 수 있다. 전달자로서의 교사는 훌륭한 시민을 어떤 가치와 태도를 견지하고 안정된 공공 활동에 참여하는 사람으로 규정하고, 이러한 사람을 육성하려는 데 목적을 두고 있다.

여기서의 전달은 단순한 물리적 인계인수의 의미라기보다는 유의미한 교수와 학습의 의미이다. 현대 사회과 교육에서는 지구촌 사회, 세계화 사회를 맞아 이와 같은 민주시민성 함양, 세계시민성 배양은 더욱 강조되고 있다.

〈표 7〉 민주시민성의 목록

시민성의 책임		시민성의 권리	
부패한 형태	참된 형태	참된 형태	부패한 형태
·법과 질서 ·강제된 동질성, 복종 ·권위주의, 전체주의 ·다수결주의 ·가장된 위선 ·국수주의, 외국인 혐오증	·정의 ·평등 ·권위 ·참여 ·진실 ·애국심	·자유 ·다양성 ·사생활 ·정당한 절차 ·소유권 ·국제적 인권	·무정부 상태 ·불안한 다원주의 ·자유의 절대화, 사유화 ·범죄 취약성 ·인권보다 소유권 중시 ·문화적·민족적 제국주의
	민주적 시민성		

출처: 박상준. 사회과 교육의 이론과 실제. 교육과학사. 2008: 51.

2. 세계화와 시민성

1) 현대 사회의 특징

(1) 정보화, 다양화, 전문화: 다분기화(多分岐化)

① 정보를 생산, 관리, 전달 활용하는 인간 활동 일체를 의미하는데, 이러한 정보화가 사회 전체적으로 큰 비중을 차지하는 상태를 정보사회로 정의한다.

② 정보사회에서는 인간의 지적 능력 내지 지적 활동에 대한 사회 각 분야의 의존도가 대단히 높아진다.

③ 정보사회에서는 시공간의 압축이 심해질 것이다(지구촌이라고 표현).

(2) 세계화

① 세계화는 국가 간 상호 의존성이 증가해 자본, 기술, 정보, 문화, 인력이 국경을 넘어 자유로이 이동하는 현상을 뜻한다.

② 경제의 세계화에 관해서는 긍정적인 입장과 부정적인 입장이 대립해 왔다.

③ 민족이나 국가는 문화적 고유성에 의해 판별될 가능성이 커져서 문화적 자

주성이나 정체성을 확보하는 과업이 세계화 전략의 하나로 대두하게 된다.

④ 세계화와 비슷한 개념으로 국제화라는 용어가 있는데 이 둘의 차이점은 상대적인 중심의 축이 범지구적이냐 아니면 쌍방적 국가의 국제 관계에 있느냐라는 차이가 있다(세계화는 국제화보다 넓고 고차원적 개념).

(3) 분산화

① 분산화는 집중화에 대응하는 개념으로서, 조직체계와 관련해서는 주로 권한이 하부구조로 위임되는 분권화를 공간과 관련해서는 각종 형태의 자원들이 외곽으로 산포(散布)되어 나가는 주변화 현상을 지칭한다.

② 정보 사회에서의 도시 발전 모습은 분산된 형태로 나타날 것으로 간주하고 있다.

③ 분산화의 영향으로 전통적인 상의하달식 방식이 무너지고 그 권한의 분산이 이루어지는데 이 분산은 사회혼란을 초래할 수 있으므로 자율적 효율성을 견지할 수 있는 방안 강구가 시급하다.(역동적 리더십 변혁적 리더십 필요)

2) 세계화 · 지식기반사회에서의 시민성의 변화

① 21세기는 다양한 표현이 있겠지만 정보를 기반으로 경쟁력을 결정하는 지식기반사회가 될 것이다.

② 21세기는 지식 생산을 위한 평생학습이 국가 발전의 핵심 요소가 될 것이다.

③ 지식기반사회에서는 앎을 터득하는 방법을 깨닫게 하는 지적 수준의 행상이 이루어져 지적 무기력을 극복할 수 있는 자율적 역량을 강화하는 방향으로 시민성 교육이 나아가야 한다.

(1) 탈국가적 시민성(시민성의 변화)

① 전통적인 시민성의 개념은 시민의 권리와 의무 간의 균형으로 이루어진다.

② 시민권은 엄밀한 의미로 개인과 국가 사이에 존재하는 일련의 관계들이다.

③ 기존의 시민성은 국민국가라는 울타리 속에서 대체로 단일한 지위와 동일한 권리 및 의무를 의미하였다.

④ 이제 시민교육은 국가적 시민성 차원을 넘어 사회적 환경이 변화를 반영해야 하며 또 한 그 변화에 맞서 규범적으로도 대처할 수 있어야 한다.

⑤ 시민은 이제 지구촌이나 가상 공동체의 구성원으로서 세계시민이 되므로 시민성 교육은 이제 탈국가적 시민성을 지향해야 한다.

(2) 세계화·정보화·지식기반사회에서 요구되는 시민성(인간상)

① 지식기반의 사회는 스스로 당면 문제의 해결력과 실용적인 정보의 수집으로 고부가 가치를 높이는 실용적 인간을 요구한다.

② 미래의 인간상은 미래 사회가 제시하는 다양한 변화 중에서 특히 경제적 변화에 가장 역점을 두고, 국가의 부 창출에 기여할 수 있는 역량을 지닌 인재로서 개념화되고 있다.

③ 엘리트주의적 발상보다는 부단한 자기 혁신 노력에 의해 누구나 사회가 요구하는 바람직한 인재로 탈바꿈할 수 있다는 가능성을 제시하는 대중 중심적 개념이다.

④ 자신만의 지식을 타인에게 전달하고 공유할 수 있는 능력의 연마, 그리고 이를 적극 권장하고 보상할 수 있는 시스템 구축의 필요성이 강조된다.

제3절 다중시민성과 세계시민교육

1. 다중시민성의 의미

다중시민성은 동일한 개인에게 서로 다른 수준의 시민의 지위가 중층적으로 주어지는 것을 말한다. 그리고 서로 다른 시민성 간의 관계가 어떻게 되느냐에 따라 시민으로서의 한 개인이 따라야 할 행위의 표준이 좌우된다.

2. 다중시민성의 두 가지 견해: 긍정론 대 부정론

① 다중시민성 부정론

시민은 한 국가의 시민으로서만 존재한다는 입장으로, 시민의 지위는 제도적으로 보장되는 법률적인 지위이며, 현재 시점에서 법률적인 지위를 부여하는 정치 공동체는 국가 외에는 없다.

② 다중시민성 긍정론

시민은 서로 다른 수준의 여러 시민의 지위를 지닐 수 있으며 궁극적으로 세계시민으로 성장한다는 입장. 국가로부터 부여된 법률적인 시민의 지위를 지니고 있는 시민이라 할지라고, 국가 수준을 넘어선 세계 규모의 비정부 조직에의 가입을 통해 세계시민 의식을 지닐 수 있다.

(예) 1. 'Green Peace', Amnesty 소속 구성원
    2. Habermas의 시민들의 다중적 정체성
    3. Heater의 다중시민성
       ① 핵실험 포경 반대 환경 보호를 주장하는 국제단체
       ② 세계인권선언의 인권 보호 및 증진 운동단체

3. 세계시민교육: 사회과 교육과정 편성의 다섯 가지 준거(NCSS)

① 세계화는 인간 경험의 세계를 초국가적, 교차문화적, 다문화적 상호작용의 세계로 이끌었다.
② 개인, 다국가적 비정부 집단(교회, 국제기구, 학회 등), 지방정부 및 민족 지도자 등은 모두 세계를 형성하고 움직이는 현재적 행위자들이다.
③ 과거와 현재의 사회적, 정치적, 경제적, 생태적 실체 그리고 대안적인 미래는 상호 연관되어 있다.
④ 인간과 환경은 제한된 자원에 처해진 유일한 상호 의존적인 시스템을 구성한다.
⑤ 모든 사람은 세상사에 참여(관여)하는 방식에 있어 선택적으로 반응한다.

4. 영역별 세계시민교육: Lynch(1987)

① 발달교육(Development education)
② 환경교육(Environmental education)

③ 인권교육(Human – right education)

④ 평화교육(Peace education)

⑤ 다문화교육(Multicultural education)

⑥ 국제이해교육(Education for international understanding)

5. 세계시민성 함양을 위한 학습 요소 범주: Heater

〈표 8〉 사회과 시민적 자질 구성 요소

지식 요소	가치 요소	기능 요소
사실(fact)	자기이해(self understanding)	판단(judgement)
이해(interpretation)	타인 고려(respect for others)	의사소통(communication)
개인적 역할(personal role)	가치 존중(respect for values)	행동(action)

6. 세계시민교육의 지향점

세계시민교육은 구체적인 내용이 무엇이냐와 무관하게 일정한 원리나 관점 형식 등의 측면에서 교육과정 차원의 처방을 제안하는 공통점을 보인다. 전체와 부분에 관한 과제에 관한 인식, 시간적·공간적 맥락을 이해, 차이에 관한 상대주의적 이해 등을 토대로 보편적이고 합리적인 기준을 적용할 수 있는 인지적 판단 형식을 중시하는 동시에 집단 과정에서 요구되는 절차적 기능 등을 중심으로 하는 처방으로 전환하고 있는 것이다.

이와 관련하여 세계시민교육에 부응하는 학습 방법의 하나로 논쟁점 학습이 주목을 받고 있다. 그 이유는 논쟁점 학습은 쟁점에 관련된 '지식과 근거의 탐색, 가치의 명료화 언어 분석' 등을 통해 세계시민으로서 요구되는 판단 능력을 길러 주기 때문이다.

제4절 사회과 교육과정 및 사회과 교과서와 민주시민성

1) 민주시민교육을 위한 교과로서의 사회과 교육

사회과 교육은 시민적 자질을 배양해 주기 위한 사회과학과 인문과학의 통합 과학이며 사회과 교육의 근본 목표는 학생들로 하여금 문화적으로 다양하고 상호 의존적인 세계의 민주시민으로서 사회적 공공이익에 기여하는 의사결정을 하도록 도와주는 역할을 하는 것이다. 민주시민교육이야말로 사회과의 본질적 목표이자 초점이다

즉, 사회과 교육은 학교에서 학생들을 상대로 실시하는 시민교육이나 시민성 교육이라고 할 수 있다.

2) 민주시민성의 구성 요소

〈표 9〉 민주시민성의 구성 요소 선정 자료표(학자별)

시민성 \ 학자	버츠	라스웰	로쿠우드 &해리스	힐	칼스니스	알몬드 &버바	바르브	레인	코헨	정세구	전득주	이영덕	조도근	고영복	차경수	빈도수
인간 존중		O		O	O	O	O	O	O	O		O	O		O	11
자율성	O		O	O	O		O			O		O	O	O	O	10
평 등	O		O	O											O	4
정 의	O				O	O										3
공동체의식					O							O				2
개방성		O					O		O	O	O					5
준별성		O				O	O	O		O		O	O	O	O	9
책임의식								O		O			O		O	4
합리적 의사결정								O	O	O		O		O	O	6

3) 사회과 교과서 분석을 통해 본 민주시민교육 특성

(1) 교과 내용 분석 방법(지학사에서 발행한 황만의 외 12인 공저, 『고등학교 사회』 교과서를 중심으로 내용체제를 분석)

〈표 10〉 민주시민성 구성 요소 하위 개념

민주시민 구성 요소	
상위 개념	하위 개념
인간 존중	■ 인간 생명 존중
	■ 인간의 기본권
	■ 이성적 존재로서의 인간
	■ 인간의 능력과 재능 존중
자율성	■ 법적, 정치적 자유
	■ 경제적 자율
	■ 사회적 자율
준법성	■ 준법정신
	■ 각종 규칙 준수
	■ 질서의식
합리적 의사결정	■ 사고의 합리성
	■ 쟁점의 합리적 해결
	■ 합리적 소비생활
개방성	■ 상대방에 대한 개방성
	■ 정치적 개방성
	■ 경제의 개방성
	■ 사회 문화적 개방성

(2) 내용 분석 결과

민주시민성 분석 자료 준거의 5가지 요소를 인간 존중, 자율성, 개방성, 준법성, 합리적 의사결정 등으로 하여 그 하위 개념을 고려하였다.

4) 현행 사회과 교과서의 문제점과 개선 방안

(1) 민주시민사회의 구성원으로서 갖추어야 할 중요 요소들이 대단원별로 편중되어 나타난다.

(2) 위의 덕목들이 민주시민교육을 위해서 결정적인 위계를 가지는 것은 아니라 하더라도 인간 존중의 영역은 가장 상위의 덕목임에 틀림이 없을 것임에도 불구하고 그 중요성에 비해 타 덕목과의 비율을 고려할 때 강조하는 바가 너무 낮다.

(3) 각 덕목의 안배에 있어서의 특징 덕목이 지나치게 많이 안배되어 있다.

(4) 학교 현장에서의 민주시민교육에 있어서 교과 외적 요인(사회적 정치적 요인

등)과의 관련성 규명과 현실적 이해는 탐구활동이나 수행평가를 통해 가능하지만 주어진 시수에 비해 학습량이 많다.

(5) 우리와 비슷한 현대사적 위기를 겪었던 제3세계의 민주시민교육과의 비교 언급이 부족하다.

① 민주시민성 함양을 위한 정치교육 방안

정치교육은 실제 경험이나 훈련을 통해 학생들에게 민주시민의 자질을 함양시켜 주어야 하며, 정권으로부터 학문적 자주성을 확보해야 한다. 또한 정치교육은 학교교육을 통해 완성될 수 있는 것이 아니므로 평생교육의 차원에서 다루어져야 한다.

② 민주시민성 함양을 위한 경제교육 방안

경제의 기본원리를 통하여 논리적인 사고를 할 수 있도록 하는 경제교육이 필요하며 바람직한 경제교육은 민주시민교육과 밀접한 관련하에서 이루어지도록 해야 한다. 또한 경제적 측면의 합리성만 지나치게 강조하지 말고 민주시민성의 자질에 있어 '인간 존중'이나 '준법'과 같은 민주시민성의 구성 요소와 복합적으로 이루어지는 것이 바람직하다.

③ 민주시민성 함양을 위한 사회문화 교육 방안

사회·문화 교육의 내용 선정이 그 사회의 성격을 조명하고 발전시킬 수 있는 미래 지향적인 내용으로 조직되어야 하며 인간 행위를 전체적인 입장에서 이해하고 평가할 수 있는 내용에 관심을 가져야 한다. 또한 시뮬레이션 게임이나 역할놀이와 같은 능력의 실제 내용 적용 연습을 통해 실효성 있는 학습을 만들어 주어야 한다.

5) 민주주의와 사회과 교과서

민주주의는 인류가 만들어 낸 정치체제로서 가장 훌륭한 제도이다. 인간을 존중하고 자유와 평등을 보장하고자 하는 민주주의의 이념은 앞으로도 계속 발전되어야 할 인류의 소망이기도 하다. 이러한 민주주의가 더욱 발전하기 위해서는 시민들의 의식이 가장 중요한 밑바탕이 된다. 그러므로 민주시민의 자질을 향상시키는 것은 오늘날 우리 인류의 공통된 과제이며 사회과 교육이 가장 큰 역할을 담당해야 하는 분야이기도 하다. 민주주의 발전을 위해 앞으로의 사회과 정치, 경제, 사회·문화 교육

등 각각에서 민주시민 자질 향상을 위한 더욱더 체계적이고 적극적인 노력이 필요하다.

또한 교육적 차원에서 일관성 있는 교육정책과 지속적인 행정 지원 및 민주시민 교육에 관한 인식과 교육 방법에 관한 교사교육이 실시되어야 한다. 동시에 사회과 수업이 교사의 강의와 교과서만으로 진행되는 것이 아니라 자유롭게 토론할 수 있고, 학생 스스로 문제를 해결할 수 있는 학급 및 학교 환경을 형성해 나가야 한다. 그리고 이 모든 것들이 진행되는 사회적 배경이 진정한 민주시민교육을 실현시키는 데 아무런 장애 요인이 되지 않도록 정치, 경제, 사회 등의 제 영역에서 민주적 발전이 이루어져야 한다.

제5절 사회과 교육론: 사회과 전통과 민주시민성 교육 분석

1. 시민교육으로서의 사회과 교육의 특수성과 사회과 전통 탐구

사회과 교육에 관한 정의는 학자의 수만큼이나 많이 있다. 그러나 그중에서 가장 중요한 것은 사회과 교육은 인간과 사회의 바람직한 관계를 연구하면서 사회문제를 학습하고 사회생활에 필요한 국민의 자질을 형성하는 교육이라는 것이다. 즉 사회과 교육의 목적이 시민교육이라는 데는 별론의 여지가 없다 하지만 사회과 교육 전공의 교육자들은 훌륭한 시민을 어떻게 양성하는가 하는 점에 대한 협의된 견해를 도출하지 못했다는 대립은 항상 있었다. 사회과는 '훌륭한 시민'에 대한 여러 정의로 엉켜 있었고, 그 정의를 둘러싼 대립은 아직도 계속 이어져 내려온다. 사회과는 관심이 집중되는 격렬한 투쟁의 장소이며 각종 압력이 외부로부터 쏟아지기 때문이다. 또한 교사들은 역사 전공, 지리 전공, 사회학 전공, 정치학 전공 등 배경이 매우 다양하다. 그러나 사회과 교육이란 역사, 정치, 경제, 지리 등 개개 학문의 교육이 아니라 시민교육을 목적으로 역사, 사회과학, 인문과학을 통합해 가는 교과라고 정의할 때 사회과의 시민성 교육의 문제점을 알아보고 개선방안을 고민하기 위해 개념과 기준을 정립하여 사회과의 전통을 분류해 보는 것은 사회과의 시민성 교육 발전을 위해 큰 의의가 있는 것이다.

2. 사회과 교육에 대한 교사들의 대화

> ・장소: 말라드 필모어 고등학교
> ・대화내용: 사회과 교육
> ・등장인물
> (1) 교생: 타운슬리
> (2) 사회과 교사
> ・굿리치 – 시사문제로 학생에게 접근, 가치 명료화 수업
> ・레너드 – 인류학 전공, 사회과학 수업
> ・빌헬름 – 학생의 흥미와 관심 중시, 뜨개질이 취미
> ・존슨 – 가치교화
> ・크리비츠 – 역사 전공, 전통전달, 교과서 내용 강의
> ・파커 – 교외에서 학생들과 잘 어울림
> ・프리먼 – 부속 초등학교 사회과 교사
> (3) 교감: 시츠마노브스키 – 학교 교육개혁 중시
> (4) 교장: 데이비스 – 전형적인 엄격한 학교 관리자
> (5) 학생: 브라운 – 수업시간의 말썽꾼
> 조지 – 브라운의 친구

<생각거리 1>

이야기에 등장하는 사회과 교사들이 각각 주장하는 사회과의 목표, 내용, 방법을 시민성 교육과 관련하여 정리해 보고 사회과의 3전통에 맞추어 분류해 보시오.

3. Robert Barr, James L Barth, S. Samuel Shermis의 사회과 3전통

구분	(1) 시민성 전달 모형	(2) 사회과학 모형	(3) 반성적 탐구 모형
핵심어	– 규범, 전통, 문화, 의무 공동의 가치	– 탐구, 이해, 해석 – 신사회과 교육	욕구, 흥미, 문제 해결 의사결정, 토론, 평가
기원 · 배경	– 원시시대 종족 생존 전략 – 제도화 – 문학, 역사학 – 다민족 국가로서의 국민 통합의 필요성	・직접적 배경 – 세네시(L. Senesh) Bruner의 [교육의 과정](The Process of Education) – 교육과정의 변화에 대한 시대적 요구 → 신사회과 교육 ・역사적 배경(19, 20세기) – 역사기술법 – 학문의 구조와 탐구학습 – 학교 사회과 교육위원회결성 (1929)	– 급속한 사회변동의 지식 폭발 속에서 필요한 올바른 가치 전달 방법에 대한 해결책으로 제시

구분	(1) 시민성 전달 모형	(2) 사회과학 모형	(3) 반성적 탐구 모형
목적	- 각종 의무와 책임을 수행하는 시민성 함양	- 사회과학의 탐구 방식을 철저하게 습득한 미래시민 양성→꼬마 과학자→사회과학적 탐구 능력 향상	- 문제에 대해 비판적으로 사고하여 합리적이고도 숙고한 의사결정을 내리는 시민 양성 - 학생의 합리적 의사결정 능력 향상
내용	- 문화유산의 전달 - 바람직한 가치의 전달 - 내용보다 내용에 대한 교사의 해석 중시 - 내용에 있는 가치, 신념 중시	- 사회과학의 성격, 생각, 개념, 이론, 원리, 가정 - 사례 연구, 사진, 문제, 제1차 자료	- 주제 중심 혹은 문제 중심의 교과 내용 - 의사결정, 흥미와 관심, 시사적인 문제, 즉각적인 필요와 사회적으로 중요한 문제(쟁점) - 사적으로 의미 있고 사회적으로 공유된 문제
방법	- 교사 중심의 일방향식 지식 전달 - 선전문구, 교수의 웅변조 설명, 교실환경(잠재적 교육과정) - 직접적 전달: 교과서 - 간접적 전달: 칭찬과 벌 - 탐구 지향적 전달: 일부 문제에 대한 탐구 허용	- 사회과학적 탐구 절차를 가르침 활동 중심의 교육과정 - 인류학: 제1차 자료 수집 기록, 분석, 사회현상을 탐색 현장 조사 - 경제학: 현장연구 - 역사학: 자료 수집 1, 2차 자료 평가, 자료 해석 - 지리학: 사례연구, 문제의식 1차 자료 수집	- 반성적 탐구 ① 경험 ② 의심과 불확실성 ③ 문제의 체계화 ④ 가설 설정 ⑤ 탐색과 검증 ⑥ 일반화 - 토론을 통해 탐구 - 전 탐구 과정을 통해 평가
교사의 역할	- 궁극적인 권위자 - 문화 전달의 책임 있는 매개자, 전달자	- 조력자: 학생들이 사회과학의 문제들을 사회과학의 개념적 범주와 절차를 사용하여 해결해 보도록 자극	- 조력자, 안내자: 학생들이 '문제'를 확인하고 탐구하는 데 도움을 주는 조력자
사회관	- 교육의 사회적 기능 인정: 문화유상의 전달 기능, 사회 통합의 기능	- 사회발전의 원동력은 개념과 지성을 갖춘 인재	- 사회발전의 원동력을 비판, 반성적 사고하는 시민
지식관	- 전통주의적: 과거로부터 전해 내려온 문화와 전통 중시 - 국가와 민족사랑 강조	- 실증주의적: 과학적 검증을 거친 지식의 가치 높이 평가	- 구성주의적 - 개인의 흥미와 필요를 중시 - 주체들 간의 인식의 차이를 토론을 통해 합의한 지식의 가치를 높이 평가
아동관	- 아동을 수동적이고 의존적인 존재로 인식	- 아동의 성장 가능성을 인정	- 아동은 능동적 존재 - 아동중심 교육 - 아동의 인지적 측면을 높이 평가하여 스스로 탐구하고 사고할 수 있는 존재로 여김

구분	(1) 시민성 전달 모형	(2) 사회과학 모형	(3) 반성적 탐구 모형
비판	− 민주주의 사회철학에 배치 − 다원적 사회현실 무시 − 사회과학의 다양한 연구 결과 배제 − 학생들의 욕구와 흥미 고려치 않음	− 정책 문제의 회피, 현실과 유리 − 가치 판단에 배제 − 학생들의 관심을 소홀히 다룸	매우 추상적 − 철학적 난해성 − 체계적 설명 부족 − 적절한 교육과정 미비 교사에게 지나친 능력 요구 − '비판'에 대한 기본 가정의 오류 − 학교조직과 수업운영에서의 어려움 − 문제 해결에 훈련이 필수적이라는 핵심가정의 오류

<생각거리 2>

− 사회과 3전통에서 각각 주장하는 시민성의 의미에 대해서 이야기해 보시오.

− 내용, 형식적 측면으로서의 시민성을 기준으로 사회과의 3가지 전통을 분류해 보시오.

4. Robert Barr, James L. Barth, S. Samuel Shermis
사회과의 3가지 전통의 특징

구 분	(1) 시민적 자질 전수를 위한 사회과	(2) 사회과학으로서의 사회과	(3) 반성적 탐구로서의 사회과
목 표	시민적 자질은 의사결정의 틀이 되는 올바른 가치를 주입함으로써 바르게 육성 된다.	시민적 자질은 사회과학적 개념, 절차, 방법의 탐구 과정을 통해 바르게 육성된다.	시민적 자질은 의사결정과 문제 해결에서 요구되는 지식을 도구로 한 합리적 의사결정 능력을 훈련함으로써 가장 바르게 육성된다.
방 법	전수: 교과서 암송, 강의, 질의응답, 구조화된 문제 해결 시험 등의 방법에 의한 개념, 가치의 전수 기술, 설득	발견: 개별 사회과학들이 갖는 지식을 수집, 입증하는 고유한 방법을 발견하고 응용하도록 한다.	반성적 탐구: 의사결정은 시험적 통찰 방법에 따라 갈등문제와 응답을 정합화시키고자 하는 반성적 탐구 과정을 통하여 구조화되고 학구적으로 체계화된다.
내 용	내용은 권위에 의해 선정되고 교사에 의해 해석되며, 가치, 신념, 태도의 예시와 같은 기능을 갖는다.	적절한 내용은 개별 혹은 통합적 사회과학의 구조, 개념, 문제 등이다.	사회문제를 분석하여 관련된 시민적 가치를 스스로 선택할 수 있게 한다. 따라서 문제야말로 반성적 탐구를 위한 내용의 기초가 된다.

5. 사회과 교육의 본질에 관한 5가지 모형 비교: Nelson & Michaells

구 분	목 적	특 징	비 판
(1) 문화유산 전달 모형	- 사회에서 전해 내려오는 문화적 유산을 학생들에게 전달하여 학생들이 미래의 훌륭한 시민이 되게 하는 것	- 애국심 교육이 중요한 부분 - 전통적 사회과 교육	- 보수적
(2) 사회과학 모형	- 1960년대에 오면서 각종 사회과학을 가르치는 것이 사회과 교육의 본질이라고 보는 것 - 사회과학의 지식, 개념, 일반화, 이론 등을 체계적으로 교육하고 가치중립적인 사회과학적 탐구력을 배양하는 것이 목적	- 대부분의 사회가 교사들이 가지는 견해 - 탐구력 함양에 도움	- 시민교육적 차원의 교육 소홀
(3) 반성적 사고 모형	- 생활에서 직면하는 문제를 해결하기 위하여 반성적 사고력을 기르는 것을 목적으로 하는 모형	- 현대 사회의 상황으로 보아 가장 적절한 모형 - 기초 복귀 운동의 계기	- 사회과학적 지식의 체계 소홀 - 내용의 실체보다 방법에 치우침
(4) 사회비판 모형 (2006년 5번 기출)	- 과거의 전통, 현재의 이론과 실천, 제도, 문제 해결과 사고방식 등을 새롭게 검토하고 비판하며, 새로운 대안을 제시하는 것	- 1960~1980년대에 이르기까지 반권위적인 지향 운동의 영향으로 성립	- 지나치게 강조하면 문화유산 전달이나 사회과학이 소홀
(5) 개인 발달 모형	- 적극적인 자아 개념과 자아의 발달 및 성취, 개인적 효율성, 개인을 위한 취업준비, 행복한 생활 능력 함양 등을 중요한 내용으로 하는 모형	- 개인적 행복 추구	- 사회성 소홀

오늘날의 사회과 교육은 이상과 같은 다섯 가지 모형을 균형 있게 융합하여 민주시민으로서 필요한 자질을 함양하는 교과목이라는 것을 강조하고 있다. 어느 하나를 중요시하여 다른 것을 버리는 편파적인 것이 아니라 세계화 사회에 필요한 자질 함양을 위해 여러 요인이 모두 필요하다. 다만, 상황에 따라 어느 하나를 다른 것보다 강조하여 융통성 있게 교육할 수 있을 것이다.

<생각거리 3>
5가지 모형 중 사회과 교사로서 실제 적응하고 싶은 모형과 선택의 이유에 대해서 이야기해 보시오.

※ 참고 자료 1): 사회과 교사 임용시험 기출 문제

[2006년 기출 문제]

1. 다음은 '교과서에 나타난 성차별'을 주제로 한 연구 결과와 이를 토대로 교사가 행한 수업 상황이다.

연구 결과	- 교과서 저자들의 성별에 따라서 성차별 태도 점수가 다르다. - 성차별 태도 점수가 높은 저자들이 만든 사회 교과서에 성차별적 내용이 상대적으로 더 많다. - 성차별적 내용이 상대적으로 많이 담긴 교과서로 배운 학생들의 성차별 태도 점수가 더 높다.
수업 상황	- 교사는 사회 교과서에서 성차별적 내용을 찾아내었다. - 교사는 수업 시간에 교과서의 성차별적 내용이 갖는 문제점을 학생과 함께 토론하면서 교과서 저자들의 관점을 비판하였다. - 교사는 우리 사회에 존재하는 성차별 관행을 살펴본 후 성 평등한 사회를 위한 실천 방법을 논의하였다.

이 교사의 수업은 '사회과 본질에 대한 전통' 5가지 중 어느 모형에 속하며, 이 모형에서 강조하는 사회과 교육의 목표가 무엇인지를 쓰고, 이 모형의 문제점을 쓰시오(5점).

 - 모형:

 - 목표:

 - 문제점:

[2005년 기출 문제]

2. 다음과 같이 사회과 교육의 본질을 주장하는 사람들이 중시하는 교수 학습 방법을 쓰시오(2점).

> - 사회과에서는 제반 사회과학의 핵심 개념과 원리 등으로 이루어진 지식의 구조와 지식이 생성되는 과정을 가르쳐야 한다.
> - 사회과에서는 객관적 증거와 과학적 절차에 의하여 사회현상을 파악할 수 있도록 가르쳐야 한다.

3. 다음은 사회과 교육과정의 내용 체계안이다. 물음에 답하시오(총 4점).

학 년	학년 주제	주요 학습 주제
1 - 2학년	다양한 형태의 가족	- 자연환경에 따라 가족의 생활 모습에 차이가 나는 이유는 무엇일까?
3 - 4학년	다양한 모습의 지역사회	- 지리적 조건에 따라 의식주, 사회조직, 문화에 차이가 나는 무엇일까? - 사회문화적 환경에 따라 경제체제에 차이가 나는 이유는 무엇일까?
5학년	각 지역의 생활	- 지리적 조건에 적응하는 방식에 따라 생활양식에 차이가 나는 이유는 무엇일까?
6학년	우리나라 역사	- 시대마다 제도와 문화가 서로 다른 이유는 무엇일까?
7학년	이웃 나라	- 아시아 각 문명의 형성 과정이 서로 다른 이유는 무엇일까? - 아시아 각 지역마다 인문환경과 사회제도가 다른 이유는 무엇일까?
8학년	먼 나라	- 주요 문명의 형성 과정이 서로 다른 이유는 무엇일까? - 세계 각 지역마다 인문환경과 사회제도가 다른 이유는 무엇일까?
9학년	비교정치, 비교경제	- 각국의 정치체제와 경제체제가 서로 다른 이유는 무엇일까?
10학년	동양사	- 차이를 만들어 내는 원동력은 무엇인가?
11학년	근현대사 연구	- 오늘날 우리 사회가 가지는 문제의 근원은 무엇인가?
12학년	행동과학 입문	- 인간의 행동을 규제하는 원리는 무엇인가?

3 - 1. 위의 내용 체계에 나타난 사회과의 성격은 바아, 바스, 셔마스(Barr, Barth & Shermis)가 제시한 사회과의 세 가지 전통 중 무엇에 해당하는지 쓰시오(2점).

4. 바아, 바스, 셔미스(Barr, Barth & Shemiss) 등이 파악한 사회과 교육의 성질에 해당하지 않는 것은? (   )

① 시민성 전달

② 의사결정 능력 제고

③ 반성적 탐구 능력 신장

④ 사회과학적 지식의 전달

* 다음을 읽고 물음에 답하시오(5~6).

사회과 교육을 통해 배양하고자 하는 ㉮ 성숙한 민주시민의 자격은 주위 사회현상을 어떤 보편적인 법칙에 의하여 인과론적으로 설명할 수 있고, 그 법칙에 의하여 미래를 예측할 수 있는 능력에 있다고 주장하기도 한다. 하지만 우리의 목표가 사회과학자를 길러 내는 것이 아닌 이상, 민주시민은 ㉯ 일상생활 속에서 다른 사람과 원만한 인간관계를 이룩하면서 합리적 결정을 내릴 수 있다면 충분하다. 그런데 그런 관계나 의사결정은 구체적인 사회생활의 모든 양상이 다 고려된 종합적인 것이다. 그러므로 구체적인 인간관계는 분석적이기보다는 종합적이고, 합리적이기보다는 직관적이다.

5. <보기>에서 ㉮와 같이 주장하는 사회과의 교육 모형에 대한 설명만을 고른 것은?
   (   )

㉠ 인간중심 교육 모형이기도 하다.
㉡ 제4차 교육과정의 사회과에서 강조한 모형이다.
㉢ 가장 큰 영향을 끼친 사람은 듀이(J. Dewey)와 브루너(J. S. Bruner)이다.
㉣ 사회과학과 자연과학은 본질적으로 다르지 않다는 인식론적 관점에 기초하고 있다.

① ㉠, ㉡   ② ㉡, ㉢   ③ ㉢, ㉣   ④ ㉠, ㉣

6. ㉯와 같이 주장하는 사회과 교육 모형에 대한 설명이 아닌 것은? (   )
   ① 사회과학적 지식의 산출에 효과적이다.
   ② 대표적 학자로 뱅크스(J. A. Banks)를 들 수 있다.
   ③ 지식의 선택, 종합, 응용 또는 재조직을 강조한다.
   ④ 의사결정 과정은 사회 탐구와 가치 탐구에 의해 이루어진다고 본다.

[1994년 기출 문제]

7. 사회과학 탐구 모형의 의사결정 모형의 근본적인 차이점을 옳게 설명한 것은?
   (   )

사회과학 탐구 모형	의사결정 모형
① 지식의 선택, 종합, 적용	– 지식의 생성
② 지식의 생성	– 지식의 선택, 종합, 적용
③ 가치의 내재화	– 지식의 선택, 종합, 적용

④ 가치의 명료화   － 가치의 주입

8. 바아(Barr), 바스(Barth), 셔미스(Shermis) 등이 파악한 사회과의 성격을 옳게 짝 지은 것은? (   )

① 시민성 전수로서의 사회과－사회과학으로서의 사회과－학문중심 교육으로서 의 사회과
② 사회과학으로서의 사회과－반성적 사고와 탐구로서의 사회과－인간중심 교육 으로서의 사회과
③ 경험중심 교육으로서의 사회과－학문중심 교육으로서의 사회과－인간중심 교 육으로서의 사회과
④ 시민성 전수로서의 사회과－사회과학으로서의 사회과－반성적 사고와 탐구로 서의 사회과

※ 참고 자료 2)

1. 사회과의 전통

Barr, Barth, Shermis의 사회과 3전통

구 분	1. 시민성 전수를 위한 사회과	2. 사회과학으로서의 사회과	3. 반성적 탐구로서의 사회과
목 표	시민적 자질은 의사결정의 틀이 되는 올바른 가치를 주입함으로 써 가장 바르게 육성된다.	시민적 자질은 사회과학적 개념, 과정, 문제 해결에 바탕을 둔 의사결정을 훈련함으로써 가장 바르게 육성된다.	시민적 자질은 의사결정과 문제 해결에서 요구되는 지식을 도구 로 한 탐구 과정을 통해 바르게 육성된다.
방 법	전수: 교과서 암송, 강의, 질의 응답, 구조화된 문제 해결 시험 등의 방법에 의한 개념, 가치의 전수	발견: 개별 사회과학들이 갖는 지 식을 수집, 입증하는 고유한 방 법을 발견하고 응용하도록 한다.	반성적 탐구: 의사결정은 시험적 통찰 방법에 따라 갈등문제와 응 답을 정합화시키고자 하는 반성 적 탐구 과정을 통하여 구조화되 고 학구적으로 체계화된다.
내 용	내용은 권위에 의해 선정되고 교 사에 의해 해석되며, 가치, 신 념, 태도의 예시와 같은 기능을 갖는다.	적절한 내용은 개법 혹은 통합 적 사회과학의 구조, 개념, 문제 등이다.	사회문제를 분석하여 관련된 시 민적 가치를 스스로 선택할 수 있게 한다. 따라서 문제야말로 반성적 탐구를 위한 내용의 기초가 된다.

2. 사회과의 목표

– 주요 Key Word를 생각해 봅시다.

```
┌─────────────────────────────────────────┐
│             사회과의 목표                   │
│                                           │
│  바람직한 시민성 양성                       │
│  ① 인지적 목표: 사실, 개념, 일반화          │
│  ② 정의적 목표: 가치, 태도                  │
│  ③ 행동적 목표: 참여, 활동                  │
└─────────────────────────────────────────┘
```

– 문장을 만들어 봅시다.

(1) 사회과 목표 설정의 방향은 바람직한 시민을 양성하려는 데 있다.

(2) 사회과 목표에는 인지적 목표, 정의적 목표 등이 있다.

(3) 사회과의 목표는 민주 시민성, 시민적 자질의 신장이다.

종합 정리

1. 주요 개념

```
┌───────────────────────────────────────────────────┐
│ ┌─────────────────┐                                │
│ │ 주요 개념 및 키워드 │                              │
│ └─────────────────┘                                │
│                                                     │
│  ◦ 사회과의 전통, 민주시민성, 민주시민의 자질          │
│  ◦ 시민교육, 민주시민교육, 세계시민교육               │
│  ◦ 문화유산 전달 모형, 사회과학 모형, 반성적 사고 모형 │
│  ◦ 사회 비판 모형, 개인 발달 모형, 의사결정 모형       │
│  ◦ 세계화와 시민성, 지구촌 가족, 다중시민성            │
│  ◦ 탈국가적 시민성, 시민성 교육 긍정론, 시민성 교육 부정론 │
└───────────────────────────────────────────────────┘
```

2. 탐구 문제

1) 사회과(교육)에서 시민성이 중요한 이유는 무엇인지 간단하게 기술해 보시오.

2) 사회과(교육)에서의 시민성과 시민성 교육의 관계를 설명해 보시오.

3) 사회과(교육)의 전통적인 목표로서 시민성 전수가 강조되는 핵심적 이유에 대해서 설명해 보시오.

4) 사회과(교육)에서의 시민성 교육과 여러 사회과의 모형을 비교하여 설명해 보시오.

5) 전통적인 시민성 교육, 근대의 민주시민성 교육, 현대 및 미래의 세계시민교육을 비교하여 설명해 보시오.

6) 시민성 교육의 심화, 연장 교육인 지구촌 사회((Global society)의 세계시민교육의 미래상에 대해서 전망해 보시오.

Chapter 4

사회과 교육의 목표

제1절 사회과 교육 목표의 개념

교육은 인간행동의 계획적인 변화인데 교육이 계획적인 것이기 위해 목표가 있으며 교육과정이 있다. 일반적으로 교육은 전인적인 인간 발달에 주안점을 두고 있다. 그렇다면 사회과 교육의 목표는 무엇일까?

그것은 곧 학생들이 당면한 사회적 여러 가지 문제를 합리적으로 해결할 수 있는 능력을 말하는 것이다. 사회과 목표 설정의 관점적인 흐름에는 대체적으로 바람직한 시민을 양성하려는 데 있다.

미래의 시민이 당면한 사회적 문제점들을 바람직하게 해결하기 위해서는 이해만으로는 불충분하고 정의적인 영역인 가치·태도의 변화를 가져올 수 있는 목표여야 한다.

미래의 시민으로서의 바람직한 행위를 할 수 있게 하려는 목표를 달성할 수 있으려면 개인적인 문제나 사회적 문제를 해결함에 있어서 합리적이고 현명하게 의사결정을 내릴 수 있는 능력을 갖게끔 도와주어야 한다.

그러므로, 보다 구체적으로 말하면 사회 탐구를 거쳐 얻어지는 사회과학 각 분야에 대한 사회지식을 찾아내는 사회 탐구 기능과 가치 탐구를 거쳐 갖게 되는 가치와 태도를 갖게 한다는 것이다. 그런데 최근에는 학습자의 지적 인지 창조(인지, 사실, 개념, 일반화)와 사고의 과학적 인식(탐구의 방법 또는 과정), 그리고 정의적 목표(가치·태도) 등의 새로운 형식으로 목표를 제시하고 있다.

일반적으로 사회 지식의 측면을 지식 또는 이해의 목표, 사회 탐구의 측면을 능력 또는 기능의 목표, 가치 탐구의 측면을 가치·태도의 목표로 구분하여 고찰할 수 있다.

1. 지식의 목표

사회 탐구의 결과로 얻어지는 사회지식은 사회과의 지적인 영역(이해면)의 행동목표를 이룬다. 사회지식은 계속하여 재건과 재수정을 필요로 하며, 사회사상을 이해하는 데나 개인 또는 공공의 결정을 현명하게 내리는 데 가장 중요한 역할을 한다.

1) 사실(fact)

① 지각에 의해 입증될 수 있고 입증되어 온 현상, 물건, 인간, 사건에 대한 특수(特殊) 자료(資料)를 구성한다.
② 사실은 단순하고 단정적인 기술, 사실들의 원천(原泉)은 기억된 경험, 사찰(査察)이나 실험(實驗) 등이라고 볼 수 있다.
③ 학생들 자신에게서 나오는 경험이나 교사, 사회 성인 전문가들의 기억된 경험, 책, 신문, 잡지 등의 기억된 경험들이 얻어 놓은 사실들을 자신들이 찾도록 하는 데서 얻어진다.
④ 이와 같이 여러 가지 측면에서 얻어진 사실들을 개념이나 일반화를 이끌어내는 데 도움을 주면서 사용된다.

2) 개념(concept)

① 개념이란 우리들의 일상생활에서 당면하게 되는 사건, 사물, 아이디어 등을 분류하는 데 이용되는 추상적(抽象的) 단어이다. 이 같은 개념은 다양하고, 복잡한 사회현상을 설명하거나 이해하는 데 간편함을 주고 있다. 사회과 교수·학습에서의 개념 학습은 기초적 학습인 것이다.
② 폭발적으로 격증하는 사회과학지식을 학습하는 데 있어서 개념중심의 학습이

가져다주는 장점들이 많이 때문이다.

3) 일반화(Generalization)

① 일반화는 개념 간의 상호관계를 말하며 사실이나 개념보다 더 높은 수준으로서 둘 혹은 그 이상의 개념들의 관계를 나타낸다. 일반화는 항상 수정되거나 부인이 될 수도 있다.

② 사회 사상이 바뀜에 따라서 일반화는 얼마든지 바뀔 수 있다. 따라서 일정한 일반화는 있을 수 없다. 일반화의 이론에 있어서 사실과 일반화는 종합적인 진술이나, 개념은 분석적인 진술(陳述)인 것이다.

③ 지식의 계층에 대하여 사실, 소개념, 중심개념, 기본 개념의 계층으로 분류하여 사실에 가까울수록 구체적인 것이고, 기본 개념에 가까울수록 추상적인 것이다.

2. 학습 능력의 목표

학습 능력이란 사회 탐구 능력을 말하는 것으로 사회과학지식을 만들어 내는 과정과 방법에서 이루어지는 것이다. 더군다나 미래의 시민을 양성하려는 사회과에서 기존하는 사회문제나 사회지식만을 가르치는 것보다는 당면하는 문제를 해결하는 방법이나 새로운 지식을 만들어 내는 학습 능력을 길러 주는 것이 요구되고 있다. 즉 세계화 사회, 지식 정보화 사회인 현대에서는 인간의 능력이 높이 평가되어 사회계층의 형성은 개인의 능력에 따라 좌우될 뿐만 아니라, 사회계층의 이동도 업적주의 또는 능력주의 체제로 변화되고 있다.

따라서 사회과 교육을 통하여 길러 주려는 능력이란 특정 사회나 어떤 영역에서 필요로 하는 전문적인 것을 기른다는 것이 아니고 구체적인 지식과 능력을 토대로 사고력이나 판단력과 같은 고차적인 능력을 길러 적응력을 높이는 것이다. 이러한 점에서 사회과는 '학습하는 방법을 학습'(Learnimg of learnimg method)하는 것을 중요시하게 된다.

3. 정의적 목표

합리적인 결정을 내리기 위해서는 사회지식을 필요로 할 뿐만 아니라, 가치·태도 등을 명료화해서 지식과 연관을 시키는 것이 필요하다. 가치는 어느 것이 좋고 나쁜가를 자신의 행동이나 다른 사람들의 행동을 판단하는 표준이 된다. 가치는 경험에서 나온 행동에 대한 일반 자료이며 개인생활에 있어서의 방향을 제시한다는 것이다.

정의적 목표를 수업목표로 표시하려고 할 때에 가치와 태도가 선택되는데, 여기에서 중요한 것은 어떠한 과정을 거쳐서 가치·태도를 갖게 되느냐 하는 것이다. 미리 정해진 가치나 태도가 최종행동이나 학습결과가 되어서는 아니 되고 가치화와 태도 달성의 과정이 정의적인 목표로서 중시되어야 한다. 실제 교단에서 흔하게 쓰이고 있는 경우로서 교수·학습의 방법에서 교사가 미리 정해진 가치를 학생들에게 주입하고 있는데, 이것은 학생들의 자유로운 선택을 억제하며 학생들 자신이 가치를 명료화시키는 방법을 개발하는 데 저해요소가 되고 있다 따라서 사회과의 정의적 목표는 가치·태도의 획득 과정, 즉 가치 탐구의 단계에 중점을 두어야 할 것이다. 사회과 교육에서의 가치·태도 교육은 말(馬)을 '물가로 끌고 가기' 보다는 '스스로 물가로 가려는 마음을 갖도록' 유도하여야 한다

제2절 사회과 목표의 사적(史的) 고찰

1. '교육'의 맥락 속에서의 사회과 교육의 목표

① 사회가 요구하는 인간 형성에 공헌
② 그 사회의 지배적인 문화(행동 양식, 생활 패턴, 사고방식 등)를 전수하는 역할, 기능을 수행해 왔다는 점
③ 국가주의적 성격 + 국제사회에 대한 인식 혹은 이해
④ 본질적으로 비판적 사회 인식을 통해 '제한되지 않는 사회화', 또는 '대항 사

회화' 나아가 보다 높은 차원으로의 창조적 이행을 전제로 한 사회로부터의 이탈, 해방을 촉진할 수 있어야 한다는 요구

⑤ 사회과 교육은 사회에 대한 지식의 축적, 성장, 즉 사회 인식을 통하여 인간 형성, 시민 형성을 추구

⑥ 바람직한 인간, 사람다운 사람을 육성하는 교육의 일반 목표는 사회과의 목표(교과 목표)와 매우 유사(교육의 일반 목표 = 사회과의 교과 목표)

2. 역사적 배경을 통해서 본 사회과 교육의 목표

(1) 미국의 '10인위원회', '7인위원회' 등 양 위원회의 보고서에서 사회 인식 교과의 목적과 성격이 정립되었다.

　① 역사를 중심으로 하는 사회 인식 교과 교육은 정신적 훈련을 주된 목표로 삼았다.

　② 정신적 훈련을 위해서는 역사적 사실에 관한 지식을 정리, 조직, 표현할 수 있도록 교육되어야 한다, 즉 형식도야론(形式陶冶論)적 입장에서 교수 계획이 수립되어 있었다.

　③ 다른 교과와 마찬가지로 사회 인식 교과 역시 대학 입시를 준비하는 차원에서 운영되었다. 따라서 사회 인식 교과의 내용 구성은 대학 학문이 제시하는 방향에 따라 이루어졌다.

　④ 사회 인식 교육은 주로 역사교육을 중심으로 이루어졌으며, 그 내용 구성은 기본적으로 통사적 체계에 따랐다.

(2) 새로운 사회적 요구가 증대

　① 산업화, 도시화 진전→ 사회의 급속한 발전(다양한 사회문제 야기)

　② 이민의 급증→ 다양한 인종, 국민, 민족의 통합(국민 통합 교과 요구)

　③ 혁신주의의 확산→ 사회 발전과 시대 변화에 대한 진일보한 대안 필요

3. 사회과의 성립

(1) 중등교육의 개혁과 사회과 교육

① 중등교육재조직위원회의 보고서 '중등교육의 주요 원리'(1918년)

② 중등교육은 기본적으로 민주주의의 이상을 실현할 수 있는 준비 과정이며, 모든 학생들을 위해 존재해야 하는 교육기관

③ 민주주의의 목적은 '각자의 지식, 관심, 이상, 습관, 능력을 발달시켜 그에 터하여 각자가 자신의 장을 자신과 사회를 보다 고귀한 목적에로 고양' 시키는 데 이용

〈표 11〉 교육 활동 영역별 자질 특성

활동영역	가 정	지역사회	직 장	여 가
자질특성	가치 있는 가족 성원	훌륭한 시민적 자질	직업상의 우수성	여가 선용 능력

④ 각 영역별의 자질을 뒷받침할 수 있는 특성 및 능력을 '건강', '기본적 능력', '윤리적 특성'으로 대별하고 있다. 결국 학교교육은 각 영역의 자질, 특성 혹은 능력의 육성을 주요 목표로 삼아야 한다. 달성하기 위해서는 교과활동＋학생들의 단체활동＋학교경영의 참가 등의 활동 필요

(2) 성립기 사회과의 정의와 목표

가) 사회적 효율성의 제고

① 사회생활의 본질 및 원리의 이해

② 사회집단의 성원으로서의 책임감

③ 사회복지의 증진에 솔선하여 참여하는 지성과 의지

나) 시민적 자질의 육성

① 사회과는 '지식'이나 '이해'와 같은 인식적 측면보다도 '의지', '책임감', '충성심'과 같은 정의적 측면, 가치적 측면에 중점에 두는 시민교육으로서의 성격을 강하게 갖는다.

② 사회적 효율성과 '시민적 자질'에 제시되고 있는 '사회의 유능한 성원으로서의 자질'과 정치적 측면에 중점을 둔 '정치적 통일체의 바람직한 구성원

으로서의 자질'을 통일한 것이 사회과 목표로서의 '시민적 자질'이다.

③ 성립기 사회과는 사회적 태도, 능력과 사회과학적 지식의 통일적 형성을 지향하는 교과였다. 즉 사회과는 시민교육과 사회과학교육을 동시에 수행하는 2중적 성격을 띠는 것이었다.

(3) 사회과가 기여해야 하는 학교교육의 목표

① '훌륭한 시민적 자질'의 육성에 공헌(교육의 일반 목표와 사회과의 교과 목표 일맥상통)

② '가치 있는 가족 성원으로서의 자질'의 육성

③ '윤리적 특성'의 육성

④ '직업상의 우수성', '여가 선용 능력'의 육성

제3절 사회과 교육의 유형

1. 올리버(Olver)의 유형화

사회과 교육의 실천에서 관찰되거나 문헌에 나타난 각종 접근 방법의 직관적 범주화의 체계적 연구의 일반적 요소를 분석하였다.

(1) 지혜로운 인간 형성을 위한 접근법
목표: 사회과학의 성과로서의 지식의 전달

(2) 사회과학적 접근법
목표: 사회과학자들이 사회현상에 대해 연구하는 것과 같이 이론의 증명 과정이나 사회현상의 인과적 설명 방법의 학습에 중점을 둔다.

(3) 조화로운 태도 형성을 위한 접근법
목표: 학생을로 하여금 될 수 있는 한 욕구불만 없이 성장할 수 있도록 하고 '함께 생활하는' 태도의 육성, 조화로운 인간관계를 형성할 수 있는 가치와

방법을 가르치는 데 목적

(4) 위대한 국가 · 사회상 정립을 위한 접근법

목표: 어린이들에게 기본적인 인간 문제나 소속 사회의 특수한 문화적 문제를 극
　　　적으로 해결할 수 있는 자극적인 심벌(상징)을 제공하는 것

(5) 시민적 행동 발달을 위한 접근법

목표: 시민적 자질의 특성(사람다운 사람 인간다운 인간 육성)

(6) 법리적 접근법

목표: 쟁점을 둘러싸고 있는 갈등이나 논쟁문제를 분석하고 판단하는 능력

2. 앵글(Engle)에 의한 사회과 교육의 분류

앵글은 기본적으로 시민적 자질 육성을 사회과 교육의 중심목표로 보고 있다.

(1) 단순화된 사회과학으로서의 사회과

웨슬리: "사회과란 교육 목적을 위해 단순화시킨 사회과학이다."

정치학, 경제학, 사회학 등의 사회과학을 각각의 학문이 갖는 학문적 근거에 따라
교양 교육적 차원에서 교수하면 궁극적으로 시민적 자질의 육성이 성취될 수 있다.

앵글은 사회과학의 교수를 자기목적으로 삼는 사회과는 장래 부딪치게 될 실제
적인 사회문제에 지적으로 대처할 수 있는 시민적 자질의 육성을 보증할 수 없다
는 점에서 비판하고 있다.

(2) 시민교육으로서의 사회과

사회과는 훌륭한 시민적 자질 육성을 직접적으로 목표하는 교과

가) 통합사회과

평범한 사회문제에 보다 직접적으로 접근하기 위하여 사회과의 내용을 재구성하
고 통합하여 시민적 자질 육성 목표를 달성하려고 한다.

나) 교화주의 사회과

사회과는 가치판단의 과정을 학습하거나 판단에 필요한 훈련을 하는 게 아니라 의심할 여지 없는 결정적인 가치를 주입하는 것을 과제로 삼고 있다.

다) 의사결정 과정을 중시하는 사회과

①의사결정과 과정을 가르쳐야 한다.

②가치가 대립하는 논쟁문제에 관한 가치판단, 결단의 과정을 보다 합리화시키려 하는 특색을 갖는다.

③결정적인 가치를 전제로 하지 않고 가치판단에 의한 결단 과정의 학습이라는 과정 혹은 '방법 중시'의 입장

3. 여러 학자들의 사회과의 분류

1) 바아, 바스, 셔미스

- 사회과(교육)란 "어떻게 시민적 자질 육성을 위한 내용이 선택되어, 조직되고, 가르쳐야 하는가를 기술할 때 제기되는 일군(一群)의 목표로서 정의될 수 있다.

〈표 12〉 바아, 바스, 셔미스의 사회과 분류

구 분	시민성 전수를 위한 사회과	사회과학으로서의 사회과	반성적 탐구로서의 사회과
목 표	시민적 자질은 의사결정의 틀이 되는 올바른 가치를 주입함으로써 가장 바르게 육성된다.	시민적 자질은 사회과학적 개념, 과정, 문제 해결에 바탕을 둔 의사결정을 훈련함으로써 가장 바르게 육성된다.	시민적 자질은 의사결정과 문제 해결에서 요구되는 지식을 도구로 한 탐구 과정을 통해 바르게 육성된다.

2) 브루베이커, 샤이먼, 윌리엄

(1) 학생 또는 아동중심의 사회과

목적: 학생들의 정체성 형성 및 자아실현을 도와 조화로운 설장 발달을 촉진하는 것을 사회과 교육의 목표로 보고 있다.→ '아동의 흥미와 욕구, 잠재가능성의 실현, 자아실현, 인간성 회복' 등을 중시한다.

(2) 사회정치적 참여 중심의 사회과

목적: 사회의 정의, 언론, 집회, 결사의 자유, 세계평화 등과 같은 목적을 위해
　　　학생들에게 참여의 기회를 제공하고 사회비판이나 정치적 참여를 증진시
　　　키는 것

－ 사회과 교육의 본질에 관한 다섯 가지 접근 모두 사회과 교육의 궁극적인
　목적은?
　'민주시민성 함양'

제4절 사회과 교육의 목표 분석

1) 반성적 사고력

학생들의 문제해결력, 탐구력, 창의력, 등 신장

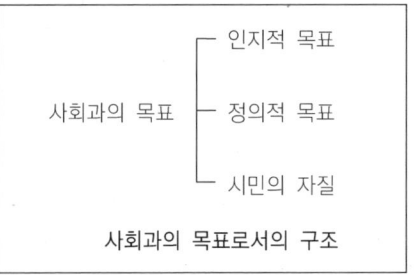

사회과의 목표로서의 구조

2) 인지적, 정의적 목표 및 구조

인지적 영역 + 정의적 영역

3) 교육 목표의 이원 분류 영향

펜턴(Fenton)의 분류:

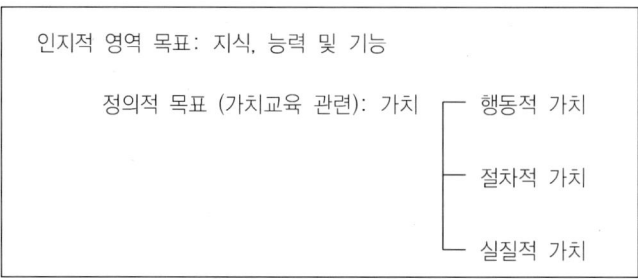

```
인지적 영역 목표: 지식, 능력 및 기능

       정의적 목표 (가치교육 관련): 가치 ┬ 행동적 가치

                                    ├ 절차적 가치

                                    └ 실질적 가치
```

행동적 가치와 절차적인 가치는 학교에서 교수할 수 있으나, 실질적 가치는 교사가 강요할 수 없는 것이라 함.

4) 타바(Taba)의 행동적인 교육 목표의 서술

펜턴이 제시한 사회과 교육의 목표 이해에 도움이 되는 것으로 타바는 교육 목표를 행동적으로 서술해야 한다고 주장했다.
① 지식: 사실과 개념에 관한 것이라며 과학적 타당성, 유용성과 학습가능성, 지식을 탐구할 수 있는 방법을 가짐
② 반성적 사고: 모든 인간은 지적이고 독립적인 사고를 할 수 있다는 전제에서 자료의 해석, 사실과 원리의 응용 논리적 추리력 등을 의미함.
③ 가치와 태도: 경쟁적인 성취와 개인적 성공에 대한 윤리, 일에 대한 존경, 관용, 협동, 개인에 대한 존경 등
④ 감수성과 감정: 지각, 의미, 반동에 있어서 인간의 독특한 특징을 살리면서 사회적, 문화적 환경에 반응할 수 있는 능력
⑤ 기능: 쓰고 읽고 계산하는 기능, 문제를 제기하고 분석하는 방법을 계획하는 것, 가설의 설정, 각종 연구 방법의 습득 등과 같이 연구를 진행하는 기능, 인간관계를 원만하게 유지하는 기능, 권위를 민주적으로 대할 수 있는 기능 등
⑥ 의사결정 능력
⑦ 사고의 과정
⑧ 고급사고력(High level thinking)

제5절 사회과 교육과정의 사회과 목표

1. 지식, 기능, 가치·태도 목표

(1) 지식 목표

사회과에서 지식이란 그 자체가 목적이 아니다. 그것은 문제 해결을 위한 하나의 수단이다. 또한 지식은 교사가 학생들에게 던져 줌으로써 습득되는 것이 아니라, 학습자들이 '새로운 것'을 자신의 기존의 구조물(Constructs) 속에 조화시켜 가거나 새로운 구조물을 만들어 가는 데에서 생긴다.

이러한 성격을 갖는 지식 중 사회과의 목표에 들어가야 되는 것으로 다음과 같은 것들을 들 수 있다.

① 우리나라 역사, 지리, 문화(국가와 문화)

② 각자가 사는 고장, 지역의 역사, 지리, 문화(지역과 문화)

③ 우리나라의 헌법에 담긴 민주주의의 기본 원리와 그 제도(민주 정치)

④ 물자의 생산, 분배, 소비에 관한 기본 원리(경제 생활)

⑤ 가족, 교육, 종교, 등 사회적 제도(사회 제도)

⑥ 인간과 환경과의 상호 관련성(환경 및 상호 관련성)

⑦ 국내외의 시사(News) (국제적·세계적 지식)

(2) 기능 목표

기능이란 무엇을 할 수 있는 능력을 가리킨다. 가령, 지도를 읽을 줄 아는 것, 통계표의 의미를 파악하는 것, 인터넷 검색을 할 수 있는 능력 등은 사회과에서 길러야 할 기능의 하나이다. 미국사회과교육협의회(NCSS)에서는 기능 목표로

① 정보를 획득하고, 자료를 처리할 수 있는 능력

② 정책, 주장, 이야기(story)를 제안하거나 만들어 낼 수 있는 능력

③ 새로운 지식을 구성할 줄 아는 능력

④ 집단 과정에 참여할 줄 아는 능력

(3) 가치 · 태도 목표

사회과에서는 특정한 가치를 가르치기보다는 한 가치가 어떻게 생성되어 사람들에게 어떻게 영향을 미치는가를 분석하도록 가르치는 것이 필요하다.

* 사회과 가치, 태도, 목표를 제시

① 민주주의적 제 가치: 인간의 존엄성, 자유, 평등, 준법정신, 사회적 연대의식, 정의

② 인간의 기본적 권리의 존중

③ 공동체의식

④ 전 인류에 대한 형제애, 세계평화에 이바지하려는 태도

⑤ 자아 정체성 및 다른 사람을 존중하는 태도

⑥ 문화유산 존중 태도

⑦ 환경보호 의식

2. 사회과 교육과정의 교과 목표: 2007년 개정 사회과 교육과정

(1) 총괄 목표

> 사회현상에 관한 기초적 지식과 능력(①)은 물론, 지리, 역사 및 제 사회과학의 기본 개념과 원리를 발견하고 탐구하는 능력(②)을 익혀 우리 사회의 특징과 세계의 여러 모습을 종합적으로 이해(③)하며, 다양한 정보를 활용(④)하여 현대 사회문제를 창의적이며 합리적으로 해결(⑤)하고, 공동생활에 스스로 참여하는 능력을 기른다. 이를 바탕으로 개인의 발전은 물론, 국가 사회 인류의 발전에 기여할 수 있는 민주시민의 자질(⑥)을 기른다.

(2) 사회 인식 및 인식 방법: 사회과 순차적 목표 체계

〈표 13〉 사회과의 목표 요소

	사회 인식 및 인식 방법	
일차적 목표 요소	이차적 목표 요소	궁극적 목표
* 기초적 지식과 능력(①) * 기본 개념과 원리에 대한 탐구 능력(②) * 다양한 정보의 활용 능력④)	* 우리 사회의 특징과 세계의 여러 모습에 대한 이해(③) * 창의적이고 합리적인 문제 해결 능력(⑤)	* 개인의 발전 및 사회, 국가, 인류의 발전에 기여하는 민주시민의 자질(⑥)
시간 공간 사회의식	종합적 사회 인식	인간 형성과 시민적 자질 육성
	공동생활의 참여 능력	

(3) 행동 영역별 목표

행동 영역별 목표는 6개 항으로 구성되어 있다. '가' 항은 역사, 지리, 제 사회과학의 상호 관련하에 통합적 관점을 강조한 목표이며, 이하의 항목들은 학년이 올라갈수록 교과의 특성상 분명하게 드러나는 행동 영역별 목표들이 제시되어 있다 즉영역별 목표는 1개 항의 교과 특성과 관련된 목표와 5개 항의 행동 영역별 목표로구성되어 있다.

가. 사회의 여러 현상과 특성을 그 사회의 지리적 환경. 역사적 발전. 정치·경제·사회적 제도 등과 관련시켜 이해한다.
나. 인간과 자연 간의 상호 작용에 대한 이해를 통하여 장소에 따른 인간 생활의 다양성을 파악하며, 고장, 지방 및 국토 전체와 세계 여러 지역의 지리적 특성을 체계적으로 이해한다.
다. 각 시대의 특색을 중심으로 우리나라의 역사적 전통과 문화의 특수성을 파악하여 우리 문화와 민족사 발전상을 체계적으로 이해하며, 이를 바탕으로 인류 생활의 발달 과정과 각 시대의 문화적 특색을 파악한다.
라. 사회생활에 관한 기본적 지식과 정치·경제·사회·문화 현상에 대한 기본적인 원리를 종합적으로 이해하고, 현대 사회의 성격 및 민주적 사회생활을 위하여 해결해야 할 여러 문제를 파악한다.
마. 사회현상과 문제를 파악하는 데 필요한 지식과 정보를 획득, 조직, 활용하는 능력을 기르며, 사회생활에서 나타나는 여러 문제를 합리적으로 해결하기 위한 탐구 능력. 의사결정 능력 및 사회 참여 능력을 기른다.
바. 개인 생활 및 사회생활을 민주적으로 운영하고, 우리 사회가 당면한 문제들에 관심을 가지고 민족문화 및 민주국가의 발전에 적극적으로 이바지하려는 태도를 가진다.

영역별 목표를 구성하고 있는 핵심 요소들을 추출해 보면 다음과 같다.

〈표 14〉 사회과 교육과정 영역별 목표의 핵심 요소

목표(항)	영 역	핵심 요소
가	지식 (전 영역 통합)	· 사회의 여러 현상과 특성의 통합적·체계적 이해
나	지식 (지리 영역)	· 인간과 자연과의 상호작용 이해 · 삶의 터전에 따른 인간 생활의 다양성 이해 · 지역의 지리적 특성 이해
다	지식 (역사 영역)	· 우리의 역사적 전통과 문화의 특수성 파악 · 우리 문화와 민족사의 발전상 이해 · 인류 생활의 발달 과정과 각 시대의 문화적 특색 파악
라	지식 (일반 사회 영역)	· 사회생활에 관한 기본적 지식 이해 · 정치, 경제, 사회, 문화 현상의 기본적 원리의 이해 · 현대 사회의 성격과 사회문제들의 파악
마	기능·능력 영역	· 지식과 정보의 획득·조직·활용 능력 · 탐구 능력, 의사결정 능력, 사회 참여 능력, 합리적 문제 해결 능력
바	가치·태도 영역	· 민주적 생활 태도 · 당면한 사회문제에 대한 관심 · 민족문화 및 민주국가 발전에 이바지하려는 태도

출처: 교육과학기술부, 초등학교 교육과정 해설(Ⅲ), 한솔사, 2008: 313.

종합 정리

1. 주요 개념

주요 개념 및 키워드
○ 사회과의 목표, 사실, 개념, 일반화, 원리 · 법칙 ○ 교과 목표, 총괄 목표, 영역별 목표 ○ 지적 목표, 기능적 목표, 정의적 목표 ○ 사회 인식, 사회 탐구, 가치 탐구 ○ 10인위원회, 7인위원회 ○ 지혜로운 인간 형성 접근법, 사회과학적 접근법, 조화로운 태도 형성 접근법 ○ 위대한 국가 사회상 정립 접근법, 시민적 행동 발달 접근법, 법리적 접근법

2. 탐구 문제

1) 교육의 일반 목표와 사회과의 교과 목표를 비교, 설명해 보시오.

2) 사회과(교육)에서의 지적 목표(사실, 개념, 일반화), 기능적 목표(능력 목표), 정의적 목표(가치, 태도) 등을 연계하여 설명해 보시오.

3) 현대 사회에서 사회과(교육)의 의사결정력이 중요한 이유를 사회 사상(社會事象)과 견주어 설명해 보시오.

4) 현대 사회과(교육)에서 목표 요소로 고급사고력(High level thinking)이 강조되고 있는 이유를 간단히 기술해 보시오.

5) 2007년 개정 사회과 교육과정의 사회과 총괄 목표를 제시하고 설명해 보시오.

6) 2007년 개정 사회과 교육과정의 사회과 영역별 목표를 제시하고 설명해 보시오.

Chapter 5

사회과의 내용 선정과 조직

제1절 사회과의 내용 구성

1. 사회과 교육의 내용 구성

※ 내용(Contents)이란?

　사전적 의미의 내용이란 그릇이나 포장 따위의 안에 든 것, 사물의 속내를 이루는 것, 말, 글, 그림 따위의 모든 표현 매체 속에 들어 있는 것, 또는 그런 것들로 전하고자 하는 것 등을 의미하는 것으로, 이를 통한 사회과의 내용을 정의해 보면 사회과라는 교과 안에 들어 있는 말, 글, 그림이 전하고자 하는 지식, 기능, 가치·태도 등을 의미한다고 볼 수 있다.

2. 교육 내용의 의미

1) 일반적 의미

교육 내용은 일반적으로 지식, 기능, 가치 등으로 구성되는 것으로 본다.
(1) 지식 영역: 사실, 설명, 원리, 정의 등
(2) 기능 영역: 읽기, 쓰기, 셈하기, 비판적으로 생각하기, 의사결정하기 등

(3) 가치·태도 영역: 선악, 참·거짓, 아름다움과 추함, 올바른 태도와 행동 등

2) 제시되는 형태에 따른 분류

(1) 교육과정 문서에 제시된 것(국가 수준 교육과정)

교육과학기술부가 법률에 의해 고시한 교육과정 문서에 제시되어 있으며, 매우 추상적이고 거시적인 수준의 것이다. 이러한 교육 내용은 교과별로 조직되어 있으며 지식, 기능, 가치·태도 등으로 구성되어 있다(2007년 개정 교육과정: 교육인적자원부 고시 제2007 - 79: 2007.02.28).

(2) 교사가 학습을 돕기 위해 제공하는 수업 내용(교사 수준 교육과정)

> 예) 중학교 사회과의 내용
> (라) 발전하는 우리 지역
> ① 주요 도시의 성장과 그 요인 파악, 도시 주변 지역의 토지 이용 변화 조사(지식, 기능)
> ② 관광 자원의 개발 노력, 이를 보존하는 태도(지식, 가치)
> ③ 간척 사업이 활발한 지역의 지리적 특성, 지역 변화와 환경에 미치는 영향 파악(지식)

사회과 교과서에 제시된 내용과 교과서에 실리지는 않았지만 학생들에게 전달하는 내용이 있다.

※ 사회과 교육의 내용 구성

1) 오늘날 우리나라의 사회과 교육은 근본적으로 인간과 사회에 관한 현상, 즉 정치, 경제, 사회 및 문화적인 면에서 인간의 생활에 필요한 기본적인 지식을 가르치고, 현재 및 미래에 당면할 여러 가지 문제를 성공적으로 해결할 수 있는 능력을 기르려고 하는 교과목이다

2) 이러한 능력은 우리의 역사적 현실을 전제로 해야 하는 것이기 때문에 역사학, 지리학 등도 사회과의 중요한 교과 내용을 이룬다. 즉 사회과 교육은 정치, 경제, 사회, 문화, 역사, 지리 등의 내용을 중심으로 구성되어 있다.

3) 일반적으로 사회과 교육이라고 할 때는 우리나라 각종 학교에서의 사회과처럼 정치, 경제, 사회, 문화, 역사, 지리 등의 내용을 모두 포괄하지만 때로는 역사교육이나 지리교육을 독립시켜 지칭하는 경우도 있다. 이때는 정치, 경제, 사회, 문화교육 등을 사회교육이라고 하는 등 약간의 개념상 혼란이 오기 쉽다.

4) 사회과 교육은 사회과학을 폭넓게, 그리고 상당히 융통성 있게 의미하고 있다.

3. 사회과 내용 구성의 여러 가지 차원

1) 거시적 조직과 미시적 조직

(1) 거시적 조직: 과목과 교육과정 대단원 차원 등의 내용 조직을 의미, 1학년에서 12학년에 이르기까지 배우게 될 과목의 선정 및 배열의 문제
  예) 환경확대법: 가족→ 이웃→ 고장→ 지역사회→ 국가→ 지역대륙→ 세계
(2) 미시적 조직: 소단원과 수업 차원의 내용 조직을 의미, 한 시간 수업 내에서 하나의 학습 주제를 어떠한 개념, 사실 혹은 기능을 통해 어떠한 순서로 가르칠 것인지의 문제
  예) 사실→ 개념→ 일반화·법칙의 귀납적 배열, 가설→ 자료
    → 검증의 연역적 배열
  예) '중학교 사회 1'의 내용 위계구조

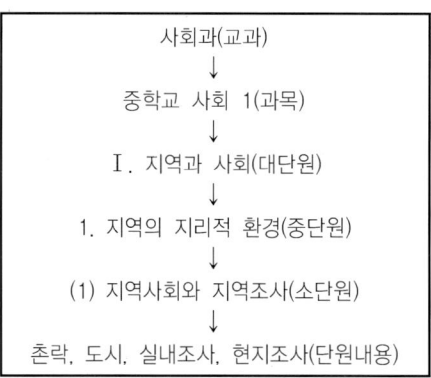

[그림 3] 사회과학 중심의 사회과

[사회과학] 중심 개별 학문 중심

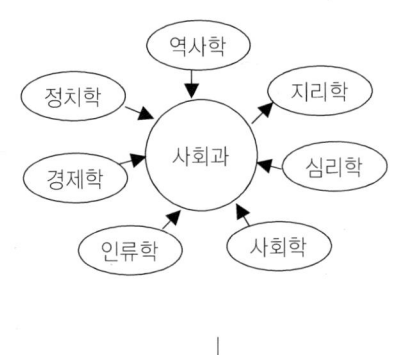

↓

[사회생활, 경험, 문제, 쟁점] 적절한 조화가 필요

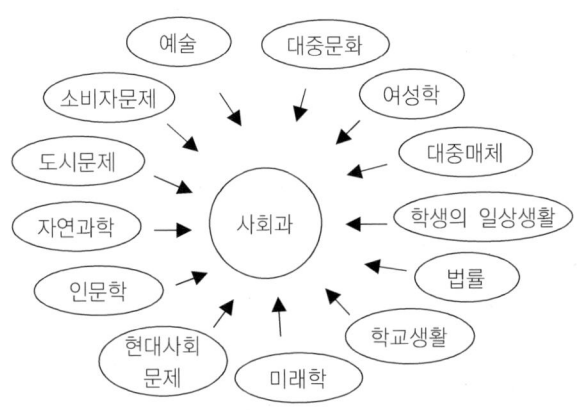

[그림 4] 다양한 내용의 사회과

2) 교육 내용(학습 경험)의 조직

(1) 교육 내용의 조직구조

교육 내용의 조직구조란 교육과정을 편성하고 조직하는 기본적인 틀을 의미한다.

① 최고 수준의 조직구조

- 학교 전체의 교육과정 구조: 국가 수준의 문서의 편제와 시간 배당 기준을 통해 알 수 있다.
- 개별 교과나 과목의 구조: 국가 수준 문서의 교과별 각론을 통해 짐작할 수 있으며 교과는 과목보다 범위가 넓다.

예) 사회과가 교과의 이름이라면 사회과 속에 속하는 중등학교의 정치, 경제, 사회·문화, 지리, 역사 등은 과목을 가리킨다(사회과= 교과, 일반사회, 역사, 지리= 과목).

② 중간 수준의 조직구조
- 단원이나 대주제의 조직구조이다.
- 단원이나 대주제는 과(lesson) 또는 소주제들로 구성된다.

③ 최저 수준의 조직구조
- 과(lesson)나 소주제의 조직구조로 조직요소와 조직중심의 결합으로 구성된다.

3) 교육 내용의 수평적 조직원리

(1) 범위: 스코프(Scope)

① 의미: 스코프는 특정한 시점에서 학생들이 배우게 될 내용의 폭과 깊이를 의미한다. 즉, 스코프는 어떤 시점에서 학생들이 배워야 할 내용이 무엇이고, 그것들을 얼마나 깊이 있게 배워야 하는가를 결정한다.

② 스코프의 표시: 학생들이 배워야 할 내용은 학교 급, 학년, 교과, 과목에 따라 달라지고, 깊이는 대체로 배울 내용에 할당된 시간 수로 간접적으로 표현된다.

③ 학교 급별 교육과정의 스코프: 각급 학교에서 배워야 할 내용의 폭은 교과 이름들로 표시되며, 이들 교과들에 배당된 시간 수가 내용의 깊이를 가리킨다.

④ 학년별 교육과정의 스코프: 각 학년에 적용되는 교과와 이들에 배당된 시간 수로 표시된다.

⑤ 학년별 교과의 스코프: 그것을 구성하는 단원이나 대주제들 속에 포함된 내용으로 구성되며, 여기에 할당된 시간 수로 표시된다.

예) 중학교 1학년 '국어'교과의 스코프는 듣기, 말하기, 읽기, 쓰기, 국어 지식, 문학 등의 내용과 이들에 배당된 시간 수를 말한다.

예) 학교에서 결정하는 범위(스코프: Scope)

〈학교 급별 지침〉
1) 초등학교의 교과 중에서 주당 평균 3시간 이상의 수업 시간 수가 배당된 교과는 주당 평균 1시간 이내에서 시수를 감축하여 학생의 요구와 학교의 필요에 따라 창의적 교육활동에 증배·활용할 수 있다.
2) 초등학교 재량활동에서는 주제 탐구, 소집단 공동 연구, 학습하는 방법의 학습, 통합적인 범교과 학습 등 다양한 교육 프로그램을 학교와 교사, 학생의 요구와 필요에 따라 편성하여 선택적으로 운영할 수 있다.

---

(2) 통합성

① 교육 내용들의 관련성을 바탕으로 교육 내용들을 하나의 교과나 단원으로 묶거나, 관련 있는 내용들을 서로 연결하여 제시하는 것을 말한다.

② 경험중심 교육과정의 영향으로 학습자의 흥미에 대한 고려나 일상생활의 문제에 대한 경험의 중요성이 강조되면서 관심을 갖기 시작한 방식이다.

4) 교육 내용의 수직적 조직원리

(1) 계열성: 시퀀스(Sequence)

① 계열성이란 교육 내용을 배우는 순서를 결정하는 것을 말한다. 즉, 학습자가 어떤 내용을 먼저 배우고 어떤 내용을 뒤에 배우는가를 결정하는 것이다.

② 선수 학습 혹은 인지발달단계에 기초를 두고, 교육 내용이 이전 내용보다 점차 깊이와 넓이를 더해 가도록 전개하는 방법이다.

③ 가네의 위계에 따른 지식 영역의 학습과 스키너의 프로그램 학습법도 이 원리에 입각한 것이다.

④ 교육 내용 계열화에 사용되는 일반적인 방법

- 연대순 방법: 교과의 내용이 시간의 흐름과 관련이 있을 때 의의가 있다. 그 순서는 과거에서 현재, 혹은 그 반대로 조직될 수 있다(연대법 또는 역연대법).

- 단순에서 복잡으로: 기초적인 내용이 보다 복잡한 내용이 앞에 오도록 순서 짓는 것을 말한다.

- 전체에서 부분적으로: 전체에 대한 이해가 부분들을 이해하는 데 필수적일 때 사용하는 방법이다(예: 지리과목은 학습자에게 대륙 전체를 가르친 다음 각 나라와 나라 안의 도시를 소개한다.).

- 논리적 선행 요건 방법: 이는 어떤 내용을 학습하기 위해 반드시 배워야 할 내용이 있을 때 사용한다(예: 수학에서 이차방정식을 풀기 전에 일차방정식을 풀도록 되어 있는 경우이다.).

- 추상성의 증가에 의한 방법: 학습자가 친숙한 교육 내용으로부터 시작하여 점차 낯선 교육 내용으로 안내되도록 배치한다.

- 학생들의 발달에 의한 방법: 학생들은 인지, 정서, 신체 등에서 일정한 단계를

거쳐 발달한다고 생각하고, 이 단계에 맞추어 교육 내용을 배열하는 방법이다 (피아제 인지 발달론, 콜버그 도덕성 발달론, 에릭슨의 발달 이론 등).

(2) 수직적 연계성

① 이전에 배운 내용과 앞으로 배울 내용이 잘 연계되도록 교육 내용을 조직하는 것을 말한다.

② 수직적 연계성은 학교 급 간, 학년이나 단원의 교육 내용을 연결하는 데에 중요한 역할을 한다.

(3) 계속성

① 학습경험의 여러 요소들은 어느 정도 계속적으로 반복 경험할 수 있도록 조직한다는 원리이다. 타바(Taba)의 '누적적 학습'도 이 원리에 입각한 것이다.

② 협동심과 봉사정신에 관한 내용을 같은 학년의 국어, 사회 등 교과에서 동시에 제시하는 것이다.

5) 학습경험의 조직방법

(1) 논리적 배열

① 전통적 배열방법으로 학습 내용과 경험을 각 교과의 논리적 체계에 따라 배열한다.

② 교과중심 교육과정에서 많이 사용되는 것으로 학생의 흥미나 필요를 무시하고 있다는 비난을 듣는다.

예) 사건을 연대순으로 배열한 역사

(2) 심리적 배열

① 진보적 배열방법으로 학생의 현재 생활경험을 기반으로 해서 흥미를 가지고 학습하고 이해할 수 있도록, 친근한 것에서 시작하여 점차 학습경험의 영역을 확대해 나가는 방법이다.

② 경험중심 교육과정에서 많이 사용한다.

4. 수평적 조직(스코프: Scope)과 수직적 조직(시퀀스: Sequence)

교육과정을 조직하는 데 있어서 스코프가 수평적 차원의 배열이라면, 시퀀스는 수직적 차원의 배열이라고 할 수 있다. 하나의 내용단위 속에 어떤 주제들과 내용 요소들을 어느 수준에서 다루어 줄 것인지를 결정하는 것이 스코프(수평적 조직)라면, 이들 주제나 내용 요소들을 어떤 순서로 가르칠 것인지를 결정하는 것이 시퀀스(수직적 조직)이다.

〈표 15〉 사회과의 범위(Scope)와 계열성(Sequence)

구 분	주요 속성(특징)
범위: 스코프	범위는 내용의 폭과 깊이를 결정하는 활동이다. 즉, 교육과정에 어떤 내용을 포함시킬 것인지를 결정하는 활동이다. 일반적으로 스코프는 학습주제를 선정하는 일로 여겨져 왔는데, 학습주제 이외에도 다양한 내용 요소들이 선정될 수 있다. 이때, 내용 요소라 함은, 학습주제, 소재, 개념은 물론 학생들이 하게 될 학습경험까지 포함하는 것이다. 스코프란 한 교육과정의 내용 단위 속에서 다루어질 내용 요소 모두를 선정하는 작업이다. 또 지적인 요소 이외에도 정서적 요소, 기능적 요소를 선정하는 것도 스코프를 결정하는 작업 속에 포함한다.
통합성	통합성은 교육과정조직에서 선정된 모든 형태의 지식 혹은 학습경험을 서로 일정한 관련성을 갖도록 조직해야 한다는 것을 의미한다. 예를 들어 하나의 단원을 구성할 때, 단원에서 가르쳐질 여러 가지 개념, 사례, 기능, 가치 및 태도 등의 요소들이 하나의 탄탄한 통합적 구조 속에 가르쳐져야 한다는 것이다. 여러 가지 내용 요소들이나 지식들이 서로 연결고리를 갖게 함으로써 지식이 학습자의 인지 구조 속에 안정적으로 자리 잡을 수 있음은 물론 내용에 대한 깊이 있는 이해가 가능할 수 있다. 가장 이상적으로 통합성을 실현하는 방법은 궁극적으로 학습자의 마음속에서 각각의 내용 요소들이 통합되도록 하는 것이다.
계열성: 시퀀스	계열성은 말 그대로 내용의 계열성 혹은 순서를 말한다. 연구 결과에 따르면 어떤 순서로 학습하느냐에 따라 학습이 용이하거나 어려워질 수 있으며, 심지어는 교과에 대한 인상이 바뀌기도 한다. 사회과에서 가장 많이 사용되어 온 시퀀스의 원리로는 초등 사회과의 환경확대법을 들 수 있다. 한때, 피아제나 콜버그 등의 발달이론이 유행하면서 발달단계에 맞는 내용배열을 주장하기도 했지만, 구체적으로 이들의 발달이론이 어떻게 사회과의 시퀀스에 활용되었는지는 설명하기가 어려운 실정이다.
연속성	연속성은 시퀀스와 함께 교육과정의 수직적 구조를 결정하는 원리로서, 학습 요소가 누적적으로 반복되어 학습자의 균형 있는 발달을 이룰 수 있도록 내용이 조직되어야 한다는 뜻이다. 그러나 연속성은 단순한 내용의 반복 혹은 중복과는 다른 차원으로 동일한 학습 요소가 깊이와 넓이를 달리하여 학년이 올라갈수록 세련되고 정교해진다는 의미에 가깝다. 연속성의 문제가 가장 극명하게 드러난 예가 부르너의 나선형 교육과정이다. 부르너에 따르면, 각 학문의 핵심 개념이나 아이디어를 그 복잡성이나 표현방식만 달리하면 어느 연령대의 학생에게도 가르칠 수 있다고 한다.

제2절 사회과의 내용 선정과 조직

1. 내용 선정의 기준

1) 철학적·학문적 관점

(1) 사회생활이나 사회과 교육의 바탕이 되는 가치관 및 신념에 관한 기준
(2) 사회과 교육의 배경이 되는 사회과학 및 기타 분야에 관한 지식이론이나 탐구 양식과 관련된 기준
(3) 교육과정이 그 사회가 궁극적으로 지향하는 이념, 가치체계를 기초로 하는 것을 의미
   예) 우리나라: 인간 존중, 홍익인간, 경천(敬天) 등
(4) 사회의 여러 가지 상황과 요구에 적합, 농업사회에는 농업사회에 적합한 교육, 산업사회에는 산업사회에 적합한 교육, 세계화 사회에서는 세계시민교육
(5) 지식기반사회, 정보화 사회 → 지식, 정보

2) 국가적·사회적·문화적 관점

(1) 한국 사회의 공공목표와 관련된 사회과 교육에의 요청에 관련된 기준
(2) 한국의 사회·문화적 전통 계승 및 문화 창조와 관련된 기준
(3) 현대 사회의 특징과 문제, 사회변동, 미래문제 등과 관련된 기준
(4) 사회생활에의 응용성에 관한 기준

3) 발달적·심리적 관점

(1) 학생의 관심과 흥미, 요구, 생활경험과 관련된 기준
(2) 학습자의 개인적·사회적 자아실현과 관련된 기준
(3) 학생의 발달특성에 비추어 본 학습가능성에 관한 기준
(4) 사회 인식 능력 및 사고력 촉진과 관련된 기준

① 학생(학습자)이 대상

② 수요자 중심 교육, 학생 중심

③ 학생 발달 수준 고려, 수준별 교육

2. 내용 선정의 구체적 원리

1) 목표와의 일관성 원리

① 대체로 교육과정의 내용을 선정하고 구성하는 문제는 일련의 가설적인 판단과 결정에 불과한 것이므로, 그 내용은 어디까지나 목표의 위계적 질서를 벗어나지 않도록 해야 함

② 교육 목표가 '컴퍼스를 이용하여 원을 그릴 줄 아는 것'이라면 실제로 학생들이 컴퍼스를 사용하여 원을 그리는 행동을 할 기회가 제공되어야 함

2) 범위와 수준에 따른 균형성의 원리

① 사회과의 내용을 선정·구성하는 데 있어서는 어느 만큼의 범위의 내용을 어떠한 깊이로 선정할 것인가에 대한 균형적 갈등이 존재함

② 현실적·직업적으로 필요하다고 하여 많은 양의 지식을 강조하다 보면 자칫 지식의 나열에 치우쳐 암기나 단순학습을 요구하게 되고, 탐구 과정을 존중해 가면서 지식의 구조나 법칙, 원리, 개념들을 발견케 하려면 넓은 범위의 지식이나 개념들을 소화해 낼 수 없게 됨

③ 실제적인 문제에 봉착하여 이를 해결할 만한 명료한 규준이라고 뚜렷이 제시할 자료는 미흡한 것이 사실임

3) 다른 교과와의 횡적 관련성 유지의 원리

① 사회과의 내용을 선정함에 있어서 사회과도 교과목 중 하나이므로 사회과의 학습에 습득된 지식이나 기능 및 태도는 다른 교과목의 지식, 기능, 가치·태도를 습득하는 데 도움이 되거나 관련이 되는 내용을 선정하여 구성함

② 학습의 효과를 높일 뿐만 아니라 교과 간의 관련 지도에도 도움이 됨. 또한 다른 교과에서 습득된 지식이나, 기능 및 사고나 행동 양식이 사회과에서도 수용될 수 있도록 그 내용이 선정되어야 함

　예) 제5차 교육과정: 도덕과 국어 그리고 사회를 통합 → [바른생활]

　　　제6차 교육과정: 사회와 자연의 통합 → [슬기로운 생활]

　　　2007년 개정 교육과정: 사회과적 내용, 과학과적 내용 통합 → [슬기로운 생활]

4) 학습 편의성의 원리

① 사회과의 교육 내용을 선정·구성할 때에는 학습자가 그 내용을 학습함으로써 교육효과가 극대화될 수 있는 내용을 선정·구성하여야 함

② 학습편의성이라는 '학습 동기 부합성'이라고도 할 수 있는데, 이 원리는 학습자들에게 가장 흥미와 관심을 불러일으킬 수 있고 학습자들이 자기들의 선행적 학습경험이나 체험을 동원하여 그 내용을 이해하기 쉬운 소재들을 선정한다는 것이라고 볼 수 있음

③ 자연 지식학습에서 산맥·산·강·평야의 위치와 이름을 따로따로 암기하여 학습하는 것, 이들의 특징들이 모두 다 나타나는 실제의 표본적 지역을 일정하게 범위를 정하여 전체 학습하는 것 → 이들은 학습동기를 유발하는 데 있어 서로 차이가 있음

5) 내용 적용상 탄력성의 원리

① 현재의 우리나라 교육 여건이 개인의 능력과 관심, 흥미의 차이에도 불구하고 전체적인 교수·학습이 이루어질 수밖에 없는 상황이기 때문에 이러한 제도적인 장애를 극복하기 위해서는 내용을 탄력성 있게 구성해야 함(수준별 교육과정 지향)

② 지역적으로 도시에 사는 학생과 촌락에 사는 학생의 경험의 폭은 상당히 차이가 있을 수 있음

6) 내용의 전이성 원리

① 기본적이고 원리적인 내용일수록 변화된 상황이라 하더라고 효과적으로 적용될 수 있을 뿐만 아니라 그 교육적 가치가 상승될 수 있음
② 교육 내용의 전이성을 높이기 위해서는 개념이나 원리의 양에 대한 지나친 욕심을 버려야 하며, 소수의 선택된 개념과 원리들이 탐구적 과정을 거쳐 터득되어야만 전이력을 왕성하게 할 수 있음

7) 계속성 · 반복성의 원리

① 일반적으로 대부분의 교육과정의 구성은 나선형의 원리가 적용되어 구성됨(→ 교육의 내용이 일정한 간격을 두고, 계속적으로 반복되어 구성된다는 것, 학년성과 목표에 따라 알맞은 내용을 계속적으로 확대 · 심화 · 보충함을 의미)
② 동일한 개념을 가진 내용이 심화되어 다시 학습될 때 새로운 사실이 추가되고, 다시 새로운 관점에서 연구 · 검토하는 계속적인 내용의 확대와 발전이 이루어짐으로써 고차원적인 학습 능력을 기를 수 있기 때문
③ 제3학년에서 학습되었던 모든 내용이 반드시 제4학년에서 계속 · 반복적으로 이루어져야 하며, 또 제5 · 6학년에서도 반드시 그렇게 되어야 한다는 뜻이 아니라 이미 습득된 내용을 분석 · 심화 · 발전된 내용으로 선정 · 구성해야 함

8) 탐구정신 반영의 원리

① 사회과의 교육대상으로 선정되는 사회사상, 개념, 원리, 법칙, 기능, 가치 · 태도와 관련된 내용들은 가급적이면 깊이 있는 사회과학적 탐구 방법에 의하여야만 얻어 낼 수 있는 내용으로 선정 · 구성되어야 함
② 학생들의 활동 중심 내용으로 구성하는 것이 좋음

※ 참고 자료

1) 니콜스의 내용 선정의 원칙
  ① 타당성: 선정된 내용이 진실과 어긋나서는 안 된다는 것

② 의미성: 교육 내용이 학습자의 발달, 사회발전에 유용성을 가져야 한다는 것

③ 흥미성: 학습자가 학습하고자 하는 의욕을 갖게 하는 내용을 선정해야 한다는 것

④ 학습 가능성: 학습 내용이 학습자의 발달 수준에 맞는 것

2) 마시알라스의 내용 선정의 원칙

① 적절성: 학생이 일상의 사회적 상황 속에서 갖게 되는 관심 영역과 밀접한 관련이 있는 주제를 가르쳐야 한다는 의미

② 반추: 학습할 내용이 학습자의 사고를 자극하고 다양하고 이성적인 토론을 촉발할 수 있는 내용의 것이어야 한다는 것

③ 행동: 학습할 내용이 일련의 사회적 행위까지 이어질 수 있어야 한다는 것

④ 현실성: 선정된 내용이 학교의 여건, 교사와 학생의 수준 등 여러 가지 현실을 고려해서 실제로 교실에서 가르쳐질 수 있는 내용

⑤ 이해의 깊이: 선정된 내용이 인간의 본질적 문제에 대한 깊이 있는 이해를 도울 수 있어야 한다는 의미

3. 내용 조직의 의의

(1) 사회과 내용의 조직은 선정된 내용을 계열성에 맞게 학년 단계에 따라 배치 혹은 배열하는 것을 말함. 계열성이란 선행 경험 혹은 내용을 기초로 하여 새로운 경험 또는 내용으로 전개되어 저학년에서 중·고학년으로 점차 깊이와 넓이가 심화·확대되는 단계적 구조를 의미함

(2) 사회과에서 의도적으로 선정·구성된 학습 내용과 배열이 '민주시민으로서의 기본적 자질을 갖춘 사회인으로 육성'이라는 사회과 교육의 목표에 접근하는 것이며 이를 통해 과연 의도된 교육효과를 달성할 수 있는 것인가는 사회과 교육의 질을 결정하는 매우 중요한 문제가 될 수 있음

(3) 내용 조직의 방법적인 근거로 학습의 소재인 내용의 학문적 단계구조에 비중을 두는지와 학습자의 심리적 기초에 총점을 두는지의 두 가지방법이 있음

(4) 사회과의 내용 조직에는 학습자의 심리적 근거와 함께 학습 내용의 논리적 근거가 작용함

4. 내용 조직상의 구체적 원리

(1) 공간인식 발달단계의 적용 원리

저학년에 배열할 내용은 학습자들이 직접적으로 경험하거나 관찰이 가능한 학습자의 생활 주변 지역적 범위에 기초를 둔 내용이어야 하고 학년이 높아질수록 간접경험이나 자료 이용만으로도 이해가 가능한 지역적 범위에 기초를 둔 내용이 배열되어야 한다는 원리

(2) 시간적 인식 발달단계의 적용 원리

사회과 내용을 학년별로 계열화함에 있어 학습자들의 시간적 의식의 발달단계를 고려하여 그 단계에 적합한 학습 내용으로 조직하여야 한다는 원리

(3) 과학적·논리적 사고단계의 적용 원리

저학년에서는 단순하고 구체적인 사실을 중심으로 하여 그들의 사고 수준에서 설명이 가능한 들을 배열해야 하고 중·고학년으로 갈수록 사회과학적인 방법론에 근거한 과학적 사고를 통하거나 아니면 여러 가지 자료들을 활용하여 논리적인 추론이나 분석을 통한 문제 해결형의 내용을 배열·조직하여야 한다는 원리

(4) 점진적 학문체계화의 원리

저학년의 경우에는 자기의 생활 주변의 내용을 통하여 사회의 구조와 기능을 이해하는 사회기능 중심적인 내용으로 조직하여야 하고 고학년으로 갈수록 사회과학적인 성과를 받아들이는 학교 교과로서의 성격을 나타낼 수 있도록 사회 제 과학의 기본적인 개념이나, 원리, 법칙 등을 발견하고 탐구하며, 지식의 구조와 각 영역별 기본 개념들의 상호 관련성 및 유기적 연쇄성 등을 다루는 내용으로 체계화·계열화해 나가야 한다는 원리

(5) 집단융화의식의 단계적 적용 원리

① 일반적으로 저학년은 자율적인 집단생활보다는 타의에 이루어지므로 집단적 융화에 아직 미숙하나, 고학년으로 올라갈수록 자기중심적인 경향에서 벗어나 우리의식, 학급의식, 공동체의식이 강화되어 집단생활을 조직적이고 자율

적으로 운영할 수 있게 됨

② 학년 단계에 따라 집단융화의식에 대한 속성이 다르게 나타나므로 그 단계적 특성에 따른 내용의 배열이 요구됨

③ 사회과 교육의 목표 중의 하나가 학습자로 하여금 사회적으로 바람직한 자아를 형성하게 하여 사회생활에 성공적으로 참여할 수 있게 하는 것인바, 이러한 원리는 곧 사회적 생활에 대한 효과적이고 단계적인 적응을 의미하며, 아울러 사회적 자아를 형성하는 데 필요한 조직구조라고 할 수 있음

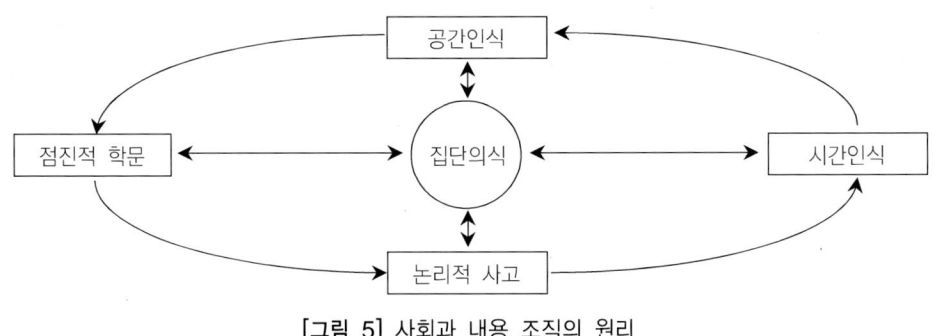

[그림 5] 사회과 내용 조직의 원리

제3절 사회과의 통합교육과정

1. 통합교육과정의 정의와 장·단점

※ 통합교육과정
학문적 성격이 비슷한 몇 개의 교과가 어떠한 원리에 따라 서로 적절하게 연계되어 구성된 교육과정

1) 통합의 개념

• 통합(integration): 서로 다른 이질적인 여러 가지 요소들이 일정한 원리와 원칙에 의해 서로 다른 요소들이 질서 있게 결합되어 새로운 하나의 통일체(통일

성 있는 형태)로 형성하는 것을 말한다.

　예) 사회계층 등 여러 가지 이질적인 요소들이 조화 있게 결합되어 있을 때⇒
　　　사회통합

① 이질적인 부분이 이질적으로 남아 있으면 통합으로 볼 수 없으며 통합이 되
　면 새로운 성격의 단위 형성
② 매우 약한 상태의 통합으로부터 매우 정도가 강한 통합에 이르기까지 여러
　형태로 존재
③ 통합의 원리나 준거도 상황에 따라 매우 다르게 존재 가능

2) 통합교육과정의 정의와 특성

(1) 사회과 통합의 정의

※ 통합교육과정: 민주시민의 자질을 기르기 위해 종전에 전통적인 역사학, 지리
　학, 정치학, 경제학, 사회학 등의 지식체계에 따라 분리된 교과중심으로 학습
　경험을 선정하고 조직하던 것에서 탈피하여 학생의 흥미, 주요 개념, 문제,
　이슈, 사건, 주제 등을 보다 더 명확히 학습할 수 있도록 하기 위해 두 개 이
　상의 학문적인 영역에서 지식·탐구 방법 등의 내용을 중심으로 사회과의 교
　육과정을 구성하는 것을 말한다.

① '사회과의 통합이 실제로 무엇을 가리키는가?' 하는 것을 통합의 의미로 사용
　한다.
② 사회과 교육과정을 구성할 때: 정치학, 경제학, 역사학, 지리학 등 어느 하나
　의 학문적 영역의 내용을 기초로 하는 것이 아닌 2개 이상의 학문적인 내용
　을 기초로 사회과의 교육과정을 구성하는 것을 실제적으로 의미한다.
　㉠ 개념: 어떤 상황을 나타내기 위한 언어적 표현
　　　구체적 사회적 사실 → 일반적인 사람들의 생각
　㉡ 문제: 이슈보다 부정적 부분이 분명한 상태 인지부조화
　㉢ 이슈: 사회적으로 논의가 되고 있으나 찬·반이 엇갈린 상태
　㉣ 주제: 중심이 되는 문제

(2) 사회과 통합의 특성

교과의 발생은 생활에서 시작되었고 그 생활경험을 분화하고 체계화하여 분야별로 사실, 정보 개념, 원리 등을 그 탐구 방식에 따라 정리해 놓은 것을 교과라고 할 수 있으며 지식의 발달과 더불어 점점 더 세분화되어 온 것이다. 그런데 전인적 성장과 관련하여 경험의 통합적인 안목의 중요성이 부각되면서 교과 간의 통합이 주장되어 온 것이다.

흔히 학교교육에서 교과와 학문을 동의어를 사용하는 경우가 많다. 그러나 엄격한 의미에서 교과(Subject－matter)와 학문(Discipline)은 차이가 있다고 보아야 할 것이다.

실제로 모든 개별 학문은 교과보다 고도로 구조화되어 있으며 보다 엄밀하게 통합되어 있는 인지(認知)의 형태이다. 결국 학문은 하나의 탐구 양식이나 사고의 과정을 나타내며, 교과는 학문의 내용을 학생의 지적 수준이나 발달단계에 알맞게 재조직한 것으로 교과는 매우 유동적이라 할 것이다(김재복, 1983: 72－81).

통합교육의 유형이나 형태는 수없이 다양하다. 학자나 학교의 상황에 따라서 다르고 또 시기적인 구분에 따라서 달라진다. 그러나 통합에서 중심적인 과제가 되는 것은 정치, 경제, 역사 등 학습의 내용이 되는 독립적인 학문을 몇 가지나 서로 연결시키느냐 하는 학문의 형태(Academic form)와 학습의 내용을 개념이나 주제 등 어떤 것을 기준으로 결합하여 교육할 수 있는 모습으로 만드느냐 하는 교육적인 형태(Educational form)로 구분하여 고찰하는 것이 이해를 위하여 매우 효과적이다(차경수, 2007: 77－78).

통합교육과정에서 학문적 형태라고 하는 것은 사회과의 학습 내용이라고 할 수 있는 정치학, 경제학, 사회학, 법학, 문화인류학, 윤리학, 심리학, 역사학, 지리학 등의 학문들이 어떻게 상호 결합, 연계, 종합되었는가에 초점을 맞추는데, 일반적으로 통합의 정형적 방식은 간학문적 통합(학제적 통합), 다학문적 통합, 탈학문적 통합(초학과적 통합) 등으로 대별된다.

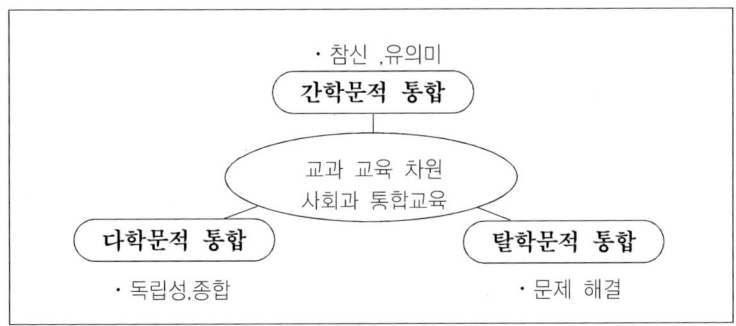

[그림 6] 교과 교육 차원의 사회과 통합교육 구조

3) 통합의 필요성

- 사회과가 사회생활에 필요한 지식·기능·가치관 등을 교육하는 시민교육과 가장 관계가 깊다는 것이 논의되면서 통합 사회과의 교육과정 구성이 많은 관심을 끌어 왔다.
- 우리 교육의 현실
① 통합 사회과에 관한 연구는 실질적으로 많이 진전되지 못하여 완전한 통합에 관한 교육과정이나 교과서를 찾아볼 수 없는 실정
② 이론과 실제 면에서 사회과의 완전 통합에 관한 연구가 매우 절실한 실정

(1) 시민교육적 차원의 요청

① 사회과의 시민교육적인 성격에서 통합에 대한 요청 제기
- 사회과의 근본적인 목표: 사회과학의 지식을 가르치려는 것이 아닌 훌륭한 시민으로서 필요한 사회생활에 관한 지식과 기능을 교육하고, 바람직한 가치관을 형성하게 하려는 것
- 자기 자신이 살고 있는 지역사회의 문제를 바르게 인식하고 합리적으로 해결하는 능력을 기르는 것이 중요
☞ 여러 가지 사회과학의 지식을 기초로 사회생활에 관한 문제, 주제, 아이디어, 장래의 전망 등을 종합적으로 고찰하는 통합적인 교육 필요
② 현재 고등학교 사회과 교과목의 하나인 '공통사회'가 통합의 근본목표인 종합적인 능력을 길러 주지 못할 뿐만 아니라 여러 가지 서로 다른 사회과학의 지식들이 혼합 구성되어 있다. '공통사회'가 완전 통합된 교과서가

되지 못한 채, 역사, 정치, 경제, 사회, 문화 등의 단원이 혼합 구성되어 있는 실정

☞ 통합의 불완전성을 극복하기 위하여 개선된 통합에 대한 연구가 절실하게 요구.

(2) 교과목 축소와 사고력 형성을 위한 요청

① 교과목을 축소해야 한다는 한국 교육계의 교육개혁적인 요청에서도 통합의 필요성 인정

- 중등학교에서 사회과를 사회과학으로 분리하여 가르칠 때 지나치게 세분화 되는 비합리적인 상황 발생 → 중등학교의 교육 목적에 전혀 맞지 않는 것 (전인교육에 불합치)

☞ 비합리성을 해결하고 중등학교의 목적에 적합하도록 교육과정을 구성하는 합리적인 방법의 하나로서 사회과의 통합교육과정 요구

② 시민생활에 필요한 사고력과 태도, 가치관 등을 학습하기 위해 통합교육과 정에 의한 사회과 교육이 필요

- 통합 사회과에 대한 연구는 급격한 사회변동이 진행되며 다양한 가치관에 대한 이해와 개방적인 태도가 강조되는 현대 사회에서 필수적으로 요청되는 것

4) 통합의 장·단점

(1) 통합의 장점

① 지식이 폭발적으로 증가하여 학생들이 모든 학문의 지식을 학습하기 어렵고 중복 학습의 위험이 있는 현대 사회에서 통합교육과정에 의해 이들을 재조직할 필요가 있다.

② 현실적으로 잘 연계되지 못한 학문적 지식을 통합에 의하여 사회와 적합성이 높은 교육과정을 구성할 수 있다.

③ 훌륭한 시민이 되기 위하여 필요한 고급사고력과 태도 및 가치 등을 학습하는 데 통합교육과정이 효과적이다.

(2) 통합의 단점

① 학문적인 지식의 체계를 따라서 교육과정이 구성되기보다 문제, 주제, 개

념, 이슈 등을 중심으로 구성되기 때문에 혼란이 오기 쉽다.

② 학문적인 체계가 없어질 위험이 있다.

③ 어느 한 분야에 대한 학습의 깊이가 없다.(학문적, 교과적 체계성 결여)

2. 통합의 이론과 모형

1) 학문적 형태: 사회과의 학습 내용(정치학, 경제학, 역사학 등)의 독립적인 학문을 몇 개나 결합되는가를 기준으로 보는 것.

   ① 적게는 2개 학문이 결합할 수 있고 어떤 경우 여러 가지 학문을 기초로 전연 새로운 형태의 교육과정이 구성될 수 있다.

   ② 결합하였을 때 원래의 학문적 성격이 그대로 살아 있는 경우도 있으며 전혀 새로운 성격을 가지게 되는 경우도 있다.

(1) 다학문적 접근(mulfidisciplinary approach)

① 서로 다른 여러 가지 학문 사이의 결합의 정도가 가장 낮은 것으로 서로 독립성을 유지하면서 하나의 문제를 이들 학문의 입장에서 고찰하는 것.

② 사회현상 등 인간 생활에서 나타나는 문제·주제와 관련하여 그 해결책을 탐구하는 과정에서 여러 학문들의 내용을 수평적으로 연계하여 조직하는 것.

   예) '도시의 발달 과정'을 학습할 때 역사학, 지리학, 사회학, 경제학, 정치학 등 관련 학문들의 내용을 연관시켜 조직할 수 있다.

③ 장점: 다양한 학문을 관련시킬 수 있다.

④ 단점: 각 학문의 독립적인 위치가 그대로 살아 있다고 하는 점에서 진정한 통합이라 볼 수 없다.

(2) 간학문적·학제적 접근(interdisciplinary approach)

① 2개 이상의 학문을 기초로 각 학문의 공통적인 개념, 주제, 문제, 고급사고력, 탐구기술 등의 유사성을 추출하여 공통적인 요소로 학습 내용을 구성하는 방법.

② 각각 학문의 독립성이 완전히 없어진 것은 아니지만 그들에게 공통적인 개념이나 이슈 등을 발견하여 학습 내용을 조직하느냐는 것은 확실히 발전된 모습이다.

③ 학문적인 독립성도 연계성을 강조하기 때문에 많이 흐려져 통합이 강조된다.

예) '문화'라는 주제를 생활양식으로서의 문화, 정치문화, 의식문화 등 다양한 관점에서 살피는 경우

④ 다학문적 접근과의 차이: 학문의 독립적인 지식체계가 아닌 학문의 공통적인 원리와 개념, 방법, 고급사고력 등을 학습시키려 한다는 점에서 다학문적 접근과 차이가 있다.

(3) 초학과적ㆍ탈학문적 접근(transdisciplinary approach)

① 여러 가지 학문적인 배경을 기초로 하지만 이들 학문의 개별적ㆍ독립적인 영역을 초월하여 사회과에서 관심 있는 주제, 문제, 기능 등을 중심으로 학습내용을 조직하는 방법이다.

② 학문 분야의 독립성이 약화되고 개별적인 학문의 지식체계와는 완전히 다른 전혀 새로운 내용 영역으로 탄생하는 통합 유형이다.

③ 결합의 강도가 가장 높아 다양한 학문의 벽이 허물어져 완전한 형태의 통합 교육과정을 이루고 있다.

④ 장점: 완전 통합교육과정에 가장 가깝다.

⑤ 단점: 매우 이상적 통합형이나 어떤 학문에도 근거하지 않는 새로운 개념과 일반화를 만들어 내야 한다는 점에서 거의 실현되기 어려운 모형이다.

〈표 16〉 통합 모형의 특징

구 분	다학문적 접근	학제적 접근	초학과적 접근
조직의 틀	각 학문은 독립적	각 학문은 서로 연결	각 학문은 하나로 융합
주요 내용	각 학문의 지식	각 학문에 공통적인 탐구기능	실제 생활에서 요구되는 고급사고력
교육 평가	지식	탐구기능	실제 생활문제 해결력

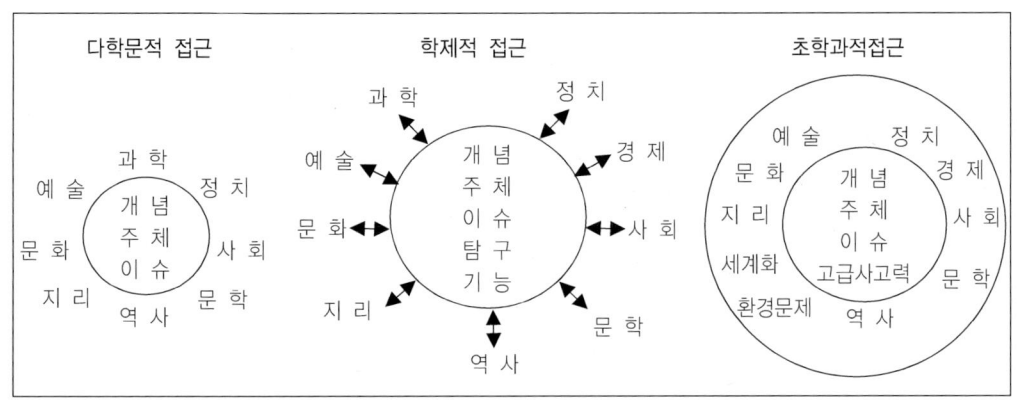

[그림 7] 통합의 모형

(4) 기타의 형태

① 광역형(broad fleld): 가장 초보적인 통합의 형태로 어떤 문제를 다양한 학문
   적 견지에서 서술하는 방법이다.

   예) 역사, 지리, 일반사회를 결합하여 사회생활로 구성하는 것

② 상관형(correlation): 학습문제에 관해서 서로 다른 학문적인 내용이 관련되
   어 있을 때 이들 관련을 중심으로 서술하는 것이다.

  - 교과 사이의 경계를 유지하면서 관련 있는 요소를 중심으로 이웃한 교과끼
    리 관련을 맺어 분과주의를 극복하려는 교육과정

  - 교과 사이의 관련은 지리와 역사 등 비슷한 영역 사이에 가능

③ 연합형(infusion): 상관형과 비슷하며, 하나의 학문적 영역에 있는 문제와 관
   련되어 있는 것을 다른 학문적 영역에서 찾아 와서 삽입 또는 주입하는 방
   법으로 교육과정 구성이다.

④ 융합성(fusion): 초학과적 접근과 같이 고급사고력이나 기능을 초점으로 여
   러 가지 학문적인 영역의 지식을 이용하나 그들을 초월하여 새로운 학습
   내용을 구성하는 것이다.

2) 교육적 형태: 여러 가지 학문적 지식의 체계를 실제로 가르치기 위해서 개념
   이나 주제 등에서 어떤 것을 기준으로 결합하느냐 하는 것을 의미한다.

(1) 개념 또는 주제중심 통합(concept – centered, theme – centered)

① 여러 학문을 기초로 교육과정을 구성할 때 그 중심이 되는 초점으로서 개념 또는 주제를 이용하는 방법이다.

② 추출하려고 하는 여러 가지 학문에 공통적인 개념이나 주제를 대상으로 하는 것이 바람직하다.

　　예) 민족주의나 혁명이라는 개념이나 주제→ 정치학, 역사학에서 공통적으로 발견할 수 있다.

③ 장점: 개념이나 주제의 추상성으로 인해 응용범위가 넓고 사고력 향상을 위해 바람직하다.

• 개념) 어떤 상황을 나타내기 위한 언어적 표현.

• 주제) 어떤 상황에 대한 일반화적인 서술을 보다 더 많이 포함.

④ 단점: 실제로 교육과정 구성이 어렵고 문제나 이슈가 명확하지 않아 모호한 느낌이 드는 경우가 많다.

개념이나 주제는 공통적인 것을 가지고 오지만 그 내용 조직에서는 각각의 학문적인 독립성을 완전히 허물지 못한다.

[예시 모형]

① 파커(Parker, W. C.)의 나선형 통합 모형

• 교육 내용의 강화를 위해 제시한 다섯 가지 필수적인 학습 주제: 민주주의의 이념, 문화적 다양성, 경제 발전, 지구촌 전망, 시민 참여

→ 이 주제들을 나선형으로 역사, 지리, 일반 사회 영역에 걸쳐 학습해야 한다고 설명하여 통합적 관점 강조

② 타바의 교육과정 프로젝트(Taba Curriculum Project)

• 나선형 교육과정 이론을 적용하여 나선형 교육과정 모형 제시.

• 환경확대법의 원리에 따라 계열성이 지역적으로 확대되면서 동시에 가르쳐야 할 개념과 일반화의 폭이 확대되고 고학년으로 올라갈수록 복잡해진다.

= 내용 요소들이 전 학년에 걸쳐 반복적으로 교수·학습되어 연속성을 유지하되 학생들에게 요구하는 기능과 내용의 깊이가 달라지는 나선형 교육과정을 적용한 통합 모형

(2) 이슈 또는 문제 중심의 통합(issue - centered, problem - centered)

☞ 정치, 경제, 사회, 문화 등의 사회과에서 사회문제를 중심으로 교육과정을 구성할 때 가장 적합한 통합과정의 형태이다.

- 여러 가지 학문을 기초로 통합교육과정을 만들 때 그 초점으로 사회적으로 논의가 되고 있는 중요한 이슈나 문제를 중심으로 교육과정을 구성하는 것이다.
- 이슈) 사회적으로 논의가 되고 있으나 찬성과 반대가 서로 엇갈려 있는 상태
- 문제) 이슈보다 부정적인 부분이 사회적으로 보다 더 분명해진 상태

  예) 환경오염, 도시문제 = 사회문제로서의 성격

    성교육, 과외수업 = 사회적 이슈

① 장점: 교육과정의 내용이 구체적이고 명확하여, 교실에서 실제 세계의 문제를 학습할 수 있는 기회를 제공함으로써 학교에서 학습한 내용과 생활 세계를 연결시킬 수 있다.

② 단점: 교육과정의 범위가 문제로만 인정되고 정치학, 경제학, 사회학 등의 영역에 기울어져 역사나 지리적 측면은 소홀히 다루어질 우려가 있다.

3. 스트랜드(요소: Strand) 중심의 통합

1) 미국 NCSS 10가지 스트랜드(1994)

- 1980년대 이후 미국: 새천년을 준비하며 기준(표준) 운동(Standards movement)을 통해 교육 개혁을 추진하였다.
- 핵심: 전이력이 높고 생성력이 있는 지식을 중심으로 교과 내용 정비, 그에 준하여 학생들의 성취 수준 향상을 도모하였다.
- 시작된 계기
- 『위기에 처한 국가』라는 책이 출판된 이후 학교 실패, 특히 '위험에 처한 학생들'이라고 불리는 불리한 위치의 학생들에 대해 대중 및 전문가들의 관심이 증가
- 국가적인 노력과 많은 주들의 노력 등으로 '교과에서는 무엇을 가르쳐야 하는가.', '어떠한 방식의 평가를 사용해야 하는가.', '수행의 수준을 어느 정도

로 잡을 것인가.'에 대한 논의를 시작하였다.

→ 각 교과 교육학회와 교사협의회 등을 통해 '무엇을 가르칠 것인가.'에 대한 논의를 활성화시키는 계기가 되었고, 각 교과의 '기준'을 만드는 발단이 되었다.

• 미래 사회에 합리적인 사고와 적극적인 사회참여를 실천할 수 있는 시민적 자질을 기르기 위해 1994년 미국사회과교육협의회(NCSS)에서 『수월성의 기대: 사회과 교육과정의 기준』을 출판하며 사회과 교육의 중요한 10가지 주제를 중심으로 한 교육과정 기준을 제시하였다.

- 기준의 핵심: 미래 사회에 적극적으로 참여할 수 있는 능력과 합리적 사고를 기르기 위함

• 통합의 준거로 제시되는 스트랜드(Strand): 사회과 교육의 철학, 교육 목적과 목표, 기본 방향에서 궁극적으로 추출되어 나오는 것으로 사회과 교육 영역에서 개념, 주제, 문제, 이슈, 일반화, 법칙, 가치 등을 모두 종합하여 사회과에서 가르쳐야 한다고 생각되는 것들을 종합한 핵심 요소와 준거이다.

• 우리나라 사회과 교육학자들: 스트랜드(Strand)를 사회과 목표에서 추출된 것으로 시민성 함양을 위한 사회과 교육의 목표와 과제를 수행하는 핵심적 요소로 정의하면서 주제를 중심으로 제시되었기 때문에 주제 스트랜드라고 부른다고 제시하였다.

• 10가지 교육과정 기준: 학문적·공민적 능력을 향상시키기 위해 통합적인 사회과학, 행동과학, 인문학적 접근을 제공하기 위한 의도로, 사회과 교육의 목적과 내용에 대한 비전의 지침을 제공하였다.

• 초·중·고등학교에 적합한 교육과정을 개발하는 데 있어 유치원부터 고등학교(K－12)까지의 모든 수준에서 지침과 각 수준에서 기대되는 수행 수준을 교사들에게 제공하였다.

• 각각의 주제는 서로 분리되어 있기보다 사회과 교육 안에서 통합적으로 교수될 수 있다.

• 특징: 각각의 스트랜드마다 그 영역에 관한 설명을 하고 질문을 통해 개념을 이해하고 초·중·고등학교의 범위 내 계열성을 체계적으로 설명하였다.

※ NCSS의 10가지 스트랜드

〈표 17〉 미국사회과교육협의회(NCSS)의 사회과 스트랜드(Strand)

스트랜드	핵심 의미
① 문화	인류는 문화를 창조하고 학습하면서 환경에 적응해 간다. 어느 문화나 신념, 가치, 전통의 체계를 갖고 있다는 점에서 유사하지만 각 문화가 처한 물리적 환경이나 사회적 상황에 따라 차이를 보이기도 하며, 문화는 역동적으로 끊임없이 변화하는 특징이 있다.
② 시간·연속성·변화	인간은 자신의 뿌리를 알고 싶어 하고, 역사의 흐름 속에서 자신이 살고 있는 시대와 상황을 파악하고자 한다. 과거의 사람들은 어떠했으며, 어떻게 변하고 발전해 왔는지를 학습함으로써 이러한 이해가 가능하다.
③ 인간·장소·환경	과학기술의 발달로 학생들은 자신이 사는 곳을 초월하여 전 세계와 연결되어 있다. 사람, 장소, 인간과 환경 간의 상호작용에 대한 학습을 통해 학생들은 공간적 관점과 세계에 대한 지리적 인식을 발달시킬 수 있다.
④ 개인의 발전과 정체성	개인의 정체성은 그가 속한 사회의 문화, 집단, 제도 등의 영향을 받으며 형성된다. 다양한 인간의 행동 유형에 대한 연구는 사회 규칙과 개인의 정체성 확립, 이에 영향을 주는 사회적 제도와 절차, 그리고 개인 행동의 윤리적 가치 사이의 관계에 대한 이해를 포함한다.
⑤ 개인·집단·제도	학교, 교회, 가족, 정부기관, 법과 같은 제도들은 우리의 삶 속에서 필수적인 역할을 수행한다. 따라서 제도가 어떻게 형성되며, 무엇이 제도를 통제하고 영향을 미치는지, 어떻게 제도가 개인과 문화를 통제하고 영향을 미치는지 등을 학생들이 아는 것이 중요하다.
⑥ 권력·권위·통치	우리나라와 세계 여러 나라의 권력, 권위, 통치구조의 역사적 발전과 그 기능에 대해 이해하는 것은 시민적 자질을 발전시키는 데 필수적이다. 학생들은 다양한 통치체제의 목적과 특성을 고찰함으로써 나아가 개인의 권리와 의무, 사회집단의 요구, 정의로운 사회의 개념 사이의 관계를 탐구하여 효율적인 문제 해결자와 의사결정자가 될 수 있을 것이다.
⑦ 생산·분배·소비	인간의 욕구는 무한한 데 반하여 인간에게 유용한 자원은 한정되어 있어 '무엇을 생산할 것인가? 어떻게 생산할 것인가? 어떻게 재화와 용역을 분배할 것인가? 노동, 토지, 자본, 경영의 요소를 가장 효율적으로 결합하는 방법은 무엇인가?'의 기본문제를 접하게 된다. 또한 경제정책 결정 과정에서 정부 역할의 다양성, 자원의 불공평한 분배, 복지 향상을 위한 노력, 국가 간 무역 등을 체계적으로 연구해 볼 필요성이 증대된다.
⑧ 과학·기술·사회	기술은 선사시대 사람들에 의해 발명된 최초의 도구만큼 오래된 것이고, 현대 사회는 과학기술 없이 유지될 수 없다. 동시에 기술은 많은 논란을 불러와 '새로운 기술이 과거의 기술보다 향상된 것인가? 점점 증가하는 변화의 속도를 어떻게 다룰 수 있는가? 하나의 기술로 연결된 지구촌 사회에서 근본가치와 신념을 어떻게 보존할 수 있는가?'의 주제를 탐구해 볼 필요성이 증대된다.
⑨ 세계적 관계	세계적 상호 의존성의 실제를 이해하기 위해 전 세계 사회관계의 중요성과 다양성이 증가하고 있음을 인식하는 것이 필요하다. 국가적 이익과 세계적인 우선순위 간의 갈등 분석을 통해 보건, 환경, 인권 등 지속적으로 새롭게 출현하는 세계적인 쟁점들을 탐구하고 경제적 의존, 민족적 적대감, 군사적 동맹 등 세계문화의 관계와 유형을 분석하여 국가적, 세계적 함의를 갖는 정치적 대안을 검토해 볼 수 있다.

스트랜드	핵심 의미
⑩ 민주시민의 이상과 실천	민주시민의 이상과 실천에 대한 이해는 사회과 교육에서 추구하는 중요한 목표 중 하나로 사회참여를 유도할 수 있다는 점에서 중요하다. 학생들은 '시민의 참여란 무엇이며 나는 어떻게 참여할 수 있는가? 시민권의 의미는 어떻게 발전되어 왔는가? 공동체 사회와 국가, 세계 공동체의 일원으로서 시민의 역할은 무엇인가?' 등을 탐구해 볼 수 있다.

☞ NCSS에서 발표한 이 기준은 초·중·고등학교에 적합한 교육과정을 개발하는 데 있어서 유치원부터 고등학교 때까지의 모든 수준에서의 지침과 각 수준에서 기대되는 수행 수준을 교사들에게 제공하고 있다.

제4절 한국의 사회과 내용 선정과 조직

1. 세계화·정보화·지구촌 사회화·다원화 등으로 사회가 급속하게 변동하고 있고 사회적 요구와 학습자의 필요가 변화되면서, 이에 부응하기 위해 우리나라 교육과학기술부는 1997년 제7차 사회과 교육과정, 2007년 '2007년 개정 사회과 교육과정'을 각각 개발하여 고시하였다. 이와 같은 제7차 교육과정과 2007년 개정 교육과정의 근본적인 정신은 1995년의 '교육개혁안'에서 비롯되었다.

2. 신교육체제는 '열린교육사회, 평생학습사회'의 건설을 비전으로 삼고, 교육운영을

   1) 공급자 중심에서 학습자 중심으로

   2) 획일적인 교육에서 다양하고 특성화된 교육으로

   3) 규제와 통제 중심 교육 운영에서 자율과 책무성에 바탕을 둔 교육 운영으로

   4) 획일적 균일주의 교육에서 자유와 평등이 조화된 교육으로

   5) 흑판과 분필 중심의 전통적 교육에서 교육의 정보화를 통한 21세기형 열린 교육으로

   6) 질 낮은 교육에서 평가를 통한 질 높은 교육으로 전환할 것 등을 제시하였다.

3. 2007년 개정 교육과정의 특징(제7차 교육과정의 수정)

  1) 국민 공통 기본 교육과정의 편성.

  2) 고 2~3학년의 학생 선택 중심 교육과정 도입.

  3) 수준별 교육과정의 도입.

  4) 재량활동의 신설 및 확대.

  5) 교과별 학습량의 최적화와 수준의 조정.

  6) 질 관리 중심의 교육과정 평가체제 확립.

  7) 정보사회에 대비한 창의성과 정보능력의 배양.

4. 교육 내용의 선정과 조직

  1) 제3학년부터 제10학년까지 국민 공통 기본 교육과정으로 구성되어 모든 학생이 공통으로 학습하는 내용으로 조직되고, 또한 학생의 수준을 고려하여 개별학습과 자기 주도적 학습이 가능하도록 심화 보충형 교육과정으로 조직되었다.

  2) 지역확대법(환경확대법)과 개념 중심 나선형 교육과정에 기초하여 구성되었다. 사회과의 내용체계를 살펴보면 제3학년의 내용은 우리 '고장'의 환경과 주민 생활의 모습, 고장의 전통문화, 고장 행정기관의 기능 등으로 구성괴도, 제4학년의 내용은 우리 '지역'의 환경, 지역의 도읍지와 문화재, 지역의 생산 활동, 지방자치 등으로 구성되고, 제5학년의 내용은 '도시와 촌락지역'의 환경, 조상의 공동체의식, 우리나라의 경제성장 등으로 구성되고, 제6학년의 내용은 우리 '주변 국가'와의 관계, 국가의 성립과 발전과정, 민주정치와 시민의 권리 의무 등으로 구성된다. 그 다음 중학교 제1학년부터 고등학교 제1학년까지 사회과의 범위와 계열은 '지방'의 생활 모습에서 '국가'의 환경 그리고 '세계'의 환경 변화로 공동체의 환경을 확대해 가는 방식으로 구성되었다. 이러한 사회과 내용체계의 구성을 볼 때 사회과 교육과정은 환경확대법의 기본 틀 안에서 개념중심 나선형으로 구성되었다고 말할 수 있다.

  3) 지역확대법(환경확대법)의 취지에 맞게, 사회과 교육과정을 지역화하였다. 교육과정의 지역화는 대체로 교육과학기술부가 고시한 교육과정의 목표, 내용, 방법, 평가 등을 지역사회의 실정, 학교의 특수성, 학생의 특성 등 지

역의 특수한 실정에 적합하게 교육과정을 재구성·재개발하는 것을 말한다.

4) 2007년 개정 사회과 교육과정의 내용체계

〈표 18〉 2007년 개정 사회과 교육과정 체계도

학 년	역사 영역	지리 영역	일반 사회 영역
3학년	○ 우리가 살아가는 곳 ○ 우리 고장의 정체성 ○ 고장의 생활 문화 ○ 사람들이 모이는 곳 ○ 이동과 의사소통 ○ 다양한 삶의 모습들		
4학년		○ 우리 지역의 자연환경과 생활 모습 ○ 우리 지역과 관계 깊은 곳들 ○ 여러 지역의 생활	○ 주민 자치와 지역사회의 발전 ○ 경제생활과 바람직한 선택 ○ 사회 변화와 우리 생활
5학년	○ 하나 된 겨레 ○ 다양한 문화가 발전한 고려 ○ 유교 전통이 자리 잡은 조선 ○ 조선 사회의 새로운 움직임 ○ 새로운 문물의 수용과 민족 운동 ○ 대한민국의 발전과 오늘의 우리		
6학년		○ 아름다운 우리 국토 ○ 환경을 생각하는 국토 가꾸기 ○ 세계 여러 지역의 자연과 문화	○ 우리 경제의 성장과 과제 ○ 우리나라의 민주정치 ○ 정보화, 세계화 속의 우리
7학년		○ 내가 사는 세계 ○ 다양한 기후 지역과 주민 생활 ○ 다양한 지형과 주민 생활 ○ 지역마다 다른 문화 ○ 인구 변화와 인구 문제 ○ 도시 발달과 도시 문제	○ 개인과 사회생활 ○ 문화의 이해와 창조 ○ 우리의 생활과 법 ○ 인권 보호와 헌법
8학년	〈한국사 영역〉 ○ 문명의 형성과 고조선의 성립 ○ 삼국의 성립과 발전 ○ 통일신라와 발해 ○ 고려의 성립과 발전 ○ 고려 사회의 변천 ○ 조선의 성립과 발전 〈세계사 영역〉 ○ 통일제국의 형성과 세계종교의 등장 ○ 다양한 문화권의 형성 ○ 교류의 확대와 전통사회의 발전		

학 년	역사 영역	지리 영역	일반 사회 영역
9학년	〈한국사 영역〉 ○ 조선 사회의 변동 ○ 근대국가 수립 운동 ○ 대한민국의 발전 〈세계사 영역〉 ○ 산업화와 국민국가의 형성 ○ 아시아·아프리카 민족운동과 근대국가 수립 운동 ○ 현대 세계의 전개	○ 자원의 개발과 이용 ○ 산업 활동과 지역 변화 ○ 지역에 따라 다른 환경문제 ○ 세계 속의 우리나라 ○ 통일 한국의 미래	○ 정치 생활과 민주주의 ○ 정치 과정과 참여 민주주의 ○ 경제생활과 경제 문제 ○ 시장경제의 이해 ○ 국민경제의 이해
10학년	○ 우리 역사의 형성과 발전 ○ 조선 사회의 변화와 　서구 열강의 침략적 접근 ○ 동아시아의 변화와 　조선의 근대 개혁운동 ○ 근대 국가 수립운동과 　일본 제국주의의 침략 ○ 일제의 식민지 지배와 　민족운동의 전개 ○ 전체주의의 대두와 민족운동의 발전 ○ 냉전 체제와 대한민국 정부의 수립 ○ 대한민국의 발전과 국제정세의 변화 ○ 세계화와 우리의 미래	○ 국토와 지리정보 ○ 자연환경과 인간 생활 ○ 문화 경관의 다양성 ○ 장소 인식과 공간 행동 ○ 지역 개발과 환경 보전	○ 문화 ○ 정의 ○ 세계화 ○ 인권 ○ 삶의 질

종합 정리

1. 주요 개념

┌───┐
│ ┌──────────────────┐   │
│ │ 주요 개념 및 키워드 │   │
│ └──────────────────┘   │
│   │
│ ○ 사회과의 내용 체계, 사회과의 내용 선정, 사회과의 내용 조직 │
│ ○ 범위(Scope), 계열성(Sequence)   │
│ ○ 통합교육과정, 다학문적 통합, 간학문적 통합, 탈학문적 통합 │
│ ○ 지식 영역 내용, 기능 영역 내용, 가치·태도 영역 내용 │
│ ○ 내용의 통합성, 내용의 계속성   │
│ ○ 동심원적 확대법, 나선형식 교육과정, 지역(환경) 확대법 │
│ ○ 광역형, 상관형, 연합형, 융합형   │
└───┘

2. 탐구 문제

1) 사회과 교육과정 내용의 선정 원리에 대해서 구체적으로 기술해 보시오.

2) 사회과 교육과정 내용의 조직 원리에 대해서 구체적으로 기술해 보시오.

3) 사회과 교육과정의 내용 조직에서 범위(수평적 원리: Scope), 계열성(수직적 원리: Sequence)에 대해서 비교, 설명해 보시오.

4) 사회과의 본질과 특성에 비추어 통합교육(통합교육과정)이 이루어져야 하는 이유를 설명해 보시오.

5) 사회과(사회과 교육과정)의 내용 중 지적인 면, 기능적인 면, 정의적인 면을 예를 들어 설명해 보시오.

6) 사회과 교육과정 구성에서 다학문적 통합(접근), 간학문적(학제적) 통합(접근), 탈학문적 통합(접근)을 비교, 설명해 보시오.

Chapter 6

사회과 교육과정의 사조와 내용 변천

제1절 교과중심 교육과정

1. 교육 목표

교과중심 교육과정의 교육 목표는 문화유산의 전달을 통한 이성의 계발에 있다.
① 전통적 문화유산 가운데 가장 항존적(恒存的)이고 본질적(本質的)인 것을 선택하여 다음 세대에게 전수(전달)하는 것이 교육의 제1차적 목표가 된다.
② 교과중심 교육과정은 교과를 통한 지식의 습득뿐 아니라 인지기능의 개발과 이해력·통찰력의 확장을 통한 이성의 계발을 교육의 제2차적 목표로 제시하고 있다.

2. 교육의 내용과 조직

① 교육 내용은 그 가치가 증명되고 보장된 문화유산 중에서 가장 본질적이고 핵심적인 것으로, 가장 영구적이고, 확정적이며, 객관적인 사실, 개념, 법칙, 가치, 기능들이 교육 내용으로 선정된다.
② 교과는 지연의 질서와 논리성의 기준에 따라 조직되며, 일련의 사실들은 교과 그 자체의 조직에 따라 주제로 묶인다.

3. 교육 방법과 평가

1) 교육 방법

① 단일 교과에 초점을 두면서 학급 전체의 학생들에게 강의법과 암송법, 예시 등을 통해 주로 교사 중심으로 수업이 이루어진다.
② 교과서와 자습장이 주된 교재로 사용되고, 교과서에 실린 내용을 숙달하게 하는 데 초점을 두며, 학습지는 내용숙달을 위한 연습에 사용된다.
③ 교사는 소란스럽거나 수업에 방해되는 행동들이 나타나지 않도록 학생들을 통제한다.
④ 학생이 노력하다 보면 흥미가 생긴다고 보고 학생들의 흥미를 유발하기 위해 특별한 관심을 보이지 않는다.

2) 교육 평가

① 평가는 교육 내용이 효과적으로 전달되었는가를 알기 위해 실시된다.
② 교육 내용의 완전한 숙달을 평가하기 위해 지필평가를 정기적으로 실시하고, 숙달 정도에 따라 평점을 부과한다.
③ 학생들의 정보를 획득했는가, 기본기능을 숙달했는가, 그리고 합의된 가치들을 내면화했는가를 측정해 내는 일이 평가의 주요한 과제가 된다.

4. 교과중심 교육과정의 기본적 견해

① 교육의 문화적 기능을 중시하고 있다.
② 각 교과의 논리적 체계성을 존중하고 있다.
③ 체계적인 학습의 전개 가능성이 매우 강하다.

5. 교과중심 교육과정의 특징

① 논리적·체계적: 교과중심형에서는 문화유산의 핵심을 체계적으로 조직한 것을 교과로 보고, 이들의 목록인 교수요목을 교육과정으로 본다. 따라서 교육과정은 논리적이고 체계적인 특성을 지닌다.

② 교사 중심 교과의 전수가 교육의 목적이 될 때 교사는 해당 교과에 정통한 사람이 되어야 한다. 해당 교과에 정통한 교사는 배우는 학생보다 월등히 많은 지식을 갖게 되므로 교사 중심의 교육이 된다.

③ 설명 위주의 교수법(강의식): 교과중심 교육과정에서는 교육이 해당 교과에 정통한 교사가 논리적이고 체계적인 교과를 전문 지식이 없는 학생들에게 전달하는 형식으로 이루어진다. 따라서 수업은 교사의 설명을 중심으로 진행될 수밖에 없다.

④ 한정된 영역의 학습: 문화유산을 체계적이고 논리적으로 조직한 것이 교과이므로 교과는 나름대로의 논리와 체계를 가지고 있다. 그래서 교과중심형에서는 교과의 선을 중시하여 수업은 이 교과의 선 이내에서만 이루어진다. 예컨대, 지리과에서는 지리의 내용만을 취급하는 수업이 진행된다.

⑤ 형식도야설의 근거: 교과중심형에서는 교과를 통해 인간의 지적 능력을 발달시킬 수 있다고 본다. 교과를 통해 인간의 능력을 계발할 수 있다는 이러한 입장은 형식도야설에 근거한 것이다.

6. 교과중심의 교육과정의 조직 형태

교과중심형 교육과정은 각 교과의 체계를 중시하므로 분과형을 취하거나, 분과형을 기본성격으로 하고 있다.

1) 분과형 교육과정

① 교과가 세분화되어 있으며, 교과 간에 전혀 연관이 없도록 조직된 형태의 교육과정이다. 그래서 국어에 국사에 관한 내용이 나오더라도 이를 국사 시간에 미루고 다루지 않는다(배타적 교과관).

② 이런 경우 학생이 배워야 할 과목 수가 늘어나게 되고, 교사는 전공과목에 대해 깊은 지식이 있어도 넓은 지식의 소양은 가지지 못한다.

2) 상관형(관련) 교육과정

① 상관형 교육과정이란 교과의 선을 넘지 않으면서도 두 개 혹은 그 이상의 교과나 과목을 서로 연관시켜 조직하고 가르치는 교육과정의 형태이다.
② 역사적 사실을 배경으로 하는 문학작품을 가르칠 때 역사와 문학을 관련시킨다든지, 세계사에서 문화의 발상을 가르칠 때 지리적 조건을 관련시키는 것과 같은 방식이다.
③ 상관형은 연관되는 두 과목의 시간을 연결하여 가르치는 형태로 진행될 수 있다.

3) 광역형 교육과정(융합형)

① 광역형은 관련된 교과들을 하나의 학습 영역으로 연결하여 조직하는 형태이다.
② 물리 · 화학 · 생물 · 지구과학을 통합하여 과학으로 하는 경우와 역사 · 지리 · 정치 · 경제 등을 통합하여 사회로 하는 경우이다.

7. 교과중심 교육과정의 장 · 단점

교과중심 교육과정 장점	교과중심 교육과정 단점
교과가 문화유산을 체계적으로 조직해 놓은 것이라는 데서 장점이 나온다. 그 장점은 다음과 같다. ① 문화유산의 전달에 용이하다. ② 체계적이어서 간명하고 알기 쉽다. ③ 평가나 측정에 용이하다. ④ 중앙집권적인 통제가 쉽다. ⑤ 학생, 교사, 학부모 등에게 안정감을 준다. ⑥ 논리적 지식체계의 경험적 해석에 용이하다.	내용이 과거 중심적이고 고정되어 있다는 데서 지적되는 단점들이다. ① 내용이 고정되어 있어 새로운 지식의 저변 확대가 곤란하다. ② 현 생활과 동떨어진 내용을 담고 있다. ③ 단편적인 지식이 주입으로 흘러 수동적인 학습을 낳는다. ④ 지식의 암기에 치중하여 비판력과 창의력의 함양이 어렵다. ⑤ 학생들의 흥미, 관심, 요구 등이 무시될 우려가 있다. ⑥ 학생들의 생활을 분산시키고 분과주의에 빠질 우려가 있다.

제2절 경험중심 교육과정

1. 경험중심 교육과정의 목표와 개념

1) 교육 목표(목적)

경험중심 교육과정의 기본 목적은 경험의 개조를 통해 학생의 계속적 성장을 돕는 것이다.

2) 교육과정의 개념

① 경험중심 교육과정은 생활문제 해결을 더 중시하기 때문에 교육과정 구성의 기초를 학습자의 자발적 행동으로 생기는 경험의 체계에 둔다.
② 그래서 경험중심형에서는 '학교의 지도하에 학생들이 가지게 되는 모든 경험'을 교육과정이라고 본다.
③ 경험중심형에서는 교재보다는 생활을, 지식보다는 행동을, 분과보다는 통합을 중시한다.

2. 교육 내용

① 경험중심 교육과정 관점에서 교육 내용이란 학생이 경험을 통해 이전의 경험을 재구성한 것이 된다.
② 이 관점은 성인의 지식을 학생에게 일방적으로 전달하는 교육에 반대하고, 그 대신 지식이 얻어지는 과정, 즉 학생이 경험을 통해 기존의 경험을 재구성한 것을 교육 내용으로 강조한다.
③ 일상 생활의 경험의 총체를 핵심적 교육 내용으로 강조한다.

3. 교육 방법 및 평가

① 교육과정은 교과목의 엄격한 분과보다는 통합을 지향한다.

② 교육과정은 교과서나 그 밖에 미리 준비된 수업 자료보다는 지역사회를 교수·학습의 자원으로 더 많이 활용한다.

③ 이 교육과정은 대집단으로 편성된 경쟁적인 학습 분위기보다는 소집단병 혈동적인 학습 분위기를 강조하는 학생 중심의 수업을 요구한다.

④ 이 교육과정은 완료하는 데 비교적 긴 시간이 소요되는 과제, 즉 프로젝트를 중심으로 조직되어 있다.

⑤ 이 교육과정에서는 교사들이 통제 관리자가 아닌 학습촉진자 혹은 자원으로 활동해 주기를 기대한다.

⑥ 이 교육과정에서는 사실적 정보나 용어의 회상을 강조하는 시험보다는 현실 세계 속의 실제 과제를 처리할 수 있는 능력을 평가하고자 한다.

4. 경험중심 교육과정의 특징

경험중심 교육과정의 특징을 종합하면 다음과 같다.

① 생활인의 육성을 목표

경험중심은 생활인을 기르기 위한 교육 내용 구성을 의도하고 있다. 그래서 교육 내용 속에는 인간관계, 시민으로서의 책임, 경제적 능률, 자아의 실현과 같은 목적을 달성하기 위한 경험과 과제가 중심이 되고 있다.

② 문제 해결력의 중시

생활인이 되기 위해서는 급격히 변화하는 사회에 적응할 수 있어야 하며, 사회의 적응을 위해서는 문제 해결 능력이 필요하다. 그래서 경험중심형에서는 장래를 위한 준비교육이 아니라 문제 해결력, 즉 현재 생활을 사는 지혜와 태도를 터득하게 하고자 한다.

③ 과외활동의 중시(교과 외 활동 강조)

경험중심형에서는 교실 외 생활경험이 실제 생활 문제를 해결해 줄 수 있는 능력과 안목을 준다고 본다. 그래서 여행, 견학, 전시회, 자치활동 등의 과외활동을 중시한다.

④ 학생중심의 교육

경험중심형에서는 학생의 적극적인 경험이 이루어지려면 학생의 자발적 참여가 있어야 한다는 입장이다. 그래서 학생의 필요, 흥미, 능력에 바탕을 두는 아동중심의 교육이 되어야 한다고 주장한다.

⑤ 전인교육의 강조

생활인의 육성을 목표로 하는 경험중심형에서는 지·덕·체의 조화로운 발달을 이룬 사람이 생활을 올바로 영위할 수 있다고 보아 전인교육을 중시한다.

⑥ 중핵 교육과정이 전형

경험중심 교육과정에는 생활형 교육과정, 활동형 교육과정, 경험형 광역 교육과정, 중핵 교육과정 등이 있는데, 이 중 중핵 교육과정이 대표적이다.

5. 경험중심 교육과정의 조직 형태

1) 활동형 교육과정

① 활동형 교육과정은 학습자의 흥미와 욕구 등에 기초하여 학습경험을 선정하고 조직하는 형태이다.
② 활동형 교육과정은 학습자들에게 의의가 있고, 심리에 알맞으며, 그들의 문제를 해결하는 데 도움이 되는 활동들을 다루려고 한다.
③ 활동형 교육과정 형태로 조직되는 활동형의 예로는 킬패트릭이 주장한 구안법(Project법)을 들 수 있다.
④ 학생 활동 중심으로 구성되므로 매우 동적(動的)이다.

2) 생성형(현성형) 교육과정

① 생성형 교육과정은 사전에 계획을 하지 않고, 교사와 학생들이 학습현장에서 함께 학습 주제를 정하고, 내용을 계획하여 교육이 이루어지도록 하는 형태이다.

② 사전에 계획된 내용이 없다는 점에서 교사와 학생들에게 많은 자유와 융통성이 주어진다.

③ 그러나, 잘못하면 내용이 깊이가 없는 피상적인 문제를 다룰 가능성이 매우 크기 때문에 매우 유능한 교사만이 이러한 형태의 교육과정을 운영할 수 있다.

3) 중핵형 교육과정

① 중핵형의 의미: 특정한 내용이나 문제를 중심으로 하고 관련된 부분을 주변영역으로 하여 이를 동심원적으로 조직한 형태의 교육과정이다.

② 중행형의 유형: 교과중심의 중핵형, 개인중심의 중핵형, 사회중심의 중핵형 등이 있다.

6. 경험중심 교육과정의 장·단점

경험중심 교육과정 장점	경험중심 교육과정 단점
① 학생의 흥미나 필요를 토대로 하므로 학생의 자발적 행동 촉진. ② 실제적 생활의 장을 통해 생활문제를 처리하는 생활인의 육성. ③ 공동 프로젝트의 문제를 해결하는 과정에서 협동성, 책임감, 사회성 등의 민주적 태도 함양. ④ 생활인, 실천인 육성을 목표로 한다. ⑤ 능동적인 학습 태도를 신장.	① 학생의 흥미 위주의 교육에 의한 체계적인 지식의 소홀로 기초학력의 저하. ② 직접 경험학습은 학생들의 자발적인 교육 참여에 대한 많은 시간이 소요되므로, 시간 경제성이 떨어짐. ③ 경험하여 얻는 원리가 다른 형태의 생활에 바로 적용되지 않는 곤란. ④ 교직적 소양 부족 교사의 경우 실패 확률 높음. ⑤ 시설, 설비 등에 비용이 과다하게 들고, 상급 학교 진학 시 애로가 있음.(기초 학습결여 문제)

제3절 학문중심 교육과정

1. 학문중심 교육과정의 의의

1) 개 념

학문중심 교육과정의 발달은 1960년 브루너(J. S. Bruner)에 의하여 출판된『교육의 과정(The Process of Education)』이라는 세미나 보고서 형식의 책에서 시작되었다. 1957년 구 소련의 스푸트니크(Sputnick) 인공위성 발사 후 미국 교육의 새로운 방향을 모색한 이 보고서는 교육과정은 그 교과를 구성하고 있는 학문의 개념과 법칙을 중심으로 구성되어야 한다는 것을 주장하였다.

2) 발생 동기

① 1957년 구 소련의 인공위성 스푸트니크(Sputnick) 발사에 의한 충격 때문이다.
② 지식과 기술의 폭발적인 증가에 대처하기 위하여 전이도가 높은 지식을 선정하여 가르쳐야 한다는 요구 때문이다.
③ 경험중심 교육과정이 그 구성방식에 있어서 학문적이고 체계적인 사고와 연구를 하는 데 필요한 능력을 소홀이 하는 폐단이 나타났기 때문이다.
④ 적은 양의 지식으로 활용범위를 극대화하기 위한 노력의 일환으로 나타났다.

2. 학문중심 교육과정의 특징

1) 교육과정의 내용은 '지식의 구조'를 핵심으로 조직

① 지식의 구조: 교과의 개념이나 법칙이 체계적으로 조직되어 있는 것. 학문의 이면에 숨어 있는 기본적인 아이디어, 지식의 기본 개념, 지식의 핵심 개념, 일반적 아이디어, 지식의 탐구 과정 등과 동의어 관계.
② 브루너[교육의 과정]: 지식의 구조는 교과 면에서 보면 개념과 법칙의 체계이

지만, 학습자 면에서 보면 사물이나 현상이 어떻게 관련되어 있는가를 이해하는 것. 곧 어떠한 지식을 그 자체로서 단편적으로 학습하는 것이 아니라, 그 단편적인 지식이 일반적인 원리 또는 다른 구체적인 지식과 가지고 있는 관계를 바탕으로 하여 이해하고 학습하는 것

③ 지식의 구조가 중요한 까닭: 지식의 구조는 학습의 전이(轉移)를 용이하게 하고 또한 낱낱의 사실들을 구조화된 전체 틀에 비추어 볼 때 쉽게 이해할 수 있으며, 오래 기억되기 때문

〈표 18〉 교과중심 교육과정과 경험중심 교육과정과 비교한 학문중심 교육과정의 특징

교과중심 교육과정	학문중심 교육과정	경험중심 교육과정
지식체계 강조		
사실, 개념, 일반화 등의 구체적인 개별 요소 자체의 학습을 강조	구조를 이루는 개별 요소들 간의 관계 즉, 보다 높은 차원의 지식을 구성해 가는 과정 혹은 높은 차원의 지식을 통해 새로운 현상을 설명해 가는 과정을 중시	
	지식의 구조를 강조하되 그 내용적 측면보다 지식을 구성해 가는 방법(과정) 강조	경험의 내용보다는 지적인 경험을 해 가는 과정을 중시

2) 나선형식(螺旋形式)의 교육과정 지향

교과가 가장 완벽한 상태임을 가상하고 그 교과에 담겨진 기본 개념을 아동의 사고방식에 알맞게 가르치며, 학년의 진전에 따라 점차로 심화·확대해 나가는 교육과정이다. 즉, 동일 교과 내용을 발달단계와 관계없이 가르치되 다만 발달단계가 높아짐에 따라서 그 내용의 깊이와 폭이 달라질 뿐인 교육과정이다.

3) 탐구 과정의 중시

학습 방법을 체득하게 하여 발전과 성공의 희열을 맛보게 함으로써 학습자의 내적 동기유발을 촉진시킨다.

3. 내용통합 정도에 따른 분류
  - 학문 기초 · 다학문 · 간학문 · 탈학문형(접근, 통합)

1) 학문기초형: 학문별로 분과의 형태를 취하고 있어 통합의 정도가 가장 약한 유형이다. 각 학문 분야별 지식들이 관련 없이 제시되고 있다. 제3차와 제5차 고등학교 교육과정에서의 정치 · 경제, 사회 · 문화와 제6차 고등학교 교육과정에서의 선택 교과인 정치, 경제, 사회 · 문화 등이 대표적인 예이다.

2) 다학문형: 여러 학문들 간의 결합의 정도가 가장 낮은 형태로서 각 학문은 상호 독립적이면서 하나의 문제를 여러 각도에서 고찰한다. 즉 각 학문은 서로 독립성을 유지하면서 어떤 주제(문제)에 대해 각 학문들의 내용을 서로 연관시켜 조직한다. 제4차 고등학교 교육과정 편제에서 사회 Ⅰ, Ⅱ에서 정치, 경제, 사회 · 문화를 통합했다고 진술하고 있으나 사실상 주제나 문제 중심의 통합이 아닌 단순 나열식의 소극적 통합이었다. 단, 연구 차원의 일반 사회 영역을 중심으로 한다. 학문적 접근이 소개되고 있을 뿐이다.

3) 간학문형: 학문들 사이의 경계선이 허물어지며, 학문들 사이의 공통적인 개념, 주제, 방법, 절차, 및 발생적 기능(사고, 학습 기능) 등을 중심으로 각 학문의 내용을 추출하여 재구성한다. 물론 학문 간의 독립성이 완전히 없어진 것은 아니지만, 각 영역들 간의 통합이 강조되고 있으므로 다학문에 비해 통합성이 두드러진다.

4) 탈학문형: 탈학문적 접근은 학문의 독립적인 영역을 초월하여 관심 있는 주제나 문제, 기능 등을 중심으로 학습 내용을 조직하는 방법이다. 이것은 시민에게 요구되는 문제 해결력, 고급사고력, 인내심, 자신감 등에 역점을 두고 학습 내용을 조직한다. 경험중심 교육과정의 영향을 받은 제2차 중학교 교육과정에서 교과 구분이 철폐된 사회과, 제6차 고등학교 교육과정에서 개별 학문에 구애받지 않고 문제 중심의 내용 조직을 시도한 공통사회(상)가 대표적인 예이다.

4. 학문중심 교육과정의 구성 요소

1) 사 실

어떤 사건이나 대상, 인간 등에 관하여 경험적으로 증명할 수 있는 특수한 자료에 의한 지식 또는 정보이다. 사실에 관한 지식은 이해, 분석, 비교 등 더 높은 차원의 지적 활동을 가능하게 한다(예: 국회의사당은 여의도에 있다.).

2) 개 념

사실을 중심으로 교육과정을 구성하면 너무 복잡하게 되기 때문에, 개념을 중심으로 교육과정을 구성하고 학습하는 방안이 주장되었다. 개념은 경험적으로 관찰한 것을 특징에 따라서 비슷한 것끼리 분류해서 추상적으로 서술한 것이다. 사회과에서 가장 많이, 그리고 중요하게 학습해야 할 것은 개념이 된다(예: 사회계급, 주권, 계층, 정치권력, 국민 등).

3) 일반화

개념과 개념 사이, 사실과 사실 사이의 관계를 일반적으로 표시하는 법칙과 같은 것이다. 일반화는 복잡한 현상을 단순화시켜서 사고의 범위와 기능을 확대시켜 주기 때문에 사실을 암기하는 것보다 훨씬 더 실생활에 유용하다. 사회과 교육 내용에서 일반화가 많아지면 그만큼 발전하는 것이라고 할 수 있다(예: 소득 중에서 식비가 차지하는 비율은 소득 수준이 낮을수록 크다.).

4) 사고 체계

사고의 체계는 생각하는 방법과 어떤 문제를 제기하고 그 문제에 대한 해답을 어떻게 구할 것인가에 대한 합리적인 문제 해결을 위한 탐구 방법과 논리적 절차를 따를 수 있는 능력을 말한다. 탐구력이 사고의 체계로서 가장 많이 강조되고 있으며, 최근에는 탐구력, 창조적 사고력, 비판적 사고력, 메타 인지(meta cognitive) 등을 고급사고력(High level tihinking)이라고 하여 매우 중요시하고 있다.

5. 학문중심 교육과정의 장·단점

학문중심 교육과정 장점	학문중심 교육과정 단점
① 교과를 구성하고 있는 사실, 개념, 법칙 등의 기본적인 내용을 구조적으로 파악하기 때문에 교과의 전체적인 내용은 이해하기 쉽다. ② 교과에 대한 구조적인 학습은 단편적인 지식 중심의 학습보다 기억이 오래가고, 전이가치가 높다. ③ 고등지식과 초보적인 지식 사이의 간격을 좁힐 수 있다. 어려운 개념이나 이론도 학습자의 발달단계에 따라 교육할 수 있다. ④ 추상적 사고력과 지적 수준을 높이는 데 적합하다. ⑤ 체계화된 지식의 교육으로 질 높은 교육이 가능하다. ⑥ 기본 개념 학습으로 새로운 지식 창출이 가능하다. ⑦ 내적 동기 유발에 의한 학습 효과 상승이 가능하다.	① 교육 내용으로 선택해야 할 사회과의 사실, 개념, 법칙 등에 대해서 학자들과 교육자들의 의견이 일치되지 않아 결정하기가 어렵다. ② 교육현장 교사들의 준비가 덜 되었을 때는 이론과 현실 사이에 괴리가 나타나기 쉽다. ③ 학생들의 학습의욕이 왕성하고 적극적으로 수업에 참여해야 하며, 학습 자료가 많아야 발견학습이나 탐구수업의 효과가 나타날 수 있다. ④ 지식의 구조만으로는 복잡한 사회적응이 곤란하다. ⑤ 개인의 요구와 흥미 및 사회의 요구가 무시되기 쉽다. ⑥ 정의적 교육에 소홀하기 쉽다. ⑦ 교육 내용의 선택 문제와 학습 가능성의 기준 설정이 미비하다. ⑧ 학문에 내재된 '지식의 구조'를 이해하기 난해하다.

〈표 19〉통합교육과정 유형 분류표

교육 목표	학문적 자질						시민적 자질
교육 내용 (교육과정)	교과중심			학문중심			경험중심
내용 통합 정도	분과형	상관형	융합형	학문기초	다학문	간학문	초(탈)학문/중핵형, 활동형
내용 조직 초점	개념, 주제, 이슈, 문제						

제4절 인간중심 교육과정

1. 인간중심 교육과정의 의의

1) 개 념

① 학생들이 학교생활을 하는 동안에 가지게 되는 모든 경험의 총체를 말한다.

② 인간중심 교육의 궁극적인 목적인 인간의 성장 가능성을 최대한으로 신장 발

휘케 하고, 인간다운 삶과 사회 발전에 기대할 수 있는 삶을 살 수 있도록 돕는 것이며, 자아실현을 교육으로 지향하려는 것이다.

2) 발생 동기

① 산업사회에 따른 비인간화 문제를 극복하고자 대두하였다.
② 교육의 수단적 기능에 반대하여, 교육의 본질을 인간 삶의 충실과 자기충족 감이 넘치는 인간의 육성에 두었다.

2. 인간중심 교육과정의 특징

1) 잠재적 교육과정을 표면적 교육과정과 똑같이 중시

① 인간중심의 수업방법을 가능하게 하는 두 가지 형태의 명료화 과정: 명상적 인(reflective) 것과 불일치한(dissonant) 것으로 구분한다.
② 명상적인(reflective)은 교사가 학생들에게 자신의 개인적 의미나 가치를 찾아 보도록 자극하는 것이고, 불일치(dissonant)의 방법은 기본적으로 새롭게 인식 한 가치를 통해서 성장하도록 자극한다는 것이다.
③ 두 방법 모두 개방적으로 이용되어야 한다. 어떤 도전에서나 사실 혹은 개념 이 제외됨이 없어야 하며, 탐구 과정에서 어떤 견해도 제외되어서는 안 된다.

2) 학교 환경의 인간화를 위해 노력

교육의 과정에서 인간다움의 회복을 강조하기 시작하였다. 즉, 교육이란 인간에 대한 이해, 조회와 균형 잡힌 긍정적인 인간성의 개발, 보다 나은 인간관계의 형성 등을 위해 행해져야 하고 또 그러한 내용들을 교육 목표로 삼아야 한다고 주장한다.

3) 개개인의 자아실현을 목표로 설정

인간주의자들은 교육과정의 기능이 학습자들의 자유와 발달에 도움이 되는 내재적인 보상경험을 제공해 주는 것이라고 생각한다. 자아, 동료, 학습에 대한 보다 건전한 태도가 그들이 기대하는 것들이다.

4) 인간주의적인 교사를 가장 필요로 하고 존경

'가르친다'라는 의미는 체제나 방법의 이용이 아닌 하나의 인간적 관계이기 때문이다.

5) 자기 지향적 평가를 장려하고, 정의적 측면에서 애정적인 생활환경을 추구

6) 교과중심, 경험중심, 학문중심 교육과정의 개념을 모두 포함하는 포괄적 개념

3. 인간중심 교육과정의 장·단점

인간중심 교육과정 장점	인간중심 교육과정 단점
① 전인교육을 통하여 인간의 타고난 지적, 신체적, 사회적, 정서적인 성장 가능성을 조화롭게 발전시킬 수 있다. ② 학습자의 개별적인 자기성장을 도모할 수 있다. ③ 학습자의 자아 개념을 긍정적으로 형성하는 데 도움이 된다. ④ 교수·학습과정에서 개방적, 자율적, 자유분위기를 조성함으로써 학습과정을 통해 터득된 의미가 내면화될 수 있다. ⑤ 교육의 본질적 추구 목적 및 지향점과 일치된다.	① 자유로운 환경 조성과 역동적인 인간관계가 유지되지 않으면 교육성과의 보장이 어렵다. ② 교사들의 투철한 교육관이 확립되지 않으면 그 실현이 어렵다. ③ 과대규모의 학교와 과밀학급의 규모·밀도를 줄이는 개선책과 학교교육에서 지나친 경쟁과 비교를 지양하는 학교 행정적 조건 정비가 선행되지 않으면 그 실현이 어렵다. ④ 교육의 인간화가 보장되지 않으면 그 실현이 어렵다. ⑤ 개인의 성장 자체를 지나치게 강조하여 교육과 사회와의 관계를 경시한다.

〈표 20〉 교육과정의 변천과 특징

유 형	연 대	목 적	내 용	방 법	정 의	특 징	개념의 크기
교과 중심	1920년대 이전까지	장래 생활의 준비	교과	주입식	교과목표	- 교사중심의 문화유산 전달 - 설명 위주의 강의	대단히 좁다
경험 중심	1920~ 1950	여기와 지금의 필요	학생 또는 생활의 필요	흥미	지도된 경험	- 교과 외 활동 중시 - 생활인의 육성 - 아동중심의 생활경험	넓다

유형	연대	목적	내용	방법	정의	특징	개념의 크기
학문 중심	1960~ 1970	장래 상황의 준비	지식의 구조	발견학습	지식의 구조	- 지식의 구조 - 나선형 교육과정 - 탐구 과정	좁다
인간 중심	1980~ 2000 이후	자아실현	모든 경험	학생중심	경험의 총괄	- 잠재적 교육과정 중시 - 전인적 성장 - 인간적 교사	대단히 넓다

제5절 사회과 교육과정의 내용 변천

1. 교육과정 흐름에 따른 사회과 내용의 변천 ①: 사회과 초기

사회기능법과 흥미중심의 시퀀스: 사회과 교육과정의 목적을 어린이로 하여금 인관관계에 대한 실질적 이해와 개선에 참여할 수 있게끔 한다.				
구 분	〈Hanna의 흥미중심 시퀀스 원안, 1934〉		〈Hanna의 산타바바라 플랜, 1936〉	
시 기	학년	내용	학년	내용
1930- 1950년대	1학년	가정과 학교생활(주변 환경에로의 개인의 적응)	1-2 학년	주변 환경에서 자기조정을 위한 실생활의 발전
	2학년	지역사회생활(이웃들과의 관계에의 적응)		
	3학년	주변 환경에서 자연 힘에의 적응(지형, 기후 등의 대조적인 조건하에서의 전형적인 지역사회의 생활)	3학년	지역사회로의 조정을 통한 실생활의 발전
	4학년	자연환경의 극복과정(인간의 지구상의 탐험과 이주의 이야기), 과학기술상의 개척선	4-5 학년	산타바바라시와 캘리포니아주에 있어서 옛날과 오늘날의 인간 생활의 기초기능을 비교하고, 오늘날의 생활양식에 대한 통찰을 통한 실생활의 발전
	5학년	발견이 우리의 생활에 미치는 여향(발명에 따른 여러 가지 변화, 고립된 생활로부터 강력한 상호 의존의 진전)		
	6학년	기계가 우리생활에 미치는 여향(기계 및 처리법의 개선에 따른 대량생산, 집단생활에 있어서의 상품의 생산과 교환)	6학년	미국에 있어서 인간생활의 기초기능을 유지시켜 준 근대기술을 통한 실생활의 발전
	7학년	공동생활을 위한 준비의 확대(사회적 협력을 통한 자유의 확대, 공업에 있어서의 과학적 계획, 민주 정치의 새로운 기능 등)	7-8 학년	급속한 사회경제적 변화를 초래하여 세계 여러 나라 사람들의 상호 의존을 가능케 한 기술의 경험을 통한 실생활의 발전
	8학년	자연 및 사회세계 내의 주변 환경 속에서 벌어지는 인간관계의 사회적 과정에 대한 비판적 탐구		

구 분	〈Hanna의 흥미중심 시퀀스 원안, 1934〉			〈Hanna의 산타바바라 플랜, 1936〉	
시 기	학 년	내 용		학 년	내 용
1930 - 1950년대	9학년	미국 문화 및 문명의 관점에서의 적응		9 - 10 학년	생물환경과 무생물환경에 대하여 신기술과 발견을 통한 실생활의 발전
	10학년	서양문명 및 문화의 관점에서의 적응		11 - 12 학년	민주생활에 관련된 여러 문제에 대한 올바른 인식을 통한 실생활의 발전
	11학년	세계의 개관과 현대 세계의 문화 및 문명의 문제점들에 관한 비판적 연구		13학년	민주적인 생활철학의 발달을 통한 실생활의 발전

2. 교육과정 흐름에 따른 사회과 내용의 변천 ②: 1930년~1950년대

구 분	문화전기이론: '개체는 종의 발달과정을 반복한다.' 위의 가정을 교육과정에 응용한 것으로 어린이는 자신이 속한 문화를 그 문화가 발달해 온 과정에 따라 학습하는 것이 효과적이다.		동심원 확대법: 어린이들은 그들의 생활 속에서 직접 경험할 수 있는 학습주제로부터 학습을 시작할 수 있다. 어린이가 경험할 수 있는 곳에서부터 학습 대상이 점차 확대되어 가는 방식으로 교육과정이 조직된다.	
시 기	학 년	내 용	학 년	내 용
19세기 후반 - 20세기 초반	1학년	옛날이야기	1학년	
	2학년	로빈슨 크루소	2학년	
	3학년	신화이야기	3학년	가족의 역사, 이웃의 역사, 공동체의 역사, 오랜 옛날의 인디안, 국경일, 향토지리
	4학년	개척자의 역사이야기 (자신이 속한 주와 인근 주의 전기)	4학년	자신의 주와 이웃 주의 개척자, 초기의 탐험과 이주, 자신의 주와 이웃 여러 주 지역의 지리
	5학년	개척자의 역사이야기 (뉴잉글랜드, 동해안, 캘리포니아 서부)	5학년	초기 미국사(초기의 항해와 탐험과 프론티어의 개척자들), 유럽사(스페인, 폴란드, 영국, 스코틀랜드), 북미의 지리개척자
	6학년	식민지 시대 (프렌치 인디안 전쟁의 종결까지)	6학년	미국식인지사(프렌치 인디안 전쟁의 종결까지), 그리스 로마의 문명사
	7학년	미국사 (프렌치 인디안 전쟁의 종결부터 헌법 채택까지)	7학년	미국사(독립전쟁부터 헌법 채택까지), 유럽사(독일과 유럽의 종교전쟁, 영국 청교도혁명, 루이 14세와 프랑스 군주정), 유럽지리
	8학년	미국사(헌법 채택 이후)	8학년	미국사(헌법 채택 이후), 미국의 정치, 유럽사(시저, 나폴레옹, 인도 및 아프리카의 영국 식민지, 독일과 이탈리아의 통일, 근대 그리스와 터키)

3. 교육과정 흐름에 따른 사회과 내용의 변천 ③: 1950년대

> 구조 · 일반화의 학습과 나선형 교육과정
> - 어린이가 이미 익숙해져 버린 일시적 내용들로부터 일반성을 발견한다는 것은 어렵기 때문에 오히려 자신과 먼 환경을 학습하는 것이 어린이들에게 자신의 사회에서 쉽게 발견되는 요소들보다 철저하게 분석할 수 있도록 한다.
> - 학생의 발달 여하는 관계없이 가르쳐지는 내용은 동일하며, 다만 단계가 높아질수록 그 내용이 점점 폭넓고 깊이 있게 가르쳐진다. 즉, 개념의 복잡성이 학년별 내용 수준을 구분하는 시준이 되는 셈이다.
> - 일반적으로 나선형 교육과정은 다양한 사회과학과 인문학에서 도출된 5가지 핵심 개념들로 구성되며, 이 핵심 개념은 '물리적 환경, 희소성, 권력, 문화적 차이, 사회화이다.'

학 년	개념의 초점	사회화	희소성	문화적 차이	권 력	물리적 환경
유치원	정체성	개인의 정체성은 주변사람들에 의해 영향받는다.		개인의 문화와 소속 집단은 그의 정체성에 여향을 미친다.		
1학년	인간 집단	개인의 행동은 집단에 의해 영향받는다.		문화는 집단의 성격에 영향을 미친다.	집단은 규칙과 제재에 의해 지배받는다.	
2학년	인간제도	제도는 인간의 욕구충족을 돕는다.	경제제도는 상품과 서비스의 교환을 돕는다.	제도는 모든 문화에 존재한다.	정치제도는 사회 안정을 유지하는 것을 돕는다.	물리적 환경은 사회제도의 구조에 영향을 미친다.
3학년	인간 공동체	개인의 행동은 "공동체에 의해 영향받는다.	공동체의 구성원은 상품과 서비스의 충족을 위해 상호 의존한다.	소수문화와 인종은 한 문화권보다는 다양한 문화 속에서 기능한다.	개인은 정책에 영향을 미치는 집단을 형성한다.	다양한 집단들이 같은 물리적 환경을 다르게 활용한다.
4학년	인간사회	한 사회 내 개인들은 행동적 특성을 공유한다.	의소성은 모든 사회의 문제이다.	한 사회 내 하위문화의 존재는 갈등을 증대시킨다.	정치제도는 모든 사회에서 발생한다.	물리적 환경은 사회제도의 성격에 영향을 미친다.
5학년	인간문화	개인의 문화는 그의 행동과 가치에 영향을 미친다.	문화는 서로 다른 방식으로 상품과 서비스의 필요를 충족시킨다.	서로 다른 문화를 지닌 사람들이 상호 작용할 때 갈등은 발생한다.	법과 규칙은 모든 문화에서 인간행동을 지배한다.	물리적 환경은 문화가 발달하는 바익에 영향을 미친다.
6학년	사회문제와 사회운동	개인은 사회문제를 해결하는 운동에 참여한다.	희소한 자원(가치)은 사회문제를 일으킨다.	문화적 인동적 차이는 사회문제를 일으킨다.	권력투쟁은 극기, 사회 사이에 발생하고, 국제 문제를 일으킨다.	자연자원의 이용은 사회문제를 일으킨다.

4. 교육과정 흐름에 따른 사회과 내용의 변천 ④: 1960년대

<타바 교육과정 프로젝트의 학년별 내용 구성, 1969>: 나선형 모델에 따라 조직되었다는 점에서 많은 주목을 받았다.
– 타바 교육과정 프로젝트에서는 교육 내용을 조직하는 데 있어 기준이 될 핵심 개념으로 인과관계, 갈등, 협동, 문화변동, 차이, 독립, 수정, 권력, 사회통제, 전통, 가치 등 11개를 제시한다. 이들 11개의 핵심 개념이 각 학년마다 그 수준을 달리하며 되풀이되어 가르쳐진다.

시 기	학 년		내 용
1960년대	1학년	가 족	1. 가족, 동료, 교육기관, 종교기관을 통해 이루어지는 어린이 사회화 2. 다양한 생활양식과 역할기대를 가진 가족들 3. 다양한 수단을 통해 경제적으로 유지되는 사회기관들
	2학년	우리를 둘러싼 지역사회	1. 여러 사람들의 다양한 활동을 통해 이루어지는 지역사회생활 2. 지역사회의 특성에 따라 요구되는 봉사활동들도 달라진다. 3. 지역사회가 설정한 목적에 따라 사람들의 조직양식도 달라진다.
	3학년	세계의 지역사회	1. 사람들이 환경을 이용하는 방식이나 기술에 따라 경제활동의 내용이 달라진다. 2. 문화 간의 접촉은 사회제도의 변화를 초래한다. 3. 사람과 사람 간, 혹은 사람과 자연환경과의 상호작용을 통해 욕구충족의 방식이 결정된다. 4. 전통은 사람들이 자신들의 행동을 수정하는 방식에 영향을 미친다. 5. 기본적 경제활동 내용에 따라 사람들의 생활 방식이 달라진다. 6. 전통과 혁신의 상호작용을 통해 생활양식이 수정된다. 7. 사람들은 자신이 속한 전통 속에서 새로운 방식을 개발한다.
	4학년	우리 주 – 변화하는 사회	1. 똑같은 환경이더라도 사람이 가진 문화에 따라 상호 작용하는 방식이 달라진다. 2. 사람의 생활양식은 자연환경이나 사회적 환경에 따라 달라진다. 3. 사회가 성장함에 따라 사회가 요구하는 사항이나 문제가 달라진다.
	5학년	미국과 캐나다 – 변화하는 사회	1. 새로운 발견은 이전에 얻은 지식을 오늘의 문제에 적용한 결과로 얻어진 것이다. 2. 한 문화 내의 생활양식은 그 문화를 만들어 낸 집단의 공헌으로 형성된다. 3. 집단 간에 목적과 기대가 다를 경우 갈등이 빚어질 수 있다. 4. 역동적인 사람들은 기성의 생활양식과는 다른 생활양식을 만들어 내려는 성향이 있다. 5. 기술개발은 문화변동의 폭과 깊이를 더해 준다. 6. 한 지역의 문화적 자원은 토지이용의 전문화를 촉진한다.
	6학년	중남미 – 변화하는 사회	1. 문화변동은 문화 간 접촉이 있을 시 그 변화의 정도가 달라진다. 2. 모든 문화가 독특한 특징을 갖고 있지만 많은 부분에 있어서 유사하다. 3. 한 지역의 인적·물적 자원과 지리적 특징은 그 지역 사람들의 번영에 영향을 미친다. 4. 문화마다 문제를 해결하는 방식이 다르다. 5. 사회 한 부문에서 일어난 변화가 여타 부문의 변화를 초래할 수 있다.

5. 교육과정 흐름에 따른 사회과 내용의 변천 ⑤: 1960년대

<table>
<tr><td rowspan="2">1960년대</td><td>7학년</td><td>1. 인간의 생활양식은 그를 둘러싼 물리적, 사회적 환경과 상호 여향을 주고받는다.
2. 한 인간의 행위는 그가 가진 가치관에 영향을 받는다.
3. 사회 측은 그 사회의 사상은 다른 사회가 만들어 낸 사상이나 성과물들과 접촉함으로써 변하게 된다.
4. 변동의 속도는 변동 그 자체가 가진 성질뿐만 아니라 변동을 추진하는 힘, 변동에 저항하는 힘의 크기에 따라 결정된다.
5. 인간의 신념, 행위, 가치관은 살아가고 있는 시대의 영향을 받는다.</td></tr>
<tr><td>8학년</td><td>1. 제도는 끊임없이 변하는 경향이 있다.
2. 정치적 변동은 현상에 대한 불만으로부터 초래된다. 변동은 불안의 요인을 처리하는 여러 가지 시도를 반영한다.
3. 다양한 여러 사람의 방식들이 가용자원이나 정치적 통제력을 얻기 위해 서로 경쟁한다.
4. 사회의 본질이 변하면서 그러한 변화를 수용하기 위한 새로운 제도가 나타난다.
5. 인간은 자신의 처지를 개선하기 위해 끊임없이 노력하며 그 와중에 복지에 필수적인 권리를 획득하기 위해 계속 노력한다.
6. 국가는 다른 국가와 상호 작용하며 서로 영향을 주고받는다.</td></tr>
</table>

- 타바교육과정 프로젝트의 특징: 학년별 내용, 특히 단원주제 자체가 사회과학의 일반화를 중심으로 되어 있다. 이러한 일반화들은 저학년에서부터 고학년에 이르기까지 몇 차례씩 반복되고 있어 나선형 교육과정의 전형적 패턴을 보여 주고 있다.

6. 교육과정 흐름에 따른 사회과 내용의 변천 ⑥: 1970년대

<table>
<tr><td colspan="6">지구사회적 시각의 교수와 새로운 시퀀스: 저학년에서부터 지구사회적 시각을 도입할 것을 주장해왔다.</td></tr>
<tr><td colspan="6" align="center">〈미네소타 사회과 교육과정 프로젝트, 1968〉</td></tr>
<tr><td>시 기</td><td colspan="1" align="center">학 년</td><td align="center">내 용</td><td align="center">학 년</td><td align="center">내 용</td></tr>
<tr><td rowspan="3">1970년대</td><td>유치원</td><td>인간의 집, 지구(지리 영역)</td><td>1. 인간의 집, 지구
2. 세계의 많은 사람들
3. 우리의 혹성 지구
4. 사람에 의해 변화하는 지구</td><td>7학년
인간과 사회 (사회학)</td><td>1. 인간의 행위, 신체적 기초
2. 사회화
3. 가족
4. 집단과 군중 속의 인간행위
5. 집단 간의 관계</td></tr>
<tr><td>1학년</td><td>세계의 가족들(인류학)</td><td>1. 호피족의 가족들
2. 치페와족의 가족들
3. 페루의 케추아 가족들
4. 일본의 가족들</td><td rowspan="2">8학년
우리의 정치제도 (정치학)</td><td rowspan="2">1. 우리 정치제도의 개관
2. 정당과 선거
3. 행정부
4. 입법부
5. 사법부
6. 지방 수준의 의사결정
7. 중동(선거가 없는 해의 경우만 해당)</td></tr>
<tr><td>2학년</td><td>세계의 가족들(인류학)</td><td>1. 보스턴의 가족들
2. 모스크바의 소비에트 가족들
3. 북부 나이지리아의 Hausa 가족들
4. 이스라엘의 키부츠 가족들</td></tr>
</table>

시 기	학 년		내 용	학 년		내 용
1970년대	3학년	세계의 지영사회(인류학)	1. 미국의 도시, 촌락, 지역사회 2. 미국 개척시대의 지역사회 3. 애드이럴티 섬의 마누스 마을 4. 파리의 지역사회	9학년	우리의 경제체제와 사회 경제적 문제 (경제학)	1. 미국: 풍요한 사회인가? 2. 미국 경제: 경제체제는 어떻게 적용하는가? 3. 농촌문제 4. 자동차 산업 5. 미국의 빈곤문제 6. 정치운동과 선거, 중동(지역학습)
	4학년	세계의 지역사회(경제학)	1. 우리들의 지역사회 – 경제 2. 소련의 지역사회 – 도시와 농촌 3. 트로브리안드 섬 사람들 4. 인도의 한 마을	10학년	미국사	1. 미국 운영의 형성: 식민지 시대, 공화파 시대, 민주파 시대, 남북전쟁과 재건 2. 근대 미국: 미국의 산업화, 소비경제
	5학년	지역연구(지리학)	1. 미국 2. 캐나다 3. 남미	11학년	지역연구	1. 서유럽 2. 소련 3. 중국 4. 인도 5. 비교와 대조를 위한 최고 단원
	6학년	미국사	1. 백인 도래 이전의 인디안 사회 2. 북미의 스페인과 프랑스리의 정착 3. 북미의 영국인 정착 4. 혁명가의 미국 5. 국가의 팽창 6. 남북전쟁과 재건 7. 국가적 팽창의 완성	12학년	가치갈등과 정책 결정	1. 본질적 자유의 훼손 없이 어떻게 안전을 유지할 수 있는가? 2. 대국어 있어서 경제성장을 어떻게 이룰 수 있을 것인가? 3. 후진국 문제 4. 사하라 이남 지역 5. 미국의 인종갈등 무엇을 해야 하나? 6. 전쟁과 평화 7. 무엇이 좋은 삶인가?

7. 교육과정 흐름에 따른 사회과 내용의 변천 ⑦: 1980년대

역사·지리 중심의 사회과: 시간과 공간의 조화						
시 기	학 년		내 용	학 년		내 용
	유치원	오늘과 오래전의 배우기와 말하기	1. 함께 일하는 것 배우기 2. 함께 말하기: 탐험, 창조, 의사소통 3. 과거로의 연결	7학년	세계와 지리: 중세와 근대 초기	1. 과거 학습과의 연계: 먼 옛날의 발견 2. 과거 학습과의 연계: 로마의 멸망 3. 이슬람의 성장 4. 중세와 근대 초기의 아프리카 국가들 5. 미국의 문명화 6. 중국 7. 일본
	1학년	시공간 내의 한 아이의 위치	1. 사회적 기술과 책임감의 배양 2. 어린이의 지리적·경제적 세계의 확정 3. 오늘과 옛날의 문화적 다양성에 대한 의식의 발달			

시기	학년		내용	학년	내용
1980 년대	2학년	차이를 만들어 내는 사람	1. 우리들이 필요한 것을 대주는 사회 2. 우리의 부모, 조부모, 조상 3. 오늘과 옛날의 다양한 문화 배경을 가진 사람	7학년 세계와 지리: 중세와 근대 초기	8. 중세 사회: 유럽과 일본 9. 르네상스기의 유럽: 변모와 과학적 혁명 10. 초기 근대 유럽: 탐험의 시대를 거쳐 개몽 시대 11. 과거의 현제의 연결
	3학년	계속성과 변화	1. 우리 지역의 역사: 우리의 과거와 전통의 발견 2. 우리나라의 역사: 전기, 전설, 전래동화를 통해 만나는 평범한 사람들과 비범한 사람	8학년 미국사와 지리: 성장과 갈등	1. 과거 학습과의 연계: 식민지 시대의 유산 2. 과거 학습과의 연계: 새로운 국가 3. 미국의 헌법 4. 국가의 출방 5. 미국인의 다양한 행로 6. 보다 완전한 통일을 향하는 길 7. 산업 미국의 성장 8. 과거와 현재의 연결
	4학년	캘리포니아: 변화하는 주	1. 자연조건: 캘리포니아와 그 외의 지역 2. 콜럼버스 이전의 사람들 3. 탐험과 식민지 시대 4. 포교, 목부의 집들, 독립을 위한 멕시칸 전쟁 5. 골드 러쉬, 주승격, 서부 진출 6. 급격한 인구 증가, 대단위 농경, 타 지역과의 연계 7. 현대 캘리포니아: 이민, 기술, 도시		
	5학년	미국의 역사와 지리: 새로운 국가의 건설	1. 콜럼버스 이전의 땅과 사람들 2. 탐험의 시대 3. 식민지의 정착 4. 애팔래치아 산맥의 서부 5. 독립전쟁 6. 젊은 공화국에서의 삶 7. 새로운 국가의 서부팽창 8. 과거와 현재의 연결: 미국인 그때와 오늘	9학년 역사/사회과학 과목의 선택형 과정	20세기 현재의 우리 주/자연지리/세계 지역지리/인문학/세계 여러 지역의 비교연구/지역연구: 문화/인류학/심리학/사회학/역사상의 여성/민족 연구/
	6학년	세계시와 지리: 고대문명	1. 초기 인류와 인류사회의 발전 2. 근동과 아프리카에서의 문명의 시작: 메소포타미아, 이집트 3. 서양 사상의 기초: 고대 히부리와 그리스 4. 서양과 동양의 만남: 인도와 중국의 초기 문명 5. 동양과 서양의 만남: 로마		

8. 교육과정 흐름에 따른 사회과 내용의 변천 ⑧: 1980년대 이후

	학 년		내 용
1980년대 이후	10학년	세계사, 문화, 지리: 현대 세계	1. 현대 세계의 미해결 과제 2. 과거 학습과의 연계: 민주적 사상의 등장 3. 산업혁명 4. 제국주의와 식민팽창주의의 등장: 인디아에 대한 사례 연구 5. 제1차 세계대전과 그 결과 6. 근대세계의 전체주의: 나치 독일과 스탈린주의 러시아 7. 제2차 세계대전: 원인과 결과 8. 현대 세계의 민족주의
	11학년	미국사와 지리: 20세기에서의 연속성과 변화	1. 과거 학습과의 연계: 국가의 시작 2. 과거 학습과의 연계: 1900년까지의 미국 3. 진보주의 시대 4. 재즈 시대 5. 대공황 6. 제2차 세계대전 7. 냉전. 8. 전후 시대의 동서·남북 관계 9. 전후 시대의 인권운동 10. 최근의 미국
	12학년		1. 헌법과 권리 장전 2. 사법부와 통치과정 3. 오늘날의 정부: 입법부와 행정부 4. 연방주의: 주와 지방정부 5. 우리와 다른 형태의 정부, 특히 공산주의 6. 현대 세계의 쟁점 7. 기 초경제 개념 8. 경제체제의 비교 9. 미시경제 10. 거시경제 11. 국제경제의 개념들

※이슈를 중심으로 한 내용조직

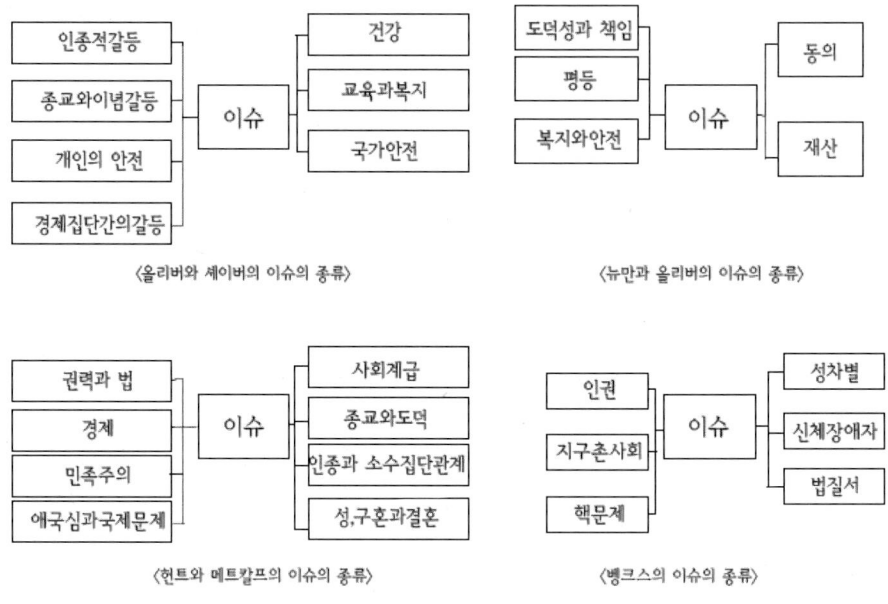

〈올리버와 셰이버의 이슈의 종류〉　　　　　　　　〈뉴만과 올리버의 이슈의 종류〉

〈헌트와 메트칼프의 이슈의 종류〉　　　　　　　　〈뱅크스의 이슈의 종류〉

[그림 8] 교육과정에 따른 사회과 내용 조직

종합 정리

1. 주요 개념

주요 개념 및 키워드

○ 교과중심 교육과정, 경험중심 교육과정, 학문중심 교육과정, 인간중심 교육과정
○ 교과중심 교육과정의 장점과 단점, 경험중심 교육과정의 장점과 단점
○ 학문중심 교육과정의 장점과 단점, 인간중심 교육과정의 장점과 단점
○ 교육과정의 변천, 사회과 내용의 변화
○ 이슈 중심 내용 조직, 사회과 교육의 트렌드(Trend)
○ 지구 사회적 시각, 미래 사회과 내용의 전망
○ 지식의 구조와 교육과정, 교육과정(敎育課程)과 교육사조(敎育思潮)

2. 탐구 문제

1) 사회과 교육과정의 유형인 교과중심 교육과정, 경험중심 교육과정, 학문중심 교육과정, 인간중심 교육과정 등을 상호 비교하여 설명해 보시오.

2) 교과중심 교육과정의 특징 및 장·단점에 대해서 기술해 보시오.

3) 경험중심 교육과정의 특징 및 장·단점에 대해서 기술해 보시오.

4) 학문중심 교육과정의 특징 및 장·단점에 대해서 기술해 보시오.

5) 인간중심 교육과정의 특징 및 장·단점에 대해서 기술해 보시오.

6) 한국 사회과 교육과정의 내용 변천에서 나타나는 특징을 몇 가지로 종합하여 제시하고 설명해 보시오.

Chapter 7

한국 사회과
교육과정의 변천

제1절 사회과 도입 이전의 사회 인식 교육

---

1. '공민'의 신설과 '역사', '지리' 내용의 재편

1) 미 군정의 '신조선인의 조선인을 위한 교육방침'(1945년 9월 17일 시달)

① 조선의 이익에 반하는 교과목 교수 금지→ 일본어, '수신', '국사', '지리' 교수 금지

2) 초등학교 교과 편제 및 시간 배당안 발표(1945년 9월 22일)

① '수신(修身)' 폐지→ '공민(公民)' 신설
② '역사', '지리' 존속(일본 역사와 지리 중심에서 우리나라의 역사와 지리 중심으로)

3) 새로운 국가 사회의 건설과 질서의 회복에 필요한 새 나라의 민주시민을 육성하려는 목적 반영

2. 사회계 교과의 교과서 편찬

1) 한국어로 표기된 교과서 편찬

① 『초등 국사교본』(1945.10.15), 『초등 공민』(1945.12.6), 『초등 지리교본』(1946.2.15)
발간→ 독립국의 자주민 교육의 필요성 반영.
② 갑작스러운 개혁으로 철학적 입장 반영이 안 된 채 일제의 잔재 청산을 위한
임시방편적인 것.

2) 사회계 교과 교과서에 도덕 · 윤리 · 공민 · 역사 · 지리 · 내용 통합 수록

제2절 사회과 교육과정의 변천과 발달

1. 교수요목기(1946 – 1954년): 사회과의 성립

1) 사회생활과 교수요목 재정의 배경

① 미 군정의 사회과 도입 권유(미국식 민주주의 이념 도입→ 학습자의 경험 중
시, 민주시민적 자질 함양)→ 새로운 교육 및 민주주의 교육의 수단으로 사
회과 도입 결정
② 1946년 9월에 발표된 교과편제 및 시간 배당안→ '사회생활과' 탄생
③ 초등학교 사회생활과 교수요목 제정 · 발표(1946년 12월)
④ 중등학교 사회생활과 교수요목 제정 · 발표(1948년)
⑤ 사회과는 초기부터 교과 교육 이상과 현실 간의 괴리를 안고 출발
⑥ 당시 교육의 주류를 이루던 경험주의 교육론에 기저(基底)한 아동중심, 문제
해결 학습의 영향→ 교사 및 교실 여건은 아동중심과 문제 해결 학습의 정
착이 어려운 환경
⑦ 신국가 건설을 위한 국민의식 결여, 준비 미비

2) 사회생활과의 편제상 특징

- 기존 사회 인식 교과와의 가장 두드러진 차이는 교과의 편제
① 지리, 역사, 공민의 분과적 형태 → 통합한 행태로 출발
② 통합 교과의 편제는 학교 급별에 따라 달리 나타남

(1) 초등 사회생활과의 편제

① 학생들의 생활 범위의 확대에 따라 구성된 '사회생활'과 농업에 관한 실천적 지식으로 구성된 '직업 보충교재'(5 - 6학년 남자), 생물·천체·기상·암석 등의 이과적 성격을 띤 '자연관찰'(1 - 3학년)의 세 영역이 통합(광역 교과적 형태).

〈표 21〉 사회생활과 교수요목 편제

1학년	2학년	3학년	4학년	5학년	6학년
사회생활					
가정과 학교	고장 생활	여러 곳의 생활	우리나라의 생활	다른 나라의 생활	우리나라의 생활
+				+	
자연관찰 (동식물, 천체, 기상, 암석 등의 이과 관련 내용)				직업 보충 교재 (농업 관련 실천적 지식)	

(2) 중등 사회생활과 편제

① 중학교: 지리, 역사, 공민이 각 학년별로 고르게 배치(책꽂이식 배열) → 분과적 색채가 강함
② 고등학교: 중학교와 동일
③ 초등학교에서는 통합, 중등에서는 분과 체제 유지(국사와 지리 관련 인사들의 반대로 인함)

3) 사회생활과의 목표, 내용, 방법

(1) 목 표

① "사람과 자연환경 및 사회환경과의 관련을 밝게 이해시켜 사회생활에 성실 유능한 국민이 되게 함을 목적으로 함."(문교부, 1947)

② 사회생활과의 궁극적 목적을 사회생활에 성실, 유능한 국민 즉, 국민적 자질을 육성하는 데 두고 있음

③ 목표의 구조와 논리는 각 부분별로 제시되어 진술 내용이 다르기는 하지만 공민생활, 역사적 사실, 지리적 현상에 대한 이해를 통하여 국민으로서의 태도나 사명감을 갖게 한다는 중등학교 단계의 목표에서도 공통적으로 나타남

(2) 내 용

① 초등학교 사회생활과의 내용 체제: 미국의 콜로라도 주의 덴버(Denver) 시의 교육과정(Colorado Department of Education, 1942)을 참고(콜로라도 주 8학년 과정을 6년으로 압축, 구체적인 내용을 시도)

② 주제 배열이 동심원적 확대법을 따름.

③ 단원 형식의 도입과 단원 내용을 설문 형식으로 제시하여 문제 해결 학습의 전통을 시사

④ 주제의 선정이 사회기능을 중심으로 이루어짐

⑤ 중등학교의 경우 분과적으로 조직된 교과편세에 따라 정치, 경제, 역사, 지리의 입문처럼 계통, 통사 중심으로 꾸며져 있음

(3) 방 법

① 설문식 교육, 교수 방법은 각 단위를 중심으로 하되 질서 있게 할 것. 민주주의 교육을 할 것 등(문교부, 1986: 2 – 5)

② 아동중심, 문제 해결을 위한 관찰 · 연구 · 추리 · 비판 · 토론을 실기하고 아동이 종합과 발표를 행할 것을 권장

2. 제1차 교육과정기(1954~1963년): 초기 사회과 시대, 교과중심 교육과정

1) 사회(생활)과 교과과정 개정의 배경

(1) 교육법 제정과 함께 교육과정 제정을 위한 기초 작업 → 6 · 25로 일시 중단 → 각급 학교 교육과정 시간 배당 기준령(1954년 4월) → '교육과정'제정 · 공포(1955년 8월).

(2) 경험중심 교육과정 이론 소개(1952년 미국 교육사절단 내한)

(3) 전후 사회혼란을 수습하기 위한 국민통합이 절실

(4) 민족교육 계승과 도덕 교육의 중시, 미국 교육사절단의 영향과 경험중심 교육과정 이론 도입, 사회생활과 교수요목(Course of study)의 한계점 극복

2) 사회(생활)과의 편제상 특징

(1) 초등사회(생활)과의 편제

① 광역 교과적 형태의 변화

② 제1 – 3학년에 통합적으로 편성되었던 '자연관찰' → 자연과

③ 제5 – 6학년에 편성되었던 '직업보충교재' → 실과

④ 사회현상에 대한 탐구를 중심으로 하는 내용을 중심으로 편성

(2) 중등 사회(생활)과의 편제

① 중학교: 책꽂이식 배열, 종합교과가 아닌 분과적 색책

② 고등학교: 명칭 변경(사회생활과→ 사회과). 도덕과와 일반 사회 과목이 등장

③ 일반 사회: 지리, 역사, 도덕을 제외한 정치, 경제, 사회, 문화를 대상(중학교 사회생활과의 공민 영역의 연장) → 사회과가 3분(지리, 역사, 일반 사회), 교원자격 표시도 3분(현재는 일반 사회, 역사, 지리, 공통사회 등 4종)

3) 사회(생활)과의 목표, 내용, 방법

(1) 목 표

① 개인이 사회생활의 제 관계에 대한 이해를 통해서 사회에 주체적으로 관계해서 공헌하는 태도를 기르는 것을 목적

② 중·고등학교: "유능하고 충성된 대한민국 국민을 길러 냄에 있다."

③ 국민적 자질의 육성을 강조

(2) 내용 및 방법

가) 초등학교 사회과 교육과정
① 내 용
   ⓐ 초등학교 제1학년 - 제6학년까지의 단원명이 동심원적 지역 확대법에 의해 생활경험중심으로 조직
   ⓑ 구체적으로 보면, 초등학교 사회생활과 단원 일람표를 표로 제시, 학년별 단원명과 세목 제시, 학년별 내용 구성은 단원과 마찬가지로 생활경험중심의 동심원적 지역 확대법이 철저하게 적용
   ⓒ 우리 것에 관한 내용과 우리가 당면한 여러 문제 등이 주로 선정→일제(日帝)의 잔재를 탈피하고 실질적인 면에서 우리의 독자적인 내용의 교육과정으로 전환
   ⓓ 예법 지도 중점적, 도의 교육 강조(도덕 윤리적 내용)

② 교수 · 학습 방법 및 평가
   ⓐ 지도 및 평가와 관련한 별도 규정 없음. 지도 방법과 관련하여서는 사회생활과의 목표와 함께 제시
   ⓑ 유의점 - 어린이의 기초문제 지도, 지리, 역사, 공민의 종합지도

나) 중학교 사회과 교육과정
① 내 용
   ⓐ 도의교육 편성, 사회, 국가 발전 기여 내용, 사회기능 중심 확대

공민(지역 확대 원리 적용)		지 리		역 사
1학년	공동생활	1학년~2학년 전반부	우리나라	국사 - 통사적 접근
2학년	국가생활	2학년 후반부~3학년	외국	세계사
3학년	국제관계			

② 교수 · 학습 방법
   ⓐ 경험중심, 생활중심의 학습 지도 방법 강조
   ⓑ 학습 내용의 문제형식, 흥미중심 단원, 단원학습 지향

다) 고등학교 사회과 교육과정

① 내 용

ⓐ 현실로부터 원리 원칙에 충실

ⓑ 민주주의에 대한 신념, 생활 방식 등 강조

ⓒ 추상적, 이론적 비판보다도 현실 개선을 위한 올바른 방향 찾을 수 있도록 구성

일반사회	정치·경제·사회를 중심으로 하고 지리와 역사를 배경으로 하여 민주사회와 공민적 자질을 신장하도록 함(사항중심).
도 덕	윤리도덕 중심으로 올바른 예의를 생활화하도록 지도하는 데 중점.
국 사	문화를 중심으로 우리나라 역사를 연구하는 것.
세계사	현대 세계를 이해하기 위해 세계문화의 유형과 그 발전의 역사를 고찰하도록 함.
지 리	인문지리 중심으로 가르침.

② 교수·학습 방법 및 평가

ⓐ 학습 내용의 문제형식, 흥미중심 단원, 단원 학습 지향

ⓑ 설문형 교수·학습 방법 강조

3. 제2차 교육과정(1963~1973년): 사회과의 정착기, 경험중심 교육과정

1) 사회과 교육과정의 개정 배경

① 정치, 경제, 사회, 문화 등 새로운 변화를 맞은 시기(4·19 혁명, 5·16 쿠데타 등)

② 1958년 제2차 교육과정 개정을 위한 여론 조사 → 군사 쿠데타에 의한 군사 정부의 이념 반영

③ 경험중심 교육과정과 문제 해결 학습이 안정된 구조 속에서 전개되는 시기

④ 내·외적으로 사회과 교육의 새로운 변화의 요인이 사회과에 영향을 미치는 시기

⑤ 사회과가 표방하는 이론사의 지향에 대한 회의와 사회과 지식의 체계화에 대한 요구가 검증(내적)

⑥ 60년대 정치의 지표로 대두된 자주성과 생산성에 대한 이념적 지향이 보다 한국적인 사회과로의 성격 규정을 요구

2) 사회과 편제상의 특징

① 초등 사회과
  ⓐ 사회과로 명칭 변경
  ⓑ 도덕 단원이 '반공·도덕 생활' 영역으로 분리

② 중등 사회과
• 중학교(6년제)
  ⓐ 도덕 단원→ '반공·도덕 생활' 영역
  ⓑ 도덕→ 국민윤리(일반사회 영역의 한 지분을 차지)
  ⓒ 일반사회 영역의 해체(작은 교과로 전락)

3) 사회과 목표, 내용, 방법

(1) 목 표
가) 사회 인식을 바탕으로 사회 개선 및 국가 발전을 위한 자질 육성을 강조한 점
나) 민주국가의 건설, 국토 개발 의지, 반공과 민주주의, 경제재건 등과 같이 국가·사회적 요구를 많이 반영(모든 학교 급별에서 공통)

(2) 내 용 및 방법
가) 초등학교 사회과 교육과정
  ① 내 용
    ⓐ 내용상으로 아동들에게 사회생활을 올바르게 이해시키고 사회에 적절하게 적응하며 사회를 진보, 향상시키는 능력과 태도를 신장시킬 것을 목표로 하고 있어서 근본적인 변화를 찾아보기는 어려움. 또한 종래의 생활중심의 행동과 경험, 문제 해결력 등을 존중하고 있는 점이나, 사회기능과 지역확대법에 의한 구성에서 벗어나지 못하고 있음
    ⓑ 초등학교 저학년에서는 고장 생활 중점, 고학년에서는 우리 고장과 지역 환경과 우리나라 산업의 발달을 중심으로 국가 생활 파악에 중점, 분과가 아닌 종합적 지도로 사회기능법과 지역 확대법에 의한 지도 강조
    ⓒ 제4학년의 우리나라 관련 내용은 역지역 확대법을 채택한 점이 특징적임

ⓓ 민주적 신념이 확고하고 반공정신이 투철하며 민주적 생활을 발전시킬 수 있는 인간을 양성하는 데 초점

ⓔ 독립, 자주의 민족적 기풍과 아울러, 국제 협조의 정신을 함양하는 데 중점

ⓕ 일상생활의 여러 문제를 해결하는 데 필요한 유익한 지식과 유용한 기능 및 과학적 생활 태도를 기르는 데 직결되도록 교육과정을 구성

ⓖ 성실한 마음과 튼튼한 몸을 가진 국민을 양성하는 데에 직접 기여할 수 있는 학습활동을 계획

② 교수·학습 방법 및 평가

ⓐ 지도상의 유의점 별도 제시하였으나 평가와 관련하여서는 별도의 언급 없음

ⓑ 유의점: 영역별 종합지도, 문제 중심 학습 능력 신장, 지역 특수성 고려 지도, 현실 적용 능력

나) 중학교 사회과 교육과정

① 내 용

ⓐ 반공, 지역사회 개선, 문화민족의 자각 강조

1학년(지리)	지역확대법 지역 내용 교수, 향토와 국토 이해
2학년(역사)	국사를 중심 시대사적 전개, 세계사와 관련을 찾으려고 함
3학년(공민)	인간과 사회생활, 민주정치, 경제생활과 사회문제, 국제관계

② 교수·학습 방법

ⓐ 경험중심, 생활중심 교육과정

ⓑ 지도상의 유의점 제시(지식 전달에 치우치지 않도록)

ⓒ 문제 해결 학습

다) 고등학교 사회과 교육과정

① 내 용

ⓐ 일반 사회와 정치 경제 모두 사회적 현실을 강조함

ⓑ 반공 교육이 강화됨

일반사회	정치, 경제, 사회, 문화 등 각 분야 두루 다룸
정치·경제	국제관계와 국제 정세 단원 - '공산 진영의 대외정책', '중립 진영의 대외 정책' 등의 주제로 구성→반공 교육과 관련
국 사	반공 사상 강화와 세계 평화에의 기여 등이 새로 생김
세계사	문화사 중심의 세계사
지 리	지리 Ⅰ·Ⅱ 모두 지역 지리 중심

② 교수·학습 방법 및 평가

ⓐ '지도상의 유의점' 제시

ⓑ 문제 해결 학습, 탐구식 학습 지도 방법 강조됨

ⓒ 1970년대 심리 측정 이론에 입각한 상대 평가 도입

4. 제3차 교육과정(1973~1981년): 사회과의 토착화기, 학문중심 교육과정

① 분자학문으로서의 사회과학 지식을 중심으로 교과의 근거를 설정

② 지식의 구조(학문의 체계) 중심

③ 사회과학적 안목(사고방식) 중시

④ 발견·탐구 학습 강조

1) 사회과 교육과정 개정의 배경

① 유신체제의 시기 → 한국 민주주의의 토착화, 민족 주체성의 확립, 분단의 극복과 통일의 문제가 중요한 이념으로 등장

② 경험중심 교육과정에 대한 비판과 새로운 교육 이론의 도입이 요청되는 시기

③ 1968년에 선포된 '국민교육헌장'의 이념 및 1972년에 선언된 유신 이념의 구현이라는 국가주의적 요구(이념적인 성향이 감함)+학문중심 교육과정의 사조(객관적이고 과학성을 중시) → 교육과정 개정(공존하기 어려운 두 바탕을 배경으로 출발)

2) 사회과의 편제상 특징

① 초등 사회과
    ⓐ 국가주의적 요구가 사회과 편제에 강한 영향(국민교육헌장 등)
    ⓑ '반공도덕 생활' 영역 → '도덕' 교과로 독립

② 중등 사회과
- 중학교
    ⓐ 도덕과 신설, 국사 영역이 '국사' 교과로 독립, 사회과 편제는 제1학년 지리, 제2학년 세계사, 제3학년은 공민으로 편성(책꽂이형, 천<川>자형 배열)
- 고등학교
    ⓐ 도덕과 신설, 국사 영역이 '국사' 교과로 독립(민족의 주체적인 가치관 확립을 위함)
    ⓑ 4과목 편성(정치·경제, 사회·문화, 국토지리, 인문지리)
    ⓒ 원래의 사회과가 지녔던 통합교과로서의 성격을 포괄하지 못하는 파행적인 구조

3) 사회과 목표, 내용, 방법

(1) 목 표
① 사회 개선 및 국민적 자질 함양(제2차 교육과정과 비슷)
② 사회적·국가적 지식과 방법을 습득하는 것을 목표로 함(추가)
③ "사회과는 사회적 사상을 사회과학적 지식, 방법을 활용하여 학습하는 교과이며, 과학적 탐구 방법 습득 자체가 중요한 목표의 하나다."라고 성격 규정

(2) 내용 및 방법
가) 초등학교 사회과 교육과정
    ① 내 용
      ⓐ 내용 선정 면: 사회과의 기본적인 주요 개념을 습득하는 데 유용하고 학생들의 생활 환경의 현실적 변화에 대응하여 선정하며 국가 사회의 중요

문제를 채택·반영

ⓑ 조직 구성 면: 국가교육의 강화와 체계화가 특징, 동심원적 지역(환경)확대법과 시간소급법 적용

ⓒ 제시 형태 면: 탐구 중심의 학습 절차 중시하여 각 학년의 학습 단위마다 학습절차, 방향, 수준 제시하고 그 아래에 주요 개편, 제재 제시

1학년	학교생활, 가정생활, 이웃과 동네의 생활, 물건의 생산과 유통을 위해 일하는 사람들
2학년	교통 통신에 종사하는 사람들, 생명·재산·건강 보호에 종사하는 사람들 등
3학년	세계 여러 곳의 생활, 고장 생활의 어제와 오늘 등
4학년	국사 분야로는 우리나라 경제생활의 발전, 우리나라 문화의 발전 등
5학년	지리·공민 분야는 산업과 경제생활, 경제개발계획과 국민 생활의 향상 등
6학년	지리·공민 분야는 세계 안의 대한민국, 민주주의와 우리의 생활 등

ⓓ 제1-4학년: 지역 확대법

ⓔ 제5학년: 국사(국사 분야는 별책으로 발행), 지리, 공민 영역으로 구분

ⓕ 제6학년: 국사(국사 분야는 별책으로 발행), 지리, 공민 영역으로 구분

② 교수·학습 방법 및 평가

ⓐ 지도상의 유의점만 제시 - 생활 주변의 탐구 과정 중시

ⓑ 표현 기능 신장, 범위 설정 지도, 사회적 현장 파악

ⓒ 시사 문제(時事 問題) 수준 맞게 지도

나) 중학교 사회과 교육과정

① 내 용

ⓐ 사회과의 지식·구조 강조(= 사회과학지식 구조화)

1학년	향토~세계 당면 문제 해결 발전적 측면, 지역 간의 관계, 세계 속의 한국
2학년	'인류와 문화' - 아시아의 근대화 운동 강조
3학년	정치 - 우리나라 민주정치, 법 - 일상생활과 법 경제 - 경제 개발 계획과 우리 경제, 사회·문화 - 인구·환경·도시문제

② 교수 · 학습 방법 및 평가

ⓐ 사회과학적 탐구 강조(야외관찰, 실험 등)

ⓑ 방법론적 사회과 강조(문제를 탐구하고 해결해야 함)

ⓒ 영화, 슬라이드, 통계, 연감, 신문, 여행기 등 자료 이용→ 종합적 학습 강조

다) 고등학교 사회과 교육과정

① 내 용

ⓐ 학문의 범위와 논리적 순서가 내용 구성의 중심

ⓑ 나선형식 교육과정

ⓒ 신사회과에 의한 사회과학지식 중시

정치 · 경제	우리나라의 정치 · 헌법, 법률 · 경제 등을 중심으로, 학문의 개념과 원리를 이해하고, 복지사회 건설을 강조
사회 · 문화	우리의 현실과 민족의 질로, 우리의 사회와 문화, 개인과 사회생활, 사회 변동과 근대화, 국가의 발전 계획 등에 관한 내용을 민족문화 창달과 국가사회 발전에 이바지하는 데에 중점을 두어 다룸
지 리	국토지리, 인문지리 두 부분으로 구성

② 교수 · 학습 방법 및 평가

ⓐ 내용과 방법의 합체로서의 교육과정 강조

ⓑ 지도상의 유의점: 통합적인 관점에서의 지도, 합리적인 사고 능력의 신장, 국민정신교육의 충실한 지도, 다양한 자료의 수집, 분석, 종합, 평가 능력 정보의 선별, 수용, 정리 능력 등을 기르도록 지도

ⓒ 평가: 지필평가 외에도 다양한 평가 방법 사용(지필평가, 고차적 사고능력, 신념과 태도 등을 평가하는 것을 두루 강조)

5. 제4차 교육과정(1981∼1992년): 사회과의 성숙기
경험 · 학문 · 인간중심 관점의 통합

1) 사회과 교육과정 개정의 배경

① 유신체제 붕괴(1979년) → 민주화에 대한 요구가 급격하게 증가, 새 정권에

의한 새로운 교육 개혁(제5공화국의 교육과정 개정 방향 – 국민정신교육의 체
계화, 전인교육의 충실, 과학·기술 교육의 강화)

② 국민정신교육의 지표를 체계적으로 반영하는 데 주력

③ 학문적 적합성을 지나치게 강조한 기존 교육과정에 대한 비판→ 개인적 적
합성을 중시하는 인간중심 교육과정의 성격 부각

2) 사회과 편제

① 초등 사회과

    ⓐ 통합적 성격 강조(제1 – 2학년 교과 간 통합: 국어 + 도덕)

    ⓑ 교육과정은 분과체제를 유지한 채 교과서만 통합적으로 편성[교육과정과
교과서 간의 괴리(乖離) 현상]

② 중등 사회과
- 중학교

    ⓐ 1개의 학년 1개 영역의 원칙을 파기(破棄) – 1개 학년 2개 영역을 배치하여
통합적으로 접근 시도

- 고등학교

    ⓐ 정치, 경제, 사회, 문화를 통합 조정하여 구성한 사회 Ⅰ, Ⅱ라는 새로운
과목을 편성하는 등 통합을 강조

    ※ 초등학교는 융합형, 중학교는 통합형, 고등학교는 사회과 체제 속의 과목
분리형의 성격이 명확(학교 급별, 학년별로 사회과의 특성이 보다 뚜렷)

3) 사회과의 목표, 내용, 방법(지도 방법)

(1) 목 표

    ① 민주 생활의 습관화, 국토와 민족에 대한 애정, 국가발전, 민족문화 창달
및 인류 공영에 이바지하려는 태도를 기르려는 태도 목표를 신설

    ② 지식 탐구의 절차를 중시하여 지적 능력을 높이고자 하는 학습 방법 즉,
사회과 탐구학습의 지향을 교과 목표로서 강조(기존 교육과정과 큰 차이)

③ "사회과에서 탐구 목표로서 탐구의 정차를 올바로 익혀 사회생활에 관한 문제를 올바르게 해결할 능력을 기른다."(학문중심 교육과정의 영향)

(2) 내용 및 방법
가) 초등학교 사회과 교육과정
① 내 용
ⓐ 내용 선정 면: 사회과학의 각 영역에서 기본적으로 취급되는 내용과 오늘날 사회, 국가적으로 요청되고 있는 시대적 문제와 가치를 우선적으로 선정, 우리 사회의 원활한 기능을 유지하기 위해 사회 구성원들이 알고 있어야 할 요소와 사회현상의 탐구에 필요한 과정으로서의 지식 중에서 선정

ⓑ 내용 조직 면: 내용의 통합은 각 영역의 공통되는 개념을 중심으로 사회 기능적 요소와 사회문제 등을 관련시켜 이에 적절한 주제 선정, 제1－2학년의 내용이 교과서 수준에서 사회과적 내용이 국어과적 내용, 도덕과적 내용 등이 통합되어 '바른생활' 교과서로 편찬 → 교과통합의 길을 틈.

ⓒ 내용의 계열성 면: 각 영역의 기본적 요소와 개념이 각 학년에 균형 있게 발전적으로 심화, 확대 → 단원, 학년, 학교, 학반의 계열성을 고려, 지적 기능의 계열성 함께 고려

ⓓ 내용 구성의 원칙: 교수·학습의 관점을 명료하게 하기 위해 개념과 주제 혼합 형식 진술

ⓔ 학년 간, 단원 간의 중복을 배제, 학년에 집중으로 포함되었던 지리 분야, 학년에 집중적으로 포함되었던 사회, 정치 분야의 이용 등이 각 학년별로 고르게 분산, 조정, 특히 중복이 심했던 경제 분야 내용 통폐합

ⓕ 지역확대법과 시간소급법의 원칙(이전 교육과정과 다름이 없었으나 부분적 보완)

ⓖ 내용의 진술 형식도 구교육과정과 다름이 없었으나 지도 요소는 서술 형식을 가미하여 개념과 주제를 혼합 형식으로 진술, － 학년의 국사 분야를 분리하지 않고 타 단원에 이어서 진술

ⓗ 목표 및 내용이 정선되고 체계를 갖추었으며 국민정신 교육의 내용이 일관성 있게 반영됨. 그러나 시대적 특징이나 교육과정의 적합성에 관한

학문적 배경 하나의 사조나 성격으로 설명할 수 있도록 뚜렷하게 나타나지 않고 종합적 성격으로 제시되었다고 볼 수 있음

② 교수·학습 방법 및 평가.
  ⓐ 지도 및 평가상의 유의점을 지도 및 평가로 구분하여 제시
  ⓑ 지도상의 유의점 – 다양한 학습 활동 전개, 집단사고와 활동 중시, 현실 문제 해결 학습 강조
  ⓒ 평가상 유의점 – 다양한 방법에 의한 평가, 원리, 개념, 적용력 평가

나) 중학교 사회과 교육과정
  ① 내 용
    ⓐ 통합적 내용 접근, 국민정신 교육 강조, 현대 사회문제, 사회복지건설.

지 리	지지(地誌)중심의 전개	→	1학년 공민 + 국토지리	인간과 사회, 향토생활, 각 지방생활정치, 법 및 경제생활, 국토개발
세계사	중국사 중심 탈퇴 한국과 관련된 세계사 전개 각국의 근대화 과정과 한국과의 관계		2학년 세계지리 + 세계사	세계·아시아·아프리카·유럽의 생활, 아시아 및 중국 사회의 생활과 발전 서양문화와 중세 유럽의 세계
공 민	현대 사회의 특징·문제점 국민적 자질 함양		3학년 세계사 + 공민	경제생활, 현대 사회 동서양의 근대와 현대사 및 우리나라의 민주 정치

  ② 교수·학습 방법 및 평가
    ⓐ 다양한 학습 자료 이용(지도, 도표, 영화, 슬라이드, 신문, 방송, 사진 등)
    ⓑ 토론, 발표 사례 학습 강조
    ⓒ 지역화 학습(지역사회의 특성, 학교 실정 고려하여 새로운 내용 보완→ 창의적 학습 지도)·평가
    ⓓ 최초 제시, 지적(개념·원리의 핵심적 내용 이해), 정의적(가치 내면화), 기능적(자료의 분석, 야외 활동 능력) 균형

다) 고등학교 사회과 교육과정
  ① 내 용
    ⓐ 통합적 사회과 내용

ⓑ 국민정신 교육 내용 체계적으로 반영, 내용의 정선, 기본 개념의 강조,
학문의 내용과 현실과의 관련, 복지사회 건설 의지, 국민적 자질 강조
ⓒ 나선형 확대와 단원 통합 지향

사 회	사회 Ⅰ · Ⅱ는 정치 · 경제, 사회 · 문화 등을 통합하여 수준별로 Ⅰ · Ⅱ로 편성. 차이 뚜렷하지 않아 학습 과정에서의 중복 등 번거로움 제기됨. 사회 Ⅰ: 국가적 현실과 국민적 과제에 비중. 사회 Ⅱ: 사회 Ⅰ 내용 심화, 사회과학의 학문 내용을 비중 있게 다룸.
지 리	지리 Ⅰ: 한국지리 및 세계지리의 기초수준 – 계통적 접근. 지리 Ⅱ: 한국지리 및 세계지리의 심화수준 – 지역적 접근.
역 사	세계사: 시대순 배열과 유럽 중심 세계사 탈피 및 서남아시아와 근현대사 보강, 서양사 앞에 동양사 를 배열하고, 문화사를 중심으로 한 종합적 접근 강조.

② 교수 · 학습 방법 및 평가
ⓐ 지도상의 유의점: 통합적 관점, 지적 능력 탐구, 선별적 정보수용능력,
사회과학의 체계적 지도 강조.
ⓑ 평가: 필답평가, 기능평가, 가치 · 태도 평가 강조.

6. 제5차 교육과정(1987 – 1992년): 사회과의 성숙기, 통합과 지역화의 강조, 경험 · 학문 · 인간 · 사회재건 중심적 종합 교육과정

1) 사회과 교육과정 개정의 배경

① 급변하는 사회의 시대적 요구 반영과 국가 사회의 당면 과제 해결 중시
② 제4차 교육과정의 보완, 학문적, 국가 사회적, 개인적 적합성을 함께 고려하
여 지역화, 개방화에 대비하는 교육과정을 기본 방향으로 함
③ 다양한 변화와 미래 사회에 대처하는 인간상을 반영
④ 특정 시조나 이념을 표방하지 않고, 사회기능중심, 학문중심, 인간중심, 사회
재건 및 미래 중심의 접근을 보다 조화롭게 이루려고 노력

2) 사회과 편제상의 특징

① 초등 사회과
    ⓐ 바른 생활과 탄생＝사회＋도덕(제4차 교육과정에서 교과서 수준에서 통합되었던 것을 교육과정 수준에서 통합→ 통합교과 출현)
    ⓑ 저학년 사회과 폐지(교과 통합)

② 중등 사회과
    ⓐ 제4차 교육과정과 별 차이가 없음
    ⓑ 고등학교 과목 명칭이 다시 정치·경제, 사회·문화, 한국지리, 세계지리로 환원

3) 사회과 목표, 내용, 방법

(1) 목 표

① 초등학교 – 사회생활에 관한 지식, 기초적인 지식, 민주국가 국민으로서의 자각, 올바른 판단 능력, 사회·국가의 발전에 기여할 수 있는 국민적 자질 등의 요소로 구성
② 중학교 – 사회·국가의 번영과 인류 공영에 이바지할 수 있는 국민적 자질을 목표로 사회현상에 관한 자료를 바르게 수집, 분석, 활용하고 사회문제를 합리적으로 해결하려는 능력을 강조

(2) 내용 및 방법

가) 초등학교 사회과 교육과정
① 내 용
    ⓐ 제4차 교육과정 때의 통합교과 틀을 유지하면서 수정, 보완→ 내용 수준의 조정 및 조절, 과감한 통합 정신에 의거한 통합 단원의 구성, 전통문화와 관련된 내용의 강화, 분리되어 지도되었던 역사 내용이 사회과 속에 융합되어 편성.
    ⓑ 사회과학 각 내용 중에서 기초적인 내용을 선정하되 생활과 관련된 것을 우선
    ⓒ 교과목표와 학년목표와 관련하여 상호 연계성을 유지하며 내용 선정, 조

직, 하지만 제5 - 6학년은 교과목표, 학년목표, 단원내용 등이 같은 순서대로 정선, 배열되어 있지만 제3 - 4학년은 그 배열 위치와 순서가 일정하지 않음

ⓓ 제4학년 단원 내용 구성에서 지역 단원을 설정, 제시한 것은 사회과가 내용의 재구성·지역화가 본질적으로 중요하다는 전제에서 매우 고무적이고 발전적인 교육과정의 혁신이라고 볼 수 있음

② 교수·학습 방법 및 평가
  ⓐ 이전 교육과정에서의 지도 및 평가상의 유의점과 대동소이
  ⓑ 지도상 유의점 - 지도내용의 지역화 재구성/국제사회 시사 자료 관련, 개념과 원리 집중 지도, 다양한 학습 및 체험 활동
  ⓒ 평가상 유의점 - 다양한 방법에 의한 수시 평가 실시, 지식, 기능, 능력, 태도 등 두루 평가

나. 중학교 사회과 교육과정
① 내 용
  ⓐ 사회현상의 다각적 이해, 사회문제의 관심, 지역의 비교

지 리	1학년: 지지적 방법 3학년: 계통적 방법	→	1학년 역사＋지리 ＋공민	사회현상 과학적 접근, 민주시민 학습 시·공간의식의 기반 형성 인간·사회· 자연 관계
역 사	1학년: 인류기원, 서양중세, 중국 송· 원 시대(지리적 배경 학습 후 이수하도록 구성) 2학년: 이후 부분		2학년 역사＋공민	동·서양 근대, 현대 학습→시간 의식 심 화·확대 인간의 사회생활 분석의 개념적 틀 확립
공 민	1학년: 법·정치·경제·사회·문화 보편 원리, 원칙 2학년: 정치·경제·사회·문화 일반 적 원리 3학년: 우리나라 정치·경제·사회· 문화		3학년 공민＋지리	우리나라 정치·경제·사회·문화 현상 분석 우리나라 중심 공간의식 체계 확립

② 교수·학습 방법 및 평가
－ 학습 방법 면
  ⓐ 다양한 교수·학습 방법 및 자료 활용

ⓑ 생활 사례 관련한 학습 지도

ⓒ 지역성 고려한 학습 지도

ⓓ 기능, 태도, 습관 개발 및 합리적 의사결정 능력 신장

ⓔ 시사적 내용 교재화 지도

- 평가 면

ⓐ 목표 영역의 균형 평가

ⓑ 다양한 방법 활용 평가

다) 고등학교 사회과 교육과정

① 내 용

정치·경제	① 민주주의 원래 이념을 중심으로 구성 ② 민주주의의 그 자체와 방법 역시 중시하는 방향으로 내용 구성 ③ 중립적이고 객관적인 입장에서 내용 전개 ④ 원리로부터 구체적인 것으로 내용 배열 ⑤ 경제 영역 크게 강조
사회·문화	① 사회학과 문화 인류학에서 보편적으로 용인된 핵심적인 내용 ② 학문적 설명을 넘어서 사회와 문화를 객관화하여 반성적으로 고찰할 수 있도록 조직 ③ 민주와 복지를 지향하는 국가사회를 이루는 데 초점을 두어 전체 내용 구성 ④ 학습자 특성에 적합한 내용 조직
한국지리	각 지역의 특성 이해, 자원과 환경의 올바른 이해 등을 강조
세계지리	자연인문환경의 체계적인 이해를 바탕에 두고, 세계 각 지역의 자연환경과 주민 생활 등을 주제 중심으로 접근
세계사	주제 접근 방식과 연대사적 접근 방법 절충, 현대사의 부중 증가

② 교수·학습 방법 및 평가

- 지도상의 유의점:

ⓐ 학생 스스로 문제를 발견하여 바르게 판단하고 해결할 수 있는 능력 갖도록 지도

ⓑ 국내의 정세에 관한 시사 자료와 현대 사회의 다양한 정보를 적절히 활용하여 지도

- 평가: 지속적인 평가, 다양한 방법의 균형 평가, 기능 면, 정의적 면 평가 강조

7. 제6차 교육과정(1992~1997년): 사회과의 본질 구현기, 종합교육과정, 쉽고 재미있는 교과 교육 지향

1) 사회과 교육과정의 개정 배경

① 문민정부의 수립(1992년), 사회주의 체제의 붕괴, 민주주의 성장, 정보화, 국제화, 세계화와 과학·기술 문명의 급격한 발전으로 인해 이전보다 급격한 사회변동
② 과거 사회과가 정권 또는 국가 이데올로기의 도구로 이용되던 관행을 깨고 사회과 교육, 교육의 본질을 찾고자 하는 움직임
③ 사회과 내적인 문제에 대한 해결 방안 제시
④ 편제상의 문제, 학문계통의 존중과 통합 교과로의 정착 간의 갈등, 지나친 탐구 방법의 강조, 지식 위주의 학습, 기능학습과 가치 태도 학습의 소홀, 내용 양의 과다와 고수준으로 인한 교수·학습 부담 가중 등
⑤ 교과목 차원에서 본질교과, 교과 구조의 측면에서 종합적·통합적 교과, 교수론적 차원에서 방법중시 교과라는 사회과 교육의 성격을 정립하고자 함

2) 사회과 편제상의 특징

① 초등 사회과
ⓐ 저학년 사화+자연→ 슬기로운 생활 편성

② 중등 사회과(통합 교과의 틀을 갖추기 위해 노력)
ⓐ 국사 영역을 사회과로 복귀
ⓑ '공통사회'신설(일반 사회+한국지리)

3) 사회과의 목표, 내용, 방법

(1) 목 표

① 국민적 자질 육성→ 시민적 자질 육성으로 전환
② 집단주의, 국가주의적 사회과에서 시민으로서의 학습자 개개인의 발달을

보다 중시하는 사회과 교과의 본질적 성격 구현에 대한 의지

③ 사회현상의 통합적 인식과 사회문제의 합리적 해결력 강조(중학교)

④ 기능 목표 강조(자료 처리 능력, 문제 해결을 위한 합리적 사고 능력, 사회 활동에 능동적으로 참여하는 능력)

(2) 내용 및 방법

① 내 용

ⓐ 다양한 사회문제가 사회과 내용으로 도입, 문제 또는 주제 중심의 통합적 구성을 강조(의사결정 학습)

ⓑ 사회생활에서 적용성, 유용성이 높은 것을 사례 중심으로 통합하여 지식 내용을 축소, 사회적 기능·가치 내용을 보강, 지구적 관점에서 사회문제 이해·인식·해결해 나가는 과정을 중시

② 방 법

ⓐ 탐구 능력을 강조하면서 탐구학습으로 이끄는 다양한 방법과 기법을 강조, 사회과의 사고력 신장을 위한 지침으로 창의적·비판적 사고력의 유형과 구체적 사고 활동을 안내

ⓑ 구성주의 학습의 원리에 의한 교수·학습 방향을 강조, 열린 교육의 이념과 방법 및 교실 환경의 수용을 통한 개별화 학습과 협동학습이 강조, 자기주도적 학습력 강조

가) 초등학교 사회과 교육과정

① 내 용

ⓐ 시·도 교육청과 단위 학교의 교육과정 편성·운영 기본 지침을 제시한 것이 특징적

ⓑ 교과서 중심→ 교육과정 중심 학교교육으로 전환

ⓒ 생활경험중심으로 배열하는 데 초점: 제1–2학년 '슬기로운 생활과'로 사회과적 내용, 과학과적 내용, 실과적 내용 등 통합하여 생활중심으로 편성

ⓓ 학년별 주제를 살펴보면,

3학년	우리 고장의 생활(시·군·구)
4학년	시·도 지역의 공동생활
5학년	우리나라의 생활과 문화(국사)
6학년	세계와 더불어 살아가는 우리 등으로 방법 중시 사회과, 국사 내용의 사회과 편입, 생활 활동 중심의 사회과를 지향

ⓔ 제3학년에서 사회기능적 요소 강화, 제5학년에서 국가주의적 요소가 약
화된 대신 '시민'이란 용어 등장('시민'은 개인이 초점)

ⓕ 각 학년의 주제들은 전형적인 공간 확대의 원리에 따라 배열하고 대신
각 학년 내에 변화 개념을 첨가함으로써 시·공간을 중심으로 한 내용
구성상의 일관된 논리를 갖추려고 한 점이 주목할 만한 점

ⓖ 각 단원명에 '생활'이라는 단어를 많이 사용함으로써, 생활중심의 교육과
정을 지향한다는 점을 명확히 함

ⓗ 내용 구성의 원리를 정비하고 내적으로는 생활경험을 강조함으로써, 초
등학교 사회과 본래 모습을 강조

ⓘ 문제점: 21세기 뉴밀레니엄을 앞두고 사회기능이나 생활경험이 뚜렷하게
드러나야 하는데 실제 내용 구성상의 철학이 잘 드러나지 않음, 세계
화·정보화 시대를 앞두고 다문화 이해 교육, 사회 사상의 지구촌적 관
점 파악, 세계시민교육의 강화 등을 충분히 반영하지 못했다는 비판

② 교수·학습 방법 및 평가

ⓐ 별도 항목으로 지도 방법 및 평가 지침 제시

ⓑ 학습 지도 유의점 – 생활의 기본 개념과 원리를 스스로 발견, 사회현상에
대한 동기 유발 및 다양한 방법 적용, 창의적 사고력 신장, 자유로운 학
습 분위기 조성

ⓒ 평가의 유의점 – 주요 목표 달성도 평가, 지식 적용 능력, 태도, 학습 과
정 평가, 다양한 평가 방법 적용

나) 중학교 사회과 교육과정

① 내 용

ⓐ 통합적 내용, 구성 요소 중심, 사례중심 내용

1학년	주변 사회현상의 종합적 접근, 우리나라와 이웃 나라의 시공간적 배경 중심
2학년	먼 나라의 공간적 배경, 근·현대사 중심의 시간적 배경, 현대 사회의 형성과 특성 중심, 실학 이전의 우리나라의 시대사 전개 등
3학년	세계적인 시각에서 본 정치법·경제·사회·문화현상과 문제, 현대 사회의 제 문제, 실학 이후의 우리나라 역사의 전개

② 교수·학습 방법

ⓐ 기본 개념과 원리 탐구 위주→ 사회현상 이해

ⓑ 교수·학습의 개별화→ 동기 유발, 올바른 판단력 신장 학습

- 평 가

ⓐ 영역별 균형 평가

ⓑ 영역별 평가의 강조점 유념한 평가

ⓒ 서술형 평가 권장

ⓓ 영역별 시간 배당 비율에 맞는 평가

다) 고등학교 사회과 교육과정

① 내 용

ⓐ 제6차 사회과 교육과정의 고등학교 사회과 내용은 공통사회와 국사로 구성

ⓑ 전체적 내용의 흐름: 문제 제기 → 의사결정방법의 모색 → 문제 해결을 위한 노력 → 의사결정 과정의 평가와 중요성→ 다양한 의사결정의 실제

ⓒ 각 단원별로 풍부한 사례 제시하여 이를 법칙학습에 이용

(보다 전이력 높은 지식, 고급사고력까지 학습할 수 있는 능력을 기르도록 함)

ⓓ 시민 사회의 형성 배경과 발전 과정을 역사적 접근 방법을 통하여 알아보는 데 중점

ⓔ 의사결정 능력 신장 중시: 의사결정 과정을 구체적인 사례를 들어 훈련시킴 (의사결정의 다양성과 영향력을 이해시킴)

ⓕ 정치·경제·사회·문화적 생활 속에서 발생될 수 있는 문제점들 제시, 개인적, 제도적 차원에서 이루어지는 사회문제 해결을 위한 방법들을 이해하게 함

공통사회	사회문제 중심의 다양한 사례 제시, 전이력 높은 차원의 지식 학습 능력 함양
정 치	구체적인 정치사례와 시민의 정치참여, 한국정치, 정책의 과제 강조
경 제	경제적 삶에 대한 접근(경제적 의사결정), 한국 경제 사회적 요청
사회·문화	현대 사회의 변화와 문제 해결을 중심으로 구성

　② 교수·학습 방법 및 평가

　　ⓐ 방법: 탐구수업, 문제 해결수업, 역할 놀이, 시뮬레이션 등을 통한 수업, 가치 탐구 수업 강조, 교사의 역할 – 다양한 학습 목표 제시, 다양한 교수학습 방법과 자료의 활용

　　　학생의 발달적 측면과 학습 유형의 차이를 고려하여 학습 지도 방법과 유형 결정, 자기 주도적 학습 강조

　　ⓑ 평가: 지식, 기능, 정의적 영역에 따라 상세화된 평가요소 설정, 영역별 균형평가

　　　공통사회: 지필평가와 면접, 조사, 토론 발표, 관찰 등 다양한 평가 방법 활용

　　ⓒ 기타 – 학교 교육과정 도입, 교육과정 평가, 환류 강조

　　ⓓ 비고 – 분권적 교육과정

8. 제7차 교육과정(1997 – 2007년): 인간중심, 학생 중심, 정보화 사회 교육과정

1) 사회과 교육과정 개정의 배경

① 정보화 사회의 도래에 따른 새로운 시민적 자질 육성에 대한 요구

→ 정보와 지식의 수집과 활용 능력, 정확하고 신속한 정보에 기초한 합리적 의사결정 능력, 사회참여 능력 등

② 정보화 사회의 역기능을 극복하기 위한 교육적 처방을 제시

→ 인간의 존엄성 경시, 공동체의식의 소실, 정보화 사회의 익명성에 기인한 가치관의 혼란이나 파괴 우려, 세대 간의 문화 격차, 전통문화 경시, 문화적 정체성 상실 우려

③ 사회과 교육 자체의 문제점 해결
→ 사회과 교육의 본질과 성격에 대한 합의 부재, 사회현상의 이해를 위한 통합적 관점을 얻기에 부적합한 내용 구조, 사회과 내용의 계열성 문제, 경험과 학문의 혼재, 논리적 일관성 결여, 내용의 과다, 가치 교육의 소홀, 평가의 적절성 문제 등

2) 사회과 편제의 특징

① 가장 큰 변화를 보인 교육과정 – 국민 공통기본교육과정과 선택중심 교육과정 도입
② 제3학년부터 제10학년까지 일괄적인 내용 구성(학년 간 연계 강화, 공통학습 강조, 시민교육으로 사회과 성격 강화) → 국민 공통기본교육과정(10교과 중 하나)
③ 제3학년부터 제10학년까지 단일 계열로 '사회' 개설, 제11학년과 제12학년에는 '인간사회와 환경'이라는 일반 선택과목과 한국지리, 세계지리 등과 같은 9개의 심화 선택과목이 편성

3) 사회과 목표, 내용, 방법

(1) 목 표
① 사회현상에 관한 사실, 개념, 원리와 같은 지적 측면, 발견 및 탐구 기능, 다양한 정보 활용 기능, 문제 해결 기능, 사회 참가 기능 등과 같은 기능적 측면을 바탕으로 궁극적으로는 개인의 발전은 물론 국가, 사회, 인류의 발전에 기여할 수 있는 민주시민의 자질을 기르는 것(제6차 교육과정과 비슷)

(2) 내용 및 방법
- 내 용
  ① 자기 주도적 학습, 수준별로 내용을 차별화, 시민성 함양을 위한 통합성과 사회과학 교육의 계통성 간의 조화를 추구
  ② 인간과 공간, 인간과 시간, 인간과 사회의 세 영역으로 내용 구성
  ③ 내용의 연계성, 통합성, 나선형적 발전을 강조

④ 기본과정과 심화과정 제시(학생들의 수준에 맞는 학습이 가능하도록 배려)

- 방법
  ① 학습 내용에 적합한 주제와 문제를 중심으로 단원(문제 해결단원, 탐구단원)을 재구성하여 수업에 운영
  ② 제6차 교육과정과 마찬가지로 다양한 학습 방법과 교수・학습 자료의 활용을 강조

가) 초등학교 사회과 교육과정
  ① 내 용
    ⓐ 학생의 심리적 측면, 사회・국가적 측면, 학문・철학적 측면 등을 충분히 고려하여 내용 선정
    ⓑ 심리적 측면: 학습자의 흥미와 관심, 능력
    ⓒ 사회・국가적 측면: 세계화・정보화의 반영, 사회적 사실 및 사회기능 강조
    ⓓ 학문・철학적 측면: 제 사회과학의 기본 아이디어에 기초한 탐구 방법 모색

  - 기본적 내용 조직의 원리
    ⓐ 학습자의 발달, 사회적 경험, 사회기능을 고려하는 환경확대법의 원칙에 따라 배열
    ⓑ 사회과학의 기본 개념을 구체적 사례와 문제에 따라 이해할 수 있도록 구성하되 나선형적 확대는 사회과학의 기본 개념, 학습자의 시간 의식, 공간 의식, 사회의식의 발달과 연계하여 배열하고, 단순한 것에서부터 복잡한 것으로, 구체적인 것에서 추상적인 것으로 나아가는 배열원리 적용
    ⓒ 단원 또는 주제를 중심으로 한 통합적 접근뿐만 아니라, 내용과 방법의 통합, 생활경험과 지식의 통합 등에 초점
    ⓓ 학년별로 내용의 핵심과 범위를 설정함으로써, 학습 장면에서는 이를 중심으로 일관된 방향으로 유지할 수 있도록 배열
    ⓔ 학년별 내용을 기본 과정과 심화 과정으로 제시하여 학습자의 능력 차에 따른 다양한 학습경험을 제공하고 그러한 내용을 성취 수준과 학습 활동을 결합하여 진술

<표 22> 제7차 사회과 교육과정 내용 체계도

	인간과 공간(지리)	인간과 시간(역사)	인간과 사회(일반사회)
3학년	• 고장의 자연환경과 인문환경과의 관계 • 고장의 중심지와 주민의 생활 모습	• 고장 생활의 변화 • 고장의 문화적 전통	• 문자의 유통 • 고장의 여러 기관에서 하는 일 • 고장의 발전을 위한 노력
4학년	• 우리 지역의 자연환경과 인문환경	• 옛 도읍지 • 박물관의 기능 • 문화재의 가치	• 지역의 생산활동 • 가정의 형태와 살림살이 • 취미와 여가생활 • 주민자치와 지역문제 해결
5학년	• 자연환경과 주민 생활과의 관계 • 국토의 개발과 환경 보전 • 도시지역의 생활 • 촌락지역의 생활	• 인간생활과 과학기술의 관계 • 조상들의 공동체의식	• 민주정치의 기본 원리 • 민주시민의 권리와 준법정신 • 평화통일과 민족의 미래
6학년	• 우리나라와 관계 깊은 나라들 • 지구촌 문제의 해결을 위한 노력	• 국가의 성립과 발전 • 근대화와 민주국가 건설 • 역사적 인물과 사건	• 민주정치의 기본원리 • 민주시민의 권리와 준법정신 • 평화통일과 민족의 미래
7학년	• 지역과 사회 탐구 • 중부지방의 생활 • 남부지방의 생활 • 북부지방의 생활 • 아시아 및 아프리카의 생활 • 유럽의 생활 • 아메리카 및 오세아니아의 생활	• 지역과 사회 탐구 • 인간사회와 역사 • 인류의 기원과 고대 문명의 형성 • 아시아 사회의 발전과 변화	• 지역과 사회 탐구
8학년	• 현대 세계의 전개	• 유럽세계의 형성 • 서양근대 사회의 발전과 변화 • 아시아 사회의 변화와 근대적 성장 • 현대 세계의 전개 • 현대 사회와 민주시민 〈국사〉 • 우리나라 역사의 시작 • 삼국의 성립과 발전 • 통일 신라와 발해 • 고려의 성립과 발전	• 현대 세계의 전개 • 현대 사회와 민주시민 • 개인과 사회의 발전 • 사회생활과 법규범
9학년	• 현대 사회의 변화와 대응 • 자원 개발과 공업발달 • 인구성장과 도시발달 • 지구촌 사회와 한국	• 지구촌 사회와 한국 〈국사〉 • 조선의 성립과 발전 • 개화와 자주운동 • 주권수호 운동의 전개 • 민족의 독립운동 • 대한민국의 발전	• 민주정치와 시민참여 • 민주시민과 경제생활 • 시장경제의 이해 • 현대 사회의 변화와 대응 • 지구촌 사회와 한국

	인간과 공간(지리)	인간과 시간(역사)	인간과 사회(일반사회)
10학년	· 국토의 지리정보 · 자연환경과 인간생활 · 생활공간의 형성과 변화 · 환경문제와 지역문제 · 문화권과 지구촌 형성	· 문화권과 지구촌 형성 · 시민사회의 발전과 민주시민 〈국사〉 · 한국사의 바른 이해 · 선사 시대의 문화와 국가의 형성 · 통치 구조와 정치활동 · 경제구조와 경제생활 · 사회구조와 사회생활 · 민족문화의 발달	· 시민사회의 발전과 민주시민 · 정치생활과 국가 · 국민경제와 합리적 선택 · 공동체 생활과 사회 발전 · 사회변동과 미래 사회

※ 통합주의
   ⓐ 교과의 근거를 학습자에 둠
   ⓑ 교과와 생활(경험)과의 관계 중시
   ⓒ 구성주의적 관점
   ⓓ 역사적 사건·주제, 사회문제, 개념, 쟁점 등 주된 내용의 통합 요구

② 교수·학습 방법 및 평가
   ⓐ 과거 교육과정에서 제시하였던 '지도 및 평가상의 유의점' → '교수·학
     습 방법' + '평가'
   ⓑ 교수·학습 방법(총 22개 항의 방법적 세부 사항 규정) – 교재 재구성 및
     주제 중심접근법 적용, 내용의 통합적 접근법, 사고력, 탐구력 신장 초점,
     수준별 교육, 협동 학습 강조
   ⓒ 평가: 목표, 내용, 방법의 일관성, 성취 기준 제시. 평가, 다양한 평가 방
     법 적용, 영역별 균형적 평가

나) 중학교 사회과 교육과정
  ① 내 용
   ⓐ 통합성과 계통성 강조
   ⓑ 수준별 성취 기준 제시

  ② 교수·학습 방법 및 평가
  – 교수·학습 방법

ⓐ 주제, 문제 중심 방법(수업의 대략적 틀 제공) → 고급사고력 신장

ⓑ 통합적 접근 강조(내용 간, 내용 - 경험, 내용 - 방법)

ⓒ 학습자 중심 수업(구성주의 원리 적용)

ⓓ 자기 주도적 학습 강조

ⓔ 수준별 교육과정 도입

ⓕ 다양한 교수·학습 기법 및 자료 활용

ⓖ 세계화·정보화·지식화에 대응할 수 있는 학습 지도 강조

- 평 가

ⓐ 성취 기준 제시

ⓑ 영역별 균형 평가

ⓒ 다양한 평가 방법 적용

ⓓ 수준별 교육과정에 따른 평가

ⓔ 수행 중심 평가 강조(지필 평가가 실재 능력 평가에 한계가 있다.)

다) 고등학교 사회과 교육과정

① 내 용

ⓐ 학습자의 발달, 사회적 경험, 사회기능을 고려하는 환경 확대 방법을 활용

ⓑ 사회과 관련 사회과학의 기본 개념을 구체적 사례와 문제 중심으로 이해하고, 사회과에서 추구할 사회 인식을 누적적으로 발달시키도록 구성하되, 나선형식 교육과정 조직 원리를 준수

ⓒ 사회과 교육의 통합성과 사회과학 교육의 계통성 간에 조화를 추구

ⓓ 전 학년에 걸친 획일적 방법을 지향하고, 학교 급에 따른 통합 방법의 다양성과 균형성을 고려

ⓔ 학년별 내용을 기본과정과 심화과정으로 나누어, 성취 수준으로서의 기본 개념, 아이디어와 다양한 학습 활동을 결합하여 제시하여, 학습자의 흥미, 관심과 능력 차이에 대응하는 다양한 학습경험을 제공

※ 초등학교, 중학교에서 학습한 내용 심화→ 계통성, 통합성, 심층성의 확보

② 교수 · 학습 방법 및 평가

- 교수 · 학습 방법

    ⓐ 교재의 재구성과 주제 및 문제 중심 접근을 강조

    ⓑ 통합적 접근 방법으로, 내용 영역 간 통합, 내용과 경험 간 통합, 내용과 방법 간 통합 등을 강조

    ⓒ 고차원적 사고력과 탐구 기능을 신장

    ⓓ 학습자 중심 수업 강조

    ⓔ 수준별 교육과정 정신 반영

    ⓕ 개별화 학습과 협동 학습의 조화를 강조

    ⓖ 다양한 교수 학습 기법과 자료의 활용을 강조

    ⓗ 세계화 · 정보화 · 지역화에 대응하는 사회과 학습 지도를 강조

    ⓘ 국가 · 사회적 요구인 세계시민교육, 환경 교육, 성 교육, 통일 교육, 경제교육, 근로교육, 민족문화 정체성 교육, 다문화 이해 교육, 대중 매체 교육, 등 강조

- 평 가

    ⓐ 목표, 내용, 방법과의 일관성을 유지한 평가

    ⓑ 성취 수준과 평가 기준에 따른 평가

    ⓒ 수준별 교육과정에 따른 평가

    ⓓ 다양한 평가 방법 활용

    ⓔ 지식, 기능, 가치 · 태도 영역 등에 대한 종합적 · 균형적 평가

    ⓕ 수행 중심 평가

    ⓖ 사회과 평가 결과를 효율적으로 활용해야 함

제3절 2007년 개정 사회과 교육과정

① 2007년 이후 연차적 초 · 중 · 고교 적용

② 인간중심, 학생 중심, 세계화 · 정보화 중심 교육과정

1. 사회과 교육과정 개정의 배경

① 사회환경의 변화: 전 세계가 국가 간의 경계를 넘어 정치적·경제적·사회적 연계를 강화하는 지구촌 사회(Global society)화가 진행됨
② 국가적·사회적 요구: 국가적 차원에서 인적 자원을 개발하고 관리, 지속적인 사회 발전과 복지 향상 기대, 세계화·개방화에 따른 문화적 다양성 제고
③ 사회적 쟁점 및 문제점 개선: 사회과에 내재된 쟁점과 문제점을 파악하여 개선하려고 노력함, 환경확대법의 탄력적 적용

2. 사회과 편제의 특징

① 역사(국사) 교육의 강화: 국사 과목의 독립
② 일반 사회+지리 영역의 기형적 통합 유지
③ 일반 선택과목과 심화 선택과목을 통합하여 '선택과목'화(일반 선택과목 '인간 사회와 환경' 폐지)
④ 한국 정체성 교육 강화(중국의 동북공정, 일본의 독도 영유권 주장에 대한 대책)
⑤ 제10학년(고교 제1학년) 사회과 수업 시수 증가: 170시간에서 204시간으로(국사 시간 68시간에서 102시간으로 증가)

3. 사회과 목표, 내용, 방법

1) 사회과 목표

① 교과 목표와 단원 목표만 제시, 제7차 사회과 교육과정부터 단원 목표 폐지
② 교과 목표는 총괄 목표와 영역별 목표로 구분
③ 영역별 목표는 지식 목표, 기능 목표, 가치·태도 목표로 구분
④ 지식 목표는 역사 영역, 지리 영역, 일반 사회 영역으로 구분

2) 사회과의 내용

① 학습자의 인지 발달, 사회적 경험, 사회기능을 고려하는 환경확대법을 활용하여 배열

② 역사교육 내용의 시계열성을 고려하여 국사를 한 학년에 집중 배열하여 일관된 학습 모색(생활사, 문화사, 인물사 중심 강조)

③ 사회현상의 이해에 관련된 기본 개념 및 원리를 구체적 사례와 문제를 통하여 이해할 수 있도록 구성하되, 나선형 교육과정의 원리에 따라 확대 모색

④ 내용에 따라 각 영역의 고유성과 독자성을 유지하면서 영역 간 통합이 요구되는 영역은 유기적 통합 모색

3) 사회과의 지도 방법

(1) 교수·학습의 원칙
① 원리 발견과 적용을 강조하는 교수·학습 강조
② 사회과 목표와 교육 환경을 고려한 교수·학습 방법 활용
③ 학습자 중심의 수업 모형을 제시

(2) 교수·학습의 방법
① 통합적인 교수·학습 방법
② 교재의 재구성과 주제 및 문제 중심 접근
③ 다양한 발문 기법 활용
④ 소집단 학습을 통합 민주시민 자질 함양
⑤ 다양한 교수·학습 방법 활용
⑥ 세계화·정보화 및 사회적 요구에 대응하는 학습 지도
⑦ 다양한 교수·학습 자료 개발 및 활용
⑧ 교수·학습 지도의 유의점: 관련성 중심의 통합 지도, 정보의 수집 및 활용 기능, 문제 해결 및 사고 기능, 사회 참여 기능 등 강조

〈표 23〉 2007년 개정 사회과 교육과정 내용 체계

학년	역사 영역	지리 영역	일반사회 영역
3학년	○ 우리가 살아가는 곳 ○ 사람들이 모이는 곳	○ 우리 고장의 정체성 ○ 이동과 의사소통	○ 고장의 생활 문화 ○ 다양한 삶의 모습들
4학년		○ 우리 지역의 자연환경과 생활 모습 ○ 우리 지역과 관계 깊은 곳들 ○ 여러 지역의 생활	○ 주민 자치와 지역사회의 발전 ○ 경제생활과 바람직한 선택 ○ 사회 변화와 우리 생활
5학년	○ 하나 된 겨레 ○ 다양한 문화가 발전한 고려 ○ 유교 전통이 자리 잡은 조선 ○ 조선 사회의 새로운 움직임 ○ 새로운 문물의 수용과 민족 운동 ○ 대한민국의 발전과 오늘의 우리		
6학년		○ 아름다운 우리 국토 ○ 환경을 생각하는 국토 가꾸기 ○ 세계 여러 지역의 자연과 문화	○ 우리 경제의 성장과 과제 ○ 우리나라의 민주정치 ○ 정보화, 세계화 속의 우리
7학년		○ 내가 사는 세계 ○ 다양한 기후 지역과 주민 생활 ○ 다양한 지형과 주민 생활 ○ 지역마다 다른 문화 ○ 인구 변화와 인구 문제 ○ 도시 발달과 도시 문제	○ 개인과 사회생활 ○ 문화의 이해와 창조 ○ 우리의 생활과 법 ○ 인권 보호와 헌법
8학년	〈한국사 영역〉 ○ 문명의 형성과 고조선의 성립 ○ 삼국의 성립과 발전 ○ 통일신라와 발해 ○ 고려의 성립과 발전 ○ 고려 사회의 변천 ○ 조선의 성립과 발전 〈세계사 영역〉 ○ 통일제국의 형성과 세계종교의 등장 ○ 다양한 문화권의 형성 ○ 교류의 확대와 전통사회의 발전		
9학년	〈한국사 영역〉 ○ 조선 사회의 변동 ○ 근대국가 수립 운동 ○ 대한민국의 발전 〈세계사 영역〉 ○ 산업화와 국민국가의 형성 ○ 아시아·아프리카 민족운동과 근대국가 수립 운동 ○ 현대 세계의 전개	○ 자원의 개발과 이용 ○ 산업 활동과 지역 변화 ○ 지역에 따라 다른 환경문제 ○ 세계 속의 우리나라 ○ 통일 한국의 미래	○ 정치 생활과 민주주의 ○ 정치 과정과 참여 민주주의 ○ 경제생활과 경제 문제 ○ 시장경제의 이해 ○ 국민경제의 이해

학년	역사 영역	지리 영역	일반 사회 영역
10학년	○ 우리 역사의 형성과 발전 ○ 조선 사회의 변화와 서구 열강의 침략적 접근 ○ 동아시아의 변화와 조선의 근대 개혁운동 ○ 근대 국가 수립운동과 일본 제국주의의 침략 ○ 일제의 식민지 지배와 민족운동의 전개 ○ 전체주의의 대두와 민족운동의 발전 ○ 냉전 체제와 대한민국 정부의 수립 ○ 대한민국의 발전과 국제정세의 변화 ○ 세계화와 우리의 미래	○ 국토와 지리정보 ○ 자연환경과 인간 생활 ○ 문화 경관의 다양성 ○ 장소 인식과 공간 행동 ○ 지역 개발과 환경 보전	○ 문화 ○ 정의 ○ 세계화 ○ 인권 ○ 삶의 질

〈표 24〉 국가 교육과정 개정사: 사회과 교육과정의 변천 특징

차 수	공 포	교육과정 특징(사회적 배경)	사회과의 개정 요청
제 정	1948	교수요목기	사회과 도입
제1차	1955	교과중심 교육과정	한국 사회과의 시작
제2차	1963	경험중심 교육과정	사회과의 정착
제3차	1973	학문중심 교육과정	사회과학으로서의 사회과
제4차	1981	국민정신교육 강조 학습량, 수준 축소	통합의 시도
제5차	1987	초등학교 통합교육과정, 지역성 강조	사회과 성숙, 탐구학습, 의사결정 강조
제6차	1992	인간중심 교육과정 국가, 지역, 학교 역할 분담	통합사회과 구축 '공통사회' 과목 도입
제7차	1997	학생 중심 교육과정 국민 공통기본교육과정 수준별 교육과정	통합의 진전 고등학교 공통사회 교과서 합본 통합
2007년 개정	2007	학생 중심 교육과정 국민 공통기본교육과정	통합 사회과 완화 역사(국사) 과목 독립 역사(국사)교육 강화 한국 정체성 교육 강조

<표 25> 한국의 사회과 교육과정 변천

구 분	시 기	사회적 배경	교육정책	사회과 교육과정의 개정 방향
사회과의 도입기	교수 요목기	−8·15 해방 −미 군정 시기 −대한민국 임시정부 수립 −한국전쟁	−일본어로 된 교재 폐기, 한국어 사용 −교과서 편찬사업 및 보급 −교육제도의 민주화 −문맹자 퇴치교육	−일제 잔재의 청산 −자유민주주의의 도입 −반공 이데올로기의 강조 −미국중심의 이데올로기 강조
	제1차 교육과정	−전후 복구의 시기 −남북한체제, 이데올로기 강화 −사회 전반의 대미 의존 심화	−민주주의 민족주의 교육 −반공교육	−국사과의 확대를 통한 민주주의 강조 −도덕교육의 확대를 통한 도의교육, 반공 교육의 감소
사회과의 정착기	제2차 교육과정	−제3공화국 −산업과 통치체제의 시기 −유신체제의 확립 −관료적 권위주의 체제	−국민교육헌장의 반포 −반공교육 −정신문화교육 −과학기술교육	−교육과정기의 개편 −반공, 도덕교과의 강조 −산업화 시기에 맞추어 정치, 경제 과목의 등장 −산업화와 관련 없는 사회과의 영역 축소
	제3차 교육과정		−안보교육체제의 정비 −국민적 자질 함양 −인간교육의 강화 −지식, 기술교육의 혁신	−민족주체성 확립을 위하여 국사과의 단위 수 증가 −직업교육의 강화 차원에서 과목명의 확실한 구분
	제4차 교육과정	−유신체제의 붕괴 −제5공화국 시작 −민주화에 대한 열의 −자유주의적 개방 경제체제로의 전환 시도	−1980.7.30. 교육개혁 '교육정상화 및 과열과외 해소 방안' 발표 −국민공동체의식 배양 강조 −국민정신교육의 강조	−사회과의 통합 유도 −과목에 있어서 선택의 기회 확대 −국민윤리와 국사과의 확대를 통해 국민정신교육의 강조
	제5차 교육과정		−기초교육의 내실화 −과학기술교육의 강조 −교육 내에서의 민주화 추진 −기회균등교육, 평생교육 −통일교육	−후기 산업사회에 대비하기 위한 분과위주의 체제 전환 −국사, 국민윤리의 강조 −정치, 경제, 세계사, 세계지리의 강화를 통한 국제경쟁력의 강화 추진
통합사회과의 구축기	제6차 교육과정	−소련의 해체와 동구권의 몰락을 통한 냉전체제의 확립 −자유주의 시장경제체제의 구조적 확립 −시민사회 영역의 확대 −세계화, 국제경제 시대의 확산	−타고난 소질과 창의성을 배양할 수 있는 다양한 교육 −학생, 학부모 중심의 교육으로의 방향 전환 −자율 중심 교육으로서의 전환	−공통사회라는 통합교과목을 통하여 미래 사회에 대비하기 위한 노력 −교과 선택의 폭 확대
	제7차 교육과정		−신자유주의 교육정책 −수요자 중심의 교육 추진	−국민 공통교육과정의 설치 −일반 선택, 심화 선택과목을 통한 수요자 중심 교육 추진
	2007년 개정교육과정		−신자유주의 교육정책 강화 −수요자 중심 교육정책 −역사(국사)교육 강화 −동북아의 지형적 한국 정체성 교육 강조	−통합 사회과 완화 −역사(국사) 과목 독립 −역사(국사)교육 강화 −한국 정체성 교육 강조

종합 정리

1. 주요 개념

<table>
<tr><td>주요 개념 및 키워드</td></tr>
</table>

- 교수요목, 사회과 교수요목, 공민, 사회생활과
- 반공・도덕생활, 책꽂이(川)식 배열, 방석식(三)식 배열
- 10월 유신, 유신체제, 한국적(식) 민주주의, 한국적(식) 사회과
- 문제 해결 학습, 탐구식 학습, 민주화와 사회과, 정권과 사회과
- 초기 사회과기, 사회과의 정착기, 사회과의 토착화기
- 사회과의 성숙기, 사회과의 본질 추구기, 세계화・정보화 사회과기
- 국민교육헌장 이념, 사회과학적 탐구.

2. 탐구 문제

1) 한국 교수요목기의 사회과 교수요목의 성립 과정과 핵심 내용에 대하여 설명해 보시오.

2) 사회과 교육과정의 조직과 배열 방법 중 책꽂이(川)식 배열, 방석식(三)식 배열을 설명하고, 각 배열의 과목을 열거해 보시오.

3) 10월 유신 당시의 사회적 상황을 기술하고, 한국적 민주주의, 한국적 사회과에 대하여 설명해 보시오.

4) 한국 사회의 민주화 과정과 사회과(교육)의 관계를 설명해 보시오.

5) 1968년에 공포된 '국민교육헌장'이 사회과의 발전과 변천에 미친 영향에 대하여 기술해 보시오.

6) 한국 사회과의 변천 과정인 초기 사회과기, 사회과의 정착기, 사회과의 토착화기, 사회과의 성숙기, 사회과의 본질 추구기, 세계화·정보화 사회과기 등을 상호 비교하여 특징을 기술해 보시오.

Chapter 8

사회과의
교수·학습 설계

제1절 일반적인 교수·학습 설계

---

1. 교수·학습 계획

교사는 교육과정 내용을 어떤 방법으로 가르치고 평가할 것인지 학습 계획을 세우게 된다. 교사가 사회과 수업을 설계할 때에는 사람들이 여행을 갈 때 철저한 사전계획을 세우고 가듯이, 진행하고자 하는 학습 대상자, 학습 내용, 학습 방법 및 평가 등을 고려하여 교수·학습 설계를 구체적으로 계획해야 한다.

교사는 수업을 하기 위해 계획을 세워야 한다.

교수·학습 계획은 교사에게 효과적으로 수업을 할 수 있는 가능성을 제공하여 자신감을 갖도록 하며 예상하지 못한 수업 상황을 최소화하여 교사의 시간과 노력을 효율적으로 활용할 수 있도록 도와줄 수 있다.

어떠한 형태를 취하든지 교사들은 계획을 세울 때 준비 – 전개 – 결론 단계를 거치면서 교육과정에 제시되어 있는 교과의 목표를 고려하고 학생들의 흥미, 능력 등을 면밀히 검토하여 계획을 세우게 된다.

① 1단계 - 준비단계

교사는 수업할 대상인 학생들의 흥미와 능력, 학습 환경을 고려하고 수업할 내용의 전체적인 내용을 검토하면서 교사의 장단점을 생각하여 수업의 지침을 정하고 그의 적합한 자료를 수집하게 된다.

학생들의 지적 능력과 관련한 지식의 측면을 참고하여 교과 목표를 확실하게 해야 하며 다른 분야와의 연관성을 생각하여 학교교육과정 지침을 재검토하고 그에 따라 유용한 자료를 수집해야 한다.

② 2단계 - 전개단계

계획을 전개할 때에는 간단명료한 목표를 세우고 제시하며, 그에 따른 내용을 구성하여 교사와 학생들의 활동을 결정하고 평가 방법을 준비한다.

③ 3단계 - 결론단계

실제 단원의 학습 지도안을 작성하는 단계

※ 학습 지도안은 학습 단원의 내용 안에서 만들어져 의미 있게 수업이 연속되도록 구성하며, 학생들이 지도안에 따른 수업에서 사회과의 목적과 관련된 특수한 목표를 성취할 수 있도록 해야 한다.

2. 교수·학습 설계의 변화

교수·학습 설계를 계획할 때는 학습자, 학습 내용, 학습 환경을 고려하는 것이 중요한데 최근에는 학습 내용과 학습 환경 등에 다양한 변화가 일어나고 있다.

① 학습 내용의 측면: 정보화·세계화라는 사회 변화를 전제로 한다.

수많은 정보와 지구촌화되어 가는 세계에서 효율적으로 기능하는 데 필요한 지식, 가치·태도, 기능을 함양시켜 줄 수 있는 내용을 강조하고 있다.

② 학습 환경의 측면: 물리적 환경과 무형의 환경에서의 변화를 전제로 한다.

정보 사회에 따른 학교 내 컴퓨터와 인터넷 활용 등의 교실환경 변화와 사회의 정치·경제적 변화가 일어나고 있다.

변화를 반영하는 교수·학습을 설계하기 위해서는 사전계획, 실제계획, 진행계획, 사후계획 등으로 계획을 세분화해 보여야 한다.

① 사전계획단계
 학생들의 과거와 현재의 성취 수준, 동기 수준, 가르쳐야 할 내용, 교수·학습이 일어나기 전 등에 대한 정보를 수집하여 교수·학습에 있어서 어떠한 접근 방법을 적용할 것인지에 대한 단계

② 실제계획단계
 무엇을 가르칠 것인가를 보다 구체화하여 계획하는 단계, 즉 어떤 내용을 가르쳐야 효과적인 교수·학습 방법은 무엇인지를 선택하여 준비하는 단계

③ 진행계획단계
 교수·학습 활동이 일어나고 있는 중간에 발생하는 단계로 교실에서 일어나는 돌발 상황을 예방하기 위한 것

④ 사후계획단계
 수업이 끝난 후의 단계로 교사가 자신의 차후 수업 계획을 수정할 수 있으므로 중요하다.

3. 딕과 캐리의 교수·학습 설계의 절차 모델(9단계)

〈표 26〉 사회과 시민적 자질 구성 요소

1단계	2단계	3단계	4단계	5단계	6단계	7단계	8단계	9단계
교과 목표 확인	교과 내용 분석	학생의 요구 및 시발점 행동 파악	내용 요소 선택	수행 목표 기술	절대 평가 개발	전략과 활동개발	수업 전개	평가

1) 1단계 – 교과 목표 확인

교과의 목표는 교육과정에 제시되어 있는데, 학생들이 성취하기 바라는 바람직한 결과로 서술되어 있다.

교과의 목표: 인지적 영역, 정의적 영역, 심동적 영역

※ 블룸의 인지적 영역 6단계

① 지식: 학습자가 이전에 학습한 내용을 기억하고 있는 것

② 이해: 학습자가 학습한 내용을 자신의 언어로 전환하여 말할 수 있는 것

③ 적용: 학습자가 전에 학습한 지식을 새로운 상황에 적용할 수 있는 것

④ 분석: 학습자가 지식이나 정보를 구성 요소로 나누어 볼 수 있거나 새롭게 조직할 수 있는 것

⑤ 종합: 학습자가 학습한 내용을 전체로 통합할 수 있는 것

⑥ 평가: 지식, 이해, 적용, 분석, 종합의 모든 능력을 요구하는 단계

2) 2단계 – 교과 내용 분석

교과서뿐만 아니라 수업에 활용할 수 있는 다른 참고 자료도 확인해 보고, 학생들에게 생각되는 주제를 선정하도록 한다.

3) 3단계 – 학생의 요구 및 출발점 행동 파악

교수·학습이 일어나기 전에 학생들의 배경 지식과 학습 유형 등을 파악해 보는 것이 좋다. 즉, 학생들의 준비도를 알아본다.

※ 출발점 행동(시발점 행동)
① 인지적 시발점: 사전 지식, 성취 수준, 지능 수준, 인식·이해 능력 정도 등
② 정의적 시발점: 동기, 자아 개념 등

4) 4단계 – 내용 요소 선택

사회과에서 다루어야 하는 개념, 가치·태도·기능을 포함하고 있는 내용 요소를 선정하도록 한다.

〈표 27〉 사회과 내용 요소 선정 방법

선정방법	요소의 특징
교과서 중심	교사가 교과서와 교육과정에 의존하여 내용 요소를 선택 교과서와 교사용 지도서를 참고하여 강조해야 할 목표를 도출 학생들의 흥미를 유발할 수 있는 사회문제를 다루기 어려움
주제·토픽 중심	폭넓은 자료와 자원들을 기반으로 하는 방법
학생 중심	교사와 학생이 협조하여 내용 요소를 선택하는 방법

5) 5단계 – 수행 목표 기술

예) 수행 목표가 가치·태도·기능의 함양이라면 지필평가보다는 수행평가를 실시하는 것이 바람직.

6) 6단계 - 준거참조평가(절대평가) 개발 단계

목표에 비추어 학생들이 얼마나 발전했는가를 파악해 볼 수 있도록 도와주는 형성평가와 총합평가 등에서 유용하게 활용될 수 있는 것이다.

7) 7단계 - 교수 전략과 활동 개발 단계

교수 목표에 비추어 수업에 사용할 교수 전략과 학습 활동을 선정해야 한다.

8) 8단계 - 수업 전개단계

설계된 교수·학습 계획을 프로그램에 따라 진행해 나아간다.

9) 9단계 - 평가

평가 전략은 학생들의 성취 정도와 교사의 수업이 얼마나 효과적이었는가를 측정할 수 있는 방법을 계획하는 것이다.

※ 평가: 학습의 결과로 학생들의 지식, 행동, 가치·태도가 얼마나 바람직한 방향으로 변화했는가를 측정해 보는 것.

제2절 교수·학습 과정의 주요 개념

1. 교수·학습 과정의 의미와 개념 구분

1) 교수·학습 과정의 의미

협 의	교 수	일정한 지식이나 기능을 습득시키는 교사의 모든 활동
	학 습	미지의 교육 내용과 자주적으로 대응하여 그것을 알려고 하는 학습자의 활동
광 의		교실이나 학교는 물론 가정이나 사회에서 이루어지는 교육의 실제 활동

2) 수업의 의미

교수 · 학습의 통일과정으로 행동 유형의 변화에 도달할 수 있도록 내 · 외적 환경을 체계적으로 조정하는 과정

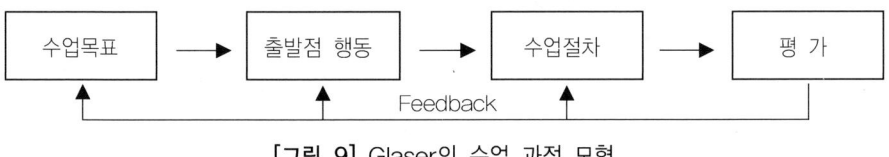

[그림 9] Glaser의 수업 과정 모형

2. 교수 · 학습 방법, 교수 · 학습 기법, 교수 · 학습 전략

1) 교수 · 학습 방법

① 가르치는 방식에 대한 기본 방향
② 탐구, 문제 해결: 학습자의 능동적인 사고 과정 중시
③ 전수, 주입: 학습자의 수동적인 참여 유도, 교사의 주도성 강조

2) 교수 · 학습 기법과 교수 · 학습 전략

교수 · 학습 방법이 추구하는 목표에 도달하는 특정한 수단

제3절 사회과의 교수 · 학습 지도 방법

1. 사회과 교수 · 학습 운영 방향

21C 정보화 사회→ 지식과 정보의 창출, 활용능력을 갖춘 사회 구성원 요구
→ 교육도 이러한 사회적 요구에 부합하는 새로운 교육 패러다임으로 전환해야 함

2. 사회과 교육의 문제점

많은 지식의 투입량에 비해 실제 학생들이 현실의 문제 상황에 직면할 경우에 사고하는 부분이 취약한 실정이다.

교육과정이 지식 전수 위주였고 본질적인 경험 접근에 의한 학습 방법이 실천되지 못하고 있다.

학생과 교사가 공동으로 문제를 인식하고 탐색하여 결론을 도출하도록 도와주고 언제라도 유사한 상황에서 적용 가능한 학습에 대한 필요성이 대두되고 있다.

3. 구성주의 패러다임 등장

1) 구성주의의 특징

지식을 경험의 결과물로 보는 입장이다.

경험의 과정에 초점을 두어 학습자들이 체계적인 분석적 절차를 사용하여 지식이 그 과정을 이해할 수 있게 만든다.

학습자가 이미 자신이 가지고 있는 믿음 체계에 맞지 않는 상황을 직면할 때 자신의 반성적 사고 과정을 거치게 된다.

자기 점검의 과정을 거치기 위해서 교실에서 교과지식과 생활지식의 격차를 줄일 만한 양의 소재를 제공하고 학생끼리의 소집단을 형성하여 상호작용과 반성적 사고를 육성한다.

2) 구성주의 관점에서 교수·학습 과정을 고려할 때의 수업전략

교과 지식의 학습 상황에서 실제적 지식을 근거로 학습함으로써 교과지식과 생활지식의 차이를 줄여 나간다.

학습과정에서 상대방이 가지고 있는 학습 소재와 분위기를 교사가 조정한다.

다양한 지적 활동을 자극할 수 있는 학습 소재와 분위기는 교사가 조정한다.

4. 학습 내용을 이루고 있는 지식

〈표 28〉 선언적 지식과 절차적 지식

구 분	선언적 지식	절차적 지식
정 의	'~이라는 사실을 아는 것(Knowing that~)'으로 암기나 이해를 통해서 저장된 지식	'~을 할 줄 아는 것(Knowing how~)', 즉 과정이나 기능을 포함하는 지식
특 징	과정(Process)이나 기능(Skill)을 포함하지 않는 사실, 개념, 일반화 수준의 지식으로 단순한 회상이나 인식을 요구함	학생들이 단순히 회상하고 이해하는 것이 아니라 '수업을 통해서 접해 보지 못한 다른 상황에 어떻게 적용시킬 것인가?'를 학습한다는 점에서 선언적 지식과 구별됨. 선언적 지식보다 역동적이어서 이러한 지식이 사용되면 그 결과는 단순히 저장된 정보를 재생해 내는 것이 아니라 그 정보를 변환·전이시킬 수 있음.

5. 사회과 학습 지도 방법 고안 시의 유의점

① 사회과 학습 지도 방법은 교육과정상의 목표에서 출발하는 그 시간 수업의 목표에 깊이 연결됨
② 최상위 목표: 시민성의 함양
③ 사회과학적 탐구 능력의 배양
④ 문제 해결력의 함양

6. 사회과 교수·학습 지도 시의 유의점

사회과는 바람직한 학습 지도 방법 고안을 위해서는 교육과정에서 출발하는 그 시간 수업 목표의 고려, 학생에 대한 깊이 있는 배려, 교육 여건 등에 유의해야 함
사회과의 교사는 일선 교육 현장 연구자로서의 자세를 지녀야 함(항상 탐구적 자세)
교사는 수업의 매 순간과 전체 사회 수업이 지니는 교육적 의미를 파악하기 위해서 노력해야 함
사회과의 학습 지도는 되도록 개별화되어야 함(교실 내 학생들의 교수·학습적

특질 파악)

　사회과 학습 지도에서는 학생들의 사회생활적 경험이 중시되어야 함

제4절 사회과 단원계획 및 수업 계획

1. 단원계획(unit plan)

　1) 단원 - 교실에서의 실제 수업을 위하여 교사가 수업 내용을 일정한 주제나 문
　　　제를 중심으로 수업의 목적·수업방법 평가의 절차 등을 수업 자료를 고려하
　　　여 규정해 놓은 체계적인 학습 활동의 단위.
　　　오늘날에는 교재단원과 경험단원으로 나누는 추세이다.

교재단원	지식 중심의 단원. 일반적으로 교과서에 의존해서 설정한 단원
경험단원	이동의 흥미에 입각해서 설정된 단원. 이동 중심으로 전개

　2) 단원계획

　　단원계획 시 고려할 점을 요약하면 다음과 같다.
　① 학습 주제와 관련된 개념과 일반화는 무엇인가?
　② 이 주제가 학생의 개인적 목표나 흥미와 어떻게 결부될 것인가?
　③ 포함되어야 할 기능은 무엇인가?
　④ 어떠한 가치를 강조하여 가르칠 것인가?

　3) 단원의 구성 요소

　① 교육과정: 국가 수준에서 해당 교과, 해당 학년에서 무엇을 가르쳐야 할지를
　　　정해 놓은 것
　② 교과서: 교육과정을 구체화

③ 교사: 교육과정과 교과서의 내용을 보고 해당 단원에서 무슨 내용을 가르쳐야 할지 지도서를 참고하여 차시 수를 계산 후 교과서 분석
④ 지역의 실정: 아동이 경험하고 있는 지역사회의 현실에 입각
⑤ 아동의 관점: 아동의 필요, 요구, 욕도, 관심도
⑥ 바람직한 단원이 갖추어야 할 조건

> ㉠ 학습목표 뚜렷. 모든 학습활동에 반영할 것.
> ㉡ 아동의 발달단계에 적합. 아동의 흥미·관심을 끄는 것.
> ㉢ 다양한 학습활동 준비. 유기적으로 조직.
> ㉣ 아동들의 시야가 넓어지고 깊어지는 것.
> ㉤ 학습목표에 맞는 학습 내용·학습활동 구비.
> ㉥ 아동의 변화하는 움직임에 맞추어 탄력적으로 학습할 수 있을 것.

4) 단원 지도 계획의 양식

① 단원의 개관을 탐구한다.
② 단원의 성격을 알려 준다.
사회관: 단원이 현 사회 상황에 비추어 어떤 의미나 성격을 가지는가를 밝혀 주는 부분
아동관: 해단 단원의 내용이 교사가 지도하려고 하는 아동들과 어떤 관련이 있는지를 밝혀 주는 부분
교재관: 해당 내용 자체의 교육적 의미를 밝혀 주는 부분

5) 단원의 목표 설정

① 목표: 단원을 학습한 뒤에 아동들이 어떤 상태에 도달해야 될 것인지를 밝혀 놓은 것

> ※ 목적과 목표의 차이
> 목적: 사회과 학습을 통해 나아가야 할 보다 더 큰 지향점
> 목표: 목적보다 더 구체적인 지향점

② 진술방법

일반적으로 진술하는 방법: 한 단원이 지향하고 있는 바를 포괄적으로 표현하는 것
행동적 용어로 진술하는 방법: 동사를 행동 용어를 사용하는 등의 방법으로 목표를 분명히 진술하는 것

이름을 열거하다. 여럿 중에서 고르다. 예시하다. 예를 들다. 적다. 순서대로 놓다.	왜 그런지 설명하다. 확인하다. 인용하다. 규정하다. ……의 위치에 놓다. 사용하다.

[그림 10] 행동적 목표에 쓰일 수 있는 용어의 예

※ 우리나라의 진술 방법
• 교육과정: 일반적 진술 방식
• 단원 이하 목표: 행동목표 방식
• 단원의 목표: 지식, 기능, 가치·태도의 3분법 사용

6) 학습의 계통 및 관련

① 학습의 계통: 현재 가르치고자 하는 내용이 저학년의 내용이나 고학년의 내용과 어떤 관련이 있는가를 밝혀 주는 항목
② 현재 학년에서 어느 정도의 난이도를 가지고 지도를 하겠다는 것이 드러나는 부분

7) 과제 분석

학습해야 할 내용을 체계화해 보는 부분

8) 차시 지도 계획

① 대단원을 각 차시별로 어떻게 지도를 하겠다는 것을 제시
② 경험중심 단원에서 의미를 갖는 것

③ 교과서에서 주어진 내용을 그대로 가르치는 것이 아니라 교사가 거의 독자적으로 짜는 것

④ 우리나라: 중단원에 시간을 어떻게 배당하겠다는 것을 나타내는 정도의 의미

9) 본사 학습 지도안

- 1차시분의 학습 지도 계획(별도 제시)

10) 단원의 평가 계획

① 해당 단원에서 아동들이 학습을 잘했는지 점검하는 것이다.

② 학생들의 이해의 정도를 앎으로써 피드백을 얻을 수 있고 그것을 다음 교수·학습 계획에 참고하고자 하는 활동이다.

③ 단원 수준에서는 방향을 제시하는 정도를 규명하고자 한다.

11) 단원계획 수립 시 나타나는 효과

① 사회과 교육에서 성취하고자 하는 교육 목적을 교사가 확인하여 목표 지향적인 교사의 태도를 지닐 수 있을 것이다.

② 교사가 교육 목적과 수업 내용 등에 대한 더 싶은 연구를 할 수 있도록 도와준다.

③ 교사들이 학습활동의 장면과 내용을 체계적으로 조직할 수 있다.

④ 학습 자료와 교구 등을 목록화함으로써 다양한 장면의 수업을 설계할 수 있다.

⑤ 학생의 특성, 지역사회 여건을 고려하므로 현실에 부합한 학습경험을 제공할 수 있다.

2. 수업 계획(lesson plan)

- 1차시 혹은 단기간의 단원계획.
- 한 시간 분량 혹은 소단원의 수업 계획.

※ 수업 계획 시 고려해야 하는 요소

→ 학습 내용, 교수학습 방법, 학습자 구성과 관리, 학습자들의 욕구를 만족시켜
   주는 교수·학습 방법.

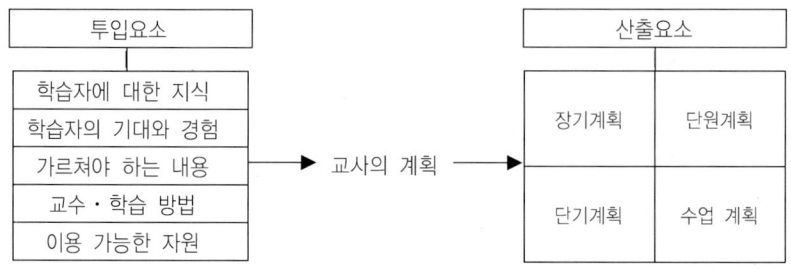

[그림 11] 단원계획의 과정

종합 정리

1. 주요 개념

주요 개념 및 키워드
○ 교수·학습 설계, 준비 단계, 전개단계, 정리단계
○ 인지적 영역, 정의적 영역, 심동적 영역
○ 수업 목표, 출발점 행동, 수업 절차, 평가
○ 객관주의, 구성주의, 반성적 사고
○ 선언적 지식, 절차적 지식, 내용적 지식, 방법적 지식
○ 단원, 단원계획, 교수·학습 지도(과정)안
○ 투입 요소, 산출 요소, 환류(feed back)

2. 탐구 문제

1) 사회과 교수·학습 설계의 단계와 과정에 대하여 간략하게 기술해 보시오.

2) 사회과 교수·학습 진행 단계인 준비 단계, 전개단계, 정리단계 등 각 단계의 기본 요소를 나열하고 설명해 보시오.

3) 사회과의 내용 중 인지적 영역의 내용, 정의적 영역의 내용, 심동적 영역의 내용 등에 대한 각각의 예를 들어 설명해 보시오.

4) 교육사조인 객관주의와 구성주의의 특징을 각각 나열하고, 미래 사회과의 지향점과 관련하여 설명하시오.

5) 선언적 지식, 내용적 지식, 절차적 지식, 방법적 지식의 특징을 예들 들어 나열하고, 사회과에서 절차적 지식과 방법적 지식이 중요한 이유를 설명해 보시오.

6) 사회과 한 차시를 선정하여 교수·학습 지도(과정)안을 작성하고, 각 단계에서 강조해야 할 사항에 대하여 설명해 보시오.

Chapter 9

사회과의 수업 모형과 학습 방법

제1절 수업 모형의 개관

1. 수업관

1) 교육과 교육 방법

① 인간의 균형된 발달을 도와주는 활동

ex) 지적인 발달, 정의적 발달, 사회적 발달, 신체적 발달

② 교사가 다양한 역할을 수행하기 위해서는 다양한 교육 방법을 알아야 함

2) 수업 모형

① 교육활동의 설계를 위한 지침, 교육의 목표를 달성하기 위한 교수·학습 방법을 명시

② 수업을 정당화해 주는 이론 및 근거를 밝히고 그 수업이 어디에 효과적인지를 기술

3) 수업과 수업 모형: 조이스(joyce)

① 수업능력이란 다양한 수업 모형을 숙달하여 이를 효과적으로 활용할 수 있는 능력
② 교육과정에 따라 효과적인 수업 모형 달라짐→ 더 나아가 목표에 따라 수업 모형은 달라짐
③ 어느 한 수업 모형이 언제 어디서나 효과적일 수 없음→ 따라서 효과적인 교사가 되기 위해서는 무엇보다도 먼저 여러 수업 모형을 익히고 이를 효과적으로 활용할 수 있는 기술을 갖추어야 함

2. 수업 효과에 관한 연구

1) 로젠샤인(Rosenshine, 1979)의 연구

('교사효율성에 관한 연구'를 세 주기로 나누어 설명)

(1) 1주기 – 교사의 인성과 교수의 특성에 관한 연구를 시도한 시기
교사의 인성과 교수의 효과 간의 관계가 있음에 대해서는 거의 알려진 바가 없음

(2) 2주기 – 교사의 행동과 학생의 성취에 초점을 둔 연구: 과정 – 산출연구
① 과정: 교사가 교실에서 연출하는 행동
② 산출: 그 행동의 결과 변화된 학생의 행동
③ 과정 – 산출연구 방법
　ⓐ 교사와 학생의 행동 빈도를 측정하여 이 행동의 빈도와 학생의 학업 성취와의 관계를 살펴봄
　ⓑ 교사의 행동을 관찰하고 기록하는 방법
④ 교사 관찰 방법
　ⓐ 기호 관찰(Sign Observation): 관찰자가 특수한 사건의 목록을 가지고 특수한 사건이 일어날 때 그 목록의 해당 부분에 표기를 하는 방법

ⓑ 유목 관찰(Category Observation): 일정 시간 내에 일어나는 행동을 관찰하고 관찰된 사건을 가장 잘 대표할 수 있는 유목에 표시를 하고 이러한 절차를 일정기간 동안 반복하는 방법, 프랜더즈의 상호작용 분석체제가 대표적

(3) 3주기 - 학생에 초점, 특히 학생이 숙달해야 하는 내용, 학습 과제에 참여하는 시간, 학습 참여를 증진시키는 상황에 초점.

연구 결과들을 종합해 보면 결국 교사는 학생들의 학업 성취에 크게 기여

2) 로젠샤인과 허스트(Rosenshine & Furst, 1971)의 연구

① 내용제시의 명확성, 수업활동의 다양성, 교사의 열성, 학생의 학습기회→ 교사의 비지시성 또는 학생의 아이디어 이용, 비판, 구조적논평의 사용
② 질문의 형태, 탐구행동 수업의 난이 수준 등의 행동 유목이 효과적인 수업과 상관이 있음

3) 메드리(Medley, 1973)의 연구

① 교사가 조성하고 유지하는 학습 환경, 교사의 학생 시간 활용, 토의 중 교사가 사용하는 전략은 학생의 성취와 유의한 관계가 있음

3. 수업 모형 접근

1) 최선의 수업방법이 무엇이냐에 대한 논의는 오랫동안 되어 왔고 이를 해결하기 위한 시도가 많았으나 이와 같은 연구 결과로부터 나온 한 가지 결론은 수업에 있어 단 한 가지 최선의 방법은 없다는 보고 있다.
2) 모형이 실체나 현상의 특징을 추상화해 놓은 것이라면 수업 모형이란 수업이라는 현상의 특징을 간추려 체계화해 놓은 것이라 볼 수 있다. 수업에 대한 모형적 접근을 처음으로 시도한 사람은 조이스와 웨일(Joyce & Weil)이다.
3) 그들은 수업 모형을 교육과정이나 교과과정을 구성하거나 수업 자료를 선정하고 교사의 행위를 안내하는 데 이용될 수 있는 형태나 계획이라고 한다.

제2절 수업 모형과 수업 계획

① 수업 모형에 따라 수업을 계획할 때는 적어도 다음과 같은 네 단계를 거침
② 첫 번째 단계는 수업 프로그램의 설정단계, 두 번째 단계는 수업 모형의 선정단계, 세 번째 단계는 수업 프로그램의 계획단계, 마지막 네 번째 단계는 수업의 평가단계

1. 수업 프로그램의 설정단계

① 수업 프로그램의 설정단계는 수업 프로그램이 달성하고자 하는 바가 무엇이며 특히 강조해야 할 사항이 무엇인지를 결정하는 단계
② 무엇을 강조해야 하는지는 교과서나 교육과정을 중심으로 추출해 낼 수 있겠지만 이와 더불어 학생의 학업능력, 발달특징 등도 동시에 고려해야 함
③ 대부분의 학생들에게 교과의 지식획득을 강조할 것인가? 정보처리 기능을 강조할 것인가? 사회적 상호작용 기능을 길러 줄 것을 강조할 것이냐? 무엇을 강조하여야 할지를 결정 – 교사 자신의 역할과 책임을 확인

2. 수업 모형의 선정단계

1) 수업 모형의 기초

① 강조하고자 하는 교육 목표와 내용이 결정되면 이에 합당한 수업 모형을 선정해야 함
② 수업 모형을 선정할 때 제일 먼저 고려하여야 할 사항은 수업의 목적 및 목표, 수업목표에 따라 수업 모형도 달라짐
③ 두 번째로 수업을 계획할 때 교사는 잠재적 교육과정의 효과를 동시에 고려하여야 함
④ 세 번째로 고려하여야 할 사항은 학생의 동기

⑤ 수업 모형의 효과는 결국 학습자가 학습기회에 어느 정도로 참여하느냐에 달려 있음

⑥ 그 다음으로 고려하여야 할 사항은 학습의 원리, 지금까지 수업 계획에 가장 많이 고려되고 있는 심리적인 개념들로서는 인지발달, 동기, 강화, 태도, 가치의 발달, 운동기능의 발달

⑦ 끝으로 고려해야 할 사항은 시설, 교구, 자원 행정사항 등

2) 교과과정 특성에 적합한 수업 모형

① 교과 또는 학문중심 교육과정

ⓐ 지식을 전달하는 데 그 주된 목적: 학문의 구조와 그 학문의 탐구 방법을 배우는 데 도움이 되는 수업 모형을 선정

ex) 강의법, 토의법, 관찰법, 탐구법 등

ⓑ 구체적 능력 통합접근 교육과정에서는 분석적이고 계열적인 수업접근 방법이 필요.

ⓒ 학생들에게 필요한 구체적인 지식, 기능을 밝히고 이들 난이도에 따라 위계를 구성한 다음 이들을 달성하기 위한 가장 효과적인 교수·학습 방법을 모색해야 함

② 인간의 특성과 과정을 중시하는 교육과정

ⓐ 하나는 구체적인 인간특성이 목적이라는 관점

ⓑ 나머지 하나는 이러한 목적을 달성하기 위하여 교육적 과정이 있다는 점

ex) 역할놀이, 모의실험 이외에 문제 해결, 탐구훈련, 가치명료화와 같은 수업 모형 등

③ 사회적 기능·활동중심 교육과정

ⓐ 학생으로 하여금 사회활동에 참여시켜 문제를 해결하도록 하고 있음

ex) 집단조사, 법률탐구 모형 등

④ 흥미와 요구 활동 중심 교육과정

ex) 창조적 문제 해결 모형, 자율학습 등

⑤ 공학적 접근 교육과정

　　ex) 수업체계 설계, 프로그램 수업, 연습과 훈련 등이 적합

3. 수업 프로그램의 계획단계

수업 계획에서 중요한 사항은 학생이 성취할 것으로 기대되는 학습결과로서의 수업 목표를 결정하고 수업활동의 본질적인 특징을 결정하고 수업을 어떻게 조직할 것인가를 결정.

1) 수업목표를 결정

수업목표란 수업을 마쳤을 때 학생에게 기대되는 행동특성으로 수업목표는 다음과 같은 사항을 고려하여 진술하여야 한다.

① 수업목표는 교사가 무엇을 해야 할지를 기술하기보다는 학습자가 무엇을 성취해야 할 것인지를 기술해야 한다.

② 수업목표는 학생들이 성취하는 데 요구되는 다양한 활동이 포함되어 진술되어야 한다.

③ 수업목표는 충분한 수업을 통하여 대부분의 학생이 달성할 수 있어야 한다. 수업목표는 수업 이전에 이미 학생들이 달성한 행동특성이어서는 안 된다. 일단 수업목표가 결정되면 그 다음은 이들 목표와 관련된 행동을 생각하여야 한다. 여기에서 관련된 행동이란 수업목표의 일부 또는 전체의 성취를 나타내는 학생행동을 말한다.

2) 수업활동의 본질적 특질을 결정

① 수업활동이란 수업목표를 달성하기 위하여 학교 내·외에서 행하여지는 활동

② 교사는 수업에서 일어나는 개개의 활동을 모두 기술할 수는 없기 때문에 수업에서 예상되는 활동의 종류를 결정하고 그 활동의 본보기를 개발하는 것이 중요

3) 수업의 조직결정: 수업의 조직을 위해서는 다음과 같은 사항을 고려하여야 함

① 수업 자료의 순서
② 시설의 예약
③ 현장답사 계획
④ 책, 게시판, 조직, 배치
⑤ 학습활동계획
⑥ 학습 진도 상황 평가 기록체제 개발 등

4) 수업의 평가단계

① 수업 목표 달성도
② 자료 · 매체 활용도
③ 발문의 적합성
④ 학생 활동 조장 및 지도
⑤ 종합 정리 및 차시 예고 등

제3절 사회과 수업 모형의 측면

1. 배 경

1) 관련 개념의 추상성

교육 내용, 교육 방법, 수업 모형 등은 전체적인 수업의 이해를 수월히 하기 위해 개념상 구분함

2) 수업 모형의 인식과 현실

① 현실적으로 일선교사들은 실제적 지침이나 수업의 기술의 하나로 수용함

② 수업 모형이 많으면 많을수록 좋게 여김

③ 교사는 좋은 수업 모형을 취사선택하여 수업을 수월히 하고자 함

④ 수업 모형은 현실적 적용에 있어 이론과 실제의 괴리 존재

⑤ 수업 모형 연구가 실제적 처방을 위한 연구로 치우침

⑥ ICT수업 모형의 쇠퇴와 소크라테스의 교수법의 지속적 통용

※ 수업을 보다 구체적으로 이해하기 위한 것이라는 인식이 필요(유한구, 『교육 이론의 성격』, 2002)

2. 수업 모형의 두 측면(불가분의 관계)

1) 기술공학적 측면

① 수업 모형

   ⓐ 주어진 수업목표를 효율적으로 달성하는 데에 필요한 요소 또는 수단을 체계적으로 동원하고 이를 최적의 수준으로 통제함으로써 그 효율성을 극대화하려는 일련의 과정(장성모, 2001)

   ⓑ 수업을 효율적으로 이끄는 기법 혹은 처방적 지침

② 기본 관점

   ⓐ 수업이나 교육현상을 공학적 사고방식(투입 – 산출 체계)에 의해 파악

   ⓑ 수업의 명시적 측면 강조

   ⓒ 수업 모형을 수업에 적용 가능한 기술로 봄

   ⓓ '수단 – 목적의 관계인식': 수업목표의 실현(목표), 수업 모형(수단)

   ⓔ 새로운 수업 모형의 구안이 수업의 질을 향상시킬 것이라는 의식

2) 심성(인성) 함양적 측면

교과를 가르치는 일은 그것을 가르치고 배우는 교사와 학생의 마음의 변화와 무관하게 기술되거나 설명될 수 있다는 관점(장성모, 2001)

① 수업 모형(교육 내용의 구체적 표현)

ⓐ 교사의 머릿속에서 구상되는 수업의 시준

ⓑ 교사의 교육 내용에 관한 사고의 과정을 체계화한 것(이홍우, 1992)

② 기본관점

　ⓐ 수업에서의 묵시적 측면을 중시

　ⓑ 수업 모형을 수업에 관한 아이디어로 봄

③ 교사는 수업 모형의 선택에 앞서 교육 내용을 공부해야 함

　ⓐ 높은 수준의 질문과 단순한 정보의 전달이 아닌 '판단'을 불러일으키기 위한 수업

④ 수업 모형의 의의

　ⓐ 총체적으로서의 수업을 구체적으로 이해하기 위한 개념적 도구(수업이라는 총체적인 현상에 대한 이해를 돕기 위하여 고안된 단순하고 이해하기 쉬운 구조나 체계)

　ⓑ 엄격한 인과관계를 기초로 하여 성립하는 과학적인 모형으로 보지 않고 수업을 진행하는 하나의 틀

　ⓒ 복잡한 수업 과정이나 현상을 특징적인 요인을 중심으로 단순화시킨 설명 체제나 구조 혹은 수업에 관한 일종의 계획을 담고 있는 틀

　ⓓ 수업 모형이 수업 자체는 아니지만, 수업을 압축하여 특징적 요인을 중심으로 수업을 재현하고 앞으로의 수업 실천을 위한 계획을 담고 있는 것

　ⓔ 핵심부가 감추어진 '검은 상자(장성모, 2001)'에 가까운 것

　• 수업 모형에는 목표와 학습 자료, 수행활동, 평가 등이 제시되어 있지만, 교육 내용과 그 이면에 담긴 아이디어 이해를 위한 상호작용에 관한 질문은 추상적이며 형식적

　• 수업 모형의 일반화보다는 수업의 핵심부의 구체적 기술을 위해 노력

　ⓕ 교사와 학생이 교과 지식에 편향된 의미와 아이디어의 이해과정에서 심성의 변화가 수반되는 것

　• 교과지식 → 교사(아이디어 추출) → 학습자(내면화)의 묵시적 측면 강조

제4절 사회과 교수·학습 지도

1. 사회과 학습 지도의 이론

1) 학습 지도의 개념

(1) 교수·학습 과정
① 가르치는 집단과 배우는 집단 사이에서 이루어지는 가르치고 배우는 활동
② 학교교육에 있어서 중핵적인 역할
③ 코레이(S. M Corey): 교수란 개인으로 하여금 특정한 조건하에서 또는 특정한 상황에 대한 방응으로서 특정한 행동을 나타내도록 학습하게 하거나 또는 특정 행동에 참여할 수 있도록 개인을 둘러싼 환경을 계획적으로 조작한 과정

(2) 교수 과정
① 학습자로 하여금 학습하여질 결과적 목표를 달성할 수 있도록 하는 환경의 계획적인 조작의 과정으로서 학습의 목표와 내용의 성질 여하에 따라 그에 적합한 가르침을 하는 수단적 과정
② 하위변수인 목표: 학습 과제, 학습 방법, 수업 과정, 학습자, 교사, 학습 환경 등 변인의 조합

(3) 학습
어떤 상태에 있는 학습자가 교육적으로 의도가 있는 경험을 함으로써 목적지향적인 방향으로 변화하는 상태

(4) 교수·학습의 관계
① 수단과 목표의 관계: 수단으로서의 교수과정은 목표인 학습이 무엇인가에 따라 선택되어야 하는 관계
② 교수 내용의 구조화: 교재의 개별화, 학습의 중시, 학습자의 능동적인 참여, 학교 학습이론의 발전 등 중요

③ 사회과의 학습 지도: 사회과의 본질, 목적, 내용 등의 특성에 맞는 지도 방법을 발견, 탐구하여 최적의 학습효과를 거둘 수 있는 계획과 조직 모색

2. 학습 지도의 원리

1) 목표 · 내용 · 방법의 일관성의 원리

(1) 사회과 학습 지도
  ① 설정된 목표로부터 성취도의 평가에 이르기까지 순환적 상호작용적 과정에 있어서 유기적 연관하에 일관성이 이루어지도록 전개
  ② 목표의 달성을 위한 내용을 충실하게 습득할 수 있도록 지도
  ③ 인간 형성의 교육에 부합되는 역할과 기능을 다할 수 있도록 전개

2) 지도 방법 및 기능의 원리

  ① 지도 방법의 다양→ 방법에 대해 잘 알고 있음으로써 효과적인 사회과 지도의 기능 발휘
  ② 사회과 지도에 필요한 여러 기능에 대해 숙달하고 전문적인 처리능력 숙지 필요

3) 사회과학적 방법의 원리

  ① 사회과학의 지식, 기본 개념, 연구 방법 등을 연구
  ② 과학적인 방법의 사회과 지도: 관찰, 실험, 분석, 종합, 비교, 판단, 체계화의 방법, 연역적 방법, 귀납적 방법 등

4) 계획과정 및 효율화의 원리

  ① 훌륭한 지도과정: 거시적인 시각에서 창의적인 구상으로 학생들의 참여 유도, 구조적 · 체계적인 계획→ 학습 지도안의 바람직한 작성

② 효율화(=경제원칙적 성과): 제한된 조건 내에서 다량의 학급 과제를 빠르고 정확하게 가르치는 것

5) 자발적 창의성의 원리

① 창의성: 학생들이 경험하지 못한 지식이나 원리를 재발견하는 것
② 창의성의 신장: 사회 사상을 바르게 보고 현명한 판단과 인식을 하도록 하는 것
③ 창의성의 신장의 필요성: 사회 사상의 가속적 변천, 짧은 수명
④ 교사의 역할: 학습 과제를 학생 스스로 발상하고 스스로 해결할 수 있도록 정보 제공

6) 개별화의 원리

① 학생 개개인의 능력과 소질, 개성 등을 고려하며 학습 지도
② 평가 측정→ 절대적 평가+상대적 평가

7) 사회화의 원리

① 개인이 사회적 존재자로서의 사회 구성원임을 자각, 집단 속에서 협동하는 사회인 육성
② 사회생활, 집단생활에 적응하며 원만한 인간관계를 유지해 나아감

8) 종적 · 횡적 연관성의 원리

① 종적 연관성: 학습 내용을 계속적이며 점진적으로 심화
② 횡적 연관성: 다른 교과와의 유기적 연관
③ 지도 방법: 대상 전체 속에서 상호 관련성 및 상호 의존성이 있는 기본 개념적 요소만을 찾아 역동적이고 전체적으로 이해할 수 있도록 구조적인 지도를 함

제5절 사회과의 수업방법 및 수업기법

1. 사회과 수업방법 및 기법의 유형과 심리학적 근거

1) 수업방법(교수방법): 교수의 철학이나 자세, 교육의 목적 달성을 위한 접근법
2) 수업기법: 수업방법에서 설정한 방향, 성과를 거두기 위한 수단의 선택

〈표 29〉 사회과 시민적 자질 구성 요소

사회과 수업방법	사회과 수업기법	수업기법의 심리학적 배경				
		작동조건화 이론	자극·반응 이론	정보처리 이론	게스탈트· 피일드 이론	인간주의 · 이론
주입식 · 탐구식 방법	시청각매체활용법		○			
	강의법		△	○		
	문답법	△			○	
	토의법	△			○	△
	역할법과 모의법				○	○
	과학적 실험 및 조사법				○	
	지역사회 자원활용법				○	

3) 심리학적 근거

① 작동적 조건화 이론
  ⓐ 행동주의 학습심리학의 대표적 이론
  ⓑ 어떤 행동의 보상이 긍정적 강화로 나타날 때 학습이 이루어진다는 이론

② 자극 · 반응 이론
  ⓐ 학습이란 어떤 자극 S에 대해서 생체가 나타내는 특정 반응 R의 결합으로 이루어진다는 학습 이론(S - R 이론)
  ⓑ 자극과 반응의 연관 관계를 기저로 함

③ 정보처리 이론

    ⓐ 인간의 감각기관을 통해 돌아온 정보를 체계적으로 정리하여 두뇌라는 저장고에 보관하고 필요한 경우마다 이를 재생시켜 원하는 곳에 활용한다고 보는 이론

    ⓑ 체계적 두뇌 활동 강조

④ 게스탈트·피일드 심리학 이론

    ⓐ 학습자가 문제 사태에 대한 경험을 획득하는 과정을 학습으로 보는 것

    ⓑ 경험과 학습의 연관 관계 강조

⑤ 인간주의 심리학 이론

    ⓐ 인간의 지성과 함께 감성까지 중요시하고 인간의 가능성을 최대한으로 활용하여 자아실현(自我實現)에 도달케 하려는 것

    ⓑ 인간중심 교육사조 및 인간중심 교육과정과 일맥상통

2. 사회과 수업방법 및 기업의 선정기준

1) 목표별(지식 · 기능, 가치 · 태도)

① 지식(사실·개념, 일반화)

    ⓐ 사실적 지식: 강의법, 시청각매체법, 문답법, 탐구식 문답법 등

    ⓑ 일반화 지식: 과학적 실험 조사법 등

② 기능(기초, 탐구, 민주사회적)

    ⓐ 토의법, 문답법, 역할법, 모의법, 과학적 실험조사법 등

    ⓑ 기초기능과 탐구기능: 토의법, 과학 실험조사법 등

③ 가치·태도

    ⓐ 바람직한 가치·태도: 강의법, 시청각 매체 활용법, 문답법 등

    ⓑ 합리적 가치·태도: 토의법, 역할법, 모의법, 문답법 등

2) 내용별

① 정치학・경제학

    ⓐ 정치사상가, 정부구조와 헌법: 강의법, 시청각매체 활용법 등

    ⓑ 정치적 행위자의 행동, 체계의 기능 과정: 토의법, 역할법, 모의법, 과학적 실험조사법 등

    ⓒ 규범경제학(주입식), 경제적 분석내용(토의법, 과학적 실험조사법) 등

② 사회학・문화인류학

    ⓐ 탐구식 방법(토의법, 과학적 실험조사법)

    ⓑ 토론식 방법(패널식 등)

③ 지리학

    ⓐ 자연지리: 시청각매체 활용법, 지역사회 자원 활용법 등

    ⓑ 문화지리: 사회과학적 방법

④ 역사학

    ⓐ 관념론의 입장: 주입식 방법

    ⓑ 실증론의 입장: 사료학습법

3) 학년별

① 저학년: 형식적 조작, 논리적 사고가 불가능(주입식: 강의법, 시청각매체 활용법, 기초적 문답법 등)

② 고학년: 논리적 사고가 시작(토의법, 역할법, 모의법 등)

제6절 사회과 교육과정상의 지도방향과 유의점

1. 지도 방법의 방향

1) 구체적 생활경험과 관찰을 통하여 생활에 유용한 기본 개념과 편리를 학생들 스스로 발견하게 하고, 이를 다시 실생활에 활용될 수 있도록 지도한다. 또 생활 사례나 갈등 장면 등 실생활 상태를 학습에 활용함으로써 바르게 판단하고 행동할 수 있도록 지도하여야 한다.

2) 사회현상에 대한 호기심과 학습 동기를 유발하고, 지도 내용에 따라 관찰, 견학, 조사, 자원, 인사 초빙, 인물 학습, 극화 놀이, 문답, 토의 등 다양한 학습 방법을 적용하여 기초적 탐구 능력이 신장되도록 지도한다.

3) 창의적인 사고력을 신장하고 활발한 탐구 활동이 이루어지도록 하기 위하여 학생들의 반응을 수용하는 자유로운 학습 분위기를 조성한다.

4) 단원, 주제, 차시별 학습 계획 시에는 교재의 특질에 따라 여러 사고 과정과 학습 내용에 적합한 탐구 방법의 적용을 고려하고, 구체적 사고 활동들이 적절하게 관련을 맺도록 한다.
   ① 사고 과정으로는 반성적 사고, 비판적 사고, 현장 학습, 인물 학습, 문헌 조사 학습 등을 고려한다.
   ② 구체적 사고 활동으로는 요약, 분류, 비교, 대조, 번역, 해석, 가설, 추론, 적용, 분석, 종합 평가 등이 활용되도록 한다.

5) 학년별 발달특성을 고려하여 사회적 사실과 현상을 이해시키고, 이를 활용하여 문제를 해결하는 데 필요한 다음과 같은 능력을 기른다.

6) 교과서 이외에도 사진, 그림, 지도, 통계, 연표, 문화재, 참고도서, 실물, 필름 등 다양한 교수·학습 자료를 활용한다.

7) 학습 내용을 지역과 학교의 실정에 알맞게 재구성하여 지역사회에 대한 이해를 깊게 하고, 학생들이 생활 부면에서 직접 접할 수 있는 자료를 활용하도록 한다.

8) 새로운 정보 및 국내외의 사회 변동과 사회문제에 관한 서사 자료 등 학습 내용과 관련시켜 지도하여, 사회 변화에 대한 관심과 이해를 깊게 하고, 미래

지향적 사고가 이루어지도록 한다.

9) 각 단원의 내용을 지도할 때에는 환경, 통일, 경제, 안전, 근로, 진로, 국제 이해 교육 등 오늘날 사회의 주요 과제를 관련지어 지도한다.

10) 사회 참여 능력, 상호 협동 능력, 의사소통 능력, 의사결정 능력 등 민주시민 생활에 필요한 능력과 태도를 기르기 위하여 협동 작업이나 집단 활동, 공동 사고의 기회를 많이 부여한다.

2. 구체적인 유의점

1) 방법 진술에서의 강조점

종래의 교육과정에 비하여 2007년 개정 사회과 교육과정의 지도 방법의 진술에서 강조한 점은 교사들이 사회과 학습을 전개하는 데 실제로 도움이 될 수 있는 지도의 방향을 체계적이며 명료하게 제시하는 데 중점을 둔 점이다.

2) 사회과 학습 지도의 원리

(1) 사회현상에 관한 원리의 발견과 적용

① 학생들이 복잡한 사회현상을 설명하고 예측하여 당면한 문제를 해결할 수 있는 힘을 기르기 위해서는 그들 스스로 원리 법칙을 발견하고 이를 실생활에 적용할 수 있는 시회를 많이 제공하여야 함

② 교사가 수업을 계획하기 위하여 가르칠 내용을 결정할 때 먼저 원리나 법칙을 결정하고 그 원리는 법칙을 이후는 주요 개념을 찾음. 그 다음 원리나 법칙 또는 주요 개념을 이루는 사실을 확인한 다음, 예상되는 학습경험을 선정하여 구체적 학습 계획을 세움

③ 반면, 학생들의 학습은 그들의 경험을 바탕으로 구체적 사물이나 사실을 통하여 개념을 이해하고, 원리나 법칙을 발견하며 이들을 생활의 여러 분야와 관련지어 생각하도록 시도하여야 함

(2) 여러 가지 상황 속에서의 바른 판단과 행동

① 생활 사례나 갈등 장면 등 실제 생활 사태를 많이 제시, 관련 지식과 가치를 적용하여 그 사태의 의미 파악, 바르게 판단하여 행동할 수 있는 기회를 적절하게 제공하여야 함

(3) 호기심과 동기 유발

① 호기심과 동기 유발은 사회과에서 탐구적 학습의 출발점

(4) 자유로운 학습 분위기 조성

(5) 다양한 학습 방법의 적용

3) 단원학습 지도 계획의 체계화

(1) 단원의 교재 분석

① 그 목표나 내용이 교육과정의 어느 단원에 근거한 것인가를 먼저 확인

② 단원의 학습 요소 분석에서는 대체로 단원의 각 주제에 포함된 주요 개념과 일반화, 가치 등을 찾아 확인 → 이와 관련된 구체적 사실, 학습경험, 학습 자료의 형식, 소요 시간 등을 선정 결정

③ 교재를 분석한 다음 수업 설계: 이 과정에서 특히 고려할 것은 사고의 과정과 탐구방법 및 구체적 사고 활동 등임

(2) 사고 과정의 고려

① 사회과의 학습 과정에서 이루어지는 사고 과정은 개념의 특성을 논리적으로 규명하는 학습, 반성적 사고에 의하여 원리를 발견하는 학습, 발견된 원리를 적용하여 사실을 증명하는 학습, 당면 문제를 창의적으로 해결하는 학습, 가치 명료화 및 분석 학습, 어떤 방안을 선택, 결정하는 의사결정 학습 등을 들 수 있음

② 단원의 어떤 부분에서 어떠한 사고 과정을 강조할 것인가는 그 주제의 특성에 적절하게 선정, 결정하여야 하며 이는 단원의 수업 설계에서 매우 기본적이며 중요 작업이 되는 것

(3) 다양한 탐구 방법의 고려

(4) 구체적 사고 활동의 고려

① 사회현상을 바르게 이해하며 문제 해결에 필요한 구체적인 사고 활동을 고려하여야 함

② 경우에 따라 사고의 과정이나 학습 형태가 복합적으로 일어나서나 현 하고 과정이 순간적으로 일어나는 경우가 있음에 유의

4) 학년별로 성취시켜야 할 주요 기능 및 능력의 제시

① 주로 기능적인 것을 제시: 정보 교환 및 의사 교환 능력, 문제 해결 및 사고 능력, 참여 및 공동생활 능력 등에 관한 것

5) 학습 자료의 유형과 활용

① 관련 자료는 교재를 분석한 후 필요한 자료의 목표를 작성하고, 이들 자료를 수집, 제작, 수입하여 자료의 유형별로 분류한 다음 자료 활용을 위한 목표, 교재 내용, 활용방법 등에 관한 안내서를 만들어 활용

6) 지역화의 방안

① 사회과 교재의 지역화는 생활 주변에서 직접적으로 접할 수 있는 생생한 자료를 수업에 활용함으로써 학습의 효과를 높일 수 있을 뿐만 아니라, 향토의 이해를 깊게 하고 애향심을 길러 주는 데에도 큰 의의

② 교육과정이 목표나 핵심적인 내용은 그대로 반영하되, 지역의 특성을 고려하여 강조되어야 할 목표를 반영, 목표 달성을 위한 하위적인 내용을 수정 보완 후 학습의 주제나 제제할 지역인 학교에서 취급하기 용이한 것으로 선정하고, 그에 따른 자료의 구성과 학습 방법, 평가, 시간의 운영 등에 큰 융통성을 두도록 하는 것이 현실적으로 용이

③ 교재의 지역화 방안으로는 사회과 교육과정의 지역화 및 그 운영에 관한 기본 지침을 만들고 그에 따라 지역 교과서 및 보충 교재를 편찬 활용하거나, 향토

관 설치, 향토 자료 또는 자료집을 제작 활용하는 방안이 고려될 수 있음

7) 시사 자료의 활용방안

① 오늘날과 같이 사회 변동이 빠르고 국내외의 여러 상황이 예측하기 어려울 정도로 변화하는 기대에서 그 필요성이 더욱 부각
② 시사 자료의 활용은 새롭게 나타나는 정보 및 국내의 사회 변동에 유용한 자료를 관련시켜 지도하여 사회 변화에 대한 관심과 이해를 깊게 하고, 미래지향적 사고가 이루어지도록 하는 데에 그 의의가 있음 → 신문, 잡지, 라디오, 텔레비전 등에서 보도된 여러 가지 자료를 교제 내용과 관련시켜 정선하고 검토한 후, 학생들의 수준에 알맞도록 변환하여 활용하도록 하여야 할 것
③ 모든 자료를 현재의 것으로 대치해야 할 필요는 없음
④ NIE 교육, IIE 교육, ICT 교육 등이 적절하게 통합되어야 함

8) 국가 사회적 중점 사항의 지도

－ 2007년 개정 교육과정에서 강조한 중점 교육 분야
① 다문화 이해 교육 ② 안전교육 ③ 경제교육 ④ 진로교육
⑤ 근로정신함양교육 ⑥ 성교육 ⑦ 보건교육 ⑧ 세계시민교육

9) 민주시민의 자질과 관련 주요 능력 및 이의 신장 방안 제시

① 한국은 우리 사회의 민주화, 지방화에 따라 국민의 민주적 자질과 지방화의 함양을 어느 때보다도 필요로 하는 상황
② 민주적 자질에 관련된 주요 능력으로 사회 참여력, 상호 협동 능력, 의사소통 능력, 의사결정 능력 등을 제시

제7절 사회과 수업 모형 탐구

1. 글레이저(Glaser)의 수립과정 모형

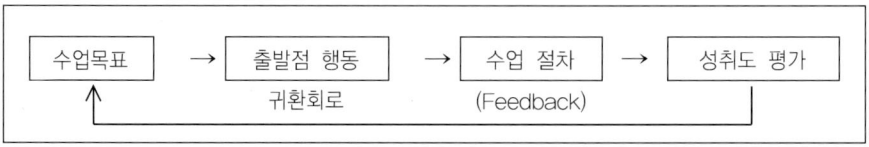

[그림 12] 글레이저의 수업 모형

1) 특 징

① 수업이 진행되는 교수과정을 하나의 체제(System)로 간주
② 수업의 한 단계 한 단계가 바로 뒤따르는 후속단계를 결정하는 계속적인 결정과 수정의 모형
③ 각 단계에 대한 피드백이 이루어져 그 산출을 평가하고 수정
④ 수업목표와 학생들의 출발점 행동의 양상에 따라 좌우

2) 각 요소별 내용

① 수업목표
   ⓐ 교육이 궁극적으로 달성해야 할 가치 실현의 인간행동을 포함
   ⓑ 구체적이고 행동적인 수업목표로 진술
   ⓒ 도착점 행동으로 설명 가능(도착점 행동: 어떤 교수과정이 끝났을 때 학생들이 보여 줄 수 있는 성취)

② 출발점 행동
   ⓐ 의미: 학생들이 새로운 특징 도착점 행동을 습득하기 전에 이미 습득해 있어야 할 행동
   ⓑ 학습자가 이미 습득하고 있는 학습 내용에 대해 진단함으로써 실제 수업에서 학습자의 특성과 개인차를 고려한 수업 진행을 시사

ⓒ 진단 대상
- 인지적 요인: 선행학습의 정도, 적성, 지능 등
- 정의적 요인: 흥미, 태도, 자아 개념 등
ⓓ 진단평가를 실시함으로써 학습의 결함을 발견하고 방안을 마련하며, 수업 절차에서의 학습 지도 방법 모색

③ 수업 절차
ⓐ 의미: 학생의 출발점 행동에서 시작하여 학생이 학습 상황을 떠나는 사이의 과정
ⓑ 목표 달성을 위한 수업의 계획과 전개 내포
ⓒ 다양한 교수 매체의 활용 필요
ⓓ 형성평가 실시로 학생들의 수업 이해도 확인, 그 결과에 따라 수업을 수정

④ 성취도 평가
ⓐ 의미: 학생들이 수업목표에 도달하였는지의 여부를 결정하는 평가 활동
총합평가로서 도착점 행동의 성취를 알아보는 것
ⓑ 성취도를 평가하는 것으로 학습 능력과는 구별되어야 함
- 성취도: 학습자의 현재 수행의 정도를 평가
- 학습 능력: 현재의 수행 정도와 앞으로 수행해야 할 지식, 기술과 관계
ⓒ 학생의 점수는 학생이 실제 획득한 학습의 정도에 대한 정보 제공, 집단 내에서의 학습자의 위치, 서열 비교의 수단으로 활용, 수업 모형 자체의 효과에 대한 정보 제공

⑤ 피드백(Feed back)
ⓐ 의미: 수업 과정에서 각 단계의 작업 결과를 평가하고 수정하는 데 필요한 정보 송환
ⓑ 학생이 수업목표에 도달하였다는 사실이 판명될 때까지 반복
ⓒ 수업목표에 도달했음이 확인되면 다음 수업목표를 동일 과정 반복

2. 한국교육개발원(KEDI)의 수업 과정 모형

1) 특 징

① 교수·학습이 다인수 학급에서 이루어지는 우리의 현실을 전제
② 한국교육개발원이 개발한 교수·학습 자료 활용, 교육 텔레비전 프로그램 등을 활용할 것 전제
③ 목적: 교사에게 과중한 직무 부담을 주지 않는 범위 내에서 가능한 개인차 고려한 수업 진행

2) 단계별 내용

① 계획단계
  ⓐ 학습 과제 분석: 최종 목표와 종속 목표가 무엇인지 분석, 내용구조 분석.
  ⓑ 수입 계획: 학습자 활동, 교사활동, 학습계열, 수업매체, 평가 등을 고려.

② 진단단계
  ⓐ 진단평가 실시, 채점 후 학습 무결손, 부분적 결손, 전반적 결손으로 분류
  ⓑ 학습 결손 보완
  ⓒ 무결손 집단: 심화, 촉진학습
  ⓓ 나머지 진단: 한국교육개발원(KEDI)에서 제작한 프로그램 교재, 연습 교재를 활용하여 가정학습, 급우들 간의 상호 학습

③ 지도단계
  ⓐ 실제 수업에 전개.
  ⓑ 도입단계, 전개단계, 정리단계
  - 도입단계: 목표인지, 동기유발, 선수 학습과 관련짓기 등
  - 전개단계(교사 주도의 수업: 강의, 탐구학습, 토의, 실험 등
    학생 주도의 수업: 프로그램 학습, 관찰, 견학, 조사, 발표)
  - 정리단계: 정리, 연습, 통합, 적용 등

④ 발전단계
  ⓐ 형성평가 실시
  ⓑ 학습완성 집단, 부분적 미완성 집단, 전반적 미완성 집단으로 분류
  ⓒ 집단에 따라 심화학습, 보충학습 실시

⑤ 평가단계
  ⓐ 수업 과정을 통해 학생들이 성취한 학습의 정도를 최종적으로 평가
  ⓑ 목적: 지적, 창의적, 기능적 수업목표가 얼마나 잘 달성되었는지 알아보며, 교육과정에 명시되지 않더라도 수업의 결과로 나타난 비의도적인 행동 특성까지도 평가

계획단계(한국교육개발원의 수업 모형)

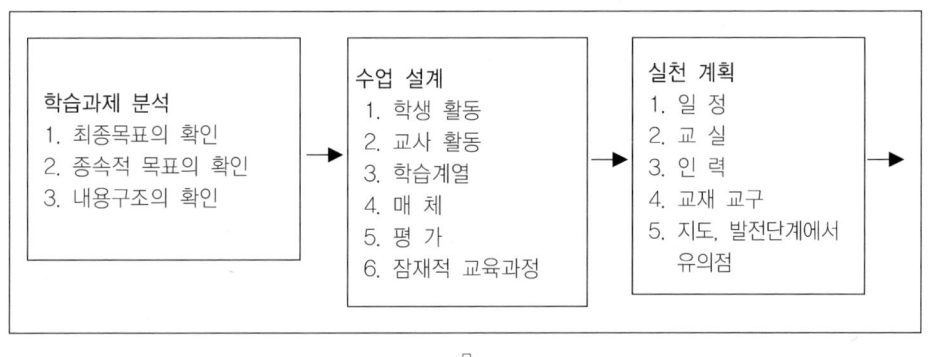

진단단계

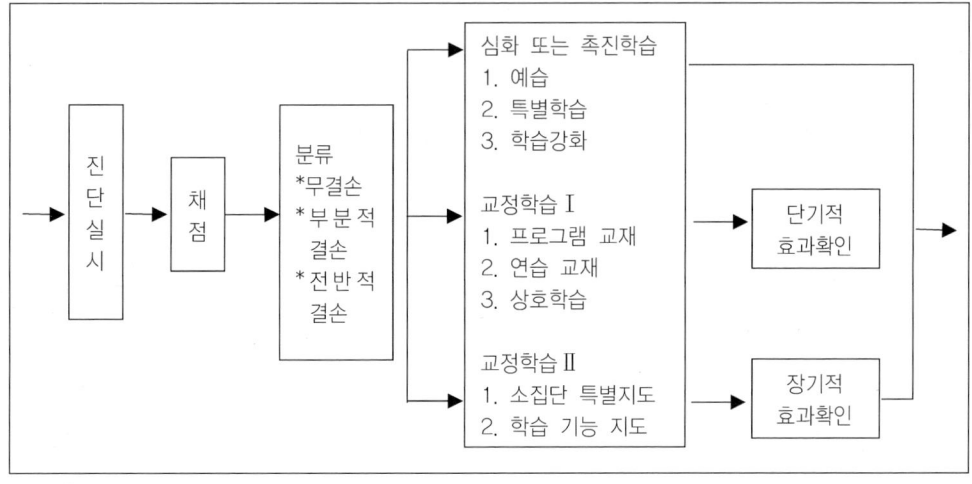

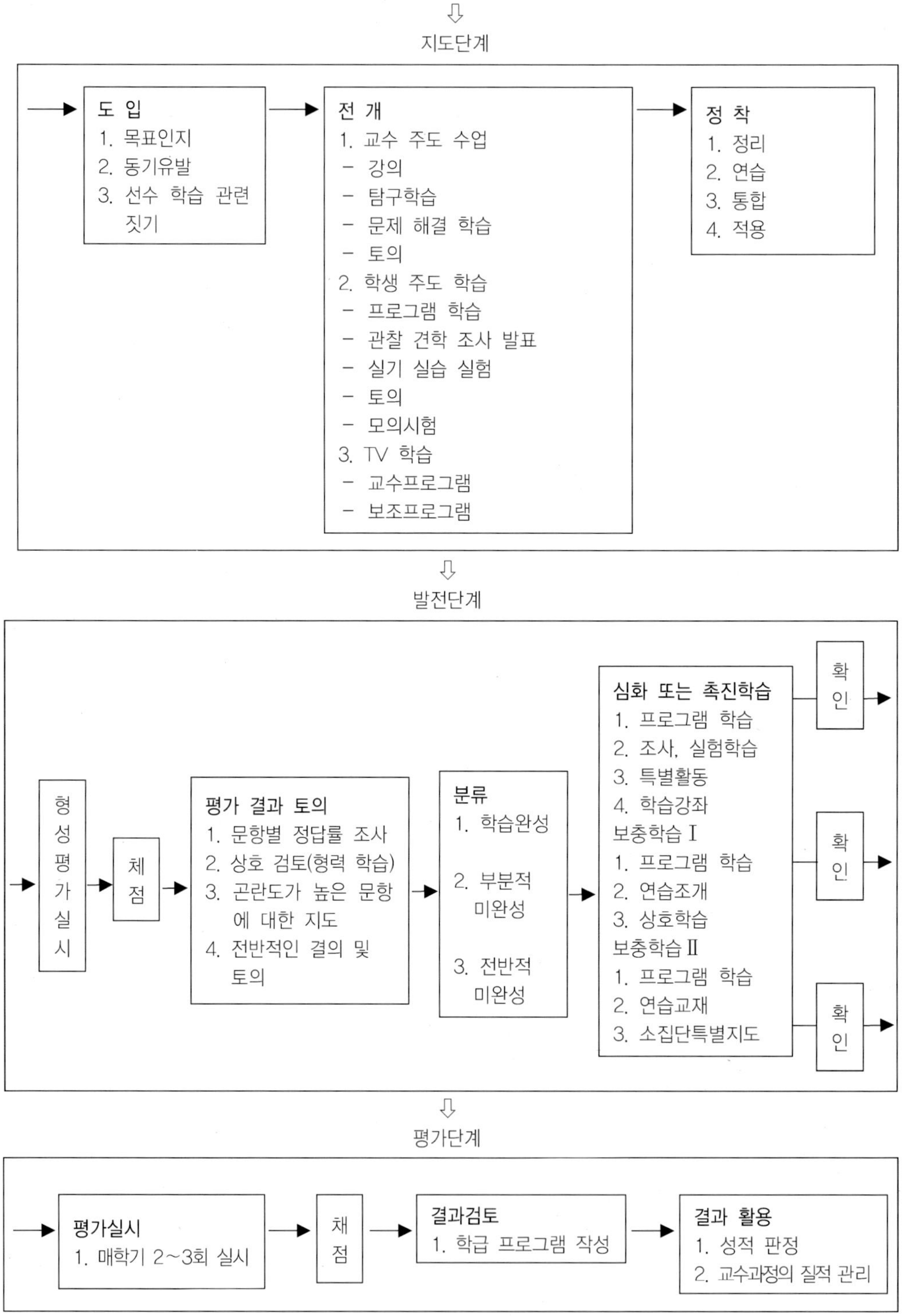

⇩

지도단계

도 입	전 개	정 착
1. 목표인지 2. 동기유발 3. 선수 학습 관련 짓기	1. 교수 주도 수업 - 강의 - 탐구학습 - 문제 해결 학습 - 토의 2. 학생 주도 학습 - 프로그램 학습 - 관찰 견학 조사 발표 - 실기 실습 실험 - 토의 - 모의시험 3. TV 학습 - 교수프로그램 - 보조프로그램	1. 정리 2. 연습 3. 통합 4. 적용

⇩

발전단계

형성평가실시	체점	평가 결과 토의	분류	심화 또는 촉진학습 / 보충학습 I / 보충학습 II	확인
		1. 문항별 정답률 조사 2. 상호 검토(형력 학습) 3. 곤란도가 높은 문항에 대한 지도 4. 전반적인 결의 및 토의	1. 학습완성 2. 부분적 미완성 3. 전반적 미완성	심화 또는 촉진학습 1. 프로그램 학습 2. 조사, 실험학습 3. 특별활동 4. 학습강좌 보충학습 I 1. 프로그램 학습 2. 연습조개 3. 상호학습 보충학습 II 1. 프로그램 학습 2. 연습교재 3. 소집단특별지도	확인 확인 확인

⇩

평가단계

평가실시	채점	결과검토	결과 활용
1. 매학기 2~3회 실시		1. 학급 프로그램 작성	1. 성적 판정 2. 교수과정의 질적 관리

[그림 13] 한국교육개발원(KEDI)의 수업 모형

종합 정리

1. 주요 개념

주요 개념 및 키워드
○ 로젠샤인(Rosenshine) 연구, 로젠샤인(Rosenshine)과 허스트(Furst) 연구 ○ 수업 모형, 수업 계획, 수업 평가, 수업 프로그램 ○ 학습 지도, 학습 방법, 학습 모형 ○ 학습 지도 방법 및 기능의 원리, 사회과학적 방법의 원리 ○ 계획과정 및 효율화의 원리, 자발적 창의성의 원리, 개별화의 원리 ○ 글레이저(Glaser)의 모형, 한국교육개발원(KEDI) 모형

2. 탐구 문제

1) 사회과 수업 효과에 대한 연구인 로젠샤인(Rosenshine) 연구, 로젠샤인(Rosenshine) 과 허스트(Furst) 연구를 비교, 설명하여 보시오.

2) 교사 관찰 방법(평가) 중 기호 관찰(Sign Observation), 유목 관찰(Category Observation) 을 비교하여 설명해 보시오.

3) 사회과 수업 모형의 접근에서 고려할 사항에 대해서 설명해 보시오.

4) 사회과 수업 프로그램의 계획단계에서 고려해야 할 요소를 나열하고, 각각의 단계에서 강조해야 할 점에 대해서 설명해 보시오.

5) 사회과 학습 지도 방법인 학습 지도 방법 및 기능의 원리, 사회과학적 방법의 원리, 계획과정 및 효율화의 원리, 자발적 창의성의 원리, 개별화의 원리 등에 대해서 설명해 보시오.

6) 글레이저(Glaser)의 수업모형과 한국교육개발원(KEDI) 수업모형을 사회과 수업에서 적용할 때 특별히 유의해야 할 점에 대해서 기술해 보시오.

Chapter 10

사회과 교육의 평가

제1절 교육 평가의 개념 및 목적

---

1. 교육 평가의 개념

① 타일러(Tyler): 교육 평가의 목적 달성을 위한 학습자의 진보상태를 평가하는 절차.

② 왈버그(Walberg)와 허텔(Heartel): 교육과정, 교육 프로그램, 제도, 정책 등에 대한 주의 깊은 검토.

③ 게온룬드(Geonlund)와 린(Linn): 학생들이 교수목적을 어느 정도까지 성취했는가를 결정하기 위한 정보의 수집, 분석, 해석의 체계적 과정.

④ 교육에 관계된 모든 현상, 구성 요소를 체계적이고 과학적으로 측정, 관찰하여 가치, 특질(特質) 등을 판단하는 주관적 행위.

2. 교육 평가의 목적

① 학생들이 현재 가지고 있는 지식과 기능을 진단하는 목적.

② 평가 대상의 모든 정보를 수집하여 교육적 의사결정을 하는 데 도움을 주는 기능.

제2절 교육 평가의 원리

1. 평가는 교육과정과 수업의 필수 요소

① 평가를 통해 학생의 학습활동에 도움을 주고자 한다면 평가는 교육과정 및 수업과 조화를 이루어야 한다. 따라서 평가는 수업 전, 수업 후, 중간에 행해져야 한다.

② 진단평가: 교수·학습이 시작되기 전 학생이 가지고 있는 특성을 체계적으로 측정하는 행위.

③ 형성평가: 교사가 수업에서 다음에 무엇을 해야 할지를 결정하도록 도와주는 것.

④ 총괄평가: 포괄적인 방법으로 학생들이 진도 정도를 특정하고 해석하는 것.

2. 평가 목적의 확인

평가 목적을 확인해 봄으로써 교사들은 평가 과정을 교수 프로그램 안에 통합할 수 있다.

3. 기초 학습

교사는 평가를 실시함에 있어서, 기초적인 내용과 기능을 측정해야 한다.

4. 높은 수준의 교수, 학습 목적

평가는 풍부하고 깊이 있는 사회과 주제 문제를 다룰 필요가 있다.

5. 초기에 목적을 명확히 하기

교사는 수업단원에서 미리 정해진 목표 수행 수준을 학생들에게 명백하게 해 줄 필요가 있다.

6. 더욱 믿을 만한 평가를 위하여

① 타당도(진실성): 각각의 검사 항목이 프로그램의 요소와 일치하는가의 여부를

비교해 봄으로써 결정하는 것(내용 타당도, 구성 타당도).

② 신뢰도(일관성): 학생들에게 실시하는 모든 시기에 같은 결과를 나오는지를 검사하는 것.

③ 객관도(공정성): 채점자의 채점이 얼마나 일관성을 유지하느냐 하는 것.

④ 유용성(실용성): 평가가 시간, 노력, 예산 등을 적게 들이고 소기의 목적을 달성하고자 하는 것.

7. 다수의 학습 지침들

① 교사는 학생들의 성취를 평가하기 위한 지침들을 다양하게 수집해야 한다.

② 교사는 반드시 평가를 목적·목표와 연계하여야 한다.

제3절 교육 평가의 기준

1. 학습 지도 설계의 평가 기준

1) 학습 목표 면

① 사회과의 기본 목표를 충실하게 달성할 수 있는 구체적인 행동 목표가 잘 나타난 지도 계획인가?

② 지식, 이해, 능력, 기능, 태도, 가치 등으로 세분화되고 위계성이 잘 고려된 학습 목표인가?

③ 아동의 경험, 욕구, 관심, 능력, 성취도 등 그들의 발달단계를 잘 고려한 적합한 목표인가?

④ 학습 목표, 학습 내용 선정, 학습 활동의 일관성과 성호 관련성이 잘 짜인 지도 계획인가?

⑤ 국가나 사회의 요청이 적절하게 반영된 지도 계획인가?

2) 학습 내용 면

① 교육과정의 정신과 어긋나는 점은 없는가?

② 학습 내용 선정은 목표 달성을 위해서 과연 적절한 난이도는 고려되었는가?

③ 학습 내용은 종적으로, 횡적으로 체계화가 이루어지고 있는가?

④ 학습 시기와 시간 배당 그리고 학습 분량은 적절한가?

⑤ 지역사회와 학교 실정이 잘 반영되어 있는가? 그리고 선수 학습 내용과의 관련성은 배려되었는가?

⑥ 실생활에서 활용하게끔 전이될 수 있는 내용인가?

3) 학습 활동 면

① 아동의 자주적이고 창의적이며 의욕적인 학습활동이 이루어지도록 짜였는가?

② 학습 형태는 그 학습 내용에 가장 알맞은 것인가?

③ 학습 활동은 계속성이 유지되어 짜였는가?

④ 전체 아동이 적극적으로 학습 활동에 참여할 수 있게 하였는가?

⑤ 자료의 준비, 활용 시기 및 활용 방법이 학습 활동에 적절하게끔 배려되었는가?

2. 학습 지도 방법의 평가 기준

1) 도입 면

① 학습 문제는 정확하게 파악되도록 지도되었는가?

② 학습 의욕과 동기 유발은 적절하게 이루어졌는가?

③ 그 학습에 알맞은 환경이 조성되었으며 학습 분위기는 잘 잡혔는가?

④ 전시 학습 내용과의 연결은 잘되었는가?

⑤ 학습 용구의 정비 지도는 적절하게 되었는가?

2) 전개 면

① 학습 목표나 내용에 알맞은 학습 활동이 되었는가?
② 학습의 중심 과제를 파악할 수 있게 지도되었는가?
③ 문제의 해결을 가장 합리적으로 할 수 있게 지도단계가 강구되었는가?
④ 아동중심의 학습이 이루어지도록 발문 및 지도 조언의 시기 및 내용은 과연 적절하였는가?
⑤ 감동을 줄 수 있는 기회가 있었는가?

3) 정리 면

① 학습결과를 확인, 종합, 정리하는 지도는 잘되었는가?
② 학습 결과를 효과적으로 활용하고 발전할 수 있게 지도되었는가?
③ 차시 학습 내용은 예고되었으며, 본시 학습과의 연결은 적절하게 이루어졌는가?

3. 학습 지도 성과의 평가 기준

1) 지식(이해)

① 설정된 학습 목표에 부합된 지식(이해)인가?
② 사회과학 각 영역의 기본적 지식(이해)인가?
③ 사회 사상 탐구에 필요한 방법적 지식(이해)인가?
④ 아동의 수준에서 꼭 알아야 할 용어, 법칙, 원리인가?
⑤ 전이 효과가 큰 기본적 지식(이해)인가?

2) 능력(기능)

① 학습 자료의 수집, 제작 및 해석 등 처리 능력에 관한 것이었는가?
② 사회 사상을 분석, 비판하고 조직하여 체계화할 수 있는 것이었는가?
③ 학습 자료와 사회 사상을 관련시켜 사고하는 것이었는가?

④ 아동의 수준에 적합한 것이었는가?

⑤ 전이 효과가 큰 것이었는가?

3) 가치(태도)

① 자율적 태도나 합리적 의사결정(Decision – marking)에 관한 것이었는가?

② 집단생활에 적용하는 데 도움이 되는 태도인가?

③ 자연에 합리적으로 대응하거나 극복하려는 태도인가?

④ 민족적 문화유산을 존중하고 새로운 문화 창조에 이바지하려는 태도인가?

⑤ 민족적 지상 과업의 수행에 적극 참여하고 국제 협조에 노력하려는 태도인가?

제4절 사회과 교육 평가의 방법

평가와 지도는 일체화해서 생각할 때 비로소 학생의 성장 동기, 달성 동기를 실현할 수 있는 수업을 창출해 낼 수가 있을 것이다. 이에 따라서 평가는 수업을 구성하는 학습 지도 과정의 시스템을 생각해 보지 않으면 안 되게 된다.

수업은 Plan – do – see의 순환작용으로 이루어져야 할 필요가 있다.

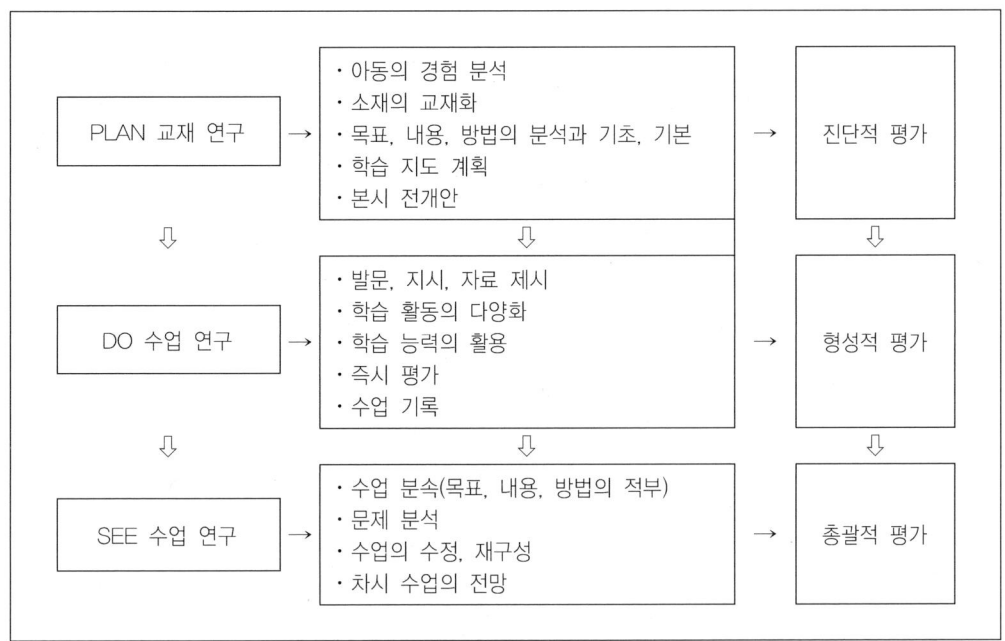

[그림 14] 사회과 학습 지도 과정의 시스템

1) Plan은 학습 지도 계획을 수립하는 일이다. 지도 목표, 지도 내용, 지도 방법이 먼저 검토되어야 하는데 이 경우 아동의 경험 분석(실태 파악)을 통해서 아동의 반응이나 활동을 예측하게 되는 것이다. 이러한 상황에서 지도 세안(본시 학습 지도안)이 작성되어야 하는 것이다.

2) Do는 실제 수업이라 할 수가 있는데 plan에 바탕을 두고 이루어져야 할 것이다. 여기서는 아동과 아동, 아동과 교사 간의 문제 추구를 위해서 여러 가지 학습 활동이 이루어지는데 교사는 어려움이 있다고 판단되는 아동에게는 즉시 평가를 실시하여 조언하고 자료를 제시하여 이해를 도와 즐거운 수업이 될 수 있게끔 유도해 나가야 하는 것이다.

3) See는 수업 분석에 의한 평가라 할 수가 있다. 명확하게 기록한 수업을 분석 관점에 따라 검토해 본다. 예컨대 다음과 같은 분석의 관점이 생각될 수가 있을 것 같다.

• 선행 경험을 참고로 하여 본시의 학습 대상과 연관지었는가?
• 자료를 제시함으로써 아동의 심상을 바꿀 수가 있는가?
• 타인과의 대화에 의해서 개인, 개인의 사고가 심화되었는가?

위와 같이 사회과의 평가는 Plan – Do – See의 학습 지도 과정 시스템 속에서 이루어지는 것이다.

평가의 방법에는 다양한 방법이 있고 평가의 목표나 평가의 관점에 의해서 평가의 방법이 선택되게 된다.

지식의 유무나 이해의 정도를 평가하는 경우에는 객관적 테스트가 자주 이용되며, 논문체 테스트에 의해서도 아동의 사고 및 판단의 상태를 파악할 수가 있다. 관심과 태도의 평가는 장기간에 걸친 아동에 대한 관찰이나 작품 분석 또는 발언 분석 등을 통해서 종합적으로 평가해 나가지 않으면 안 된다.

특히 사회과는 아동들의 사회 인식을 심화시키고 시민적 자질을 함양하는 데 그 목적을 두고 있기 때문에 자식, 이해, 사고, 판단, 관심, 태도 등을 서로 연계시켜 나가면서 종합적으로 평가해 나가지 않으면 안 된다. 그래서 궁극적으로 평가는 아동의 학습을 심화하는 데 이바지하게 되고 나아가서는 교사의 학습 지도 개선에도 공헌하지 않으면 안 되는 것이다.

〈표 30〉 사회과의 평가 목표와 평가 기술의 관계 일람표

평가 목표		주된 평가 기술
지 식		단순 재생법, 선택법, 조합법, 선택 조합법, 진위법, 서열법, 정정법 등 객관적 테스트, 논문체 테스트
이 해		논문체 테스트, 객관적 테스트 가운데서 특히 선택적, 조합법, 선택 조합법, 완성법
사 고		문제 장면 테스트, 관찰 평정적 기술
기 능	도표 읽는 법, 이해나 도서관 기술 등	관찰 평정적 기술(Check list 등), 문제 장면 테스트나 객관적 테스트
	대화, 토의의 기술	관찰 평정적 기술(Check list)이나 평정 척도 Guess – who test
태도·습관	가치관, 의견, 관심	질문지법, 작문, 면접법
	사회적, 도의적 태도	질문지법, 관찰 평정, 면접법
	노력 책임 등의 학습 태도, 관습	관찰 평정법(Check list나 평정 척도 등) Guss who test

<표 31> 3종의 테스트법 활용상의 비교

비교규준		논문제 테스트(Test)	객관적 테스트(Test)	
			재생형식	재인형식
타당성	다루어지는 학력의 복잡성	조직, 개발, 비판 등 복잡한 내용	단편적 사실이나 간단한 내용	단편적 사실, 간단한 내용
	다루어지는 학력의 종류	이해, 사고, 가치관, 태도	지식이해, 득실 계산 기능	지식이해, 득실 계산 기능
	학력의 깊이와 명확성	깊고 명확한 학력	명확한 학력	얕은 학력
신뢰성	채점의 객관성	뒤떨어짐	훌륭함	아주 훌륭함
	Halo effect (후광효과)	있 다	거의 없다	없다
	출제 가능량	적 다	많 다	많 다
작문 용이성		용 이	곤 란	곤 란
테스트 해답에 필요한 시간		길 다	짧 다	짧 다
채점 용이성		곤 란	용 이	가장 용이
아동 노력이 규제		아주 노력을 요함	노력을 요함	평이함
아동의 학습 방면 규제		조직, 구조의 학습으로 지향케 함	편단적 평점의 학습으로 흐르게 함	동 상
아동 감정에 대한 영향		정서를 억압하여 싫어함	그렇게 싫어하지는 않음	싫어하지 않음

평가 방법은 교수 내용에 따라서 다양하다. 그러므로 교수 및 성취도 경과의 효율성을 분석하는 데 있어서, 평가 항목은 대체로 평가하고자 하는 교수 구성 요소(개념, 기능, 가치)의 유형과 조화를 이루어야만 한다.

1. 수행평가

1) 수행평가의 개념

① 수행평가란 무엇을 의미하는가: 습득한 지식, 기능이나 기술을 실제생활이나 인위적 평가 상황에서 얼마나 수행하는지 혹은 어떻게 수행할 것인지를 관찰, 면접 등의 방법을 통하여 종합적으로 판단하는 평가 방법이다.

② 사회과에서 수행평가를 왜 실시해야 하는가: 사회과는 지식적 측면뿐 아니라 기능, 가치적인 측면 모두를 다루어야 하는데 이를 통해 분석력, 비판력, 창

의력 등의 고급사고력을 신장시킬 수 있기 때문이다.

③ 단점: 수행평가는 실행평가에 대한 학문적 연구가 충분하지 않고 아직은 완전 표준화되지 못한 단계이므로 수행평가의 타당성, 신뢰성, 객관성, 비교가능성, 수행평가에 대한 일반화 가능성 등의 문제와 시간과 경비가 많이 소요된다.

2) 수행평가의 유형

① 포트폴리오(Portfolio): 학생들이 직접 쓰거나 만든 작품을 지속적으로 모아 둔 작품집을 이용한 평가 방법이다.

② 논술: 사회과 교육에서 논술은 고등 사고 능력과 관련된 복합적인 학습의 결과를 평가하는 데 사용한다.

③ 자기 평가: 학생들 스스로가 수업 전에 전달된 목표에 근거하여 특정 주제나 자신의 교수·학습활동 과정이나 결과를 평가해 보는 것이다.

④ 동료 평가: 동료 학생들이 상대방을 서로 평가하도록 하여 동료 평가 보고서를 작성·제출하도록 한 다음, 그것을 이용하여 교사가 평가하는 것이다.

2. 비형식적 평가

비형식적 평가는 학생들에게 테스트에 대한 부담을 주지 않으면서, 학생들의 자연스러운 행동 양식에 관한 정보를 제공한다.

① 집단토론: 서로 다른 의견을 제시할 수 있는 토론 주제를 가지고 개인별이나 집단별로 찬반토론을 해서 학생의 능력을 평가하는 것

② 관찰: 학생들의 학습 및 향상 정도를 평가하고, 그들이 진보하는 데 무엇이 필요한지를 생각하는 데 활용될 수 있는 가장 좋은 방법

③ 일화기록: 학생들이 학습하는 것을 관찰하여 체계적으로 기록하는 방법

④ 질문법: 모든 시간에 가장 널리 활용되는 평가 기술

⑤ 지속적 기록과 비형식적 평가: 사회과 수업에서 학생들의 향상 정도를 알아보기 위해서 교사들은 매일의 수행 향상 체크리스트를 사용할 필요가 있다. 교사가 학생들의 정보를 누적적으로 만들어 활용한다면 학생 중심의 교육,

개별 학습 기회의 제공에 큰 도움을 준다.

3. 대안평가의 등장

1) 교육 평가의 흐름

(1) 1920년대 미국 교육 평가에 대한 새로운 관점이 도입됨

표준교육과정과 의무교육의 도입, 산업현장에 노동력을 충원하기 위한 교육의 필요성 증대, 단선적 학년 진급제 등장, 객관식 시험의 등장

(2) 1980년대 평가패러다임에 근본적 변화가 일어남

① 21C를 바라보면서 과연 미래의 시민들이 무엇을 알고, 할 수 있어야 하는가에 관한 즉 교육성과에 대한 포괄적인 재검토를 시행

② 평가도구의 선택 폭이 확대

③ 1980년대 다양한 대안평가가 모색됨

(3) 등장배경

전통적 객관식 평가는 학생들이 자신들의 지식으로 무엇을 할 수 있는지에 대한 분명하고 명확한 그림을 제공하지 못한다고 여겨짐. 표준화된 평가가 다양한 의사결정 자료로서 과도하게 활용됨으로써 교수 활동을 제약함

(4) 공통점

낮은 수준의 '지식'보다 학생들의 '사고력과 문제 해결 능력'을 평가한다는 점

(5) 기본목적

학생들에게 복잡하고 의미 있는 과제를 제기하여 이전의 지식과 최근에 배운 학습, 그리고 이것을 실제적인 문제 해결과 관련된 여러 기능에 활용하여 적극적으로 반응을 구성하도록 함

(6) 특 징

① 작위적 학습보다 진정한 학습의 경험 강조(바람직한 교육평가)

② 단순한 ‘재확인’이나 반복적 재생산보다 응용, 창조적 생산의 추구

③ 분절된 정보 조합보다 실제 세계경험, 교실 수업 간 연계 강조

④ 급변하는 사회에서는 문제 제기, 정보의 발견, 대안 제시, 아이디어와 결과의 간격, 그리고 새로운 해법을 창출할 수 있는 힘, 기술혁신과 정보 홍수의 정보화 사회에서 협동하고 문제를 해결할 수 있는 힘 등이 기본 기능

⑤ 평가는 학교와 사회의 무대가 결합되고, 다양한 산물과 수행의 생산능력, 상징과 구체적인 자료의 조직, 문제 제기 및 대안 제시, 효과적인 표현력, 협동적인 작업을 효과는 과제를 중심으로 이루어져야 할 것임

2) 참평가론

대안평가와 관련하여 교수·학습 및 평가에 관한 본연성을 강조하고 그 표준을 마련하는 이른바 ‘참평가론’이 정립됨

① 기준의 표준화 검사의 문항이 지나치게 추상화, 탈맥락화되어 있을 뿐 아니라, 사소하고 작위적이어서 해당 교과 영역의 전형적인 과제나 실제 세계의 문제를 반영하지 못한다는 비판과 더불어 개념화, 체계화되기 시작함

② 전통적 평가와 참평가의 비교 접근 필요

〈표 32〉 전통적 평가와 참평가의 비교

구 분	전통적 평가	참평가
학생에 대한 관점	탈맥락적인 기억가(기억자)	맥락적인 실제 수행가(수행자)
도 구	지필 평가	다양한 과제와 표현방식
행위목표	유일 정답 추구	정당화된 결과물 창출
신뢰성 확보	문항 형식의 표준화	준거의 표준화
타당성 확보	교과 내용 관련성 여부	실제 세계의 반영 여부
과 제	분절화·단순화된 과제	복잡 모호한 비구조화된 과제

※ 참고 자료

1. 사회과 지능 공정한 참평가의 필요성

① 의미: 지능 공정한 참평가란 학생들의 다양한 지적 능력을 고려하고, 실제 세계적 가치가 담긴 평가과제를 통하여 학생의 이해 정도를 평가하는 수행평가 방법론의 하나라고 할 수 있다.

② 배경: 전통적인 평가에서는 평가도구나 학생의 앎의 증거 방식으로서 의식적, 무의식적으로 언어적 도구만을 일방적으로 활용해 왔고, 따라서 평가과제가 사회과의 본적질 내용에 대한 이해를 측정하기에 불충분한 측면이 존재(사회과는 보통 자연적, 인문적 제 현상들을 망라하기 때문에 학습 및 평가의 대상과 범위가 넓다. 따라서 사회과는 다중지능적 이해나 표형방식을 통한 지능 공정한 교수·학습 및 평가에 매우 적합한 교과가 될 수 있다.

2. 사회과 공정한 참평가의 원리

1) 성립 요건

공정한 참평가가 사회과의 교수·학습 및 평가에서 효과적으로 구현되기 위한 요건은?

① 기존의 평가에서처럼 교과 지식 위주의 재생적 반응, 혹은 정보의 단순한 기계적 조립이나 상투적인 결론 도출을 탈피하며 진정한 가치를 다지는 실제 세계적 과제를 통하여 학생들로 하여금 무엇인가를 해 보게 하는 기회를 제공해야 한다.

이 과정에서 앎과 이해에 대한 수행 산물이 언어적 표현으로 편향되지 않도록 학생의지적 개인차를 진지하게 수용하고 다양한 지적 능력을 활용할 수 있는 기회가 주어져야 한다. 아울러 이러한 시도와 노력을 가치 있게 평가해 주는 분위기 조성도 필요하다.

② 학교 현장의 현실적 사정을 고려해야 한다.

아무리 좋은 평가도구나 방법이라 하더라도 현실적 여건에 적용하지 못하면 그 자체가 진장하지 않다고 할 수 있기 때문이다. 외국의 사정과는 다른 다인수 거대

학급의 보편적 상황을 반드시 염두에 두어야 한다.

학생에게 제시되는 과제 형태가 논술형의 완전 개방적 과제보다 구조화된 혹은 반구조화된 과제가 적합하다(학생의 경우 학교에서 보내는 시간이 많고 학교 내에 학습 자료가 충분치 않은 조건에 대한 하나의 대안이며, 교사의 입장에서 보면 일단 개발된 과제에 대한 지속적인 업그레이드가 가능하고, 무엇보다도 배점에 따른 시간 절약과 평가 후에 뒤따르는 제반 여러 관리상의 문제를 비교적 효율적으로 처리할 수 있기 때문).

③ 공정한 참평가는 프로젝트형 과제를 통하여 적절히 구현될 수 있기 때문에 이러한 유형의 과제를 개발하는 데도 심혈을 기울여야 한다.

다인수 학습 및 사회과의 적은 시수 등의 교육적 현실에서 항시적인 수행평가는 사실상 불가능한 까닭에 연 평균 4회 정도 실시되는 수행평가에서 학습을 통해 배운 지식과 기능이 실제 생활에서 어떻게 활용될 수 있는가를 경험해 보기에는 큰 아이디어 중심의 프로젝트 과제가 적합한 것이다.

2) 사회과의 공정한 참평가의 원리

① 전략적 아이디어의 선정
   ⓐ 전략적 아이디어: 연간 공식적인 수행 평가에 적용될 사회과의 핵심적인 주제나 개념이다.
   ex) 사회과의 지리 학습 – 지도, 입지, 인간 – 자연 관계, 지역성 등.
   ⓑ 교과의 주요 개념 혹은 본질적인 주제로서 교과의 전반적인 전개흐름에 맞추어 선정한다면 그 효율성은 더 클 것이다.
   ⓒ 수행평가에서 임의적, 자의적, 혹은 즉흥적 주제가 제시되어 온 문제점을 극복하기 위한 것이다.

② 실제 세계와 연계된 과제의 개발
   ⓐ 지능 공정한 참평가는 실제 세계의 사회적 문제와 연계된 과제를 개발하여 학생들에게 제시하거나, 그 탐구 과정을 경험하도록 구성한다.
   ⓑ 사회과는 그 교과목표에 비추어 볼 때 학교 밖에서 직면하게 되는 실제 세

계의 현안 문제나 과제 등 생활 세계에 항상 주의를 기울여야 한다.

ⓒ 실제 세계의 과제는 기본적으로 학생들의 필요와 관심에 기초한 실존적 문제이거나 최고한의 공간적으로 가까운 곳의 문제를 수행과제로 제시하는 것이 중요하다.

ⓓ 만약 실제 세계적 과제를 설계하기 어렵다면 상황 설정 과정, 곧 시나리오를 준비할 필요가 있고 여기에는 실제 청중을 대상으로 학생이 어떤 역할을 하도록 상정하는 것도 포함된다(평가과제에 맥락성을 부여하여 내재적인 학습 동기와 수행 의욕을 유발하기 위한 절차).

③ 교사의 구성적 안내

ⓐ 평가의 목적은 능력의 선별보다 학습의 고양에 있기 때문에 모든 평가는 실패를 묵인하기보다 성공을 조장해야 한다. 정오의 선택을 중시하는 표준화 테스트보다 지식의 구성을 중시하는 수행평가에서는 더욱 그러하다.

ⓑ 평가과정에서 학생에게 과제만 제시하는 소극적 역할보다 적극적인 교사의 안내가 요구된다.

ⓒ 수행평가가 주는 시간적 제약, 교사와 학생이 가지는 이중적인 심리적, 업무적 부담을 해소하기 위해 평과과제가 제시되기 직전에 학생들이 활용하게 될 사회과의 개념이나 원리, 도구, 용어, 사고의 전개과정 등을 강의식이나 문답식으로 안내해 준다.

ⓓ 수행평가가 그 본질에 충실하기 위해 가능한 숙제 형태를 지양하고, 기본 자료를 바탕으로 수업시간에 교사와 함께 해결하는 형태가 바람직할 것이다.

④ 다중지능적 표현방식의 모색

ⓐ 수행평가에서 학생은 자신들이 학습한 것을 보여 줄 다양한 표현방법을 스스로 선택하도록 해야 한다.

ⓑ 다중지능론에 따르면 인간에게 최소한 8가지 이해 및 표상 방식이 존재하기 때문에 다양한 내용을 학습하고 평가하는 사회과에서는 언어적 표현 이외의 다른 방식으로 자신들의 이해를 표현할 기회를 주어야 한다.

ⓒ 보고서, 이야기, 포스터, 시, 드라마 등 다양한 표현방법 → 평가도 이를 반영해야 한다.

⑤ 항목별 배점 척도의 구안 및 적용

    ⓐ 최대한 객관성을 유지하는 것은 수행평가가 성공적으로 정착되기 위한 필요조건이다.

⑥ 평가에는 항상 피드백이 존재해야 한다. 학생 자신들의 수행 산물에 대한 점수도 중요하지만, 노력을 들인 자신의 결과물에 대하여 질적인 평가를 받고 싶어 한다.

제5절 사회과 교육 평가 결과 처리 및 활용

1. 평가 결과의 처리

평가를 실시하는 목적은 지도 목표에 대한 학습 성과의 성취도를 측정하고 그 결과로 학습 지도 계획이나 지도 방법의 적절성을 평가하는 데 있다고 할 수가 있다. 이와 같은 목적을 달성하기 위해서는 평가 결과를 효과적으로 정리하고 분석하지 않으면 안 되는 것이다. 평가 결과의 처리나 활용은 평가의 목적에 따라 분석하고 해석하는 방향이 달라지게 마련이다.

① 객관식 테스트의 처리

문항번호	평가요소	영역별 목표	정답 수	정답률	오답의 예(오답의 해석)
1	경제 개발의 의미	지식			
2	경제정책과 경제생활	기능			
3	경제생활의 태도	태도			
……					

문제분석 집계표를 보면 각 문제별 평가요소와 영역별 평가 목표에 따른 집단의 평균적 경향이 파악되며 수치의 집계나 통계처리가 쉽다는 장점이 있다. 이에 반해서 아동 개인별 능력에 따라 반응의 경향을 알기가 어렵다는 결함도 없지 않은 것이다.

이러한 분석 집계에 있어서는 분석의 초점을 언제나 오답률에 두지 않으면 안 된다. 이해, 지식 및 사고의 문제점은 오답은 측면에서 보다 잘 나타나는 법이기 때문이다. 그래서 오답 요인을 정확하게 찾아내야 하는 것이다. 평가목표, 지도 내용, 지도 방법, 문항 설문 등의 부적절성이 오답 요인으로 나타난다. 오답률이 평소의 고득점자에 많다든지 또는 상, 중, 하위 문제에 별로 차이가 없는 결과가 나왔다고 하면 이런 경우 평가 문제의 변별력이 부족하다고 하는 것이 하나의 예가 될 것이다.

② 평가 결과의 처리

평가 결과의 처리에 있어서는 학습 지도 과정의 평가이든, 학습 성과의 평가 결과이든 간에 수치로써 나타낸 점수가 가장 널리 사용되지만 경우에 따라서는 기호 또는 평어로 표시한 평가 기록이나 통계적 처리가 이루어지는 경우도 있다.

표목 항목		지 식		능 력				태도·가치		총평 또는 총점수
번 호	성 명	사 실	개념 일반화	자료 처리력	사고력	표현제 시력	참고력	태 도	가 치	총평 또는 총점수
1	○○○	◎	○	○	△	△	×	○	△	
2	○○○	2	3	1	3	0	0	1	2	
3	○○○	수	우	미	양	가	수	우	미	
4	○○○									

종합 평가 기록표는 사회과 교육의 목표를 몇 개 항목으로 나누어 한 학급의 전 아동을 가입할 수 있게 하고 있다. 개인별 카드를 준비하여 누가 기록을 할 수가 있으나, 일목요연하게 비교 관찰할 수 없는 것이 결함이라 볼 수가 있다.

종합 평가 기록표에 기록할 항목은 필요에 따라 더 자세하게 세분화할 수도 있고 간략하게 축소할 수도 있다. 기록란의 평가결과 표시 방법은 기호(1번), 점수(2번), 또는 평어(3번) 중 어느 것이나 무방하다.

총평란에는 그 아동의 장단점, 진보, 지체, 균형 등 종합적인 파악이 가능하도록 기입하면 된다. 평가 결과를 기호로 기록하는 경우에는 총평란에도 문장으로 기록해야 하고 점수로 기입해 넣었으면 합산한 총점을 적어 두면 된다. 그러나 대개 저학년에 있어서는 기호방식을, 고학년에 있어서는 계량화된 수치가 더 자주 사용되는 경향이 있다.

통계처리에 있어서는 100점 만점의 소점 그대로를 기록하는 경우가 많으나, 이

것이 무의미할 경우도 적지 않다. 예컨대, 어떤 아동의 사회과 점수가 75점이라고 할 때, 이 점수만으로는 학급 내에서의 위치를 짐작할 수가 없다. 그래서 원점수(소점)를 통계 처리하여 표준 점수와 T점수를 많이 사용하게 되는 것이다. 또 다른 한편으로 다른 교과와의 상관관계를 알아보기 위해서 상관 계수를 산출해 보기도 하는 경우가 있다.

통계처리는 대개 특정 표본을 가지고 모집단과의 관계를 추정하는 것으로 그 표본을 선정하는 방법에 의해서 과학적 추정도 잘못된 결론에 도달되는 경우가 생겨나게 되는 것이다. 따라서 다음과 같은 몇 가지 유의점을 참고하면서 자료를 처리, 해석해야 한다.

첫째, 어떤 개념에 대한 평가를 실시코자 할 때는 문제 수가 단순해서는 곤란하다. 예컨대 사방위의 개념을 조사코자 하는데 동쪽 하나만으로 전체 개념의 이해도를 측정한다고 하는 것은 무리가 되는 것과 같은 것이다.

둘째, 평가 결과를 일반화할 경우에 있어서는 표본 추출법의 원리에 적용하여 조사를 실시해야 한다. 아동 일반을 지칭할 때에는 도시 지역은 물론이고 농어촌과 산림지역의 학교가 고루 추출되어야 할 것은 당연한 일이다.

셋째, 지도법의 차이에 따라 나타나는 효과를 측정할 경우에 있어서는 사전 테스트를 거쳐 최소한 등질성이 확인된 학습에서 외적 조건을 동일하게 해 두고 실시해야 하는 것이다.

2. 평가 결과의 활용

평가 결과 처리 결과는 득점 평균이나 도수 분석을 내거나 표준검사와의 비교, 지능 지수와 다른 교과와의 관련, 또는 타 학급과의 비교 분석 등을 통해서 얻어지는데 이와 같은 평가 결과는 다음 학습의 개선을 위해서 가장 합리적으로 이용되어야 함은 물론이다. 가령 평가 결과가 부진했다고 한다면 학습 내용이나 평가 내용의 난이도, 지도 방법의 적절성, 학습 활동의 부진 여부 등이 반성되어야 하고 즉시 이의 개선이 수반되어야 하는 것이다. 반대로 성적이 좋았을 경우에도 고려되어야 할 사항이 있을 것이며 이 밖에 평가 성적과 IQ(지능 지수)와의 관계에 대해서도 세밀한 검토가 이루어져 아동의 학습 지도에 활용이 되어야 하는 것이다.

결론적으로 평가의 결과가 다방면에 걸쳐 활용이 될 때 보다 효과적인 사회과의 학습 지도가 이루어지는 것이다.

제6절 사회과 교육 평가의 방향

1. 사회과 교육 평가의 지향 방향

사회과 교육에서 평가가 제대로 이루어지기 위해서는 사회과에서 학생들이 성취해야 할 내용과 수준을 분명하게 제시하고, 실제로 학생들이 성취한 수준을 확인할 수 있는 평가도구를 개발하며, 평가 결과를 교육과정 및 교수·학습 과정에 반영할 수 있는 환류 체계가 마련되어야 한다.

그래서 사회과 교육에서의 평가는 각 학년별로 설정된 사회과 교육 목표와 '내용과 행동'이 뜻하는 바를 구체적으로 한정하고, 거기에 포함된 의미를 학생들이 달성해야 할 능력과 특성의 형태로 명료하게 진술하며, 교사에게는 무엇을 가르쳐야 하고 학습자에게는 무엇을 배워 성취해야 하는지를 분명하게 제시해야 한다.

2007년 개정 사회과 교육과정에 제시된 사회과 평가의 방향에 따르면 교수·학습의 목표, 교수·학습의 과정, 평가가 일관되어야 하며, 지식, 기능, 가치, 태도 영역이 종합적이고 균형 있게 평가되어야 한다.

〈표 33〉 사회과 교육 평가의 방향

영 역	평가의 방향
지 식	사실적 지식의 습득 여부와 함께 사회현상의 설명과 문제 해결에 필수적인 기본 개념과 원리, 일반화에 대한 이해를 측정하는 데 역점을 두고, 성취결과에 대해서는 양적 평가와 함께 질적 평가가 조화롭게 이루어지도록 한다.
기 능	지식의 습득과 민주적 사회생활을 하는 데 필수적인 정보의 획득 및 활용기능과 의사소통기능뿐만 아니라, 획득된 지식을 이용하여 상황을 추론하고 의사결정하며, 문제를 해결하는 등의 고등 사고기능을 측정하는 데 초점을 둔다.
가치·태도	국사, 사회의 요구와 개인적 요구에 비추어 바람직한 가치와 합리적 가치의 내면화 정도, 가치에 대한 분석 및 평가 등의 실제적인 능력을 평가한다.

2. 고등학교 학업성적 평가결과 처리

(1) 과목별 성적 일람표는 매 학기말 담당과목 지도교사가 작성하되, 지필평가(명칭, 반영비율 등 명기)와 수행평가(영역, 반영비율 등 명기)의 점수를 합산하고, 원점수, 과목평균, 과목표준편차, 석차, 석차등급, 이수자수를 산출한다. 단, 전산처리가 가능할 경우 전간 출력물로 대체할 수 있다.

(2) 원점수는 지필평가 및 수행평가의 반영비율 환산 점수 합계를 소수 첫째 자리에서 반올림하여 점수로 기록하고, 과목평균, 과목표준편차는 원점수를 사용하고 소수 둘째 자리에서 반올림하여 소수 첫째 자리까지 기록한다.

(3) 과목별 석차등급은 지필평가 및 수행평가의 반영비율 환산 점수의 합계에 의한 석차순에 따라 다음과 같이 평정한다. 단, 등급별 학생 수는 이수자수와 등급비율을 곱한 값을 반올림하여 계산한다.

〈표 34〉 고등학교 학업성적 등급별 비율

등 급	비 율
1등급	~4% 이하~
2등급	4% 초과~11% 이하
3등급	11% 초과~23% 이하
4등급	23% 초과~40% 이하
5등급	40% 초과~60% 이하
6등급	60% 초과~77% 이하
7등급	77% 초과~89% 이하
8등급	89% 초과~96% 이하
9등급	96% 초과~100% 이하

(4) 학교별 학업성적관리규정에 동점자 처리 규정을 두어, 가급적 동점자를 발생시키지 않도록 유의하고, 그럼에도 불구하고 동점자가 발생하여 등급경계에 있는 경우 중간석차를 적용하여 등급을 부여하며, 이때의 비율은 석차백분율로 사용한다.

※ 중간석차＝석차＋(동 석차 수－1)/2

(5) 석차는 매 학기별로 과목별 지필평가 및 수행평가의 반영비율 환산점수 합계

를 소수 셋째 자리에서 반올림하여 소수 둘째 자리까지 구하여 산출한다.

※ 참고 자료

1. 사회과 지필 평가의 실제(선다형 문항 제작)

① 문항은 기초, 기본 학습 내용으로 제작해야 한다. 문항의 난이도를 높인다는 이유로 구석에서 중요하지도 않은 내용에 대해 묻는 것은 피하여야 한다.

② 적절한 난이도 수준을 갖춰야 한다.

③ 묻고자 하는 질문의 내용이 명확해야 한다. 선다형 문항의 경우, 질문이 모호하면 답을 알면서도 오답을 고를 수 있고, 이렇게 되면 정답 시비가 일어날 수도 있다. 질문이 무엇을 묻는지를 명확히 하여야 한다.

④ 지문에 사용되는 문장이나, 표 등은 간결하게 표현되어야 한다.

⑤ 윤리적으로 문제가 되는 내용은 가급적 피해야 한다. 평가도 교육의 연장이라는 관점에 비추어 비도덕적, 비윤리적 문제는 제작하지 말아야 한다. 특히 사회현상을 다루는 사회 교과의 경우, 지문이 반사회적 내용이나 비윤리적 내용인 경우 그에 따른 질문은 좋은 문항이라 보기 어렵다.

⑥ 질문이나 지문과 직접적으로 관련된 내용이나 제재를 포함시켜 답지를 구성해야 한다.

⑦ 문항의 질문이나 지문 내용이 답을 암시하지 않아야 한다.

⑧ 그럴듯하고 매력적인 오답지를 만들어야 한다. 선다형 문항 제작에서 중요한 주의 사항 중 하나이다. 개념, 정의, 사실 등에 확실한 지식을 갖고 있지 않은 수험생은 매력적인 오답지에 의하여 혼동을 하게 된다. 그러므로 선다형 문항에 대한 평가는 답지들의 매력성에 의존하다 하여도 과언이 아니다.

⑨ 각 답지에 똑같은 단어들이 반복되지 않게 한다. 답지에 공통적으로 반복하여 나타나는 단어는 가능하면 질문에 서술하여, 수험생이 답지들을 읽을 때 소요되는 시간과 지겨움을 줄여야 한다. 답지에서 공통적으로 반복되는 단어, 문장을 제거하기 용이하지 않을 때는 서술 형태를 변화시킬 수 있다.

⑩ 전문가들이 동의할 수 있는 단 하나의 정답이 있는 문항을 작성해야 한다. 누가, 무엇을, 언제, 어디서와 같은 사실을 묻는 유형의 문항은 원래 명확한 정답을 가지고 있다. 그러나 이해, 적용 그리고 해석의 수준에서 문항을 구조화할 경우에는 특별한 주의가 필요하다. 이를 위해서는 교과협의회를 통해 사전에 면밀한 문화 검토가 요구되며, 의심스러운 것은 전문 서적을 통해 확인하는 작업이 필요하다.

⑪ 답지들은 그 내용이나 형식, 문법적인 구조에서 동질적이어야 한다. 답지가 어떤 동질설을 가지고 있을 때 그 답지의 변별이 더욱 어려워짐으로써 문항의 변별력이 높아지게 된다.

⑫ 답지에 어떤 논리적 순서가 있다면 논리적 순서에 따라 배열한다.

⑬ 지문의 내용은 시의적절해야 한다. 사회현상에 대한 이해가 일반 사회과 교육의 주된 목적이라고 생각할 때, 시의적절한 자료를 제시하는 것은 중요한 일인 것이다.

2. 사회과 수행평가의 실제

1) 서술형 평가도구

서술형 평가를 할 때, 제일 먼저 묻고자 하는 내용을 선정해야 한다. 서술형 평가도 선다형 평가와 유사하게 사회과 평가 영역 중 지식의 이해 정도를 측정하는 데 적합하다. 서술형 문항은 대체로 논술형에 비해 답의 길이가 짧기 때문에 지식의 이해 정도, 자료 해독 기능의 정도, 지식을 이용한 고등추론 정도를 종합적으로 묻기보다는 각각에 대하여 묻는 것이 바람직하다.

서술형의 경우 답의 길이는 약 20~100자 정도로 한다. 문항에서 요구하는 답안의 길이를 중심으로 볼 때, 비교적 짧은 분량의 문항(약 20~50자), 비교적 긴 분량의 문항(51~100자)으로 나눌 수 있다. 평가문항의 성격에 따라 필요할 경우, 목적, 분량, 시간 등을 제한하여 명시할 수 있다.

2) 논술형 평가도구

논술형은 가치판단, 의사결정, 문제해결 등의 요소를 포함하여 지식의 이해 정도, 자료 해독기능의 정도, 지식을 이용한 고등 추론 정도를 종합적으로 묻도록 하여 대체로 개념과 이론의 이해 정도나 자료 해독 기능 등을 독립적으로 평가하는 서술형과 구분된다. 논술형 검사에서는 내용의 깊이와 넓이뿐만 아니라 글을 조직하고 구성하는 능력까지를 평가해야 한다.

3) 토론법

토론법은 학생들로 하여금 주어진 주제에 대하여 소집단별로 토론하게 하고 교사가 이를 관찰하는 것이다. 따라서 토론법은 사회과 평가 영역 중 의사소통 능력을 특정하는 데 적합한 평가도구이다. 토론은 실생활에서 경험할 수 있으면서 쟁점이 되는 중요한 내용을 다루어야 한다. 토론 평가는 수업의 진행 과정에서 평가가 이루어진다.

4) 야외조사법

야외조사법은 학생들이 사회적으로 유의미한 지역에서 조사활동을 벌이는 과정과 결과를 평가하는 방법이다. 야외조사법은 야외조사를 위한 여러 방법과 도구 이용 능력뿐만 아니라 지식을 적용하는 능력이나 문제 해결 능력, 의사소통 및 참여 능력, 가치, 태도 등을 포괄적이면서도 종합적으로 평가할 수 있는 평가 도구이다.

야외조사법은 자연환경 영역에서는 경사를 측정하고, 암석과 식생의 표본을 수집하며, 거리를 측정하고, 유수량을 관찰하는 등의 활동과 인문관경 영역에서는 가시적인 자료(예: 토지이용조사, 교통조사, 지역의 시장조사 등)를 수집하고, 설문지를 작성하여 조사하고, 문항 자료를 연구하여 정보를 수집한 후 수집한 자료를 주제에 알맞게 재해석하여 자신이 선택한 주제에 대하여 정리하여 기록하는 등 일련의 기능과 과정을 포함한다.

5) 포트폴리오법

포트폴리오(portfolio)는 '보관, 유지가 가능한 서류철로서 그림, 작품 등의 진술 증거를 수반하는 용기이며, 정부 관료의 문서 목록을 칭하기도 하며, 사업적인 문서나 은행 투신의 안전에 대한 문서목록' 등으로 정의된다. 교육 분야에서 말하는 포트폴리오(Portfolio)는 하나 이상의 분야에서 학습자의 관심, 능력, 진도, 성취, 노력, 성장 등의 증거를 보여 주는 학생의 작품을 의도적으로 모아 둔 작품집이다. 포트폴리오라는 이름은 학생들이 교사로부터 평가를 받기 위해서 제출하는 자료가 서류가방의 형태를 취하기 때문에 붙여졌다.

포트폴리오 평가의 채점기준은 대체로 다음과 같다.

① 포트폴리오의 계획 및 구성 과정이 성취 기준에 초점을 두고 설정되었는가?

② 동료, 교사, 학부모 등과 충분히 협의를 거쳤는가?

③ 포트폴리오의 조직 및 체계가 합당한가?

④ 자료의 수집과정과 분석과정은 충실히 진행되었는가?

⑤ 문제에 대한 분석의 결과는 논리적인가?

⑥ 문제 해결이나 의사결정은 조직적으로 이루어졌는가?

6) 보고서법

보고서법은 주제를 선정하고 그에 따른 자료를 수집하고 이를 분석, 처리하여 보고서 작성 방법에 맞추어 작성된 보고서를 평가하는 것이다. 포트폴리오나 야외조사 후에도 보고서를 작성하는데, 야외조사와 포트폴리오법은 보고서라는 결과만을 평가하는 것이 아니고, 보고서를 작성하기 위한 절차와 과정을 중요시한다는 점에서 보고서법과 차별된다. 현재 중·고등학교에서 이루어지고 있는 보고서법은 가정에서 과제로 부여되어 학생과 학부모에게 부담을 주는 경우가 많고, 교사가 학생들의 학습 과정을 살펴보기 어렵기 때문에 자주 활용하지 않는 것이 바람직하다.

보고서 작성은 학생이 협력하여 작성하는 것이 효과적이다. 보고서법의 채점 기준은 대체로 다음과 같다.

① 주제에 알맞은 자료가 수집되었는가? 자료는 잘 구성되었는가?

② 보고서의 주제가 잘 나타났는가?

③ 여러 조원이 모두 열심히 참여하여 협력적으로 과제를 수행하는가?

④ 보고서 쓰는 양식에 맞춰서 보고서가 완성되었는가?

과제 수행 절차는 특정 단원과 관련된 주제를 선정하고 그 수업이 진행되기 한 달 전에 과제를 제시하고, 개별 주제를 중심으로 5~6명씩 조를 짠다. 보고서 목차 결정, 내용체계 조직화, 자료의 수집 및 정리 등은 모든 조원의 협의하에 이루어지도록 한다. 협동 학습을 한 경우 자기 평가 체크리스트, 동료 평가 체크리스트를 만들어 스스로 평가하도록 하는 것도 좋다.

7) 학습활동지법(worksheet method)

계획된 수업안을 구현시킬 수 있도록 학습 자료, 학습 내용과 활동을 구조화시킨 워크시트는 학습과정을 평가할 수 있도록 구조화된 수업에서 이용될 수 있는 수업 교재이자 평가 도구이다. 워크시트의 개발절차는 다음과 같다.

① 수업목표를 분석한다.

② 수업의 내용과 활동을 분석한다.

③ 수업안을 작성한다.

④ 수업안을 분석하여 워크시트(Work sheet)에 제시될 질문을 구체화시킨다.

⑤ 수업을 위해서 요구되는 자료, 학습 내용, 구체적인 질문 및 활동을 체크리스트로 작성한다.

⑥ 필요한 자료를 수집하여 수업에 적합하게 재구성한다.

⑦ 재구성된 자료, 구체화된 질문, 활동을 고려하여 워크시트의 전체적인 구조를 설계한다.

⑧ 개발된 워크시트와 수업안을 비교하여 수정, 보완하여 완성한다.

종합 정리

1. 주요 개념

주요 개념 및 키워드

- 평가의 개념, 평가의 목적, 평가의 방향
- 진단평가, 형성평가, 총괄평가, 수행평가
- 타당도, 신뢰도, 객관도, 실용도
- 학습 지도 도입 면, 전개 면, 정리 면
- 포트폴리오(portfolio), 자기평가, 면접평가, 참평가
- 형식적 평가, 비형식적 평가,
- 지식평가, 기능평가, 가치·태도평가

2. 탐구 문제

1) 교육 평가의 개념과 목적에 대하여 약술(略述)하시오.

2) 진단평가, 형성평가, 총괄평가의 특징과 방법에 대하여 설명해 보시오.

3) 사회과 수행평가의 구체적 평가 방법에 대하여 설명하시오.

4) 수행평가의 기법인 포트폴리오(portfolio), 자기평가, 면접평가, 논술평가 등에 대하여 설명해 보시오.

5) 사회과 평가에서 형식적 평가와 비형식적 평가의 구체적 방안과 기법에 대하여 설명하시오.

6) 사회과 평가의 지식평가, 기능평가, 가치·태도평가의 방법을 구체적 사례를 들어 설명하시오.

Chapter 11

사회과의 수업 지도 전략

제1절 사회과 교수·학습 설계

수업에 있어서 먼저 생각해야 할 것이 수업의 설계이다. 좋은 수업이 되기 위해서는 좋은 '수업 설계'가 필수적이다. 수업의 과정은 '무엇을 가르칠 것인가?(내용)'와 '어떻게 가르칠 것인가?(방법)'의 두 큰 축으로 이루어진다.

1. 학습 과제 분석

수업 계획을 세울 때에는 먼저 학습 내용을 구성하는 학습 요소(개념, 법칙, 원리 등)를 결정해야 한다. 학습 과제의 분석은 교육과정과 교과용 도서(교과서, 교사용 지도서)에 제시된 내용 분석 등을 중심으로 이루어지며 학습 과제 분석은 다음과 같은 관점에서 필요하다.

① 단원에서 가르칠 학습 요소가 무엇인지를 명백히 한다.
② 학습 요소 상호간의 관련성을 밝힌다.
③ 학습의 순서를 정한다.
④ 학습 요소의 누락이나 중복을 막을 수 있다.

2. 수업 모형의 선정

수업 모형은 '수업목표를 효과적으로 달성하기 위해 체계화시킨 교수·학습의 과정 및 절차'이다. 최적의 수업 모형을 선정하기 위해서는 그 수업 모형을 뒷받침하고 있는 기본 과정과 학습목표 도달을 위한 교수·학습의 과정으로 적절한가를 검토해야 한다. 수업 모형은 다음과 같은 관점에서 의미를 지니게 된다.

① 수업 모형은 수업목표를 효과적으로 도달할 수 있도록 하는 역할을 한다.
② 수업 모형은 발달단계에 맞는 교수·학습을 전개할 수 있게 한다.
③ 수업 모형은 교수·학습에 따라 관련된 변인들을 의미 있게 연관시켜 준다.
④ 수업 모형은 수업 설계를 위한 교수의 노력을 경감시켜 준다.

3. 교수·학습과정(지도)안 작성

효과적인 수업을 하기 위해서는 수업 전에 수업 내용을 파악하고 교수·학습 자료를 준비해야 한다. 교수·학습 과정안은 약안과 세안으로 구분할 수 있다. 교수·학습 과정안 작성에서 중요한 것은 수업목표 도달을 위한 교수·학습과정을 어떻게 진술하느냐 하는 것이 핵심이 된다.

1) 수업목표 설정

수업목표는 수업을 마쳤을 때 학습활동에 참여한 성화로 학생에게 기대되는 행동특성을 기술해야 하며, 수업 목표를 결정할 때 유의해야 할 내용은 다음과 같다.
(1) 학생이 성취해야 할 것이 무엇인가에 대해 확인한다.
(2) 수업목표는 학생들이 그것을 달성하기 위해서 필요로 하는 다양한 활동을 할 수 있도록 한다.
(3) 수업목표는 모든 사람들에게 동일한 의미를 가질 수 있도록 진술한다.
(4) 수업목표는 적용하고자 하는 수업 모형의 특성에 적합하여야 한다.
(5) 수업목표는 대부분의 학생들이 성취할 수 있는 것이어야 한다.

2) 주요 학습 요소(핵심 내용) 결정

수업활동이란 수업목표를 달성하기 위해서 교사와 학생이 하여야 할 활동을 의미한다. 수업활동을 결정함에 있어서 중요한 것은 구체적인 활동 하나하나를 기술하기 전에 수업의 과정에서 이루어지는 학습 요소를 경정하는 것이 중요하다. 잘 정리된 학습 요소는 수업을 전개하는 교사에게 일관되면서 다양한 활동을 할 수 있도록 도움을 준다.

3) 교수·학습 계획 작성

수업목표가 결정되면 이의 효과적인 달성을 위한 구체적인 교수·학습 과정을 조직하게 된다. 수업목표는 수업 계획의 일부이며, 수업목표를 진술할 때에 이미 집단조직, 자료, 시간 계획 등에 대한 고려를 하게 된다. 따라서 여기서 수업 계획이라 함은 진술된 목표의 효과적인 달성을 위한 방안으로 협의적인 의미를 지니고 있다. 교수·학습 계획을 작성할 때 포함하여야 할 내용은 다음과 같다.

(1) 학습 요소별 시간 계획
(2) 교수·학습 집단 조직
(3) 시청각 매체의 활용
(4) 수업형태의 결정
(5) 교수·학습 과정별 교사, 학생 활동
(6) 형성평가 계획

4. 수업의 평가 계획

평가는 수업의 개선을 도모하기 위한 결정을 내리기 위하여 선택, 수집, 해석하는 과정으로 본다. 이러한 입장에서 평가를 이해하게 될 때, 수업평가는 학업 성취를 측정하는 검사로만 국한되지 않음을 알 수 있다.

수업의 계획단계에서 실천단계, 수업 계획, 수정단계의 평가, 수업 실천단계의 평가가 있는데 평가의 준거가 될 수 있는 것은 다음과 같다.

1) 수업 계획단계의 평가

이 단계에서는 수업 계획에 따른 목표 및 자료, 시간배당 등의 계획과 수업 모형 선정의 적합성에 관련하여 평가해야 한다.

2) 수업 계획 수정단계의 평가

일단 만들어진 수업 계획은 처음 1~2회의 실천과정에서 의도된 대로 수업이 전개되는지에 관한 자료를 수집하여 검토함으로써 수정, 보완될 수 있다. 수업 계획은 한 번 만들어지면 고정되는 것이 아니고 계속적인 재검토를 통하여 수정되고 개선될 수 있어야 한다.

3) 수업 계획 실천단계 평가

이 단계의 평가는 수업 계획에 어느 정도 자신을 가지고 이를 적극적으로 실천하여 수업 계획의 성과를 확인하고 그 수업을 계속할 것인가의 여부를 결정하는 게 필요한 것을 수업, 해석하는 과정이다.

제2절 사회과 수업 과정

1. 수업 전 준비

교수·학습 지도는 학습자의 지적인 성취만을 목적으로 하는 것이 아니므로 전인적인 차원에서 추진되어야 한다. 수업 전 준비 상태에 따라 학생들의 학습의지는 매우 달라지며, 수업의 출발에서 많은 영향을 미치게 된다. 수업 전 준비 과정에서 유의해야 할 사항은 다음과 같다.

① 교수·학습 계획(교재 내용, 자료 준비, 수업 과정)이 수립되어 있는가?
② 물리적 환경(창문, 커튼, 책걸상, 청결, 자료 등)이 정돈되어 있는가?

③ 정서적 환경(학습자의 학습 의욕, 흥미, 분위기 등)이 조성되어 있는가?

④ 학습 준비물(교과서, 공책, 필기도구 등)을 갖추었는가?

⑤ 성실한 태도(질서, 바른 자세, 인사 등)로 학습준비가 되었는가?

2. 도입단계에서의 활동

1) 동기유발, 선수 학습

학습자가 학습에 대해 흥미를 지니고 있으면 학습에 대하여 적극적인 참여를 하게 된다. 따라서 수업 초기에 대체로 동기유발을 위한 여러 가지 활동을 하게 되나, 이러한 활동은 수업 전반에 걸쳐서 이루어지는 것이다.

(1) 본시의 학습 내용과 관련된 정보를 제시하는가?

(2) 학생 수준에 적절한 내용으로 호기심을 자극하는가?

(3) 적절한 시간 안에 간략한 내용으로 제시하는가?

(4) 학습 목표로 자연스럽게 연결시키는가?

(5) 프로젝션, PPT 자료, 교과서, OHP, 비디오, 예화 등 자료를 적절히 활용하는가?

2) 목표 제시 및 학습 방법 확인

학습자가 수업목표에 대한 가치를 인식하고, 수업목표 도달에 대한 도전감을 갖는다면 학업 성취도는 높아진다. 따라서 진술된 학습 목표를 수업 지도 시에 학습자에게 인지시키는 일은 학습을 성공적으로 추진하는 기초가 된다. 또한 한 시간의 학습 방법에 대한 인식은 자기 주도적 학습을 위해 도움을 주게 된다.

(1) 학습자의 학습 활동 방향을 제시하는가?

(2) 학습 후, 도달하고자 하는 도착점 행동으로 진술하는가?

(3) 학생들로 하여금 학습목표를 분명히 인식시키는가?

(4) 목표 제시 위치, 시기, 표현 문장을 적절히 하는가?

(5) 목표 도달을 위한 학습 방법 협의 활동이 적절한가?

3. 전개단계에서의 활동

1) 발문과 지명

교사의 발문을 통하여 교사와 학습자는 언어적 상호작용을 하게 된다. 발문은 교수·학습 과정에서 지도 교사가 의도적으로 교육적 효과를 얻기 위하여 학습자에게 하는 질문으로서 의도성, 계획성, 가치지향성이 내포되어야 한다.

(1) 학습자의 수준에 적절한 질문인가?

(2) 질문 후 생각하는 데 필요한 시간을 주는가?

(3) 학습자의 사고력을 자극하는 질문인가?

(4) 폭넓은 질문을 통해 다양한 반응을 요구하고 있는가?

(5) 학습자의 수준을 고려하여 친근하게 지명하는가?

(6) 학습자의 응답에 대하여 적절한 보상, 수정, 방향제시를 하는가?

2) 학생의 질문

좋은 수업이 되기 위해서는 학습자에게 질문의 기회를 주고, 어떤 수준의 질문이든 격려해 줌으로써 탐구의욕을 증진시키는 것이 필요하다. 질문이 진척 없는 수업은 어떤 의미에서는 일방향적인 수업이라고 할 것이다.

(1) 질문의 기회를 자연스럽게 주고 있는가?

(2) 의문을 갖고 목표 지향적인 질문을 하고 있는가?

(3) 학생의 질문을 진지하게(수용적인) 받아들이는가?

(4) 학생의 질문에 대해 다시 한 번 생각할 기회를 주는가?

3) 학습자의 발표 요령

학습자는 교사의 지도에 따라 학습 활동을 전개하며 발표를 통해서 의사를 표현하게 된다. 학습자의 발표 방법이 적절하지 않으면 의도했던 학습목표 달성이 어려워진다.

(1) 발표를 위한 다양한 의사 표현 방법을 적용하는가?

(2) 바른 자세로 발표하는가?

(3) 발표 내용이 간결하고 알아듣기 쉽게 표현하는가?

(4) 발표자와 청취자의 상호작용이 일어나는가?

(5) 발표에 사용되는 자료는 정선하여 사용하는가?

(6) 어법에 맞게 의사표현을 하는가?

4) 칠판 활용과 학습지

판서는 학습이 진행되는 과정에 따라 핵심 내용을 제시함으로써 시각적인 효과를 거둘 수 있게 한다. 판서는 학습 내용을 구조화하고 인지하는 데 주요 매체로서의 역할을 한다. 최근에는 칠판의 용도가 판서 위주에서 다양한 자료의 제시 공간으로 활용되고 있다.

(1) 판서와 자료 제시가 계획적이고 구조화되었는가?

(2) 핵심내용 중심으로 적절한 시기에 적당량을 판서하는가?

(3) 판서 내용이 효과적으로 학생들에게 활용되는가?

(4) 내용이 정선되고 학습 목표 도달에 필요한 학습지를 투입하는가?

(5) 학습지는 사고를 자극할 수 있도록 구성되었는가?

5) 주의집중 지도

학습자의 주의집중력은 단위 시간의 학습 목표 달성의 중요한 요인이 된다. 학생들이 목표와 무관한 활동을 하게 된다면, 이는 태만한 학생 자신뿐만 아니라 다른 학습자에게도 좋지 않은 영향을 주게 될 것이다.

(1) 학생들을 목표 지향적인 활동을 하도록 유도하는가?

(2) 주의집중을 위한 교사의 지도 방법은 다양한가?

(3) 주의집중이 안 되는 학생에 대한 대처를 적절히 하는가?

6) 교수 매체의 활용

교수 매체는 새로운 정보나 지식을 학습자에게 이해하기 쉽게 전달할 수 있게 하고 최근에 들어 교수 매체는 더욱 다양화되고 활용도가 높아지고 있으나, 첨단 교수 매체에서 학생들이 수동적으로 학습하게 되는 현상은 경계해야 할 것이다.

(1) 학습 과제를 성취하는 데 적합한 교수 매체를 사용하는가?

(2) 학생들의 이해 및 발달 수준에 적합한 매체를 선정하는가?

(3) 학생들이 능동적으로 사고할 수 있도록 활용하는가?

(4) 교수 매체 중심 수업이 되지 않는가?

7) 집단(모둠) 구성과 순회 지도(궤간 순시 지도)

학습 내용에 따라 집단 구성은 대집단 활동, 소집단 활동, 개별 활동 등으로 구성되는데 최근에는 5~6명 정도의 소집단을 구성하는 경우가 많다. 그러나 학습 내용과 관계없이 소집단을 편성하는 것은 학습의 개별화를 이루려는 의도에 부합되지 않을 수도 있다는 점을 유의해야 한다.

(1) 학습 내용, 방법, 수준에 따라 학습 집단을 적절히 편성하고 있는가?

(2) 집단 내에서 구성원들은 역할 수행을 적절히 하도록 하는가?

(3) 교사의 순회지도 활동을 적극적으로 하는가?

8) 동기 유발과 보상

동기 유발은 학습자나 학습 과제의 특성에 따라 단위 학습 전 과정에서 이루어져야 한다. 또한 바람직한 행동이나 응답에 대해서는 반드시 보상을 해 주어야 학습을 강화하는 것이 바람직하다.

(1) 진실성을 가지고 보상을 하는가?

(2) 보상 시기나 빈도는 적절한가?

(3) 내발적 동기가 유발될 수 있는 방법으로 적용하는가?

(4) 발달 수준에 적합한 보상으로 실시하는가?

4. 정착단계에서의 활동

1) 본시 학습 목표의 종합지도

한 시간의 수업이 종료되는 정착단계에서는 학습 내용을 종합하여 학습 목표와 관련하여 반드시 알아야 할 필수 요소를 지도해야 한다. 최근에 들어 지나치게 많은 학습 과제를 선정함으로써 단위시간 내에 학습량을 충분히 소화하지 못하고, 수업을 종료하는 일이 많아지는 것은 우려되는 일이다.

(1) 학습 과정과 관련하여 정리하는가?

(2) 학생과의 상호작용을 통해 정리하는가?

(3) 중요 필수 요소를 중심으로 정리하는가?

(4) 학습 내용을 구조화하여 정리하는가?

    ① 학습 참여 활동: 학생 중심 수업 활동

    ② 주의집중: 집중도, 학습자세, 장난, 기타

    ③ 발표(응답)태도: 자세, 위치, 내용, 언어 구사

    ④ 과업 집중 관찰: 목표지향 활동, 개별 학습, 공동 학습, 장난, 기타

    ⑤ 문제 학생 관찰: 주의 산만, 학습 방해, 자리 이탈, 거부 및 불평불만

    ⑥ 학생의 의사소통: 경청, 표현, 상호작용, 발표에 대한 반응

    ⑦ 집단 활동: 역할 수행, 의사소통, 의사결정

    ⑧ 학습 내용 기록: 내용, 방법 시기, 구조화

    ⑨ 기타

2) 확인학습(형성평가)

한 시간의 수업이 종료될 때 본시 학습 목표가 어느 정도 달성되었는가를 확인한다는 것은 중요한 일이다. 형성평가는 학습자에게 목표와 관련된 발문이나 문항을 제시하여 그 반응 결과를 가지고 판단하는 것이 일반적이다.

제7차 사회과 교육과정, 2007년 개정 사회과 교육과정이 적용되면서 수준별 교육과정이 적용되는 교과에서는 학업 성취도에 대한 판단은 더욱 강조되고 있다.

(1) 학습 목표와 관련된 형성평가를 실시하는가?

(2) 학업 성취에 대해 적절히 강화하는가?

(3) 학습 결손에 대해 보충학습(송환교육: 피드백)의 기회를 제공하는가?

(4) 형성평가 문항 수와 소요시간을 적절히 하는가?

제3절 사회과 수업 관찰과 분석

1. 교사의 수업활동 분석

교수 · 학습 과정에서 교사의 행동은 다양하다. 교사는 설명, 질문, 실험, 판서, 시청각 기자재 활용, 학습 활동에 대한 반응 등을 하게 되는데, 이러한 행동을 관찰하기 위해서는 다음과 같은 관찰기준을 적용할 수 있다.

① 발문 관찰: 지시적, 비지시적, 재생적, 추론적 적용적 발문 등

② 질문 유형과 지명 방법: 지식, 이해, 적용, 분석, 종합, 평가 등

③ 교사의 개인적 특성: 표정, 목소리, 언어 구사, 비언어적 행위, 옷차림 등

④ 실험관찰 오류 경향 분석, 오류 교정, 오류 대처 방법 등

⑤ 판서 분석: 계획성, 글씨, 시각적 효과, 기록시간, 양, 구조화, 활용 등

⑥ 교사의 시선: 학생, 칠판, 교재, 게시판, 복도나 창밖, 기타 등

⑦ 수업활동 정리: 칭찬, 주의, 학습 요소의 확인, 성취도 확인 등

⑧ 교사의 정적 강화(보상), 부적 강화(주의) 등

⑨ 수업 진행: 동기유발 전략, 수업 내용 게시 전략, 강화 전략 등

⑩ 언어 관찰: 억양, 속도, 크기, 정보 제공, 질문, 대답, 칭찬, 지시, 꾸중 등

⑪ 기타

2. 학생의 학습활동 분석

수업 중에 나타나는 학생의 활동에는 응답, 질문, 거수, 주의집중, 작업, 실험, 토

의, 교사와의 의사소통 등 다양하다. 수업 중에 나타나는 학생들의 행동을 관찰함으로써 교수의 질을 높이는 자료로 활용할 수 있으며, 이러한 행동을 관찰하기 위해서는 다음과 같은 관찰 항목을 적용할 수 있다.

〈표 35〉 훌륭한 사회과 수업의 고려 사항(요약)

분석 항목	분석 관점
동기유발	○ 학습 문제와 직접 관계되는 내용을 소재로 하고 있는가? ○ 학습 문제를 자신의 문제로 받아들이게 하고 문제 파악을 용이하게 하였는가? ○ 본시 학습문제와 관련시키도록 하였는가? ○ 학습 내용에 관한 경험 내용을 학습자 전원이 집중하도록 하였는가?
학습목표	○ 목표 분석은 바르게 되었는가? ○ 학습목표 진술이 바르게 되었는가? 　(학생의 행동, 학습결과, 명시적 동사, 수행 조건, 도달 기준, 성취 행동) ○ 중심 목표가 정확하게 잡혀 있는가? ○ 목표도달을 위한 학습 계획이 이루어지고 있는가?
학습내용	○ 수업 내용에 따라 시간 배당은 알맞게 되었는가? ○ 학습 내용의 계열은 알맞게 되었는가? ○ 학습의 내용은 구조화해서 제시되었는가? ○ 실험·실습 또는 노작 활동은 적절히 배치되었는가?
학습형태	○ 일제학습, 분단학습, 개별학습의 학습 형태는 학습의 내용, 학습의 장, 학생들의 여러 조건에서 볼 때 적절한가? ○ 강의식, 토의식, 실험·실습 등의 학습 형태는 단원의 특성에 알맞은가?
학습자료	○ 적절한 보조교재가 있는가? ○ 목표 도달에 도움을 주는 자료였는가? ○ 자료 활용의 시간, 방법이 적절하고 익숙하게 사용했는가?(교사, 학생)
학습과정	○ 전체적인 흐름은 일관성이 있고 논리적인가? ○ 수업의 흐름은 중심 목표에 합치되었는가? ○ 수업방법이 목표, 내용, 과정에 따라 알맞게 적용되었는가? 　(개념 습득, 원리 이해, 문제 해결력 신장)
교사의 발문	○ 발문은 학급 전체를 대상으로 하고 있는가? ○ 응답에 필요한 생각할 여유를 주었는가? ○ 발문은 학습자의 경험과 지식의 범위 안에서 이루어졌는가? ○ 발문 내용은 중복되지 않게 잘 조직되어 있는가? ○ 발문은 간단명료하게 하였는가? ○ 발문 처리는 적정하게 하였는가?
교사의 태도	○ 교사의 음성이나 용어는 때와 내용에 따라 적절하였는가? ○ 학생이 응답, 학습 활동에 대해 적절히 반응하고 있는가? ○ 수업의 각 장면에서 일어나는 문제에 대한 처리는 민첩했으며 전환은 바람직한가?
학생활동	○ 학습 분위기는 잘 조성되고 질서 있게 진행되었는가? ○ 활동은 적극적이며 상호 협조적 태도를 보였는가? ○ 응답은 사고하고 비판하고 분석한 것인가?
학습정리	○ 목표 도달 정도를 확인하고 송환(feed-back)교육은 이루어졌는가? ○ 계획과 실제 수업은 일치하였는가? ○ 차시 예고와 과제 해결 방안은 제시되었는가?

종합 정리

1. 주요 개념

주요 개념 및 키워드

- 수업 과제 분석, 수업 모형 선정, 수업 목표 설정
- 동기 유발, 선수 학습, 주의집중
- 학습 자료, 교수 매체, 교육 공학, 모둠 구성
- 수업 관찰, 교사 수업 활동 분석, 학생 학습 활동 분석
- 학습 내용, 학습 형태, 학습 과정, 수업 흐름
- 교사 태도, 학생 활동, 발문 유형, 교수 · 학습 상호작용
- 명시적 동사, 수행 조건, 도달 기준, 성취 행동

2. 탐구 문제

1) 사회과 수업 과제 분석의 관점에 대해서 구체적으로 기술해 보시오.

2) 사회과의 수업 과정에서 학생들의 학습 동기(학습 동기)를 유발할 수 있는 방법에 대해서 약술(略述)하시오.

3) 교수 공학적 측면에서 사회과 교수 · 학습에 필요한 교수 매체, 학습 자료 등을 열거해 보시오.

4) 사회과 수업(교수·학습) 분석에서 교사의 교수 활동 분석의 관점에 대해서 설명해 보시오.

5) 사회과 수업(교수·학습) 분석에서 교사의 교수 활동 분석의 관점에 대해서 설명해 보시오.

6) 사회과 수업(교수·학습) 활동에서 교사와 학생 활동의 요소를 제시하고, 발문 기법도 설명해 보시오.

Chapter 12

사회과 교수·학습 연구

제1절 사회과 수업의 전략

1. 성공적인 수업자

1) 자기가 가르치는 교과목에 대한 체계적인 지식과 기술을 갖추어야 한다.
2) 가르치는 방법과 관련된 최신의 지식과 숙달된 기술을 습득해야 한다.
3) 가르치는 일에 대한 애정과 긍정적인 가치관을 갖고 있어야 한다.

2. 교재 연구

1) 교재 연구의 방향

> ▶ 단위 시간에 학습자 전원이 학습목표에 도달할 수 있는 수업을 위한 교재 연구
> ▶ 아동중심 수업이 되도록 교수·학습 지도 계획이 이루어지는 교재 연구
> ▶ 학습 방법을 터득하게 하는 수업을 위한 교재 연구
> ▶ 작은 부분이라도 아동이 직접 체험할 수 있는 내용의 교재 연구
> ▶ 획기적인 전환이 이루어질 수 있는 교재 연구
> ▶ 학습 목표 달성에 최대한의 효과를 위한 교수 매체에 대한 교재 연구
> ▶ 교육과정 정신을 꿰뚫어 볼 수 있는 교재 연구

2) 교재의 재구성

학생들의 현재 상황을 진단하고, 교수·학습에 필요한 모든 조건을 점검하며, 목표 달성을 위한 수업 모형을 검토하고 재조직하게 하여 학습 활동을 돕기 위한 다양한 연구와 분석의 교재 연구를 통해 교육 내용을 재조직할 수 있게 되고 교재의 재구성이 이루어진다.

학습자의 수준을 고려한 학습량의 조절, 학습 내용의 재구성, 지역 특성을 고려한 내용 및 지도시기 등의 교재의 재구성은 학습 목표 달성을 위한 필요·충분조건이다.

3. 교수·학습 시 교사의 유의점

▶ 수업시간의 낭비가 없도록 치밀한 지도 계획을 세워 수업에 임한다.
▶ 수업 목표와 관련 되지 않은 교사 및 학생 활동을 최소화시킨다.
▶ 준비 가능한 수업 자료들을 적시에 조직적으로 활용한다.
▶ 불필요한 판서 대신에 그래프, 도표, 사진, 괘도 등을 사용한다.
▶ 필요한 실험 및 실습을 한다.
▶ 학습 내용이 일방적으로 전달되지 않도록 한다.
▶ 학생들이 실제로 얼마나 알고, 생각하고, 느끼고 있는지 확인하면서 수업을 전개한다.
▶ 명확하고 적절한 언어를 사용하여 수업 이해도를 높인다.
▶ 수업 시간 중에 학습 과제에 주의 집중하도록 필요한 조치를 취한다.
▶ 학습 내용을 체계적으로 정리하여 도입하고 전체와의 관련성을 유지한다.
▶ 학생들의 학습 곤란과 학습 장애를 파악하고 부단한 수업 수정을 꾀한다.
▶ 수업 종료 시 수업 내용을 요약·정리하여 준다.
▶ 수업이 끝났을 때에는 수업 목표 달성도를 교사 자신이 알아야 한다.

4. 좋은 교수를 위한 수업방법

▶ 알아듣기 쉬운 말로 명확하게 설명한다.
▶ 학생 수준과 특성, 학습 내용에 따라 다양하고 창의적인 수업방법을 적용한다.
▶ 학생들의 생각을 최대한 수용하는 수업이 되게 한다.
▶ 적절하고 다양한 예를 많이 제시하여 학생의 이해를 돕는다.
▶ 지적 호기심을 자극하고 학습흥미를 유발하는 수업이 되게 한다.
▶ 교사가 시시때때로 매력적인 변신활동을 하는 수업이 되게 한다.

5. 수업 중 교사의 자세

1) 아이들과 눈을 맞추어야 한다.
2) 앞에 섰을 때 반듯하고 당당해야 한다.
3) 산만하게 동선이 길어서는 안 된다.
4) 학습 자료는 항상 손이 닿는 곳에 두어야 한다.
5) 질문 시 손가락으로 가리켜서는 안 된다(지시봉 사용).
6) 수업 시 표정이 밝아야 한다.
7) 판서 연습을 해서 바른 위치에 바른 글씨로 쓰도록 한다.
8) 교사가 바쁜 수업이 아니라 아이들이 바쁜 수업이 되어야 한다.
9) 수업 시 자료는 항상 정선된 것을 사용하여야 한다.

제2절 사회과 교수·학습 지도의 실제

1. 수업의 준비

1) 계 획

학교현장에서 이루어지는 수업은 교사의 계획적이고 의도적이며 교육적 가치가 내재된 활동이다. 좋은 수업활동을 위해서는 수업 전에 학습목표를 설정하고 어떤 내용을 어떤 방법으로 가르칠 것인지에 대한 구체적인 계획이 필요하다.

2) 진 단

학자들의 연구에 의하면 지적·정의적 출발점 행동이 학업 성취에 65%의 영향을 미친다고 한다. 단원을 지도하기 전에 학습자의 선수 학습 정도를 알아보고 그에 대한 보충·심화 지도를 하여 본 단원을 학습하는 데 어려움이 없도록 출발점 행동을 갖추는 것은 교수·학습 과정에서 아주 중요한 일이다. 이를 위해 실시하는 것이 진단 평가이다.

2. 수업의 전개

1) 도 입

(1) 학습목표 제시 및 인지

학습목표의 진술은 본시 학습활동을 성공적으로 추진할 수 있는 기초가 된다. 학습목표는 학습자의 학습활동 방향을 제시하고 학습동기를 유발시키며 학습 후 확인학습이나 평가의 기준이 되기 때문에 학생이 학습 후에 나타내는 도착점 행동으로 진술하여 제시하고 충분히 인지시킨다.

가) 학습목표 진술 원칙: 최소 단위의 원칙, 단일요소의 원칙, 동작명시의 원칙, 최대생략의 원칙

① 명시적 동사를 사용하여 행동적 용어로 진술한다.

② 학습자의 입장에서 도착점 행동으로 진술한다.

③ 학습결과로 진술한다.

④ 가르칠 교과 내용이나 주요 제목을 세분하여 나열하지 않는다.

⑤ 하나의 교과목표에 두 개 이상의 학습결과를 포함시키지 않는다.

⑥ 지식, 기능 면만 진술하지 말고 정의적인 면도 진술한다.

⑦ 단위시간의 목표는 1~3개가 적당하다.

(2) 선수(전시) 학습과의 관련 지도

선수 학습과의 관련 지도는 특히 계열성이 강한 교과에 있어서 본시 학습 과제를 성공적으로 할 수 있는가를 진단하는 과정이 필요하다. 본시 학습을 지도하기 전에 반드시 전시 학습 과제를 재지도하는 기회를 갖는다.

(3) 동기유발

학습자에게 동기를 유발시키는 방법은 상황에 따라 매우 다양하다. 일반적으로 외발적 동기보다 내발적 동기 유발이 학습 효과를 더 높인다. 단기적인 학습효과를 기대할 때는 외발적 동기유발을 장기적인 학습효과를 기대할 때는 내발적 동기유발을 시도해 보는 것이 학습목표 달성과 학업 성취 향상을 위한 좋은 방법이다.

2) 전 개

수업은 보는 관점에 따라 다르게 이해되며 같은 수업 모형을 적용함에도 교사에 따라 다양한 모양으로 그려진다. 그러므로 어떤 교수·학습 방법이 가장 효과적이라고 단정할 수 없다. 좋은 수업은 교사변인, 학습자변인, 환경변인 등 수많은 요인들이 작용하므로 핵심과정인 전개단계에서 어떻게 지도하는 것이 가장 효과적인 방법이라고 규정지을 수는 없다. 단지 역동적인 교수·학습 지도가 이루어진다면 성공적인 수업을 할 수 있을 것이다.

(1) 교수·학습 형태에 따라 학습 과제의 내용을 제시하고 학생들이 이에 반응하며 학습하게 된다.

〈표 36〉 주도자별 사회과 교수·학습 방법

교수 학습 형태	교수·학습 방법
교사 주도 수업	강의식, 탐구, 수업, 문제 해결 학습, 토의, 실험 등
학생 주도 학습	프로그램 학습, 관찰·견학·조사, 발표·토의·모의 학습 등
매체 활동 학습	수업 프로그램, 보도 프로그램 등

(2) 학생활동의 활성화, 탐구력, 창의력을 기를 수 있도록 진행한다.

(3) 반응에 따른 보상과 강화를 실시한다.

(4) 개인차에 맞는 학습 과제를 제시한다.

3) 정 착

일단 학습된 내용을 정리하고, 연습을 통하여 확실히 하며, 새로 학습된 내용을 학생들의 지식체계의 일부로 통합하여 내면화하고, 새로운 사태에 적용하며, 일반화 내지 특수화할 수 있도록 지도한다.

4) 발전 및 확인학습

지도단계에서 학습된 내용에 대한 학생들의 학업 성취도를 중도 평가해 보고(형성평가), 그 결과에 따라 심화 또는 보충 학습의 기회를 제공한다.

(1) 확인학습으로 본시목표 달성도를 알아본다.

(2) 확인학습 문항은 학습목표를 준거로 교사가 작성한다.

(3) 확인학습 문항은 상황에 따라 적절한 방법으로 제시한다.

(4) 짧은 시간 내에 정확히 확인할 수 있어야 한다.

5) 차시 예고와 과제 제시

더 학습할 내용을 과제로 제시하고 다음 시간에 학습할 내용을 예고한다.

3. 수업 전개 요소

1) 발 문

발문은 학습자와 교사 간의 의사소통을 촉진시키고, 주제의 특정한 내용이나 특정에 주의를 집중시키며, 교과에 대한 학생들의 지식과 이해 정도를 평가하는 데 사용되고 수업 과정에서 학습자의 학습력을 증진시킨다. 그러므로 발문에는 교사의 의도성과 계획성, 가치지향성이 내포되어야 한다.

(1) 발문의 유형
① 정보 재생 발문:(예) 우리나라 수도는 어디인가.
② 추론 발문:(예) 집합 A가 집합 B의 부분집합이 되는 이유는?
③ 적용 발문:(예) 태양열을 우리 생활에 이용할 수 있게 된다면 어떻게 될까?

(2) 발문에 대한 연구 결과 분석
① 발문의 양과 학업 성취와의 관계 연구:
　교사의 발문의 양이 많을수록 학생 학습이 더욱 촉진된다.

② 교사의 발문 수준과 학업 성취와의 관계 연구:
　발문 수준과 학업 성취 사이에는 의의 있는 상관이 있다는 견해와 없다는
　견해로 나뉜다.

③ 교사의 발문 수준의 변화와 학업 성취와의 관계 연구:

개인차 때문에 학습자의 사고 수준과 발문 수준은 일치되어야 하고 하위 수준의 학습자에게는 추론 발문이나 적용 발문은 역효과를 나타낼 수도 있다.

(3) 발문할 때의 유의점
 ① 학습자의 수준에 맞는 발문이어야 한다.
 ② 학습자가 명확히 알 수 있도록 구체적이고 간결해야 한다.
 ③ 중개 발문을 통하여 학습효과를 높인다.
 ④ 발문 후 응답에 필요한 시간을 주어야 한다.
 ⑤ 틀린 응답에 대해 교육적인 재발문(再發問)을 던져야 한다.

(4) 교사 발문의 구비 조건
 ① 명확성과 간결성 ② 반성적 사고 과정의 자극 ③ 발문 내용의 일의성
 ④ 학생의 능력, 지식, 경험에의 적용 ⑤ 바른 언어 사용 ⑥ 발문의 목적성

(5) 발문과 질문과의 차이점
 ① 질문: 자기가 모르거나 의심나는 것을 상대방에게 알아보거나 일정한 정보의 제공을 기대하면서 물어보는 것
 ② 발문: 수업목표를 향하여 학생의 사고라든가 논리를 자극·유발하고 발전시켜 나가기 위한 문제의 제기이다(알고 있는 자가 모르는 자에게 묻는 것)

2) 질 문

좋은 수업이 되기 위해서는 학습자에게 질문의 기회를 주어 이에 대해 격려해 줌으로써 더 많은, 더 좋은 질문을 자주 할 수 있도록 분위기를 조성해 주는 것이 필요하다. 이를 위해서 질문에 대한 비판을 삼가고 질문에 대한 교사의 즉시 답을 하지 말며 교사가 답하기 힘든 질문에 대하여 슬기롭게 대처할 수 있어야 한다.

3) 판서와 학습장

다양한 시청각 기교재의 발달로 인하여 칠판 매체가 점점 소홀히 여겨지고 있는 경향이다. 그러나 교수 목표를 달성하기 위해 칠판을 사용하는 판서의 활용이나 학

생들의 학습장 정리는 중요한 교수·학습활동으로 시청각적인 효과를 기대할 수 있다. 학습자는 판서된 내용을 보고 교사의 설명을 들으면서 자신이 직접 학습장에 써 봄으로써 의도하는 학습효과를 거둘 수 있다. 학교교육이 지식만을 전수하는 것이 아니고 참된 인간을 기른다는 교육의 본질적인 측면에서 볼 때 학습장을 바른 자세로 깨끗이 정리하게 하는 것도 중요한 교육의 하나가 아닐 수 없다.

(1) 판서 계획

① 판서해야 할 내용을 찾아낸다.
② 판서 위치를 정한다.
③ 강조점을 표시한다.
④ 수업활동의 전개상황을 감지한다.

(2) 판서 요령

① 크고 정확하게 한다.
② 서체는 교과서의 활자체(정자체)로 쓴다.
③ 쓰고 있는 글씨가 학습자의 시야를 가리지 않는 위치에서 판서한다.
④ 항목을 나타내는 부호가 일치되게 한다.
⑤ 중요한 내용은 색분필을 이용한다.
⑥ 판서의 내용은 가능하면 적게 한다.
⑦ 학습자의 발표와 동시에 판서한다.
⑧ 칠판이 교사의 독점물이 되지 않게 한다.

(3) 학습장 정리

① 학년 초에 학습장 정리 방법을 지도한다(학습 방법의 학습).
② 바른 학습장 정리 태도를 기른다.
③ 학습장 정리 상태의 확인을 한다.

4) 주의집중

학습자의 주의집중이 이루어지지 않는 상황에서의 교수활동은 의도한 만큼의 학습효과를 낼 수 없으므로 모든 학생이 교사의 교수활동에 주의를 기울일 수 있는 학습 분위기 조성에 깊은 관심을 가져야 한다.

5) 교수 용어

수업 중에 사용하는 교수 용어는 어떤 것이 가장 바람직한 것인지에 대한 정답은 없다. 하지만 학습자를 하나의 인격체로 존중해야 함을 생각할 때 전체 학생에게는 경어(높임말)를 사용하고, 개인 학생에게는 낮춤말을 사용하는 것이 좋을 것이다.

6) 교수 매체

교수 매체는 학생들에게 새로운 정보나 지식을 이용하기 쉽게 전달할 수 있고 학습이 보다 효과적으로 이루어질 수 있도록 자극하거나 동기를 유발시키는 역할을 한다. 교수 매체를 선정할 때는 학습자의 특성과 지도해야 할 학습 과제의 목표, 내용, 각 매체가 갖는 특성과 장, 단점을 고려하여 선정해야 한다.

4. 수업의 마무리

1) 수업을 마칠 무렵

① 어떤 선생님은 못다 한 수업 내용을 성급하게 마치기 위해 서두르신다.
② 어떤 선생님은 시간이 남아 여담을 좀 하신다.
③ 어떤 선생님은 좀 일찍 끝내신다.

2) 이런 방법은 학생들을 수업에 더 참여하게 하는 효과가 있다

① 어떤 선생님은 금일 수업 내용을 요약하시면서 중요한 부분을 한 번 더 강조하여 주신다.
② 어떤 선생님은 금일 수업 내용을 학생들에게 요약하게 하신다.
③ 학생들 2~3명이 약 3분 정도 오늘 배운 내용을 1~2분 정도로 말할 수 있

도록 요약을 한다.

④ 선생님께서 어떤 조를 임의로 지적하면 그 조는 금일 수업 내용을 요약하게 된다.

3) 이런 선생님이 존경스럽다

① 수업에 열의를 보이시는 선생님
   수업 준비도 성의껏 하시고, 현장답사, 조별 토론 등 다양하게 수업준비를 하실 때 감동스럽다.
② 수업 외의 시간에도 전공, 진로 등에 관해 자상하게 대화해 주시는 선생님

4) 이런 선생님이 실망스럽다

① 수업시간 시작 시간 후에 허둥지둥 들어오시는 선생님
② 학생의 의견을 받아들이지 않는 선생님(권위주의적인 선생님)
③ 학생의 질문에 무성의하게 답변하시는 선생님
④ 피곤하다 등의 이유로 수업을 성의 없이 하시는 선생님
⑤ 학생들의 반응에 아랑곳하지 않고 진도만 쫙- 나가면서 혼자만 수업하시는 선생님

5) 시험이나 평가 방법에 있어서 개선되었으면 좋겠다!

① 서술형 시험인 경우 채점 기준이 모호하다.
② 시험 전이나 후에 평가 기준을 제시해 주면 좋겠다.
③ 과제의 분량이나 겉표지만 보고 점수 주지 않으셨으면 좋겠다.
④ 한두 번의 필기시험 외에 보다 다양한 평가 방법으로 점수를 주셨으면 좋겠다.

6) 이상적인 선생님의 몸가짐

① 선생님의 복장은 항상 간소하고 청결 단정해야 한다. 바른 예의는 아름다운 쾌감을 줄 뿐 아니라, 복장이나 몸차림은 학생들의 인적 환경 요소가 된다.

② 선생님의 언어는 평소 신중히 하고 지성과 덕성에 넘치는 말씨가 되도록 하며, 언어순화에 본보기가 되어야 한다.

제3절 사회과 수업 설계의 관점과 기준

1. 도입단계

① 전시 학습 내용 확인 및 학습 준비 상태 점검이 잘 이루어지고 있는가?
② 학습목표가 명확히 인지되고 학생들의 동기유발이 적절한가?
③ 학습목표는 구체적·행동적·명세적인 용어로 진술되고 있는가?

2. 전개단계

① 본시 학습에 적합한 수업 모형을 선택하고 있는가?
② 수업 내용을 학생 수준에 알맞게 재구성하였는가?
③ 창의적 사고를 유발하는 발문과 보상 방법이 적절하며, 학습 분위기가 허용적인가?
④ 학생들의 사고력·탐구력 등 고등정신 기능을 기를 수 있는 기회를 적절히 제공하고 있는가?
⑤ 수업매체는 그 특성에 알맞게 잘 활용되고 있는가?
⑥ 개인차를 고려한 수업이 잘 진행되고 있는가?
⑦ 교사주도가 아닌 능동적이고 자주적인 학생활동 중심의 탐구학습이 잘 이루어지고 있는가?
⑧ 판서내용이 구조적·계획적으로 이루어졌는가?
⑨ 교사의 언어·태도·분위기가 안정적인가?
⑩ 학습목표 달성을 계속적으로 확인하는 수업인가?

3. 정리 · 평가단계

① 주요 학습 내용을 효율적으로 요약 · 정리하고 있는가?
② 형성평가는 학습목표와 직결되고 있으며, 그 결과를 적절하게 정리하고 있는가?
③ 차시 학습 예고와 과제 제시 방법이 구체적이고 적절한가?

제4절 사회과 교수 · 학습 지도(과정)안 작성 요령

1. 교수 · 학습 지도안의 의미

교수 · 학습 지도안은 교수 · 학습의 목표를 효과적으로 달성하기 위하여 학습의 목표 내용 과정 행동 자료 평가 등을 구체적이고, 주도면밀하게 조직적으로 구안한 계획서이다.

2. 교수 · 학습 지도안 작성의 필요성

① 유목적적 학습활동 전개의 효과
② 학습 지도 요소 누락 방지의 효과
③ 학습 지도의 범위와 계열 파악의 효과
④ 학습 지도 자료의 준비 철저의 효과
⑤ 평가의 관점과 방법의 최적화의 효과

3. 교수 · 학습 지도안이 갖추어야 할 조건

교수 · 학습 지도안은 학습 내용이나 교재의 유형, 학습자의 요구 수준, 학습 환경 등에 따라서 각각 그 특성을 고려하고 필요에 따라서는 계획을 변경할 수 있게 작성되어야 한다. 다시 말해서 형식적이 아닌 실질적인 것이 되어야 한다는 것이다. 좋은 학습 지도안이 갖추어야 할 조건을 요약하면 다음과 같다.

① 수업 결과 도달 목표의 기준이 마련되어야 한다.
② 교재의 핵심이 분명하게 파악되어야 한다.
③ 전시 및 차시 학습과의 관계를 맺어야 한다.
④ 학습 요소의 시간적 배려가 적절하여야 한다.
⑤ 알맞은 학습 과정이 선택되고, 바르게 적용되어야 한다.
⑥ 학생의 활동이 활발히 될 수 있는 형태가 적용되어야 한다.
⑦ 학생의 개인차와 흥미, 선수 학습 능력이 고려되어야 한다.
⑧ 적절한 자료가 적절한 시기에, 적절한 방법으로 활용되게 계획되어야 한다.
⑨ 판서계획이 분절마다 고려되어야 한다.
⑩ 학생의 실태가 제시되어야 한다.
⑪ 단원 전체의 구조와 전개 계획이 명료하게 나타나야 한다.
⑫ 수업을 보지 않고도 수업의 흐름을 파악할 수 있게 짜여져야 한다.
⑬ 목표 달성의 성취도에 대하여 적절한 평가 방법이 준비되어야 한다.
⑭ 본시 수업을 통하여 해결하고자 하는 연구 과제가 제시되어야 한다.

4. 교수 · 학습 지도안의 형식

교수 · 학습 지도안은 교재의 특성이나 학생의 요구, 교사의 의도가 다를 수 있기 때문에 일정한 형식은 없다고 보아야 할 것이다. 그러므로 학습 지도안은 수업의 내용이나 지도 방법에 따라 창의적으로 작성하면 된다. 그러나 학습 지도안이 수업자에게는 수업의 가설이 되며 참관자에게는 수업을 위한 귀중한 안내서가 된다는 점을 고려한다면, 어떤 학습 지도안이든지 중요한 몇 가지의 요건만은 체계적으로 갖추어야 할 것으로 본다.

참고적으로 일반적인 사회과 학습 지도안의 형식을 보면 다음과 같다.

1. 단원
2. 단원의 개관

3. 단원의 목표

4. 학습의 계통 및 관련

5. 과제 분석

6. 지도 계획

7. 평가 계획

8. 지도의 실제

   가. 차시 및 시간

   나. 일시 및 장소

   다. 본시의 목표

단 계	학습 내용	교수·학습 활동	시 간	유의점	자 료	평 가

   라. 지도 과정

   마. 판서 계획

   바. 자료 준비 계획

   사. 형성평가 계획

   아. 참고 사항

   (1) 실태 조사 및 분석

   (2) 교재 연구

   (3) 기타

   ※ 참고 문헌

※ 참고 사항

위에서 '약안'은 1장과 8장만 작성하고 나머지 장은 '생략' 표시를 한다.
'준세안'은 1장, 3장, 8장만 작성하고 나머지 장은 '생략' 표시를 한다.
'세안'은 1장부터 8장의 참고 문헌까지 모두 작성한다.

5. 교수·학습 지도안 작성 방법

1) 단원명

학습 내용의 주제, 제목으로 학습의 방향을 알아볼 수 있는 것으로 여기에는 학습 내용에 따라 제제, 제목, 문제, 단원 어느 것을 써도 좋다. 단원명을 설정하는 방법은 다음과 같다.

(1) 제목식

(2) 방법식

(3) 문제식

2) 단원의 개관(단원 설정의 이유)

- 단원의 전체 내용을 함축한 요약, 전체적인 성격, 특성 등을 개관한다.
  단원의 개관은 대개 교재 면, 학습자의 입장, 지도의 입장, 사회 또는 국가적 입장을 고려하여 진술한다.
- 교재 면에서는 단원 전체 내용의 본질 및 성격 규명, 학습자의 성장 발달에 주는 영향, 사회에 미치는 영향 등을 간명하게 기술한다.
- 학습자의 입장에서: 학습자의 발달 단계 특징, 과거 학습경험, 개인차와 흥미·욕구 등을 단원 학습 내용과 관련하여 기술한다.
- 사회 및 국가의 입장에서는 단원의 성격이나 가치관이 사회와 국가의 요구와 어떤 관련을 맺고 있으며 학습자들에게 무엇을 요구하고 있는지를 기술한다. 단원 설정의 근거는 종래 교재관이라 불렀던 것으로 단원이 학습 내용으로서 어떤 의미가 있으며 어떤 근거로 설정되었는지를 밝혀 주는 것이다. 단원 설정의 근거는 대개 국가 사회의 요구면, 개인(학습자)의 목적과 요구 면, 교과(학습 내용)의 가치 면을 항목별로 포괄적으로 진술한다.

3) 단원의 목표

단원의 목표는 학습 지도가 지향하려는 방향을 설정하는 것이다. 따라서 학습의 가능성이 고려되어야 하고 이는 학습 내용 추출의 기반이 된다. 기술 내용은 보통 지적 측면, 기능적 측면, 정의적 측면으로 구분하여 진술하나 이것 역시 사회과의 특질에 맞게 하여야 한다.

4) 학습의 계통 및 관련

학습 내용과 관련되는 선수 학습 내용 및 후속 학습 내용의 학년, 학기, 단원을 제시하여 이 단원의 학습 내용이 계통적으로 보아서 어느 정도의 수준에 있다는 것을 쉽게 알 수 있게 한다. 따라서 선수 학습 내용에 따라 진단 학습 및 준비 학습 내용을 결정할 수 있게 하며, 후속 학습 내용에 따라 본 학습 내용이 앞으로 어떻게 발전, 전개되어 가는가를 파악할 수 있게 하여야 한다.

제5절 사회과 교수·학습 지도(과정)안 (예)

사회과 교수·학습 지도(과정)안

단원: 2. 우리 고장의 전통문화(10/16)

(2) 가정과 고장의 행사

1 가정의 여러 행사

일 시	20○○년 ○월 ○일(○)
장 소	3 - 1 교실
학년, 반	3학년 1반(남: ○, 여: ○, 계 ○명)
지도교사	교사 ○○○

○   ○   초   등   학   교

사회과 교수·학습 지도(과정)안

① 단원 및 제재

2. 우리 고장의 전통문화
 2) 가정과 고장의 행사
  (1) 가정의 여러 행사

② 단원 및 제재의 개관

가) 교재관

이 단원은 통합교과인 '슬기로운 생활' 교과의 가정, 학교, 이웃, 마을 등 일상생활 속에서 경험하는 자연환경과 사회현상에 대한 학습을 시간적, 공간적으로 확대한 것이며, 4학년 사회과의 시·도 지역의 생활에 대한 학습의 기초를 이루고 있다. 따라서 이 단원에서는 고장 생활을 중심으로, 고장에 전해 오는 민속(민속놀이)과 가정의례의 변화 모습을 알아봄으로써 고장의 전통문화를 이해하고 그 속에 담긴 정신을 받아들이도록 단원이 구성되어 있다.

첫째, '전해 오는 민속'에서는 지금까지 내려오고 있는 고장의 민속놀이에 담긴 멋과 정신을 감상과 체험을 통해서 배우도록 구성되어 있다.

둘째, '가정과 고장의 행사'에서는 가정생활 속에 내려오는 관혼상제의 변화 모습을 옛날과 오늘날로 비교해 봄으로써 가정 행사의 형식은 달라졌으나 의미는 같음을 파악하도록 구성되어 있다.

나) 학생관

세계화·정보화 사회에서 우리 것의 좋은 것을 알고 계승하기 위해서는 먼저 우리 것을 바로 알아야 한다. 따라서 사회과 지역화의 원리에 따라 우선 우리 고장을 중심으로 고장에 전해 오는 민속놀이와 가정의례의 변화 모습을 알아봄으로써 고장의 전통문화를 이해하고 바로 알며 그 속에 담긴 정신을 받아들여야 한다. 또 고장의 전통문화 행사를 조사해 보거나 직접 참여함으로써 전통문화의 멋을 체험하고 전통문화 계승의 필요성과 의의를 학습하도록 한다. 학생들은 바로 가까이 우리 고장에 대해 알아봄으로써 보다 관심을 가지고 참여할 수 있다고 본다. 또한 민속놀이에 직접 참가하고 일상생활 중심의 경험적 사실을 학습 자료로 도입함으로써 학생들에게 보다 적극적인 참여 자세를 기대할 수 있는 단원이라고 본다.

다) 지도관

고장에 전해 오는 민속(민속놀이)과 가정의례의 변화 모습을 알아봄으로써 고장의 전통문화를 이해하고 그 속에 담긴 정신을 받아들이는 데 주안점을 두고 지도해야 한다. 또 고장의 전통문화 행사를 조사해 보거나 직접 참여함으로써 전통문화의 멋을 체험하고 전통문화 계승의 필요성과 의의를 학습하도록 한다.

첫째, '전해 오는 민속'에서는 지금까지 내려오고 있는 고장의 민속놀이에 담긴 멋과 정신을 감상과 체험을 통해서 지도하도록 한다. 민속(민속놀이) 중에서 학생들이 즐겁게 참여하고 기능을 익힐 수 있는 활동을 통하여 여가 선용 및 정서 발달에 기여하도록 지도한다.

둘째, '가정과 고장의 행사'에서는 가정생활 속에 내려오는 관혼상제의 변화 모습을 옛날과 오늘날로 비교해 봄으로써 가정 행사의 형식은 달라졌으나 의미는 같음을 인식하도록 지도한다. 가정의례는 일상생활의 중심이므로 학생들의 경험적 사실을 학습 자료로 도입하여 흥미와 생동감이 넘치는 학습이 이루어지도록 한다.

이 단원의 학습 방법은 개인, 가정, 고장의 여가 생활과 관계가 깊은 문화 영역이므로 가족사가 활용될 수 있고, 고장의 문화행사를 위해서는 향토사적 접근도 가능하다. 또 현장 체험 학습을 통하여 실제 감각적인 경험을 통하여 지도하도록 한다.

단원 목표

구 분	핵심 목표
지식 이해	• 고장 사람들이 즐기는 민속놀이를 찾아 설명할 수 있다. • 고장에 내려오는 민속놀이의 종류를 알 수 있다. • 옛날과 오늘날의 가정의례가 어떻게 달라졌는지 설명할 수 있다. • 고장의 문화 행사 속에 전통문화 행사의 종류를 알 수 있다. • 고장의 민속놀이 행사에 깃들어 있는 전통의 가치와 멋, 슬기를 이해할 수 있다
기 능	• 민속놀이에 대한 자료를 수집, 조사, 현장 체험, 탐문 등의 방법으로 알아볼 수 있다. • 민속놀이를 한두 가지 할 수 있다. • 가정의례(혼례, 장례 등)의 변화 과정을 자료로 만들어 보고 순서대로 나열할 수 있다. • 고장의 전통문화 행사에 참여할 수 있다.
가치 태도	• 전통문화를 이어받아 고장의 문화를 발전시키려는 마음을 가진다. • 고장의 전통문화에 대하여 긍지를 가진다.

4 학습계통 및 관련

선수 학습		➡	본학습	➡	후속 학습
1-2-4 우리들의 겨울맞이			3-2-2 우리 고장의 전통문화		4-2-1 문화재와 박물관
○ 우리 마을의 겨울맞이 모습 알아보기 ○ 마을을 위해 애쓰시는 분 알아보기 ○ 마을의 고마운 분들을 위해 보답하는 방법을 알고 실천하기			○ 고장에 전해 오는 민속놀이 알아보기 ○ 고장에 전해 내려오는 이야기 조사하기 ○ 결혼식에 담긴 의미를 알기 ○ 옛날과 오늘날 결혼식을 비교해 보기 ○ 옛날과 오늘날의 가정의례(장례ㆍ제례)가 어떻게 달라졌는지 설명해 보기 ○ 고장의 문화 행사 속에 전통문화 행사의 종류를 알아보기 ○ 고장의 민속놀이 행사에 깃들어 있는 전통의 가치와 멋, 슬기 이해하기		○ 고장의 문화재를 조사하는 방법을 알아보기 ○ 여러 가지 방법으로 고장의 문화재 조사하기 ○ 고장의 문화재에 대해 조사한 내용을 여러 가지 방법으로 발표하기
2-2-1 마을 조사					5-2-3 우리 겨레의 생활문화
○ 마을에서 본 것 이야기하기 ○ 마을 조사 계획 세우기 ○ 마을 조사하기 ○ 우리 마을 그림지도 그리기 ○ 우리 마을 알리기					○ 우리 조상들의 생활 속에 담긴 멋을 조사하기 ○ 조상들의 과학 문화재 탐방하기 ○ 마을 제사에 담긴 뜻 알아보기 ○ 조상들의 종교 생활 알아보기

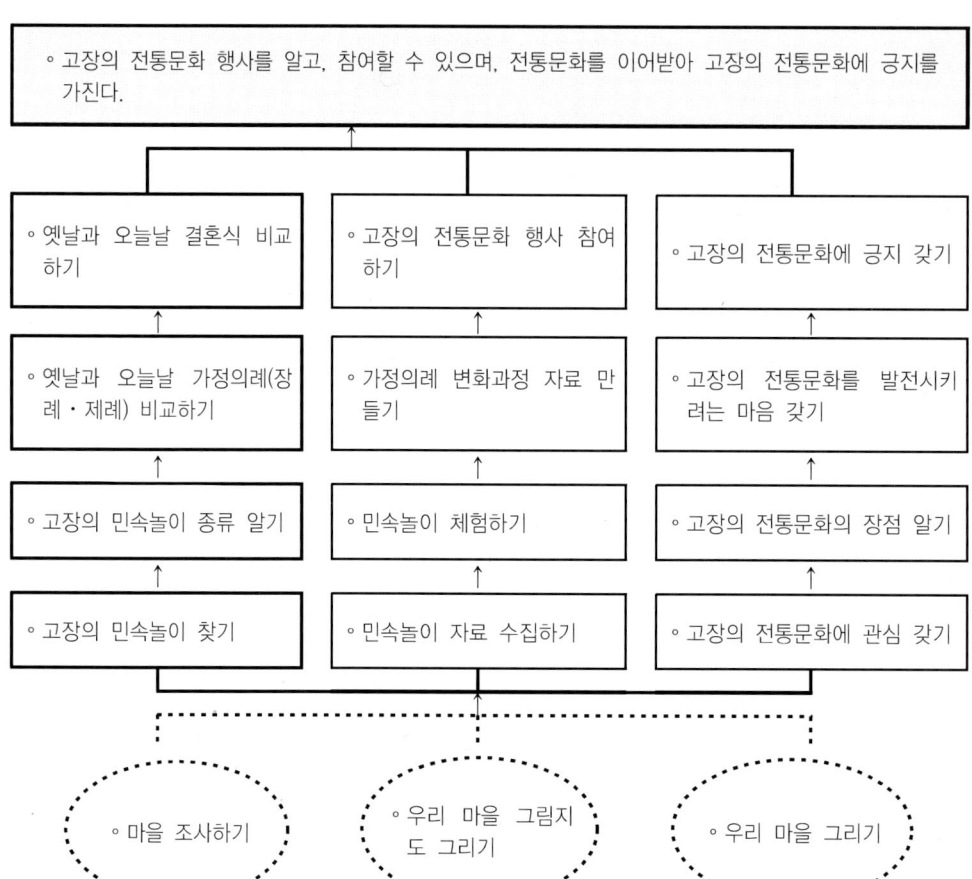

° 고장의 전통문화 행사를 알고, 참여할 수 있으며, 전통문화를 이어받아 고장의 전통문화에 긍지를 가진다.

° 옛날과 오늘날 결혼식 비교하기

° 고장의 전통문화 행사 참여하기

° 고장의 전통문화에 긍지 갖기

° 옛날과 오늘날 가정의례(장례·제례) 비교하기

° 가정의례 변화과정 자료 만들기

° 고장의 전통문화를 발전시키려는 마음 갖기

° 고장의 민속놀이 종류 알기

° 민속놀이 체험하기

° 고장의 전통문화의 장점 알기

° 고장의 민속놀이 찾기

° 민속놀이 자료 수집하기

° 고장의 전통문화에 관심 갖기

° 마을 조사하기

° 우리 마을 그림지도 그리기

° 우리 마을 그리기

6   학생 실태 분석 및 대책

가) 교과학습 실태

① 교과 흥미도 N = 18명
② 학습 참여도

내 용	구 분	인원수	백분율(%)	분석 및 지도 대책
사회과 학습 흥미도 조사	재미있다	3	16.7%	사회과 흥미도가 보통이라는 반응 이 많이 나타나 적은 이유를 재조 사하였다.
	보통이다	14	77.8%	
	재미없다	1	5.6%	
사회과에 대한 흥미가 적은 이유	학습 내용이 어렵다.	13	72.2%	학습 내용이 어려워 학습에 대한 흥미가 적고 과제 해결하는 데 시 간이 많이 걸리며 부모님과 같이 해야 하는 부담이 있다. 학생들이 쉽게 접근할 수 있는 교재의 선택 을 골라 지도하였다.
	시간이 많이 걸린다.	2	11.1%	
	부모님과 같이 해야 한다.	3	16.7%	
사회과 조사 학습 시 이용하는 예	여러 자료를 활용한다.	8	44.4%	주어진 과제를 여러 가지 자료를 활용하여 해결하는 아동이 많았다. 과제를 찾는 방법으로는 대부분이 인터넷을 이용하고 있었다. 보다 다양한 방법으로 자료를 활용하는 학습이 필요하다.
	교과서 내용을 활용한다.	8	44.4%	
	스스로 조사하지 못한다.	2	11.1%	
모둠 학습 시 참여도	적극 참여하여 흥미를 가진다.	12	72.2%	모둠 활동을 좋아하고 친구들과 의 견 나누기를 대체로 즐긴다. 아동 들이 즐겨 하는 방법을 지도하여 학습에 흥미를 갖도록 지도하였다.
	조사내용만 발표한다.	3	16.7%	
	잘 참여하지 못한다.	3	16.7%	

나) 본시 학습 관련 실태

① 조사 목적

본 조사는 학생들이 결혼식을 실제로 본 경험이 얼마나 되는지 알아보기 위한 것으로, 체험의 비율을 파악하여 학급 수준에 보다 적합한 수업을 구성하는 데 목적을 두고 있다.

② 나. 설문 조사 문항 및 결과

(1 - 가)) 전통 혼례를 책이나 TV, 또는 실제로 본 적이 있습니까?

구 분	있 다	없 다	계
인원(명)	16	2	18
백분율	88.9%	11.1%	100%

(1 - 나)) 위의 문항에서 있다고 답한 경우, 보았다면 어디서 보았습니까?(중복 가능)

구 분	책	TV	실 제	기 타	계
인원(명)	4	13	8	·	25
백분율	16%	52%	32%	·	100%

(1 - 다)) 옛날 결혼식 순서를 잘 알고 있습니까?

구 분	알고 있다.	모른다	계
인원(명)		18	18
백분율		100%	100%

(2 - 가)) 오늘날의 현대식 결혼식을 책이나 TV, 또는 실제로 본 적이 있습니까?

구 분	있 다	없 다	계
인원(명)	18	·	18
백분율	100%	·	100%

(2 - 나)) 위의 문항에서 있다고 답한 경우, 보았다면 어디서 보았습니까?(중복 가능)

구 분	책	TV	실 제	기 타	계
인원(명)	·	·	18	·	18
백분율	·	·	100%	·	100%

(2 - 다)) 오늘날의 결혼식 순서를 잘 알고 있습니까?

구 분	있 다	없 다	계
인원(명)		18	18
백분율		100%	100%

다) 설문결과

옛날 결혼식과 오늘날의 결혼식을 모두 접한 학생은 많으나 과정은 모르고 있으며, 옛날 결혼식의 경우 실제로 본 학생이 적으며 실제로 본 학생도 결혼식에 참석한 것이 아니라 체험학습에 의해 이루어진 것이다.

라) 시사점

본 조사 결과 현대 결혼식을 본 아동은 100%로 모든 학생들이 현대 결혼식에 대하여 어느 정도 알고 있는 것으로 나타났다. 그러나 현대 결혼식에 비하여 옛날 결혼식은 많이 접하지 못한 것으로 나타났다. 또한 실제로 옛날 결혼식을 본 학생들의 비율을 생각하여 볼 때, 옛날 결혼식의 과정을 잘 알고 있다고 보기는 어렵다. 따라서 본시의 전개 방향은 옛날 결혼식과 현대 결혼식의 과정을 알고, 그 안에서 공통점과 차이점을 스스로 찾아보도록 하는 방향으로 되어야 할 것이다.

7 단원의 지도 계획

가) 단원의 지도 계획

본 단원의 지도 계획은 본교의 지역적 특성과 학년과 학급의 특성과 상황을 고려하여 교과서 분석을 통하여 수업 계획을 세운 것이다.

주 제	제 재	교과서 분석을 통한 제재별 수업 내용	차 시	주요 수업 형태
단원 도입 및 계획		· 단원 맛보기. · 어려운 낱말 뜻 알아보기. · 무엇을 공부할까 살펴보기.	1/16	탐색, 토의, 발표
1. 전해 오는 민속	① 고장의 민속놀이	· 우리 고장의 민속놀이 종류 사진과 설명글 보기. · 민속놀이 빙고게임 하기. · 민속놀이 계단책 만들기. · 민속놀이 해 보기.	2 - 5/16	자료 조사 발표, 게임, 소책자 만들기.
	② 할머니의 옛날이야기	· 옛날부터 전해 오는 이야기 자료 조사. · 이야기 소책자 만들기. · 민요와 전래 동요 불러 보기.	6 - 7/16	자료 조사 발표, 책자 꾸미기 활동
	선택 학습	· 고장에 얽힌 이야기 · 우리 고장의 민속놀이 · 기준 따라 민속놀이 분류하기.	8/16	자료 조사 발표.

주 제	제 재	교과서 분석을 통한 제재별 수업 내용	차 시	주요 수업 형태
2. 가정과 고장의 행사	① 가정의 여러 행사	· 우리. 집의 행사 알아보기. · '관혼상제'의 뜻 알기.	9/16	브레인스토밍, 토의, 설명.
		· 옛날과 오늘날의 결혼식 모습 비교하기(본시).	10/16	설명, 조사, 발표, 토의.
		· 장례와 제례에 담긴 뜻 알기.	11/16	설명, 조사, 발표.
	② 우리 고장의 전통문화 축제	· 우리 고장과 우리나라에 전해 오는 축제의 종류 살펴보기.	12/16	조사, 발표.
		· 전통문화 축제를 발전시키기 위한 방법을 토의, 보고서로 정리하기.	13/16	수집, 분류, 정리.
	선택 학습	· 다른 나라의 결혼식 알아보기. · 여러 가정의 제사 모습 알아보기. · 전통문화 행사에 대한 조사 보고서 쓰기.	14/16	자료조사, 보고서쓰기, 발표.
단원 정리 학습		· 다른 나라의 결혼식 장면 찾아서 정리 발표하기. · 미래의 혼례와 장례는 어떻게 변할지 상상해 보기. · 명절과 민속놀이에 관한 게임 해 보기. · 옛날 사람이 되어 결혼식이나 장례식 중에 한 가지를 골라 일기 형식으로 글쓰기.	15 - 16 /16	탐색, 조사, 보고서 꾸미기, 게임, 글쓰기, 발표.

8 단원의 평가 계획

가) 평가의 방향

이 단원은 고장에 옛날부터 전해 오는 민속과 가정의례 등을 우리의 일상생활 속에서 찾아보고, 실연해 보거나 참여해 볼 수 있는 체험 학습 중심의 단원이다. 그러므로 자료를 스스로 찾아 모아서 보고서를 써 볼 수도 있고, 민속놀이 기능 정도, 행사 참여에 대한 감상문 등을 평가 자료로 활용할 수 있다.

자료 조사는 컴퓨터를 이용한 정보 검색 및 자료 정리와 연계하여 수업한 후 평가할 수 있으며 민속놀이의 기능면 평가는 체육과 수업과 연계지어 할 수 있다.

나) 평가 내용 및 방법

① 전해 오는 민속

- 우리 고장에 전해 오는 민속놀이의 종류 16개 빨리 적기⇒ 게임식 관찰 평가
- 내가 하고 싶은 민속놀이 그림과 글로 설명하는 책 만들기⇒ 작품 평가
- 우리 고장에 전해 오는 이야기 조사하기⇒ 과제물 평가
- 이야기 중에서 한 가지 골라 소책자 꾸미기⇒ 관찰 및 작품 평가

② 가정과 고장의 행사
- 결혼식의 옛날과 오늘날의 모습 비교하여 발표하기⇒ 관찰 및 지필 평가
- 장례와 제례의 옛날과 오늘날의 모습 비교하여 발표하기⇒ 작품 평가
- 우리 고장의 축제 조사하여 보고서로 만들기⇒ 포트폴리오
- 단원 정리 학습 활동에 참여하기⇒ 관찰 및 글쓰기 평가

9 본시 수업전개의 방향

가정의 주요 행사인 '관혼상제' 중 결혼식의 옛날과 오늘날의 모습을 경험한 것 이야기하기, 할머니 할아버지와 인터뷰하기, 결혼식 사진 보며 발표하기, 문헌 조사 발표하기 등의 다양한 방법으로 살펴 결혼식의 순서와 관련된 물건들의 의미를 찾아봄으로써 결혼식에 담긴 의미를 생각해 본다. 그리고 시간, 장소, 풍습에 따라 결혼식의 모습이 달라진 이유를 찾아보고 미래의 모습도 유추해 본다. 이런 활동들은 곧 우리 조상들의 가정의례 생활에서 본받을 점을 찾고 그 정신을 바르게 이어 가는 태도를 가지게 할 것이다. 또한 과거에서 현재까지 내려오는 결혼식의 같은 점과 다른 점을 파악하고, 결혼식 고유의 의미를 파악하는 활동까지 이어져, 시대가 지나도 변하지 않는 결혼식의 의미를 알도록 지도한다.

10 지도상의 유의점

본 수업반 학생들은 지역사회 및 가정의 특성상 모든 학생들의 현장체험 학습이

어려운 실정이다. 따라서 본 수업은 기본적으로 현장체험 학습을 위한 학습지를 제공하되, 부득이한 경우에는 컴퓨터를 이용한 사전 자료 수집을 통한 가상 인터뷰하기, 면담 조사하기 등의 활동을 전개하여 학생이 학습 내용을 이해하고 학습목표를 달성할 수 있도록 도와준다.

또한 교과서 학습 내용을 조사, 탐구, 발표 학습으로 전개하여 학생들의 흥미와 참여도를 높인다.

11 단원의 중요 용어 해설

가) 관혼상제

유교 이념에 근거하여 네 가지 기본 의례인 관례(冠禮), 혼례(婚禮), 상례(喪禮), 제례(祭禮)를 말하는데, 조선 시대에는 통치 이념이 유교였기 때문에 중요하게 다루어졌다. 관례는 성년이 되기 위해 머리에 관을 쓰는 의식으로 양반 계층이 대상이었으며, 혼례는 결혼식을 말하는데 의혼(議婚: 중매), 납폐(納幣: 예물을 보냄), 친영(親迎: 혼례식을 올림), 신행(新行: 시댁에 인사드림)으로 이루어졌다. 상례는 장례식으로 일정한 절차에 따라 진행되었으며, 제례는 조상을 기리는 것으로 시제(時祭), 차례, 묘제(墓祭)가 있었다.

나) 옛날 결혼식의 주요 용어 해설

① 폐백: 신부가 결혼식을 마치고 신랑 부모님과 친척께 올리는 술, 대추, 포 등을 말하며 신랑과 신부의 절을 받으면 신부의 치마폭에 대추와 밤을 던지며 자식을 많이 낳고 잘 살라고 축복함
② 사모관대: 옛날에 신랑이 입었던 옷과 머리에 쓴 모자
③ 초례청: 혼례를 치르는 곳으로 요즘의 결혼식장을 말함
④ 옛날 결혼식의 순서
　ⓐ 집안의 어른들끼리 혼인할 것을 약속한다.

ⓑ 신랑의 생년월일을 신부 집으로 보내 날짜를 잡는다.

ⓒ 혼인식은 신부 집에서 치르며 혼인 전날 신랑은 조상을 모신 사당에 인사를 드린다.

혼인날 신랑은 말이나 나귀를 타고 신부 집으로 간다.

ⓓ 신랑은 신부 집에 도착하면 함을 드리고 혼인식장으로 들어가 식을 시작한다.

ⓔ 식이 끝나면 신랑은 신부 집에서 며칠을 보내고 신부와 함께 자기 집으로 돌아간다.

12 지도의 실제

가) 본시 수업 계획

<table>
<tr><td colspan="8" align="center">사회과 교수·학습 지도안</td></tr>
<tr><td>일 시</td><td colspan="2">20○○년 ○월 ○일()</td><td>학년 반</td><td>3학년 1반</td><td>수업자</td><td colspan="2">○ ○ ○</td></tr>
<tr><td rowspan="2">단원(제재)</td><td colspan="2" rowspan="2">2. 우리 고장의 전통문화</td><td>학습 주제</td><td>차시</td><td colspan="3">교과서</td></tr>
<tr><td>옛날과 오늘날의 결혼식</td><td>10/16</td><td colspan="3">54 – 58</td></tr>
<tr><td>학습 목표</td><td colspan="7" align="center">♣ 옛날과 오늘날의 결혼식을 비교하고 말할 수 있다.</td></tr>
<tr><td rowspan="4">수업 전략</td><td colspan="2">학습집단</td><td colspan="5">전체 학습→모둠 및 개별 학습→전체 학습</td></tr>
<tr><td colspan="2">학습모형</td><td colspan="5">문제 해결 학습</td></tr>
<tr><td colspan="2">학습활동</td><td colspan="5">조별 조사, 발표 활동, 퀴즈를 통하여 옛날과 오늘날의 결혼식을 비교하여 공통점과 차이점을 찾아보자.</td></tr>
<tr><td colspan="2">자료활용</td><td colspan="5">동영상 자료 및 PPT자료, 학습지</td></tr>
<tr><td>수업 안내</td><td colspan="7">도입에서는 결혼식에 사용되는 자료를 제시하여 흥미를 유발시키고 학습할 문제를 인지시킨다. 전개는 옛날과 오늘날의 결혼식을 비교하여 공통점과 차이점을 찾아보게 한다.</td></tr>
</table>

단 계	학습 유형	교수·학습 활동 교 사	교수·학습 활동 학 생	시 간	자료 및 유의점
도 입	동기 유발 학습문제 확인	■ 학습 동기 유발 ○ 연상퀴즈를 제시한다. ‒ 이 물건들은 어떤 상황에서 쓰이는 물건일까요? ■ 학습문제 알아본다. ‒ 이번 시간에 공부하기 위해 조사한 과제는 무엇이었나요? ‒ 네, 그럼 이번 시간의 학습문제를 알아봅시다. ■ 학습문제 제시한다.	‒ 결혼식에 사용되는 물건입니다. ‒ 옛날과 오늘날의 결혼식에 대해서 조사했습니다. ‒ 학습 문제를 알아본다. ■ 학습문제 확인한다.	8′	▶ 결혼식에 쓰이는 물건 ☞사전과제를 통해 학습할 주제가 인지가 된 상태이므로 별도의 탐색 없이 학습문제를 제시한다.
		♣ 옛날과 오늘날의 결혼식을 비교하고 말해 보자.			
	학습활동 안내	■ 경험 발표한다. ○ 결혼식에 가 보았던 경험을 발표해 볼까요? ■ 학습 활동 순서 안내한다. 학습 활동 순서 【활동1】 옛날과 오늘날의 결혼식 조사 발표하기. 【활동2】 옛날과 오늘날의 결혼식의 공통점과 차이점 찾아보기. 【활동3】 옛날과 오늘날의 결혼식 문제 풀기.	○ 결혼식에 가 보았던 경험 발표하기. ■ 학습 활동 순서 확인한다.		

전개	옛날과 오늘날의 결혼식	【활동1】 옛날과 오늘날의 결혼식 조사 발표하기		25′	▶ 발표자료
		■ 조사한 내용 발표한다. ○ 사전학습을 통해 모둠별 발표 주제에 따라 조사를 했을 것입니다. ■ 모둠별 발표를 보고 느낌 발표한다. ■ 옛날, 오늘날, 다양한 결혼식 사진을 제시한다.	■ 조사한 내용 발표한다. ○ 옛날에는 이렇게 결혼을 했데요(역할극). ○ 오늘날에는 이렇게 결혼을 하고 있어요(역할극). ○ 오늘날의 다양한 결혼식(자료 발표) ○ 옛날과 오늘날 결혼식? (인터뷰) ■ 모둠별 발표를 보고 느낌 발표한다. ■ 모둠별 발표한 것과 비교하며 본다.		☞ 학생들이 자신감 있고 명확하게 발표할 수 있도록 한다. ▶ PPT자료
	옛날과 오늘날의 결혼식 비교	【활동2】 옛날과 오늘날의 결혼식의 공통점과 차이점 찾아보기.			
		■ 옛날과 오늘날의 결혼식 공통점을 찾아보게 한다. ○ 모둠별로 발표한 것과 사진자료를 참고하여 옛날과 오늘날의 결혼식의 공통점은 무엇일까요 ■ 옛날과 오늘날의 결혼식의비교표 제시하고 정리해 준다.	○ 옛날과 오늘날의 결혼식 공통점 찾아본다. ○ 공통점은 신랑신부 맞절, 결혼서약, 주례선생님, 하객 등이 있습니다. ○ 차이점은 혼례복, 이동수단과 결혼식을 하는 장소입니다. ○ 비교표를 보며 옛날과 오늘날의 결혼식 다른 점 파악한다.		▶ 비교정리표 ▶ 개인별 보드판 ☞개인별로 문제를 풀 수 있도록 한다.
	스피드 퀴즈 (개별)	【활동3】 옛날과 오늘날의 결혼식 문제 풀기			
		■ 결혼식 순서 및 상징과 관련된 단답식 문제 제시한다.	■ 결혼식과 관련된 문제를 풀어 보면서 결혼식에 대해 배운 내용을 확인한다.		
정리	학습정리 〈전체〉 차시 예고	■ 학습 내용 정리한다. ○ 결혼식 순서를 확인한다. ○ 오늘날의 결혼식 형태는 달라지고 다양해졌어도 달라지지 않은 점은 무엇일까? ○미래의 결혼식은 지금의 모습과 비교하면 어떻게 될까요? ■ 차시 학습 안내한다. ○ 이번에 선생님이 제시하는 사진 속에 다음 시간 공부할 주제가 담겨 있습니다. 어떤 주제인지 알아맞혀 볼까요? ○ 모둠별로 장례와 제례 조사해 오게 하기.	○ 결혼식 순서를 확인한다. ○ 결혼에 담긴 마음, 가족의 큰 행사입니다. ○ 결혼식은 두 사람이 결혼해서 행복하게 살라고 축복해 주는 것입니다. ○ 변한지만 의미는 달라지지 않을 것입니다. ■ 차시 학습 알아본다. ○ 장례와 제례입니다. ○ 장례와 제례 조사하기.	7′	▶ 카드자료 ▶ PPT자료

나) 판서 계획

```
2 - (2) - ① 우리 고장의 문화

(학습문제)
옛날과 오늘날의 결혼식을 비교하고 말해 보자. 모둠 발표하기
【활동1】옛날과 오늘날의 결혼식 조사 발표하기 1모둠 - 옛날결혼식(역할극)
【활동2】옛날과 오늘날의 결혼식의 공통점과 차이점 찾아보기 2모둠 - 오늘날 결혼식(역할극)
【활동3】옛날과 오늘날의 결혼식에 관한 퀴즈 문제 풀기 3모둠 - 다양한 결혼식(자료발표)

4모둠 - 옛날과 오늘날의 결혼식
(인터뷰)
```

다) 본시 평가 계획

① 평가 관점

ⓐ 결혼식에 참석했거나 보았던 경험을 발표할 수 있는가?

ⓑ 조별 과제에 적극적으로 참여하는가?

ⓒ 옛날과 오늘날의 결혼식의 모습을 비교하고 공통점과 차이점을 알고 있는가?

ⓓ 시대가 바뀌어도 결혼식의 근본정신은 바뀌지 않음을 이해하는가?

ⓔ 결혼식의 의미를 이해하는가?

② 평가 방법

ⓐ 관찰 평가

• 발표 참여와 수업 참여도를 관찰을 통해 평가 기록한다.

ⓑ 지필 평가

• 모둠 토의 학습지를 통하여 평가를 한다.

옛날과 오늘날의 결혼식

제3학년 (   ) 반 (   ) 번 이름(   )

1. 오늘날과 옛날의 결혼식을 비교하여 봅시다

구 분	옛날의 결혼식	오늘날의 결혼식
순 서		
옷차림		
장 소		
배우자를 구하는 방법		
결혼식에 쓰이는 물건		
옛날과 오늘날의 같은 점		

2. 옛날과 오늘날의 결혼식에서 변하지 않는 것을 적어 보자.

[설문지]

옛날과 오늘날의 결혼식 설문지

1. 전통 혼례를 책이나 TV, 또는 실제로 본 적이 있습니까?

(N = 18)

구 분	있 다	없 다	계
인원(명)	16	2	18
백분율	88.9%	11.1%	100%

2. 위의 1번 문항에서 있다고 답한 경우, 보았다면 어디서 보았습니까?(중복 가능)

구 분	책	TV	실 제	기 타	계
인원(명)	4	13	8	·	25
백분율	16%	52%	32%	·	100%

3. 옛날결혼식 순서를 잘 알고 있습니까?

구 분	알고 있다	모른다	계
인원(명)		18	18
백분율		100%	100%

4. 현대식 결혼식을 책이나 TV, 또는 실제로 본 적이 있습니까?

구 분	있 다	없 다	계
인원(명)	´18	·	18
백분율	100%	·	100%

5. 위의 문항에서 있다고 답한 경우, 보았다면 어디서 보았습니까?(중복 가능)

구 분	책	TV	실 제	기 타	계
인원(명)	·	·	18	·	18
백분율	·	·	100%	·	100%

종합 정리

1. 주요 개념

주요 개념 및 키워드

- 교재 연구, 교재 재구성, 수업방법
- 전시 학습, 선수 학습, 후속 학습
- 강의식 학습, 탐구 학습, 문제 해결 학습, 토의·토론 학습
- 프로그램 학습, 관찰·조사 학습, 발표 학습
- 수업 프로그램, 교수자 변인, 학습자 변인, 환경 변인
- 재생 발문, 추론 발문, 적용 발문
- 핵심 판서, 학습 지도(과정)안 형식, 과제 분석, 차시 예고
---

2. 탐구 문제

1) 사회과 교재 연구에서 가장 중점을 두어야 할 사항(Point)에 대하여 설명해 보시오.

2) 사회과의 수업에서 전시 학습, 선수 학습, 후속 학습을 구분하여 설명하고 각각의 특징을 약술(略述)해 보시오.

3) 교사 중심 교수·학습 방법과 학생 중심 교수·학습 방법의 특징을 제시하고, 세부 학습 기법을 열거해 보시오.

4) 사회과 수업의 교사 변인, 학습자 변인, 환경 변인 등에 대해서 구체적으로 설명해 보시오.

5) 사회과 수업에서 교사의 발문 기법 중 재생 발문, 추론 발문, 적용 발문 등을 사례를 들어 설명해 보시오.

6) 사회과 수업(교수·학습)의 교수·학습 지도(과정)안을 작성하고 과제 분석을 해 보시오.

Chapter 13
사회과 교육학 핵심 요약
(Summary)

☙ 사회과 교육의 정의

사회과 교육은 사회현상을 올바르게 인식하고, 사회지식 습득과 사회생활에 필요한 기능을 익히며, 민주 사회 구성원에 요청되는 가치와 태도를 지님으로써 민주시민으로서의 자질을 육성하는 교과이다.

☙ 사회과 교육의 목표

사회현상에 관한 기초적 지식과 능력은 물론, 지리, 역사 및 제 사회과학의 기본 개념과 원리를 발견하고 탐구하는 능력을 익혀 우리 사회의 특징과 세계의 여러 모습을 종합적으로 이해하여 다양한 정보를 활용하여 현대 사회의 문제를 창의적이며 합리적으로 해결하고, 공동생활에 스스로 참여하는 능력을 기른다.

☙ 사회과 교육과정 개정의 배경

(1) 정보화, 세계화, 개방화 사회의 도래에 따른 시민적 자질, 지식관, 학생관, 교육관의 변화
(2) 사회과 교육 자체의 문제점 해결 요구
  ① '민주시민의 자질 육성'의 목표를 달성하고자 하는 데 방법, 내용의 합의 부재
  ② 사회현상의 올바른 이해→ 통합적인 관점과 다양한 시각 필요
  ③ 내용량 과다(過多)→ 탐구 지향적 학습 저해

④ 사회과 가치교육 소홀

→ 공공선, 바람직한 가치관을 수립할 수 있는 능력 요구

⑤ 평가의 적절성 문제: 지식 중심, 결과 중심, 양적인 평가

→ 지식, 기능, 가치·태도 종합, 과정중심, 질적인 평가(탐구기능, 고급사고력 중시)

🍎 사회과 교육과정 개정의 기본방향

(1) 정보화, 세계화, 개방화 시대의 사회변화를 주도할 시민적 자질의 육성에 역점.

　① 정보의 폭증에 대처할 정보의 수집, 처리, 활용 능력

　② 객관적인 정보와 가치 준거에 따른 합리적 판단과 의사결정 능력, 문제 해결 능력

　③ 복잡하고 다양한 가치관에 대한 개방성과 창의적 사고

　④ 자기 주도적 학습 능력

　⑤ 인간의 존엄성, 타인과의 인간관계를 중시하는 도덕성

　⑥ 시민으로서의 권리와 의무를 다하며 공공선을 추구하는 정신(시민으로서의 책임과 권리의식)

　⑦ 사회문제에 대한 관심과 그 해결을 위해 능동적으로 참여하는 능력(사회참여 능력)

　⑧ 한국인의 문화적 정체성과 공동체를 위해 헌신하고자 하는 태도

　⑨ 지구촌적 관점에서 세계 문제를 이해하고 해결하려는 개방적인 세계시민의 자질

(2) 학습자 중심의 수준별 교육과정을 추구.

(3) 시민의 함양 교과로서의 통합성과 사회과교육의 계통성 간의 조화를 추구.

(4) 교육과정의 지역화를 구현, 지구촌 사회적(Global society) 관점 반영.

🍎 사회과 교육과정 개정의 중점

(1) 사회의 변화를 반영하는 측면: 정보화, 세계화, 개방화 사회가 요구하는 새로운 시민적 자질을 교육과정 각 구성 요소에 반영

(2) 교육과정 운영의 측면(★가장 큰 차이점): 수준별 교육과정 – 학습자의 능력,

흥미, 요구 등을 존중하여 내용을 기본과정과 심화과정으로 구분하여 제시

(3) 내용의 제시방식 측면(★처음 제시):

① 과거: 단원별 주제, 주제 요소의 제시에 그침

→ 기본적 지식, 기능과 이익 습득을 위한 학습 활동을 결합한 성취 목표의 형태로 제시, 성취 기준형식으로 제시

② 인식의 전환 반영: 내용을 가르쳐야 할 주제의 범위 제시

→ 학습하여야 할 목표 제시

(4) 내용 선정 측면: 학생의 자기 주도적 학습, 탐구 지향적 학습이 가능하도록 최소 필수내용 선정(내용량 크게 감축)

(5) 교수·학습 측면

① 구성주의 학습 환경 강조

② 개별학습, 자기 주도적 학습, 체험학습, 협동학습 강조

(6) 평가 측면: 자기 주도적 평가, 수행평가

🍎 사회과 교육과정의 특징

(1) 내용상

사회과는 지리, 역사 및 제 사회과학의 개념과 원리, 사회제도와 기능, 사회문제와 가치, 연구 방법과 절차에 관한 요소를 통합적으로 선정, 조직하여 사회현상을 종합적으로 이해, 탐구한다.

(2) 방법상

다양한 탐구 방법을 활용하여 학습자 스스로 학습하는 기회를 제공하고 흥미와 관심을 고려하여 개개인의 수준에 적합한 경험을 제공하는 효율적인 교수·학습 전략을 사용한다.

🍎 효율적인 교수·학습 전략

(1) 탐구 지향적 수업

(2) 자기 주도적 학습

(3) 수업의 개별화

(4) 수준별 교육과정

(5) 협동 학습의 활용

● 사회과 교수 · 학습 방법

(1) 학습자가 사회현상에 대한 흥미와 관심을 넓히고, 인간생활과 사회현상의 원리를 발견하며, 이를 실생활에 적용할 수 있도록 한다. → 개념화 학습

(2) ① 교사의 수업 계획: 사회과학의 일반적 지식→ 개념 → 구체적 사실과 사례 확인

② 학습자의 수업 과정: 구체적 사실, 문제 → 개념 → 일반화 획득(발견학습, 탐구학습, 문제 해결 학습, 개념학습)

(3) 사회현상에 대한 종합적인 인식을 위하여 통합적인 교수 · 학습 방법을 강조한다.

(4) 학습 내용에 적합한 주제와 문제를 중심으로 단원을(문제 해결 단원, 탐구 단원) 재구성한다.→ 주제와 문제 중심의 통합교육과정 구성(프로젝트 학습, 신문 활용 학습)

(5) 학습자의 흥미와 능력의 차이를 고려한 수준별 교육과정을 실시한다.

→ 심화 · 보충형 수준별 교육과정

(6) 사회과 핵심지식의 이해와 탐구기능 및 고차적 사고력의 신장을 위해 탐구수업 등의 다양한 수업기법 활용, 적절한 탐구 장면 설정, 다양한 발문 기법을 활용한다.

→ 지식, 이해, 적용, 분석, 종합, 평가에 관한 질문을 적절히 섞어서 한다.

(7) 탐구 지향적 수업을 내실화하기 위해 탐구 주제 또는 문제의 해결에 적합한 교수 기법과 활동을 활용한다.

→ 질문, 조사, 토의, 관찰 및 면담, 현장 견학, 자원 인사 초빙, 모형 제작, 실험, 역할 놀이와 시뮬레이션 게임

(8) 다양한 교수 · 학습 자료를 활용한다. → 지도, 도표, 영화, 통계, 신문, 방송 등

(9) 수업의 개별화(문제 중심 학습 과정과 동일)와 소집단 협동 학습(집단 구성원으로서의 책무성, 참여의식, 타인에 대한 존중 협동심)의 장점을 살려 민주시민의 자질을 육성한다.

(10) 학습자가 수업 목표, 계획, 진행 과정을 분석, 평가하는 데 참여하게 하여

수업을 스스로 구성해 갈 수 있도록 한다. → 자기 주도적 학습

(11) 정보화 사회에 적극 대응하기 위해 요구되는 정보처리 기능과 창의적 사고력의 신장을 위해 신문 활용 교육(NIE), 컴퓨터 보조 학습 프로그램(CAI), 인터넷 활용 교육(IIE)을 적극 활용한다. → 학습자 중심, 문제 중심 교육환경 마련

(12) 민주 시민적 자질 함양과 지역사회 참여 의식 고취 방안으로 각종 사회 문제에 관한 시사 자료와 지역사회 자료를 교재화하여 지도한다.

(13) 민주시민교육, 환경교육, 성교육, 통일교육, 경제교육, 근로정신 함양 교육, 민족문화 정체성 교육, 국제 이해 교육, 대중 매체 교육 등을 관련 단원에서 비중 있게 다루도록 한다. → 범교과 학습

● 사회과 교육과정의 평가

(1) 평가는 목표, 내용, 교수·학습 방법과의 일관성이 유지되도록 한다.

(2) 평가는 교육의 한 과정이라는 것을 고려하여 개개인의 학습과정과 성취수준을 이해하고, 발달을 돕는 차원에서 실시하며(절대평가, 목표지향평가), 가능한 한 결과를 상호 비교하거나 등급화하는 것을 지향한다.

(3) 수준별 교육과정의 정신에 따라 학습자 각자의 진도와 성취도 변화가 평가되도록 한다.

(4) 탐구 지향적 수업, 사고력 신장을 위한 수업의 과정과 결과에 대한 평가가 유용하도록 과정평가, 수행평가의 관점을 기초로 평가한다.

(5) 다양한 평가 방법을 활용한다. → 지필평가, 면접, 체크리스트, 관찰, 포트폴리오

(6) 종합적, 균형 있는 평가를 한다. → 지식 영역, 기능과 가치·태도 영역
   ① 지식 영역: 사실적 지식의 습득 여부, 기본 개념·원리·일반화의 이해 정도
   ② 기능 영역: 정보의 획득 및 활용 기능, 탐구 기능, 의사결정 기능, 집단참여 기능
   ③ 가치·태도 영역: 바람직한 가치와 합리적 가치의 내면화 정도, 가치의 분석 및 평가 능력

(7) 평가 결과는 학습자들의 학업 성취 수준, 학습자들의 학습 능력, 교수·학습 방법의 적절성, 진단 평가 등에 활용한다.

🍎 2007년 개정 교육과정 총론

① 목표: 자기 주도적 학습 능력 배양(국민공통기본교육과정 운영)

② 특징: 학습자 중심의 교육과정＝수준별 교육과정을 통한 학습의 개별화＋자기 주도적 학습

③ 교수·학습 방법: 학습자 중심의 교수·학습 방법 (탐구학습, 토론학습, 토의학습, 체험학습, 협동학습)

④ 평가: 과정평가, 수행평가, 절대평가

⑤ 인식론(교수학습관): 구성주의(構成主義)

(1) 성 격

① 국가 수준의 공통성과 지역, 학교, 개인 수준의 다양성을 동시에 추구하는 교육과정

② 학생의 자율성과 창의성을 신장하기 위한 학생 중심 교육과정

③ 교육청과 학교, 교원, 학생, 학부모가 함께 실현해 가는 교육과정

④ 학교교육 체제를 교육과정 중심으로 개선하기 위한 교육과정

⑤ 교육의 과정과 결과의 질적 수준을 유지, 관리하기 위한 교육과정

(2) 특 징

① 포괄적인 교과 목표를 학생 중심으로 제시

② 교과 학습 내용은 '학습자의 경험의 질'을 중시하여 최저 필수 학습 요소를 중심으로 선정·조직, 학습 분량 대폭 감축 조정

③ 통합 교과 개념의 재정립: 교과 간 통합→ 활동 중심 주제에 의한 통합적인 운영

(3) 편성·운영상의 특징

① 국민 공통 기본 교육과정의 도입

② 수준별 교육과정의 도입

③ 재량활동의 신설 및 확대

④ 고교 제2~3학년 선택 중심 교육과정 도입

⑤ 질 관리 중심 교육과정 개념 도입

⑥ 교과군 개념의 도입

⑦ 창의성 정보 배양 능력의 중시

⑧ 이수 과목 수를 축소, 교과별로 학습 내용의 최적화

🍎 수준별 교육과정

학습자의 능력, 적성, 필요, 흥미에 대한 개인차를 고려하여 교과 내용의 양과 수준을 적정화한 교육과정으로서 학습의 개별화를 도모하여 학습자의 자기 주도적 학습 능력을 신장시키고 교육의 효율성을 극대화하기 위한 것

(1) 수준별 교육과정을 도입한 이유

① 학생 개개인의 성장 잠재력과 교육의 효율성을 높이기 위하여 도입

② 학생의 필요, 능력, 적성, 흥미에 대한 개인차를 최대한 고려

(2) 심화 · 보충형 수준별 교육과정을 도입한 이유

① 교과의 내용이 다양한 종류의 과목이나 영역으로 구성

② 교수학습 과정에서 학습 진단 구성원 간의 능력의 개인차가 그리 심하게 작용하지 않음

③ 학년별로 교육과정을 편성 · 운영

(3) 선택 중심 교육과정을 도입한 이유

① 학생의 능력, 흥미 및 장래 진로를 반영

② 전문화된 교육을 위한 준비 과정의 성격

(4) 종 류

단계형 수준별 교육과정: 수학(1 – 10학년), 영어(7 – 10학년)

심화 · 보충형 수준별 교육과정: 국어(1 – 10학년), 영어(3 – 6학년), 사회(3 – 10학년), 과학(3 – 10학년)

과목 선택형 수준별 교육과정: 고등학교 2학년

심화 · 보충형 수준별 교육과정

① 전체 학습자를 대상으로 한 기본과정(중간수준, 배당된 시간의 약 80%)과 학습자의 학습 속도(성취 수준)를 감안한 심화 · 보충과정(배당된 시간의 약

20%)으로 구분된다.

② 심화과정의 학습자(상위 수준의 학생)에게는 고차적 사고의 기회(추리, 분석, 적용, 종합, 평가를 통해 학습 능력 수준 높임)를 보다 강화한다.

③ 보충과정의 학습자(하위 수준의학생)에게는 기본과정의 학습결손을 보충할 기회(단순 암기, 이해를 통해 학습 능력 수준 낮춤)를 제공한다. → 교사는 시간 확보에 노력

● 자기 주도적 학습

교사와 교과서 중심의 획일화된 주입식 교수·학습 방법에서 탈피하여 학생 개개인이 자신의 능력에 따라 속도와 수준을 조절해 가며 하는 학습이다.

(1) 학습자 스스로 학습 욕구를 진단하고

(2) 학습 목표를 설정하고

(3) 학습 목표 달성에 필요한 학습자원을 확보하여

(4) 적합한 학습 전략을 선택, 실행하며

(5) 성취한 학습결과를 스스로 평가함으로써 학습해 가는 과정

● 반성적 사고 모형

생활에서 직면하는 문제를 해결하기 위하여 '반성적 사고력'을 기르는 것을 사회과 교육에서 가장 중요시한다.

(1) 장점: 현대 사회의 상황으로 보아 가장 적절한 모형

(2) 단점: 사회과학적 지식의 체계가 소홀히 될 우려가 있고, 내용의 실체보다 방법론에 치우친다.

● 반성적 사고력

주어진 문제를 현실적으로 파악하고 논리적으로든 경험적으로든 증명할 수 있는 객관적 타당성과 증거에 의해 결론을 도출해 내는 사고방법

(1) 장점: 경험적인 증거 또는 논리적인 법칙에 의해서도 결론을 내릴 수 있기 때문에 인지적인 문제뿐만 아니라 정의적인 문제를 생각하는 데에도 중요한 도움이 된다.

(2) 한계: 사회과 교육의 목표를 행동적으로 세분화하여 구체적으로 표현하는 데
　　　　　는 미흡하다.

● 사회과의 본질 3유형

(1) 시민성 전달로서의 사회과(1950년대)

　① 중심입장: 교사 중심

　② 지향하는 인간상 – 충성심을 가지고 규범을 내면화한 시민

　③ 철학적 · 사회적 배경 – 항존주의(恒存主義), 본질주의(本質主義)

　④ 목 표

　– 충성심, 존경심, 국가 수호 의지 등

　– 사회 구성원으로서의 가치, 역할, 신념, 습득, 의무감, 책임감, 준법정신 등

　⑤ 내 용

　– 전통가치와 신념

　– 고전, 교양 강조

　⑥ 방 법

　– 획일적, 권위적, 교화적

　– 전통가치의 주입과 문화유산의 선택적 전달

　– 전달 의도를 가진 교사에 따라 다양한 방법 적용.

　⑦ 한계점

　– 기능주의적 관점에 입각 → 가치는 시간적, 공간적 제약이 있음

　– 기존 사회의 경제 문화적 재생산 메커니즘을 간과

　– 가치, 즉 전달하는 내용은 누가 결정한 것인가?

(2) 사회과학으로서의 사회과(1960년대): 신사회과(New Social Studies)

　① 중심입장: 내용중심

　② 지향하는 인간상

　– 꼬마 과학자 육성(사회과학 탐구)

　– 사회과학자의 탐구 모형을 따르는 시민

　③ 철학적 · 사회적 배경

- 과학적 실증주의
- 학문 구조주의
- 보루너(Bruner)의 '교육의 과정(Process of Education)'
- Sputnik(구소련 인공위성) 발사 충격 → 생활중심 교과 운영에 대한 비판
④ 목 표
- 사회과학적 지식과 사고방식 습득.
⑤ 내 용
- 학문의 지식과 구조의 내용 각 분과(사회과학 분야)의 내용
- 개념 및 법칙
⑥ 방 법
- 사회과학 각 분과의 분석 방법
- 사회과학자의 지식 습득 과정과 동일한 방법
⑦ 한계점
- 지나친 구조에의 집착
- 지식의 규범적, 정치적 성격과 사회관계에 대한 의문
- 사회과학적 지식만으로 훌륭한 시민성이 함양되는가?(사회과의 특성이자 한계)

(3) 반성적 탐구로서의 사회과(1970년대)
  ① 중심입장: 학생, 방법 중심
  ② 지향하는 인간상
  - 사회적 적응력이 있는 사회생활인
  ③ 철학적 · 사회적 배경
  - 실용주의, 사회문제의 심화시기
  ④ 목 표
  - 비판적, 반성적, 과학적 사고능력
  - 문제 해결력
  - 합리적 의사결정 능력의 배양
  ⑤ 내 용
  - 시사문제

- 현실적인 사회문제
- 지역사회문제
- 논쟁점
⑥ 방 법
- 가치 분석, 명료화
- 지식 획득과정 중시
⑦ 한계점
- 매우 추상적, 불명료성
- 원칙에 대한 애매하고 상이한 해석으로 인한 논란
- 교사에게 지나친 능력 요구
- 기본적 불변 가치(인간의 존엄성, 정의, 평화)의 유지, 전달에의 부적합성
- 학교 조직과 수업 운영에의 어려움

♣ 1980년대 이후의 사회과 교육
① 인지적 구성주의의 입장에서 학습모형이 개발(정보처리모형의 발달과 개념학습, 고급사고력 학습)되고, 의사결정학습모형이 강조.
② 수많은 학문적 영역과 생활문제의 영역에서 문제를 발견하여 다양한 교육 자료를 구성한다(하나의 문제를 여러 학문적 관점에서 통합하여 고찰→ 주제 중심의 접근)
③ 참다운 인간의 사랑과 타인에 대한 봉사를 강조하는 친사회적 가치나 윤리, 타인에 대한 사랑과 봉사의 윤리가 강조

♣ 경험 중심 교육과정
교육과정은 아동들의 필요와 욕구에서 출발해야 하고, 생활경험 그 자체가 되어야 한다고 주장
(1) 장 점
① 아동(학습자)의 학습동기를 높임
② 수업에 적극적으로 참여하게 함
③ 학습생활과 실제생활이 밀접하게 연관되게 함

④ 학습의 다양한 경험을 통해서 전인교육의 목표에 이를 수 있도록 함

(2) 단 점

① 교사의 수업준비가 철저하지 않으면 실패하기 쉬움

② 학습자들의 적극적인 태도와 풍부한 학습 자료가 있어야 성공할 수 있음

③ 문화유산(지식)의 습득 경쟁사회인 오늘날 같은 사회에서는 보편화하기 어려움

🍎 학문 중심 교육과정

교육 내용의 조직과 관련해서는 사실, 개념, 법칙 등 지식의 구조에 따라서 조직해야 한다는 교육과정의 구조화를 주장했다. 교수·학습 방법에서는 학습자가 학습하는 가운데 스스로 원리를 발견하고 응용하도록 한 발견이나 탐구학습을 주장함

(1) 장 점

① 교과를 구성하고 있는 사실, 개념, 법칙, 등의 기본적인 내용을 구조적으로 파악하므로 전체적인 내용을 이해하기 쉽다.

② 기억이 오래 지속되고 전이가치가 높다.

③ 고등지식과 초보지식 사이의 간격을 좁힐 수 있다.

④ 어려운 개념이나 이론도 학습자의 발달단계에 따라 교육할 수 있다.

⑤ 추상적 사고력과 지적 수준을 높이는 데 적합하다.

(2) 단 점

① 교육 내용으로 선택해야 할 사회과의 시설, 개념, 법칙 등에 대해서 학자들과 교육자들의 의견이 일치되지 않아 결정하기가 어렵다.

② 교육현장 교사들이 준비가 덜 되었을 때는 이론과 현실(실천) 사이에 괴리가 나타나기 쉽다.

③ 학생들의 학습 의욕이 왕성하고, 적극적으로 수업에 참여해야 한다.

④ 학습 자료가 많아야 발견학습이나 탐구수업의 효과가 나타난다.

🍎 나선형 학제적 개념 교육과정

기본 개념과 원리를 중심으로 이를 반복하면서(계속성) 발달단계가 높아짐에 따

라 질적 심화, 양적 확대(계열성)가 이루어지는 입체적 나선 조직이다.

(1) 개념을 가르칠 때 하나의 개념을 수준을 달리하여 여러 번 가르치기 때문에 이해가 심화되고 추상적인 사고발달에 도움이 된다.

(2) 관련되는 몇 개의 학문 영역에서 개념을 관련시켜 가르치기 때문에 개념을 종합적으로 살펴볼 수 있도록 하여 학습에 더욱 효과적이다.

🍎 교사가 제작한 단원

사회과 교과서는 표준적인 기준을 제시하지만, 교사가 직접 제작한 단원은 교과와 학생이 흥미와 시기적 상황을 고려하여 단원을 개발하여 수업을 할 수 있다.

(1) 장점: 시기에 잘 맞게 구성할 수 있다.

(2) 단점: 보편성이 적고, 교사 개인의 편견이 개입될 경우 바람직하지 않은 결과를 초래할 수도 있다.

🍎 통합교육과정

(1) 사회과가 종합적, 통합적 성격과 구조를 가져야 하는 이유

① 사회과 교육을 통해 육성하려는 시민적 자질이 종합적이고 복합적인 성격을 띠고 있다.

② 사회과의 탐구 대상인 사회, 또는 사회문제 자체가 역시 종합적인 시각에서 파악되지 않으면 안 된다.

③ 사회인식이란, 사회적 사실, 현상의 계열화, 구조화에 대한 이해를 통해서 가능해지기 때문이다.

④ 사회과 교수를 통해 성취하려는 학습자의 인식, 사고 체계의 재구성은 개별과학의 계통적 지식만으로는 불가능하기 때문이다.

(2) 한국 사회과의 통합교육의 정당성

① 민주시민으로서의 바람직한 자질을 기르는 데 통합적 접근이 효율적이다.

② 미래 사회에 대비하는 인간을 길러 내는 데 긴요하다.

③ 학생들의 요구와 지적 발달을 고려하는 데 적절하다.

(3) 장 점

① 보다 종합적인 시각을 갖출 수 있다.

② 고급사고력, 가치, 태도를 학습하는 데 효과적이다.

③ 학습의 중복을 막고, 학습의 부담을 덜 수 있다.

④ 학문적 영역과 실제 생활을 연계시키면, 적합성이 높은 교육과정으로 구성할 수 있다.

(4) 단 점

① 학문적 지식의 깊이가 소홀해질 수 있다.

② 교사들이 거부감을 가질 수 있다.

③ 통합교육과정 자체가 구성하기가 어렵다.

❤ 정보처리이론 및 인지적 구성주의와 과거 발달이론과의 차이점

과거의 발달단계이론은 주로 학생들의 학습이나 인지적 발달을 단계별로 분류하는 데 관심을 가졌으나, 정보처리 이론은 스키마 이론을 중심으로 하여 학생들에게 어떤 스키마를 만들어 줄 것인가, 현재 학생들은 어떤 스키마를 가지고 있는가, 어떤 경우에 스키마는 수정되는가 등에 관심을 가진다. 따라서 이전의 지식과 실천이 분리되는 문제를 해결하고자 한다.

❤ 수업 모형의 목표

교육학적·심리학적 이론을 기반으로 해서 수업목표, 수업자료, 수업 진행 방법, 평가방법 등을 제시하여 효율적인 수업을 하도록 한다.

❤ 사실의 학습 시 유의할 점

(1) 사실은 사실 그 자체의 지식을 암기하게 하지 말고, 사실과 관련된 개념, 일반화 등의 맥락에서 이해하여 기억하게 해야 기억하기 쉽고, 그 기억이 오래 가며, 또 필요할 때 응용이나 활용하기 쉽다.

(2) 학생들이 수업시간에 기본적인 사실을 자주 사용하게 함으로써 그들이 기억을 오래할 수 있게끔 하는 것도 중요하다.

◉ 개념학습 모형

(1) 개 념

개념은 학습자가 관찰한 것을 어떤 기준에 의해서 비슷한 것끼리 묶어서 이름을 붙인 추상적인 언어 표현이다(관찰→ 범주화→ 명명).

(2) 유용성

① 높은 차원의 독창적, 추상적 사고가 가능하다.

② 많은 대상들을 어떤 기준에 의해 분류하여 이해하기 때문에 훨씬 더 많은 분량을 이해할 수 있다.

③ 개념학습을 통해 비판적 사고력, 의사결정력 등의 고급사고력을 향상시킬 수 있다.

(3) 수업 모형

가) 속성모형(고전모형)

개념에는 속성(사물을 집단별로 분류하게 하는 기준이 되는 특징)을 중심으로 가르쳐야 한다.

① 장 점

ⓐ 논리적이고 비교적 간단하여 많은 개념 설명에 적합하다.

ⓑ 인간의 인지적 활동과정에 맞다.

② 단 점

ⓐ 어린 학생들은 속성을 추상화하기 어렵다.

ⓑ 어떤 개념들은 명확한 속성을 찾아내기가 어렵다.

ⓒ 어떤 개념들은 공통적인 특징과 또 다른 특징을 가지고 있다.

③ 순 서

문제 제기→ 속성 제시와 정의→ 결정적 속성과 비결정적 속성 검토→ 예와 예가 아닌 것 검토→ 가설 검증→ 개념 분석→ 관련 문제 검토→평가

나) 원형모형

개념을 가르칠 때에는 원형을 중심으로 가르쳐야 한다고 보고 있다.

① 장 점

    ⓐ 속성이 뚜렷하지 않아 고전모형으로 개념을 충분하게 설명하기가 어려운 경우나 비슷한 공통점을 가진 동위개념을 설명할 때 적합하다.

    ⓑ 특징이 모호하여 개념의 이해가 불분명한 경우, 대표성이 희박한 경우에 유리하다.

② 단 점

    ⓐ 일반화나 추상화하기가 어렵다.

    ⓑ 하나의 범주에 속하는 예들이 왜 집단성을 갖는지, 왜 비슷하게 보이는지에 대한 설명력이 약하다.

③ 순 서

문제 제기 → 원형 또는 예 제시 → 예가 아닌 것 제시 → 속성 검토 → 개념 분석 → 관련 문제 검토 → 평가

다) 상황모형

어떤 사회적·문화적 환경에서 학생이 직접 겪은 경험이나 기대, 행동 등을 중심으로 개념을 가르치려고 하는 개념학습의 한 방법이다.

① 장 점

    ⓐ 학습자의 구체적인 경험을 중시하여 개념을 이해하기가 쉽다.

② 단 점

    ⓐ 개념의 보편성을 이해하기 어렵다.

    ⓑ 추상화나 일반화에 제한이 따른다.

    ⓒ 속성모형이나 원형모형도 이러한 것을 전혀 다룰 수 없는 게 아니기 때문에 상황모형에 한계가 있다.

③ 순 서

문제 제기→ 상황 및 경험의 진술→ 예와 예가 아닌 것 검토→ 속성 검토→ 개념 분석→ 관련 문제 검토→ 평가

라) 원형모형과 예모형의 유사점과 차이점
① 유사점: 개념을 학습하는 데 있어서 예를 제기하여 학습하게 한다.
② 차이점(인지적인 면)
ⓐ 원형모형: 여러 가지 구체적인 예들을 대표하는 추상적이고 이상적인 원형을 구성하여 구체적인 사물과 비교함으로써 자극을 이해하려고 한다. 즉 개념을 가르칠 때 대표적인 예의 기본형을 중심으로 수업을 해야 한다는 수업방식이다.
ⓑ 예(例)모형: 실제로 존재하는 구체적인 예를 머릿속에 기억하여 그 범주, 즉 개념을 이해하게 되는 것이기 때문에 추상적인 원형보다는 구체적인 예를 가르쳐야 한다고 주장한다. 그 많은 예를 다 기억한다는 것은 문제가 있지만, 추상적인 사고력이 발달하지 않은 저급 학년 학생들의 개념 학습에서는 중요한 의미를 지닌다.

● 탐구학습모형
과학적 성과를 낳는 방법이나 과정을 탐구시킴으로써, 탐구라는 행동의 육성을 지향하는 학생 활동 중심 학습방법이다.

(1) 탐구학습모형의 절차
① 문제 제기
- 탐구활동의 지침이 될 수 있는 구체적이고 명확하며 간결한 과학적 질문 형태로 한다.
② 가설 설정
- 경험적인 분석이 가능한 형태로 서술되어야 한다.
③ 용어의 정의 및 개념화
④ 자료 수집
- 제1차적 자료와 제2차적 자료의 구분을 명확하게 해야 한다.

- 자료의 신뢰성과 타당도 등에 문제가 되지 않도록 정확하고 신중하게 해야 한다.
⑤ 자료 분석
- 통계적 분석방법에 의해 엄격히 진행되어야 한다.
- 표집방법에서 편견이 들어가지 않도록 해야 한다.
⑥ 가설 검증 및 일반화, 이론 도출
- 필요한 경우 가설을 수정한다.
⑦ 새로운 탐구의 시작

● 선행조직자 수업 모형

(1) 선행조직자
수업에서 학생의 이해를 쉽게 하고, 인지구조를 강화하기 위하여 수업이 시작될 때 제공되는 어떤 단서나 전체적인 구조를 의미한다.

(2) 선행조직자로 사용될 수 있는 것
　① 과거 학습의 회상
　② 관련 스키마의 제시
　③ 학습 내용의 위계적 도표
　④ 그림

(3) 장 점
　① 학생들의 능동적 활동을 유도한다.
　② 학습을 과거의 경험과 관련시켜 쉽게 이해하게 한다.

(4) 단 점
　① 적절한 선행조직자를 발견, 구성하기가 쉽지 않았으며, 있다 해도 의견의 일치를 보기가 어렵다. 또한 그것을 학습과 연결시키는 것 역시 힘든 과제이다.
　② 선행조직자에 치중하다 보면 내용 중심 수업, 교사 중심의 수업이 될 수 있다.

☙ 문제 해결 학습 모형

학생이 생활에서 직면하는 구체적인 문제와 사회적 요구를 결합한 문제를 해결하는 동적 학습 활동이다.

☙ 정의적 수업 모형(사회과의 가치지도)

(1) 가치지도의 대두 배경(가치지도의 중요성)

인간은 생활하는 중에 여러 가지 문제를 해결하게 되는데, 모든 행동은 가치와 관련이 있다. 그리고 급속한 변동 속에서, 사회의 여러 영역에서 갈등이 나타나기 쉽다. 가치관의 갈등은 개인을 비롯한 사회의 안정을 저해하는 중요한 요인이기 때문에 가치관 교육의 중요성이 대두되고 있다.

(2) 가치지도의 방법

가) 언어적 교훈주의

바람직하다고 생각되는 가치를 학생들이 가지도록 언어적인 방법으로 가치를 지도한다.

① 장 점
  ⓐ 쉽고, 간단하다.
  ⓑ 교사의 권위를 높이 인정하면서 교사의 영향력이 큰 초등학교 저학년에서 매우 효과적이다.

② 단 점
  ⓐ 학생들이 가치갈등을 경험하고, 딜레마를 느낀다.
  ⓑ 들을 때에는 알지만 시간이 경과하면 잊어버리기 때문에 태도 형성, 가치관 형성에는 비효과적이다.
  ⓒ 학생들에게 대안적 가치를 허용하지 않고, 깊이 생각할 수 있는 기회를 주지 않는다.

나) 도덕추론법(지적 발단단계 접근법, 가치 추론법)

학생들의 도덕성이 발달하는 단계에 따라 가치판단을 할 수 있는 도덕적 판단 능력을 길러 주려고 하는 방법이다. 구체적 행동을 지시하기보다는 일반적인 판단 능력을 기르고 그런 능력에 따라 학생 자신이 구체적 행동을 선택하는 것을 원칙으로 한다.

다) 가치명료화 접근법

어떤 가치를 주입하려고 하는 것이 아니라 학생들이 가지고 있는 가치가 무엇인지 명백하게 하여 자신이 선택한 가치를 소중히 여기며, 가치와 일관성을 가지고 행동하는 것을 중요시하는 가치지도 방법이다.

① 장 점

ⓐ 개인의 자유와 가치를 존중하면서도 가치관의 확립, 가치관과 행동의 일관성을 지도할 수 있다.

ⓑ 출발점에서 문제가 되고 있는 가치가 무엇인지 명백히 해 준다.

ⓒ 스스로 가치갈등을 해결하고 자기가 선택한 가치를 내면화(소중히 여김)하는 것을 도와준다.

② 단 점

ⓐ 개인의 자유를 너무 중시한 나머지 교사의 지도적 역할이 소극적이다.

ⓑ 학생의 가치를 학급에서 발표하게 하는 행위는 개인의 자유를 침해할 수 있다.

라) 가치 분석적 접근법

개인이 특수한 가치를 선택할 때 논리성과 이유를 충분히 밝히고, 가능하다면 증거도 제시하도록 요청함으로써 가치관 확립을 도우려는 가치지도 방법이다. 이런 과정 속에서 학생들은 자기가 선택하는 가치의 정당성을 발견하고 효과적으로 가치의 내면화를 이룰 수 있다.

마) 타인보호와 감사의 윤리

① 개 념

ⓐ 콜버그(Kohlberg)식 도덕교육이 너무 논리성만을 강조하여 인간적인 윤리를 소홀히 하였다.

ⓑ 자기 자신을 다른 사람의 입장에서 인간관계와 감정을 이해할 수 있게 하

는 것이다.

 ⓒ 다른 사람을 보호하고 사랑하며 감사하게 생각하는 윤리를 교육해야 한다
고 주장한다.

② 교수방법

 ⓐ 감정이입 훈련, 역할 유의, 모의 학습 등

 ⓑ 문학, 예술교육 등 심미적 내용이 더 강조

바) 타인 봉사의 윤리와 친사회적 행동

① 타인 봉사의 윤리

타인 봉사의 윤리는 다른 사람에게 해를 주지 않고 오히려 그들의 행복을 위해서 돌보아 주는 것을 중요시하는 윤리이다.

② 친사회적 행동

친사회적 행동은 사회규범에 맞는, 그리고 다른 사람들의 복지를 증진시키는 가치관과 행동을 일컫는다.

③ 주장근거

 ⓐ 주입식 교육의 한계

 ⓑ 가치 명료화 방법이 개인의 자유를 너무 허용한다는 비판

 ⓒ 콜버그(Kolhberg)식 가치관이 공정성은 강조하지만 인간의 사랑과 인간관계
의 만남을 소홀히 한다는 비판

④ 친사회적 행동의 함양

 ⓐ 자기 자신이 사랑을 받고 자라나는 경험

 ⓑ 친사회적 행동을 하는 모범적 인물의 관찰과 그 모방

 ⓒ 가정, 학교, 지역사회국가, 국제사회 등에서 친사회적 행동을 하는 실천의 기회

(3) 교사의 역할

특정한 가치를 획일적으로 강조하는 것은 금물이지만, 국가와 사회의 발전 또는 개인과 사회의 관계에서 바람직하다고 생각되는 가치를 학생들이 내면화하고 발전시킬 수 있도록 하기 위하여 교사의 민주적인 지도력이 요망된다. → '공정한 지도형'

(4) 가치교육현장 지도의 유의점

① 가치의 현실적 해석

② 교사의 지도적 역할

③ 관련 교과 및 가정, 학교, 지역사회의 협조

④ 다양한 자료의 활용

(5) 가치명료화 모형과 가치분석 모형의 차이점

가) 가치명료화 모형 선택하는 가치의 논리성을 밝히는 데 중점을 두지 않는다.

나) 가치분석 모형

① 가치의 논리성과 정당성을 충분히 변호할 수 있는 것(증거)을 중시한다.

② 가치지도를 위한 교사의 역할은 가치명료화보다 더 적극적이다. → 바람직하다고 생각하는 가치를 강요해서는 안 된다.

🍎 의사결정 모형

의사결정력은 선택이 가능한 여러 개의 대안 중에서 자기가 추구하는 바람직한 목표에 적합한 어느 하나를 합리적으로 선택하는 것이다.

(1) 중요시되는 배경

① 오늘날 우리가 살고 있는 사회가 급속하게 변화하기 때문에 매 순간마다 의사결정을 해야 할 뿐만 아니라 그 결과는 우리의 일생에 많은 영향을 미친다.

② 민주주의사회에서는 정책 선택이나 결정의 문제에 국민이 직접 참여하기 때문에 개인적으로뿐만 아니라 사회적으로도 중요하다.

(2) Banks의 의사결정 모형

① 문제 제기

② 사회 탐구: 지식을 경험적으로 증명하여 필요한 지식을 획득한다(문제 제기 → 가설 설정 → 용어의 정의 및 개념화→ 자료 수집 → 자료의 평가와 분석→ 가설의 검증 → 일반화와 이론 도출→ 새로운 탐구의 시작)

③ 가치 탐구: 관련 가치의 명료화(가치문제 제기 → 가치 관련 행동 서술→ 행동과 관련된 가치의 확인 및 서술→ 가치 갈등 확인 → 가치의 원천 서

술→ 대안적인 가치의 서술→ 대안적 가치의 결과 예측 및 검토→ 가치
선택→ 선택한 가치의 이유, 원천, 결과 서술, 정당화 및 예측)

④ 의사결정: 대안 검토와 결과 예측

⑤ 행 동

● 논쟁문제수업 모형

사회적으로 찬성과 반대의 의견으로 나누어져 있고(그 결정이 개인에게 영향을
주는 것으로 그치지 않고, 사회의 다수와 관련되어 있으며), 여러 대안 중에서 어
느 하나를 선택해야만 하는 논쟁적인 공공문제에서 어느 하나의 입장을 합리적으
로 선택하고, 그러한 선택을 옹호할 수 있는 능력을 기르는 교수방법이다. → 사회
의 다수와 관련, 의견이 찬반 양립, 정답의 불확실성

(1) 장점: 사회의 다양한 가치를 존중한다.

(2) 단점: 사회의 기본적 가치를 옹호하므로 보수적이라고 비판을 받는다.

(3) 하버드모형(법리모형, 윤리 · 법률모형)

① 제기된 문제에 대해서 '개념의 명료화→ 경험적 증거에 의한 사실의 증명→
가치 갈등의 해결' 등 세 가지 방법에 의해 문제를 해결하려고 시도하였다.

② 가치갈등 해결의 기준으로서는 윤리적 · 법률적 원칙과 가치를 기준으로 제
시했기 때문에 윤리 · 법률모형, 법리모형이라고 한다.

③ 사회의 기본가치는 도덕적 가치를 의미하며, 이것은 민주주의 사회에서 인
간의 존엄성을 가리킨다.

④ 다원주의 사회의 다양성을 인정하면서도 사회의 기본가치를 공고히 한다.

⑤ 사회의 기본적 가치를 중요시하여 비판의 대상에서 제외하였기 때문에 보
수적이라는 비판은 받지만, 오늘날까지도 논쟁문제의 결정판으로 그 가치
가 높이 평가되고 있다.

(4) 가치갈등 해결을 위한 기준

① 사회의 기본적 가치

- 그 사회의 역사와 전통에 비추어 대부분의 사람들이 공통적으로 가지고 있
다고 생각되는 이념을 말한다.

- 하버드 모형에서는 자기실현, 자유, 타인에 대한 사랑과 이해 등을 내용으로 하는 인간의 존엄성이 곧 기본가치라고 제시하고 있다.
- 사회의 기본 가치는 논쟁문제 교수에서 공고하게 옹호되어야 하고, 가치갈등의 분석에서는 해결을 위한 하나의 기준이 된다.
② 사회적 가치, 개인적 가치
③ 보편적 가치, 특수적 가치
④ 추상적 가치, 구체적 가치

(5) 교사의 역할: 신념을 가진 공정성

다양한 논쟁문제를 다양한 시각에서 학습할 수 있게 해야 하므로 교사가 교육적으로 바람직하다고 하는 방향에서 신념, 공정성을 가지고 지도하는 유형의 교사가 오늘날 우리 사회에서 가장 바람직하다고 볼 수 있을 것이다. 다양한 의견을 존중하되 바람직한 방향으로 학생이 가치관을 내면화하도록 지도한다. 이러한 역할은 학생들의 자주적인 사고를 격려하면서도 교사가 교육적으로 학생을 지도하는 것을 존중하는 것으로 민주주의 사회에서 가장 바람직하다고 볼 수 있다.

(6) 논쟁문제 교수모형의 교육적 중요성

① 진정한 민주시민의 육성을 위해서 필요하다. → 문제 해결력, 의사결정력, 창조적 사고력, 비판적 사고력, 분석적 사고력, 가치판단·가치관 확립 등
② 민주주의 사회에서 사회문제·공공문제는 시민의 적극적, 자율적, 자주적 참여로 해결 가능하므로 중요하다.
③ 개념 형성과 가치판단, 비판적 사고력 등 지적인 능력(지적 능력)을 향상시킬 뿐만 아니라, 다른 사람과 함께 토론하고 협동해 가면서 집단적으로 문제를 해결하는 사회적 기능(의사소통력, 상호협동력, 사회참여력) 향상에 도움을 준다.

(7) 논쟁문제를 교수하는 목적(기대되는 효과)

① 학생들이 사회적으로 제기되는 논쟁문제에 대해서 관련된 지식과 이론을 학습하고, 학생들 자신이 어떤 한 입장을 선택하고, 이를 정당화하고 옹호할 수 있는 능력을 갖도록 하는 데 있다.

② 사회문제 그 자체를 해결하기보다는 그 문제를 해결하기 위한 지적 분석 능력을 기르는 데 있다.

(8) 논쟁문제 수업을 위한 교수 단계
　① 문제 제기
　－ 이 문제가 말하고 있는 것은 무엇인가?
　－ 이 문제가 제기된 의도는 어디에 있는가?
　－ 왜 이러한 문제가 일어났는가?
　② 가치문제 확인
　－ 논쟁문제가 가치갈등의 문제가 되는 경우에는 가치갈등을 해결하는 방법에 의해서 해결하도록 한다.
　③ 정의와 개념의 명확화
　④ 사실 확인과 경험적 증명
　⑤ 가치갈등의 해결
　⑥ 비슷한 다른 경우와의 비교 분석
　⑦ 대안 모색 및 결과 예측
　⑧ 선택 및 결론
　－ 일관성이 있어야 하고, 자신의 선택에 대해 정당성을 밝힐 수 있어야 한다.

● 의사결정 모형 VS(對) 논쟁문제수업 모형

이 두 가지 수업 모형은 종합모형에 속하는 것으로서 문제 상황에서 합리적으로 사고하고 해결하는 능력을 기르는 데 목표를 두고 있다. 의사결정 모형은 사회과학적 탐구 과정과 가치 탐구 과정의 두 과정을 포함하고 있다는 것이 특징이고, 논쟁문제 수업 모형에서는 가치갈등의 해결에 주안점을 두고 있다. 두 모형 모두 대안 모색과 결과의 예측의 과정을 거쳐 결론에 도달한다.

🍎 사회과의 기능학습

(1) 사회과에서 중시되는 기능

    ① 의사소통기능

    ② 독해할 수 있는 기능

    ③ 정보의 수집·처리·조직·활용 능력

    ④ 사고의 기능

    ⑤ 가치판단에 관한 기능

    ⑥ 사회과학 탐구 기능

    ⑦ 집단기능 및 사회참여기능

(2) 현재 중시되는 기능

현대 산업사회로 오면서 단편적인 지식과 암기의 한계가 드러났고, 사고의 기능이 중시되면서 학생들의 자율적인 학습을 중요시하는 발견학습, 탐구학습, 토의학습 등이 강조되고 있다. 정보화 시대를 맞이하여 고급사고력에 관한 기능을 중요시하고 있으며 여기에 시간과 공간 등 역사와 자리에서 오는 기능을 강조한다.

(3) 집단에 관한 기능(집단기능)

    ① 민주주의 사회에서 개인과 집단의 관계가 중요시되면서 최근에 정치적 기능 또는 집단에 관한 기능의 학습문제가 관심을 끌고 있다.

    ② 집단기능은 개인과 집단의 관계를 원활하게 하면서 집단이 합리적으로 목적을 달성할 수 있도록 하는 개인의 기여를 의미하는 것이다.

    ③ 사람은 누구나 혼자 살아가지 않으면 집단생활을 통해서 필연적으로 서로 개인의 의견과 이해관계가 충돌하게 된다. 따라서 민주사회발전을 위해서는 여러 사람들이 서 로 의견을 나누고 합리적으로 결정하는 것이 바람직하다. 이는 민주주의 사회에서 개인과 사회의 발전 또는 집단이 당면한 문제를 해결하기 위하여 매우 중요하다.

    ④ 집단에 관한 기능에는 정치적 기능, 민주적 참여 기능, 사회참여기능, 참여기능(집단에의 효과적인 참여와 합리적인 결정을 핵심으로 한다.) 등이 있다.

● 협동학습모형

(1) 특 징

① 학업성적(지적)과 협동심 같은 태도 및 가치관 형성(정의적)에 있어서 개별 학습과 경쟁학습보다 효과적이다.

② 협동학습은 의사결정 학습처럼 명백하게 사회 탐구와 가치분석의 과정을 거치는 것보다는 지식, 가치 등 어느 것이나 다루면서 인지적 목표와 정의적 목표를 종합적으로 달성한다.

(2) 개별 학습, 경쟁 학습과의 차이점

① 집단목표의 달성(집단 보상)

② 집단 내에서의 개인의 책임수행(개별적 책무성)

③ 성공기회의 균등한 체험(성공기회의 균등성)

④ 집단경쟁

⑤ 전문화(전문가 집단)

(3) 직소우(Jigsaw) II

① 팀을 구성한다.

② 하나의 주제를 정하고, 다시 소주제로 나누어 팀원이 각각 분담한다.

③ 같은 주제를 맡은 학생들이 모여 전문가 집단을 구성한다.

④ 소주제 연구가 끝나면 다시 소속팀으로 돌아가 다른 구성원들에게 연구 결과를 교수한다.

⑤ 팀원들은 이 학습을 기초로 전체 문제에 대한 형성평가를 치른다.

⑥ 평가결과에 따라 집단보상을 실시하여 학습 의욕을 최대화한다.

● 설명식 수업과 발견학습

(1) 설명식 수업

교사가 중심이 되어 강의, 질문, 연습문제 풀이, 학생의 이해수준 확인 등으로 학생들을 적극적으로 수업에 참여하도록 한다. → 교사주도형 수업

가) 장 점

① 교사의 우수한 자질의 강의로 체계적, 조직적으로 교육 내용이 전달된다.

② 조직적인 수업 진행이 가능하다.

③ 풍부한 학습 자료를 사용한다.

나) 단 점

① 학생들이 수동적으로 머무를 가능성이 크다.

② 단순한 사실의 수업, 낮은 차원의 질문에 더 적합하다.

(2) 발견학습

학습들이 주도적으로 교과의 원리를 이해하고, 그것을 응용하여 문제를 풀이하는 과정으로 수업을 진행한다. → 학생 중심의 수업

가) 장 점

① 학생들이 적극적으로 수업에 참여한다.

나) 단 점

① 학생들이 높은 참여 동기를 가지고 있지 않을 경우 수업이 잘 진행되지 않는다.

② 수업 진행시간이 오래 걸린다.

● 토의학습(토론식 수업)

여러 사람이 공동으로 관심을 가지고 있는 문제에 대하여 서로 의견을 말하고 들으면서 문제의 해결을 모색하는 수업 형태이다. 사회과에서 권장하는 수업으로 민주시민 훈련 시에 가장 효과적인 기법이다.

(1) 장 점

① 민주시민의 자질 양성에 크게 기여한다.

② 학생들의 태도, 가치변화에 기여한다.

③ 집단의식 형성이 가능하다.

④ 원리 이해를 뛰어넘어 가치, 태도 형성 및 행동의 변화까지 유발한다.

(2) 단 점

① 토의의 초점이 흐려지기 쉽다.

🍎 역할놀이(유희)

학생들에게 다른 사람의 역할을 경험하게 함으로써 학습효과를 높이려는 새로운 학습방법으로 인지적인 내용의 학습보다 정의적인 내용에 효과적인 학습방법이다.

(1) 장 점
① 학생들이 흥미를 가지고 적극적으로 참여한다.

(2) 단 점
① 흥미에 치우쳐 사고력 향상을 저해할 우려가 있다.
② 사전에 철저한 준비가 없으면 비효과적이다.

(3) 유의사항
① 사전에 충분하고 철저하게 준비하고, 진지한 학생들의 수업태도가 요구된다.
② 교사의 수업의 구조화 계획이 중요하고, 그에 따른 평가도 중요하다.

🍎 모의학습

실제의 상황을 모의적으로 만들어서 게임을 통해서 진행하면서 학생들이 문제를 해결해 보는 일종의 게임 형태의 수업이다. 사건이나 문제, 상황 등을 실제로 재연하거나 새로 만들어서 실제상황처럼 진행한다. 극화학습이라고도 한다.

(1) 장 점
① 학생들이 흥미를 가지고 적극적으로 참여한다.
② 학생들이 다른 사람의 입장에서 생각할 수 있게 한다.
③ 실제의 어려운 상황을 모의적으로 체험하여 문제를 해결해 보도록 한다.
④ 배운 지식이 오래간다.
⑤ 사고력이 향상된다.
⑥ 의사소통능력이 향상된다.
⑦ 협동심이 향상된다.

(2) 단 점
① 모의 상황의 가정하에 이루어지는 수업으로 현실적인 상황의 단순화가 어렵다.
② 수업준비에 많은 시간이 소요된다.

③ 자료가 제한적이다.

(3) 유의사항
   ① 모의학습의 대상으로 하는 문제나 상황을 정확히 인식한다.
   ② 모의 학습의 목적을 명확하게 인식한다.
   ③ 역할에 대해 명확하게 인식한다.
   ④ 연기자들이 따라야 할 규칙이나 한계를 명확하게 서술한다.
   ⑤ 모의학습에 대한 평가를 한다.
   ⑥ 모의학습과정을 요약·정리한다.

🍎 고급사고력(High level thinking)

고급사고력은 새로운 상황에 직면했을 때 단순한 암기나 과거에 자기가 행동하던 방법을 넘어서서, 독창적으로 문제를 해결하려고 하는 정신작용을 뜻한다. 고급사고력에는 탐구력, 의사결정력, 창조적 사고력, 비판적 사고력, 메타인지 등이 있다. 고급사고력은 현대 사회의 복잡성과 불확실성 때문에 최근 강조되고 있다.

(1) 고급사고력의 공통적인 특징
   ① 복잡성과 다양성이 있다.
   ② 통합성, 일관성, 통일성이 있다.
   ③ 증거에 의해 논의를 한다.
   ④ 질적으로 우수하다.
   ⑤ 광범위한 응용성을 가지고 있다.

(2) 고급사고력의 종류

가) 탐구력

가장 기본적인 것으로 문제 해결을 위한 능력과 같은 뜻으로 쓰이며, 문제가 무엇인지 발견하고, 그 문제 해결을 위한 가설을 설정하고, 자료를 수집·분석하여 해결 방법을 스스로 찾아내는 사고력을 말한다.
   ① 반성적 사고력의 대표적인 형태로 논리성과 과학성을 기본으로 한다.
   ② 교사의 일방적인 수업이 아니라 문제를 스스로 해결하기 때문에 학습자의 능

동적 · 적극적 참여와 조력자로서의 교사의 역할이 중요하다.

나) 의사결정력

선택이 가능한 여러 개의 대안 중에서 자기가 추구하는 바람직한 목표에 적합하도록 어느 하나를 합리적으로 선택하는 것이다.

① 필요한 정보를 충분히 가지고 있어야 한다. → 탐구력에 의해서 사회과학이 창조한 지식을 획득하는 탐구의 과정을 거친다.

② 의사결정은 바람직한 가치를 무엇으로 보느냐에 따라 크게 영향을 받는다. → 가치탐구의 과정을 필수적으로 요청한다.

③ 가능한 모든 대안을 나열하고, 대안을 선택하였을 때 나타나는 결과를 충분히 예측한다. → 장 · 단점 검토하여 대안을 결정하고, 행동으로 실천한다.

다) 창조적 사고력

어떤 문제에 부딪히거나 자기가 경험하지 않은 새로운 상황에 직면했을 때 과거와는 다른 새로운 방법으로 문제를 해결하거나 상황을 변화시키려고 하는 지적인 작용이다.

① 과거와는 다른 방법으로 새롭게 상황을 만들어 낸다.

② 새로움과 독창성을 그 본질로 과거의 연구를 바탕으로 하여 창조적 사고력을 함양하게 한다.

③ 자유로운 사고, 융통성, 독창성, 치밀한 연구력이 요청된다.

라) 비판적 사고력

어떤 사물, 상황, 지식 등의 순수성, 정확성 여부, 허위인가 진실인가 등을 평가하는 정신적인 능력, 즉 이성적 판단을 의미한다. 단순히 단점을 지적하는 것이 아니라 완전성과 진리를 추구하는 데 목적이 있으며 개방화의 사회과 교육에서 매우 중요한 인지적 능력이다.

① 사실과 가치의 구분

② 자료의 신뢰성 확인

③ 근거에 의한 서술의 정확성

④ 주제에 대한 자료의 관련성 확인

⑤ 편견 확인

⑥ 숨겨진 가정 확인

⑦ 논리적 모순 발견

⑧ 근거 있는 주장과 그렇지 못한 주장 구분

⑨ 논쟁이 될 만한가의 판단

마) 메타인지(Meta Cognitive)

자신이 사고하고 있는 것이 잘되고 있는 것인지 어떤지, 탐구 과정에서 어떤 오류가 없었는지를 다시 사고하고, 잘못되고 있다면 어떻게 해야 잘되게 할 수 있는지 등을 반성하는 정신적 작용이다(초인지 작용).

① 사람의 사고는 완벽할 수 없으며, 개방적인 사회에서 새로운 증거가 나타나면 사고는 바뀔 수 있다.

② 오늘날과 같이 복잡하고 불확실한 사회에서는 인간의 사고 전체를 볼 수 있는 메타인지를 강조하고 학습하는 것이 중요하다.

바) 교사는 학생들의 고급사고력 함양을 위해 고급인지 질문을 많이 하여 고급사고력을 자극하는 것이 바람직하다. 저급인지 질문과 고급인지 질문을 함께 섞어서 질문하는 것이 고급사고력 함양에 더 큰 도움을 준다.

🍎 사회과 평가의 최근 경향

최근 고급사고력이 강조됨에 따라 사회과의 목표를 행동적으로 진술하고 교과를 사회과학의 개념과 법칙에 따라 구조화하는 것과 함께 과학적 탐구력, 창조적 사고력, 의사결정력 등과 같은 고급사고력을 향상, 평가하는 것에 관심을 갖고 있다.

(1) 목표의 행동적 표현

(2) 구조 및 고급사고력 중심의 평가

(3) 가치교육 평가에 대한 관심

(4) 주관식 평가 강조

🍎 수행평가

학생 스스로가 자신의 지식이나 기능을 나타낼 수 있도록 답을 작성하거나, 발표하거나, 산물을 만들거나, 행동으로 나타내도록 요구하는 평가 방식이다.

(1) 수행평가 도입의 필요성, 배경, 이유

① 21세기 지식·정보화 사회에 대비할 필요성

② 학교교육의 정상화를 도모하여야 할 필요성

③ 교육의 수월성(효율성)을 도모하여야 할 필요성

④ 진리관·지식관·학습관의 변화에 따른 새로운 교육과정에 부응하여야 할 필요성

(2) 수행평가의 특징

① 수행평가는 학생이 문제의 정답을 선택하게 하는 것이 아니라, 자기 스스로 정답을 작성하거나 행동으로 나타내도록 하는 평가방식이다.

② 수행평가는 추구하고자 하는 교육 목표의 달성 여부를 가능한 한 실제상황 파악에서 파악한다.

③ 수행평가는 교수학습의 결과뿐만 아니라 교수·학습의 과정도 함께 중요시하는 평가 방식이다.

④ 수행평가는 단편적인 영역에 대해 일회적으로 평가하기보다는 학생 개개인의 변화·발달 과정을 종합적으로 평가하기 위해 전체적이면서도 지속적으로 이루어지는 것을 평가.

⑤ 개개인을 단위로 해서 평가하기도 하지만, 집단에 대한 평가도 중시한다.

⑥ 수행평가는 학생의 학습과정을 진단하고 개별학습을 촉진하려는 노력을 중시한다.

⑦ 학생의 인지적인 영역뿐만 아니라 학생 개개인의 행동발달 상황이나 흥미, 태도 등정의적인 영역 그리고 체격이나 체력 등 심동적인 영역에 대한 종합적이고 전인적인 평가를 중시하는 평가방식이다.

⑧ 수행평가는 기억, 이해와 같은 낮은 사고능력보다는 창의, 비판, 종합과 같은 고등사고력의 측정을 중히 여기는 평가방식이다.

- 교수·학습 결과뿐만 아니라 과정도 중시한다.

- 학생 개개인의 변화, 발달과정을 수시로 관찰, 면담하여 누가적으로 기록한다.

- 학생의 인지적, 정의적, 심동적인 영역에 대한 종합적, 전인적 평가가 중시된다.

- 교육 목표의 달성 여부를 가능한 한 실제상황에서 파악한다.

(3) 수행평가의 장점, 의의
① 수행평가 활동은 '인지적 평가'뿐만 아니라 '실제 적용력'이 평가의 중요한 요소이므로 평가 본래의 취지에 맞는 평가가 이루어질 수 있게 한다.
② 교수·학습의 과정을 개선하기 위해 개인의 특성이나 상황을 충분히 고려한 평가를 할 수 있게 해 준다.
③ 여러 측면의 지식이나 능력을 지속적으로 평가할 수 있는 장점이 있다.
④ 학습자 개인에게 의미 있는 학습활동이 이루어지도록 한다.
⑤ 교수학습 목표와 평가 내용을 보다 직접적으로 관련이 있도록 해 준다.
⑥ 교육 평가의 과정이 학생의 학습과 이해력을 직접적으로 조장할 수 있도록 해 준다.
⑦ 창의성, 고등 사고 기능에 대한 평가나 학습의 과정에 대한 평가를 하기에 적합하다(고급사고력 신장).

(4) 수행평가의 문제점
① 시간적·공간적 제약이 따르며, 비용이 많이 든다.
② 평정자의 편견이나, 비일관적 기준에 의해 오류를 범하기 쉽다.

(5) 전통적 평가와 수행평가의 비교

〈표 37〉 전통적 평가와 수행평가의 상호 비교

구 분	전통적 평가체제(사지선택형)	새로운 평가체제(수행평가)
평가대상 (사고능력)	▲ 암기하고 있는 지식의 양 (낮은 수준의 암기, 이해력)	▲ 비판적·창의적 사고력 (고등정신능력, 고급사고력)
평가 대상 (지식의 종류)	▲ 결과로서의 지식	▲ 과정으로서의 지식 + 결과로서의 지식
평가 방법	▲ 선택형 지필검사	▲ 그 외의 다양한 방법
평가 상황	▲ 인위적인 시험상황	▲ 실제상황이나 유사모의 상황
평가 방법의 성격	▲ 간접적(검사 위주)	▲ 직접적(관찰 위주)
진리관	절대주의적 진리관	상대주의적 진리관
철학적 근거	합리론 경험론	구성주의, 현상학 해석학, 인류학 등
시대적 상황	산업화 시대(소품종 대량생산)	정보화 시대(다품종 소량생산)

구 분	전통적 평가체제(사지선택형)	새로운 평가체제(수행평가)
학습관	직선적, 위계적, 연속적 과정 추상적, 객관적 상황 중시, 학습자의 기억, 재생산	인지구조의 계속적 변화 구체적, 주관적 상황 중시, 학습자의 이해 성장 중시
평가 체제	상대평가, 양적 평가	절대평가, 질적 평가
평가 목적	선발, 분류 배치 ⇒ 한 줄 세우기	지도, 조언, 개선 ⇒ 여러 줄 세우기
평가 내용	명제적 지식(내용적 지식) 결과중시, 학문적 지능의 구성 요소	절차적 지식(방법적 지식) 과정중시, 실천적 지능의 구성 요소
평가 방법	선택형 평가위주, 표준화검사 중시 대규모 평가 중시, 일회적·부분적인 평가 객관성, 일관성, 공정성 중시	관찰자 판단 위주 개별 교사에 의한 평가 중시 지속적·종합적 평가 전문성, 타당도, 적합성 강조
평가 시기	학습활동이 종료되는 시점 교수·학습과 평가활동 분리	학습활동의 모든 과정 교수·학습과 평가활동 통합
교사 역할	지식의 전달자	학습의 안내자, 촉진자
학생 역할	수동적인 학습자, 지식의 재생산자	능동적인 학습자, 지식의 창조자
교과서 역할	교수·학습평가의 핵심, 내용	교수·학습평가의 보조, 자료
교수학습 활동	교사중심, 인지적 영역 중심 암기 위주, 기본학습 능력 강조	학생 중심, 지·정(덕)·체 모두 강조 탐구 위주, 창의성 등 고등사고 기능 강조

🍎 사회과 성격 규정 어려움

① 오랜 역사성(100여 년)

② 배경학문의 다양성

③ 목표의 추상성

④ 교육 결과의 구체적 유용성 불분명

🍎 사회과 성격 규정을 위한 접근방법

① 교과 구조적 측면

② 역사적 측면

③ 유형적 측면

④ 비교 접근적

- 교과 구조적 측면: 중핵교과(본질교과)

지식의 유형을 중시

```
┌── 문화적 지식: 일반적이고 상식적 지식
│              * 헤르비르트: 실질도야론
│                로크: 형식도야설
│                손다이크: 동일요소설
├──기초적 지식: 3R'S 학교교육에서 가장 비중이 큼(읽기, 쓰기, 셈하기)
├──교양적 지식: 인격과 연결
└──구조적 개념적 지식: 학교에서만 획득
                 - 전이적, 설명적, 방법적 지식
```

ㅇ 지식의 구조
  ① 사실적 지식
  ② 개념적 지식
  ③ 규범적 지식

－ 역사적 측면: 사회과의 성립과 전개
  • 국가 사회적 요구→ 충성심, 책임감, 참여의식 등
  • 교육적 요구→ 사회문제 해결 능력을 갖춘 시민 육성
  • 학술적 요구→ 사회과학적 지식
  듀이: 경험주의 교육관 영향

－ 유형적 측면(목표를 중심으로)
  ① 올리버의 유형화

```
┌─지혜적 접근                       ┐ 내용 중시
├─사회과학으로서의 접근              ┘
├─조화로운 인간 형성을 위한 사회과
├─위대한 국민상 접근을 위한 사회과
├─법리적 탐구지향의 사회과 → 올리버의 주장 ┐ 방법 중시
└─시민적 행동접근                           ┘
```

🍎 사회과의 양면적 성격

주체 중시: 도덕중심 – 가치, 태도 – 방법 – 개방적(가치중립)

객체 중시: 과학중심 – 지식(이론) 중시 – 내용 – 폐쇄적(국가주의 덕목)

🍎 한국의 사회과: 객체 중심, 내용 중시, 태도형성 중시(가치지향, 목표 설정)

② 앵글의 2대 분류

- 기준 ┌ 내용 – 분과적 성격
      └ 방법 – 통합적 성격

┌ 단순화된 사회과학으로서
│ 사회과
│   ┌ 통합형
└ 시민적 자질 육성을   │
   목적으로 하는 사회과 ├ 교화형: 올리버의 위대한
                         │   국민성 정립의 사회과
                         │
                         └ 의사결정 과정형: 올리버의 법리 구조
                                           탐구의 사회과

- 의사결정 과정(Glenn)
- 문제 → 사실관계와 가치관계 → 합리적 의사결정

③ 바아, 바스, 셔미스

┌ 시민성 전수로서의 사회과
│ (올리버 ①, ③, ④ 앵글 교과형)
│
├ 사회과학적 사회과
│ (올리버 ② 앵글 사회과학을 단순화시킨 사회과)
│
└ 반성적 탐구로서의 사회과
   (올리버 ⑤ 앵글 의사결정 과정형)

- 비교 접근법

* 사회과란 사회생활과 경험, 사회과학적 성과(내용)를 교수·학습(지도)함으로써 사회는 올바르게 인식(구체적 목표)하고 나아가 민주시민적 자질육성(궁극적 목표)에 이르게 하는 교과이다.

* 사회과의 성격 – 본질교과, 시민교육과, 통합교과, 방법중심 교과 등
  사회과의 특성 – 실용성, 응용성, 통합성, 방법성, 시사성, 탐구성 등

🍎 사회과에서의 시민성

- 사회과의 근본적 교육 목표: 올바른 시민의 육성과 자질의 개발
① 시민성의 두 측면

┌ 내용으로 보는 관점: 규범적 기준에 따라 해야 할 행위와 하지 말아야 할 행위 제시(훌륭한 시민 육성)

└ 형식으로 보는 관점: 문제 발생 사태에서 문제를 해결하는 데 요구되는 절차나 원리 등을 적용할 수 있는 지적 능력을 시민성으로 보는 입장(문제 해결 능력 함양)

- 두 측면은 상보적(相補的)이며, 변증적 관계(배타적 관계 아님)
② 세계화와 시민성
  • 현대 사회의 특징 – 정보화, 세계화, 분산화, 세계화, 지식 기반 사회에서의 시민성 등
③ 다중시민성

동일한 개인에게 서로 다른 수준의 시민의 지위가 중층적으로 주어지는 것, 시민성 간의 관계가 어떻게 되느냐에 따라 시민으로서 한 개인이 따라야 할 행위의 표준이 좌우됨

┌ 부정론: 시민은 한 국가의 시민으로 존재

└ 긍정론: 세계시민성 입장

④ 세계시민교육(Lynch)
  • 발달교육, 환경, 인권, 평화, 다문화 이해, 국제이해 교육 등
⑤ 세계시민성 함양을 위한 학습 요소 범주(Neater)

─ 지식: 사실, 이해, 개인적 역할 등

─ 가치: 자기이해, 타인 배려, 가치존중 등

─ 기능: 판단, 의사소통, 행동 등

🍎 민주시민성 구성 요소

- 인간 존중, 자율성, 준법성, 합리적 의사결정, 개방성 등

🍎 바아, 바스, 셔미스 사회과(교육) 3전통

① 시민성 전달 모형

② 사회과학으로서의 사회과

③ 반성적 탐구로서의 사회과

🍎 넬슨 & 마이클리스 사회과 교육 본질에 관한 5가지 모형

① 문화유산전달 모형

② 사회과학 모형

③ 반성적 탐구 모형

④ 사회비판 모형

⑤ 개인발달 모형

🍎 사회과의 목표

학습자의 지적 인지 창조(인지, 사실, 개념, 일반화) → 이해의 목표

사고의 과학적 인식(탐구의 방법, 과정) → 기능의 목표

정의적 목표(가치·태도) → 가치 탐구의 측면

① 지식의 목표

┌───┐
│ - 사실, 개념, 일반화   │
│   * 브루너(지식의 계층⇒ 사실 → 소개념 → 중심개념→ 기본개념→ 일반화) │
│   구체적   ⇔   추상적   │
└───┘

② 기능(학습 능력)의 목표

• 학습 능력이란 사회 탐구 능력

• '학습하는 방법을 학습'하는 것을 중요시

③ 정의적 목표
- 가치·태도의 획득 과정, 즉 가치 탐구의 단계에 중점

🍎 **사회과가 기여해야 하는 학교교육의 목표**
- 훌륭한 시민적 자질 육성
- 가치 있는 가족 구성원으로서의 자질 육성
- 윤리적 특성 육성
- 직업상의 우수성, 여가 사용능력 육성

🍎 **올리버의 유형화**
① 지혜로운 인간 형성을 위한 접근법 → 사회과학 성과로서의 지식의 전달
② 사회과학적 접근법 → 사회과학자들이 사회현상에 대해 연구하는 것과 같이 이론의 증명 과정이나 사회현상의 인과적 설명 방법 중시
③ 조화로운 인간 형성을 위한 접근법 → 함께 생활하는 태도의 육성, 조화로운 인간관계 형성을 위한 가치와 방법
④ 위대한 국가·사회상 정립을 위한 접근법 → 기본적 인간 문제나 사회문제를 적극적으로 해결할 수 있는 주도적 참여 중시
⑤ 시민적 행동 발달을 위한 접근법 → 시민적 자질의 육성
⑥ 법리적 접근법 → 쟁점을 둘러싸고 있는 갈등이나 논쟁문제를 분석하고 판단 하는 능력

🍎 **앵글 → 기본적으로 시민적 자질 육성**
① 단순화된 사회과학으로서 사회과
② 시민교육으로서의 사회과
  - 통합 사회과
  - 교화주의 사회과
  - 의사결정 과정을 중시하는 사회과

✿ 브루 베이커, 사이먼, 윌리엄

① 학생 또는 아동 중심 사회과

② 사회정치적 참여 중심의 사회과

✿ 교육 목표의 이원분류

┌ 인지적 영역: 지식, 기능(능력)

└ 정의적 영역: 가치(행동적, 절차적, 실질적)

　　타바 – 교육 목표를 행동적으로 서술해야 함.

✿ 사회과의 목표요소

- 일차적 목표: 시간, 공간, 사회 인식
- 이차적 목표: 종합적 사회 인식
- 궁극적 목표: 인간 형성과 시민적 자질 육성(바람직한 인간 육성)

✿ 사회과 내용 ┌ 사회과학(사회과의 교과 내용학)
　　　　　　　　└ 사회생활, 경험, 문제, 쟁점

✿ 교육 내용의 수평적 조직원리

① 스코프(scope): 특정한 시점에서 학생들이 배우게 될 내용의 폭과 깊이를 가르친다. 즉 어떤 시점에서 학생들이 배워야 할 내용이 무엇이고 그것들을 얼마나 깊이 있게 배워야 하는가를 결정(내용의 범위)

② 통합성: 교육 내용 관련성을 바탕으로 관련 있는 내용들을 서로 연결하여 제시하는 것

✿ 교육 내용의 수직적 조직 원리

① 계열성(Sequence): 교육 내용을 배우는 순서를 결정하는 것

선수 학습 혹은 인지발단 단계에 기초를 두고 교육 내용이 이전 내용보다 점차 깊이와 넓이(폭)를 더해 가도록 전개

　– 연대순 방법, 단순→ 복잡, 전체 → 부분, 논리적 선행 요소 방법

- 추상성 증가에 의한 방법, 학생의 발달에 의한 방법
② 수직적 연계성: 이전에 배운 내용과 앞으로 배울 내용의 연계
③ 계속성: 학습경험의 요소를 반복적으로 경험할 수 있도록 연계

🍎 학습경험의 조직방법
① 논리적 배열: 전통적 배열 방법으로 각 교과의 논리적 체계에 따라 배열(교과 중심 교육과정에서 많이 사용)
  → 학생의 필요나 흥미 무시한다는 비판
② 심리적 배열: 학생의 생활경험을 바탕으로 흥미를 가지고 학습하고 이해할 수 있도록 친근한 것에서 영역을 확대하는 방법(경험 중심 교육 교육과정에서 많이 사용)
③ 절충법: 논리적 배열 + 심리적 배열

🍎 내용 선정의 기준
① 철학적·학문적 관점 – 사회생활이나 사회과 교육의 바탕이 되는 가치관 및 신념
  * 니콜스(타당성) 내용 선정 원칙
② 사회·문화적 관점 – 사회의 공공목표와 요구(의미성)
③ 심리적 관점 – 학생의 흥미와 요구(흥미성), (학습가능성)

🍎 내용 선정의 구체적 원리
① 목표와의 일관성 원리
② 범위와 수준에 따른 균형성의 원리
③ 다른 교과와의 횡적 관련성 유지의 원리
④ 학습 편의성의 원리
⑤ 내용 적용상 탄력성의 원리
⑥ 내용의 전이성 원리
⑦ 계속성 반복성의 원리
⑧ 탐구정신 반영의 원리

🍎 마시알라스(Massialas) 내용 선정 원칙

① 적절성: 학생의 일상적 상황 속에서의 관심 영역과 관련된 주제

② 반추: 학습지로 사고 자극.

③ 행동: 학습할 내용이 사회적 행위까지 연결.

④ 현실성: 생활 주변의 사회 사상, 사회 현상

⑤ 이해의 깊이: 인간의 본질적 문제에 대한 깊이 있는 이해

🍎 내용 조직상의 구체적 원리

① 공간인식 발단단계의 원리

② 시간인식 발단단계의 원리

③ 과학적, 논리적 사고단계의 작용 원리

④ 점진적, 학문체계화의 원리

⑤ 집단 융화의식의 단계적 적용 원리

🍎 통합교육과정

→ 학생의 흥미, 주요 개념, 문제, 이슈, 사건, 주제 등을 보다 더 명확히 학습할 수 있도록 하기 위해 두 개 이상의 학문적인 영역에서 지식, 탐구 방법 등의 내용을 중심으로 사회과 교육과정을 구성하는 것.

🍎 사회과 통합의 필요성: 사회과의 특성 반영, 통합의 이점(利點) 기대

🍎 통합의 장점과 단점

① 장점: 폭발적으로 증가하는 학문적 지식을 연계하여 사회와 적합성이 높은 교육과정을 구성하여, 민주시민으로서의 고급사고력 및 태도, 가치 학습에 효율적이다.

② 단점: 학문적 체계가 흐트러질 위험성. 학습의 깊이가 상실될 우려가 있다.

● 통합의 유형

(1) 학문적 형태

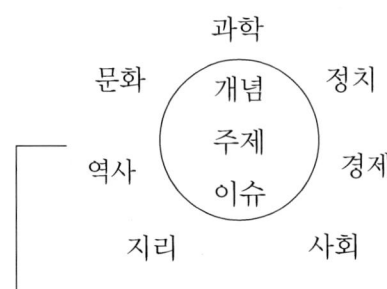

- 다학문적 접근: 결합의 정도가 가장 낮은 것으로 서로의 독립성을 유지하면서 하나의 문제를 이들 학문의 입장에 고찰
  → 다양한 학문을 관련시킬 수 있지만 학문의 독립적 위치가 그대로 살아 있다는 점에서 진정한 통합으로 보기 어려움(지식)

- 간학문적·학제적 접근: 2개 이상의 학문을 기초로 각 학문의 공통적인 개념, 주제, 문제, 고급사고력, 탐구기술 등의 유사성을 추출하여 공통적인 요소로 학습 내용을 구성하는 방법.

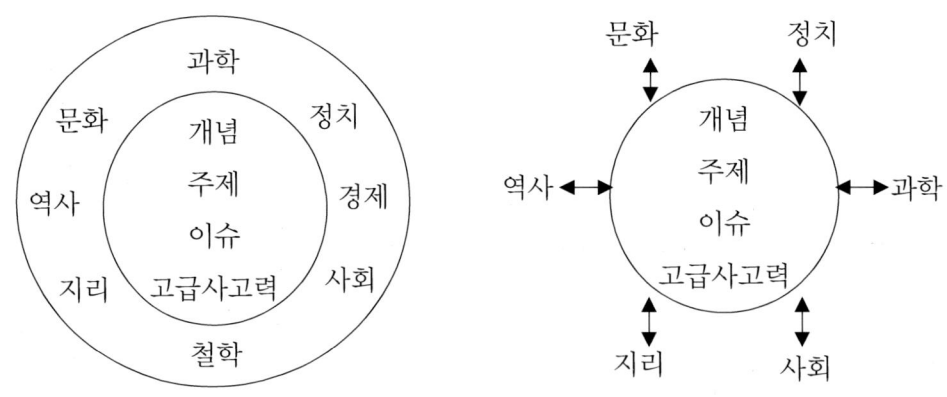

- 초학과적·탈학문적 접근: 여러 가지 학문적 배경을 기초로 하지만 이들 학문의 개별적, 독립적 영역을 초월하여 사회과에서 관심 있는 주제·문제·기능 등을 중심으로 조직하는 방법

→ 완전 통합에 가까우나 어떤 학문에도 근거하지 않는 새로운 개념과 일반화를 만들어 내야 한다는 점에서 실현되기 어렵다(문제 해결력)

(2) 기타의 형태

① 광역형: 가장 초보적 형태의 통합

② 상관형: 교과 사이 경계 유리, 관련 있는 요소를 중심으로 이웃한 교과끼리 관련을 맺어 분과주의의 문제점을 극복

③ 연합형: 상관형과 비슷, 하나의 학문적 영역에 있는 문제와 관련 있는 것은 다른 학문적 영역에서 찾아와 삽입, 주입 등

④ 융합형: 초학과적·탈학문적 접근

(3) 교육적 형태

① 개념 또는 주제 중심의 통합

→ 개념, 주제의 추상성으로 인해 응용범위가 넓고 사고력 향상을 위해 바람직하지만 교육과정 구성이 어렵고 문제나 이슈가 명확하지 않아 모호하며 각각의 학문적 독립성을 완전히 허물지 못한다.

② 이슈 또는 문제 중심의 통합

→ 교육과정의 내용이 구체적이고 명확하여 교실에서 실제세계의 문제를 학습할 수 있는 기회를 제공함으로써 학교에서 학습한 내용을 생활세계에 연결할 수 있으나 교육과정의 범위가 문제로만 인정되고 있어 역사나 지리의 측면은 소홀히 다루어질 우려가 있다.

(4) 스트랜드 중심의 통합(NCSS, 1994)

→ 사회과 교육의 철학, 교육 목적과 목표, 기본방향에서 궁극적으로 추출되어 나오는 것으로 사회과 교육에서 개념, 주제, 문제, 이슈, 일반화, 법칙, 가치 등을 종합하여 사회과에서 가르쳐야 한다고 생각되는 것들을 종합한 핵심적 요소(Strand: 요소)

→ NCSS(미국사회과교육협의회)의 10가지 스트랜드(Strand)

① 문화 / ② 시간, 연속성, 변화 / ③ 인간, 장소, 환경 / ④ 개인의 발전, 정체성 /

⑤ 개인, 집단, 제도 / ⑥ 권력, 권위, 통치 / ⑦ 생산, 소비, 분배 / ⑧ 과학, 기술, 사회 / ⑨ 세계적 관계 / ⑩ 민주시민의 이상과 실천 /

● 교과 중심 교육과정

① 교육 목표: 문화유산의 전달과 이를 통한 이성의 계발

② 교육 내용과 조직

- 가장 본질적이고 핵심적인 문화유산(교수요목)

- 자연의 질서와 논리성

③ 교육 방법: 교사 중심 수업

④ 교육 평가: 지필 검사, 지필 평가

⑤ 특징 ┬ 논리적, 체계적
　　　├ 교사 중심의 강의식(설명식) 수업
　　　├ 한정된 영역의 학습(분과주의)
　　　└ 형식도야설에 근거

⑥ 조직형태: 분리형, 상관형, 광역형(융합형)

⑦ 장점 ┬ 문화유산
　　　├ 체계적이어서 간명하고 알기 쉬움
　　　├ 평가, 측정이 용이
　　　└ 중앙 집권적 통제 용이

⑧ 단점 ┬ 내용이 고정 → 새로운 지식의 저변확대 분리
　　　├ 실생활과 관령성이 적음
　　　├ 단편적 지식 위주 → 수동적 학습
　　　└ 지식과 암기에 치우쳐 비판적, 창의적 함양에 어려움

● 경험 중심 교육과정

① 교육 목적: 경험의 개조를 통한 아동의 계속적 성장

② 교재 → 생활, 지식 → 행동, 분과 → 통합 중시

③ 교육 내용: 아동이 경험을 통해 이전의 경험을 재구성한 것

④ 특징 ┬ 생활인의 육성을 목표
├ 문제 해결력 중시
├ 과외활동의 중시
├ 아동중심의 교육
└ 전인교육의 강조

⑤ 조직형태 ┬ 활동형: 예) 킬패트릭 구안법(project법)
├ 생성형
└ 중핵형: 특정한 내용이나 문제를 중심으로 하고 관련된 부분을
　　　　　주변영역으로 하여 이를 동심원적으로 조직한 형태

⑥ 장점 ┬ 학생의 흥미중시→자발적 행동 촉진
├ 실제적 생활문제 처리능력 향상
├ 공동 프로젝트 문제를 해결하는 과정에서 협동심, 책임감,
└ 사회성 등의 민족적 태도 함양

⑦ 단점 ┬ 흥미 위주 교육으로 체계적 지식의 소홀로 기초학력 저하
├ 직접적 경험 학습은 시간, 경제성이 떨어짐
└ 경험하여 얻은 원리가 다른 형태의 생활에 적용되기 힘듦

● 학문 중심 교육과정

- 브루너 – '교육의 과정', 소련의 스푸트닉(Sputnik) 발사 충격
- 지식과 기술의 폭발적 증가, 적은 양의 지식으로 활용범위 극대화 노력

(1) 특 징

① 교육과정의 내용을 '지식의 구조'를 핵심으로 조직
　　교과의 개념이나 법칙이 체계적으로 조직되어 있는 것(지식의 기본 개념,
　　지식의 핵심 개념, 지식의 탐구 과정)
→ 지식의 구조는 학습의 전이를 용이하게 하고 또한 낱낱의 사실들을 구조화
　　한 전례들에 비추어 쉽게 이해할 수 있으며 오래 기억된다.
② 나선형의 교육과정이 되어야 한다.
③ 탐구 과정을 중시한다.

(2) 내용 통합 정도에 따른 분류
  ① 학문 기초형
  ② 다학문형
  ③ 간학문형
  ④ 탈학문형

(3) 학문 중심 교육과정의 구성 요소
  ① 사실: 어떤 사건이나 대상, 인간 등에 관하여 경험적으로 증명할 수 있는 특수한 자료에 의한 지식, 정보
  ② 개념: 사실을 비슷한 것끼리 분류해 추상적으로 서술한 것
  ③ 일반화
  ④ 사고체계

(4) 장 점
  ① 교과를 구성하는 사실, 개념, 법칙 등의 기본적 내용을 구조적으로 파악하기 때문에 교과의 전체 내용을 이해하기 쉽다.
  ② 교과의 구조적 학습은 단편적 지식의 학습보다 기억이 오래가고 전이력(轉移力)이 높다.
  ③ 고등지식과 초등지식의 간격을 좁혀 어려운 개념이나 이론도 학습자의 발달단계에 따라 교육할 수 있다.
  ④ 추상적 사고력과 지적수준을 높인다.

(5) 단 점
  ① 교육 내용 선정에 있어 사회과의 사실, 개념, 일반화에 대해서 학자와 교육자의 의견 불일치
  ② 이론과 현실의 불일치
  ③ 지식의 구조만으로 복잡한 사회적응이 곤란
  ④ 개인의 요구 및 흥미와 사회적 요구가 무시
  ⑤ 정의적 교육에 소홀

💡 인간 중심 교육과정

(1) 산업사회에 따른 비인간화 문제의 등장

→ 교육의 수단적 기능에 반대, 교육의 본질을 인간 삶의 충실과 자기충족감이 넘치는 인간의 육성으로 함(자아실현)

(2) 특 징

① 잠재적 교육과정을 표면적 교육과정과 똑같이 중요시
② 학교환경의 인간화를 위해 노력
③ 개개인의 자아실현을 목적으로 설정
④ 인간주의적 교사를 필요로 함(가르치는 것은 인간관계)
⑤ 자기 지향적 평가를 장려하고 정의적 측면 중시
⑥ 교과 중심, 경험 중심, 학문 중심 교육과정의 개념을 모두 포괄

(3) 장 점

① 전인교육을 통한 지·덕·체의 조화로운 발달
② 학습자의 개별적인 자기성장 도모
③ 학습자의 자아 개념 형성
④ 교수·학습과정에서 개방적·자율적 분위기
　　→ 학습의 내면화 주도

(4) 단 점

① 자유롭고 역동적 환경, 인간관계가 조사되지 않으면 교육성과 보장 어려움
② 교사의 투철한 교육관 확립이 필요
③ 교육의 인간화가 보장되어야 함
④ 개인의 성장을 지나치게 강조하면 교육과 사회와의 관계를 경시하게 됨

💡 사회내용 전개

① 문화전기이론: 어린이는 자신이 속한 문화는 그 문화가 발달해 온 과정에 따라 학습
② 동심원적 확대법

③ 사회기능법과 흥미 중심 시퀀스(Sequence) 적용

④ 구조, 일반화 학습과 나선형 교육과정

　　→ 물리적 환경, 희소성, 권력, 문화적 차이, 사회과의 특징

⑤ 지구과학적 시각의 교수와 새로운 시퀀스(Sequence)

⑥ 역사, 지리 중심의 사회과

🍎 한국 사회과 교육과정 변천사

－ 사회과 도입 이전: 공민의 신설, 역사, 지리 내용의 재편

－ 사회과 교육과정의 발달

① 교수요목기(1946년~1954년): 사회과의 성립

- 사회생활과 탄생 1946. 9

- 초등학교에서는 통합, 중등은 분과체제 유지

② 제1차 교육과정기(1954년~1963년): 초기사회과, 교과 중심 교육과정

- 분과적 색채

- 사회생활과 → 사회과

- 도덕과 일반사회 등장

- 국민적 자질의 육성 강조

- 초등학교 → 동심원적 지역 확대법

- 중학교 → 사회기능 중심, 도의 교육

③ 제2차 교육과정(1963년~1973년): 사회과의 정착기, 경험 중심 교육과정

- 경험 중심 교육과정과 문제 해결 학습의 전개

- 초등학교: 사회과로 명칭 변경, 도덕 → 반공, 도덕생활로 분리

- 중학교: 도덕 → 반공, 도덕, 학년별 1개 영역씩 배치

　　(제1학년 지리, 제2학년 역사, 제3학년 일반사회)

- 고등학교: 역사, 지리, 일반 사회, 3분(三分)이 확연, 도덕 → 국민윤리

④ 제3차 교육과정(1973년~1981년): 사회과의 토착기, 학문 중심 교육과정

- 1968년 국민교육헌장, 1972년 10월 유신

- 초등: 국가주의적 요구 팽배(↑), 반공, 도덕생활 교과 변화 → 도덕

- 중등: 도덕과 신설, 국사 독립, 사회과 편제는 제1학년 지리, 제2학년 세계

사, 제3학년 공민으로 편성

- 고등: 국민윤리 신설, 국사 독립
- 사회과학적 지식과 방법 습득 중요시

⑤ 제4차 교육과정(1981년~1992년): 사회과의 성숙기, 경험, 학문, 인간 중심의 관점통합

- 유신체제 붕괴, 제5공화국→ 국민정신교육 체계화, 전인교육 충실, 과학기술교육 강화

⑥ 제5차 교육과정(1987년~1992년): 사회과의 성숙기, 통합과 지역화 강조, 경험, 학문, 인간, 재건 중심적 종합교육과정(통합)

- '바른생활과' 탄생

⑦ 제6차 교육과정(1992년~1997년): 사회과의 본질 구현기, 종합교육과정, 쉽고 재미있는 교과 지향

- 사회 + 자연→ 슬기로운 생활
- 국사영역을 사회과로 복귀
- '공통사회' 신설
- 국민적 자질 육성→ 시민적 자질 육성
- 사회의 통합적 인식과 사회문제의 합리적 해결을 강조
- 탐구 능력강조, 구성주의 원리, 개별화 학습, 자기 주도적 학습 강조
- 생활 중심, 학생 중심 지향

⑧ 제7차 교육과정(1997년~2007년): 인간 중심, 학생 중심, 정보화 사회 교육과정

- 정보화 사회 도래에 따른 새로운 시민적 자질 육성에 대한 요구
- 정보화 사회 역기능 극복을 위한 교육적 처방 제시
- 국민 공통기본 교육과정, 선택 중심 교육과정
- 통합주의→ 교과의 근거를 학습자에 둠, 교과와 생활(경험)과의 관계 중시, 구성주의적 관점, 역사적 사건, 주제, 사회문제, 개념, 쟁점 등
- 중심으로 내용의 통합요구
- 주제, 문제 중심→ 고급사고력 신장
- 통합적 접근(내용관, 내용 – 경험, 내용 – 방법)
- 학습자 중심(구성주의)

- 자기 주도적 학습 강조
- 수준별 교육과정
- 다양한 교수 · 학습 기법 및 자료
- 세계화, 정보화, 지역화에 대응할 수 있는 학습 지도 강조
- 성취 기준 제시
- 영역별 균형 평가
- 수행평가 강조.

⑨ 2007년 개정 교육과정(2007년 -): 2009년부터 초 · 중 · 고교에 연차적 적용
- 국민 공통기본 교육과정의 심화
- 역사(국사)교육 강화, 한국 정체성 교육 강조

● 교수 · 학습 설계도의 기초

① 계획 ┬ 준비: 학습자의 흥미, 능력 환경 고려, 전체적 내용 검토,
　　　　　　　교과목표, 연관성 파악 → 유용한 자료 수집
　　　├ 전개: 간단명료한 목표, 교수 · 학습활동 결정, 평가 방법 준비
　　　├ 결론: 실제 단원의 학습 지도안 작성
　　　├ 사전계획: 학생들의 과거와 현재의 성취 수준, 동기 수준, 학습 내용 등
　　　　　　　　정보수집, 접근방법 결정
　　　├ 실제계획단계: 무엇을 가르칠 것인가 구체화, 어떤 내용을 가르쳐야
　　　　　　　　하는지 효과적 교수 학습 방법 선택, 준비
　　　├ 진행계획: 교수 · 학습 중간에 발생하는 단계로 돌발 상황 대비
　　　└ 사후계획: 수업이 끝난 후의 단계로 차후 피드백

② 딕과 캐리의 교수 · 학습 설계의 절차(9단계)
┬ 교과 목표 확인(인지적 영역, 정의적 영역, 심동적 영역)
　　　블룸 ┬ 지식: 이전에 학습한 내용 기억
　　　　　├ 이해: 학습한 내용을 자신의 언어로 전환하여 말할 수 있는 정도
　　　　　├ 적용: 학습한 상황을 새로운 상황에 적용
　　　　　├ 분석: 지식이나 정보를 구성 요소로 나누어 볼 수 있거나 새롭게
　　　　　　　　조직할 수 있는 것

```
            ┌─종합: 학습한 내용을 전체로 통합
            └─평가
  ─교과 내용 분석: 교과서뿐 아니라 참고자료 확인
                   학생들에게 중요하다고 생각되는 주제 선정
  ─학생들의 요구 및 시발점 행동 파악: 학생의 준비도
            ┌─인지적 시발점: 사전지식, 성취 수준 지능, 이해능력
            └─정의적 시발점: 동기, 자아 개념 등
  ─내용 요소 선택: 사회과에서 다루어야 하는 개념, 가치·태도 등을 포함하는
                   내용 요소 선정(교과서 중심, 주제 중심, 학생 중심)
  ─수행 목표 기술
  ─준거참조평가(절대평가) 개발
  ─교수 전략과 활동 개발 단계
  ─수업 전개
  └─평가: 학습의 결과로 학생들의 지식, 행동, 가치·태도가 얼마나 바람직한
          방향으로 변화했는지 측정하는 것
```

🍎 구성주의 패러다임

- 지식을 경험의 결과물로 봄
- 경험의 과정에 초점을 두어 학습자들이 체계적 분석적 절차를 사용하여 지식이 구성되는 과정을 이해하게 만듦
- 학습자가 새로운 문제 상황에 직면할 때 반성적 사고 과정을 거치게 됨
- 자기중심의 과정을 거치기 위해서 교실에서 교과 지식과 생활 지식의 격차를 줄일 수 있도록 다양한 자료를 제시하고 소집단을 형성하여 상호작용과 반성적 사고를 하도록 함

🍎 선언적 지식과 절차적 지식

```
┌─선언적 지식: ~이라는 사실을 아는 것, 과정, 기능을 포함하지 않는 사실,
              개념, 일반화 수준의 지식(책에 기록되어 있는 지식)
└─절차적 지식: ~을 할 줄 아는 것, 과정이나 기능 포함(탐구해 낸 지식)
```

🍎 단원계획과 수업 계획

① 단원계획 – 교실에서의 실제 수업을 위하여 교사가 수업 내용을 일정한 주제나 문제를 중심으로 수업의 목적, 수업방법 평가의 절차를 수업 자료를 고려하여 규정해 놓은 체계적 학습활동의 단위

    ┌ 교재단원: 지식 중심의 단원, 교과서에 의존
    └ 경험단원: 아동의 흥미 중심, 학생 생활 중심

② 단원의 구성 요소: 교육과정, 교과서, 교사, 지역의 설정, 아동의 관심

  • 바람직한 단원 ┌ 학습목표 뚜렷함, 모든 학습활동이 반영
              ├ 아동의 발단단계에 적합, 아동의 흥미, 관심
              ├ 다양한 학습활동 준비, 유기적 조직
              ├ 아동의 시야 확장
              ├ 학습 목표에 맞는 학습 내용, 활동
              └ 탄력적 학습 전개 모색

③ 단원의 목표 설정: 단원을 학습한 뒤에 아동이 도달해야 하는 상태를 밝혀 놓은 것

  • ┌ 목적: 사회과 학습을 통해 나아가야 할 보다 더 큰 지향점
     └ 목표: 목적보다 더 구체적 지향점

  • 진술방법 ┌ 일반적 진술: 한 단원이 지향하는 바를 포괄적으로 표현
           └ 행동적 용어로 진술

  • 우리나라 진술 방법⇨ – 교육과정: 일반적 진술
                  – 단원 이하 목표: 행동 목표 방식
                  – 단원의 목표: 지식, 기능, 가치, 태도의 3분법 사용

④ 본시 학습 지도안: 1차시 분의 학습 지도 계획

⑤ 수업 계획: 1차시 혹은 단기간의 단원계획

          한 시간 분량 혹은 소단원의 수업 계획

⑥ 수업 계획 시 고려해야 하는 요소

↳ 학습 내용, 교수·학습 방법, 학습자 구성과 관리, 학습자의 욕구를 만족시켜 주는 교수·학습 방법

🍎 수업 모형의 개관

① 교육: 인간의 균형된 발달을 도와주는 활동
　　└ 지적, 정의적, 사회적, 신체적 측면 고려
② 수업 모형: 교육활동 설계를 위한 지침
　　교육의 목표를 달성하기 위한 교수·학습 방법 명시
③ 조이스: 수업 능력이란 다양한 수업 모형을 숙달하여 이를 효과적으로 활용할 수 있는 능력

🍎 로젠샤인 - 교사 효율성에 관한 연구를 세 주기로 나누어 설명

┌ 1주기: 교사의 인성과 교수의 특성에 관한 연구 시도
├ 2주기: 교사의 행동과 학생의 성취에 초점(과정 - 산출연구)
│　　　　• 기호관찰: 특수한 사건
│　　　　• 유목관찰: 일정 시간
└ 3주기: 학생에 초점, 학습참여를 증진시키는 상황에 초점
　　　　• 로젠샤인과 머스트: 행동 유목이 효과적인 수업과 상관
　　　　• 메드리: 교사의 역할 - 학생의 성취와 관계

🍎 수업에 대한 모형적 접근을 처음으로 시도→ 조이스와 웨일

• 수업 모형과 수업 효과 탐구(연관 관계)

🍎 수업 모형에 따른 수업 계획(4단계)

① 수업 프로그램의 설정
② 수업 모형의 선정
　　└ 교과 또는 학문 중심 교육과정: 강의법, 토의법, 관찰법, 탐구법 등
　　　 인간의 특성과 과정 중시: 역할놀이, 모의실험, 가치명료화 등
　　　 사회기능 활동 중심: 집단조사, 법률탐구 등
　　　 흥미와 요구 활동 중심: 창조적 문제 해결, 자율학습 등
　　　 공학적 접근: 수업체제 설계, 프로그램 수업, 연습과 훈련 등

③ 수업 프로그램 계획

  └ 수업목표 결정: 수업목표란 수업을 마쳤을 때 학생에 기대되는 행동특성

④ 수업의 평가

🍎 **수업 모형의 두 측면**

① 기술공학적 측면: 주어진 수업목표를 효율적으로 달성하는 데 필요한 요소 또는 수단을 체계적으로 동원하고 이를 최적의 수준으로 통제함으로써 그 효율성을 극대화하는 과정

• 수업 모형을 공학적 사고방식(투입 – 산출)로 파악

• 명시적 측면 강조

• 수업 모형을 수업에 적용 가능한 기술로 봄

② 심성 함양적 측면: 교과를 가르치는 일은 그것을 가르치고 배우는 교사와 학생의 마음의 변화와 무관하게 기술되거나 설명될 수 없다는 관점

• 교사의 머릿속에서 구상되는 수업의 과정

• 수업의 묵시적 측면 강조

• 교과지식 → 교사(아이디어) → 학습자(내면화)

🍎 **교수 · 학습 지도**

① 교수 · 학습과정: 가르치고 배우는 활동

② 코레이: 교수란 개인으로 하여금 특별한 조건하에서 또는 특정한 상황에 대한 반응으로서 특정한 행동에 참여할 수 있도록 개인을 둘러싼 환경을 계획적으로 조작한 과정(교수자 중심)

③ 학습: 어떤 상태에 있는 학습자가 교육적으로 의도가 있는 경험을 함으로써 목적 지향적 방향으로 변화되는 상태(학습자 중심)

🍎 **학습 지도의 원리**

① 목표, 내용, 방법의 일관성의 원리

② 지도 방법 및 기능의 원리

③ 사회과학적 방법의 원리

④ 계획과정 및 효율화의 원리

       └, 제한된 조건 내에서 다량의 학습은 빠르게, 정확하게 교수·학습

⑤ 자발적 창의성의 원리

       └, 학생들이 경험하지 못한 지식이나 원리 재발견

⑥ 개별화의 원리

⑦ 사회화의 원리

⑧ 종적, 횡적 연관성의 원리

🍎 수업방법과 수업기법

① 수업방법: 교수의 철학이나 자세, 교육의 목적을 위한 접근법

② 수업기법: 수업방법에서 설정한 방향, 성과를 거두기 위한 수단의 선택

③ 수업의 심리학적 근거

┌ 작동적 조건과 이론(행동주의)

      └,어떤 행동의 보상이 긍정적 강화로 나타날 때 학습이 이루어짐

├자극·반응 이론: 학습이란 자극에 대한 특정 반응의 결합

├정보처리 이론

├게스탈트 필드 심리학 이론: 학습자가 문제 상태에 대한 통찰을 획득하는

                     과정을 학습으로 봄

└인간주의 심리학 이론: 인간의 가능성을 최대로 하여 가능성에 도달하는 것

🍎 사회과 수업방법 및 기법의 선정 기준

① 목표별 ┬ 지식(사실, 개념 일반화) → 지적 목표

             사실적 지식: 강의법, 문답법, 시청각 매체법 등

             일반적 지식: 과학적 실험 조사법 등

      ├ 기능(능력) → 기능적 목표

      └ 가치·태도 → 정의적 목표

② 내용별 ┬ 정치학, 경제학

      └ 사회학, 문화 인류학

```
                      ┌─ 지리학
                      └─ 역사학
③ 학년별 ┬─ 저학년: 형식적 조작, 논리적 사고가 불가능
         └─ 고학년: 논리적 사고가 시작됨
```

🍎 2007년 개정 사회과 교육과정에서 강조한 중점 분야

역사(국사)교육, 한국 정체성 교육, 다문화 이해 교육, 환경, 안전, 경제, 진로, 통일교육 등.

🍎 글레이저(Glaser) 수업 모형

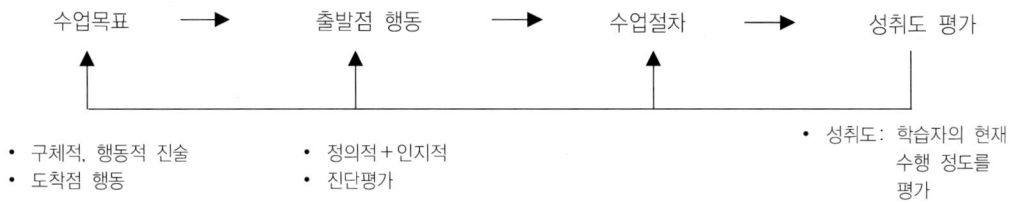

🍎 한국교육개발원(KEDI) 수업 모형

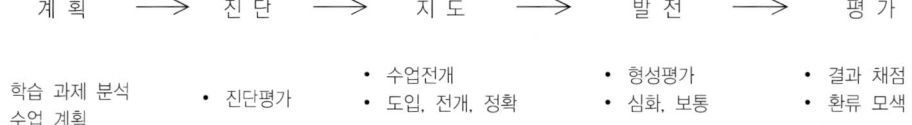

🍎 교육 평가

① 타일러: 목적 달성을 위한 학습자의 진보상태 평가 절차
② Walberg Heartel: 교육과정, 교육프로그램, 제도, 정책 등에 대한 주의 깊은 검토
③ Gronlund Linn: 교수 목적 성취 정도 결정을 위한 정보의 수집, 분석, 해석의 체계적 과정
④ 평가의 목적: 지식과 기능 진단

교육적 의사결정 도움

● 평가의 원리
① 평가는 교육과정과 수업의 필수 요건이다.
- 진단 평가
- 형성평가
- 총괄평가
② 평가 목적의 확인
③ 기초학습
④ 높은 수준의 교수・학습 목적
⑤ 초기에 목적을 명확히 하기
⑥ 타당도(진실성): 각각의 검사 항목이 프로그램 내의 요소와 일치하는가의 여부를 비교해 봄으로써 결정하는 것(내용타당도, 구성타당도)
신뢰도(일관성): 학생들에게 실시하는 모든 시기에 같은 결과가 나오는지 검사하는 것
유용성(실용성): 시간, 노력, 예산 등을 최소한으로 투입하여 최대 효과 기대

● 수행평가
① 학생 활동 및 학습 과정 중심 평가
② 관찰, 면접, 참여, 조사, 보고서, 포트폴리오(Portfolio)법 등
③ 지・덕・체의 전인적 평가, 실제적 실행 중심 평가, 통합적 평가 중시

참고문헌

1. 단행본(국내 문헌)

강대현(2008), 『시민교육과 사회과』, 파주: 한국학술정보(주).

강봉규 외(2007), 『교육과정과 교육 평가』, 서울: 태영출판사.

강선주·설규주(2008), 『좋은 사회과 수업을 위한 컨설팅 내용과 방법』, 파주: 교육과학사.

강신택(2007), 『사회과학 연구의 논리』, 서울: 박영사.

강우철(1991), 『달라져야 할 사회과 교육』, 서울: 교학사.

강우철 외(1978), 『사회과 교육』, 서울: 한국능력개발사.

강현석 외(2008), Murray Print 저.『교육과정 개발과 설계』, 파주: 교육과학사.

강환국(1985), 『사회과 교육학』, 서울: 학연사.

강환국(2003), 『사회과 교육과 교사 자질』, 서울: 학연사.

강현석 외 공역(2008), 『교육과정 개발과 설계』(Murray Print 저), 서울: 교육과학사.

강현석 외 공역(2008), 『통합교육과정의 이론과 실제』(Donna M. Wolfinger·James W.Stockard Jr 공저), 파주: 양서원.

경상대학교 중등교육연구센터·한국 사회과 교육학회(2006), 『제7차 교육과정과 교과서(일반사회)』, 서울: 교육과학사.

고형일 외(1990), 『학교 학습의 탐구』, 서울: 교육과학사.

공주교육대학교 교육대학원(2008), 『초등 수업 개선 어떻게 하여야 하나』, 공주: 합동인쇄출판사.

공주교육대학교 초등교육연구소(2003), 『제7차 교육과정 탐구』, 대전: 대교출판사.

곽병선(1986), 『한국의 교육과정』, 서울: 민족문화문고간행회.

곽병선·김재복(1989), 『교육과정 운영론』 서울: 배영사.

교육과정·교과서연구회(2000a), 『한국 교과 교육과정의 변천(초등학교)』, 서울: 대한교과서주식회사.

교육과정·교과서연구회(2000 b), 『한국 교과 교육과정의 변천(중학교)』, 서울: 대한교과서주식회사.

교육과정·교과서연구회(2000 c), 『한국 교과 교육과정의 변천(고등학교)』, 서울: 대한교과서주식회사.

교육과학기술부(2008), 『초등학교 교육과정 해설(Ⅲ)』, 광주: 한솔사.

교육과학기술부(2008), 『중학교 교육과정 해설(Ⅲ)』, 광주: 한솔사.

교육과학기술부(2008), 『고등학교 교육과정 해설(Ⅲ)』, 광주: 한솔사.

교육법전편찬회(2007), 『교육법전』, 서울: 교학사.

교육부(1986 a), 『초・중・고등학교 교육과정(1946 – 1981)』, 총론, 서울: 대한교과서주식 회사.

교육부(1986 b), 『초・중・고등학교 교육과정(1946 – 1981)』, 사회과・국사과, 서울: 대한 교과서주식회사.

교육부(1992 a), 『중학교 사회과 교육과정 해설』, 서울: 대한교과서주식회사.

교육부(1992 b), 『고등학교 사회과 교육과정 해설』, 서울: 대한교과서주식회사.

교육부(1993 a), 『국민학교 교육과정 해설(Ⅰ)』, 서울: 대한교과서주식회사.

교육부(1993 b), 『국민학교 교육과정 해설(Ⅱ)』, 서울: 대한교과서주식회사.

교육부(1993 c), 『국민학교 교육과정 해설(Ⅲ)』, 서울: 대한교과서주식회사.

교육부(1997 a), 『사회과 교육과정』, 교육부 고시 제1997 – 15호(별책 7), 서울: 대한교과 서주식회사.

교육부(1997 b), 『초등학교 교육과정 해설(사회)』, 교육부 고시 1997 – 15(별책), 서울: 대 한교과서주식회사.

교육부(1997 c), 『중학교 교육과정 해설(사회)』, 교육부 고시 1997 – 15(별책), 서울: 대한 교과서주식회사.

교육부(1997 d), 『고등학교 교육과정 해설(사회)』, 교육부 고시 1997 – 15(별책), 서울: 대 한교과서주식회사.

교육부(1998), 『교육 50년사: 1948 – 1998』, 서울: 교육50년사 편찬위원회.

교육부(1999 a), 『교육발전 5개년 계획』, 서울: 교육부.

교육부(1999 b), 『초・중・고등학교 국가 수준 교육과정 기준』, 서울: 교육부.

교육부(2000), 『제7차 교육과정의 개요』, 서울: 교육부.

교육부(1997 a), 『초등학교 교육과정(교육부 고시 1997 – 15. 별책 2)』, 서울: 대한교과서 주식회사.

교육부(1997b), 『초・중등학교 교육과정(교육부 고시 1997 – 15. 별책 1)』, 서울: 대한교 과서주식회사.

교육부(1997 c), 『초・중등학교 교육과정 해설』, 서울: 대한교과서주식회사.

교육위원회(2002), 『한국의 학교 제도와 평가 방법 개선 연구』, 교육위원회 정책연구개발 과제 연구 2002 – 05.

교육인적자원부(1998), 『교육 50년사』, 서울: 교육인적자원부.

교육인적자원부(2001), 『제7차 교육과정과 학교교육의 발전 전망』, 교육과정 자료 제74 호. 교육인적자원부.

교육인적자원부(2002), 『지식 사회의 도래와 한국 교육의 대응』, 교육마당 21 특별호.

교육인적자원부(2006 a), 『고등학교 사회 교사용 지도서』, 서울: 대한교과서주식회사.

교육인적자원부(2006 b), 『중학교 사회 교사용 지도서』, 서울: 대한교과서주식회사.

교육인적자원부(2006 c), 『초등학교 사회 교사용 지도서』, 서울: 대한교과서주식회사.

교육인적자원부(2007a), 『2007년 개정 교육과정(사회과)』, 교육인적자원부 고시 2007 - 79, 교육인적자원부.

교육인적자원부(2007 b), 『2007년 개정 교육과정(총론)』, 교육인적자원부 고시 2007 - 79, 교육인적자원부.

구병두·김범준(2009), 『교육과정 및 교육 평가』, 서울: 도서출판 공동체.

국립사범대학장협의회(2000), 『국립 사범대학 표준 교육과정』, 국립사범대학장협의회 정책팀.

권낙원(1997), 『교육과정 총론』, 한국교원대학교 대학원 보고서.

권낙원(1998), 『수업의 원리와 실제』, 서울: 성원사.

권낙원(2008), 『학교교육과정 개발론』, 파주: 학지사.

권오정 외(1992), 『통일 시대의 민주시민교육론』, 서울: 탐구당.

권오정·김영석(2006), 『사회과 교육학의 구조와 쟁점』, 서울: 교육과학사.

권오정·김영석(2008), 『사회과 교육학의 구조와 쟁점(증보판)』, 파주: 교육과학사.

권효숙 외(2007), 『사회과 교육의 논리』, 서울: 교육과학사.

김경배(2008), 『교과 교육론』, 서울: 학지사.

김대현·김석우(2008), 『교육과정 및 교육 평가』, 파주: 학지사.

김두정(2006), 『한국 학교교육과정의 탐구』, 서울: 학지사.

김만곤 외(1999), 『초등 사회과 교육』, 서울: 도서출판 두산동아.

김만곤 외(2002), 『사회과 교육의 실제』, 서울: 대한교과서주식회사.

김병무(2006), 『현대 사회학의 이해』, 서울: 청목출판사.

김석우(2008), 『사회과학 연구를 위한 SPSS WIN 12.0 활용의 실제』, 파주: 교육과학사.

김성훈(2008), 『교육과정 강의』, 서울: 동문사.

김용만 외(1998), 『사회과 교육과정 해설』, 서울: 교육과학사.

김용신(2000), 『사회과 현장 학습론』, 서울: 문음사.

김운삼(2008), 『교육학 개론』, 서울: 창지사.

김일남·이광성(2007), 『사회과 의사결정 수업 모형 탐구』, 파주: 양서원.

김재복(1988), 『교육과정의 통합적 접근』, 서울: 교육과학사.

김재복(1999), 『초등학교 교육과정 해설』, 서울: 교육과학사.

김재복(2000), 『통합교육과정』, 서울: 교육과학사.

김재복 외 공역(1997), 『수업 모형』, 서울: 형설출판사.

김재형 외 공역(1999), 『사회과 탐구 논리』, 서울: 교육과학사.

김정호(2007), 『사회과 교육학 신론』, 서울: 문음사.

김종서 외(1990), 『교육과정과 교육 평가』, 서울: 교육과학사.

김현석(2006), 『사회과 통합교과 교육론』, 서울: 형설출판사.

김현석·한관종(2008), 『사회과 통합교과 교육론』, 서울: 형설출판사.

김형수(2008), 『사회과 내용학의 이해』, 서울: 형설출판사.

김형수(2008), 『전공 일반 사회』, 서울: 형설출판사.

김호권(1982), 『학교 학습의 탐구』, 서울: 교육과학사.

김호권(1986), 『교육과 교육과정』, 서울: 배영사.

김호권 외(1980), 『현대 교육과정론』, 서울: 교육출판사.

남경희 외 역, David W Van Cleaf 저, 『사회과 교수 학습론』, 서울: 교육과학사.

남상준(2005), 『지리교육 탐구』, 서울: 교육과학사.

남호엽(2009), 『사회과교육 입문』, 파주: 교육과학사.

노정식 외(2000), 『사회과 교육』, 서울: 형설출판사.

문교부(1975), 『국민학교 교사용 교과용 도서(사회 4)』, 서울: 교학도서주식회사.

문교부(1982 a), 『국민학교 새 교육과정 개요(연수 자료)』, 서울: 대한교과서주식회사.

문교부(1982 b), 『중학교 새 교육과정 개요(연수 자료)』, 서울: 대한교과서주식회사.

문교부(1982 c), 『고등학교 새 교육과정 개요(연수 자료)』, 서울: 대한교과서주식회사.

문교부(1986), 『초·중·고등학교 교육과정 해설[사회과·국사과](1946 – 1981)』, 서울: 대한교과서주식회사.

문교부(1988 a), 『국민학교 교육과정』, 서울: 문교부.

문교부(1988 b), 『국민학교 교육과정 해설』, 서울: 문교부.

문교부(1988 c), 『중학교 교육과정 해설』, 서울: 서울인쇄공업협동조합.

문교부(1988 d), 『문교 40년사』, 서울: 문교부.

문교부(1992 a), 『국민학교 교육과정』, 서울: 문교부.

문교부(1992 b), 『중학교 교육과정』, 서울: 문교부.

문교부(1992 c), 『고등학교 교육과정』, 서울: 문교부.

박병기·추병완(1996), 『윤리학과 도덕 교육』 서울: 인간사랑.

박상준(2007), 『사회과 교육의 이론과 실제』, 서울: 교육과학사.

박성익(2006 a), 『교수 학습 방법의 이론과 실제(Ⅰ)』, 서울: 교육과학사.

박성익(2006 b), 『교수 학습 방법의 이론과 실제(Ⅱ)』, 서울: 교육과학사.

박용헌(1996), 『민주화·세계화와 교육 과제』, 서울: 서울대학교 출판부.

박은종(2003), 『재량활동 지도 자료』, 서울: 한국교육출판사.

박은종(2005), 『특별활동 길라잡이』, 서울: 한국교육신문사.

박은종(2006), 『사회과 교육학과 교육 평가』, 공주대학교 사범대학 사회과 교육 강의교재.

박은종(2008), 『한국 사회과 교육과정 탐구: 분석 및 모형 개발 탐색』, 파주: 한국학술정보(주).

박인현(2006), 『초등 사회과 교육』, 서울: 교육과학사.

박인현(2008), 『정보 사회의 시민 생활과 법』, 파주: 교육과학사.

박인환(2009), 『교재 연구 및 지도법의 이해』, 서울: 대왕사.

박인환・이주헌(2009), 『교육과정 및 교육 평가』, 서울: 대왕사.

박현주(2007), 『교육과정 개발의 모형과 실제』, 서울: 교육과학사.

백승대 외(2007), 『사회과 교육의 실천과 대안』, 서울: 교육과학사.

변홍규(1994), 『질문 제시의 기법』, 서울: 교육과학사.

사회과연구모임 역, William B. Stanley 편저(2007), 『21세기 사회과 교육 연구의 핵심 쟁점들』, 서울: 교육과학사.

서재천(1996), 『사회과 수업방법』, 서울: 도서출판 유천.

성병창(2000), 『교육과정 개발과 지도성』, 서울: 양서원.

성태제(2004), 『문항 제작 및 분석의 이론과 실제』, 서울: 학지사.

성태제(2008), 『현대 교육 평가』, 파주: 학지사.

소경희(2006), 『교육과정 개발』, 서울: 교육과학사.

손인수(1992), 『미군정과 교육정책』, 서울: 민영사.

손인수(1998 a), 『한국 교육사 연구(상)』, 서울: 문음사.

손인수(1998 b), 『한국 교육사 연구(하)』, 서울: 문음사.

손인수(1994), 『한국교육운동사』, 서울: 문음사.

손충기(2007), 『교육과정과 교육 평가』, 서울: 태영출판사.

손충기(2007), 『교육연구 방법론』, 서울: 태영출판사.

송대영(1991), 『윤리 교육』, 서울: 한국방송통신대학교출판부.

송대영(2000), 『사회생활교육』, 서울: 한국방송통신대학교출판부.

송용의 역, Jack R. Fraenkel 저(1986), 『가치 탐구수업 어떻게 할 것인가?』, 서울: 교육과학사.

송창석(2001), 『새로운 민주시민교육 방법』, 서울: 백산서당.

신세호 외(1980), 『초・중등학교 교육과정 개선을 위한 기초 연구』, 서울: 한국교육개발원.

심광택(2008), 『사회과 지리 교실 수업과 지역 학습』, 서울: 교육과학사.

안경식 외(2009), 『다문화 교육의 현황과 과제』, 파주: 학지사.

안천(2006), 『생활화 사회과 교육론』, 서울: 교육과학사.

안천(2006), 『신사고 사회과 교육론』, 서울: 교육과학사.

양미경(2008), 『교육과정 및 교수방법(증보판)』, 파주: 교육과학사.

양호환 외(1997), 『역사교육의 이론과 방법』, 서울: 도서출판 삼지완.

오영태(1996), 『사회과 교육론』, 서울: 갑을출판사.

오영태(2000), 『사회과 교육론』, 서울: 형설출판사.

오택섭 외(2008), 『사회과학 데이터 분석법』, 서울: 도서출판 나남.

유명철(2008), 『민주시민교육론』, 파주: 교육과학사.

유봉호(2002), 『한국 교육과정사 연구』, 서울: 교학연구사.

유봉호(2000), 『현대 교육과정』, 서울: 서울: 교학연구사.

유제천 역, 밥 파이크 저(2006), 『창의적인 교수법』, 서울: 김영사.

윤광보(2008), 『교육 방법과 교육공학의 이해』, 파주: 양서원.

윤기옥 외(2001), 『수업 모형의 이론과 실제』, 서울: 학문출판.

윤덕중 역(2000), STANLEY P.WRONSKI. 외 저, 『사회과 교육과 사회과학』, 서울: 교육 과학사.

이간용(2008), 『사회과 교육의 참평가론』, 서울: 도서출판 한울.

이경섭(1997), 『현대 교육과정사 연구(상)』, 서울: 교육과학사.

이경섭(1997), 『교육과정 쟁점 연구』, 서울: 교육과학사.

이경한(2008), 『사회과 지리 수업과 평가』, 서울: 교육과학사.

이경환(1994), 『학교 교육과정의 편성과 운영. 교육과정연수자료』, 서울: 대한교과서주식 회사.

이경환 외(2002), 『한국 교육과정의 변천』, 서울: 대한교과서주식회사.

이대식 외 공역(2008), 『수업 설계 및 교재개발의 원리』(Edward J. Kame'enui·Douglas W. Carnine·Robert C. Dixon·Deborah C. Simmons·Michael D. Coyne 공저), 서울: 시그마프레스.

이동원 외(2008), 『초등 사회과 좋은 수업안 쓰기 follow up』, 파주: 교육과학사.

이석주 외(1997), 『사회과 열린 교육』, 서울: 교육과학사.

이성은(1999), 『학교 변화와 열린 행정』, 서울: 교육과학사.

이성호(1982), 『교육과정 개발 전략과 절차』, 서울: 문음사.

이성호(2006), 『교육과정 개발의 원리』, 서울: 학지사.

이성호(2008), 『교수방법의 탐구』, 파주: 양서원.

이영기 외(1984), 『사회과 교육(Ⅰ)』, 서울: 한국방송통신대학교출판부.

이영기 외(1990), 『사회과 교육(Ⅱ)』, 서울: 한국방송통신대학교출판부.

이원순(1991), 『역사교육론』, 서울: 삼영사.

이원희 외(2008), 『교육과정과 수업』, 파주: 교육과학사.

이종국(2006), 『한국의 교과서 출판 변천 연구』, 서울: 일진사.

이종일 외(2008), 『교육적 질문하기』, 파주: 교육과학사.

이종일(2008), 『사회과 탐구와 교사 자질』, 파주: 교육과학사.

이칭찬(2007), 『교육 방법 및 교육 공학』, 서울: 태영출판사.

이태근 외(1987), 『경제교육론』, 서울: 교육과학사.

이해명 외(2006), 『현대 교육과정과 평가』, 서울: 교육아카데미.

이혁규(2008), 『교과 교육 현상의 질적 연구: 사회 교과를 중심으로』, 서울: 학지사.

임채식 외(2007), 『교과 교육론』, 서울: 태영출판사.

임청환 외 공역(2008), 『교사를 위한 수업 전략』(Paul D. Eggen·Donald P. Kauchak 공 저), 서울: 시그마프레스.

전영미(2009), 『경제 교육 내용과 내용 제시 방식』, 서울: 한국학술정보(주).

전정태(2007), 『현대 사회와 정보윤리』, 서울: 도서출판 학이당.

정문성(2001), 『사회과 수행중심 평가』, 서울: 학문출판(주).

정문성(2002), 『협동 학습의 이해와 실천』, 서울: 교육과학사.

정문성(2009), 『초등 사회과 교육』, 파주: 교육과학사.

정문성 외(2008), 『사회과 교수·학습법(개정판)』, 파주: 교육과학사.

정범모(1972), 『가치관과 교육』, 서울: 배영사.

정병기(2002), 『초등 사회과 교육의 이론과 실제』, 서울: 교육출판사.

정병기 외(1997), 『사회과 교육과정 영역별 수업기법·수업 모형 및 평가』, 서울: 배영사.

정병기 외(2000), 『사회과 교육론』, 서울: 교육출판사.

정병기·홍기룡(2000), 『사회과 교수법』, 서울: 형설출판사.

정선영 외(2002), 『역사교육의 이해』, 서울: 삼지원.

정세구(1990), 『사회과 교육의 과제』, 서울: 배영사.

정세구 역, Shirley H. Engle·Anna S. Ochoa 공저(1991), 『민주시민교육』, 서울: 교육과
    학사.

정태범(1999), 『교육정책 분석론』, 서울: 원미사.

정태범(1998), 『학교교육의 구조적 개혁』, 서울: 양서원.

정태범(2002), 『교육정책과 교육 제도의 발전』, 교육 경영 총서(1), 서울: 양서원.

조광준(2006), 『인간 형성의 사회과 교육』, 서울: 집문당.

조병철(2000), 『글로벌 시민성과 경제교육(Ⅰ)』, 대구: 문창사.

조병철(2001 a), 『글로벌 시민성과 경제교육(Ⅱ)』, 대구: 문창사.

조병철(2001 b), 『사회과 경제교육 연구(Ⅰ)』, 대구: 문창사.

조병철(2003 a), 『사회과 교육학 신론』, 서울: 문음사.

조병철(2003 b), 『경제학적 사고방식의 이해』, 대구: 문창사.

조병철(2004), 『사회과 교육의 이해』, 대구: 문창사.

조병철 역(1998), 『국제적 시각의 경제교육』, 대구: 문창사.

조병철 역(1999), 『새로운 사회과 교육과정』, 대구: 문창사.

조병철 역(2002), 『경제교육의 이론과 실천』, 대구: 문창사.

조병철 역(2003), 『사회과와 연계된 경제교육』, 대구: 문창사.

조병철 역(2005), 『효율적인 학교 경제교육』, 대구: 문창사.

조승제(2008), 『교과 교육과 교수·학습 방법론』, 파주: 양서원.

조영달(1999), 『한국 교실 수업의 이해』, 서울: 교육과학사.

조영달·김영수(1992), 『사회과 교육에서의 컴퓨터 활용』, 서울: 교육과학사.

조영복(2008), 『초등 사회과 교과서 삽화 오류의 대안적 고찰』, 파주: 한국학술정보(주).

주삼환(1997), 『변화하는 시대의 장학』, 서울: 원미사.

진영은·조인진·김봉석(2006), 『교육과정과 교육 평가의 탐구』, 서울: 학지사.

차경수(2006 a), 『현대의 사회과 교육』, 서울: 학문사.

차경수(2006 b), 『사회과 교수법과 교재 연구』, 서울: 학문사.

차경수·모경환(2008), 『사회과 교육』, 서울: 동문사.

차석기 외(1985), 『한국 교육사 연구』, 서울: 재동문화사.

차조일(2008), 『사회과 교육과 합리성』, 파주: 한국학술정보(주).

천호성(2009), 『수업 분석의 방법과 실제』, 파주: 학지사.

최병모 외(2005), 『세계화·지식기반사회와 경제교육』, 대구: 문창사.

최병모 외 공역, James A. Banks 저(1993), 『사회과 교수법과 교재 연구』, 서울: 교육과학사.

최병모 외 공역(1999), Catherine Cornbleth, 『사회과 교육 연구에의 초대』, 서울: 원미사.

최상희(2003), 『NIE의 이해와 실천』, 서울: 커뮤니케이션북스.

최용규 외(2007), 『사회과, 교육과정에서 수업까지』, 파주: 교육과학사.

최용규 외(2008), 『사회과, 교육과정에서 수업까지(개정판)』, 파주: 교육과학사.

최용규 외 공역(2006), George W. Maxim 저, 『살아있는 사회과 교육』, 서울: 학지사.

최충옥 외 공역(2006), 『사회과 교육의 이해』, 파주: 도서출판 서원.

최호성(2008), 『교육과정 및 평가: 이해와 응용』, 파주: 교육과학사.

최호성 외 공역(2008), 『교육과정 설계의 이론과 실제』(George J. Posner·Alan N. Rudnitsky 공저), 서울: 시그마프레스.

충청남도교육청(2000), 『초등학교 교육과정 핸드북』, 대전: 용해출판사.

충청남도교육청(2008), 『학교 자율화 추진 계획』, 학교장 회의 자료, 2008. 5. 1. 충청남도교육청 장학자료.

탁영진(2006 a), 『탐구 교육학(상)』, 서울: 도서출판 박문각.

탁영진(2006 b), 『탐구 교육학(하)』, 서울: 도서출판 박문각.

한국교원대학교(2004), 『학교교육 50년 반성과 전망』, 한국교원대학교 개교 20주년 기념 심포지움자료집, 청원: 한국교원대학교 종합교육연수원.

한국교원대학교(2005), 『한국 교육 50년: 그 반성과 전망』, 한국교원대학교 개교 20주년 기념 논집, 청원: 한국교원대학교출판부.

한국교원대학교·서울대학교 사범대학(2008), 『교실친화적 교사 양성의 실천적 방향 모색』, 합동 세니마 자료집, 청원: 한국교원대학교 교육연구원.

한국교원대학교 교육연구원(2005), 『전국 초·중등 교사 우수 연구 결과 발표 대회 및 전시회 자료집』, 교과 교육연구자료집, 한국교원대학교 교육연구원.

한국교원대학교 교육연구원(2006 a), 『교육과정 개정 시안에 대한 전국 현장 교사 대토론회』, 교육과정학술 세미나집, 한국교원대학교 교육연구원.

한국교원대학교 교육연구원(2006 b), 『전국 초·중등 교사 우수 연구 결과 발표 대회 및 전시회 자료집』, 교과 교육연구자료집, 한국교원대학교 교육연구원.

한국교원대학교 교육연구원(2007), 『전국 초·중등 교사 우수 연구 결과 발표 대회 및 전시회 자료집』, 교과 교육연구자료집, 한국교원대학교 교육연구원.

한국교원대학교 부설교과 교육공동연구소(2005), 『차기 초·중등 교육과정 개선과 교과용 도서의 개발방향』, 교과 교육공동연구 학술 세미나집.

한국교원대학교 사회과 교육과정개정연구위원회(1997), 『제7차 교육과정 개정 시안 연구·개발』, 1997 교육부 위탁과제 답신보고서, 한국교원대학교 사회과교육과정개정위원회.

한국교원대학교 사회과 교육연구회(1994), 『사회과 교육연구』, 창간호, 청원: 협신사.

한국교원대학교 제6차 사회과 교육과정개발연구위원회(1992), 『제6차 사회과 교육과정 개발 연구』, 청원: 협신사.

한국교원대학교 통일교육연구소(2004), 『오늘의 북한: 현실 인식과 교육』, 청원: 한국교원대학교 통일교육연구소.

한국교원대학교 통일교육연구소(2005), 『동북아 시대의 국토 통일과 국제 협력』, 청원: 한국교원대학교 통일교육연구소.

한국교원대학교 통일교육연구소(2006), 『북한 연구와 통일 교육을 위한 한·중 협력 방안』, 청원: 한국교원대학교 통일교육연구소.

한국교원대학교 통일교육연구소(2007), 『남·북한 교육제도 비교 및 통일 후의 전망과 방안』, 청원: 한국 교원대학교출판부.

한국교육개발원 사회과 교육연구실 편(1983), 『사회과 탐구수업』, 서울: 교육과학사.

한국교육30년사 편찬위원회(1980), 『한국 교육 30년』, 서울: 삼화서적주식회사.

한국 사회과교과 교육학회·한국교원대학교 사회과학교육연구소(2005), 『한국 사회과 교육 60년: 회고와 전망』, 제12회 연차학습대회 발표자료집, 청주: 도서출판 한알.

한국 사회과 교육연구학회(2008), 『초등 지도 학습 33선: Map skill』, 파주: 교육과학사.

한국 사회과 교육연구회(1990), 『한국 사회과 교육학 개론』, 서울: 교육과학사.

한국 사회과 교육학회(2007), 『사회과 교과서 쓰기와 읽기(Ⅱ)』, 제17회 연차 학술대회 발표자료집. 한국 사회교과 교육학회.

한국 사회과 교육학회(2005), 『한국 사회과 교육 60년: 회고와 전망』, 제12회 연차 학술대회 발표자료집, 한국 사회교과 교육학회.

한국 사회과 교육회 역, H. D. Mehlinger & O. L. Davis 편(1986), 『사회과 교육』, 서울: 교육과학사.

한국중등교육협의회(1984), 『중·고등학교 신 교육과정 해설』, 서울: 대한교과서주식회사.

한기언(2006), 『초등 사회과 교육』, 파주: 한국학술정보(주).

한면희(2006), 『새로운 패러다임에 기초한 사회과 교육』, 서울: 교육과학사.

한면희 외(2004), 『사회과 교육론』, 서울: 갑을출판사.

한면희(2000), 『사회과 교육의 과정 탐색』, 서울: 배영사.

한면희 외 공역(1998), JAMES A. SMITH 저, 『사회과 창의적 교수법』, 서울: 교육과학사.

함수곤(2007), 『교육과정과 교과서』, 서울: 대한교과서주식회사.

함종규(2006), 『한국교육과정변천사 연구』, 서울: 교육과학사.

허영식(2006), 『민주시민교육』, 서울: 배영사.

허영식(2007), 『세계화・정보화 시대의 민주시민교육 어떻게 할 것인가?』, 서울: 원미사.

허혜경(2008), 『현대 교육과정 요론』, 서울: 창지사.

홍성윤 외 역(2000), 『교육과정 개발론』, 서울: 교육과학사.

황정규(1986), 『학교 학습과 교육 평가』, 서울: 교육과학사.

황정규(1990), 『학교 학습과 교육 평가』, 서울: 교육과학사.

황홍섭(2006), 『초등 사회과 교수법』, 서울: 세종출판사.

홍영기 외(2008), 『초등 교육과정의 통합적 운영』, 파주: 양서원.

홍후조(2001), 『현대 교육과정』, 서울: 교육과학사.

2. 논문(국내 문헌)

강대현 외(2004), 「사회과 교육 내용 적정성 분석 및 평가」, 한국교육과정 평가원 연구보고서, PRC2004 - 1 - 4.

경상대학교 중등교육연구센터 한국 사회과 교육학회 편(2003), 「제7차 사회과 교육과정 개정에 대한 문화 기술적 연구」, 제7차 교육과정과 교과서 연구보고서.

공주대학교 교육대학원・한국교과서연구학회(2009), 한국 교과서의 발전 방향과 미래 전망, 2009 연구 포럼 및 동계학술대회 논문집.

곽병선(1984), 「소련의 교육 개혁 동향」, 교육학 연구, 22(3), 한국교육학회.

곽병선(1987), 「교과에 대한 한 설명적 모형의 탐색」, 한국교육, 14(1), 한국교육개발원.

곽병선(1993), 「학교 교육의 적합성과 교사의 문제」, 교육과정 연구 제11집, 한국교육학회 교육과정 연구회.

곽병선(1997), 「정보화 시대의 교과 교육의 과제」, 사회과 교육 제30호, 한국 사회과 교육연구회.

곽병선(2002), 「제7차 교육과정의 반성적 회고와 전망」, 교육과학연구, 33(2), 이화여자대학교.

교육인적자원부(2005), 「사회과 교육과정 개정 방안 연구」, 연구보고서.

교육인적자원부(2007), 중등 교원 자격 양성 보도자료(2007. 03. 30), 교육인적자원부 교원양성과.

구정화(1995), 「사회과 동위 개념의 효과적인 학습 방법 연구」, 서울대학교 대학원 박사학위논문.

구정화(1996), 「사회과 논쟁문제 수업에 관한 연구」, 시민교육연구 제28호, 한국 사회과 교육학회.

구정화(1999), 「사회과 학업수준별 논쟁문제 인식 및 수업에 관한 연구」, 시민교육연구 제29집, 한국사회과 교육학회.

권낙원(1987), 「우리나라 교육과정의 변천(총론)」, 교원교육 제3권 제1호, 한국교원대학교.

권낙원(1996), 「토의 수업의 이론과 실제」, 서울: 현대교육출판사.

권낙원(2005), 「제7차 교육과정 운영 실태 및 요구 조사 분석」, 제7차 교육과정의 진단과 새 교육과정 개정의 기본 방향 탐색(학술 세미나 자료집), 2005. 01. 한국교원대학교 교육과정연구소.

권오정 외(1992), 「제6차 사회과 교육과정 개발 연구」, 한국교원대학교 사회과 교육과정 개정위원회.

김경모(1993), 「한국 학생의 소득 분배 개념 이해에 관한 연구」, 서울대학교 대학원 박사학위논문.

김경완(1995), 「시민성 교육과 반성적 사고: J. Dewey의 사상을 중심으로」, 서울대학교 대학원 석사 학위논문.

김만곤(1996), 「사회과 교과서의 개편 및 활용 방안」, 사회과 교육 제29호, 한국 사회과 교육연구회.

김만곤(2000), 「교과서관에 따른 사회과 교과서의 변화」, 사회과 교육 제33호, 한국 사회과 교육연구회.

김안중(1995), 「학교의 본질: 오늘날 학교의 기능은 그 본질에 충실한가?」, 교육학연구, 33(4), 한국교육학회.

김영석(2003), 「사회과에서 지역화 교육의 유형과 지역교재 활용의 방식」, 사회과 교육 제42권 제1호, 한국 사회과 교육연구회.

김성열(2008), 「좋은 학교 만들기 전략」, 교육복지연구포럼 2008 - 5, 공주대학교 스타프 로젝트 교육복지연구포럼.

김영희(1996), 「초등 사회과 교과서 삽화 자료에 대한 분석」, 성균관대학교 교육대학원 석사학위논문.

김왕근(1995), 「시민성의 내용과 형식으로서의 덕목과 합리성의 관계에 관한 연구」, 서울대학교 박사학위논문.

김용(2003), 「교육과정 정책 과정에 대한 신제도주의적 분석」, 서울대학교 대학원 박사학위논문.

김용만(1975), 「교육과정 지역화의 접근 방향」, 새교육, 통권 제391호, 대한교육연합회.

김용만(1987), 「사회과 교육의 변천과 전망」, 사회과 교육 제20호, 한국 사회과 교육연구회.

김용민(1992), 「중학교 사회생활과 교육과정 모형에 대한 개발 연구」, 충북대학교 교육대학원 석사학위논문, 1992.

김유통(1991), 「교육과정 지역화를 위한 교육과정 개발 체제 연구」, 한국교원대학교 대학원 석사학위논문.

김인식(1990), 「한국 초·중등학교 사회과 교육과정의 변천사」, 경남대학교 교육대학원 석사학위논문.

김인회(1999), 「21세기 한국 교육과 홍익인간의 교육 이념」, 한국정신문화연구원 연구처(편), 홍익인간 연구, 성남: 한국정신문화연구원.

김일기 외(1997), 「제7차 사회과 교육과정 개정 시안 연구 개발」, 교육부 위탁연구 과제 답신보고서, 한국교원대학교 사회과 교육과정개정연구위원회.

김재복(1983), 「교육과정의 통합적 접근에 관한 연구」, 동국대학교 대학원 박사학위논문.

김재춘(2002), 「국가 교육과정 연구 개발 체제의 문제점과 개선 방향(제7차 교육과정 연 구 개발 체제를 중심으로)」, 교육과정 연구, 20(3), 한국교육과정학회.

김재형(1999), 「제7차 사회과 교육과정의 교과 교육론적 탐구」, 사회과 교육 제32호, 한 국 사회과 교육연구회.

김정원(1997), 「초등학교 수업에 관한 참여 관찰 연구」, 서울대학교 대학원 박사학위논문.

김정호(2005), 「사회과 교육과정 개정의 쟁점과 영역별 대안. 국가 수준 교육과정 무엇을, 어떻게 개정할 것인가?」, 한국교육과정 평가원 개원 7주년 기념 세미나 자료집, 한국교육과정 평가원.

김정호 외(2005), 「사회과 교육과정 개정 방안 연구」, 연구보고서 2005 - 5, 한국교육과정 평가원.

김종건(1999), 「교육과정학의 역사」, 교육과정 연구 제17권 제2호, 한국교원대학교.

김준택(1988), 「우리나라 국민학교 사회과 교육과정 변천에 관한 연구」, 인하대학교 교육 대학원 석사학위논문.

김현진(1994), 「비판적 사고력을 향상시키기 위한 사회과 수업의 효과적인 토의 유형 연 구」, 서울대학교 대학원 석사학위논문.

나미숙(1994), 「사회과 교육과정의 변천 및 개선방안에 대한 연구」, 공주대학교 교육대학 원 석사학위논문.

나흥하(1996), 「교육과정 개발 접근 방식별 교육 내용 선정 준거 고찰」, 한국교원대학교 대학원 석사학위논문.

남상준(1996), 「사회과에서의 창의적 사회과 교육」, 사회과 교육 제33호, 한국 사회과 교 육연구회.

남제희(1993), 「한국 국민학교 사회과 교육과정의 변천 과정에 대한 역사적 연구」, 충북 대학교 교육대학원 석사학위논문.

노경주(2000), 「초등 사회과에서의 쟁점 중심 교육」, 시민교육연구 제31집, 한국 사회과 교육학회.

대전일보(2007. 03. 22), 「2008학년도 전국 대학 입시 전형 계획」, 대전일보 제17705호 제5면.

모경환·이정우(2004), 「좋은 시민에 대한 학생들의 인식 조사 연구」, 시민교육 연구 제 36권 제1호, 한국 사회과 교육학회.

박광희(1965), 「한국 사회과의 성립 과정과 그 과정 변천에 관한 연구」, 서울대학교 교육 대학원 석사학위논문.

박남수(2000), 「다문화 사회에 있어 시민적 자질의 육성: 사회과 교육을 통한 다문화교육 의 모색」, 사회과 교육 제33권 제1호, 한국 사회과 교육연구회.

박미진(2004), 「1950년대 전반기 교육과정 개조운동과 사회과 교육」, 한국교원대학교 대학원 석사학위논문.

박상흠(1998), 「사회과 수행평가의 이론적 배경과 적용 방안」, 사회과 교육 제31호, 한국 사회과 교육연구회.

박선미(1998), 「초·중·고 학업 성취도 비교 연구」, 서울: 한국교육과정 평가원.

박수용 외(2001), 「우리나라 연구자의 2000년도 SCI 인용지수 분석」, 교육인적자원부 정책연구.

박순경(2001), 「포스트 모더니즘과 교과서」, 교과서 연구 제37호, 한국교과서연구재단.

박은종(1988), 「현행 국민학교 사회과 교과서 자료 분석 연구」, 충남대학교 교육대학원 석사학위논문.

박은종(1996), 「초·중·고교 사회과 법교육과정 연계성 분석 연구」, 한국교원대학교 대학원 석사학위논문.

박은종(2006 a), 「사회과 교육의 트렌드와 구성주의적 접근」, 중등학교 사회과 1급 정교사 자격연수 교재, 공주대학교 중등교원연수원.

박은종(2006 b), 「새로운 사회과의 평가 방법과 실제」, 교육연구 제26권 제3호, 2006. 3. 한국교육생산성연구소.

박은종(2006 c), 「인터넷 활용을 통한 사회과 수업방법 개선 방안 모색」, 교육연구 제26권 제11호, 2006. 11. 한국교육생산성연구소.

박은종(2007 a), 「세계화·정보화 시대의 바람직한 민주시민교육의 방향」, 교육연구 제21집 제1호, 2007. 2. 공주대학교 교육연구소.

박은종(2007 b), 「세계화 시대 한국 민주시민교육의 접근 방법 모색」, 인문학 연구 제34권 제1호, 2007. 4. 충남대학교 인문과학연구소.

박은종(2007 c), 「한국 사회과 교육과정 분석 및 발전적 모형 개발에 관한 연구」, 공주대학교 대학원 박사학위논문.

박은종(2008), 「교과 교육 차원에서의 사회과 통합교육의 방향 모색」, 교육연구 제22집, 공주대학교 교육연구소.

박치현(1990), 「교육과정 개발 이론과 개발 실제의 비교」, 한국교원대학교 대학원 석사학위논문.

사회교사 모임 연구부(1992), 「사회과 교육과정과 교과서 변천사」, 서울: 우리교육출판사.

서재천(1986), 「일본 사회과 교육과정의 변천」, 사회과 교육 제19호, 서울: 한국 사회과 교육회.

서재천(1987), 「제2차 세계 대전 후 일본의 중학교 사회과 공민 교육과정의 변천 고찰」, 사회와 교육 제11집, 서울: 한국 사회과 교육학회.

서재천(1997), 「정보화 시대에 있어서의 사회과 교육 내용 구성」, 사회과 교육 제30호, 한국 사회과 교육연구회.

서재천(1998), 「사회과 시뮬레이션 학습에 관한 일 고찰」, 사회과 교육 제31호, 한국 사회과 교육연구회.

서태열(1998), 「구성주의와 학습자 중심 사회과 교수·학습」, 사회과 교육 제31호, 한국 사회과 교육연구회.

설규주(2000), 「세계화·지방화 시대의 시민교육」, 서울대학교 대학원 석사학위논문.

설규주(2004), 「제7차 교육과정의 현장 운영 실태 분석(Ⅱ) – 중등학교 사회과」, 서울: 한 국교육과정평가원.

성경희 외(2004), 「제7차 교육과정 현장 운영 실태 분석(Ⅱ) – 중등학교 국민 공통기본교 과를 중심으로(총론)」, 서울: 한국교육과정 평가원.

손병노(1996), 「사회과 협동 학습의 의의와 이론적 토대」, 사회과 교육 제29집, 한국 사 회과 교육연구회.

손병노(1998), 「사회과 교사의 전문성: 교수 내용 지식의 관점」, 사회과 교육학연구 제2 호, 한국 사회과 교육연구회.

손병노·권오정(1996), 「교원 양성 대학의 초등학교 사회과 교육학 교재 개발 연구」, 한 국교원대학교 부설 교과 교육공동연구소.

송현정(2001), 「시민 사회의 개념 변화와 현대 시민교육의 방향 모색」, 시민교육 연구 제 32집 제2호, 한국 사회과 교육학회.

신득렬(2000), 「학교 교육의 철학」, 교육철학 제22집, 한국교육철학회.

신현순(2004), 「사회과 지역화 자료의 외적 구성 분석과 개선 방안」, 교육과정학연구 제4 권, 2004. 12. 한국교원대학교 교육과정연구소.

안재경(1997), 「비판적 사고력 함양을 위한 시사 만화 활용 방안」, 한국교원대학교 대학 원 석사학위논문.

양미경(2000), 「정보화 시대 도래에 따른 교과서의 성격과 기능의 재조명」, 교과서연구 제34호, 한국교과서연구재단.

오천석(1975), 「민주주의 교육의 건설·민주 교육을 지향하여」, 오천석 교육사상 문집 제 1호, 서울: 광명출판사.

유위준(2002), 「초·중등학교 교육과정 정책 형성 과정에 관한 연구」, 한국교원대학교 대 학원 박사학위논문.

은지용(1999), 「반성적 사고력 함양을 위한 사회과 통합교육과정 모형에 관한 연구」, 서 울대학교 대학원 석사학위논문.

이경진(2006), 「교육과정 실행에 나타난 교육과정 변화의 내용과 요인에 대한 연구」, 이 화여자대학교 대학원 박사학위논문.

이광성(1997), 「고급 수준 질문의 활용 정도가 사회과 고급사고력과 학업 성취에 미치는 효과」, 서울대학교 대학원 박사학위논문.

이명희(2001), 「일본의 사회과 교육과정」, 사회과 교육학연구 제6호, 한국 사회과 교육학회.

이미영(1987), 「한국 사회과 교육의 변천 과정에 관한 연구」, 경상대학교 교육대학원 석 사학위논문.

이상주(1980), 「의사결정 과정에서 본 교육과정」, 교육과정 연구의 과제 보고서, 한국교육과정연구회.

이성수(1968), 「교과서론」, 교과서회지 제1집, 한국검인정교과서발행인협회.

이승종(1997), 「지방화·세계화 시대의 시민 의식」, 사회와 교육 제24집, 한국 사회과 교육학회.

이연복(2003), 「제6차, 제7차 교육과정의 사회과 교과서 비교 연구」, 서울교육대학교 교육대학원 석사학위논문.

이영호 외(1980), 「교육 혁신 보급에 관한 이론적 기초」, 교육 혁신 보고서, 한국교육개발원.

이종일(1997), 「사회과 간학문적 단원 구성의 이론과 실제」, 초등 사회과 교육 제7집, 한국초등사회과교육연구회.

이종일(1998), 「주제 중심 토의학습과 학습 자료 개발」, 초등 사회과 교육 제8집, 한국초등사회과교육연구회.

이종호(1996), 「한국 사회과 교육과정 이념의 시대성 변천 연구」, 한국교원대학교 대학원 박사학위논문.

이진석(1992), 「해방 후 한국 사회과의 성립 과정과 그 성격에 관한 연구」, 서울대학교 대학원 박사 학위논문.

이찬(1977), 「고등학교 사회과 교육과정의 변천」, 사회과 교육 제10호, 한국 사회과 교육회.

이태언(1999), 「사회과 교육 내용 및 과정의 변천에 관한 연구」, 교육연구 제11집, 부산외국어대학.

이혁규(2001), 「사회과 교실 수업 연구의 동향과 과제」, 사회과학교육 연구 제4집, 한국교원대학교사회과학연구소.

이혁규(2003 a), 「사회과 교육과정의 개발과 실제」, 청주교대 논문집 제13집, 청주교육대학교.

이혁규(2003 b), 「사회과 교육과정의 개발 체제의 문제점과 대안에 대한 논의」, 초등교육 논문집 제40집, 청주교육대학교 초등교육연구소.

임명자(1989), 「국민학교 교육과정 편제에 관한 분석적 연구」, 이화여자대학교 교육대학원 석사학위논문.

임청환·권성기 역(2008), Paul D. Eggen·Donald P. Kauchak 저, 「교사를 위한 수업 전략」, 서울: 시그마프레스.

장금익(2003), 「제7차 교육과정에 나타난 민주시민교육의 특성과 개선방안: 고등학교 사회 교과서 내용 분석을 중심으로」, 영남대학교 교육대학원 석사학위논문.

장언효 외(1979), 「교육과정 국제 비교 연구」, 서울: 한국교육개발원.

장원순(2003), 「한국 사회과 교육에서 시민의 실천 문제와 과제」, 시민교육 연구 제35권 제2호, 한국사회과 교육학회.

전영천(1988), 「한국 국민학교 사회과 교육과정 변천에 관한 연구」, 동아대학교 교육대학원 석사학위논문.

정만근(1983), 「교육과정의 변천과 배경에 관한 일 연구」, 연세대학교 교육대학원 석사학
  위논문.

정문성(1996), 「사회과 협동 학습에서의 논쟁 교수 모형」, 교육논총 제13집, 인천교육대
  학교.

정문성(1997), 「사회과 협동 학습에서의 집단 탐구 모형」, 사회과 교육학연구 제1호, 한
  국 사회과 교육 학연구회.

정문성(2005), 「사회과 교수 - 학습 방법의 동향과 과제」, 교원교육 제21권 제3호, 2005.
  12. 한국교원 대학교 교육연구원.

정세구(1989), 「한국 사회과 교육학 정립의 방향」, 사회과 교육 제22호, 한국 사회과 교
  육연구회.

정태범(1994), 「제3공화국 교육 개혁의 허상과 실상」, 하계 학술 세미나 자료집, 한국행
  정학회.

정태범(2001), 「총체적 질 관리를 위한 학교경영 체제 확립 방안」, 2001년 제2차 교육개
  혁 대토론회 주제 발표 자료, 한국교원대학교 종합교육연수원.

정호범(1997), 「초등 사회과에서의 가치 교육」, 한국교원대학교 대학원 박사학위논문.

조경자(1999), 「교과서 정책의 비교와 변화에 관한 연구」, 원광대학교 교육대학원 석사학
  위논문.

조도근(1983), 「사회과 탐구수업 및 평가 방법」, 인천직할시 교육위원회. 중등 교사 교과
  별 연수교재(사회과).

조도근(1986), 「개화기 사회 교육과정에 관한 연구」, 인하대학교 인문과학연구소 논문집
  제12집.

조도근(2000), 「학교 교육과 민주시민교육」, 심수 윤덕중 박사 정년퇴임 기념 논문집(사
  회발전과 교육), 한국교원대학교 일반 사회교육과·윤덕중 박사 정년퇴임 기념 논
  문집 발간위원회.

조영달(1990), 「미국 사회과의 경향과 교육 목표의 변화」, 사회과 평가 연구 세미나 자료
  집, 서울: 한국교육개발원.

조효형(1992), 「한국 일반계 고등학교 사회과 교육과정 개정의 배경과 원인의 변천 과정
  에 대한 연구」, 충북대학교 교육대학원 석사학위논문.

주은옥(1995), 「사회과 수업에서의 교사의 질문 유형이 학생의 사고력 신장에 미치는 효
  과에 관한 연구」, 서울대학교 대학원 석사학위논문.

주태원(1989), 「우리나라 중등학교 사회과 교육과정 변천에 관한 연구」, 인하대학교 교육
  대학원 석사학위논문.

진재관(2006), 「고등학교 사회과 교과서의 변천과 전망」, 교과서연구 제47호, 2006. 4. 한
  국교과서연구재단.

진시원·이종미(2007), 「2007년 개정 사회과 교육과정에 대한 비판적 평가와 통합 사회

과의 미래」, 시민교육연구 제40권 제2호, 한국 사회과 교육학회.

차조일(1989), 「사회과 통합교육과정 모형에 관한 연구」, 시민교육연구 제27집, 한국 사
    회과 교육학회.

차조일(1999), 「사회과 개념 수업 모형의 이론적 문제점과 해결 방안」, 시민교육연구 제
    29집, 한국 사회과 교육학회.

최병모(1985), 「사회과 탐구수업의 특징과 그의 적용을 위한 과제」, 사회와 교육 제9집,
    한국 사회과 교육학회.

최병모(1992), 「사회과 교육과정 개발의 체제적 접근」, 한국교원대학교 대학원 박사학위
    논문.

최병모(2006), 「중학교 사회과 교과서의 변천과 전망」, 교과서연구 제47호, 2006. 4. 한국
    교과서연구재단.

최병모(1991), 「중학교 사회과 교육과정의 변천」, 교과교육연구 제11호, 교과교육연구회.

최병모·김화자(2004), 「제7차 교육과정에 따른 중학교 사회과 교과서 분석」, 교원교육
    제19권 제2호, 2004. 2. 한국교원대학교 교육연구원.

최용규(1998), 「제7차 사회과 교육과정과 창의성 교육」, 초등사회과 교육 제10집, 한국초
    등사회과교육연구회.

최용규(2006), 「초등학교 사회과 교과서의 변천과 전망」, 교과서연구 제47호, 2006. 4. 한
    국교과서연구재단.

추정훈(2004), 「민주시민성 교육과정 속에서의 민주주의 교육」, 시민교육연구 제36권 제2
    호, 한국 사회과 교육학회.

한국교원대학교 교육연구원(2006), 「e－learning을 활용한 각 교과 수업방안 연구」, 교원
    교육 제22권 제1호, 2006. 7. 한국교원대학교 교육연구원.

한국교원대학교 부설 교과 교육공동연구소(2001 a), 「통합 교과로서의 사회과 운영 방안」,
    연구보고서 99－1.

한국교원대학교 부설 교과 교육공동연구소(2001 b), 「통합 사회 교과 교육학의 교재 개
    발 연구」, 연구 보고서 99－3.

한국교육개발원(1981), 「교육과정 개정안의 연구·개발 답신 보고서」.

한국교육개발원(1986), 「제5차 교육과정 총론 개정 시안의 연구·개발 답신 보고서」.

한국교육개발원(1987), 「제5차 고등학교(일반계) 교육과정 총론 시안의 개발 연구」.

한국교육개발원(1996), 「초·중등학교 교육과정 재구조안. 교육과정 연구 개발 보고서」,
    한국교육신문(2000. 10. 23).

한국교육개발원(1999), 「새 학교 문화 방향 정립과 창조 가능성 탐색 연구」, 연구보고서
    99－2.

한국교육과정·교과서연구회(1988),. 「한국 교육과정 변천에 관한 연구」.

한국교육과정·교과서연구회(1999), 「인물로 본 편수사」, 대한교과서 주식회사.

한국교육과정학회(2004), 「학교 교육과정의 개발과 운영: 학제적 관점」, 한국교육과정학

회 추계 학술 대회 발표 논문집.

한국사회과교과교육학회(2005), 「한국 사회과 교육 60년: 회고와 전망」, 제12회 연차학술
　　　대회 발표 자료집.

한국 사회과교과 교육학회(2006), 「한국 사회과 교육의 미래 전망」, 제13회 연차학술대회
　　　발표 자료집.

한명희(1992), 「교육과정 결정 과정의 이론과 실제 - 제6차 교육과정 개정을 중심으로」,
　　　교육과정연구회 92년도 연차학술대회 발표 논문·토론집.

함수곤(1997), 「제6차와 제7차 교육과정의 관계」, 교육진흥, 9(4), 중앙교육진흥연구소.

허강 외(2000), 「한국 편수사 연구(I)」, 한국교과서연구재단.

허경철(1996), 「제7차 교육과정 개정의 기본 방향과 내용」, 교육과정연구 제3호 제1집,
　　　1996. 1. 한국 교원대학교 대학원 교육과정학회.

허경철(2001), 「제7차 교육과정, 그 성공을 위한 전제적 이해」, 한국교육과정 평가원 창
　　　립 3주년 기념 세미나 자료집.

허경철 외(2003), 「국가 수준 교육과정 개정 방식 개선에 관한 연구」, 한국교육과정 평가
　　　원 연구 보고서.

홍미화(2006), 「교사의 실천적 지식으로 읽는 초등 사회과 수업」, 한국교원대학교 대학원
　　　박사학위논문.

홍선표(1987), 「사회과 교육과정 변천에 관한 연구」, 단국대학교 교육대학원 석사학위논문.

홍영환·빈선옥(1998), 「사회과 인터넷 학습 프로그램 설계」, 중등교육연구 제10집 제1
　　　호, 경상대학교 사범대학 중등교육연구소.

홍웅선(1982), 「한국의 교과서 변천사」, 한국교육개발원.

홍후조(1999), 「국가 수준 교육과정 개발 패러다임의 전환(I) - 전면 개정형에서 점진 개
　　　선형으로」, 한국교육과정학회, 교육과정연구, 17(2).

홍후조(2000), 「국가 교육과정 개정의 정치학 - 제7차 교육과정 개정을 중심으로」, 교육정
　　　치학연구, 7(1), 한국교육정치학회.

홍후조(2001), 「제7차 교육과정에 따른 일반계 고등학교 선택중심 교육과정의 편성과 운
　　　영의 이해와 오해」, 교육과정 연구 제19집 제1호, 한국교육과정학회.

홍후조(2002), 「국가 수준 교육과정 개발 패러다임의 전환(II) - 국가 교육과정 기준 변화
　　　관련 기본 개념 정립을 중심으로」, 교육과정연구 제20집 제2호, 한국교육과정학회.

황보 효석(1997), 「사회과 토의 학습이 지적 기능 발달과 학습 태도에 미치는 영향」, 한
　　　국교원대학교 대학원 석사학위논문.

3. 외국 문헌

梅根悟·岡津守彦(1959), "社會科のあゆみ", 東京: 小學館.

社會認識教育學會編(1981), 初等社會科教育學, 東京: 學術圖書出版社.

鈴木英(1983), 日本占領ど教育改革, 郵草書房.

日本教科書研究會(1973) 教科書の 公教育, 東京: 第一法規社.

日本教育新聞(1987), 教科審 特輯號, 東京.

日本文部省(1974), '民主主義'(上) 上田薰緝, "社會科 教育史料2", 東京法令出版株式會社.

日本文部省(1978), '我が國の教育水準', 東京: 大藏省印刷局.

日本文部省(1980), 中學校 指導書. 東京: 大藏省印刷局.

日本文部省(1982), 最新 國民學校 教育課程. 東京: 大藏省印刷局.

日本文部省(2000), 教科書 制度の 槪要, 東京: 文部省初中等教育局.

日本文部省 編(1989), '我が國の文教施策', 大藏省印刷局.

日本民主黨教科書問題特別委員會(1974), 'うれうべき教科書の問題' 上田薰編, "社會科 教育史料3", 東京 法令 出版株式會社.

日本社會科教育學會編(1984), 初等社會科教育學槪論, 東洋館出版社.

日本社會科教育學會編(1986), 中等社會科教育學槪論, 東洋館出版社.

田中史郞(1989. 6), 社會科教育史研究の課題, 全國社會科教育學會, 社會科教育 論叢, 第36輯, 第一法規出版株式會社, '教育の情報'.

中野目直明外編著(1983), "現代社會の理論と實踐" 酒井書店.

片上宗二(1974), "敗戰直後の公民教育構成", 教育史料出版會.

片上宗二(1984), '戰後の公民教育', 日本社會科教育學會編, "社會科における公民的資質の形成", 東洋館出版社.

Apple. M. W.(1983). *"On Analyzing Hegemony"* in H. A. Giroux(eds.). Teory & Resistance in Education. Massachusetts: Bergin & Garver Publishers. Inc.

Apple. M. W.(1986). Teachers and text. London: Routledge & Kegan Paul.

Barth. James L. et. al.(1984). *Principle of Social Studies.* Univ. Press of America. Inc.

Beauchamp. G. A.(1968). Curriculum Theory. 2nd ed. Wilmett: The Kagg Press.

Beauchamp. G. A.(1981). Curriculum Theory. 4th ed. Itasca: Peacock Publisher.

Bobbit. J. F.(1918). The Curriculum. Boston: houghton – Mifflin.

Bobbit. J. F.(1972). The Curriculum. New York: Arno Press.

Brady. L.(1983). *Curriculum Development in Australia.* Prentice Hall of Australia. Sydney.

Edwards Clifford H.(ed)(1974). Reading in Curriculum: A Process Approach Champaign, Ill: Stipes Publishing Co. Champaign, Ill:

Egglestone. J.(1997). *The Sociology of the School Curriculum.* London: Routledge & Kegan Paul.

Eisner. E. W.(1979). *The Educational Imagination: On the Design and Evaluation of schoolprograms.* Collier macmillan canada. Inc.

Eisner Elliot & Vallence Elizabeth(eds.)(1974). *Confoicting Conceptions of Curriculum.* Berkeley. Calif: McCutchen Publishing Corportation.

Elmore. R. F. and McLaughin. M. W(1988). Steady Work: Policy, *Practice, and the Reform of American Education.* Santa Monica, CA: The RAND Co.

Fuhrman. S. H.(ed.)(1993). *Designing Coherent Education Policy: Improving the System.* San Francisco: Jossey — Bass Publishers.

Gibson. R.(1984). Structure and education, London: Hodder and Stoughton.

Giroux. H.(1988), *Teachers as Intellectuals: Toward a Critical Pedagogy of Learning,* South Hadley, MA: Bergin & Garvey.

Giroux. H. & McLaren. P.(1992). *America 2000 and the Politics of Erasure: Democracy and Cultural Difference under Siege.* International Journal of Educational Reform, 1(2).

Goodlad. J. I(1984), A Place Called School, New York: McGraw — Hill.

Goodman. J.(1986). *Teaching Preservice Teachers a Critical Approach to Curriculum Design, A Descriptive Account.* Curriculum Inquiry.

Gowin. D. B.(1981). Educating. Ithaca. New York: Cornell Univ. Press.

Gross. N. Giacquinta. J. & Bernstein. M.(1971). *Implementing Organizational Innovation: A Sociological Analysis of Planned Educational Change.* New York: Basicbooks.

Grant. C. & Sleeter. C.(1985). *After The School Bell Rings.* Philadelphia, PA: Falmer.

Gudmundsdottir. S.(1990). *Values in Pedagogical Content Knowledge.* Journal of Teacher Education. 41(3).

Handel. G. & Lauvas. P.(1987). *Promoting Reflective Teaching: Supervision in Practice.* Philadelphia: Open University press.

Handler. B. S.(1982). *Coming of Age in Curriculum: Reflections on 'Thinking About the Curriculum'.* Journal of Curriculum Studies. 14(2).

Holmes. B. & M. Mclean(1989). *The Curriculum: A Comparative Perspective.* Boston: Unwin Hyman.

http://inca.org.uk(국가별 교육과정 자료)

Jarolimek. J.(1990). Social Studies in Elementary Education(8th). Macmillian Pub.

Johonsen. J. H.(1982). *American Education: An Introduction to Teaching.* Iowa. Dubuque: Wmc Brown Co.

Kaufman. R. A(1972). *Educational System Planning. Engleword Cliffs.* New Jersey.

Kelly. A. V.(1982). *The Implications of a Centralized Curriculum for Curriculum Development.* The Curriculum Theory and Practice. London: Harper & Row ltd.

Kerr. Donna. H(1976). *Educational Policy: Analysis, Structure, and Justification.* New York: David Mcakay Company. Inc.

Klein. M. Frances. ed(1991). *The Politics of Curriculum Decision – Making: Issues in Centralizing the Curriculum.* New York: State University of New York Press.

Knight. P.(1985). *The Practice of School – based Curriculum Development.* Journal of Curriculum Studies. Vol.17. No.1.

Massialas. Byron. G.(ed.)(1996). *Critical Issues in Teaching Social Studies K – 12.* Wardworth Publishing Co.

McNiff. J.(1993). Teaching and learning. London: Routledge.

NCSS.(1994 a). *Curriculum standards for Social Studies.* Washington. NCSS.

NCSS.(1994 b). *Expectation of Excellence: Curriculum Standard for Social Studies.* Washington. NCSS.

Parker. Walter C. & Jarolimek. John.(1993). *Social Studies in Elementary Education.* Prentice – Hall, Inc.

Phenix. P. H.(1964 a). Realms of Meaning. New York: McGraw – Hill.

Phenix. P. H.(1964b). The Architectronics of Knowledge. In s. Elam(ed). Education and thestructure of Knowledge. Chicago: Rand McNally.

Posner. G. J.(1998). Models of Curriculum Planning In L. E. Beyer, & M. W. Apple.

Popkewitz. T. S.(1987). *The Formation of School Subjects: the Struggle for Creating an American Institution.* New York: The Falmer Press.

Powell. W. W. and DiMaggio, P. J.(eds.)(1991). *The New Institutionalism in Organizational Analysis.* The University of Chicago Press.

Pressman. J. L. and Wildavsky. A(1984). Implementation(3rded.). Univ. of California Press.

Ravitch. D(1995). *National Standards in American Education: A Citizen's Guide.* Washington. D. C.: The Brookings Institution.

Ravitch. D.(1995.). *Debating the Future of American Education: Do We Need National Standards and Assessments?* Washington, D. C.: The Brookings Institution.

Reich. R. B.(ed.)(1988). The Power of Public Ideas. Cambridge: Balliger Publishing Co.

Reid. W. A.(1999). *Curriculum as Institution and Practice.* Manhwa, N. J. & London: Lawrence Erlbaum Associates Publishers.

Saylor. J. G. & Alexander. W. M.(1974). *Planning Curriculum for School,* New York: Jolt, Rivehart & Winston.

Schwab(1962). *The Concept of the Structure of a Discipline.* The Educational Record. 43(197).

Short. E. C.(1983). *The Form and Use of Alternative Curriculum Development,* rev. ed. New York: Jarcourt Brace. Jovanovich. Inc.

Short. E. C(1993). *Three levels of questions addressed in the field of curriculumresearch and practice.* Journal of curriculum supervision. 9(1).

Strike. K. A(1988). The Ethics of school Administration. New York: Columbia University

Press.

Taba. H.(1962).*Curriculum Development: Theory and Practice*. New York: Harcourt. Brace, Hovanovich.

Tanner. D. & Tanner. I. N.(1975). *Curriculum Development: theory into Practice*, New York: MacMillan Publishing Co.

Tanner. D. & Tanner I. N.(1980). *Curriculum Development: theory into Practice*(2nd. ed.). New York: MacMillan Publishing Co.

Tyack. D.(1993). *School govermance in the United States: Historical Puzzles and Anomalies*. In J. Hannaway. & M. Carnoy(eds.) Decectralization and schoolimpprovement: Can we fulfill the promise?(1 – 32). Sanfrancisco. CA: Jossey – Bass Publishers.

Tyler. R. W.(1949). *Basic Principles of Curriculum and Instruction*. Chicago: University of Chicago Press.

Walker. D. F(1971). *A Naturalistic Model for Curriculum Develope*. School Review. 80(1).

Walker. D. F(1979). *Approach to Curriculum Development in Schaffarzick*, J. & Sykes. G(eds.). Value Conflicts and Curriculum Issues, Berkeley: McCutchan Publishing Co.

Walton. J.(1978). *School – based curriculum development in Australia*. In Walton, J. & Morgan. R.(eds.). *Some Prespectives on School – based Curriculum Development*. Armidale: university of New England Press.

Weiler, H.(1993). *Control versus legitimation: The politics of ambivalence*. In J. Hannaway. & M. Carnoy(eds.). *Decedtralization and school improvement Can we fulfill the promise?* Sanfrancisco. CA: Jossey – Base Publishers.

Willis. G.(1998). *The Human Problems and Possibilities of Curriculum Evaluation*. In I. E. Beyer. & M. W. Apple(eds.), The Curriculum(2nd ed). New York: SUNY Press.

Zais. R. S.(1976). Curriculum: Principles and Foundations. New York: Thomas Y. Crowell.

2007년 개정 사회과 교육과정	교육인적자원부 고시 제2007 - 79호. (2007. 02. 28.)

Ⅰ. 사 회

1. 성 격

사회과는 사회생활에 필요한 지식과 기능을 익혀 이를 토대로 사회현상을 올바르게 인식하고, 민주사회 구성원에게 요청되는 가치와 태도를 지님으로써 민주시민으로서의 자질을 갖추도록 하는 교과이다. 사회과에서 육성하고자 하는 민주시민은, 사회생활을 영위하는 데 필요한 지식을 바탕으로 인권 존중, 관용과 타협의 정신, 사회 정의의 실현, 공동체 의식, 참여와 책임 의식 등의 민주적 가치와 태도를 함양하고, 나아가 개인적, 사회적 문제를 합리적으로 해결하는 능력을 길러 개인의 발전은 물론, 사회, 국가, 인류의 발전에 기여할 수 있는 자질을 갖춘 사람이다.

사회과는 지리, 역사 및 제 사회과학의 개념과 원리, 사회 제도와 기능, 사회문제와 가치, 그리고 연구 방법과 절차에 관한 요소를 통합적으로 선정, 조직하여 사회현상을 종합적으로 이해하고 탐구한다. 또한, 사회과에서는 우리의 삶의 터전인 국토의 이해를 바탕으로 우리 민족의 역사와 활동에 대한 종합적인 파악과 현실에 대한 역사적인 시각에서의 이해 및 한국인으로서의 정체성과 세계시민으로서의 가치·태도 등에 관한 요소를 중시한다.

사회과는 다양한 정보를 활용하여 사회현상에 관한 지식을 발견하고 문제를 해결하는 데 필요한 비판적 사고력, 창의력, 판단 및 의사결정력 등의 신장을 강조한다. 이를 위하여 다양한 탐구 방법을 활용하여, 학습자 스스로 학습하는 기회를 제공하고, 흥미와 관심을 고려하여 개개인의 수준에 적합한 경험을 제공하는 효율적인 교수·학습 전략을 지향한다. 그리고 학교 특성에 따라서 지역성과 시사성을 고려하여 지도한다.

사회과는 학습자의 성장 발달 정도와 사회·문화적 경험을 고려하여 학교급별로 주안점을 달리한다.

초등학교에서는 학생들이 주변의 사회적 사실과 현상에 대하여 관심과 흥미를 가지며, 생활과 관련된 기본적 지식과 능력을 습득하고, 창의적인 자세로 일상생활을 할 수 있도록 한다. 이를 위하여 학생들은 사회적 사실과 현상을 이해하는 데 필요한 기본적인 사실과 개념을 배우고, 이를 자신의 주변 환경이나 문제에 적용할 수 있는 사고력을 지녀야 한다. 또한 이러한 지식과 사고를 사회적 행동으로 실천할 수 있는 적극적인 태도를 길러야 한다.

중학교에서는 초등학교에서의 학습을 바탕으로 각 영역에서 중요시하는 지식을 과학적 절차에 의하여 발견·적용하고, 개인적, 사회적 문제를 해결하는 능력을 길러 공동생활에 자발적으로 참여하는 시민 정신을 발휘하게 한다.

고등학교에서는 초등학교와 중학교에서 습득한 지식과 능력을 바탕으로 사회현상을 종합적으로 이해하고 비판적 사고와 합리적 의사결정 능력을 함양하여, 사회 공동 문제 해결에 적극적으로 참여하는 시민 의식을 기른다.

2. 목 표

사회현상에 관한 기초적 지식과 능력은 물론, 지리, 역사 및 제 사회과학의 기본 개념과 원리를 발견하고 탐구하는 능력을 익혀, 우리 사회의 특징과 세계의 여러 모습을 종합적으로 이해하며, 다양한 정보를 활용하여 현대 사회의 문제를 창의적이며 합리적으로 해결하고, 공동생활에 스스로 참여하는 능력을 기른다. 이를 바탕으로 개인의 발전은 물론, 사회, 국가, 인류의 발전에 기여할 수 있는 민주시민의 자질을 기른다. 사회 교과의 전반적인 목표는 다음과 같다.

① 사회의 여러 현상과 특성을 그 사회의 지리적 환경, 역사적 발전, 정치·경제·사회적 제도 등과 관련지어 이해한다.

② 인간과 자연 간의 상호 작용에 대한 이해를 통하여 장소에 따른 인간 생활의

다양성을 파악하며, 고장, 지방 및 국토 전체와 세계 여러 지역의 지리적 특성을 체계적으로 이해한다.

③ 각 시대의 특색을 중심으로 우리나라의 역사적 전통과 문화의 특수성을 파악하여 민족사의 발전상을 체계적으로 이해하며, 이를 바탕으로 인류 생활의 발달 과정과 각 시대의 문화적 특색을 파악한다.

④ 사회생활에 관한 기본적 지식과 정치·경제·사회·문화 현상에 대한 기본적인 원리를 종합적으로 이해하고, 현대사회의 성격 및 민주적 사회생활을 위하여 해결해야 할 여러 문제를 파악한다.

⑤ 사회현상과 문제를 파악하는 데 필요한 지식과 정보를 획득, 분석, 조직, 활용하는 능력을 기르며, 사회생활에서 나타나는 여러 문제를 합리적으로 해결하기 위한 탐구 능력, 의사결정 능력 및 사회 참여 능력을 기른다.

⑥ 개인과 사회생활을 민주적으로 운영하고, 우리 사회가 당면한 문제들에 관심을 가지고 민주국가 발전과 세계의 발전에 적극적으로 이바지하려는 태도를 가진다.

3. 내 용

1) 내용 체계

학 년	역사 영역	지리 영역	일반 사회 영역
3학년	○ 우리가 살아가는 곳, ○ 우리 고장의 정체성, ○ 고장의 생활 문화 ○ 사람들이 모이는 곳, ○ 이동과 의사소통, ○ 다양한 삶의 모습들		
4학년		○ 우리 지역의 자연환경과 생활 모습 ○ 우리 지역과 관계 깊은 곳들 ○ 여러 지역의 생활	○ 주민 자치와 지역사회의 발전 ○ 경제생활과 바람직한 선택 ○ 사회 변화와 우리 생활
5학년	○ 하나 된 겨레 ○ 다양한 문화가 발전한 고려 ○ 유교 전통이 자리 잡은 조선 ○ 조선 사회의 새로운 움직임 ○ 새로운 문물의 수용과 민족 운동 ○ 대한민국의 발전과 오늘의 우리		

학 년	역사 영역	지리 영역	일반 사회 영역
6학년		○ 아름다운 우리 국토 ○ 환경을 생각하는 국토 가꾸기 ○ 세계 여러 지역의 자연과 문화	○ 우리 경제의 성장과 과제 ○ 우리나라의 민주정치 ○ 정보화, 세계화 속의 우리
7학년		○ 내가 사는 세계 ○ 다양한 기후 지역과 주민 생활 ○ 다양한 지형과 주민 생활 ○ 지역마다 다른 문화 ○ 인구 변화와 인구 문제 ○ 도시 발달과 도시 문제	○ 개인과 사회생활 ○ 문화의 이해와 창조 ○ 우리의 생활과 법 ○ 인권 보호와 헌법
8학년	〈한국사 영역〉 ○ 문명의 형성과 고조선의 성립 ○ 삼국의 성립과 발전 ○ 통일신라와 발해 ○ 고려의 성립과 발전 ○ 고려 사회의 변천 ○ 조선의 성립과 발전 〈세계사 영역〉 ○ 통일제국의 형성과 세계종교 등장 ○ 다양한 문화권의 형성 ○ 교류의 확대와 전통사회의 발전		
9학년	〈한국사 영역〉 ○ 조선 사회의 변동 ○ 근대국가 수립 운동 ○ 대한민국의 발전 〈세계사 영역〉 ○ 산업화와 국민국가의 형성 ○ 아시아·아프리카 민족운동 　과 근대국가 수립 운동 ○ 현대 세계의 전개	○ 자원의 개발과 이용 ○ 산업 활동과 지역 변화 ○ 지역에 따라 다른 환경문제 ○ 세계 속의 우리나라 ○ 통일 한국의 미래	○ 정치 생활과 민주주의 ○ 정치 과정과 참여 민주주의 ○ 경제생활과 경제 문제 ○ 시장경제의 이해 ○ 국민경제의 이해
10학년	○ 우리 역사의 형성과 발전 ○ 조선 사회의 변화와 서구 　열강의 침략적 접근 ○ 동아시아의 변화와 　조선의 근대 개혁운동 ○ 근대 국가 수립운동과	○ 국토와 지리정보 ○ 자연환경과 인간 생활 ○ 문화 경관의 다양성 ○ 장소 인식과 공간 행동 ○ 지역 개발과 환경 보전	○ 문화 ○ 정의 ○ 세계화 ○ 인권 ○ 삶의 질
10학년	일본 제국주의의 침략 ○ 일제의 식민지 지배와 　민족운동의 전개 ○ 전체주의의 대두와 　민족운동의 발전 ○ 냉전 체제와 대한민국 정부의 수립 ○ 대한민국의 발전과 국제정세의 변화 ○ 세계화와 우리의 미래		

2) 학년별 내용

【3학년】

(1) 우리가 살아가는 곳

우리가 사는 고장의 위치와 자연환경, 인문환경의 특성을 파악하고, 그것들이 사람들의 생활 모습과 어떠한 영향을 주고받는지 이해한다. 다양한 종류의 지도를 활용하여 고장을 종합적으로 바라보는 안목을 기른다. 또한 고장에 있는 다양한 공공기관들과 우리 생활과의 관계를 이해한다.

① 지도는 방위, 기호, 축척 등 다양한 지도 요소로 구성되며, 지도는 고장의 자연환경과 인문환경을 나타내고 있음을 이해한다.
② 그림지도와 일반지도를 활용하여 고장의 자연환경과 사람들의 생활 모습을 파악한다.
③ 고장의 전형적인 장소와 경관을 견학, 조사하여 간단한 형태의 그림 지도로 나타낸다.
④ 고장 사람들은 자연환경에 어떻게 적응하고, 자연환경을 어떻게 활용하고 있는지 이해한다.
⑤ 고장의 자연환경과 인문환경의 특징을 파악한다.
⑥ 고장 사람들이 수행하고 있는 다양한 일이 우리 가족의 생활과 어떤 관련이 있는지 알고, 고장의 생활에 관심을 가진다.
⑦ 고장을 대표하는 여러 공공 기관이 하는 일과 고장 사람들의 일상생활을 관련지어 이해한다.

(2) 우리 고장의 정체성

우리 고장에는 다른 고장과 구분되는 고유한 특성이 있으며, 이것은 고장의 정체성을 형성하는 기반이 된다는 것을 이해한다. 고장은 그 자체로 고유한 역사, 상징, 문화 그리고 행사 등을 간직하고 있다. 고장의 정체성을 자연환경과 인문환경과의 관련 속에서 파악하고 현재의 삶과 관련지어 이해한다. 그리고 현재의 고장은 과거의 역사적 인물이나 사건 등 변화의 연속선상 위에 있다는 것을 파악한다. 아울러 고장의 행사를 통해 고장의 자연, 인문적인 특성을 파악하며, 그 속에서 고장 사람들의 삶의 모습을 살펴보고, 고장 행사에 참여하는 방법에 대해서 알아본다. 더불어 고장을 상징하는 유적지나 건물, 관공서 등을 답사, 견학함으로써 자기 고장을 종합적으로 이해한다.

① 자신의 일상생활과 관련지어 고장에 대하여 떠오르는 것을 표현한다.

② 고장의 지명 유래와 전설을 조사하고, 이를 자연과 인간과의 관련 속에서 이해한다.

③ 고장의 옛날 인물 및 사건과 관련된 이야기를 통하여 우리 고장의 자연적 특징과 조상들의 생활 모습을 파악하며, 당시 사람들의 생각을 상상적으로 이해한다.

④ 고장의 행사를 자연적, 인문적 환경과 관련지어 파악하고, 세계적인 관점에서 그 위치를 이해한다.

⑤ 고장을 대표하는 자연적, 인문적 상징을 답사, 조사, 체험하고, 고장 사람들의 생활과 관련지어 그 의미를 이해한다.

⑥ 고장의 행사를 위해 준비하고 애쓰는 사람들에 대해서 조사하고, 고장의 일에 참여하려는 마음을 가진다.

⑦ 고장을 대표하는 문화재를 조사하여 파악하고, 그것이 사람들의 생활에 끼친 영향을 이해한다.

(3) 고장의 생활 문화

사람이 살아가는 데 필요한 의식주와 여가 생활 및 생활 도구를 파악하고, 김치와 한복, 온돌, 그리고 전통 놀이 등에 나타난 조상들의 멋과 슬기를 이해한다. 의식주와 여가 생활은 인간의 생활에서 필수적인 것이다. 이러한 의미에서 오늘날의 의식주와 여가 생활의 특징을 알아보고, 바람직한 생활의 모습에 대하여 생각해 본다. 아울러 조상들의 의식주 및 생활 도구가 어떻게 변화, 발전하였으며, 오늘날 어떻게 계승되고 있는지를 파악한다. 고장의 유물, 유적 및 문화재를 바탕으로 조상들의 생활과 생각을 이해하고, 이를 통해 우리나라 문화유산을 아끼고 계승·발전시키려는 태도를 갖는다.

① 오늘날의 의식주 생활의 특성에 대한 이해를 바탕으로 우리나라 생활 문화의 일반적인 경향을 파악한다.

② 오늘날의 여가 생활의 모습을 파악하고 바람직한 여가 시간 활용의 의미를

이해한다.

③ 김치, 한복, 온돌 및 생활 도구 등에 담긴 조상들의 멋과 슬기를 알아보고 오늘날의 모습과 비교한다.

④ 의식주 및 생활 도구의 변천 과정과 오늘날 계승·발전된 모습을 이해한다.

⑤ 고장의 유물·유적을 통하여 조상들의 생활과 생각을 추론하고 우리나라의 문화유산을 아끼고 발전시키려는 태도를 갖는다.

(4) 사람들이 모이는 곳

사람들은 고장의 생활에서 경제, 교통, 교육, 행정, 서비스, 문화, 여가 등 다양한 욕구들을 해결하고자 한다. 고장 사람들은 욕구를 해결하기 위해 일정한 장소에 모여 서로 필요한 것들을 교환한다. 이러한 장소는 고장에서 일정한 중심지를 이루며, 중심지에서는 고장 사람들의 다양한 삶의 모습을 찾아볼 수 있다. 고장 사람들이 많이 모이는 곳을 찾아보고, 그곳에서 고장 사람들이 어떤 모습으로 살아가고 있는지 탐색한다. 또한 고장의 중심지는 나의 생활과 밀접하게 연결되어 있고, 다른 고장과도 연결되어 고장 사람들의 욕구를 해결해 준다는 것을 이해한다.

① 우리 생활에 필요한 것들을 찾고, 분류하는 활동을 통하여 고장 생활에는 다양한 욕구가 있음을 파악한다.

② 고장 사람들이 많이 모이는 곳을 찾아보는 활동을 통하여 고장에 다양한 생활의 중심지가 있음을 알아본다.

③ 고장의 중심지에서 사람들이 살아가는 모습, 서로 교환하는 것을 조사하고, 분류하는 활동을 통하여 고장 사람들의 생활 모습을 파악한다.

④ 고장의 중심지를 이용해 본 경험을 통하여, 내가 필요한 것을 해결하는 방법을 알아보고 나와 관계된 고장의 중심지를 찾아본다.

⑤ 우리 고장에서 해결하지 못하는 욕구를 다른 고장에서 해결하는 모습을 찾아보고, 이를 통하여 고장과 고장이 서로 연결되어 있음을 알아본다.

⑥ 우리 고장의 중심지 중 특징적인 곳을 선정하여 견학해 보고, 옛날과 오늘날의 모습, 입지 조건, 경관의 특징, 역할, 사람들의 생활 모습을 조사한다.

(5) 이동과 의사소통

고장 생활에서 이동과 의사소통은 사람들의 활동 영역을 확장시키고, 합리적인 문제 해결을 통하여 고장의 발전을 촉진하는 중요한 요소이다. 이동·의사소통 수단을 통하여 사람들의 이동과 교류가 활발해지고 새로운 정보와 문화가 다른 고장으로 전파되기도 한다. 도로, 철도, 수레, 기차, 자동차, 배, 비행기, 다리, 터널, 수로, 동굴벽화, 책, 봉화, 편지, 전화, 인터넷, 인공위성 등 이동·의사소통 방법의 변화를 중심으로 생활이 변화된 모습을 살펴보고, 고장 생활이 더욱 편리하게 변화해 왔음을 이해한다. 또한 우리 고장과 다른 고장 사이의 이동·의사소통 모습을 조사하여 고장 간에 어떤 관계를 맺고 살아가고 있는지 알아본다.

① 생활 속에서 가족의 이동·의사소통 이유를 조사하여 이동·의사소통의 필요성을 찾아본다.

② 우리 고장을 중심으로 주위에 있는 고장들의 위치와 명칭을 확인하고, 고장 간의 이동과 의사소통 방법을 조사하여 이를 그림지도로 나타낸다.

③ 옛날과 오늘날의 이동·의사소통 수단에 관한 자료를 수집, 비교하여 이동 방법이 변해 온 모습을 파악한다.

④ 이동·의사소통의 방법이 달라짐에 따라 생활의 변화된 모습을 비교, 조사한다.

⑤ 오늘날 이용되고 있는 이동·의사소통 수단 간의 비교를 통하여 수단의 차이가 서로 다른 생활 모습을 만들어 내는 구체적인 예를 조사한다.

⑥ 우리 고장과 주변 고장 간에 오고 가는 사람, 정보, 물자를 조사하고 이를 도표로 나타낸다.

⑦ 미래의 이동·의사소통 방법을 예상하여 변화될 고장의 생활 모습을 예측한다.

(6) 다양한 삶의 모습들

사람들은 살아가면서 가족과 친구, 이웃과 고장, 국가 및 세계와의 상호작용을 통해 다양하고 특색 있는 문화를 형성해 간다. 놀이, 친교, 단체 활동 등을 통하여 학생 문화에 대하여 이해하고, 고장, 지역, 국가의 서로 다른 학생 문화를 파악한다. 그리고 고장의 독특한 문화적인 특성을 이해하고 그러한 특성이 만들어지게 된 자연적, 역사적 환경에 대하여 이해한다. 또한 우리나라의 여러 기념일들의 특징과 의미를 외국의 경우와 비교하여 파악함으로써 그 문화적인 특성을 이해한다.

① 오늘날 학생들의 놀이, 친교, 단체 활동 등에 담겨 있는 문화적인 특징을 이해한다.

② 고장, 지역, 국가의 서로 다른 학생들의 문화를 알아보고 유사성과 차이점을

조사한다.

③ 다른 고장을 여행한 경험을 바탕으로 그 고장의 독특한 문화가 만들어지게 된 자연적, 인문적 특성을 이해한다.

④ 전통적 혼례와 상례, 제례의 특징을 알아보고, 옛날과 오늘날의 달라진 모습을 이해한다.

⑤ 설과 단오, 추석 등의 명절과 삼일절, 현충일, 광복절 등 기념일의 유래와 의미를 알아보고 다른 나라의 명절 및 기념일과 비교한다.

⑥ 서로 다른 문화에 대하여 이해하고 포용하려는 태도를 갖는다.

【4학년】

(1) 우리 지역의 자연환경과 생활 모습

우리가 사는 지역의 위치와 자연적, 인문적 환경의 특성을 파악하고, 지도나 도표로 표현할 수 있는 기초적 기능을 기르며, 우리 지역에 대한 관심을 가진다. 따라서 전형적인 장소와 경관을 중심으로 지역의 인구, 자원, 산업, 문화 등과 같은 인문적 특성을 자연환경과의 관련성 속에서 파악한다. 또한 다양한 지도, 그래프, 도표를 활용하여 지역의 자연적, 인문적 특성을 파악하며, 지도를 이용하여 전형적인 장소들의 위치를 확인하고, 방위, 기호, 축척, 등고선의 의미를 이해한다.

① 우리 지역의 위치와 경계를 여러 가지 지도에서 확인하여 그 위치적 특징을 이해한다.

② 지형, 기후에 관한 지리적 정보를 조사하여 우리 지역의 자연적 특성을 이해한다.

③ 우리 지역의 인구, 자원, 산업, 문화 등에 관한 지리적 정보를 조사하여 인문적 특성을 이해한다.

④ 우리 지역의 인구, 자원, 산업, 문화 등을 자연환경과의 관련성 속에서 파악하면서 자연환경과 생활 모습의 관계를 이해한다.

⑤ 우리 지역의 전형적인 장소와 경관을 관찰, 견학, 조사하여 자연적, 인문적 특성을 알아본다.

⑥ 지도에서 우리 지역의 자연적, 인문적 특성을 나타내는 방위, 기호, 축척, 등

고선 등과 같은 지도 요소를 이해한다.

⑦ 지역의 자연환경과 인문환경에 관한 정보들을 지도, 그래프, 도표로 나타낸다.

⑧ 다양한 지도, 사진, 그래프, 도표를 보고 지역의 자연적, 인문적 특성을 파악한다.

(2) 주민 자치와 지역사회의 발전

주민의 자유로운 의사를 기반으로 이루어지는 민주적인 정치 생활의 의미를 이해하고, 대의 제도와 주민의 직접 참여 방식 등 현대 민주정치의 다양한 운영 방식을 익힌다. 또한 국가와 지방 자치 단체의 관계를 이해하고, 지방 자치 단체가 주민 삶의 질을 향상시키기 위해서 하는 일을 조사·분석한다. 이를 통해 정치 생활과 민주주의, 선거와 대표자 선출, 중앙 정부와 지방 정부의 관계, 지방 자치 단체가 하는 일, 공공 생활과 주민 참여, 지역사회의 문제 해결 과정 등을 파악한다.

① 다양한 의견 차이와 갈등을 조정해 가는 민주적 정치 생활의 기본 원리를 이해한다.

② 선거를 통해 대표의 의미 및 대의 민주주의의 기본 원리를 이해한다.

③ 중앙 정부와 지방 정부의 역할 분담을 이해하고, 지방 자치 단체가 하는 일의 개략을 파악한다.

④ 주민 참여와 자원 봉사의 경험을 통해 참여의 중요성을 깨닫는다.

⑤ 지역사회의 문제점을 조사하여 그 해결책을 모색해 보는 문제 해결 활동을 수행한다.

⑥ 우리 지역의 바람직한 미래 모습을 상상해 보고, 그것을 실현할 수 있는 방법을 찾아본다.

(3) 우리 지역과 관계 깊은 곳들

내가 살고 있는 지역에 대한 이해에 기초하여 우리 지역과 관계가 깊은 다른 지역의 자연적·인문적 특성을 파악하고, 그 상호 의존적인 관계를 이해한다. 따라서 다양한 공간 규모에서 여러 가지 자료들을 이용하여 우리 지역과 지리적으로 인접하거나 정치·경제·사회·문화적으로 관계가 깊은 다른 지역을 선정하여 그 특성을 조사한다. 그리고 우리 지역과 다른 지역 사람들의 생활이 밀접하게 관련되어 있음을 구체적 사례를 중심으로 이해한다.

① 지역 간 교류의 여러 가지 사례를 찾아보고 상호 의존이 필요한 까닭을 이해한다.

② 우리 지역이 다른 지역과 밀접한 관계를 맺고 있음을 사례를 중심으로 이해한다.

③ 우리 지역과 자연적·인문적으로 관계가 있는 지역을 다양한 공간 규모에서 선정한다.

④ 우리 지역과 관계 깊은 다른 지역의 위치를 지도에서 확인하고, 자연적·인문적 특성을 조사한다.

⑤ 우리 지역과 관계 깊은 다른 지역을 비교하여 자연적·인문적 특성의 차이를 이해한다.

⑥ 다양한 지도, 사진, 그래프, 도표를 통해 우리 지역과 다른 지역의 상호 관련성을 파악한다.

(4) 경제생활과 바람직한 선택

자원의 희소성으로 인해 경제 활동을 하면서 우리는 끊임없이 선택의 문제에 직면하게 된다. 경제 활동의 각 영역에서 어떤 선택을 하느냐에 따라 우리의 경제생활의 모습은 달라진다. 따라서 경제생활에서 바람직한 선택의 중요성을 인식하고, 경제적 의사결정을 위해 경제 정보를 잘 활용할 수 있어야 한다. 또한 생산자 및 소비자로서 선택의 중요성을 인식하고 경제적 의사결정 능력을 기른다.

① 자원의 희소성으로 인해 경제 활동에서 선택의 문제가 발생함을 이해한다.

② 경제 활동에서 바람직한 선택을 하기 위해 고려해야 할 점을 확인한다.

③ 다양한 일을 조사하여 생산 활동의 의미를 이해한다.

④ 생산자의 입장에서 생산 활동과 관련된 문제를 중심으로 바람직한 의사결정을 수행한다.

⑤ 소득의 원천 및 용도를 파악하고, 소비자의 입장에서 소비 및 저축과 관련된 의사결정을 위해 필요한 정보를 수집하여 활용한다.

⑥ 소비자 권리의 내용을 이해하고, 소비자의 권리를 행사할 수 있는 절차와 방법을 이해한다.

(5) 여러 지역의 생활

도시와 촌락 지역의 생활 모습을 통하여 여러 지역 사람들이 자연환경과 조화를 이루며 살아가고 있음을 알고, 지역 간의 공통점과 차이점 및 상호 관계를 인식한다. 이를 바탕으로 도시와 촌락을 구분하고 각 지역의 생활 모습을 이해한다. 또한 기능적으로 전형적인 특징을 지닌 도시와 촌락의 사례 지역을 통해 도시와 촌락은 각각 독특한 입지 조건과 분포 및 기능적인 특징을 지니고 상호 보완적인 관계 속에서 발전하고 있다는 것을 이해한다.

① 도시의 기능적인 특징을 알고, 인구가 도시로 집중하는 까닭을 다양한 방법으로 탐구한다.

② 지도와 통계 자료를 통하여 도시의 분포와 도시화 과정을 이해한다.

③ 대도시와 중소도시로 나누어 사람들의 생활 모습을 이해한다.

④ 여러 가지 사례를 통해 도시 문제의 복합적 성격을 이해하고 해결 방법을 알아본다.

⑤ 촌락 지역의 생활 모습을 자연환경 및 산업 활동과 관련지어 이해한다.

⑥ 촌락을 농촌, 어촌, 산지촌으로 구분하고, 그 특징을 비교한다.

⑦ 촌락의 생활 모습과 문제점을 이해하고 해결 방법을 알아본다.

⑧ 도시와 촌락이 상호 보완적인 관계를 가지고 있음을 이해한다.

(6) 사회 변화와 우리 생활

우리 사회는 큰 변화의 과정에 놓여 있다. 이러한 사회의 큰 변화는 개인의 삶에도 영향을 미친다. 대중매체의 발달과 여성의 사회 활동 증가, 핵가족화, 고령화 등의 사회 변화는 개인과 사회 모두에게 새로운 선택을 요구한다. 현대 사회의 변화에 대한 이해를 바탕으로 개인과 개인 간, 공동체와 개인 간의 관계를 파악하고 다양한 사회문제를 합리적으로 해결하는 활동을 한다.

① 현대 사회 가족 구성의 다양성을 이해하고, 바람직한 가족의 의미를 찾아본다.

② 성 역할이 변화하고 있음을 이해하고, 양성 평등의 사회를 만들기 위한 방안을 모색한다.

③ 우리나라의 인구 구성의 변화에 따른 다양한 사회문제를 이해한다.

④ 현대 사회에서 대중매체가 미치는 긍정적, 부정적 영향을 파악한다.

⑤ 현대 사회에서 여가의 중요성을 알고, 바람직한 여가 활용 방안을 찾아본다.

⑥ 생활 방식의 다양성을 이해하고, 사회적 약자와 소수자 권리의 중요성을 이

해한다.

【5학년】

(1) 하나 된 겨레

선사시대에서 고조선 건국에 이르는 과정, 삼국의 성립과 발전, 통일신라와 발해의 역사를 생활과 문화를 중심으로 이해한다.

선사시대 인류의 생활 모습과 고조선이 성립된 이후의 변화를 파악한다. 역사 이야기와 인물, 유물과 유적을 통하여 삼국과 통일신라 및 발해의 생활 모습과 문화를 이해한다.

① 선사시대 유물과 유적을 통해 당시 사람들의 생활 모습을 파악한다.

② 고조선이 우리 겨레가 세운 첫 국가임을 알고 생활 모습을 이해한다.

③ 삼국의 발전 과정 및 상호 경쟁을 그림, 지도, 연표로 표현한다.

④ 유물과 유적, 역사 인물 이야기를 통하여 삼국의 생활 모습을 이해한다.

⑤ 인물의 활동을 중심으로 삼국 통일과 발해의 건국 과정을 파악한다.

⑥ 통일신라와 발해의 인물들, 유물과 유적을 통해 여러 신분의 생활 모습을 이해한다.

(2) 다양한 문화가 발전한 고려

고려시기의 역사를 당시 조상의 생활 모습과 문화, 그리고 인물을 중심으로 파악한다.

고려시기는 외세의 침략으로 여러 차례 전쟁을 벌이면서도, 불교와 유교 등 주변 문화를 적극적으로 수용하여, 다채로운 생활과 문화를 발전시켰음을 이해한다.

① 고려의 후삼국 통일 과정을 견훤, 궁예, 왕건 등의 인물을 통해 파악한다.

② 고려시기 왕과 귀족, 백성들의 생활 모습을 탐구하고 비교한다.

③ 고려시기 불교가 사람들의 생활 모습에 미친 영향을 이해한다.

④ 고려시기 거란, 몽골의 침략과 이를 극복하기 위한 조상의 노력을 조사한다.

⑤ 금속활자, 청자, 팔만대장경 등 고려시기 대표적인 문화재를 통해 고려시기 과학과 문화를 탐구한다.

⑥ 생활을 개선하고 문화를 발전시키려 노력했던 고려시기 인물을 조사한다.

(3) 유교 전통이 자리 잡은 조선

조선 전기의 역사를 우리 조상의 생활과 문화를 중심으로 이해한다.

조선 전기를 유교와 그 속에서 전개된 우리 조상의 삶, 문화, 인물 등을 통해 파악한다. 특히 세종 시기 전후의 문화 융성기에 문화 발전을 위해 노력하였던 조상의 노력과 우리 문화의 여러 모습을 확인한다. 이러한 문화를 바탕으로 형성된 민족자존의 정신이 양란 극복의 원동력이 되었음을 이해한다.

① 도성과 궁궐 건축을 통해 조선이 유교 국가를 지향하였음을 파악한다.

② 세종 대에 이룩한 문화, 과학 분야의 성과를 탐구한다.

③ 여러 신분의 생활 모습을 통해 유교적 전통이 어떻게 자리 잡아 나가게 되었는지를 탐구한다.

④ 조선 시기 사람들의 생활과 놀이 중에서 현재 남아 있는 사례를 조사한다.

⑤ 인물이나 유적을 통해 임진왜란과 병자호란의 극복 과정을 파악한다.

⑥ 생활을 개선하고 문화를 발전시키려 했던 조선 전기의 인물을 조사한다.

(4) 조선 사회의 새로운 움직임

양란 이후 달라진 생활 모습과 새롭게 등장한 문화 요소들을 파악한다.

인물, 문학과 예술, 대표적인 문화재를 중심으로 조선 후기 사회의 변화를 탐구한다. 실학이 대두하고 서양 종교와 학문이 소개되면서 유교 중심의 문화가 변화하였음을 이해한다.

① 영조, 정조시기에 문화가 크게 발달하였음을 사례를 들어 설명한다.

② 풍속화, 민화, 서민 문학을 통해 조선 전기와 달라진 새로운 생활 모습을 탐구한다.

③ 도자기와 칠기 등 조선 후기에 사용된 생활용품을 조사하여 그 속에 담겨진 조상의 지혜를 확인한다.

④ 서양에서 전래된 문물을 조사하고, 서양학문과 천주교가 조선 사회에 미친 영향을 이해한다.

⑤ 실학자와 농민 봉기 지도자를 사례로 사회 변화를 위한 조상의 노력을 알아본다.

⑥ 조선 시기 여성의 생활과 사회적 지위 변화를 파악하고 생활을 개선시키고자

했던 여성의 노력을 이해한다.

(5) 새로운 문물의 수용과 민족운동

개항 이후 전개된 근대화 운동, 대한제국의 수립, 일제 강점기에 전개된 독립 운동을 살펴본다.

근대 문명의 수용과 더불어 변화하는 사회의 모습과 조상의 일상생활을 역사적 사건, 인물 등과 연계하여 이해한다. 나아가 일제의 가혹한 지배 정책하에서도 생활 개선을 위해 벌였던 조상의 노력을 이해한다.

① 개항 전후 시기부터 일제 강점까지 외세의 침략 과정과 그에 대한 조상의 대응을 파악한다.

② 대표적인 인물을 통해서 근대 국가를 세우기 위해 전개한 노력과 대한 제국의 수립 과정을 파악한다.

③ 근대 문명의 수용이 가져온 일상생활의 변화 모습을 조사한다.

④ 대표적인 인물을 중심으로 여러 갈래로 이루어진 독립 운동의 전개 과정을 이해한다.

⑤ 일제의 수탈과 근대 문물의 확산이 생활 문화에 미친 영향을 추론한다.

⑥ 일제 강점기 역사, 문학, 예술 등의 분야에서 활동한 인물들의 활동을 조사한다.

(6) 대한민국의 발전과 오늘의 우리

8·15 광복에서 현재까지 대한민국의 변화와 발전 과정을 살펴본다.

8·15 광복 이후 우리 민족이 분단과 전쟁 등 수많은 시련을 극복하면서 오늘의 대한민국을 건설해 온 과정을 인물과 사건을 통해 확인한다. 조상의 지난한 노력의 결과 민주화와 경제 발전, 문화 성장이 가능하였음을 이해한다. 경제 성장의 토대 위에서 민주주의가 더욱 신장되고 평화 통일이 실현되는 미래를 만들기 위해 우리가 할 수 있는 일을 찾아본다.

① 광복과 대한민국 정부 수립, 분단과 6·25 전쟁으로 이어지는 과정을 살펴본다.

② 민주화와 경제 발전 과정을 살펴보고, 그것이 가져온 생활 문화의 변화를 탐구한다.

③ 정치, 경제, 사회, 문화의 발전에 중요한 역할을 한 인물들의 삶을 조사한다.

④ 대한민국의 발전, 평화 통일, 인류 문화의 향상을 위해 우리 각자가 할 수 있

는 일들을 알아본다.

【6학년】

(1) 아름다운 우리 국토

세계 속에서 우리나라의 위치와 영역을 확인하고 국토의 자연적, 인문적 특성을 파악한다. 또한 우리나라의 자연환경과 인구, 교통, 산업, 문화 등에 관한 주요 사실과 현상을 파악하고, 사람들이 지형과 기후에 어울리는 의식주 생활을 하고 있음을 이해한다. 이와 관련하여 우리나라의 자연적, 인문적 특성을 사례 지역을 통해 확인하면서 지도, 그래프, 도표로 나타내고, 주제도와 일반도 등 여러 가지 자료에서 각 지역에 대한 정보를 읽어 내는 도해 기능을 기른다. 아울러 앞으로 다가올 통일에 대비하여 북한의 자연·인문 지리적인 특성을 이해한다.

① 우리나라 국토의 위치와 영역을 지도와 지구본을 활용하여 확인한다.

② 우리나라 국토의 자연적 특성을 지형, 기후 등의 측면에서 이해한다.

③ 전형적인 사례 지역을 선정하고, 이를 통하여 우리나라의 자연적 특성을 이해한다.

④ 자연적 특성을 기준으로 지역을 구분하고, 지역의 차이를 생활 모습의 측면에서 이해한다.

⑤ 전형적인 사례 지역을 선정하고, 이를 통하여 우리나라의 인문적 특성을 이해한다.

⑥ 우리나라 국토의 인문적 특성을 인구, 산업, 교통, 문화 등의 측면에서 이해한다.

⑦ 북한 지역의 자연·인문 지리적 특성을 이해한다.

⑧ 우리나라의 자연·인문 지리적 특성을 지도, 그래프, 도표로 나타내고, 다양한 자료에서 필요한 정보를 읽을 수 있다.

(2) 우리 경제의 성장과 과제

우리 경제는 시장경제의 원리에 기초하여 세계 각 나라와 상호 의존하며 경쟁하고 있다. 우리 경제는 지속적으로 변화하고 있는데, 이러한 국가 경제의 성장과 쇠퇴는 시민들의 삶의 모습에 커다란 영향을 미친다. 따라서 시민들의 삶을 풍요롭게 유지하기 위해서 지속적으로 경제를 성장시키는 것은 우리 사회의 중요한 과제이다. 국가 간 경쟁이 치열해지고 있는 상황에서 국제 거래에서 경쟁력을 갖추는 것은 경제 성장을 위해서 매우 중요하다. 그러나 삶의 질 향상은 경제 성장과 함께 그 과정에서 발생하는 여러 가지 사회문제를 슬기롭게 해결할 때 가능하다. 따라서 우리 경제의 성장 과정과 그 과정에서 나타나는 다양한 사회문제를 이해하고, 이를 바탕으로 삶의 질을 높일 수 있는 경제 성장의 방안을 모색한다.

① 우리 경제의 특징을 자유와 경쟁이라는 측면에서 이해한다.
② 우리 경제의 변화를 성장, 위기, 위기 극복이라는 국면으로 나누어 살펴본다.
③ 여러 경제 정보를 활용하여 우리 경제의 현황을 파악한다.
④ 우리 경제가 국제 거래를 통해 다른 나라 경제와 상호 의존하며 경쟁하고 있음을 이해한다.
⑤ 국제 경쟁력 증진을 위한 기업가, 근로자, 정부의 역할을 이해한다.
⑥ 경제 성장 과정에서 나타나는 여러 문제를 확인하고 이에 대해 대안을 모색한다.

(3) 환경을 생각하는 국토 가꾸기

자연환경과 자원의 효율적 이용, 국토의 균형적인 발전, 환경 보전을 위해 노력하고 있는 모습을 확인하면서, 국토를 사랑하는 마음과 일상생활에서 국토의 문제를 해결하려는 태도를 기른다. 도시화와 산업화로 인한 환경문제를 미래 지향적이면서도 균형적인 국토 개발의 필요성과 관련지어 이해한다. 또한, 국토 개발과 환경 보전이라는 갈등 사례를 통해 지리적 의사결정의 중요성을 알고, 개발과 보전에 대한 균형적인 사고와 가치·태도를 가진다.

① 인간이 자연 생태계를 구성하는 일부분임을 이해한다.
② 인간이 자연환경의 영향을 받고 있음을 국토 수준에서 파악한다.
③ 인간은 기술을 활용하여 자연의 제약을 극복할 수 있음을 국토 수준에서 이해한다.
④ 자연과 공존할 수 있는 방향으로 국토 개발이 이루어져야 함을 이해한다.
⑤ 국토 개발과 환경 보전에 대한 균형적인 사고를 할 수 있다.
⑥ 산업 활동의 입지 선정과 지역의 문제 해결 과정에서 합리적인 의사결정을

할 수 있다.

⑦ 국토 가꾸기와 환경문제에 대하여 미래 지향적인 관점과 태도를 가진다.

(4) 우리나라의 민주 정치

민주 정치는 많은 사람의 노력에 의해서 유지되고 발전된다. 민주적 삶의 과정에서 국민들은 여러 가지 법 규범과 그 운영 원리를 이해하고, 주체적으로 법을 만들고 지켜야 한다. 또한 다양한 정치 생활에 참여하여 공동체의 구성원으로서 권리를 행사하고 의무를 이행할 필요가 있다. 따라서 우리나라의 민주화 과정에 대한 이해를 바탕으로 법의 의미와 기능을 파악하고, 주요 국가 기관의 권한과 기능을 인식한다. 또한 인간의 기본적 권리 및 공동체 구성원으로서의 의무를 자각하고 더불어 살아갈 수 있는 능력을 기른다.

① 우리나라의 민주화 과정에 대한 이해를 바탕으로, 민주주의는 참여를 통해 만들어 가는 것임을 이해한다.

② 헌법의 핵심적인 내용을 이해하고 그 외의 다양한 법들이 우리 생활을 위해 필요함을 인식한다.

③ 국회, 행정부, 법원의 구조와 기능을 권력 분립의 원리와 연관 지어서 이해한다.

④ 인권을 존중하는 태도를 기른다.

⑤ 공공 생활에서 지켜야 할 기본적 의무를 자각하고 이를 준수하는 태도를 기른다.

⑥ 관용, 대화, 타협, 절차 준수 등 일상생활에서 민주주의를 실천하는 태도를 기른다.

(5) 세계 여러 지역의 자연과 문화

세계 여러 지역의 자연적, 인문적 특성을 우리나라와의 지리적 관계 속에서 이해한다. 세계는 다양한 인종과 민족 및 국가로 구성되어 있지만 교통 · 통신의 발달에 따라 하나의 지구촌으로 변하고 있음을 인식한다. 세계 여러 지역의 문화적 차이를 알고, 시사 자료와 지구본 및 세계 지도 등을 이용하여 세계 여러 지역의 특성을 조사할 수 있다. 또한 변화하는 세계 속에서 국제 협력과 세계 평화에 이바지하려는 태도를 기른다.

① 우리나라와 관계가 깊은 세계 여러 지역을 선정하고 그 선정 기준을 제시한다.

② 세계지도 및 지구본의 기능을 활용하여 세계 각 지역의 위치를 확인한다.

③ 세계지도 및 해당 지역의 지도와 여러 가지 시사 자료를 활용하여 선정된 지역의 자연적·인문적 특성을 이해한다.

④ 다양한 인종, 민족, 국가로 구성된 세계는 교통·통신의 발달에 따라 지구촌화되고 있음을 이해한다.

⑤ 지구촌에서는 여러 가지의 갈등과 문제가 발생하고 있으며, 이러한 문제의 해결을 위해 국제기구와 단체, 그리고 많은 사람들이 노력하고 있음을 이해한다.

⑥ 세계 여러 지역의 문화적 다양성을 이해한다.

⑦ 변화하는 세계 속에서 우리나라의 역할을 깨닫고 이에 이바지하려는 태도를 가진다.

(6) 정보화, 세계화 속의 우리

사회 변화의 큰 흐름에 정보화와 세계화가 있다. 정보화와 세계화는 개인과 공동체의 삶 전반에 영향을 미치는 거대한 변혁으로 현재와 미래의 인간 삶을 해석하고 이해하는 밑그림의 역할을 한다. 과학과 기술의 발달은 이러한 변화를 더욱 가속화시킬 뿐만 아니라 새로운 사회문제를 만들어 낸다. 이러한 흐름 속에서 분단국가인 우리나라는 민족 통일이라는 요소 또한 고려하여야 한다. 정보화와 세계화라는 사회 변화의 흐름을 이해하고 대한민국 국민으로서, 또한 세계시민으로서 어떻게 사고하고 행동해야 하는가를 탐구한다.

① 정보 사회의 의미를 이해하고, 정보화가 인간의 삶에 미치는 영향을 파악한다.

② 과학과 기술 발달의 방향을 이해하고, 그것이 일상생활에 미치는 영향과 문제점을 파악한다.

③ 세계화의 다양한 모습을 이해하고, 우리 삶의 변화를 이와 관련지어 파악한다.

④ 세계화와 관련하여 우리 문화의 고유성을 인식하고, 민족문화의 세계화를 위한 방안을 창의적으로 모색한다.

⑤ 변화하는 세계 속에서 분단으로 인해 우리 민족이 겪는 문제를 생각해 보고, 이를 해결할 방안을 모색한다.

⑥ 세계 인류의 번영과 평화로운 삶을 위한 다양한 국제사회의 노력을 조사해

본다.

【7학년】

<지리 영역>

(1) 내가 사는 세계

내가 사는 지역, 우리나라, 세계 각 지역의 위치를 구체적으로 확인하고, 위치에 따라 시간, 계절 등이 다르게 나타남을 인식한다. 지구상에는 다양한 면적과 형태를 가진 여러 나라가 존재함을 알고, 각 나라에 대해 관심을 갖는다.

① 지구본과 세계지도에서 우리나라 및 세계 주요 국가의 위치를 조사한다.

② 세계 주요 국가의 면적과 형태를 비교한다.

③ 지도나 위성사진, 인터넷을 이용해 내가 사는 동네와 우리나라의 주요 도시의 위치를 조사한다.

④ 시간과 날짜가 우리나라와 다른 나라를 찾아 그 이유를 알아본다.

⑤ 남반구에 있는 나라와 북반구에 있는 나라의 지리적 차이를 설명한다.

(2) 다양한 기후 지역과 주민 생활

세계에는 다양한 기후가 나타나며, 이러한 기후가 그 지역의 음식, 가옥구조, 농업 등 주민 생활에 미치는 영향을 파악하고, 자연재해가 발생하는 지역의 지리적 특성을 살펴본다. 또한, 우리나라의 기후 특성을 다른 나라의 기후와 비교할 수 있는 능력을 기른다.

① 세계 기온 분포도를 보고 기온이 대비되는 지역 간의 생활양식을 비교한다.

② 세계 강수량 분포도를 보고 강수량 분포가 대비되는 지역 간의 생활양식을 비교한다.

③ 우리나라의 기후 특성을 살펴보고 다른 나라와의 차이를 분석한다.

④ 눈이 많이 오는 지역의 주민 생활 특징을 조사한다.

⑤ 홍수, 가뭄, 태풍 등 자연 재해 발생 지역의 지리적 특성을 조사한다.

(3) 다양한 지형과 주민 생활

세계에는 다양한 지형 경관이 존재하고 그에 따라 다양한 주민 생활이 이루어지고 있음을 적절한 사례 지역을 통해 이해한다.

① 인터넷 또는 시각 자료를 통하여 독특한 지형 경관을 살펴보고 세계 지형의 다양성을 이해한다.

② 세계의 대산맥과 대하천, 우리나라의 주요 산맥과 하천의 위치를 확인한다.

③ 화산과 지진 활동이 빈번히 일어나는 지역을 찾아보고, 그 지역에 살고 있는 사람들의 삶의 모습을 조사한다.

④ 산지 지역, 평야 지역, 해안 지역의 주민 생활 모습을 사례를 들어 지형과 연관 지어 설명한다.

(4) 지역마다 다른 문화

세계 각 지역의 생활 모습을 이해하고, 지역에 따라 문화경관이 다양하게 나타나는 것을 바탕으로 상대 문화를 존중하는 태도를 기른다. 학습자가 흥미 있어 하는 스포츠, 영화, 예술, 지역 축제를 소재로 지역 문화의 다양성을 인식한다.

① 구체적인 사례를 통해 세계에는 다양한 문화가 존재함을 파악한다.

② 종교적 경관이 뚜렷한 지역을 사례로 그 지역의 주민 생활을 이해한다.

③ 문화 이식 또는 확산으로 인한 독특한 문화 경관의 형성을 사례 지역을 통해 설명한다.

④ 다양한 문화 축제를 그 지역의 특성과 관련지어 설명한다.

⑤ 우리나라를 중심으로 동아시아의 문화적 공통성과 상호 관련성을 설명한다.

(5) 인구 변화와 인구 문제

세계 인구 분포의 차이, 인구 이동의 원인을 파악한다. 우리나라를 포함하여 세계 각 지역의 인구 문제가 다름을 인식하고, 인구 문제에 대한 해결 방법을 모색한다.

① 세계 인구분포도를 보고 인구 밀집 지역과 희박 지역을 확인하고, 대표적인 두 나라를 사례로 차이가 나타나는 이유를 추론한다.

② 인구가 유입되는 지역과 유출되는 지역을 사례로 들어 비교해 보고, 인구 이동의 원인을 파악한다.

③ 세계 각 지역의 다양한 인구 문제(인구 급증, 고령화, 성비불균형 등)를 구체적인 사례를 통해 파악한다.

④ 우리나라의 저출산, 고령화 현상의 원인을 다양한 시각에서 살펴보고 그 해

결 방법을 모색한다.

(6) 도시 발달과 도시 문제

도시에서의 다양한 삶의 모습을 구체적인 사례를 통해 알아보고, 이를 바탕으로 도시의 특성을 파악한다. 도시화의 의미를 알고 도시의 발달과정을 산업 발달과 관련하여 파악한다. 도시에서 발생하고 있는 문제점을 조사하고, 해결 방법을 모색한다.

① 도시의 의미를 이해하고 사례를 통해 도시적 생활양식의 특성을 파악한다.
② 우리나라의 수도권을 사례로 도시화 과정을 설명한다.
③ 사례 지역을 들어 도시 발달 과정을 산업 발달과 관련하여 이해한다.
④ 도시 내부에서 고급 주택지와 저급 주택지가 분리되는 모습을 사례를 통해 이해한다.
⑤ 도시에서 발생하는 문제점들을 파악하고 그 해결책을 모색한다.

<일반사회 영역>

(7) 개인과 사회생활

인간은 다양한 집단의 사회적 구성원으로서 긴밀하고 유기적인 관계망을 형성하고 있음을 이해한다. 이러한 사회적 관계 속에서 사회적 상호작용의 의미를 탐색하고, 자아 정체성이 형성되는 과정을 이해한다.

① 사회적 존재로서의 인간 및 사회화의 의미를 이해한다.
② 자아 정체성이 사회적 관계 속에서 형성됨을 이해하고, 이를 존중하는 태도를 가진다.
③ 일상생활 속에서 사회적 상호작용 유형을 탐색하고, 그것의 사회문화적 의미를 분석한다.
④ 사회적 관계의 의미와 유형을 이해하고, 개인과 집단의 바람직한 역할을 탐색한다.
⑤ 사회생활 속에서 나타나는 차이와 차별 현상을 이해한다.
⑥ 사회 불평등 현상의 원인 및 해결 방안을 제시한다.

(8) 문화의 이해와 창조

문화의 의미와 특징을 이해하고, 문화를 객관적으로 인식한다. 또한 대중매체와 대중문화에 대한 비판적 분석을 통해 현대 사회의 문화적 특징을 이해한다. 아울러 문화의 창조와 계승에 기여할 수 있는 능력을 기른다.

① 문화의 의미와 특징을 이해한다.

② 문화를 바라보는 다양한 관점을 이해하고, 자문화 및 타 문화를 객관적으로 바라보는 능력과 태도를 가진다.

③ 대중문화의 의미와 특징을 이해하고, 대중매체 속에 담겨 있는 대중문화를 비판적으로 해석한다.

④ 문화 창조자로서의 인간의 모습을 이해하고, 바람직한 문화의 계승과 발전 방향을 탐색한다.

(9) 우리의 생활과 법

법은 우리의 모든 일상생활과 밀접하게 연결되어 있는 것으로 국가 구성원들 사이의 공동의 약속이며, 분쟁이나 갈등을 예방하는 도구임을 이해한다. 이러한 관점에서 법의 의미와 목적을 일상생활 속에서 이해하고, 분쟁 해결의 수단과 제도를 탐색한다.

① 우리의 모든 일상생활이 법과 연결되어 있다는 점을 이해한다.

② 법은 분쟁을 예방하여 서로 편리한 생활을 영위하기 위한 도구라는 점을 이해한다.

③ 분쟁과 갈등을 평화적으로 해결하기 위한 사법 제도와 그 원리를 이해한다.

④ 일상생활과 직업 생활 속에서 자신의 권리를 행사하는 적극적인 법의식을 가진다.

⑤ 법적 쟁점을 비판적으로 분석하고 합리적 해결 방안을 모색한다.

(10) 인권 보호와 헌법

헌법은 인권을 보장하기 위해 나타난 것임을 이해한다. 우리나라 헌법은 기본원리, 보호수단, 그리고 정부의 성격과 형태를 규정하고 있음을 인식한다. 이러한 관점에서 헌법을 이해하고, 이를 통하여 자신의 기본적 권리를 적극적으로 실현하며, 타인의 권리를 존중할 줄 아는 성숙한 시민 의식을 함양한다.

① 인권 의식의 성장과 헌법의 관계를 이해한다.

② 우리나라 헌법의 기본 원리와 헌법을 보호하는 수단을 이해한다.

③ 우리나라 헌법이 구현하려는 정부의 성격과 형태를 이해한다.

④ 자신의 기본권을 실현하며 타인의 권리를 존중하는 시민의식을 가진다.

【9학년】

<지리 영역>

(1) 자원의 개발과 이용

일상생활에서 사용하는 상품을 이용하여 원료의 원산지, 이동 과정을 파악하고, 자원을 효율적이고 친환경적으로 이용할 수 있는 방안을 모색한다. 천연 자원뿐 아니라 인적·문화적 자원도 중요함을 인식한다.

① 일상생활에서 사용하고 있는 상품들의 원료를 알아보고, 원료의 원산지와 이동과정을 파악한다.

② 자원이 풍부한 국가를 사례로 자원이 그 지역 주민 생활에 어떤 영향을 미쳤는지 파악한다.

③ 에너지 자원을 둘러싼 지역 갈등 문제를 사례 지역을 들어 설명한다.

④ 우리나라, 일본 등을 사례로 인적·문화적 자원의 중요성을 인식한다.

⑤ 자원 확보의 어려움을 이해하고 자원을 효율적이고 친환경적으로 이용할 수 있는 방안을 모색한다.

(2) 산업 활동과 지역 변화

산업의 발달에 따른 지역 특성의 변화를 이해하고, 지역 주민의 생활에 미치는 영향을 우리나라와 세계의 사례를 통해 파악한다.

① 전통적 농업지역에서 상업적 농업지역으로 변화한 대표적인 사례를 통해 그 요인을 이해하고 지역 변화를 파악한다.

② 광업의 발달과 쇠퇴에 따른 지역 특성의 변화 및 주민 구성 변화를 이해하고, 그에 따른 지역문제의 해결 방법을 모색한다.

③ 활발한 공업화가 이루어진 지역을 사례로, 입지 특성과 배경을 이해하고 지

역성의 변화를 이해한다.

④ 공업의 쇠퇴 등 산업구조의 변화가 일어나는 지역의 사례를 통해 그 배경과 지역 특성의 변화를 이해한다.

⑤ 서비스업의 입지에 따라 지역의 특성이 변화된 다양한 사례를 선정하여, 그 요인을 파악하고, 지역 특성의 변화를 이해한다.

(3) 지역에 따라 다른 환경문제

자신의 일상생활이 전 지구적 환경문제와 관련되어 있음을 인식하고, 환경문제를 적극적으로 해결하려는 태도를 기른다. 지역 특성을 반영한 환경친화적 개발 방식이나 대체 에너지 개발의 중요성을 인식한다.

① 환경 보전을 위한 다양한 활동을 인터넷에서 찾아보고, 왜 그러한 활동을 하는지 이해한다.

② 일상생활에서 자원의 소비로 인해 발생하는 환경문제를 인식하고 이를 해결하려는 태도를 기른다.

③ 선진국과 개발도상국에서 나타나는 환경문제를 비교하고 사례를 통해 차이가 나타나는 이유를 파악한다.

④ 전 지구적 차원의 환경문제를 사례를 통해 파악하고 이를 해결하기 위한 다양한 노력에 대해 이해한다.

⑤ 지역 특성을 반영한 환경친화적 개발 방식이나 대체에너지 개발을 사례를 통해 조사한다.

(4) 세계 속의 우리나라

세계화 과정 속에서 우리나라의 위상을 파악하고 국제적인 물류의 중심으로 성장하고 있는 지역을 살펴본다. 이를 통해 우리나라에 대한 긍지와 자부심을 갖고, 국토 보전과 국토 사랑의 자세를 함양한다.

① 세계 속에서 우리나라의 위상을 다양한 측면에서 조사한다.

② 해양 진출의 요지 또는 국제 물류의 중심으로 성장하고 있는 지역에 대해 조사한다.

③ 제주특별자치도가 국제 자유 도시로 선정된 배경과 그 영향을 파악한다.

④ 세계적으로 주목받는 우리나라의 갯벌과 그 지역의 주민 생활을 조사한다.

⑤ 독도가 갖는 지리적 의미를 이해한다.

⑥ 우리나라의 다양한 자연, 문화적인 특색을 외국인에게 간략하게 설명한다.

(5) 통일 한국의 미래

우리나라가 세계로 도약하기 위해서는 국토 공간의 지리적 통합이 필요함을 깨닫고, 북한의 개방 지역, 접경 지역을 중심으로 지리적 의미에 대해 이해함으로써 국토 통일에 대비한다. 지리적·정치적 인접 국가에 대한 지리적 이해를 통해 미래 지향적인 우리나라의 발전상을 설계한다.

① 북한의 개방 지역의 지리적 특성을 사례를 중심으로 조사한다.

② 백두산 지역, 비무장지대(DMZ)가 갖는 지리적 의미와 특성을 이해한다.

③ 국토 통일과 관련하여 동북아시아의 지리적 위치를 이해한다.

④ 세계로 도약하기 위해 통일의 필요함을 깨닫고 통일 후의 바람직한 국토 공간 모습을 그려본다.

<일반 사회 영역>

(6) 정치 생활과 민주주의

정치는 개인 또는 집단 수준에서 나타나는 구성원 간의 이해관계를 조정하고 대립과 갈등을 해결하는 활동임을 인식한다. 정치 현상의 이면에 작용하는 권력의 원천과 주체에 관한 사고방식이 역사적으로 어떻게 변화되어 왔는지를 인식하여 현대 민주주의의 이념과 정치 원리를 이해한다.

① 정치의 다양한 의미를 이해하고 정치의 본질을 권력 현상 및 바람직한 정치의 목표와 관련지어 파악한다.

② 정치권력의 원천과 주체가 역사적으로 어떻게 변화해 왔는지를 이해한다.

③ 정치 원리로서의 민주주의의 성격을 이해한다.

④ 민주주의의 이념을 역사적·사회적 전개 과정과 관련지어 이해한다.

⑤ 현대 사회에서 나타나는 정치 현상을 비판적으로 분석한다.

(7) 정치 과정과 참여 민주주의

정치 공동체의 구성원으로서 시민은 권력의 주체로서 권리를 행사하는 동시에 권력의 객체로서 의무를 이행하면서 정치에 참여함을 이해한다. 이러한 참여를 통해 정치활동 양식의 구조와 기능을 이해하고 평가할 수 있는 능력을 기른다.

① 권력의 구조와 기능을 민주주의의 맥락 속에서 이해한다.

② 정치 참여의 다양한 수단과 방법을 모색한다.

③ 정치 과정에서의 행위 주체와 기능을 이해하고 적극적으로 참여하는 자세를 갖는다.

④ 정치 발전의 과제를 시민 사회 및 정치 문화와 관련지어 이해한다.

⑤ 정치적 쟁점을 비판적으로 분석하고 해결 방안을 모색한다.

(8) 경제생활과 경제 문제

인간의 경제생활이 생산, 분배, 소비로 이루어짐을 이해하고, 그 과정에서 발생하는 경제적 선택을 합리적으로 할 수 있는 능력을 기른다. 또한 경제 체제의 의미와 특징을 이해한다. 아울러 각 경제 주체가 수행하는 경제적 역할과 책임을 탐구한다.

① 희소성의 의미를 파악하고, 경제생활 속에서 일상적으로 경험하는 다양한 희소성의 사례를 제시한다.

② 경제적 선택의 상황에 직면하여 효율성, 형평성 및 장기적 관점 등을 고려하여 합리적 선택을 할 수 있는 능력을 기른다.

③ 인간의 경제생활은 분업과 교환을 통해 개인 간, 지역 간, 국가 간에 상호 의존적으로 전개되며, 어떤 일방의 경제적 의사결정은 상대방에게 서로 영향을 주고받는다는 사실을 이해한다.

④ 기본적인 경제 문제를 해결하기 위한 방식으로서의 경제 체제의 의미와 특징을 알아본다.

⑤ 경제생활 속에서 소비자(저축·투자자), 생산자(기업가와 노동자), 정부가 수행하는 경제적 역할과 책임을 탐색한다.

⑥ 일생 주기 동안 경제적으로 지속 가능한 생활을 하기 위해 바람직한 신용관리, 자산관리 등 재무 설계를 한다.

(9) 시장경제의 이해

시장에서 가격이 결정되는 원리와 시장 가격이 변동하는 이유를 파악한다. 그리고 시장에서 가격이 효율적인 자원 배분을 유인하는 신호로서 기능함을 이해한다.

시장 기능의 한계를 이해하고, 이를 보완할 수 있는 여러 가지 방안을 탐색한다.
① 수요와 공급의 의미와 수요와 공급에 영향을 미치는 여러 가지 요인에 대해 알아본다.
② 시장에서 균형 가격이 결정되고 변동하는 원리를 이해한다.
③ 효율적인 자원 배분을 유인하는 신호로서 가격의 다양한 기능을 파악한다.
④ 시장 기능과 정부 역할의 한계를 보완하기 위한 방안을 사례를 통해 탐색한다.
⑤ 시장경제의 제도적 원칙인 사유재산권, 경제활동의 자유, 사적 이익의 추구 등에 관하여 헌법의 기본권과 경제 조항에서 근거를 찾아 그 의미를 설명한다.

(10) 국민경제의 이해

국민경제의 성장과 변동 과정을 이해하고, 지속적인 성장과 발전을 위한 여러 가지 방안을 모색한다. 또한 국민경제의 주요 목표로서 물가 안정과 고용 안정의 중요성을 이해한다. 이와 함께, 국제 경제의 기본적인 특징을 이해하고 세계 경제의 참여자로서의 자세를 기른다.
① 국민소득의 의미를 국민경제의 순환과 변동의 측면에서 이해한다.
② 경제성장의 의미와 경제성장의 요인을 파악한다.
③ 국민경제의 안정적 성장을 위한 정부 경제 정책의 유형과 의미를 이해한다.
④ 물가의 의미와 물가 안정을 위한 여러 가지 방안에 대해 탐구한다.
⑤ 실업의 의미와 고용 안정을 위한 여러 가지 방안에 대해 탐구한다.
⑥ 국제경제의 기본적인 특징을 국제 거래, 환율 등과 연관시켜 이해한다.

【10학년】

<지리 영역>

(1) 국토와 지리 정보

동부 아시아에 위치한 우리나라의 지리적 위치 특성을 이해하고, 올바른 국토관을 함양한다. 고지도와 고문헌 등의 전통 지리 분야를 통해 오랜 기간에 걸쳐 형성되어 온 전통지리 사상을 파악한다. 지리학의 연구 대상인 지역의 의미, 그 분류와 특성을 올바르게 인식한다. 또한, 지역에 대한 체계적이고 종합적인 이해를 위해 다양한 지리 정보를 수집·분석·활용할 수 있는 능력을 기른다.

① 우리나라의 위치 특성을 파악하고, 세계 속에서 우리나라의 지리적 위상을 조사한다.

② 우리나라의 영역을 확인하고, 그 중요성과 잠재력을 인식한다.

③ 고지도와 고문헌 등을 통해 전통 지리 사상과 그 발달 과정을 이해한다.

④ 일상생활과 관련된 구체적 사례 지역을 선정하여 지역의 개념을 탐구한다.

⑤ 지역문제의 해결 과정을 통해 지리 조사의 순서와 방법을 이해하고, 구체적인 조사 활동을 수행한다.

⑥ 사례 지역을 대상으로 지리 정보를 수집·분석하여 다양한 지리 정보의 종류와 특성을 이해하고, 이를 일상생활에 활용한다.

(2) 자연환경과 인간 생활

자연환경의 중요한 요소로서의 기후 환경의 특색을 살펴보고, 기후가 인간 생활에 미친 영향을 파악한다. 지표면의 다양한 지형 경관의 형성 과정을 분석하고, 인간 생활에 미친 영향을 종합적으로 이해할 수 있는 능력을 기른다.

① 기후로 인해 차이가 나타나는 경관을 구체적인 사례를 통해 파악한다.

② 기후와 인간 생활과의 관계를 세계 각 지역의 다양한 산업 활동과 관련하여 탐구한다.

③ 다양한 산지 지형 경관을 조사하고, 그 형성 과정 및 인간 생활과의 관계를 파악한다.

④ 다양한 하천 및 평야 지형 경관을 조사하고, 인간 생활과의 관계를 이해한다.

⑤ 다양한 해안 지형의 경관을 조사하고, 그 형성 과정 및 인간 생활과의 관계를 파악한다.

(3) 문화 경관의 다양성

자연 경관을 바탕으로 형성된 문화 환경의 특성을 각 지역의 지리적 다양성이라는 관점에서 이해한다. 세계 각 지역의 촌락과 도시 등 다양한 문화 경관을 지리적 관점에서 분석하고 이해할 수 있는 능력을 기른다.

① 문화 경관의 의미를 이해하고, 다양한 경관의 지역적 차이를 분석한다.

② 촌락 경관의 차이를 사례지역을 통해 비교·분석한다.

③ 촌락이 도시화되어 가는 과정을 사례를 통해 이해한다.

④ 선진국과 개발도상국의 도시를 사례로 도시 경관의 차이를 비교·분석한다.

(4) 장소 인식과 공간 행동

우리 삶의 터전인 장소를 올바르게 이해하고, 이를 기초로 개인의 공간 행동과 입지 선정에 있어 합리적 의사결정 능력을 기른다. 또한, 장소에 대한 인식을 바탕으로 이루어지는 인간의 다양한 공간 행동의 특징을 이해한다.

① 일상생활 속에서 접하게 되는 장소에 대한 인식이 개인에 따라 차이가 있음을 이해한다.

② 주거지 선정, 관광지 선택 등과 같은 개인의 공간적 의사결정 과정에서 장소에 대한 인식이 미치는 영향을 파악한다.

③ 개인의 다양한 공간적 이동 행태(주거지 이동, 통근을 위한 이동, 관광을 위한 이동 등)의 특성을 파악하고, 이에 영향을 미친 요인을 분석한다.

④ 공업 및 서비스업의 입지에 영향을 미친 요인을 구체적인 사례를 통해 분석한다.

⑤ 입지 요인의 변동으로 나타나는 공간 구조의 변화를 구체적인 사례를 통해 파악한다.

(5) 지역 개발과 환경 보전

지역 개발의 결과로 나타나게 되는 다양한 지역 변화의 양상과 그 특징을 파악하고, 삶의 질을 향상시킬 수 있는 친환경적인 지속 가능한 발전 방안을 모색한다. 환경의 중요성을 인식하고 인간 활동에 의해 나타나는 다양한 환경문제를 살펴본다.

① 지역 개발의 의미와 방식을 이해하고, 다양한 규모에서의 지역개발 사례를 비교·분석한다.

② 지역 개발을 통해 지역(도시) 이미지 창출에 성공한 사례를 찾아보고, 주민 생활에 미친 영향을 파악한다.

③ 지역 개발로 인해 갈등이 발생하는 사례를 찾아보고, 이에 대한 해결 방안을 지리적 관점에서 모색한다.

④ 지속 가능한 발전의 의미를 이해하고, 생태 관광과 같은 국내외의 다양한 실천 방안을 탐색한다.

⑤ 전 지구적인 차원에서 발생하는 다양한 자연 재해와 환경문제의 원인을 구체

적 사례를 통해 분석한다.

<일반 사회 영역>

(6) 문 화

문화가 정치, 경제, 법 등의 사회 각 영역의 중요한 토대임을 인식하고, 문화의 관점에서 다양한 사회현상을 탐구한다. 문화를 통해 복합적인 사회현상을 효과적으로 이해한다.

① 사회현상의 토대로서의 문화의 의미를 이해한다.

② 정치 현상을 문화의 관점에서 분석한다.

③ 경제 현상을 문화의 관점에서 분석한다.

④ 법 현상을 문화의 관점에서 분석한다.

⑤ 문화 현상에 대한 총체적 이해에 근거하여 사회적 쟁점을 해결하는 방안을 문화의 관점에서 모색한다.

(7) 정 의

사회 정의의 필요성과 의미에 대한 이해를 바탕으로 정치, 경제, 법 등의 다양한 영역에서 논의되고 있는 사회정의 관련 쟁점을 탐구한다. 또한 사회 정의를 실현할 수 있는 대안을 찾고, 이를 실천하려는 태도를 갖는다.

① 사회 정의에 대한 다양한 관점을 이해한다.

② 정의를 둘러싼 다양한 쟁점을 정치적, 경제적, 법적 측면에서 파악한다.

③ 개인적, 공동체적 관점에서 정의를 실현할 수 있는 방안을 제시한다.

④ 민주시민으로서 사회정의 실현을 위해 노력하는 자세를 가진다.

(8) 세계화

세계화는 정치적, 경제적, 사회문화적 차원에서 우리의 삶에 직접 개입되어 있으며, 우리의 삶의 형식을 지속적으로 변화시키고 있음을 인식한다. 또한 세계화에 대한 다양한 논의와 세계화로 인해 야기되는 문제들을 이해하고 이에 대한 대처 방안을 모색한다.

① 세계화의 의미와 관계를 이해한다.

② 세계화가 정치·경제적, 사회문화적 측면에서 우리의 삶에 미치는 영향을 탐구한다.

③ 세계화에 대한 논의 과정에서 제기되는 주요 쟁점을 탐색한다.

④ 세계화에 대한 주요 찬반 논리와 근거를 분석한다.

⑤ 세계화의 진행과정에서 발생할 수 있는 문제를 탐색하고, 여러 가지 해결 방안을 이해한다.

(9) 인 권

인권의 중요성을 이해하고 인권 개념의 등장 배경과 확대 발전과정을 탐구한다. 또한 개인의 인권뿐 아니라 타인의 인권이 존중될 때 공동체가 발전함을 인식한다.

① 인권의 기본 개념과 관점을 이해한다.

② 인권의 발달 과정을 역사적 측면에서 이해한다.

③ 현대 사회의 인권 문제의 성격을 정치, 경제, 사회문화적 측면에서 이해한다.

④ 생활 주변의 인권침해 사례를 조사하고, 이를 해결하기 위한 활동에 참여하는 자세를 갖는다.

(10) 삶의 질

삶의 질 향상은 개인적 요인뿐 아니라 사회적 요인에 의해 영향을 받으며, 사회·경제발전과 함께 이루어짐을 인식한다. 삶의 질을 결정하는 다양한 요인들을 파악하고, 이러한 다양한 요인의 균형발전이 인간의 행복한 삶에 기여함을 이해한다.

① 삶의 질의 의미를 이해하고, 삶의 질을 측정하는 척도를 탐색한다.

② 삶의 질을 정치, 경제, 법, 사회·문화의 관점에서 파악한다.

③ 삶의 질을 향상시킬 수 있는 방안을 제시한다.

4. 교수·학습 방법

1) 교수·학습의 원칙

(1) 학습자가 사회현상에 대한 흥미와 관심을 넓히고, 인간 생활과 사회현상의

원리를 발견하며, 이를 실생활에 적용할 수 있도록 학습을 전개한다.

(2) 사회과의 성취 목표인 핵심 지식의 이해, 탐구 기능의 습득, 고차원적 사고력의 신장 그리고 문제 해결력 및 실천 능력 향상을 위해 다양한 교수 방법을 활용한다.

(3) 고차원적 사고력 함양에 적합한 귀납적 인식, 반성적 사고, 메타 인지 등과 같은 학습 과정을 통해 학습자 스스로 지식을 구성하고 자기 주도적 학습 능력을 향상시킬 수 있도록 학습을 전개한다.

(4) 사회과 학습의 목표와 주어진 학습자 여건 및 교육환경을 고려하여 가장 효과적인 교수·학습 방법을 자율적으로 선택 실시하고, 이를 반성적으로 개선해 나가도록 한다.

(5) 학습자의 요구, 수준, 능력, 적성 등을 고려한 학습을 전개한다.

2) 교수·학습의 방법

(1) 사회현상에 대한 종합적인 인식을 위하여 통합적인 교수·학습 방법을 강조한다.

(2) 학생들의 학업 성취 수준, 흥미, 사회적 요구 등을 고려하여 교육 현장에 적합한 주제와 문제를 중심으로 단원을 구성하여 수업이 이루어질 수 있도록 한다.

(3) 학생들의 사고력을 자극할 수 있도록, 적절한 탐구 상황을 설정하고 다양한 발문 기법을 활용한다.

(4) 소집단별 협동 학습을 통해 민주시민의 중요한 자질이라 할 수 있는 집단 구성원으로서의 책무성, 참여 의식, 타인에 대한 존중, 협동심을 함양할 수 있도록 한다.

(5) 질문, 조사, 토의, 논술, 관찰 및 면담, 현장 견학과 체험, 초청 강연, 실험, 역할 놀이와 시뮬레이션 게임, 모의재판과 모의국회, 사회 참여 등의 다양한 학습 방법을 학습 내용의 성격에 비추어 적절하게 활용한다.

(6) 현대 사회의 정보화 추세에 맞추어 각종 정보 매체를 활용할 수 있도록 교실 환경을 조성하고, 신문 활용 교육(NIE), 컴퓨터 보조 학습(CAI)과 인터넷 활용 교육(IIE)을 적극 활용하도록 한다.

(7) 학습자가 민주시민의 자질을 함양하고 지역사회 참여 의식을 고취할 수 있도

록 각종 사회문제에 관한 시사 자료와 지역사회 자료를 활용하여 지도한다.

(8) 현대 사회의 정치적, 경제적, 사회적, 문화적 현상을 실증적 자료와 구체적인 사례에 근거하여 분석할 수 있도록 지도한다.

(9) 교수·학습의 효율성을 높이기 위하여 지도, 도표, 영화, 슬라이드, 통계, 연표, 연감, 신문, 방송, 사진, 기록물, 유물, 여행기, 탐험기 등의 다양한 교수·학습 자료를 활용한다.

5. 평 가

1) 평가 방향

(1) 교육과정 내용의 대강화와 교수·학습 방법의 자율화에 맞는 다양한 평가 방법을 활용할 수 있도록 한다.

(2) 사회과 평가는 교육과정에 제시된 목표와 내용, 교수·학습 방법과의 일관성을 유지하도록 한다.

(3) 사회과 평가는 교육과정에 제시된 목표를 준거로 하여 추출된 내용 요소에 따라 이루어지도록 한다.

(4) 평가는 개개인의 학습 과정과 성취 수준을 이해하고 발달을 돕는 차원에서 실시한다.

(5) 학습의 과정 및 학습의 수행에 관한 평가가 이루어지도록 한다.

(6) 평가 내용은 지식 영역에만 치우쳐서는 안 되며, 기능과 가치·태도 영역을 균형 있게 선정한다.

(7) 지식 영역의 평가에서는 사실적 지식의 습득 여부와 함께 사회현상의 설명과 문제 해결에 필수적인 기본 개념 및 원리, 일반화에 대한 이해 정도를 측정하는 것에 중점을 둔다.

(8) 기능 영역의 평가에서는 지식의 습득과 민주적 사회생활을 하는 데 필수적인 정보의 획득 및 활용 기능, 탐구 기능, 의사결정 기능, 집단 참여 기능을 측정하는 데 초점을 둔다.

(9) 가치·태도 영역의 평가에서는 국가, 사회의 요구와 개인적 요구에 비추어

바람직한 가치와 합리적 가치의 내면화 정도, 가치에 대한 분석 및 평가 능력을 평가한다.

2) 평가 내용

사회과 평가에는 다음 요소들이 포함되도록 한다.

(1) 사회현상의 설명과 문제 해결에 필수적인 지리, 역사, 제 사회과학의 기본 개념 및 원리, 일반화에 대한 이해 정도.

(2) 지리적 현상, 역사의 흐름, 현대 사회의 현상과 특성에 대한 통합적, 종합적 이해 정도와 사회현상을 탐구하는 데 필요한 각종 정보와 자료를 획득, 조직, 활용하는 능력.

(3) 인간 행위와 사회 환경에 대한 다양한 관점의 이해와 수용, 사회적 합의성이 높은 가치의 탐색 및 사회의 기본 가치에 대한 이해와 존중.

(4) 사회, 지역, 국가의 당면 문제 해결과 관련된 의사결정 능력 및 실천 능력.

(5) 사회과의 기본 지식에 대한 이해를 확장시키는 학습자의 흥미, 관심, 학습 동기와 습관.

3) 평가 방법

(1) 지필 평가 외에 면접, 체크리스트, 토론, 논술, 관찰, 활동 보고서, 포트폴리오 등을 통한 다양한 평가가 이루어질 수 있도록 한다.

(2) 선택형 평가를 실시하더라도 단순한 결과적 지식 습득의 여부보다는 기본 개념 및 원리의 이해와 아울러 이러한 지식 및 정보의 획득 과정과 활용 능력이 평가되도록 한다.

(3) 사고력 신장이나 가치, 태도의 변화를 평가하기 위하여 양적 자료와 더불어 질적 자료를 수집하여 평가하도록 한다.

4) 평가 결과의 활용

(1) 평가 결과는 학습자들의 학업 성취 수준을 판정하는 데에서 더 나아가 학습자

의 학습 능력과 교수·학습 방법의 적절성을 진단하고 개선하는 데 활용한다.

(2) 평가 결과가 지속적인 교육과정 개선을 위한 참고 자료로 활용되도록 한다.

Ⅱ. 역사

1. 성 격

'역사'는 과거에 있었던 다양한 인류의 삶을 이해하고 현재 우리의 모습을 과거와 연관 지어 살펴봄으로써 인간과 인간의 삶에 관하여 폭넓은 이해와 안목을 키우는 과목이다.

이 과목은 과거와 현재, 우리나라와 세계를 연관시켜 체계적이고 전반적으로 이해할 수 있도록 구성한다. 우리나라와 세계를 서로 고립된 별개의 주체로 파악하는 시각을 지양하고 평면적이고 단선적인 역사 인식에서 벗어나 입체적이고 역동적인 역사 이해를 촉진한다.

중학교 과정에서는 초등학교에서 학습한 한국사에 대한 기초적 이해를 바탕으로 우리나라와 세계의 역사와 문화를 서로 관련지어 이해하는 데 주안점을 둔다. 고등학교 과정에서는 근현대사를 중심으로 세계사의 흐름 위에서 한국사를 주체적으로 파악하도록 한다.

이러한 과정을 통해 학습자로 하여금 인간의 삶과 관련된 문제들을 다양한 시각에서 해석하고, 나아가 과거와 현재, 나와 타인의 삶에 대하여 성찰할 수 있는 능력을 기르도록 한다.

2. 목 표

'역사' 과목에서는 우리나라와 세계의 역사를 종합적이고 체계적으로 이해하는 것을 지향한다. 과거 사실에 대한 폭넓은 지식을 바탕으로 비판적 사고력과 합리적 판단력을 향상시킨다. 학생 스스로 다양한 역사적 자료를 활용하여 학습할 수 있도록 함으로써 과거에 대한 서로 다른 해석과 시각이 존재할 수 있음을 인식하고 이를 통하여 역사에 대한 통찰력을 기르도록 한다.

‘역사’ 과목의 세부적인 목표는 다음과 같다.

① 우리나라와 세계 역사를 체계적이고 종합적으로 파악한다.

② 현대와 가까운 과거에 대한 이해를 심화함으로써 현대 세계와 우리 국가와 사회에 대한 통찰력을 확대한다.

③ 다양한 역사적 자료를 탐구하고 해석하는 과정을 통해 스스로 문제의식을 가지고 비판적으로 사고하는 능력을 기른다.

④ 현대 사회가 직면한 문제들에 대한 역사적 배경과 상호 관련성을 파악하여 그 의미와 가치를 평가할 수 있도록 한다.

⑤ 다양한 삶의 방식에 대한 이해를 기초로 다른 문화와 전통을 존중하는 태도를 기른다.

3. 내 용

1) 내용 체계

학년 영역	제8학년	제9학년	제10학년
한국사 영역	○ 문명의 형성과 고조선의 성립 ○ 삼국의 성립과 발전 ○ 통일신라와 발해 ○ 고려의 성립과 발전 ○ 고려 사회의 변천 ○ 조선의 성립과 발전	○ 조선 사회의 변동 ○ 근대국가 수립 운동 ○ 대한민국의 발전	○ 우리 역사의 형성과 발전 ○ 조선 사회의 변화와 서구 열강의 침략적 접근 ○ 동아시아의 변화와 조선의 근대 개혁 운동 ○ 근대 국가 수립운동과 일본 제국주의의 침략 ○ 일제의 식민지 지배와 민족 운동의 전개 ○ 전체주의의 대두와 민족운동의 발전 ○ 냉전 체제와 대한민국 정부의 수립 ○ 대한민국의 발전과 국제정세의 변화 ○ 세계화와 우리의 미래
세계사 영역	○ 통일제국의 형성과 세계종교의 등장 ○ 다양한 문화권의 형성 ○ 교류의 확대와 전통사회의 발전	○ 산업화와 국민국가의 형성 ○ 아시아·아프리카 민족운동과 근대국가 수립 운동 ○ 현대 세계의 전개	

2) 학교급별 내용

【8학년】

(1) 문명의 형성과 고조선의 성립

역사 학습의 목적, 인류의 출현에서 국가 형성까지 과정을 다룬다.

역사를 현재의 삶과 관련지어 인식한다. 역사적 상상력을 바탕으로 선사시대의 삶을 추리한다. 세계 여러 지역에서 국가가 형성되고 문명이 성장하는 과정에 대한 이해를 바탕으로, 고조선의 성립과 뒤를 이은 여러 나라의 모습을 살펴본다.

① 역사의 뜻을 알고 역사를 공부하는 목적을 이해한다.

② 도구의 발전을 중심으로 한반도와 세계 여러 지역의 선사 문화 발전 과정을 이해한다.

③ 세계 여러 지역에서 국가가 형성되고 문명이 성장하는 과정을 파악한다.

④ 고조선의 건국과 발전 과정을 이해하고 고조선 사회의 특징을 추론한다.

⑤ 고조선 이후 여러 나라가 철기 문화를 바탕으로 성장하였음을 이해한다.

(2) 삼국의 성립과 발전

여러 나라가 경쟁하는 가운데 삼국이 중앙 집권 국가로 성장하는 역사를 다룬다.

삼국이 정복전쟁과 체제 정비를 통해 중앙 집권 국가로 나아가는 과정을 부여, 가야의 변화 양상과 비교해 본다. 삼국의 영역 확장의 의미를 삼국과 동아시아의 역학관계 속에서 살펴본다.

① 고구려의 성장과 팽창에 따른 대내외적인 변화를 설명한다.

② 백제의 변천 과정과 대외 활동 양상을 이해한다.

③ 신라의 영역 확장과 체제 정비과정을 연관 지어 파악한다.

④ 삼국이 발전하는 과정에서 나타난 공통점을 추출하고 이를 부여, 가야의 경우와 비교한다.

⑤ 삼국이 신분제 사회였음을 여러 사례를 통해 설명한다.

⑥ 고대 문화의 발전상을 이해하고, 이웃 나라와의 교류 양상을 파악한다.

(3) 통일 신라와 발해

고구려의 대외 항쟁부터 삼국통일 과정을 거쳐 남북국 형세를 이룬 통일 신라와 발해의 발전상, 신라 하대의 사회적 모순으로 나타난 후삼국 성립까지를 다룬다.

신라의 주도로 이루어진 삼국 통일 과정을 동아시아 국제 정세 속에서 파악하고, 삼국통일로 우리 민족사의 기틀이 다져졌음을 이해한다. 아울러 고구려를 계승한 발해가 신라와 함께 남북국을 이루면서 민족사의 한 축을 이루었음을 살펴본다.

① 고구려의 대수·당 전쟁 과정을 파악하고 역사적 의의를 설명한다.
② 삼국 통일의 과정을 이해하고 그 의의를 다각도로 평가한다.
③ 통일 이후 신라 사회의 변화 모습을 파악한다.
④ 발해의 성립과 문화적 특징을 통해 고구려와의 관련성을 설명한다.
⑤ 통일 신라와 발해가 주변지역과 활발하게 교류하였음을 안다.
⑥ 신라 하대 사회의 동요와 후삼국의 성립 과정을 이해한다.

(4) 고려의 성립과 발전

후삼국 통일과 그 이후 고려의 통치체제 정비가 가져온 정치 사회 변화와 대외 관계의 추이를 다룬다.

고려의 통일이 호족 세력의 통합을 통해 이루어졌으며, 제도 정비를 통하여 귀족 중심 사회로 변화하였음을 안다.

① 고려의 통일은 후삼국 통합과 발해 유민 포용을 통해 이뤄졌음을 이해한다.
② 고려 전기의 제도 정비를 통해 귀족 중심 사회가 형성되었음을 인식한다.
③ 고려 전기 특징적인 사례를 통해 각 신분의 일상생활을 추론한다.
④ 여러 가지 사례를 통해 고려 전기의 문화적 특징을 파악한다.
⑤ 고려의 대외 관계를 전쟁과 문물 교류의 양상으로 나누어 설명한다.

(5) 고려 사회의 변천

무신 정변 이후에 나타난 고려 사회의 변화를 다룬다.

무신 정변과 농민·천민의 봉기를 거치며 귀족 중심 사회가 변하였음을 안다. 대몽 항쟁 이후 지배 세력의 변화를 국제 정세와 관련지어 이해하고 그에 따른 사회, 문화의 변화 모습을 파악한다.

① 무신 정권과 농민·천민 봉기의 전개과정을 파악한다.
② 대몽 항쟁 과정을 알고 반원 자주화 노력을 설명한다.
③ 여러 가지 사례를 통해 고려 후기의 문화 변화를 설명한다.

④ 고려 말 신진 사대부가 성장하여 조선 건국에 주도적 역할을 하였음을 이해한다.

(6) 조선의 성립과 발전

조선의 성립 이후 문물제도 정비를 통한 정치, 문화 발전과 양란의 전개 과정을 다룬다.

이 시기에 조선 정치의 기틀이 형성되고 사림파가 등장하며 유교를 바탕으로 정치와 사회가 운영되었음을 파악한다.

① 유교 이념에 따른 통치 체제가 수립되었음을 이해한다.

② 조선 전기에 이룩한 민족문화의 발전을 사례를 들어 설명한다.

③ 조선 전기 특징적인 사례를 통해 각 신분의 일상생활을 추론한다.

④ 사림파가 등장한 이후 성리학적 사회질서가 확산되었음을 이해한다.

⑤ 외세의 침략에 맞선 다양한 노력 중심으로 왜란과 호란의 전개 과정을 설명한다.

(7) 통일 제국의 형성과 세계 종교의 등장

세계 여러 곳에서 통일 제국이 형성되고 세계 종교가 대두하는 과정을 다룬다.

페르시아와 마우리아 왕조의 통일, 그리스 폴리스의 성립과 알렉산드로스 제국 형성, 로마 제국, 춘추·전국시대에서 진·한의 통일 과정을 살펴본다. 국가 형성, 통일제국의 성립과 함께 학문과 사상이 발전하고 세계적인 종교가 탄생하였음을 이해한다.

① 페르시아가 서아시아 일대를 통일하여 대제국을 형성하였음을 이해한다.

② 마우리아, 쿠샨 왕조를 중심으로 인도의 정치발전 과정을 이해한다.

③ 춘추·전국시대에서 진·한에 이르는 중국의 정치변화를 설명한다.

④ 그리스 문명의 형성에서 로마 제국의 발전까지 정치변화를 파악한다.

⑤ 춘추·전국시대의 중국, 그리스와 로마의 대표적인 학자와 그들의 활동을 조사한다.

⑥ 크리스트교, 불교, 유교의 성립과 확산과정을 비교하여 파악한다.

(8) 다양한 문화권의 형성

다양한 문화권의 형성 과정과 그 특징을 다룬다.

서아시아, 유럽, 인도와 동남아시아, 동아시아로 나누어 각 지역이 하나의 문화권으로 발전하는 과정을 살펴본다. 각 지역의 정치경제적 특징과 문화요소를 파악하여 문화권의 공통점과 차이점을 비교하고 다른 문화에 관용적인 태도를 갖도록 한다.

① 이슬람 제국의 형성 과정을 파악하고, 이슬람 문화권의 공통요소를 파악한다.

② 중세 유럽의 형성 과정을 파악하고, 서유럽과 비잔틴 제국의 정치경제적 특징을 비교한다.

③ 크리스트교를 중심으로 중세유럽문화의 특징을 파악하고, 르네상스를 계기로 새로운 변화가 나타났음을 이해한다.

④ 굽타왕조 이후의 인도의 정치 변화과정을 힌두교, 이슬람교 확산과 관련지어 파악한다.

⑤ 동남아시아의 국가 형성 과정을 파악하고 여러 나라의 문화를 비교한다.

⑥ 수·당이 위·진 남북조의 분열을 수습하고 정치제도의 발전을 가져왔음을 설명한다.

⑦ 동아시아가 하나의 문화권을 형성하였음을 여러 나라의 발전과정을 통해 파악한다.

(9) 교류의 확대와 전통 사회의 발전

아시아 해상교역의 확대와 몽골 제국의 형성, 서유럽의 신항로 개척을 계기로 국제무역과 문화 교류가 확대되고 전통사회가 새롭게 발전한 사실을 다룬다.

송대(宋代)의 경제 발전과 몽골 제국의 성립이 교류의 확대로 이어지는 과정을 살펴본다. 이슬람 국가가 성장하고, 이슬람 세력이 더 넓은 지역으로 확산되는 과정, 신항로 개척과 유럽의 팽창이 가져온 결과를 살펴본다.

① 송대의 경제 발전과 아시아 해상 교역의 확대 과정을 관련지어 파악한다.

② 몽골 제국의 성립으로 세계사의 단초가 열렸음을 안다.

③ 오스만 제국을 비롯한 서아시아 이슬람 국가의 발전과정을 파악한다.

④ 무굴 제국의 성립과 동남아시아 각국의 정치 발전을 지역별로 파악한다.

⑤ 신항로 개척과 국제 무역의 확대를 배경으로 유럽에서 절대왕정이 형성되었음을 이해한다.

⑥ 명, 청 제국의 성립과 발전 과정을 파악하고 다른 지역과의 교류 상을 파악한다.

【9학년】

(1) 조선 사회의 변동

양란 후 통치 체제 개편, 경제 성장과 사회 변화, 실학자들의 사회개혁론을 다룬다.

통치 체제를 개편하기 위한 지배층의 노력이 전개되고 이것이 세도정치로 변질되는 과정을 살펴본다. 농업 생산력 증대와 상공업의 발달로 사회·경제·문화적 변동이 일어났음을 이해한다.

① 정치·사회질서의 안정을 위한 제도 개혁이 이루어졌음을 이해한다.

② 붕당정치가 세도정치로 변질된 사정을 알고, 그 문제점을 지적할 수 있다.

③ 조선 후기의 사회경제적 변화를 사회개혁론과 관련지어 파악한다.

④ 조선 후기 문화의 새로운 변화를 사례 중심으로 파악한다.

⑤ 새로운 종교의 등장과 농민 봉기를 농민 의식의 성장과 연관 지어 설명한다.

(2) 근대국가 수립 운동

개항 이후 전개된 주권 수호 운동과 일제 강점기 민족운동을 통해 자주적으로 근대 사회를 이루려는 노력을 다룬다.

개화 운동과 위정척사 운동, 동학 농민 운동과 애국 계몽 운동, 의병 항쟁의 흐름을 알아본다. 일제의 식민통치에 맞서 자주적인 근대국가 수립을 위한 민족운동이 여러 갈래로 전개되었음을 이해한다.

① 개항 이후 여러 세력이 추진한 근대개혁 운동의 성격과 의의를 이해한다.

② 열강의 침략에 맞선 주권 수호 운동의 흐름을 파악한다.

③ 일제의 침략 과정과 식민지배 정책의 내용을 설명한다.

④ 3·1 운동의 성과와 의의를 파악하고, 대한민국 임시정부가 수립되었음을 안다.

⑤ 일제강점기에 국내외에서 전개된 다양한 민족운동을 파악한다.

⑥ 신문물의 수용에 따른 사회와 문화의 변화상을 이해한다.

(3) 대한민국의 발전

8·15 광복 이후 대한민국의 변화와 발전 과정을 다룬다.

민주주의와 인권, 산업화와 경제발전, 평화와 통일을 위한 노력을 중심으로 현대사를 살펴보고, 보다 나은 한국의 미래 건설에 참여하려는 태도를 갖는다.

① 광복과 정부 수립, 분단과 6 · 25 전쟁을 국내외 정세와 관련지어 파악한다.

② 1960년대부터 현재에 이르기까지 정치 변화 과정을 파악한다.

③ 경제 성장과 이에 따른 사회변동을 이해한다.

④ 북한 역사의 전개과정을 파악한다.

⑤ 남북 간 화해와 협력의 노력을 탐구하고 통일을 위해 노력하는 자세를 갖춘다.

(4) 산업화와 국민 국가 형성

산업혁명과 미국, 프랑스 혁명을 거치며 서양에서 국민국가 체제가 성립되는 과정을 다룬다.

서양 여러 나라들이 자유주의와 민족주의 이념하에서 근대적인 국가체제를 갖추고, 산업화를 추진하면서 제국주의 식민지 쟁탈전에 나서게 된 배경을 이해한다.

① 산업 혁명의 전개과정과 그것이 미친 영향을 파악한다.

② 프랑스 혁명을 거치며 유럽에 국민국가 체제가 등장하였음을 안다.

③ 미국과 라틴아메리카의 여러 나라가 유럽의 지배에서 독립하는 과정을 안다.

④ 남북 전쟁을 전후로 미국의 영토가 확장되고 산업화가 촉진되었음을 이해한다.

⑤ 제국주의 등장으로 세계 여러 지역이 식민지로 분할되는 과정을 사례를 들어 설명한다.

(5) 아시아 · 아프리카 민족 운동과 근대 국가 수립 운동

제국주의 침략에 맞선 아시아 · 아프리카인들의 투쟁과 근대적 국가 체제를 형성하기 위한 개혁 운동을 다룬다.

서아시아, 아프리카, 인도 및 동남아시아, 동아시아에서 제국주의의 침략상과 변혁 운동의 전개 과정을 탐구한다. 서양의 침략과 아시아인의 저항이란 이분법을 넘어, 아시아인들의 근대국가 수립운동이라는 측면에서 여러 지역의 민족 운동을 비교한다.

① 제국주의 침략으로 아시아, 아프리카인들이 수탈과 억압을 당하였음을 안다.

② 서아시아 · 아프리카인들의 근대국가 수립운동을 사례 중심으로 파악한다.

③ 인도 · 동남아시아인의 저항과 근대국가 수립 운동을 비교하여 이해한다.

④ 동아시아 세 나라의 개항과 근대국가 수립운동을 비교하여 이해한다.

⑤ 일본의 제국주의 침략과정을 파악하고, 조선과 청의 대응 과정을 이해한다.

(6) 현대 세계의 전개

두 차례 세계 대전과 냉전, 아시아의 국민국가 운동을 중심으로 현대 세계의 전개 과정을 다룬다.

두 차례에 걸친 세계 대전의 원인과 전쟁으로 인한 참상을 파악하고, 평화를 위한 노력을 탐구한다. 아시아·아프리카의 민족운동과 독립 이후의 노력을 살펴보고, 사회주의권의 추이와 냉전의 전개양상을 중심으로 1945년 이후 세계사의 흐름을 파악한다.

① 제1차 세계대전이 총력전이란 새로운 양상을 띠었음을 이해한다.
② 러시아 혁명의 원인과 전개 과정을 이해하고 국제적 영향을 설명한다.
③ 제1차 세계대전 이후 아시아, 아프리카의 반제국주의 운동 사례를 조사한다.
④ 제2차 세계대전의 원인과 전개 과정을 알고, 대량 학살과 인권유린 사례를 설명한다.
⑤ 식민지 독립과 냉전 형성을 중심으로 1945년 이후 국제정치의 흐름을 파악한다.
⑥ 냉전의 완화와 소련 및 동유럽 사회주의 체제의 해체과정을 설명한다.

【10학년】

(1) 우리 역사의 형성과 발전

근현대 역사를 배우기에 앞서, 전근대 한국 역사의 흐름 속에서 한국인의 삶과 문화를 개관하는 단원이다.

선사시대와 국가의 형성으로부터 양란에 이르는 우리 역사의 발전 과정을 시대별로 개관할 수도 있으며(단원 구성의 예), 전근대 한국사를 특징짓는 주요 요소를 중심으로 개관할 수도 있다.

<단원 구성의 예>
① 선사 문화와 우리 민족의 기원에 대하여 조사한다.
② 고조선 건국에서 삼국의 발전까지 국가의 성립과 변천 과정을 이해한다.
③ 통일신라와 발해의 성립과 변천 과정을 이해한다.
④ 고려의 정치 변동과 대외 관계, 사회의 성격을 설명한다.
⑤ 조선의 성립 및 집권 체제 정비 과정과 사회의 특징을 파악한다.

(2) 조선 사회의 변화와 서구 열강의 침략적 접근

양란 이후 개항 이전까지 조선 사회의 변동과 사회개혁의 움직임, 외세의 침략적 접근과 조선의 대응을 다룬다.

조선 후기에 나타난 사회경제적 변화, 통치 질서의 동요, 농민의 저항을 파악한다. 서구 열강의 팽창에 따른 동아시아 삼국의 대응 과정을 이해한다.

① 조선 후기에 근대 사회를 향한 새로운 움직임이 있었음을 사례를 들어 설명한다.

② 서구에서 자본주의가 발달하고 제국주의가 등장하는 과정을 파악한다.

③ 서구 열강이 아시아로 세력을 확장하는 과정과 이에 따른 변화를 파악한다.

④ 19세기 정치 질서의 문란과 사회 동요를 파악하여 당시 사회가 직면한 시대적 과제를 추론한다.

⑤ 흥선대원군 집권기의 통치 체제 정비 노력과 외세에 대한 대응 노력을 탐구한다.

(3) 동아시아의 변화와 조선의 근대 개혁 운동

개항 이후 동학농민운동 이전까지 조선 사회에서 전개된 개혁의 움직임을 다룬다.
외세의 침략에 직면하여 자주적인 근대 국가 체제를 갖추기 위한 다양한 노력과 개혁 방향을 둘러싼 갈등을 파악한다. 아울러 조선을 둘러싼 열강의 대립이 조선의 근대 개혁에 끼친 영향을 파악한다.

① 개항 이후 청과 일본의 근대 개혁 운동을 이해하고 그 성격을 설명한다.

② 외국과 맺은 여러 조약을 조사하여 불평등 조약 체제가 형성되었음을 이해한다.

③ 정부가 추진한 개화 정책의 내용을 알고, 이를 둘러싼 여러 세력의 대응을 비교하여 파악한다.

④ 갑신정변의 전개과정을 알고 이후 조선을 둘러싼 국제적 대립이 격화되었음을 안다.

⑤ 개항 이후 외세의 경제 침탈과 이로 인한 사회 경제적 변화를 탐색한다.

(4) 근대국가 수립 운동과 일본 제국주의의 침략

동학농민운동과 청일전쟁으로부터 일제에 의한 국권 침탈에 이르는 시기를 다룬다.
동학농민운동, 갑오개혁, 광무개혁 등 근대국가를 수립하기 위한 노력을 살펴본다.

일본의 국권 침탈 과정과 이에 맞서 전개된 다양한 국권 수호 운동을 파악한다.

① 청일전쟁과 러일전쟁을 거치면서 일본의 제국주의가 본격화되었음을 안다.

② 외세의 중국 침략이 확대되고 이에 맞서 반외세 근대 변혁 운동이 활발하게 전개되었음을 안다.

③ 동학농민운동의 배경과 전개과정을 알고, 이를 통해 농민군이 주장했던 사회 개혁의 방향을 파악한다.

④ 갑오개혁, 독립협회 운동, 대한제국의 개혁이 근대국가 수립운동에서 차지하는 의미를 파악한다.

⑤ 국권 피탈 과정과 일제의 침략에 맞선 국권 수호 운동의 흐름을 파악한다.

⑥ 민권운동의 성장과 근대 문물의 유입으로 나타난 문화와 생활의 변화를 이해한다.

(5) 일제의 식민지 지배와 민족 운동의 전개

국권피탈 이후 1930년대 초까지 일제의 식민지배정책과 민족운동의 전개 과정을 다룬다.

제국주의 국가들의 식민 지배와 이에 맞선 아시아의 민족운동을 우리 역사와 관련지어 파악한다. 일제에 의한 식민지 지배의 내용과 특성을 파악하고, 3·1운동과 그 이후 전개된 민족운동의 흐름을 파악한다.

① 제1차 세계대전과 러시아 혁명을 거치며 세계정세가 크게 달라졌음을 안다.

② 일제의 식민지 지배정책을 시기별로 그 특징을 파악한다.

③ 3·1운동의 배경과 전개과정을 알고 민주공화제를 표방한 대한민국임시정부 수립의 의의를 인식한다.

④ 나라 안팎에서 전개된 다양한 민족운동의 사례를 조사한다.

⑤ 3·1운동 이후 사회운동의 사례를 조사하여 그것이 사회 문화에 미친 영향을 탐구한다.

⑥ 제1차 세계대전 후 아시아 여러 지역에서 일어난 민족운동의 사례를 조사하여 우리 민족운동과 비교한다.

(6) 전체주의의 대두와 민족운동의 발전

일제의 아시아 침략이 본격화된 1930년대 초부터 8·15 광복 직전까지를 다룬다. 일제의 침략전쟁이 확대되는 가운데 민족운동이 꾸준히 전개되었음을 파악한다.

활발한 항일 투쟁 속에서 구체적인 건국 준비 활동이 이루어졌음을 이해한다.

① 대공황을 거치면서 전체주의 국가가 등장하고, 이들의 침략으로 제2차 세계대전이 일어났음을 안다.

② 1930년대 이후 달라진 일제의 지배정책을 파악하고 이에 따른 사회경제적 변화를 추론한다.

③ 일제의 인적, 물적 자원 수탈과 민족말살정책을 파악하고, 이 시대를 살아간 다양한 삶의 모습을 비교해 본다.

④ 1930년대 이후에도 나라 안팎에서 민족운동이 활발하게 전개되었음을 파악한다.

⑤ 태평양 전쟁 시기 국내외에서 본격화된 건국 노력을 설명한다.

⑥ 제2차 세계대전의 진행 중에 우리의 독립과 관련된 국제사회의 움직임을 파악한다.

(7) 냉전 체제와 대한민국 정부의 수립

광복과 대한민국 정부 수립에서 시작하여 전쟁과 남북대립의 격화로 이어진 1950년대 말까지를 다룬다.

광복 이후 건국 운동, 통일국가 수립을 위한 노력, 대한민국 정부 수립의 과정을 파악한다. 6·25 전쟁의 원인과 전개과정 및 그 결과를 이해하고 국내외적 영향을 파악하여 한반도 평화 정착의 필요성을 이해한다.

① 제2차 세계대전 이후 미국과 소련의 대립이 심화되고, 냉전체제가 성립되는 과정을 파악한다.

② 8·15 광복 직후 통일정부 수립을 위한 활동이 전개되었음을 설명한다.

③ 대한민국과 북한의 정부 수립 과정과 그 의의를 파악하고, 농지 개혁과 친일파 청산이 추진되었음을 안다.

④ 6·25 전쟁의 원인과 전개과정 및 그 참상을 알고, 전후 남북한의 갈등이 증폭되었음을 안다.

⑤ 전후 복구 과정을 거치며 남과 북에 정치 경제적으로 다른 체제가 뿌리내렸음을 파악한다.

⑥ 냉전으로 인해 분단, 전쟁과 갈등을 겪은 다른 나라의 사례를 찾아서 서로 비교한다.

(8) 대한민국의 발전과 국제 정세의 변화

4 · 19 혁명 이후 1987년까지 대한민국의 발전과 국제정세의 변화를 다룬다.

1960년대 이후 정부 주도의 경제개발 정책으로 경제성장을 이룩하고, 권위주의 정부에 저항하는 민주화 운동이 꾸준히 전개되면서 민주주의 발전이 이루어졌음을 파악한다.

① 냉전 체제의 변화 양상이 동아시아와 남북한에 미친 영향을 이해한다.

② 4 · 19혁명에서 6월 민주 항쟁에 이르는 과정을 민주주의 발전의 측면에서 설명한다.

③ 1960년대 이후 고도성장이 이루어지고 산업구조가 변하였음을 알고 그것이 가져온 결과를 성찰한다.

④ 산업화가 농촌과 도시 생활에 미친 영향을 파악하고, 대중문화의 확산이 가져온 사회 변화를 설명한다.

⑤ 1960년대 이후 북한의 정치 경제적 변화 과정을 파악한다.

⑥ 대한민국의 민주화와 산업화 과정을 다른 국가들과 비교한다.

(9) 세계화와 우리의 미래

1980년대 후반 이후 세계사의 흐름과 우리 사회의 변화와 과제를 다룬다.

사회주의 체제의 붕괴와 탈냉전, 세계화의 흐름 속에서 한국의 국제적 위상이 크게 높아졌음을 파악한다. 6월 민주 항쟁 이후 민주주의 확대와 시민사회의 성장을 살펴보면서 21세기의 평화롭고 풍요로운 세계를 건설하기 위한 방안을 모색한다.

① 1980년대 후반 이후 국제 질서의 변화 방향을 탐구한다.

② 6월 민주 항쟁 이후 민주화가 진전되고 시민 사회 운동이 활발해졌음을 설명한다.

③ 남북 간 화해와 협력을 위한 노력을 살펴보고, 평화 통일을 위한 과제와 방안을 탐색한다.

④ 동북아시아의 영토 문제, 역사 갈등, 과거사 문제 등을 탐구하여 관련국과의 바람직한 관계를 모색하는 자세를 갖는다.

⑤ 한국의 국제위상이 크게 높아졌음을 알고, 국제 공헌을 위한 방안을 탐색한다.

4. 교수 · 학습 방법

① 국사와 세계사의 전반적인 내용을 체계적으로 이해시키고 양자 간의 상호 관련성을 이해할 수 있도록 한다.

② 시간의 흐름에 따른 역사의 전개과정을 그 무대가 되었던 공간과 연관시켜 설명함으로써 학생들의 이해와 흥미를 증진시킨다.

③ 개별적인 사실의 나열보다는 중요한 개념과 논리적인 인과관계를 이해시킴으로써 과거 사건을 역사적인 맥락 속에서 파악하게 한다.

④ 주어진 역사를 수동적으로 학습하게 하기보다는 학습자 스스로 역사적 지식의 형성 과정을 비판적으로 성찰할 수 있도록 역사적 사건에 대한 다양한 해석의 가능성을 이해하고 스스로 문제의식을 가질 수 있도록 한다.

⑤ 교과서의 모든 내용을 똑같은 비중으로 다루기보다, 교사 스스로 전문성을 살려 주안점을 두고자 하는 내용을 보완 · 강조하여 가르칠 수 있도록 한다.

⑥ 문답학습, 극화학습 등을 통해 학습자의 적극적인 참여를 이끌어 내고, 다양한 사료 및 도표와 통계 자료, 각종 멀티미디어 자료 등을 활용하여 생동감 있는 수업이 이루어지도록 한다.

⑦ 학습 내용에 따라 사실학습, 개념학습, 주제학습, 인물학습, 비교학습 등을 다양하게 활용하고, 학생들의 능동적인 참여를 위해 토론, 발표, 논술, 조사, 사례 연구 등 다양한 교수 · 학습 기법을 활용한다.

⑧ 정보화 사회에 요청되는 정보의 처리와 조직 능력 신장을 위해 신문 활용 교육(NIE), 인터넷 활용 교육(IIE), 컴퓨터 보조 수업(CAI) 방식을 적극적으로 활용한다.

5. 평 가

① 평가는 교육과정의 한 부분으로서 학습자의 학습 과정을 이해하고 성취 수준을 높이며 교육 내용과 교수 · 학습 방법의 적절성을 진단하는 마무리 과정이므로 교육과정에 제시된 목표, 내용, 교수 · 학습 방법과 일관성을 유지하도록

시행한다.

② 교육과정에 제시된 목표와 내용에 따라 추출된 요소를 준거로 평가를 시행하되 지식·이해 영역뿐만 아니라 기능 영역, 가치·태도 영역에 대해서 균형 잡힌 평가를 실시한다.

③ 진단평가, 형성평가, 총괄평가, 수행평가를 적절하게 활용하여 학습 의욕을 자극하고 성취도를 높이며 학습 과정과 평가의 연계성을 높일 수 있도록 한다.

④ 지필 평가 외에 면접, 관찰, 논술, 체크리스트, 포트폴리오 등 여러 가지 양적, 질적 평가기법을 활용하여 학생들의 역사적 능력을 종합적으로 평가하도록 한다.

⑤ 객관식 문항과 주관식 문항을 적절히 배합하여 평가문항을 제작하되 타당도, 신뢰도, 객관도 등의 평가문항 요건을 준수한다.

⑥ 평가의 타당도와 신뢰도를 높이기 위해 학습자의 자기 평가, 동료 상호 평가, 조별 평가 등의 평가 기법을 적극 활용한다.

Ⅲ. 한국 지리

1. 성 격

지리는 지표 공간의 자연 및 인문환경에 대한 지식을 바탕으로 지리적 현상과 사람들의 삶의 방식을 이해하며, 공간상에서 나타나는 문제들을 파악하고 이에 대처할 수 있는 능력을 기를 수 있는 과목이다. 특히 한국지리는 우리 국토 위에서 전개되어 온 인간과 자연의 상호관계에 대한 이해를 바탕으로 학습자들로 하여금 북한 지방을 포함한 국토 전체 및 삶의 구체적 토대인 지역에 대한 애정과 이해를 높일 수 있는 과목이다. 뿐만 아니라 한국지리 과목에 포함된 다양한 내용들은 그것이 담고 있는 지리 사상과 정치·경제·사회·문화 등의 다각적 의미를 이해하도록 함으로써 지리적 상상력과 창의력 발달을 더욱 자극할 수 있다.

한국지리는 전체 교육과정의 틀 속에서 사회 교과 내 선택 과목으로 한정되어 중등 교육 대상자 중 11~12학년 학생들이 선택하도록 되어 있다. 한국지리는 공통교육과정의 사회 교과에서 이루어진 지리 영역에 대한 학습을 바탕으로 국토 이해의 기초가 되는 각종 지식과 정보 및 이를 분석할 수 있는 능력, 국토 이해에 필요한 지리적 사고력, 우리가 살고 있는 지리적 환경에 대한 바람직한 가치관과 국토애를 고양할 수 있는 내용으로 구성된다. 한국지리 학습을 통해 학생들은 국토 공간이 나를 포함한 하나의 생태계라는 것을 인식하고, 공간 현상을 다양한 규모에서 이해할 수 있다. 또한 개발과 보전에 대한 균형적인 관점, 환경문제와 지역 불균형 문제에 대한 합리적인 판단력 등을 기를 수 있다.

궁극적으로 한국지리는 우리 국토에 대한 이와 같은 올바른 인식과 이해를 바탕으로 세계화·지역화에 대응하는 안목을 기르고 국토 공간과의 유기적인 연관성을 느낄 수 있는 기회를 제공하는 과목이다. 나아가 자신의 삶을 풍요롭고 의미 있게 만들어 갈 수 있는 인간으로 성장하도록 돕는 데 목적을 두고 있다.

2. 목 표

한국지리 과목의 목표는 자연 및 인문환경의 지리적 이해를 바탕으로 우리 국토에서 일어나는 다양한 지리적 현상을 종합적으로 파악하고, 우리들의 삶의 터전을 보다 살기 좋은 공간으로 만들기 위한 지리적 분석력, 사고력, 창의력 등을 기르며, 국토의 지리적 환경과 공존할 수 있는 자세를 가지게 하는 데 있다.

① 국토의 다양한 지리적 현상을 종합적으로 이해하고, 세계화의 흐름 속에서 우리의 삶의 공간이 갖고 있는 의미를 파악한다.

② 우리나라 각 지역의 특성과 지역 구조의 변화 과정을 다양한 관점에서 파악하고, 이를 통해 다면적·복합적인 국토 공간의 특성을 인식한다.

③ 국토 공간 및 자신이 살고 있는 지역의 당면 과제를 인식하고, 이를 합리적으로 해결할 수 있는 지리적 기능 및 사고력, 창의력을 기른다.

④ 일상에서 접하게 되는 다양한 지리 정보를 선정·수집·분석·종합하고, 이를 지리조사 및 여가 등에 활용할 수 있는 능력을 기른다.

⑤ 자연 및 인문환경과 주민 생활의 연관성을 유기적·생태적인 사고를 바탕으

로 이해함으로써 국토 공간과 환경에 대한 가치를 올바르게 인식할 수 있는 태도를 지닌다.

⑥ 국토분단, 주변국과의 영역 갈등과 같은 우리 국토가 당면하고 있는 국토 공간의 정체성 문제를 올바른 시각에서 이해하고, 바람직한 국토관과 국토애를 함양할 수 있는 태도를 기른다.

3. 내 용

1) 내용 체계

영 역	내용 요소
세계화 시대의 국토 인식	○ 세계화 시대의 국토 이해 ○ 국토의 의미와 정체성
지형 환경과 생태계	○ 다양한 지형과 주민 생활 ○ 생태 및 관광 자원으로서의 지형 ○ 인간 활동에 따른 지형 변화
변화하는 기후 환경	○ 기후 특성과 주민 생활 ○ 기후 변화 및 자연 재해 ○ 자연생태계에 대한 인간의 영향
거주와 여가의 공간	○ 도시와 촌락의 상호 의존과 변화 ○ 도시 재개발과 주민 생활 ○ 도시와 농촌의 여가 공간
생산과 소비의 공간	○ 산업 구조 변화에 따른 생산 및 소비 공간의 변화 ○ 교통·통신의 발달과 주민 생활
우리나라의 지역 이해 I	○ 지역 구분과 지역 조사 ○ 북한의 지리적 특성과 국토 통일
우리나라의 지역 이해 II	○ 우리나라 각 지역의 특성과 구조 ○ 각 지역의 현안과 주민 생활의 변화
삶의 질과 국토의 과제	○ 인구 문제와 대책 ○ 지역 격차와 공간적 불평등 ○ 지속 가능한 발전과 바람직한 국토상

2) 영역별 내용

(1) 세계화 시대의 국토 인식

세계화라는 시대적 조류에서 우리 국토가 당면해 있는 현재 상황에 대해 학생들의 관심을 유도하고 과목 전체의 학습 방향을 제시한다. 생태 공간으로의 국토, 세계 속

우리나라의 위치와 위상, 분단 및 주변 국가와의 영역 갈등에 내재된 국토 공간의 정체성을 이해하고 우리 삶과의 연관 속에서 한국지리 학습의 중요성을 깨닫는다.

① 전통적인 국토 인식의 틀을 이해하고, 현대 사회에서 강조되는 생태 공간으로서의 국토의 의미를 파악한다.

② 세계 속에서 우리나라의 위치와 위상을 인식하고, 세계화에 따른 국토와 우리 생활의 변화된 모습을 다양한 차원에서 파악한다.

③ 동북아 국가들 간 정세 및 교류의 중요성을 바탕으로 분단된 국토의 통일이 갖는 당위성을 정립한다.

④ 독도, 간도 등 구체적인 사례를 통해 주변 국가와 관련된 영역 갈등의 원인과 과정, 그 중요성을 인식한다.

(2) 지형 환경과 생태계

국토 공간을 이루고 있는 자연환경인 산지, 하천, 해안 지형 등의 특색 및 형성 과정을 이해하고, 인간의 행위가 지형 환경의 변화에 미치는 영향을 파악한다. 다양한 지형들이 인간의 행위와 유기적인 관계를 맺고 있으며, 우리의 삶의 공간이 이러한 시스템 속에서 변화되고 있는 현상을 다양한 사례를 통해 인식한다.

① 산지 지형을 중심으로 우리나라 지형의 전체 틀을 파악한다.

② 하천 유역에 발달하는 지형의 특성을 파악하고 수자원과 관련된 하천의 역할을 인식한다.

③ 해안 지형의 형성 작용을 파악하고, 인위적으로 해안 지형을 변형하는 이유와 이를 통해 발생하는 문제점을 인식한다.

④ 다양한 지형이 생태 및 관광 자원으로 떠오르게 된 배경을 사례를 통해 탐구한다.

(3) 변화하는 기후 환경

우리의 생활양식과 기후 환경의 상호 관련성 및 그 의미를 이해하고, 자연재해 및 기후변화의 다양한 사례를 통해 생태계의 한 축을 이루는 인간 행위의 의미와 역할을 탐구한다. 나아가 국토의 자연환경에 미치는 인간의 영향력을 파악할 수 있다.

① 우리나라의 기후 특성을 의식주 등 주민 생활과의 상호 관계를 통해 파악한다.

② 기후 변화의 현상과 그 원인을 파악하고, 이것이 우리의 생활과 환경에 미치

는 영향을 탐구한다.

③ 기후, 토양, 식생을 중심으로 자연 생태계에 대한 인간의 영향이 잘 나타난 다양한 사례를 조사·분석한다.

④ 자연재해의 발생 원인과 영향을 이해하고, 그 대책을 제시한다.

(4) 거주와 여가의 공간

국토 공간상에서 일상생활이 이루어지는 단위인 도시와 촌락의 의미를 파악하고, 세계의 도시 체계 내에서 우리나라 도시의 역할을 인식한다. 도시와 촌락에 관한 지리적 개념 및 공간의 변화상을 이해하고, 그 안에서 이루어지는 삶의 모습과 여가 활동이 가지는 의미를 깨닫는다.

① 생활공간으로서 도시와 촌락의 상호 의존 관계를 바탕으로 우리나라 정주 체계를 이해하고, 우리나라의 도시 체계를 세계의 도시 체계와 연관 지어 파악한다.

② 도시의 지역 분화 과정 및 내부 구조를 파악하고, 토지 이용의 유형과 변화를 비교·분석한다.

③ 대도시권의 형성·확대와 근교 농촌의 변화가 주민들의 생활양식에 미치는 영향을 분석·평가한다.

④ 도시 재개발의 과정을 이해하고, 도시 재개발이 경관 및 주민들의 삶에 미치는 영향을 조사한다.

⑤ 현대 사회의 촌락 변화를 인구, 산업, 형태, 기능의 변화라는 관점에서 파악한다.

⑥ 도시와 농촌에서 활용되는 여가 공간의 사례를 찾고, 여가 공간이 도시 및 농촌 주민들의 삶과 어떻게 연관되어 있는지를 종합적으로 파악한다.

(5) 생산과 소비의 공간

산업 구조의 변화가 생산·소비 활동의 입지, 지역 구조 및 주민들의 일상생활에 미치는 영향을 다양한 사례의 비교·분석을 통해 이해한다. 산업 구조 변화의 한 요인인 교통·통신의 발달이 국토 공간에 미치는 영향을 다양한 규모에서 조사하고 국토 공간의 미래상을 예측할 수 있는 능력을 기른다.

① 우리나라의 농업 구조 변화로 인해 발생하는 문제점들을 파악하고, 이를 해

결하기 위한 방안을 농산물의 지역적 특화 및 장소 마케팅 등과 관련지어 제시한다.

② 우리나라 공업 구조의 고도화 과정에서 나타난 공업 입지와 공업 지역의 변화를 파악하고, 이와 관련된 주민들의 삶을 이해한다.

③ 상업 입지 요인의 변화에 따라 상업 및 소비 공간이 변화되는 과정을 사례를 통해 파악하고, 서비스업의 고도화가 공간에 미치는 영향을 이해한다.

④ 교통·통신의 발달에 따른 공간의 변화를 이해하고, 다양한 규모에서 주민 생활에 미치는 영향 및 미래의 변화상을 파악한다.

⑤ 탈공업화에 따른 생산 공간의 변화가 잘 나타난 사례 지역들을 찾고, 이의 비교·분석을 통해 산업구조의 변화가 공간에 미치는 다양한 영향들을 고찰한다.

(6) 우리나라의 지역 이해 Ⅰ

다양한 지역 구분의 의미를 이해하고 학습자 스스로 선택한 기준에 의해 우리나라를 여러 지역으로 구분할 수 있는 능력을 기르며, 지역 조사를 위한 지리 정보의 수집·분석 및 활용 방안을 파악한다. 우리 국토의 한 축을 이루고 있는 북한의 자연·인문 환경과 최근의 변화상을 파악하고 통일에 대비한 바람직한 국토 계획을 모색한다.

① 지역의 의미와 지역 구분 기준의 다양성을 이해하고, 학습자 스스로 선정한 기준으로 우리나라를 여러 지역으로 구분해 본다.

② 정보·통신 발달에 따른 다양한 지리 정보의 수집·분석 방법을 이해하고, 지역 조사를 위한 실제 답사 계획을 수립한다.

③ 북한의 자연 지리적 특성을 파악하고, 주민 생활에 대한 영향 및 관광자원으로서의 유용성을 이해한다.

④ 인구, 도시 등의 측면에서 북한의 인문 지리적 특성을 파악하고, 남한과의 차이점들을 파악한다.

⑤ 북한에서 자본주의 경제 체제를 부분적으로 받아들이고 있는 지역을 파악하고, 그 지역이 선정된 지리적 이유를 추론한다.

⑥ 남북 교류의 현황과 앞으로의 전망을 통해 통일에 대비한 바람직한 국토 계획을 모색한다.

(7) 우리나라의 지역 이해 Ⅱ

지역의 중요 현안이나 최근 두드러진 변화상을 중심으로 우리나라 각 지역의 특성과 구조를 탐구한다. 이를 바탕으로 주민들의 생활양식을 비교·분석하고 국토 공간의 다양한 모습을 종합적으로 고찰할 수 있는 능력을 기른다.

① 수도권의 지역 특성 및 구조를 지식 기반 산업 및 세계화와 관련하여 파악한다.

② 교통의 발달로 수도권과의 연계성이 높아지고 있는 충청지방의 지역 구조를 이해한다.

③ 영동·영서 지역의 지역차가 나타나는 원인을 다양한 자료를 바탕으로 추론하고, 산업화 이후 지역 핵심 산업의 변화상을 탐구한다.

④ 호남지방을 문화적 측면에서 이해하고, 최근의 산업 변화가 이 지역에 미친 영향을 조사한다.

⑤ 우리나라 공업에서 영남지방이 차지하는 역할을 파악하고, 광복 이후 이 지역의 도시 발달 요인 및 과정을 종합적으로 고찰한다.

⑥ 제주특별자치도의 지역적 의미를 지방 자치 확대 및 세계화와 관련하여 이해한다.

(8) 삶의 질과 국토의 과제

우리 국토가 당면한 중요한 과제인 여러 가지 인구 문제(저출산·고령화·외국인 노동자 유입 등)와 공간적 불평등에 슬기롭게 대처할 수 있는 자질을 기르고, 국토 공간의 지속 가능한 발전을 이끌 수 있는 다양한 방안을 모색한다.

① 저출산 및 고령화 현상을 파악하고, 파생되는 문제를 해결할 수 있는 대책을 제시한다.

② 외국인 노동력의 유입 및 농촌 청년들의 국제결혼 배경을 이해하고, 이로 인해 나타나는 다양한 영향을 파악한다.

③ 다양한 규모에서 지역 격차 및 공간적 불평등 문제를 이해하고, 그 해결 방안을 제시한다.

④ 환경 보전 및 지속 가능한 발전을 위해 제시되고 있는 다양한 방안들을 이해하고, 바람직한 국토 계획 및 국토 공간의 미래를 모색한다.

4. 교수 · 학습 방법

① 선택과목인 한국지리의 성격상 지리과 영역의 다른 심화 선택 과목인 '경제
지리', '세계지리' 과목과의 연계성을 도모할 뿐만 아니라, 국민 공통 기본
교육과정의 사회과 지리영역의 내용과도 연계하여 지도한다.

② 국토와 관련된 단순 사실의 암기보다는 이전의 학습과정이나 일상생활을 통
해 학습자가 이미 터득하고 있는 기존 지식과 인지구조를 고려한 교수 · 학습
방안을 모색하고, 이를 통해 학습자의 인지구조가 질적으로 변화될 수 있도
록 유도한다.

③ 지리적 현상을 구체적으로 경험할 수 있는 야외 현장 학습의 기회를 제공하
고, 주5일 수업제 시행과 관련하여 일상생활 속에서 답사 및 여행을 통해 학
습자 스스로 지리적인 경험을 할 수 있도록 지도한다.

④ 학생들이 체험하기 힘든 지리적 현상을 컴퓨터, 인터넷, 프로젝션 TV 등 다
양한 시청각 매체를 활용하여 간접적으로 경험할 수 있는 기회를 제공한다.
나아가 지역연구 자료, 면담 내용, 영화, 신문 기사, 여행기, 통계 자료 등을 학
습지(worksheet)를 통해 제공하여 학생들의 간접적 지리 경험의 폭을 최대한
넓힐 수 있도록 한다.

⑤ 일상생활에서 직 · 간접으로 경험하게 되는 사회현상을 지리적인 관점에서 이
해하고 종합할 수 있는 능력을 신장시키기 위한 교수 · 학습 방안을 구성한다.

⑥ 다양한 지리 정보를 수집 · 분석 · 종합할 수 있는 기능과 함께 지도, 도표,
사진, 컴퓨터 등을 활용하여 지리적 사고를 표현할 수 있는 능력을 높일 수
있도록 지도한다.

⑦ 학생들이 교과서나 교사의 수업을 통해 제시되는 국토 공간의 개발 및 활용
방안에 대한 가치와 태도를 수동적으로 수용하기보다는 관련 현안의 핵심을
분석하여 합리적이고 과학적인 근거를 도출하고, 이를 바탕으로 스스로의 가
치관에 가장 부합하는 의견을 표현할 수 있도록 유도한다.

⑧ 학생들이 실제로 거주하는 도시와 촌락에서 나타나는 지리적 현상을 구체적
으로 경험할 수 있도록 지역사회의 특성과 학교의 실정에 알맞은 지역 학습
자료를 제시한다.

⑨ 구체적인 자연·인문 현상을 패턴화·법칙화할 수 있는 능력을 습득할 수 있도록 지도한다.

⑩ 학생들이 국토 공간의 지리적 현상 및 문제를 다양한 규모에서 인식하고, 그에 따라 문제를 해결할 수 있는 능력을 향상시키기 위한 창의적인 학습 지도가 이루어지도록 한다.

5. 평 가

① 학습목표, 내용, 교수·학습 방법 등의 적절성이 교사에게 환류(feedback)될 수 있는 평가 방법과 지식·기능·가치 및 태도가 적절하게 포함될 수 있는 평가내용을 구안하고, 이를 학교 현장에 적용할 수 있도록 한다.

② 지식 영역에서는 사실적 지리 지식의 습득 여부와 함께 지리적 현상의 설명과 문제 해결에 필수적인 기본 개념 및 원리에 대한 이해, 나아가 일반화 과정을 평가하도록 한다.

③ 기능 영역은 지리적 현상을 이해하는 데 필요한 각종 자료와 정보를 수집·비교·분석·종합하는 능력과 함께 이것을 지도, 도표, 사진, 컴퓨터 등을 이용해 표현할 수 있는 능력을 평가하도록 한다.

④ 가치 및 태도 영역에서는 지리적 현상과 관련된 다양한 가치 및 관점에 대한 이해와 이의 토대가 되는 문제 인식, 분석, 종합, 판단 및 의사결정 능력을 평가하도록 한다.

⑤ 단순한 지리적 사실을 묻기보다는 문제 해결력, 사고력, 창의력을 측정할 수 있는 다양한 형식의 평가를 실시한다.

⑥ 평가 문항은 지리교과의 기본 개념을 바탕으로 다양한 자료 및 실생활과 관련된 사례를 바탕으로 구성하도록 한다.

⑦ 기본 개념, 원리, 일반화 등 수업을 통해 학습한 추상적 내용을 학생들이 현실에 입각한 구체적인 문제 상황에 적용할 수 있는가를 평가한다.

⑧ 지식 영역의 지필 평가와 함께 면접, 조사, 보고서, 토론, 논술, 발표, 관찰, 자기 평가, 동료 평가 등의 방법을 활용하여 평가하되, 적절한 회수의 정기

평가와 수시 평가가 함께 이루어지도록 한다.

자. 준거 지향 평가 및 질적 평가를 지향하되, 구체적인 평가 기준 작성을 통해 객관성과 공정성이 유지되도록 한다.

Ⅳ. 세계 지리

1. 성 격

'세계 지리' 과목은 세계의 자연현상과 인문현상에 대하여 체계적이고 종합적인 학습을 통해, 빠르게 변화하고 있는 오늘날의 세계에 능동적으로 대처할 수 있는 인간을 육성하는 것을 목표로 하고 있다. 이 과목은 국민 공통 기본 교과를 이수한 11 · 12학년 학생들이 선택하여 학습하는 과목이다.

① 세계 여러 지역의 다양한 삶의 모습을 이해하기 위한 과목으로서, 세계의 여러 지역들이 지니고 있는 자연 및 인문환경의 특색을 이해한다. 이를 토대로 사람들의 생활양식을 파악하며, 미래의 변화에 대한 이해를 바탕으로 세계 문화를 이끌어 갈 수 있는 자신 있고 능동적인 인간의 육성을 목적으로 하는 과목이다.

② 세계 여러 지역을 이해할 수 있도록 세계의 자연환경, 경제활동 및 도시 발달, 주변국과의 관계, 당면한 지역문제 등을 종합적으로 제시하고 있는 과목이다.

③ 세계화로 인해 세계 각 지역 간의 인적 · 물적 교류와 상호 의존성이 확대되어 가고 있는 상황 속에서, 다른 지역에 사는 사람들의 삶에 대한 이해가 우리의 삶의 변화와 발전을 가져올 수 있음을 이해할 수 있게 하는 과목이다.

④ 세계의 여러 국가와 지역 간에는 영토, 자원, 환경오염 등으로 인한 분쟁과 문화적 차이로 인한 갈등이 발생하고 있다. 또한 다양한 문화 및 스포츠 교류, 경제 블록의 형성 등을 통해 협력을 도모하기도 한다. 이러한 갈등과 공존의 본질을 파악하고 합리적인 해결 방안을 제시할 수 있으며, 세계 공존과 번영의 길을 모색할 수 있는 안목을 육성시킬 수 있는 과목이다.

2. 목 표

세계 지리의 목표는 세계 각 지역의 지리적 현상을 종합적·체계적으로 이해하고, 세계화 시대에 지역 간 협력 및 상호공존의 길을 모색하며, 지구적인 시각에서 우리 삶의 터전을 보다 살기 좋은 공간으로 개발·이용·보존하기 위해 노력하는 자세를 기르는 데 있다.

① 세계의 다양한 자연환경과 인문환경에 대해 체계적이고 종합적으로 이해하는 능력을 기른다.

② 세계 여러 지역에 대한 지리 정보를 수집·분석·평가하고, 그 지역에 대한 주제를 선정하고 탐구하는 능력을 기른다. 아울러 수집·분석된 지리 정보를 도표화·지도화하는 능력을 함양한다.

③ 지역 간 협력 및 상호 공존의 길을 모색하며, 지역 간 갈등과 분쟁을 이해하고 이를 해결하려는 태도를 기른다.

3. 내 용

1) 내용 체계

영 역	내용 요소
세계화와 지역 이해	○ 세계 인식의 시공간적 차이 ○ 세계화와 지역화 ○ 원격탐사와 지리 정보 체계 ○ 지역 구분
세계로 떠나는 여행	○ 여행과 지리 조사 ○ 아시아의 종교 경관 ○ 유럽의 축제 문화 ○ 아프리카의 관광 자원 ○ 오세아니아의 생태 기행 ○ 아메리카의 다문화 체험

영 역	내용 요소
다양한 자연환경	○ 열대 우림과 열대 사바나 ○ 온대 동안 기후와 서안 기후 ○ 건조 기후와 건조지형 ○ 냉·한대 기후와 빙하지형 ○ 변동하는 신기 조산대 ○ 세계의 해안지형 ○ 세계 자연 유산의 이해
경제활동의 세계화	○ 식량 작물로서의 쌀과 밀 ○ 기호작물로서의 커피와 차 ○ 에너지자원으로서의 석유와 석탄 ○ 자동차 산업 ○ 서비스 산업 ○ 무역과 남북문제
세계화 시대의 인구와 도시	○ 인구 성장과 인구 문제 ○ 인구 이동과 지역 변화 ○ 선진국과 개발도상국의 도시화 ○ 세계화와 세계 도시
갈등과 공존의 세계	○ 영역 분쟁 ○ 문화적 차이와 갈등 ○ 스포츠와 문화 교류 ○ 환경문제와 국제 협력 ○ 경제 블록과 자유무역협정(FTA) ○ 세계 속의 한국

2) 영역별 내용

(1) 세계화와 지역 이해

도입 단원으로서 세계를 어떻게 인식할 것인가를 학습한다. 특히 교통과 통신의 발달이 세계 인식에 미친 영향을 파악하며, 세계가 여러 지역으로 구성되어 있음을 이해한다.

① 다양한 관점과 스케일로 그려진 세계 지도를 통해 우리나라와 다른 나라 사람들의 세계관을 비교한다.

② 교통과 통신의 발달이 지역 간 교류에 미친 영향을 파악한다. 세계화와 지역화의 의미를 이해하고 그 구체적인 사례를 제시할 수 있다.

③ 일상생활 속에서 세계 각 지역의 다양한 지리 정보를 찾아본다. 원격 탐사와 지리정보체계(GIS)의 의미를 이해하고 활용 사례를 알아본다.

④ 세계를 문화적인 요소에 의해 여러 지역으로 구분하고 지역 간 차이점을 파악한다.

(2) 세계로 떠나는 여행

세계화가 진행됨에 따라 다른 지역과의 직접적, 간접적 경험이 늘어나고 있다. 세계 여러 지역을 학습하기 위한 지리 정보의 중요성을 인식하고, 수집 방법을 습득하며, 각 지역과 관련되는 주제를 통해 지역을 이해한다. 특히 다른 지역을 이해할 때 가져야 할 바람직한 태도를 기른다.

① 지리적 관점에서 여행의 의미를 이해하고, 여행하고 싶은 지역에 대한 사전 조사 방법과 지리 정보의 획득 방법을 익힌다.

② 종교 경관을 사례로 아시아 지역의 문화적 다양성을 이해한다.

③ 유럽의 다양한 축제를 조사하고, 축제가 지역의 문화 및 관광 산업에 미치는 영향을 파악한다.

④ 아프리카의 다양한 관광 자원을 이해하고, 관광 산업을 중심으로 지속 가능한 발전 방안을 모색한다.

⑤ 오세아니아의 원시·청정 자연을 통해 환경 보전의 중요성을 이해한다.

⑥ 아메리카가 다문화 지역이 된 배경을 지리적 관점에서 이해하고, 특정 사례를 조사한다.

(3) 다양한 자연환경

자연환경에 대한 이해는 세계의 경제 활동, 인구와 도시 발달, 각 지역의 전통문화 등 인문적 요소를 이해하는 바탕이 된다. 세계의 자연환경이 지역마다 다르게 나타나는 원인을 파악하고, 주민 생활과의 관련성을 이해한다. 또한 인간 활동이 자연환경에 미친 영향과 지나친 간섭으로 인해 발생할 수 있는 문제점을 조사하고, 환경 보전을 위한 태도를 기른다.

① 위도대와 태양의 회귀 현상이 열대 기후에 미치는 영향을 알아보고, 열대 우림과 사바나 환경의 생태적 중요성을 이해한다.

② 온대 동안과 서안 지역의 기후 차이가 나타나는 원인을 조사하고, 온대의 기후 환경과 주민 생활과의 관계에 대해서 알아본다.

③ 건조 기후의 독특한 지형 경관을 살펴보고, 건조 환경과 주민 생활과의 관계

에 대해서 알아본다. 특히 사막화의 확대에 따른 이 지역의 변화를 조사하고, 사막화 방지를 위한 방안을 찾아본다.

④ 냉·한대 지역의 지형 형성 작용과 지형에 대해 조사하고, 냉·한대 지역의 주민 생활을 이해한다.

⑤ 세계의 주요 신기 조산대 지형을 조사해 보고, 화산 활동에 따른 자연 재해의 특성과 주민 생활에 미치는 영향을 탐구한다.

⑥ 세계의 주요 해안 지형을 알아보고, 인간이 해안과 해양 환경을 어떻게 이용·보존하는지 조사한다.

⑦ 세계의 다양한 자연 유산을 유형별로 조사해 보고, 인간의 간섭과 지나친 남용으로 인한 자연 유산의 훼손 사례를 탐구한다.

(4) 경제 활동의 세계화

현대의 경제활동은 지역과 국경을 벗어나 세계적 공간에서 이루어지고 있다. 주요 경제 활동을 사례로 지역 간 상호 의존성이 확대되고 있음을 이해한다. 특히 다국적 기업의 역할을 조사하고, 남북문제를 해결하는 방안을 탐구한다.

① 쌀과 밀의 재배 조건을 비교하고, 국제 무역의 차이점을 이해한다.

② 커피와 차의 생산 조건과 유통 과정에서의 문제점을 조사하고, 다국적 기업의 역할을 파악한다.

③ 석유와 석탄의 생산과 소비를 조사하고, 석유를 둘러싼 국제 갈등과 지역 변화를 이해한다.

④ 다국적 자동차 기업의 국제적 분업을 조사하고, 시장을 둘러싼 기업 간 협력과 경쟁을 탐구한다.

⑤ 정보화 시대의 서비스업의 중요성을 이해하고, 금융·유통 등 주요 서비스업의 세계화 사례를 조사한다.

⑥ 선진국과 개발도상국의 무역 구조를 비교하고, 무역 불균형을 해결할 수 있는 방안을 모색한다.

(5) 세계화 시대의 인구와 도시

경제 활동의 세계화와 더불어 지역 간 인구 이동이 늘어나고 있으며, 전 세계를 배후로 하는 세계 도시가 등장하였다. 지역 간 인구 이동의 흐름을 조사하고 인구 이동이 도시화 및 지역 변화에 미친 영향을 이해한다.

① 선진국과 개발도상국의 인구 성장과 구조의 차이점을 파악하고, 여러 나라의 사례를 통해 인구 문제의 해결 방안을 모색한다.

② 국제 인구 이동의 흐름을 양과 질적 측면에서 살펴보고, 인구 이동과 관련된 주민 갈등과 지역 변화를 사례 지역을 통해 조사한다.

③ 선진국과 개발도상국의 도시화를 비교하고, 사례 도시를 중심으로 도시 구조의 차이점을 이해한다.

④ 세계 도시의 특성을 이해하고, 교통과 통신의 발달에 따른 세계의 도시 체계를 파악한다.

(6) 갈등과 공존의 세계

경제 활동의 세계화로 국가 간, 지역 간 경제 협력이 중요해지고 있다. 이에 따라 지역에 기반을 둔 경제 블록이 형성되고 있으며, 국가 사이의 자유무역협정(FTA)도 중요해지고 있다. 또 지역 간 인구 이동이 활발해지면서 서로 다른 문화를 가진 집단 사이에 갈등이 발생하고 있으며, 이에 따라 타 문화에 대한 존중과 이해가 중요해지고 있다. 세계화 시대에서 우리나라의 역할에 대해 토론해 보고, 국제 협력의 자세를 기른다.

① 국가 영역 및 자원을 둘러싼 국제 분쟁의 사례를 조사하고, 그 배경을 이해한다.

② 종교, 언어 등 문화적 차이로 인한 갈등 지역을 조사하고, 해결 방안을 모색한다.

③ 세계 각국의 스포츠와 문화 교류 사례를 찾아보고, 그 영향을 알아본다.

④ 환경문제를 중심으로 비정부기구의 다양한 활동 사례를 조사하고, 국제 협력의 중요성을 이해한다.

⑤ 경제 블록과 자유무역협정(FTA)의 배경을 이해하고, 이를 둘러싼 국가·지역·주민 간 갈등과 공존을 이해한다.

⑥ 세계 여러 나라에서 활동하는 우리나라 기업과 사람들을 살펴보고, 국제 협력의 자세를 기른다.

4. 교수·학습 방법

① 세계지리 과목은 국민 공통 기본 교과인 사회를 학습한 이후 고등학교에서 배우는 선택 과목으로, 지리 영역의 과목인 한국지리 과목과 경제지리 과목과의 연계성을 도모하도록 한다.

② 학습자의 선수 학습 정도, 개인별 능력 등의 특성을 고려한 교수·학습 계획을 수립하여 학습자 수준에 맞는 교수·학습이 이루어지도록 한다.

③ 기본 개념과 원리들을 추상적으로 다루지 말고, 구체적인 사례를 중심으로 학습을 전개시킴으로써 지식 형성의 과정을 경험하게 한다.

④ 교과서 내용과 학생들의 경험이 연계되도록 교과서에 제시된 사례 연구 외의 다양한 주제를 수업에 활용한다.

⑤ 탐구 활동, 토론, 발표, 논술, 사례 연구 등 다양한 교수·학습 활동을 통해 학습자의 창의성, 자율성, 효용성을 높일 수 있도록 한다.

⑥ 지도, 통계 등 지리적 정보를 통한 지도 읽기, 자료의 수집·정리·분석·해석·추론하는 능력이 신장될 수 있게 한다.

⑦ 개발과 환경문제, 자원 문제 등의 내용은 가치 갈등, 분석, 가치 명료화 과정 등 사실 및 가치 탐구 활동을 통해 해결할 수 있게 하고, 사회적 관심의 초점이 되거나 실생활과 밀접한 관계가 있는 주제들을 학습에 적용한다.

⑧ 수준별 과제 제시, 토론 주제, 자료 수집 등은 자기 주도적 학습을 하게 함으로써 학습자의 학습 능력을 함양하도록 한다.

⑨ 학습자의 흥미와 관심이 고취되고, 또 실제에 적용 가능하고 유용한 교수·학습이 이루어지도록 정선되고 다양한 학습 자료를 활용한다.

5. 평 가

<평가의 기본 방향>
① 단순한 사실이나 단편적 지식의 암기보다는 일반화된 개념이나 원리의 이해, 문제 해결 능력, 가치의 내면화와 태도 및 신념의 형성 정도를 종합적으로

평가한다.

② 지식, 기능, 가치 및 태도 영역을 조화롭게 평가하기 위해서는 평가 목표에 따라 지필 검사를 비롯한 다양한 평가 도구를 적절히 활용한다.

③ 지필 검사의 경우 양적 평가 방법과 질적 평가 방법을 혼합하고, 지식의 발달뿐만 아니라 지리적 사고와 관련되는 고차적인 사고 능력, 가치 및 태도 등을 평가한다. 또 객관성과 공정성을 위해 엄격한 평가 기준과 다양한 평가 도구를 정하여 평가한다.

④ 기능 영역의 평가에서는 각종 지리적 정보를 수집·정리·분석·종합하고, 이를 지도화, 도표화할 수 있는 능력을 평가한다.

⑤ 평가 결과는 반드시 교수·학습 방법을 개선하는 데 활용하도록 한다.

<영역별 평가 방향>
① 지식 영역: 단순한 사실이나 단편적 정보 및 지식의 암기에서 벗어나 지역에 대한 종합적 인식에 필요한 개념 및 원리의 이해, 지역문제의 인식 능력 및 해결책의 제시 능력 등을 종합적으로 평가한다.

② 기능 영역: 기능 영역에서는 지역과 관련되는 정보의 수집·비교·분석·종합·평가·적용 능력을 평가한다.

③ 가치 및 태도: 가치 및 태도 영역에서는 특정 지역에 대한 관심과 이해 정도, 인종, 문화에 대한 가치와 태도를 평가한다.

<평가의 유의점>
① 세계지리 과목의 특성을 충분히 고려하여 지식 영역의 평가에 지나치게 의존하지 말고 조사, 토론, 논술, 발표 등의 다양한 방법을 이용하여 수시 평가와 정기적인 평가가 병행하여 이루어지도록 한다.

② 자원 문제, 지역 개발, 환경문제 등과 같이 가치문제가 개입되는 내용은 주관식 평가 방법을 적극 활용한다.

③ 자기 평가, 동료 평가, 교사와 학생 토론, 학생 활동 보고 등의 다양한 평가 방법을 적극 활용한다.

④ 10학년 사회과 지리 내용과의 관계를 고려하여 평가한다.

V. 경제지리

1. 성 격

'경제지리' 과목은 지표 위에서 전개되는 경제 활동의 특성을 지리적 관점에서 체계적이고 종합적으로 이해하고, 이를 바탕으로 경제 활동을 자신의 삶과 관련지을 수 있는 능력과 이에 대한 가치관 형성을 목적으로 한다. 이 과목은 국민 공통 기본 교육과정 '사회' 과목의 교육 내용 중 경제지리 내용을 심화하고 현실에 적용하는 능력을 키우는 선택 과목이다.

'경제지리' 과목은 인간에 의해 이루어지는 경제 활동을 지리적 관점에서 이해하기 위해, 경제 활동의 지리적 측면, 즉 생산 관련 경제 활동의 지리적 특성, 유통 및 소비 관련 경제 활동의 지리적 특성, 정보 사회의 경제 활동, 지속 가능한 지역 발전, 세계 경제 환경 변화 등을 주요 내용으로 하며, 이를 통해서 합리적 시민으로서 갖추어야 할 지리적 사고력과 올바른 의사결정 능력 및 적극적인 참여 태도를 기를 수 있는 내용으로 구성한다.

'경제지리' 과목에서는 인간의 삶에서 경제 활동의 다양성과 지리적 특성을 이해하고, 경제 활동에 영향을 미치는 자연환경 및 인문환경을 종합적으로 이해하여 합리적인 의사결정 능력을 기른다. 또한, 이러한 지식과 기능을 바탕으로 자신을 포함한 지역, 국가, 세계의 삶의 질 향상에 기여할 수 있는 능력과 태도를 기르는 데 중점을 둔다.

2. 목 표

경제 활동을 지리적 관점에서 종합적으로 고찰하여 생산 및 소비 활동의 지역적 특성을 체계적으로 이해하고, 우리나라 및 세계 각 지역의 경제지리에 대한 이해를 바탕으로 보다 바람직한 삶을 영위할 수 있는 자질을 기른다.

① 경제 활동을 지리적 관점에서 파악하여, 우리나라 및 세계 각 지역의 경제

활동의 특성을 체계적이고 종합적으로 이해한다.

② 경제 활동과 생산품의 분포, 생산 및 소비, 이동의 특성과 그에 따른 문제점을 이해하고 그 해결 방안을 모색한다.

③ 경제 활동의 발달, 구조, 입지 원리 및 공간적 분포의 특성과 그에 따른 문제점을 이해하고 그 해결 방안을 모색한다.

④ 지리적 개념 및 원리에 의하여 경제 활동의 지역적 특성을 파악하고, 나아가 경제 활동에 관한 합리적인 의사결정 능력을 기른다.

⑤ 지역에서의 경제 활동에 관한 각종 통계 및 현지 조사 자료를 지도화, 도표화하고, 이를 분석, 해석할 수 있는 능력을 기른다.

⑥ 개방화되고 세계화되는 세계 경제 속에서 우리나라가 나아가야 할 방향을 탐색하고, 세계 각 지역의 경제 발전을 위해서 국가 간, 지역 간에 상호 협력하고 공존할 수 있는 가치관과 태도를 기른다.

3. 내 용

1) 내용 체계

영 역	내용 요소
경제 활동의 지리적 이해	○ 경제 활동과 경제지리 ○ 산업 구조와 지역 변화
생산의 지리적 특성	○ 농업 활동과 농업 입지 ○ 농업 변화와 농촌 문제 ○ 공업 활동과 공업 입지 ○ 기업의 성장과 입지 변화
유통과 소비의 지리적 특성	○ 교통과 통신 ○ 상업 활동의 입지와 상권 ○ 무역과 경제 협력
정보 사회의 경제 활동	○ 정보 사회의 서비스 산업 ○ 정보 및 지식 산업 ○ 문화 및 관광 산업
지속 가능한 지역 발전과 환경 보전	○ 지역 개발의 목적과 방법 ○ 지역 개발과 환경문제 ○ 지속 가능한 지역 발전
세계 경제 환경의 변화	○ 세계 경제 환경의 변화 ○ 세계 속의 우리나라 경제

2) 영역별 내용

(1) 경제 활동의 지리적 이해

경제 활동의 역할과 종류 및 경제 활동의 지리적 요소를 알아보고, 지역별로 경제 활동의 차이가 나타나는 요인을 파악한다. 그리고 산업 구조 변화에 따른 사회와 지역의 변화를 이해한다.

① 경제 활동의 역할 및 지리적 특성을 파악한다.
② 자원의 의미와 특성을 경제지리의 관점에서 탐색한다.
③ 산업 발달 수준에 따른 지역별 경제 활동의 차이를 알아본다.
④ 경제 발달에 따른 산업 구조의 변천 과정을 알아본다.
⑤ 사례 지역을 통해 산업 구조 변화가 지역에 미치는 영향을 이해한다.

(2) 생산의 지리적 특성

생산의 지리적 특성을 이해하기 위하여, 농업·공업 활동의 지리적 특성, 구조 변화, 입지 원리를 이해하고, 그것이 경제 및 지역 발전에 미치는 영향을 파악하며 이에 따른 문제점 및 해결방안을 모색한다.

① 농업 활동에 영향을 주는 다양한 요인과 농업 입지에 관한 이론을 알아본다.
② 우리나라와 세계의 주요 지역에서 이루어지는 농업 생산 활동의 특성을 비교·분석한다.
③ 농촌이 당면한 문제를 산업화 과정과 최근의 개방화 과정을 통해 이해하고 그 해결 방안을 모색한다.
④ 농업 활동이 환경에 미치는 영향을 파악하고, 친환경적인 농업 방법을 탐색한다.
⑤ 공업에 필요한 자원의 분포와 이동을 이해하고, 공업 활동의 종류를 생산과정과 제품 특성에 따라 다양하게 분류한다.
⑥ 공업 입지 요인의 변화와 다양한 공업 입지이론을 통해 주변에서 볼 수 있는 공업의 입지를 해석해 본다.
⑦ 노동력의 지역 간 이동의 원인과 패턴을 사례를 통해 이해한다.
⑧ 우리나라와 세계의 공업 발달 과정을 통해 공업 지역의 형성과 변화를 탐색한다.

⑨ 기업의 공간적 분업과 다국적 기업의 활동이 지역에 미치는 영향을 이해한다.
⑩ 신산업지구의 발달 및 지역혁신체제의 형성에 작용하는 지리적 요인들을 파악한다.

(3) 유통과 소비의 지리적 특성

유통과 소비의 지리적 특성을 이해하기 위하여, 상업과 무역 활동에 영향을 미치는 요인과 재화와 서비스의 흐름을 알아본다. 상업과 무역 발달이 지역 형성과 변화에 미치는 영향을 파악하고, 이에 따른 문제점과 해결 방안을 모색한다.
① 교통과 통신의 역할과 발달 과정을 알아보고, 그것이 공간 변화에 미친 영향을 탐색한다.
② 상업 입지 이론을 통해 상업 활동의 공간적 특성을 이해한다.
③ 현대 사회의 도시적 생활양식과 소비 패턴의 변화가 도·소매업의 입지에 미치는 영향을 살펴본다.
④ 상업 활동이 지역의 발전과 변화에 미친 영향을 사례 지역을 통해 탐색한다.
⑤ 무역의 발생 원리를 고찰하고, 지리적 조건이 무역에 미치는 영향을 탐색한다.
⑥ 우리나라와 세계의 무역 구조 변화 및 지역적 특성을 살펴보고, 그에 따른 문제점을 파악한다.
⑦ 세계 무역 기구와 지역별 경제 블록, 자유무역협정 등 세계 무역 환경의 변화를 이해하고 이에 대처하는 방안을 찾아본다.

(4) 정보 사회의 경제 활동

정보 사회에서 발달하고 있는 서비스 산업, 정보·지식 산업, 문화·관광 산업의 입지 특성과 지역 발전에 미치는 영향을 파악하고, 그에 따른 문제점과 해결 방안을 모색한다.
① 정보 통신 기술 발달에 따른 정보 사회의 등장 배경과 특성을 알아본다.
② 서비스 산업의 특성과 종류를 파악하고, 이들 산업의 입지 요인 및 변화를 살펴본다.
③ 정보·지식 산업의 종류와 특성을 파악하고, 발달 배경을 이해한다.
④ 정보·지식 산업이 발달한 지역을 알아보고, 입지 요인을 살펴본다.
⑤ 문화·관광 산업의 특성을 알아보고, 발달 배경을 이해한다.

⑥ 문화・관광 산업이 지역에 미치는 영향을 파악한다.

⑦ 지속 가능한 관광 산업의 발전을 위한 바람직한 방안을 모색한다.

(5) 지속 가능한 지역 발전과 환경 보전

지역 개발의 필요성과 방법, 지역 개발에 따른 지역 갈등과 환경문제를 이해하고, 이에 따른 문제점과 해결 방안을 모색한다.

① 지역 개발의 의미를 파악하고, 그 필요성을 알아본다.

② 지역 개발의 방법과 효과를 다양한 사례 지역 연구를 통해 이해한다.

③ 지속 가능한 지역 발전의 의미와 필요성을 살펴본다.

④ 지역 개발에 의해 발생하는 지역 갈등과 그 해결 방안을 모색한다.

⑤ 자원개발, 도시화, 산업화 등에 따른 환경문제와 그 대책을 살펴본다.

⑥ 지속 가능한 지역 발전을 위한 자원의 활용 방안을 모색한다.

⑦ 통일에 대비하여 지속 가능한 발전을 추구하는 국토 계획 수립 방안을 알아본다.

(6) 세계 경제 환경의 변화

세계의 경제 환경 변화와 주요 경제 협력 기구의 역할을 파악하고, 이에 따른 문제점과 해결 방안을 모색한다.

① 세계 경제 환경의 변화에 대해 알아보고, 우리나라가 나아가야 할 방안을 모색한다.

② 세계화와 지역화의 개념을 파악하고, 이것이 지역에 미치는 영향을 이해한다.

③ 각종 경제 지표를 통해 우리나라와 세계의 경제적 관계를 이해한다.

④ 동북아시아 경제 협력의 필요성을 이해하고, 바람직한 협력 방안을 모색한다.

4. 교수・학습 방법의 개선 방안

① '경제지리' 과목은 국민 공통 기본 교과인 10학년 사회를 학습한 이후 배우는 선택 과목으로, 지리과 영역의 선택 과목인 '한국지리' 과목과 '세계지리' 과목과의 연계성을 도모하도록 한다.

② 학습자와 지역별 특성을 고려하여 학습자 및 지역 실정에 맞는 교수·학습 계획을 수립하도록 한다.

③ 구체적인 사례를 중심으로 기본 개념과 원리들을 이해하게 함으로써, 학습에 대한 흥미와 지식 습득의 방법을 경험하게 한다.

④ 학습자와 지역 실정에 맞게 교과서 이외의 다양한 학습 자료를 활용하여 수업에 활용하도록 한다.

⑤ 학습 내용에 따라 다양한 교수·학습 방법을 활용하여, 학습자의 창의성과 자율성을 경험할 수 있는 기회를 제공하도록 한다.

⑥ 지도, 통계 자료의 시각화 등 지리적 정보를 획득하고 분석할 수 있는 기회를 제공하도록 한다.

⑦ 지속 가능한 발전과 환경문제, 자원 문제 등 가치 문제가 개입되는 학습 내용은 사실 탐구 및 가치 탐구가 균형을 이루도록 한다.

⑧ 사회적 관심이나 실생활과 관련되는 주제들을 수업에 적극적으로 도입하여, 학습 내용의 유용성과 실생활 적용 방법을 확인할 수 있는 기회를 제공하도록 한다.

⑨ 교사는 학습자가 자기 주도적으로 학습경험을 할 수 있도록, 학습 내용을 재구성하여 제시한다.

⑩ 학습한 내용을 다양한 방법으로 표현할 수 있는 기회를 제공하도록 한다.

5. 평 가

1) 평가의 기본 방향

① 단순한 사실이나 단편적 지식의 암기보다는 일반화된 개념이나 원리의 이해, 제반 문제의 해결 능력, 가치의 내면화와 태도 및 신념의 형성 정도를 종합적으로 평가한다.

② 인지적 영역과 정의적 영역을 조화롭게 평가하기 위해서는 평가 목표에 따라 지필 검사를 비롯하여 관찰, 조사, 토론, 논술, 포트폴리오 등 다양한 평가 도구를 적절히 활용한다.

③ 지필 검사의 경우 양적 평가 방법과 질적 평가 방법을 혼합하고, 지식의 발달뿐만 아니라 지리적 사고와 관련되는 고차적인 사고 능력, 가치 및 태도 등을 평가한다. 또 객관성과 공정성을 위해 엄격한 평가 기준과 다양한 평가 도구를 정하여 평가한다.

④ 기능 영역의 평가에서는 각종 지리적 자료를 수집, 정리, 분석, 종합하고, 이를 지도화, 도표화할 수 있는 능력을 평가한다.

⑤ 중단원 수준에서 형성평가를 실시하고, 학습 목표에의 도달 정도를 학습자의 학습 능력별로 평가한다.

⑥ 평가 결과는 반드시 교수·학습 방법을 개선하는 데 활용하도록 한다.

2) 영역별 평가 방향

① 지식 영역: 단순한 사실 중심이 아니라 지리적 지식이 개념으로 연결되고 연결된 개념으로 일반화의 원리를 도출해 내는 평가가 이루어질 수 있도록 한다. 학생들이 기본 개념과 일반화를 연계시킴으로써 복잡한 현상을 간결하게 설명하고 예측할 수 있는 능력을 가지도록 한다.

② 기능 영역: 지역별 경제 현상과 활동을 이해하는 데 필요한 각종 자료를 수집, 비교, 분석, 종합할 수 있는 능력을 기르며, 파악한 현상을 지도화, 도표화할 수 있도록 한다. 또한 세계화 시대에 세계의 흐름과 변화의 방향을 파악할 수 있도록 한다.

③ 가치·태도 영역: 지리 교육은 지리학의 기본 개념을 습득하여 자연과 인문 현상에 대한 올바른 가치와 태도의 변화를 추구하는 데 있다. 따라서 이러한 가치와 태도의 변화에 대한 평가가 강조되도록 한다.

3) 평가의 유의점

① 경제지리 교과 목표의 특성을 충분히 고려하여 지식 영역의 평가에 지나치게 의존하지 말고 조사, 토론, 발표, 논술, 관찰 등의 기법을 이용하여 수시 평가와 정기적인 평가를 병행하여 이루어지도록 한다.

② 자원 문제, 지역 개발, 환경문제 등과 같이 가치문제가 개입되는 내용은 객관

식 평가 방법을 지양하고 다면적 평가 방법을 적극 활용한다.

③ 자기 평가, 동료 평가, 교사와 학생 토론, 학생 활동 보고 등의 평가 방법을 적극 활용한다.

④ 10학년 사회 과목 지리 영역과의 관계를 고려하여 평가한다.

VI. 한국 문화사

1. 성 격

'한국 문화사'는 우리 문화가 형성 발전되어 온 과정을 이해함으로써 한국인의 정체성을 함양하기 위해 개설된 선택 과목이다. 우리 역사 전반에 대한 이해를 바탕으로 학술·종교·문학·예술·과학·기술 등 여러 분야에서 이룩한 성과를 탐구하고 역사적 사고력을 기르며 우리 역사의 전개에 능동적으로 참여할 수 있는 자질을 갖추는 데에 중점을 둔다.

'한국 문화사'는 국민 공통과정 역사과목의 학습경험을 바탕으로 이루어지는 심화과목이다. 학습자가 우리 역사를 심층적으로 이해하고 역사적 사고력을 심화할 수 있도록, 우리 문화의 전개과정을 주제별로 구성하였다.

오늘날 우리 사회는 민주화, 산업화가 진전되고, 문화교류도 증대하고 있다. 이러한 시대변화에 맞추어 우리 역사와 문화가 여러 갈래의 문화 요소를 수용하여 소화함으로써 발전하였음을 이해하고, 한국인의 정체성을 생각하면서도 다른 문화에 대해 개방적이고 성숙한 자세를 갖도록 한다.

'한국 문화사'는 다양한 탐구 자료를 중심으로 쉽고 재미있게 구성하고, 학습자들의 지적인 탐구심과 상상력을 키우도록 한다.

2. 목 표

'한국 문화사' 과목은 우리 문화가 형성 변천되어 온 과정을 파악하고, 현재의 한국 문화가 우리 역사의 산물임을 이해하며, 나아가 현재 한국인의 삶을 이해하는 데에 중점을 둔다.

① 각 시기 문화의 특징에 영향을 미치는 경제, 사회, 정치적 요소를 이해한다.

② 각 시기 문화 현상과 요소를 탐구하여 우리 문화가 가지는 특성과 맥락을 이해한다.

③ 우리 역사가 외부 세계와 교류하면서 각 시대마다 새로운 문화를 수용하여 전통문화를 형성·발전시켰음을 파악하여 열린 문화적 안목을 기른다.

④ 각 문화 현상과 관련된 자료를 분석, 비판, 종합하는 활동을 통해 역사적 탐구력을 키운다.

⑤ 우리 역사를 삶의 과정으로 이해하여 새 문화 창조와 사회 발전에 능동적으로 참여하는 태도를 기른다.

3. 내 용

1) 내용 체계

영 역	내용 요소
원시 사회와 문화	○선사 시대 자연환경 ○인류와 문화의 이동 ○구석기 문화 ○신석기 문화 ○청동기·초기철기 문화
고대 사회와 문화	○신화와 의례 ○고대 국가의 특징 ○동아시아 국제 질서와 고대 국가와의 관계 ○고대 종교 ○유물과 유적, 문자 생활, 생활양식
고려 사회와 문화	○경제 제도와 신분 제도 ○대외 관계 ○유교, 불교, 문학과 예술 ○과학 기술 ○의례와 생활 습속
조선 전기 사회와 문화	○경제 제도 ○유교 문화 ○문물제도와 학술 편찬 ○ 문학과 예술 ○과학과 기술 ○불교와 민간 신앙 ○촌락, 친족, 가족 문화
조선 후기 사회와 문화	○경제 제도의 변화 ○성리학적 질서의 완화 ○대외 교류 ○실학, 문학과 예술, 과학 기술, 서민 문화
근대 사회와 문화	○민주 공화정 ○자본주의 발전 ○신문물의 도입, 신분제 폐지 ○민족말살정책, 민족문화수호 운동
현대 사회와 문화	○산업화, 농촌 공동체 해체 ○도시화, 도시의 성립과 변천 ○민주화

2) 영역별 내용

(1) 원시 사회와 문화
구석기, 신석기, 청동기와 초기 철기시대의 문화를 다룬다.

각 시기 문화의 특성을 우리 민족과 문화의 원류가 형성되는 과정과 연계하여 파악한다.

① 선사 시대 동북아시아의 자연환경 조건을 이해한다.

② 유라시아 대륙에 걸친 인류의 이동 및 정착과 그에 따른 문화의 전파 과정을 파악한다.

③ 구석기, 신석기 문화의 주요 유적지와 유물을 통해서 당시의 생활상을 복원해 본다.

④ 농경의 시작과 청동기 사용이 가져온 생활, 문화의 변화를 파악한다.

(2) 고대 사회와 문화
고조선부터 남북국 시기까지의 문화를 다룬다.

국가 형성과 문화 교류를 통해 고대사회가 발달하고 불교, 유교를 비롯한 다양한 문화 전통이 공존하였음을 안다.

① 건국 신화와 의례를 바탕으로 국가 형성 시기의 사람들의 관념 형태를 추론한다.

② 정치 구조와 신분제를 통하여 고대 국가의 특성을 알아본다.

③ 국제 교류의 확대가 고대 문화 발전에 미친 영향을 사례를 들어 설명한다.

④ 고대 사회에서 불교가 수용되어 정착되는 과정을 이해한다.

⑤ 삼국과 남북국의 대표적인 문화재를 조사하고 그 특징을 비교한다.

⑥ 고대의 문자 생활을 추론하고, 교육과 학술 활동이 점차 체계화되었음을 설명한다.

⑦ 고대인의 생활을 보여 주는 자료를 조사하여, 이들의 생활에 영향을 미친 종교나 관념을 추론해 본다.

(3) 고려 사회와 문화
집권 체제가 정비되고, 문화의 다원성이 뚜렷했던 고려시대를 다룬다.

유교와 불교가 지배 이념으로 공존하는 가운데, 활발한 국제교류를 통해 다양한 문화가 창조적으로 수용되었음을 살펴본다.

① 농업 경제의 변화와 신분 구조의 변화를 이해한다.

② 전통사상, 불교, 유교 등이 고려의 국가운영에 두루 영향을 미쳤음을 이해한다.

③ 동아시아 정세와 대외 관계의 변화가 고려 문화에 미친 영향을 사례를 들어 설명한다.

④ 유교정치 이념이 확산되면서 교육의 보급과 학술의 발전이 이루어졌음을 안다.

⑤ 문화재와 의례를 조사하여 불교와 다양한 사상, 신앙이 공존하였음을 이해한다.

⑥ 고려시기의 대표적인 문학, 예술 작품을 조사하여 고려 문화의 다원적 특징을 추론한다.

⑦ 과학 기술의 발달을 대표적인 사례를 중심으로 이해한다.

(4) 조선 전기 사회와 문화

조선 건국부터 임진왜란 이전까지 문화를 다룬다.

유교가 유일한 지배 이념으로 등장하는 과정과 이에 따른 문화 변화를 파악한다. 불교 신앙을 비롯한 과거의 전통이 상당 기간 유지되었음을 이해한다.

① 농업을 중심으로 한 경제생활과 신분 사회의 특징을 이해한다.

② 유교 이념이 국내 정치 및 국제 질서에 어떻게 구현되는지 탐구한다.

③ 제도 정비와 교육의 보급, 학술 편찬 성과를 통해 유교가 사회 전체로 확산되었음을 이해한다.

④ 문학과 예술 작품을 통해 사대부 문화의 기풍과 특징을 이해한다.

⑤ 부국강병 및 민본 이념이 과학과 기술의 발전을 통해 구현되었음을 파악한다.

⑥ 유교 중심의 사회 속에서 불교와 민간 신앙이 종교 기능을 수행하였음을 이해한다.

⑦ 유교 이념의 확산이 가족, 친족, 촌락 생활에 미친 영향을 파악한다.

(5) 조선 후기 사회와 문화

임진왜란부터 개항 전까지의 문화를 다룬다.

상품화폐 경제의 발달과 신분제도의 동요가 진행되는 조건 속에서 서민 문화가 발달하며 새로운 경향의 문화가 다양하게 전개되어 현재의 전통문화로 이어졌음을 이해한다.
① 상품화폐 경제의 진전을 바탕으로 한 경제생활의 변화를 이해한다.
② 사회 전반에 걸쳐 성리학적 질서가 변화되는 과정을 파악한다.
③ 외부 세계와의 인적·물적 교류가 확대되는 양상을 이해한다.
④ 실학을 비롯한 새로운 학문 기풍이 대두하였음을 파악한다.
⑤ 문학과 예술 작품을 통해 문화 향유층의 확산과 서민 문화의 발달을 이해한다.
⑥ 다양한 영역에서 발전한 과학 기술에 대해 탐구한다.
⑦ 생활 풍속과 신앙 활동을 중심으로 당시의 생활상을 이해한다.

(6) 근대 사회와 문화
개항 이후 일제 강점기까지의 문화를 다룬다.
근대 국가 운동이 좌절되면서 문화 전통이 순탄하게 계승되지 못하였음을 이해한다. 일제의 침략과 민족 말살정책에 맞서 민족문화수호 운동을 활발하게 벌였음을 안다.
① 갑오개혁을 거치며 신분제가 폐지되었고, 3·1 운동을 거치며 민주 공화정의 이념이 정착되었음을 안다.
② 자주적 경제 발전 노력이 좌절되고, 일제에 예속된 식민지 자본주의가 자리 잡았음을 안다.
③ 인적, 물적 교류의 확대와 신문물의 도입으로 새로운 생활문화가 확산되었음을 파악한다.
④ 근대 교육의 성장 과정과 일제 강점 이후 왜곡 양상을 조사한다.
⑤ 전통 종교와 사상의 변화, 새로운 종교의 확산이 사회에 끼친 영향을 탐구한다.
⑥ 일제의 민족 말살 정책에 맞서 전개된 민족문화 수호 운동을 탐구한다.

(7) 현대 사회와 문화
8·15 광복 이후 현재까지 문화를 다룬다.
광복 이후 전개된 민주화와 산업화 과정을 이해하고, 이것이 가져온 사회 문화적인 변혁을 여러 분야에 걸쳐 파악한다.
① 민주주의 정치체제가 정착되고, 사회 민주화가 진행된 과정을 조사한다.
② 광복 이후 급격한 산업화를 이룬 사실과 산업화 과정의 특징을 파악한다.

③ 농촌 공동체의 해체, 도시화 등 산업화가 가져온 사회변동 양상을 탐구한다.

④ 학교교육의 성장과 매스컴의 발달로 문화 활동이 대중화되었음을 이해한다.

⑤ 과학 기술의 발달과 산업화가 가져온 생활 문화의 변화를 이해한다.

⑥ 분단 상황이 문화 활동에 미친 영향과 민족문화의 성장 과정을 파악한다.

⑦ 미래 한국 사회를 위해 바람직한 문화를 계승하고 창조하려는 자세를 갖는다.

4. 교수·학습 방법

① 한국의 역사가 주변 국가와의 교류를 통해 다양한 문화적 요소를 수용하면서 전개되었음을 이해하도록 지도한다.

② 국민 공통 기본 교육과정의 역사 영역에서 학습한 내용을 기반으로 우리 역사와 문화에 대한 이해를 심화하고 문화 발전에 대한 전망을 가질 수 있도록 지도한다.

③ 각 시대의 역사 발전의 기초가 된 정치, 경제, 사회적 요소를 인식하여 우리 문화 발전의 동력을 이해하고 참여하려는 자세를 갖도록 한다.

④ 문답학습, 탐구학습, 극화학습, 제작학습 등을 통해 학습자의 활동을 이끌어 내고 역사적 사고력을 신장시킬 수 있도록 한다.

⑤ 다양한 사료, 도표와 통계 자료, 멀티미디어 자료 등을 활용하여 교수·학습의 효율성을 높이고 생동감 있는 학습이 이루어지도록 한다.

⑥ 학습 내용에 따라 사실학습, 개념학습, 주제학습, 인물학습, 비교학습 등을 다양하게 활용하고, 학생들의 능동적인 학습 활동을 위해 토론, 발표, 논술, 조사, 사례 연구, 유적 답사 등 다양한 교수·학습 기법을 활용한다.

⑦ 정보화 사회에 요청되는 정보의 처리와 조직 능력 신장을 위해 신문 활용 교육(NIE), 인터넷 활용 교육(IIE), 컴퓨터 보조 수업(CAI) 방식을 적극적으로 활용한다.

5. 평 가

① 교육과정의 한 부분으로서 평가는 학습자의 학습 과정을 이해하고 성취 수준을 높이며 교육 내용과 교수 · 학습 방법의 적절성을 진단하는 마무리 과정이므로 교육과정에 제시된 목표, 내용, 교수 · 학습 방법과 일관성을 유지하도록 시행한다.

② 교육과정에 제시된 목표와 내용에 따라 추출된 요소를 준거로 평가를 시행하며, 지식 · 이해 영역뿐만 아니라 기능 영역, 가치 · 태도 영역에 대해서 균형 있게 평가한다.

③ 진단평가, 형성평가, 총괄평가, 수행평가를 적절하게 활용하여 학습 의욕을 자극하고 성취도를 높이며 학습 과정과 평가의 연계성을 높일 수 있도록 한다.

④ 지필 평가 외에 관찰, 논술, 체크리스트, 포트폴리오 등 여러 가지 양적, 질적 평가기법을 활용하여 학생들의 역사적 능력을 종합적으로 평가하도록 한다.

⑤ 객관식 문항과 주관식 문항을 적절히 배합하여 평가문항을 제작하되 타당도, 신뢰도, 객관도 등의 평가문항 요건을 준수한다.

⑥ 평가의 타당도와 신뢰도를 높이기 위해 학습자의 자기 평가, 모둠별 평가 등의 평가 기법을 적극 활용한다.

Ⅶ. 세계 역사의 이해

1. 성 격

오늘날 세계화는 우리의 삶을 규정하는 강력한 변화 추세 중의 하나로 인식된다. 세계적 상호 의존성의 심화는 문화와 역사적 경험이 다른 세계 여러 국가와 지역 세계를 하나의 생활 단위로 통합시켜 개인의 활동 영역을 획기적으로 확대시켰다. 한편으로 세계화를 통한 상호교류의 진전은 복잡한 이해관계를 중심으로 민족, 인종, 종교, 계급 간의 갈등과 대립을 심화시킴으로써 국가와 민족, 종교권을 구분하는 장벽의 존재를 실감케 하는 역설적인 현상도 야기하고 있다. 이제 한 지역에서 일어난 사건은 단지 그 지역에만 영향을 주지 않고, 예측하기 어려운 방식으로 세계 여러 지역의 다양한 생활 국면을 서로 연결시킨다.

이와 같은 변화는 현대 세계에 존재하는 다양한 문화와 가치를 이해하고 존중하는 태도와, 사건이나 문제를 다양한 집단 간의 상호 관계 속에서 파악하고 분석할 수 있는 능력을 요구한다. 이러한 태도와 능력은 현대 세계의 사회적, 문화적 특징 및 쟁점을 이해하고, 현대 세계의 문제를 해결할 수 있는 기본 자질이다.

'세계역사의 이해'는 이러한 사회적, 교육적 요구에 부응하여 여러 지역의 독특한 문화적 특징과 그 역사적 형성 과정을 비교의 관점에서 탐구할 기회를 제공하고, 지역 간의 교류와 갈등을 통해서 형성된 인류의 다양한 경험을 심층적으로 이해시키는 것을 목적으로 한다. 또한 '세계역사의 이해'는 역사적 사건은 물론, 현대 세계의 특징 및 쟁점들을 역사의 맥락에서 탐구함으로써, 역사적 탐구 방법을 익히고, 역사적 통찰력을 함양할 수 있는 기회를 제공하는 과목이다.

이러한 목적을 효과적으로 달성하기 위해 '세계역사의 이해'는 개별 국가를 넘어서서 지역 세계라는 새로운 단위를 설정하고, 여러 지역의 역사적 경험을 비교할 수 있는 주제, 각 지역 간의 상호작용을 탐구할 수 있는 주제, 그리고 현대 세계의 특징과 쟁점을 파악하는 데 도움이 되는 주제를 선정하여 제시한다.

2. 목 표

'세계역사의 이해' 과목에서는 현재의 세계가 형성되기까지 나타난 각 지역의 역사적 경험과 그 상호 작용을 이해함으로써 현대 세계의 성격과 과제를 인식한다. 다양한 자료를 활용하여 역사적 사고력과 판단력을 기르고, 세계사 속에서 자신을 발견하고, 개방적인 국제 이해와 협력의 자세를 갖도록 한다.

　가. 각 지역의 독특한 문화 발전과 통치 체제, 경제 발전을 비교하고, 세계적으로 확산되어 다양한 문화에 영향을 미쳤던 종교와 사상을 중심으로 그 형성 및 확산 과정, 사회적, 문화적 영향을 이해한다.

　나. 지역 간 교류와 갈등을 통해 이루어진 경제적, 문화적 상호작용의 전개과정

을 시기별로 이해함으로써 세계적인 상호 의존성의 증대 과정을 역사적으로 이해한다.

다. 획기적인 과학 기술의 발달, 민족 문제, 인종 문제, 계급 문제, 정치적·경제적·종교적 대립과 갈등 등 현대 세계의 성격과 쟁점을 이해하고, 역사적으로 탐구한다.

라. 세계의 다양한 문화 특징을 이해하고, 그 문화를 존중하는 태도를 함양한다.

마. 다양한 역사 자료를 활용한 학습 활동을 통해 역사적 사고력을 신장시킨다.

3. 내 용

1) 내용 체계

영 역	내용 요소
역사와 인간	○세계사 학습의 중요성 ○세계사 탐구 방법
도시 문명의 성립과 지역 문화의 형성	○도시 문명의 발생 ○진·한 제국 ○마우리아 왕조 ○페르시아 제국 ○그리스·로마
지역 문화의 발전과 종교의 확산	○유목민족 ○수·당과 동아시아 ○이슬람 세력 ○게르만 민족과 로마 ○유교, 불교, 힌두교, 크리스트교, 이슬람교 ○과학기술, 문화교류
지역 경제의 성장과 교류의 확대	○송과 동아시아의 경제 ○이슬람 세계의 경제 ○유럽의 경제 ○몽골 제국 ○동아시아 교역, 인도양 교역, 지중해 교역, 사하라 횡단 교역
지역 세계의 팽창과 세계적 교역망의 형성	○동아시아·무굴 제국·오스만 제국·유럽 세계에서 등장한 새로운 국제 질서 ○동아시아 교역, 대서양 교역 ○은의 유통과 세계 교역망의 통합
서양 근대 국민국가의 형성과 산업화	○과학혁명 ○계몽사상, 시민혁명 ○산업혁명과 산업화 ○국민국가, 자유주의, 사회주의
제국주의의 침략과 민족운동	○아시아·아프리카·아메리카에서의 식민 지배와 민족 운동 ○일본·중국·인도·오스만 튀르크 등의 국민국가 건설 운동
현대 세계의 변화와 과제	○20세기의 전쟁과 갈등 ○국제연맹과 국제연합 ○자본주의의 변화 ○사회주의 체제의 변화 ○과학기술

2) 영역별 내용

(1) 역사와 인간
세계사 학습의 중요성을 인식하고, 세계사 학습의 자료 활용 방법을 익힌다.
① 현대 세계의 성격을 파악하고, 인류가 당면한 다양한 문제와 쟁점을 해결하기 위하여 세계사 학습이 중요함을 이해한다.
② 다양한 자료를 활용하여 세계 역사를 탐구하는 방법을 안다.
③ 역사적으로 다양한 생활 방식이 존재하였음을 이해하고 다른 문화와 문명을 존중하는 태도를 기른다.

(2) 도시 문명의 성립과 지역 문화의 형성
도시 문명의 발생과 제국의 형성 과정을 알아보고 각 지역의 문화를 비교하여 이해한다. 각 문명이나 제국이 고립되어 발전한 것이 아니라 접촉과 교류, 갈등을 통해 발전했음을 안다.
① 농업 및 과학 기술의 발달과 도시 문명의 발생을 탐구한다.
② 중국의 진·한, 인도의 마우리아 왕조, 서아시아의 페르시아, 유럽의 그리스·로마를 중심으로 통치 질서와 문화적 특징을 비교한다.
③ 각 문명과 제국이 접촉과 교류, 갈등을 통해 발전했음을 이해한다.

(3) 지역 문화의 발전과 종교의 확산
3세기경에서 10세기 전후까지 각 지역의 제국이 분열 및 통합되는 과정에서 새롭게 나타난 사회적·문화적 특징을 탐구한다. 종교와 사상의 확산을 중심으로 활발해진 지역 간 교류 양상을 파악한다.
① 북방 민족과 수·당, 게르만 민족과 로마의 상호 작용과 이슬람 세력의 확대 과정에서 나타난 민족의 이동과 그 영향을 이해한다.
② 유교, 불교, 힌두교, 이슬람교, 크리스트교 등 주요 종교와 사상이 각 지역사회에 미친 영향을 탐구한다.
③ 각 지역의 과학기술 발전과 문화적 특징을 비교하고, 다양한 경로를 통해 활발한 교류가 이루어졌음을 파악한다.

(4) 지역 경제의 성장과 교류의 확대

10세기경에서 14세기 후반까지 각 지역 세계에서 과학 기술이 발전하고 농업과 수공업이 성장하는 과정을 살펴본다. 이러한 경제 발전이 상업과 교역의 발달로 이어졌으며, 생활 문화를 변화시켰음을 이해한다. 경제 발전을 중심으로 각 지역 세계의 특징을 이해하고, 교역망이 확대되고 통합되는 과정을 탐색한다.

① 동아시아, 서아시아, 유럽 등의 경제적 성장을 이해한다.

② 동아시아 교역, 인도양 교역, 지중해 교역, 사하라 횡단 교역 등 각 교역권의 특징을 비교한다.

③ 몽골의 제국 건설과 팽창에 따른 교역망의 통합과 이로 인한 각 지역 세계의 변화를 탐구한다.

(5) 지역 세계의 팽창과 세계적 교역망의 형성

15세기를 전후하여 각 지역 세계에서 독자적인 문화가 발달하고 대외적으로 세력이 팽창하는 과정을 탐구한다. 새로운 국제 질서와 세계적 교역망이 형성되는 과정을 파악한다.

① 동아시아, 무굴 제국, 오스만 제국, 유럽의 경제적 성장과 문화적 변화를 비교한다.

② 동아시아, 무굴 제국, 오스만 제국, 유럽에서 새로운 국제질서가 형성되는 과정과 양상, 그 의미를 탐구한다.

③ 동아시아 교역과 대서양 교역의 양상을 알아보고, 은의 유통을 중심으로 세계적인 교역망이 통합된 의의를 파악한다.

(6) 서양 근대 국민국가의 형성과 산업화

과학 혁명과 계몽사상에 힘입어 근대적 사유 방식, 정치체제, 경제 구조가 형성되었음을 이해한다. 산업화로 나타난 새로운 계급 관계와 사회문제 및 그에 대한 해결 노력을 탐구한다. 국민국가의 형성 과정을 파악하고 그 특성을 살펴본다.

① 유럽에서 과학 혁명과 계몽사상의 발달이 사유 방식과 문화에 미친 영향을 살펴본다.

② 유럽, 남북 아메리카의 시민혁명과 국민 국가 형성 과정을 비교한다.

③ 산업화와 시민혁명으로 인한 사회경제적 변화를 이해한다.

④ 산업화가 초래한 사회문제와 그 해결 노력을 탐구한다.

(7) 제국주의의 침략과 민족 운동

아시아와 아메리카, 아프리카에서 열강의 침략에 맞서 다양한 방식으로 민족운동이 전개되었음을 이해한다. 중국, 일본, 인도, 오스만 튀르크의 국민국가 건설 운동을 비교하여 아시아 각국의 서로 다른 근대화 양상을 파악한다.

① 아시아, 아프리카, 아메리카에서 이루어진 식민 지배 방식을 사례를 통해 비교한다.

② 유럽과 일본, 미국의 식민 지배를 받았던 국가에서 등장한 민족운동을 사례를 통해 알아본다.

③ 일본, 중국, 인도, 오스만 튀르크 등의 민족운동과 국민국가 건설운동을 비교한다.

(8) 현대 세계의 변화

현대 세계는 국가 간의 협력이 강화되는 동시에 이념, 민족, 종교, 인종, 빈부, 문명 간의 갈등이 끊이지 않고 있음을 파악한다. 현대 과학 기술의 발전이 가져온 영향을 이해한다. 현대 세계에서 제기되는 다양한 문제를 역사적인 맥락에서 탐구한다.

① 20세기에 일어난 전쟁의 성격과 특징, 그 역사적 배경을 탐구하여 전쟁의 참상을 느끼고 평화를 소중히 여기는 자세를 갖도록 한다.

② 이념, 민족, 종교, 인종 간의 갈등을 사례를 통해 알아보고 국제사회의 해결 노력을 이해한다.

③ 자본주의와 사회주의 체제의 변화를 살펴보고, 세계화 및 지역화의 전개과정을 탐구한다.

④ 과학기술 발달의 성과 및 문제점을 사례를 들어 탐구한다.

⑤ 질병, 환경, 평화, 인권 등과 관련된 인류 과제를 해결하는 방안을 탐색한다.

4. 교수·학습 방법

① 문화권의 특성과 발전, 시대의 성격을 중심으로 세계사의 전개 과정을 체계적으로 이해하도록 한다.

② 세계 여러 지역의 역사를 비교하여 그 보편성과 특수성을 인식하고 다른 지역의 문화와 역사를 존중하는 태도를 갖도록 한다.

③ 개별적인 사실보다는 주요한 주제와 개념을 통해 구조화된 내용을 역사적으로 파악할 수 있도록 한다.

④ 문답학습, 탐구학습, 극화학습, 제작학습 등을 통해 학습자의 참여를 이끌어 내고 역사적 사고력을 신장시킬 수 있도록 한다.

⑤ 다양한 사료, 도표와 통계 자료, 멀티미디어 자료 등을 활용하여 교수·학습의 효율성을 높이고 생동감 있는 학습이 이루어지도록 한다.

⑥ 학습 내용에 따라 사실학습, 개념학습, 주제학습, 인물학습, 비교학습 등을 다양하게 활용하고, 학생들의 능동적인 학습 활동을 위해 토론, 발표, 논술, 조사, 사례 연구 등 다양한 교수·학습 기법을 활용한다.

⑦ 정보화 사회에 요청되는 정보의 처리와 조직 능력 신장을 위해 신문 활용 교육(NIE), 인터넷 활용 교육(IIE), 컴퓨터 보조 수업(CAI) 방식을 활용한다.

5. 평 가

① 교육과정의 한 부분으로서 평가는 학습자의 학습 과정을 이해하고 성취 수준을 높이며 교육 내용과 교수·학습 방법의 적절성을 진단하는 마무리 과정이므로 교육과정에 제시된 목표, 내용, 교수·학습 방법과 일관성을 유지하도록 시행한다.

② 역사적 지식·이해 영역뿐만 아니라 기능, 가치·태도 영역도 균형 있게 평가한다.

③ 진단평가, 형성평가, 총괄평가, 수행평가를 적절하게 활용하여 학습 의욕을 자극하고 성취도를 높이며 학습 과정과 평가의 연계성을 높일 수 있도록 한다.

④ 지필 평가 외에 관찰, 논술, 체크리스트, 포트폴리오 등 여러 가지 양적, 질적 평가기법을 활용하여 학생들의 역사적 사고력을 종합적으로 평가한다.

⑤ 지필 평가 문항에는 객관식과 주관식 문항을 적절히 배합하고 타당도, 신뢰도, 객관도 등의 평가문항 요건을 준수한다.

⑥ 평가의 타당도와 신뢰도를 높이기 위해 학습자의 자기 평가, 조별 평가 등의
　평가 기법을 적극 활용한다.

Ⅷ. 동아시아사

1. 성 격

　'동아시아사' 과목은 동아시아 지역에서 전개된 인간 활동과 그것이 남긴 문화유
산을 역사적으로 파악하여 이 지역에 대한 이해를 증진하고 나아가 지역의 공동
발전과 평화를 추구하는 안목과 자세를 기르기 위해 개설된 선택 과목이다. 선사시
대부터 현대까지 동아시아인이 성취한 문화의 공통성과 상관성을 탐구하여 동아시
아 지역의 발전과 평화 정착에 능동적으로 참여할 수 있는 자질을 기르도록 한다.
　'동아시아사' 과목은 국민 공통 기본 교육과정의 역사 영역에서 습득한 역사 이
해와 인식을 바탕으로 동아시아 지역의 역사를 심층적으로 이해하는 데 목적을 둔
다. 이를 위해 동아시아 사회의 형성과 전개 과정을 크게 몇 시기로 나누고 각 시
기별로 몇 개의 주제를 두어 지역 전체를 비교·조망할 수 있도록 구성한다.
　우리가 속한 동아시아는 과거부터 지역 내 공동체 상호 간의 긴밀한 교류를 통해
문자, 사상, 제도 등에서 나름의 정체성을 형성해 왔으며, 오늘날 국제사회에서 차지
하는 비중이 증대되고 있는 역동적인 역사 및 지역 단위이다. 이와 같은 동아시아의
과거와 현재에 대한 객관적이고 균형 잡힌 이해와 분석 능력을 키워 화해와 협력을
바탕으로 동아시아가 공동의 평화와 번영을 이루어 나가는 데 관심을 갖도록 한다.

2. 목 표

　'동아시아사' 과목은 동아시아 지역의 역사 전개 과정을 주체적이고 개방적인 관
점에서 종합적이고 체계적으로 이해하여 이 지역의 특성과 과제를 올바로 인식하

는 데 목표를 둔다. 다양한 관점에서 자료를 활용하여 역사적 사고력과 역사의식을 기르고, 나아가 동아시아 지역의 발전과 평화에 이바지하는 자세를 갖도록 한다.

가. 객관적이고 균형 잡힌 시각으로 동아시아 지역사를 파악하여 역사를 주체적으로 이해하는 안목을 기른다.

나. 각 시기 사회와 문화의 특징을 드러낼 수 있는 공통적이거나 연관성 있는 요소를 주제별 접근 방식을 통해 이해한다.

다. 동아시아 역사와 문화의 다양성을 탐구하여 그 특징을 파악하고 타자를 이해하고 존중하는 태도를 함양한다.

라. 각 시기에 전개된 교류와 갈등 요소를 탐구하여 문제 해결의 방향을 모색하는 자세를 갖는다.

마. 주제와 관련된 자료를 비교, 분석, 비판, 종합하는 활동을 통해 역사적 사고력을 신장시킨다.

3. 내 용

1) 내용 체계

영 역	내용 요소
동아시아 역사의 시작	○동아시아의 자연환경 ○선사 문화 ○농경과 목축 ○국가의 성립과 발전
인구 이동과 문화의 교류	○지역 간 인구 이동과 전쟁 ○고대 불교, 율령과 유교에 기반 한 통치 체제 ○동아시아 국제 관계
생산력의 발전과 지배층의 교체	○북방 민족 ○농업 생산력의 발전과 소농 경영 ○문신과 무인 ○성리학
국제질서의 변화와 독자적 전통의 형성	○17세기 전후 동아시아의 전쟁 ○은 유통과 교역망 ○인구 증가와 사회경제 ○서민문화, 각국의 독자적 전통
국민 국가의 모색	○개항과 근대 국민국가 수립 ○제국주의 침략 ○민족주의와 민족운동 ○평화를 지향한 노력 ○서구 문물의 수용과 변화
오늘날의 동아시아	○전후 처리 문제 ○동아시아에서의 분단과 전쟁 ○각국의 경제 성장, 정치 발전 ○갈등과 화해

2) 영역별 내용

(1) 동아시아 역사의 시작

동아시아사 학습의 중요성과 함께 동아시아의 환경이 역사 전개에 미친 영향을 살펴본다. 동아시아 여러 지역에서 다양한 문명이 발생하고 국가가 성립하였음을 이해한다. 시기는 대체로 선사 시대부터 기원 전후까지를 대상으로 한다.

① 동아시아 지역의 사람들이 어떤 자연 조건과 환경 속에서 살았는지 알아본다.
② 대표적인 유물을 중심으로 선사문화의 다양성을 이해한다.
③ 농경과 목축의 시작과 발전을 알아보고, 그것이 동아시아 사회에 끼친 영향을 파악한다.
④ 정치적 갈등과 통합을 통해 국가가 성립, 발전하는 과정을 이해한다.

(2) 인구 이동과 문화의 교류

각 지역에서 여러 국가와 정치 집단이 분열하고 통합되는 과정에서 전쟁과 인구 이동이 일어났음을 이해한다. 조공·책봉 관계의 내용과 의미를 파악하고, 각국이 불교, 율령, 유교를 받아들인 이유와 과정을 이해한다. 시기는 대체로 기원 전후부터 10세기까지를 대상으로 한다.

① 지역 간에 인구 이동이 활발히 전개되고, 전쟁이 빈번하게 일어났음을 이해한다.
② 불교가 각 지역에 전파되는 양상과 그 영향을 비교한다.
③ 율령과 유교에 기반 한 통치체제가 수립되고, 이를 각국이 수용하는 과정을 살펴본다.
④ 동아시아 외교 형식인 조공·책봉 관계를 각국의 상호 필요라는 관점에서 파악한다.

(3) 생산력의 발전과 지배층의 교체

여러 국가가 병립하면서 생긴 국제 관계의 변화와 몽골 제국의 성립이 갖고 있는 의미를 파악한다. 문신, 무인 등으로 불리는 새로운 지배층이 형성되고, 소농경영을 중심으로 농업생산력이 발전하며, 새로운 지배 이념으로 성리학이 대두하였음을 이해한다. 시기는 대체로 10세기부터 16세기까지를 대상으로 한다.

① 북방 민족의 등장과 각국의 대응, 몽골 지배의 영향을 파악한다.

② 농업 생산력이 발전하고 소농 경영이 정착되는 모습을 이해한다.

③ 문신과 무인이 새로운 지배층으로 등장한 배경을 알아보고, 그 차이점을 비교한다.

④ 성리학의 성격을 살펴보고 지역별 특징을 비교하여 설명한다.

(4) 국제 질서의 변화와 독자적 전통의 형성

17세기 전후 동아시아 전쟁과 국제 질서의 변화를 이해한다. 동아시아 교역망의 발달과 각국의 사회경제적 변화, 서민문화의 성장에 대해 파악하고, 각국이 독자적 전통을 형성해 가는 모습을 이해한다. 시기는 대체로 16세기부터 19세기까지를 대상으로 한다.

① 17세기 전후 동아시아 전쟁의 전개 양상과 국제 관계에 미친 영향을 알아본다.

② 은 유통의 활성화와 동아시아 교역망의 발달, 서구와의 교류를 이해한다.

③ 인구 증가와 도시화의 촉진, 서민 문화의 발달상을 탐구한다.

④ 각국이 독자의 체제와 전통을 형성해 가는 모습을 비교한다.

(5) 국민국가의 모색

개항을 전후하여 시작된 각국의 국민국가 건설 노력에 대해 알아본다. 일본을 비롯한 제국주의 국가의 침략과 식민 지배가 민중에게 준 고통을 이해하고, 이에 저항하여 각 지역에서 민족운동이 활발히 전개되고, 국제적인 교류와 연대도 이루어졌음을 파악한다. 시기는 대체로 19세기 중반부터 1945년까지를 대상으로 한다.

① 각국에서 개항이 갖는 의미와 근대 국민 국가 수립의 양상을 비교한다.

② 제국주의 침략전쟁과 이로 인한 가해와 피해의 실상을 알아본다.

③ 침략과 지배에 저항하여 일어난 각국의 민족주의와 민족운동을 비교한다.

④ 전쟁을 반대하고 평화를 지향하는 노력과 국제 연대에 대해 알아본다.

⑤ 각국이 서구 문물을 수용하면서 사회·문화·사상 등에 어떤 변화가 나타났는지 비교한다.

(6) 오늘날의 동아시아

전후 처리 양상과 국교 회복 과정을 살펴보고, 동아시아에서의 이념 대립과 분단에 대해 파악한다. 각국 정치·경제·사회의 발전 양상을 알아보고, 국가 간 갈등과 이를 극복하기 위한 방안을 탐구하여 화해와 평화를 위해 노력하는 자세를 갖는다. 시기는 1945년 이후를 대상으로 한다.

① 제2차 세계 대전의 전후 처리와 각국의 국교 회복 과정에 대해 이해한다.
② 중국의 국공 내전, 6·25전쟁, 베트남 전쟁의 성격과 그 영향을 알아본다.
③ 각국의 경제 성장 과정을 비교하고 지역 내 교역 활성화에 대해 살펴본다.
④ 각국의 정치와 사회의 발전 모습과 특징을 파악한다.
⑤ 동아시아에 현존하는 갈등을 살펴보고, 화해를 위한 방법을 탐구한다.

4. 교수·학습 방법

① 국민 공통 기본교육과정의 역사 영역에서 학습한 내용을 기반으로 동아시아 지역에서 전개된 역사와 문화를 깊이 이해할 수 있도록 지도한다.
② 각국이 이룩한 독자적 역사 발전과 함께 동아시아사가 갖는 독특한 역사상을 이해하도록 지도한다.
③ 상호 교류 및 발전과 함께 갈등 문제도 각 시대의 주요 학습 요소로 인식한다.
④ 각 공동체를 상호 비교하여 보편성과 함께 차이점도 탐구하여 학습자의 역사적 사고력을 신장할 수 있도록 한다.
⑤ 다양한 사료, 도표와 통계 자료, 멀티미디어 자료 등을 활용하여 교수·학습의 흥미와 효과를 높이도록 한다.
⑥ 학습 내용에 따라 사실학습, 개념학습, 주제학습, 인물학습, 비교학습 등을 다양하게 활용하고, 학생들의 능동적인 학습 활동을 위해 토론, 발표, 논술, 조사, 사례 연구 등 다양한 교수·학습 기법을 활용한다.
⑦ 정보화 사회에 요청되는 정보의 처리와 조직 능력 신장을 위해 신문 활용 교육(NIE), 인터넷 활용 교육(IIE), 컴퓨터 보조 수업(CAI) 방식 등을 적극적으로 활용한다.

5. 평 가

① 교육과정의 한 부분으로서 평가는 학습자의 학습 과정을 이해하고 성취 수준을 높이며 교육 내용과 교수·학습 방법의 적절성을 진단하는 마무리 과정이므로 교육과정에 제시된 목표, 내용, 교수·학습 방법과 일관성을 유지하도록 시행한다.

② 교육과정에 제시된 목표와 내용에 따라 추출된 요소를 준거로 평가를 시행하며, 지식·이해 영역만이 아니라 기능 영역, 가치·태도 영역에 대해서도 균형 있게 평가한다.

③ 진단평가, 형성평가, 총괄평가, 수행평가를 적절하게 활용하여 학습 의욕을 자극하고 성취도를 높이며 학습 과정과 평가의 연계성을 높일 수 있도록 한다.

④ 지필 평가 외에 관찰, 논술, 체크리스트, 포트폴리오 등 여러 가지 양적, 질적 평가기법을 활용하여 학생들의 역사적 능력을 종합적으로 평가하도록 한다.

⑤ 객관식 문항과 주관식 문항을 적절히 배합하여 평가문항을 제작하되 타당도, 신뢰도, 객관도 등의 평가문항 요건을 준수한다.

⑥ 평가의 타당도와 신뢰도를 높이기 위해 학습자의 자기 평가, 모둠별 평가 등의 평가 기법을 적극 활용한다.

IX. 법과 사회

1. 성 격

'법과 사회' 과목은 학생들이 법의 이념과 원리 및 그 체계에 대한 기본적인 이해를 통해 현대 법치 국가의 민주시민에게 필수적으로 요구되는 법적 사고력, 가치 판단 능력 및 문제 해결 능력을 함양하고, 올바른 법의식과 준법정신을 갖도록 하기 위해 개설된 사회과의 선택 과목이다. 이 과목은 국민 공통 기본 교육과정 '사회' 과목 중 법 관련 단원의 내용을 심화하는 성격을 가진다.

'법과 사회' 과목은 사회생활에서 경험하게 되는 다양한 생활 소재를 중심으로 그에 관련된 기본적인 법 원리에 대한 탐구를 통해 문제 상황들을 논리적·법적으로 이해하고, 나아가 법절차에 따라 합리적·평화적으로 해결할 수 있는 태도를 육성할 수 있는 내용으로 구성된다. 따라서 지엽적이고 세세한 법 지식들을 전달하는 것을 지양하면서, 각 생활영역에서 핵심적인 법의 기본원리에 대한 이해를 통하여 법적 사고력과 가치 판단 능력 및 문제 해결 능력을 육성하도록 한다.

   '법과 사회' 과목을 통해 인간의 기본권이 존중되는 행복한 삶을 위한 법의 필요성과 준법정신의 중요성을 깨닫고, 부당한 침해로부터 개인의 권리를 보호하는 법의 역할을 인식하도록 한다.

2. 목 표

   '법과 사회' 과목은 기본적인 법 이론에 대한 이해를 통하여 일상생활에서의 문제 상황을 민주사회의 법이념에 따라 합리적·합법적으로 해결해 나갈 수 있는 능력을 함양하는 것을 목표로 한다. 궁극적으로는 개인의 기본권이 보장되고 정의가 실현되는 사회를 이룩하는 데 필요한 민주시민으로서의 법적 소양, 가치관 및 태도를 지니게 한다.

① 현대 민주국가에서의 법의 필요성과 기능을 이해하고, 기본적인 법 이론을 활용하여 각 구성원 간의 법률관계를 분석하고, 생활의 각 영역에서 발생하는 법적 문제 상황을 이해한다.

② 법적 문제 상황에 관련된 기록, 정보 및 자료에 대한 분석을 통하여 문제 상황을 법적으로 해결할 수 있는 능력을 길러, 다양한 사회적 쟁점에 대한 법적 해결 방안을 모색할 수 있다.

③ 국·내외의 사회 구성원 간에 의견이 엇갈리는 쟁점들의 내용을 법적으로 이해하고, 관련된 개인 혹은 집단의 입장에서 각각의 주장들을 합리적·합법적으로 판단할 수 있는 능력을 기른다.

④ 다양한 분쟁 해결 방식의 원리와 절차를 이해하고, 이를 활용하여 개인적·사회적 분쟁을 합리적·평화적으로 해결하는 능력과 태도를 기른다.

⑤ 법의 보호적 기능을 인식하고, 개인의 권익의 보장과 그 침해에 대한 구제를 위한 제도들을 이해하고 활용할 수 있다.

⑥ 민주적 법체계와 절차를 존중하고, 건전한 법의식과 법문화를 지니며, 민주사회의 실현에 능동적으로 참여하는 자세를 갖는다.

3. 내 용

1) 내용 체계

영 역	내 용 요 소
법 생활의 기초	○ 법의 필요성, 법제도의 구조 ○ 법의 연원, 법의 민주적 정당성, 법적 개념과 원리의 활용, 법의 해석과 적용 ○ 다양한 분쟁해결 방법, 법률정보의 획득과 법률구조의 활용 ○ 법치주의와 정당한 법에 의한 지배, 준법 의무와 비판적 법의식, 법과사회변동
국가적 생활과 법	○ 입헌주의와 헌법, 기본권의 보장과 제한 및 제한의 한계, 기본권의 주요 내용 및 쟁점, 헌법재판제도 ○ 법치행정의 원리, 행정작용의 법적 수단, 행정작용의 통제와 개인의 권리보호 ○ 국제법의 기능, 국제관계의 주체, 국제 분쟁의 평화적 해결
개인적 생활과 법	○ 계약의 체결, 계약의 이행과 불이행, 채무의 보증 ○ 부동산의 매매, 등기, 주택의 임대차 ○ 불법행위의 유형, 손해배상의 부담, 새로운 불법행위 ○ 혼인, 이혼, 친자, 상속 ○ 개인 간의 분쟁과 권리의 침해, 개인 간의 분쟁의 해결과 민사소송, 소송 이외의 방법을 통한 개인 간 분쟁의 해결
사회적 생활과 법	○ 소비자 피해의 유형, 소비자의 권리, 소비자 피해의 구제 ○ 취직과 근로계약, 근로자의 권리, 근로자의 권리 구제
범죄와 형사 절차	○ 형법의 의의와 기능, 범죄의 성립요건, 범죄의 형태와 유형, 형벌과 보안처분 ○ 형사 절차의 개관, 수사, 공판, 형벌의 집행

2) 영역별 내용

(1) 법 생활의 기초

우리 사회에서의 법과 법제도, 법의 다양한 연원과 해석·적용의 기본원리를 파악하고, 법의 민주적 정당성이 갖는 의의를 이해한다. 나아가 분쟁의 예방과 해결을 위해 스스로 권리의식을 함양하고 적극적으로 법률 서비스를 이용할 수 있는 자세를 갖추어, 법치주의를 바탕으로 한 법문화를 형성하고 법을 준수하는 태도를 갖는다.

① 여러 사회 규범 중에서 법이 필요한 이유를 이해한다.

② 입법, 행정, 사법작용을 담당하는 기관의 기능을 중심으로 법제도의 체계와 구조를 파악한다.

③ 다양한 형태의 법원(法源)들과 이들 간의 단계구조를 이해한다.

④ 정의와 인권이 법제도의 기본적 가치로서 가지는 의의를 이해한다.

⑤ 죄형법정주의, 법치행정의 원리, 조세법률주의 등의 취지를 법의 민주적 정당성이라는 관점에서 파악한다.

⑥ 법 해석은 국민과 다른 법기관도 할 수 있으나 최종적인 해석은 법원이 행한다는 것을 인식한다.

⑦ 분쟁의 예방과 해결을 위해서는 권리의식이 필요함을 인식하고, 분쟁해결을 위해 활용할 수 있는 다양한 제도와 법률정보 획득 방법들을 알고 적극적으로 이용하는 자세를 가진다.

⑧ 법치주의의 정착을 위해 법문화와 법의식이 중요한 이유를 구체적 사례를 통해 탐구하고, 사회변동에 따라 나타나는 새로운 법 현상에 대한 대처방안을 슬기롭게 모색한다.

⑩ 민주시민사회의 구성원으로서 헌법의 가치와 이념이 전체 법질서에 구현될 수 있도록 하는 비판적 법의식의 중요성을 이해한다.

(2) 국가적 생활과 법

현대 국가에 있어서 국가와 국민 간의 관계와 관련하여 우선 국가의 존립 근거가 되는 개인의 기본권의 중요성을 인식하고 특히, 현대 사회에서 문제되는 주요 기본권의 내용 및 관련된 법적 쟁점들을 탐구하며 궁극적으로 기본권 보장 규범으로서의 헌법을 이해한다.

국가와 국민 간의 관계와 관련하여 행정작용을 중심으로 개인의 권리 보호를 위한 법치 행정의 원리와 아울러 국가 및 지방자치단체의 행정활동을 규율하는 행정법의 개념과 그 기본원리를 파악한다.

끝으로 국가 간의 관계를 규율하는 국제법의 특징과 국제기구의 의의 및 국가 간의 법적 관계를 이해한다.

① 입헌주의의 의의와 발달과정을 헌법의 개념 및 특징과 연관 지어 이해한다.

② 인격권·평등권(여성, 장애인, 사회적 소수자 등의 차별 관련)·자유권(일반적 행동의 자유, 사생활의 비밀과 자유, 양심의 자유, 표현의 자유 등) 및 사회권(교육을 받을 권리 등) 등과 관련한 법적 쟁점을 구체적 사례를 중심으로 파악한다.

③ 헌법에 기본권 제한에 관한 규정을 두게 된 취지를 과잉 제한 금지의 원칙을 비롯한 제한의 한계에 중점을 두고 탐구한다.

④ 헌법 소원과 위헌 법률 심판 제도를 중심으로 헌법재판 제도의 의의를 이해한다.

⑤ 국가와 지방자치단체의 활동이 법에 따라 이루어져야 하는 이유를 파악한다.

⑥ 행정에 대한 민주적 통제와 시민참여의 중요성을 이해하고, 행정작용으로 인해 침해된 시민의 권익을 구제하기 위한 다양한 행정법상의 제도들을 구체적 사례를 활용하여 이해한다.

⑦ 국제법의 법원(法源)을 알아보고, 평화로운 국제관계를 위한 국제법의 기능을 이해한다.

⑧ 국가 간의 분쟁의 해결 및 국제적 인권보호를 위한 여러 방안들을 탐색하고, 분쟁 해결과 관련된 국제기구의 기능을 국제연합(UN)을 중심으로 파악한다.

(3) 개인적 생활과 법

① 계약을 통해 권리와 의무가 발생함을 알고, 계약 체결의 과정과 계약의 중요성을 사례를 중심으로 파악한다.

② 부동산 매매와 임대차 계약의 법적 성질과 과정을 이해하고, 계약 당사자의 입장에서 주의할 점과 계약자 보호를 위한 관련 법 원리의 주요 내용을 파악한다.

③ 불법행위의 의미를 다양한 사례를 통해 이해하고, 손해배상의 책임을 지는 자와 책임을 묻는 자의 법적 권리와 의무를 분석한다.

④ 가족에 대한 법률관계(혼인, 상속 등)에 대해 알아보고, 분쟁 시 고려해야 할 점들을 탐색한다.

⑤ 개인 간의 생활관계에서 나타나는 각종 분쟁 사례를 찾아 권리침해의 형태를 파악한다.

⑥ 민사소송의 기능과 다양한 소송의 유형에 대해 알아보고, 침해된 권리를 구제하기 위한 방법으로 소송 외에도 다양한 제도가 있음을 이해한다.

(4) 사회적 생활과 법

① 일상생활에서 발생하는 소비자 피해의 사례를 찾아보고, 소비자의 권리 보호를 위한 법적 제도와 구제 절차를 파악한다.

② 근로계약의 특수성을 이해하고, 근로계약 체결 시의 유의사항을 이해한다.

③ 임금, 해고, 휴식, 노동쟁의 등과 관련하여 법에 의해 보호되는 근로자의 주요 권리를 탐색하고, 근로자의 권리가 침해될 경우의 구제받을 수 있는 법적 절차를 사례를 통해 파악한다.

(5) 범죄와 형사 절차

범죄와 형벌의 개념 및 형법의 의의와 기본원칙을 이해하고, 다양한 범죄의 유형을 파악하며 이에 관련된 법 원리를 탐구한다. 또한 형사절차의 흐름을 이해하고 이 과정에서 인권을 보호하기 위한 다양한 제도적 수단들을 파악한다. 나아가 범죄가 개인 및 사회에 미치는 영향에 대해 인식한다.

① 죄형법정주의를 통해 형법의 의의와 기능을 파악한다.

② 범죄의 성립 요건과 위법성 및 책임 조각 사유를 구체적 사례를 통해 이해한다.

③ 일상생활 및 학교생활과 관련된 범죄의 형태와 유형을 파악하고, 범죄에 대한 형벌의 형태와 처벌 과정을 탐구한다.

④ 수사, 공판, 형벌의 집행으로 이어지는 형사 절차의 흐름을 이해하고, 형사 절차에서 피의자나 피고인이 누릴 수 있는 권리를 알아본다.

⑤ 공판절차의 주요 내용을 파악하고, 상소 제도와 '의심스러울 때는 피고인의 이익으로'라는 법리의 취지를 탐구한다.

⑥ 형벌이 집행되는 절차를 알아보고, 형사 처분이 일상생활에 미치는 영향을 파악한다.

4. 교수·학습 방법

① 민주시민으로서의 사회생활에 필요한 기본적인 법 원리에 대한 이해와 가치 판단 능력을 함양하는 데 중점을 두고, 지나치게 세세한 지엽적인 설명을 제시하지 않도록 주의한다.

② 신문, 방송의 뉴스자료나 헌법재판소 결정, 대법원 판례 등 다양한 사례를 활용하여 법에 대한 흥미를 높이고, 자신의 실생활에 관련된 구체적인 법적 문제들을 다루어 보는 경험을 갖도록 한다.

③ 견학, 모의재판, 역할놀이, 대화법 등 역동적인 교수학습법을 활용하여 법과 관련된 다양한 체험을 할 수 있는 기회를 제공하도록 한다.

④ 매매계약서, 임대차 계약서, 영수증, 혼인신고서, 근로계약서 등의 다양한 법률 서식들을 직접 작성해 보도록 함으로써 법 생활에 대하여 친근감과 현실감을 갖도록 한다.

⑤ 법과 관련된 영화나 방송 드라마, 유명한 판결 등을 자료로 활용하여 학생들이 일상생활 속에서 법을 쉽고 친근하게 체험할 수 있도록 한다.

⑥ 법 생활과 관련된 외부 전문가들을 초빙하여 강연을 듣거나 대화를 나누는 경험을 통해 법적 문제에 대한 관심을 높이는 기회를 제공한다.

⑦ 법이 처벌을 통해 무조건적 복종을 강요한다는 전근대적 법의식을 극복할 수 있도록 법의 보호적 기능을 강조한다.

⑧ 법에서 보장하는 인권의 기본적 내용들을 이해시키고 구체적인 권리구제 방법과 절차들을 관련 기관들에 대한 설명과 함께 제시한다.

⑨ 내용과 관련하여 학생들에게 반드시 알아야 할 원리적인 부분과 더 생각해 볼 수 있는 부분을 명확히 구분하여 제시함으로써 학생들의 학습량과 난이도를 조절한다.

⑩ 현재의 법체계와 법이념을 이해함은 물론 사회의 능동적 변화에 대응할 수 있도록 법적 사고가 필요하다는 것을 인식하도록 한다.

5. 평 가

<평가의 기본 방향>

① 올바른 법적 판단과 가치 판단 능력을 묻는 구술, 논술 등 다양한 평가를 적극 활용하고, 상호 토론의 평가를 통해 자신의 판단을 다른 사람 및 사회적 인식과 비교해 볼 수 있는 기회를 제공한다.

② 법조문 자체나 지엽적인 법률적 내용 등 학습자에게 과도한 학습 부담을 주거나 단순암기식 학습을 유도할 가능성이 있는 평가를 지양한다.

③ 평가의 결과는 교육 내용과 교수·학습 방법과 연계하여 반성적으로 검토하고 활용한다.

<영역별 평가 방향>

① '법과 사회' 과목의 평가는 교육과정에 제시된 목표를 반영하도록 하며, 지식뿐만 아니라 기능, 가치·태도 영역에서 균형적으로 이루어지도록 한다.

  ⓐ 지식 영역의 평가는 생활법에 대한 기본적인 정보와 지식 습득 여부에 중점을 둔다.

  ⓑ 기능 영역의 평가는 생활법에 대한 정보의 획득과 활용 기능, 법적 쟁점 및 가치 탐구 기능, 문제 해결 기능, 의사결정 기능 및 집단 참여 기능에 중점을 둔다.

  ⓒ 가치·태도 영역의 평가는 학습자 개인의 가치 명료화 능력, 가치에 대한 분석 및 판단 능력에 중점을 둔다.

② '법과 사회' 과목의 평가에는 다음의 요소들을 포함하도록 한다.

  ⓐ 민주 사회를 유지하고 발전시키기 위해 법이 갖는 역할과 필요성을 정확하게 이해하고 있는가?

  ⓑ 생활 속에서 경험하는 다양한 사회현상과 제도들이 법과 어떻게 연관되는지 설명할 수 있는가?

  ⓒ 법이 시대 상황의 변화와 시민들의 요구에 따라 변화하고 발전해 나가는 것임을 이해하고 있는가?

ⓓ 다양한 법적 쟁점들을 합리적 사고 과정을 통해 판단하고 다른 사람과 비교할 수 있는가?

ⓔ 개인의 권리를 침해당했을 때 구제받을 수 있는 평화적·합리적인 방법과 절차를 실생활에서 활용할 수 있는가?

ⓕ 헌법의 존재이유를 기본권 보장과 관련하여 이해하고, 기본권 보장의 의의와 그 제한의 한계를 설명할 수 있는가?

ⓖ 민사와 형사, 행정 등 다양한 법 영역의 차이점을 알고, 이러한 차이에서 오는 법 원리상의 차이를 적절하게 진술할 수 있는가?

ⓗ 형사절차에서 인권을 보호하기 위한 여러 제도들을 이해하고 있는가?

ⓘ 국가 간 평화 우호 증진을 위한 국제법의 기능과 관련 제도를 이해하고 있는가?

＜평가의 유의점＞

① 개별 사안에 대한 판결문 작성 등의 활동을 통해 논점의 추출, 논쟁의 판단 능력 및 논리적인 의사 전개 능력 등을 평가한다.

② 법원 재판 관람기 작성이나 법 관련 단체 홈페이지 방문, 의견 제시하기 등 실현 가능성이 높은 체험을 평가 요소로 제시한다.

③ 법체계와 준법행위, 다양한 법적 쟁점들에 대한 판단과 그렇게 판단하게 된 근거를 제시하도록 하여 학생이 지니고 있는 가치의 우선순위를 명료화하고 이를 체계화해 볼 수 있도록 한다.

④ 수행 평가의 경우 개별 지식에 대한 암기 여부를 묻기보다는 사례 제시를 통해 종합적 판단력과 문제 해결 능력을 평가할 수 있도록 한다.

X. 정 치

1. 성 격

  '정치' 과목은 정치 현상을 이해하는 데 필요한 기본적인 지식을 습득하고 이를 바탕으로 공동체 생활의 원리를 파악하며 정치 생활에 능동적으로 참여하는 민주시민의 자질을 함양하기 위해 개설된 사회과의 선택 과목이다.

  '정치' 과목은 정치 공동체인 국가와 정부, 민주주의의 의미와 발전, 정부 기구의 일반적인 구성이나 운영 원리, 우리나라의 정치 현실과 발전 과제, 국민의 권리·의무와 정치과정, 국제사회의 특징과 문제 및 외교 정책 등을 주요 내용으로 한다.

  '정치' 과목은 학습자로 하여금 정치 현상과 관련된 개념·원리 등 학문적 지식을 습득하게 하고, 다양한 정치 행위자와 정치제도 간의 상호작용에 대한 고찰을 통해 정치적 기능이 수행되는 과정을 이해하고 인식하게 한다.

  '정치' 과목의 학습을 통해 학습자의 정치 문제 해결에 필요한 정보 획득 및 합리적 의사결정 능력을 함양한다. 변화하는 정치 상황에 대한 자료와 정보를 수집·분석하여 지역·국가·국제사회의 문제를 주체적으로 해결해 나가는 민주시민으로서의 소양을 갖추어 능동적으로 참여하는 태도를 갖도록 하는 데 중점을 둔다.

2. 목 표

  정치 현상을 체계적으로 이해하기 위한 기본 개념과 원리, 그리고 민주주의의 근본 가치와 원리를 학습하고 정치적 쟁점과 문제를 해결하기 위해 비판적으로 사고하고 종합적으로 분석하여 합리적으로 의사결정을 내리는 능력을 함양한다. 또한 정치 과정에 능동적으로 참여하여 공동체의 발전에 이바지하는 민주시민의 자세를 가진다.

  가. 민주 정치의 발전, 우리나라의 정부 조직 형태와 통치 원리, 국제 정치 등 정치 현상에 관한 기본 개념과 원리 및 특징을 파악한다.

나. 헌법에 기초한 국민의 권리와 의무, 정치 과정과 참여 방법 등 국민의 정치적인 권리 행사와 관련하여 기본적인 정치 현상의 지식을 이해한다.

다. 정치 현상과 관련된 국내외의 다양한 정보 및 자료를 수집·분석하며 이를 문제 해결에 활용하여 반성적 탐구 능력, 문제 해결 능력, 의사결정 능력, 비판적 사고력 등을 함양한다.

라. 다원화된 사회에서 정치적 관계를 인식하고 갈등 상황에서 정치 공동체와 타인의 입장을 합리적으로 분석하고 평가하여 공존을 모색할 수 있는 능력을 함양한다.

마. 정치 공동체의 구성원으로서 민주주의의 기본 가치를 내면화하여 시민 생활에서 누릴 수 있는 권리와 사회적 책임을 인식하고, 민주적 자질을 함양하여 공동체의 발전에 능동적으로 참여하는 태도를 가진다.

바. 지역사회와 국가, 국제사회의 특성과 정치적 운영 원리를 이해하고, 지역·국가·국제사회의 문제에 관심을 갖고 해결 과정에 능동적으로 참여하는 자세를 가진다.

3. 내 용

1) 내용 체계

영 역	내 용 요 소
민주 정치의 발전	○ 정치의 의미와 기능 ○ 정치적 권위와 정통성 ○ 민주 정치의 발전 과정 ○ 민주주의의 이념과 유형 ○ 정치 문화와 정치 사회화 ○ 우리나라 민주 정치의 특성과 과제
국민의 권리와 의무	○ 헌법의 정치적 의의 ○ 국민 주권과 입헌주의의 원리 ○ 우리나라 헌법의 기본 원리 ○ 국민의 정치적 권리의 내용과 한계 ○ 우리나라 국민의 정치적 의무 ○ 국민 주권 실현의 과제

영 역	내 용 요 소
국가의 조직과 통치	○ 국가와 정부 ○ 우리나라의 정부 형태 ○ 국회와 입법부 ○ 대통령과 행정부 ○ 법원과 사법부 ○ 민주주의와 지방자치의 발전 과제
정치 과정과 참여	○ 정치 과정 ○ 정치 참여의 의의와 유형 ○ 이익 집단과 시민 단체의 정치 참여 ○ 정당과 정당 정치 ○ 선거와 투표 ○ 여론 ○ 우리나라 정치 참여의 현실과 과제
국제사회와 정치	○ 국제사회의 특성과 변화 ○ 국제사회의 행위 주체 ○ 국제사회의 협력과 갈등 ○ 국제사회의 여러 문제 ○ 우리나라의 외교 정책과 과제 ○ 민족 통일의 과제

2) 영역별 내용

(1) 민주 정치의 발전

공동체 생활에서 정치가 필요한 이유를 이해하며 공동체 구성원 간의 상호작용을 통해 나타나는 정치 현상을 권력과 관련지어 파악한다. 민주 사회에서 정치 및 생활의 원리로 작용하는 민주주의의 이념과 기본 원리를 학습하고 민주 정치의 발전 과정을 탐색한다. 그리하여 한국 사회가 나아갈 민주 정치의 모습에 대해 생각하고 민주 정치 발전을 위한 정치 문화의 형성에 참여하는 태도를 가진다.

① 정치란 이해관계를 둘러싼 구성원 간의 갈등을 조정하고 해결함으로써 공동체의 이상을 실현하는 과정임을 파악하고, 정치의 의미를 다양한 관점에서 이해하며, 정치가 수행하는 여러 가지 기능을 탐색한다.

② 정치권력은 국민들의 폭넓은 지지와 동의를 바탕으로 할 때 정통성을 획득하며 효과적인 지배력을 지니게 됨을 이해한다.

③ 민주 정치의 발전 과정을 역사적 맥락 속에서 이해하고 동양과 서양의 민주 정치의 발전 과정을 고찰하여 민주 정치가 나아가야 할 방향을 제시한다.

④ 민주주의의 이념과 원리를 다양한 관점에서 파악하고, 민주주의의 여러 가지 유형을 비교·분석한다.

⑤ 다양한 정치 문화의 유형과 그 의의를 분석하고 정치 사회화의 의미를 이해한다.

⑥ 우리나라 정치 현상의 특징과 발전 과정을 분석하고 나아가야 할 바람직한 방향을 탐색한다.

(2) 국민의 권리와 의무

헌법의 기본 원리와 구조를 분석하고 헌법의 정신에 입각하여 국가는 국민의 자유와 권리를 보장해야 하며, 국민은 이러한 권리를 향유할 수 있는 주체임을 인식한다. 국가와 지역공동체의 번영과 민주주의의 발전을 위해 갖추어야 할 국민의 권리와 의무를 탐색하고, 국민 주권을 실현하기 위해 적극적으로 참여하는 태도를 가진다.

① 헌법이 정치 현상에 미치는 영향과 그 의의를 분석하고 헌법이 국민 생활에 어떠한 영향을 주고 있는지 탐색한다.

② 헌법에 구현된 기본 원리를 탐색하고, 국민 주권의 의의를 파악하여 민주주의의 발전을 위해 권리를 올바르게 행사할 수 있는 자세를 가진다.

③ 헌법에 나타난 정부 조직과 통치의 기본적인 구조와 내용을 파악하여 우리나라의 통치 원리를 이해한다.

④ 헌법에 보장된 국민의 기본권을 파악하고 권리 행사의 한계와 권리 침해 시의 해결 방법을 모색한다.

⑤ 민주주의를 발전시키기 위해 국민으로서 실천해야 하는 의무와 그 의의를 탐색하고 이를 적극적으로 수행하는 태도를 가진다.

⑥ 국민 주권을 실현하는 과정에서 발생하는 개인의 권리와 공동체의 권리 간의 갈등 국면을 이해하고, 기본권 간의 침해와 갈등 상황을 분석하여 이를 조화롭게 해결할 수 있는 방안을 탐색한다.

(3) 국가의 조직과 통치

국가와 정치 및 정부 개념의 유기적인 연관성을 탐색하고 기본적인 민주 정부 형태로서 대통령제와 의원내각제, 혼합형 정부 형태 등에 대하여 살펴봄으로써 우리나라의 정부 형태를 파악한다. 또한 정부의 여러 기구들은 어떻게 권력과 책임을 분배하고 상호 간에 견제와 균형을 이루고 있는지 파악한다. 큰 정부와 작은 정부의 의미를 비교하며, 중앙 정부와 지방 정부 간의 조화로운 관계를 탐색하여 지방 자치가 나아갈 방향을 모색한다.

① 국가 공동체의 유지와 발전을 위해 실제 구성된 정부의 특징을 살펴보고, 정부의 역할을 확대 또는 축소하려는 입장을 비교·분석하여 오늘날 정부의 적합한 모습을 탐색한다.

② 정부의 기본적인 형태인 대통령제와 의원내각제의 특징을 비교·분석하고, 우리나라의 정부 형태를 탐색한다.

③ 국회는 국가를 운영하는 법률을 제정·개정하고, 행정부의 법률 집행을 감시·견제하는 기능을 수행하고 있음을 파악하여 국회 활동에 관심을 갖고 참여하는 자세를 가진다.

④ 행정부의 수반인 대통령을 중심으로 법률을 집행하는 행정부의 조직과 주요 기능을 파악하고 행정 현상이 국민에게 미치는 영향을 탐색하여 행정 활동에 관심을 갖고 참여하는 자세를 가진다.

⑤ 법률의 적용을 담당하는 법원의 기능과 필요성을 이해하고 헌법재판소가 국민의 법 생활에 중요한 의미를 지니고 있음을 파악하여 사법 활동에 관심을 갖고 참여하는 자세를 가진다.

⑥ 우리나라 지방자치제도의 현실을 파악하고 지방자치제도를 발전시키기 위한 과제와 방법을 모색하여 적극적으로 참여하는 자세를 가진다.

(4) 정치 과정과 참여

정부의 공공 정책 결정 과정에서 국민의 참여가 필요함을 이해하고 정치 과정에 참여하는 이익 집단과 시민 단체 및 정당의 특징과 활동 과정을 파악한다. 또한 공식적으로 국민의 의사를 표현하는 선거와 투표의 과정을 탐색한다. 대중매체와 여론의 기능을 이해하고, 바람직한 정치 참여의 과제를 탐색하여 적극적으로 참여하는 태도를 가진다.

① 정부의 정책이 형성, 결정, 집행되는 과정과 정책을 평가하는 원칙과 방법을 살펴보며, 다양한 형태의 정치 과정을 파악하여 국민의 생활에 미치는 영향을 분석한다.

② 현대 민주 정치에서 국민의 정치 참여가 지니는 의의를 탐색하고 다양한 정치 참여의 방법과 유형을 모색한다.

③ 우리나라와 외국의 이익 집단의 기능과 유형을 파악하고 시민 단체의 등장 배경과 정치적 의의를 이해한다.

④ 정당의 기능과 유형을 파악하고 우리나라와 외국의 정당 정치의 현상과 특징을 분석하여 바람직한 정당 정치의 방향을 모색한다.

⑤ 우리나라와 외국의 다양한 선거 종류와 방법, 한계와 보완 방안을 파악하고 선거와 투표에 능동적으로 참여하는 태도를 가진다.

⑥ 여론 형성에 영향을 미치는 다양한 요인들을 살펴보고, 적극적으로 여론 형성에 참여하는 태도를 가진다.

⑦ 국민의 정치 참여 현실을 파악하고 정치 참여에서 나타나는 긍정적 측면과 문제점을 분석하여 민주적인 정치 참여의 능력과 태도를 함양한다.

(5) 국제사회와 정치

국제사회의 특성을 파악하고 이러한 특성이 시대와 상황에 따라 변화함을 이해한다. 국제사회의 다양한 행위 주체들 간에는 이해관계를 둘러싼 경쟁과 갈등이 나타나며 국제 협력을 통해 다양한 국제문제를 해결해 나가고 있음을 인식한다. 또한 우리나라와 국제사회의 관계를 살펴보고, 통일을 위한 국제적인 환경 조성에 힘쓰는 태도를 가지며, 국제사회에 필요한 시민의 자질을 함양하여 참여하는 자세를 가진다.

① 국제사회의 특성과 시대적인 변천 과정을 탐색하여 국제 정세 변화의 흐름을 파악한다.

② 국제사회에는 국가, 국제기구, 다국적 기업, 국제단체 등 여러 행위 주체들이 다양한 방법으로 국제 관계에 영향을 미치고 있음을 이해한다.

③ 국제사회에 존재하는 다양한 협력과 갈등의 모습을 탐색하여 국제사회 현실을 종합적으로 이해하는 자세를 가진다.

④ 국제사회의 다양한 문제들의 원인을 여러 가지 측면에서 분석하고 바람직한 해결 방안을 모색한다.

⑤ 우리나라와 국제사회의 관계를 살펴보고 국제사회의 공존을 위한 외교 정책의 바람직한 방향을 모색하며, 국제사회에 능동적으로 참여하여 문제를 해결

해 나가는 자세를 가진다.

⑥ 국제사회에서 우리나라가 당면한 통일, 환경, 경제, 문화, 외교 현황을 분석하고 민족 통일을 위한 과제를 탐색하여 실천해 나갈 수 있는 자세를 가진다.

4. 교수 · 학습 방법

① 정치교육의 목표를 실현하기 위해 탐구 학습, 토론 학습, 의사결정 학습, 문제 해결 학습, 논쟁문제 학습, 사회 참여 학습, NIE 학습, 현장 견학, 초청 강연 등 다양한 방법을 통하여 학습에 흥미를 갖고 참여하며 고급사고력을 함양할 수 있도록 한다.

② 정치 현상에 관한 개념과 지식을 학습하고 민주주의의 가치와 기본 원리를 탐구하여 공동체에 능동적으로 참여하는 태도를 함양할 수 있도록 현장 학습과 견학, 사회 참여 등의 다양한 체험 학습을 제공하도록 한다.

③ 국내외 정치 현상의 구체적 사례를 비교 · 분석하여, 우리나라 정치 현상에 대하여 종합적으로 판단하고, 바람직한 정치를 구현하기 위해 능동적으로 참여할 수 있도록 지도한다.

④ 정치 현상에 관한 논쟁문제를 토론할 수 있도록 방송 자료, 신문 자료, 인터넷 자료, 시사만화 자료, 통계 자료를 활용하여 창의적이고 실제적인 학습이 이루어지도록 한다.

⑤ 국내외 사례를 활용하여 중앙 정부와 지방 정부의 역할과 재원 조달 방법 및 이들 간에 나타날 수 있는 쟁점과 갈등을 파악하고 지방자치 제도에 대해 종합적으로 인식함으로써, 지방자치 제도가 나아가야 할 방향을 모색하도록 한다.

⑥ 시사 자료를 활용하여 우리나라와 국제사회의 관계를 파악하고 국내 및 국제 정치에 미치는 세계 여러 나라의 영향과 이에 대응하는 한국의 외교 정책을 살펴봄으로써, 국제사회에 참여할 수 있는 시민의 자질을 함양하도록 한다.

5. 평 가

<평가의 기본 방향>
① 정치 현상에 대한 기본 원리와 개념의 이해를 바탕으로 반성적 사고력, 분석적 사고력, 문제 해결 능력, 탐구 능력, 의사결정 능력, 정치 참여 능력 등을 다양하게 평가한다.
② 정치 현상과 관련된 기본 개념을 이해하여 우리나라 정치 현실에 적용하고 발전시켜 나갈 수 있는 창의적인 태도나 행동 등의 기능 및 가치·태도의 목표까지 평가에 포함하도록 하며 수행 평가를 적극적으로 활용한다.
③ 정치 영역의 평가는 정치교육의 목표를 실현하는 데 기여하도록 평가 방법을 구성한다. 정치와 관련된 개념 위주의 평가에 그칠 것이 아니라, 민주시민의 자질을 함양하고자 하는 목표를 달성하는 데 유익한 평가 활동이 되도록 한다.
④ 평가의 결과는 정치교육의 목표와 교육 내용과 교수·학습 방법과 연계되어 종합적으로 판단하고, 정치교육의 수업과 교육과정의 질적 향상을 위한 자료로 활용하도록 한다.

<영역별 평가 방향>
① '정치' 과목의 평가는 교육과정에 제시된 목표를 반영하여 지식, 기능, 가치·태도 영역에서 균형적으로 이루어지도록 한다.
  ⓐ 지식 영역의 평가는 정치 현상에 대한 사실, 개념, 일반화 및 원리 등의 습득에 중점을 둔다.
  ⓑ 기능 영역의 평가는 정치 현상에 대한 정보의 획득과 활용 기능, 사회 탐구 및 가치 탐구 기능, 의사소통 기능, 문제 해결 기능, 의사결정 기능 및 집단 참여 기능 등에 중점을 둔다.
  ⓒ 가치·태도 영역의 평가는 학습자 개인의 가치 명료화 능력, 가치에 대한 분석 능력, 민주시민의 자질 함양 정도에 중점을 둔다.
② '정치' 과목의 평가에는 다음의 요소들을 포함하도록 한다.
  ⓐ 우리나라의 민주주의의 현실을 이해하고 민주 정치를 발전시키기 위한 과

제를 제시할 수 있는가?

ⓑ 우리나라에 헌법이 필요한 이유와 헌법에 구현된 기본적인 원리를 설명할 수 있는가?

ⓒ 우리나라 정부 기구들의 권한과 책임, 기능에 대해 이해하고, 이에 대한 제한이 필요한 이유를 설명할 수 있는가?

ⓓ 민주 사회를 발전시켜 나가기 위해 국민으로서 지녀야 할 바람직한 권리와 의무를 제시할 수 있는가?

ⓔ 민주 정치의 발전을 위하여 국민들이 정치 과정에 참여할 수 있는 수단과 방법을 제시할 수 있는가?

ⓕ 우리나라의 중앙정부와 지방정부의 유기적인 연결 관계를 파악하고 나아가야 할 방향을 제시할 수 있는가?

ⓖ 우리나라 정치 문화의 현실과 유형을 파악하여 민주주의의 발전을 위해 필요한 요소나 시민적 성향을 제시할 수 있는가?

ⓗ 국제사회의 현실을 비판적으로 분석하고 우리나라와 국제사회의 관계를 파악하여 발전적인 방안을 제시할 수 있는가?

<평가의 유의점>

① 지필 평가를 실시할 경우 선택형, 단답형, 서술형, 논술형 등의 방법을 활용하도록 하고, 그 외에도 과제 발표, 면접, 학습 태도·행동의 관찰, 토론, 체크리스트, 포트폴리오 등의 다양한 평가 방법을 활용한다.

② 수업 중 활동 내용을 평가할 경우, 교사 중심의 평가 방법 외에 학생들의 동료 평가, 자기 평가 보고서, 조별 평가 등 다양한 평가 방식을 활용한다.

　다. 탐구 학습, 문제 해결 학습, 의사결정 학습, 토론 학습, 논쟁문제 학습, 사회 참여 학습 등의 다양한 활동 수업을 전개한 후, 학습 과정에서의 학생들의 참여 정도를 반영할 수 있도록 노력한다.

XI. 경제

1. 성 격

'경제' 과목은 경제적 사고력과 경제 문제 해결력을 기르기 위해 개설된 사회과의 선택과목이다. 이 과목은 국민 공통 기본 교육과정 '사회' 과목의 경제 관련 단원에서 학습한 내용을 심화시키는 과목의 성격을 갖는다.

경제 과목은 체계적인 경제 지식과 사고력 및 가치관을 토대로 하여 개인적·사회적 차원에서 경제적 역할을 책임 있게 수행할 수 있는 민주시민의 자질 함양을 추구한다.

'경제' 과목에서는 이를 위해 경제의 기본 원리와 이론 체계를 실제 생활의 경험과 관련지어 이해하도록 한다. 아울러 현실의 경제 문제를 사회현상의 전체적 맥락에서 합리적으로 해결하는 기준과 방법을 모색하고, 경제 환경의 변화와 이에 대한 대응 방향을 탐색할 수 있도록 내용을 구성한다.

'경제' 과목의 학습에서는 학습자의 경험세계와 인식 능력에 맞게, 이론과 현실, 사실과 가치, 내용과 방법을 조화롭게 융합하여, 학습자가 체계적이고 균형적인 경제 인식을 능동적으로 형성해 가도록 한다.

'경제' 과목의 학습을 통해 학습자가 우리 경제 질서의 기본 원리와 경제 현상의 상호 관련성을 실제적 측면에서 체계적으로 이해하고, 변화하는 경제 상황에 대한 자료를 수집·분석하여 문제를 해결할 수 있는 능력을 기르며, 경제생활에 적극 참여하여 개인과 공동체의 조화로운 삶의 질 향상에 기여할 수 있는 태도를 함양하도록 한다.

2. 목 표

현실 경제의 다양한 현상과 경제 사회의 변동을 파악하고 경제 문제를 해결해 나가기 위해 관련 지식을 체계적으로 습득하고, 실천적 탐구 방법을 익히고, 문제 해결에 필요한 올바른 가치관과 실천적 자세를 가진다.

① 경제 현상에 대한 체계적인 지식을 활용하여 경제의 운영 원리를 이해하고, 경제 현상에 내재된 인과 관계를 설명하며, 미래의 경제 변동을 전망하여 창의적으로 대응할 수 있도록 한다.

② 국내외 사회·경제 정보를 수집·분석·평가하여, 개인과 공공의 경제 문제 해결을 위한 합리적인 의사결정에 활용하고, 능동적으로 사회에 참여할 수 있는 능력을 함양한다.

③ 소비자, 생산자 등 경제 주체로서 갖추어야 할 경제 가치 및 태도를 바탕으로 책임 있는 민주시민의 역할을 수행하여 개인 생활과 국민경제 발전에 이바지할 수 있도록 한다.

3. 내 용

1) 내용 체계

영 역	내용 요소
경제생활과 경제 문제의 이해	○ 희소성, 기회비용 ○ 경제문제, 비용 – 편익 ○ 경제적 유인 ○ 교환, 시장경제 제도 ○ 효율성, 형평성
경제 주체의 역할과 의사결정	○ 생산 요소 ○ 소득, 소비, 저축, 신용, 수입, 비용, 이윤, 기술 ○ 생산성, 재정 활동(조세, 예산)
시장과 경제 활동	○ 수요, 공급 ○ 수요의 변화와 수요량의 변화 ○ 공급의 변화와 공급량의 변화 ○ 시장균형, 탄력성 ○ 경쟁시장, 잉여
시장 기능의 한계와 정부 개입	○ 시장 실패 ○ 외부성 ○ 공공재, 독과점, 진입 장벽, 정보 ○ 소득 분배, 재분배 ○ 규제, 정부 실패

영 역	내용 요소
국민경제의 이해	○ 국민 소득 ○ 물가 지수, 실업률, 이자율, 경제 성장 ○ 총수요, 총공급 ○ 실업, 인플레이션 ○ 중앙은행, 재정 정책, 금융 정책
세계 시장과 한국 경제	○ 교역의 이익 ○ 자유 무역, 보호 무역 ○ 무역 정책 ○ 외환 시장, 환율 ○ 국제 수지, 자본 이동 ○ 국제 경쟁력

2) 영역별 내용

(1) 경제생활과 경제 문제의 이해

인간 생활에서 차지하는 경제의 의미 및 경제와 다른 사회현상의 관계를 이해하고, 공적·사적인 경제 문제를 파악하며 이를 해결하기 위해 고려해야 할 경제적 요인들을 분석한다. 시장경제에서의 경제 문제 해결 과정을 이해하고, 시장경제의 작동 원리와 이를 뒷받침하기 위한 사회 제도를 경제 사회의 발전 과정 속에서 파악한다.

① 경제생활의 의미와 특징을 파악하고, 경제생활과 다른 사회생활의 관계를 이해한다.

② 우리 생활에서 희소성이 다양하게 존재함을 인식한다.

③ 다양한 상황에서의 비용 – 편익을 고려한 선택을 이해하고, 인간은 경제적 유인에 반응함을 인식한다.

④ 분업과 교환의 필요성을 이해하고 적절한 사례에 적용해 보며, 이를 통해 상호 이익을 추구하는 태도를 가진다.

⑤ 경제 문제를 해결하는 다양한 방식의 장단점을 비교해 보고, 특히 시장경제의 기본 원리와 이를 뒷받침하는 사회 제도를 파악한다.

(2) 경제 주체의 역할과 의사결정

가계, 기업 및 정부의 행동 원리를 이해하고 경제 주체들의 의사결정에 영향을 주는 사회 경제적 요인들로 어떤 것이 있는지를 알아본다. 가계는 합리적인 소비생활을 추구함으로써 현재는 물론 미래의 삶을 안정적으로 유지하며, 기업은 소비자들이 원하는 상품의 생산, 생산 비용의 절감, 새로운 기술 개발을 통하여 이윤을 극대화한다는 점을 이해한다. 또한 정부의 재정 활동에 대해 알아보고 정부의 경제적 역할과 그 과정에 국민이 참여할 수 있는 방법을 찾아본다.

① 상품의 수요자, 생산 요소 공급자로서 가계(소비자, 노동자)의 경제적 역할을 이해한다.

② 가계가 의사결정 과정에서 고려해야 할 요소로서 소득, 소비, 저축, 신용, 시간 등을 파악하고, 이를 의사결정 과정의 사례에 적용해 본다.

③ 노동의 사회적 중요성을 인식하고, 사회변동에 따른 직업의 변화를 예측하여 미래의 직업 생활을 설계해 본다.

④ 상품의 공급자, 생산 요소의 수요자로서 기업의 경제적 역할을 이해한다.

⑤ 기업이 의사결정 과정에서 수입, 비용, 이윤, 기술, 생산성, 사회적 인식 등의 요인을 고려하는 현상을 탐색하고 이를 평가해 본다.

⑥ 정부의 경제적 역할을 재정 활동을 중심으로 이해한다.

⑦ 경제 주체의 역할과 의사결정에 영향을 미치는 사회 문화적 요인(사회적 인식 및 책임, 문화, 법, 제도 등)을 탐구하고, 사려 깊은 경제생활을 추구하는 자세를 갖는다.

(3) 시장과 경제 활동

가격에 의한 자원 배분과 경제 주체 간의 상호 경쟁 측면에서 시장경제 원리를 파악하고, 시장을 통한 자원 배분의 효율성을 논리적으로 이해한다. 일반화되고 추상화된 전형적인 시장 외에 노동 시장, 금융 시장과 새로 등장하는 다양한 시장의 사례를 통하여 시장이 다양한 형태와 모습을 갖고 있다는 점을 이해한다.

① 수요와 공급의 결정 요인을 이해한다.

② 수요량과 공급량이 일치하는 가격 수준에서 시장 균형이 결정됨을 이해한다.

③ 수요와 공급의 변화에 따른 시장 균형의 변화를 파악한다.

④ 가격 변화에 따른 수요량과 공급량의 변화 정도를 탄력성과 관련시켜 파악한다.

⑤ 경쟁 시장에서 결정된 시장 균형을 통해 자원 배분의 효율성이 이루어짐을 이해하고, 이를 잉여의 개념을 이용하여 분석한다.

⑥ 전형적인 시장과는 다른 시장(노동, 금융 시장 등)들의 특징을 살펴보고, 새롭게 등장한 시장들(전자상거래 시장 등)의 사례와 기능을 이해한다.

(4) 시장 기능의 한계와 정부 개입

일반적으로 경쟁 시장이 자원 배분의 효율성을 달성하는 경우와는 달리, 경쟁이 이루어지지 않거나 경쟁이 이루어지더라도 외부성이 있거나 공공재의 경우에는 시장 기능이 제대로 작동하지 않을 수 있음을 이해한다. 또한 수요자와 공급자 사이에 거래되는 상품에 대한 정보의 차이가 있을 때 시장 기능이 제대로 작동하지 않을 수 있음을 사례를 통해서 인식한다. 현실에 존재하는 소득 분배의 불평등 문제를 파악하고 해결 방안을 모색해 본다.

① 외부성(외부 효과)의 개념을 이해하고, 외부성을 해결하는 방안을 모색한다.

② 공공재의 특징을 이해하고, 여러 가지 공급 방법을 파악한다.

③ 진입 장벽이나 경쟁 제한 행위에 따른 독과점이 자원 배분에 미치는 영향을 이해하고, 독과점 정책의 기능과 한계를 알아본다.

④ 공급자나 수요자의 정보 차이에 따라 비효율적 자원 배분이 일어날 수 있음을 인식하고, 이를 해결하기 위한 방안을 찾아본다.

⑤ 소득 분배 불평등의 양상을 이해하고, 이를 완화시키는 제도와 정책을 탐구한다.

⑥ 정부의 시장 개입이 항상 최선의 결과를 가져오는 것은 아니라는 사실을 이해하고, 이를 보완할 수 있는 방안을 모색한다.

(5) 국민경제의 이해

국민경제의 주요 지표를 활용하여 경제 상황을 총체적으로 파악하고, 경제의 순환과 함께 경제 변동 양상을 동태적으로 분석한다. 그 과정에서, 국민경제가 당면하고 있는 안정과 성장, 실업과 인플레이션 등의 문제에 대한 원인을 살펴보고, 재정·금융 정책을 중심으로 그 대책을 이해한다.

① 한국 경제의 변화(소득, 물가, 고용 등)를 다른 나라와 비교하여 파악하고, 경제적 성과를 균형 있는 시각에서 평가하는 태도를 가진다.

② 경제의 순환 과정을 이해하고 경제 주체의 지출과 소득으로 국민경제 활동 수준을 파악한다.

③ 경제 성장의 의미와 요인을 알아본다.

④ 실업의 발생 원인과 경제적 영향을 파악하고, 그 해결 방안을 모색한다.

⑤ 인플레이션의 발생 원인과 경제적 영향을 알아보고, 그 해결 방안을 모색한다.

⑥ 중앙은행의 기능과 금융 시장의 관계에 대해 알아본다.

⑦ 총수요와 총공급을 이용하여 경기 변동을 이해한다.

⑧ 재정 정책과 금융 정책을 통한 경제 안정화 정책의 원리를 이해한다.

(6) 세계 시장과 한국 경제

개방된 국제사회에서 국가 간 거래 관계를 파악한다. 상품과 생산 요소의 이동과 외환 시장의 작동 원리를 이해한다. 특히 자유 무역의 진전에 따른 국제 경쟁력의 중요성과 국제 경제 환경의 변화에 따른 우리 경제의 대응 방안을 알아본다.

① 무역의 필요성과 원리를 이해한다.

② 무역 정책의 내용과 경제적 효과를 파악한다.

③ 외환 시장의 수요·공급과 환율의 결정을 이해하고, 환율 변동의 경제적 효과를 파악한다.

④ 상품과 생산 요소의 이동에 따른 국제 수지 변화를 이해한다.

⑤ 세계화·정보화 시대의 국제 경제 환경 변화와 우리 경제의 대응 방안을 탐색하고, 경제 발전에 기여하는 자세를 갖는다.

4. 교수·학습 방법

① 경제교육의 목표인 기본 지식 및 원리의 이해, 탐구 기능의 습득, 고차원적 사고력 및 문제 해결력 신장, 가치 태도의 확립 및 실천 능력의 함양을 조화롭게 이룰 수 있도록 교수·학습을 전개한다.

② 경제 현상의 이해와 경제 문제 해결 과정에서 학습자 스스로 지식을 구성하고 자기 주도적, 창의적 학습 능력을 향상시킬 수 있도록 교수·학습을 전개한다.

③ 학습자의 생활경험과 밀접한 내용을 소재로 활용하여 경제 현상 및 경제 문제에 접근함으로써, 학습자가 경제 현상에 대한 흥미와 관심을 넓히고, 경제 현상의 원리를 발견하며, 이를 경제생활에 적용할 수 있도록 한다.

④ 경제 현상에 대한 지식 내용 학습에서는 경제 현상과 경제적 사실에 대한 관찰, 분류를 통해 개념 및 일반 원리를 습득할 수 있도록 한다.

⑤ 경제 관련 도표, 통계, 보고서, 연감 등 다양한 유형의 실증적 자료를 읽고, 변형하고, 추론하는 방법을 익힘으로써, 신문, 잡지, 인터넷 등의 각종 매체를 통해 접하는 다양한 경제 정보를 파악하고 분석할 수 있도록 한다.

⑥ 논쟁적인 경제 이슈 등을 활용하여 경제 문제를 인식하고, 내포된 사실과 가치를 구분하며, 관련 자료의 타당성과 신뢰성을 검토하고, 대안을 제시하며, 합리적 의사결정을 할 수 있도록 한다.

⑦ 경제 현상과 관련된 다양한 가치를 확인하고, 가치 탐구 능력을 신장하며, 공동체 구성원으로서 요구되는 민주적 가치 태도를 함양할 수 있도록 한다.

⑧ 경제 현상을 다른 사회현상과 관련지어 전체적, 종합적으로 이해할 수 있도록 문학 작품, 신문 기사, 방송물, 영화, 역사 기록물 등 다양한 유형의 소재를 활용하도록 한다.

⑨ 학습 내용의 성격에 따라 토론, 발표, 논술, 조사, 사례 연구, 면접, 체험 등 다양한 교수 학습 방법을 활용하고, 경제 학습의 목표와 주어진 학습자 여건 및 교육 환경을 고려하여 가장 효과적인 교수 학습 방법을 선택하여 실행하도록 한다.

5. 평 가

① 평가는 교육과정에 제시된 경제교육의 목표와 내용, 교수 학습 방법과 일관성을 유지하도록 한다.

② 평가는 교육의 한 과정으로서 학습자의 학습 과정과 학습 내용의 성취 수준을 이해하고 발달을 돕는 차원에 중점을 두어 실시한다.

③ 평가 결과는 교육 내용과 교수 학습 방법의 적절성을 진단하여 지속적으로 교수 학습 과정을 개선함에 도움이 되도록 활용한다.

④ 경제 과목의 평가는 교육과정에 제시된 성취 기준을 준거로 하여 이루어지도록 하며, 평가의 내용은 지식뿐만 아니라 기능, 가치·태도 영역을 균형적으

로 포함하도록 한다.

⑤ 경제의 지식 영역 평가에서는 경제 현상의 설명과 경제 문제 해결에 필수적인 경제적 개념과 원리 및 일반화에 대한 복합적인 이해 정도에 중점을 둔다.

⑥ 경제의 기능 영역 평가에서는 학습 요소별로 해당되는 정보를 수집, 분석하여 활용할 수 있는 능력을 평가한다. 그리고 경제 현상, 경제 문제의 탐구와 의사결정 및 참여 기능의 평가에 중점을 둔다.

⑦ 경제의 가치·태도 영역의 평가에서는 개인적, 국가 사회적 측면에서 바람직한 가치를 내면화하고, 이를 바탕으로 경제 현상과 관련된 가치문제를 분석하고 평가할 수 있는 능력에 중점을 둔다.

⑧ 평가 방법으로 지필 평가뿐만 아니라 행동 관찰, 자기 보고, 면담, 구술, 토론 태도 점검 등 다양한 방법을 활용한다.

⑨ 사고력 신장이나 가치·태도의 변화를 파악하기 위해 양적 자료뿐만 아니라 질적 자료도 수집하여 평가하도록 한다.

XII. 사회·문화

1. 성 격

'사회·문화' 과목은 사회·문화 현상을 이해하고 탐구 방법을 익혀 이를 바탕으로 의사결정 능력을 함양함으로써, 사회문제를 해결하고 민주시민으로서 참여할 수 있는 능력을 육성하기 위해 개설된 사회과의 선택 과목이다. '사회·문화' 과목의 내용은 국민 공통 기본 교과인 '사회' 과목의 해당 영역에서 학습한 기본 개념의 토대 위에서, 학습자들이 심화된 내용을 학습할 수 있도록 선정하여 구성한다.

'사회·문화' 과목은 사회학과 문화 인류학을 기반으로 하여 인간의 사회적 행위와 문화적 특성을 다양한 관점에서 탐구할 수 있게 한다. 특히 사회·문화 현상에 대한 탐구 방법, 개인과 사회구조, 사회문제, 사회제도, 사회변동 등을 주요 내용으로 구성한다. 또한 사회·문화 현상에 관한 학문적 성과를 통합적으로 조직하여 사회·문화 현상을 종합적으로 이해하도록 하고, 민주사회의 시민에게 요청되는 가치와 태도를 함양하도록 하는 데 중점을 둔다.

'사회·문화' 과목에서는 학습자들이 사회현상에 대한 탐구 방법과 현대 사회의 여러 문제에 대한 합리적 의사결정 능력을 습득하여 세계 속의 주체적 시민으로서 참여할 수 있는 자질을 함양한다. 또한 문제 해결력과 비판적 사고력을 신장하여 민주 복지사회를 이룩하는 데 공헌할 수 있는 자질을 육성한다. 그리고 고등학교 선택 교육과정으로서의 '사회·문화'는 사회학과 문화인류학에 대한 소양을 길러줌으로써 고등 교육 기관에 진학하여 관련 사회과학을 탐구하는 데 기초를 제공해 준다.

2. 목 표

'사회·문화' 과목에서는 현대 사회의 특성과 변화 양상을 파악하고 이에 대한 탐구 방법을 습득하여 스스로 사회·문화 현상에 대한 지식과 관점을 형성할 수 있는 능력을 함양한다. 그리고 민주 사회 시민으로서의 가치와 태도를 함양하여 개인과 공동체의 문제에 대한 합리적 대안을 탐색할 수 있는 통찰력을 기른다. '사회·문화' 과목의 세부적인 목표는 다음과 같다.

① 사회·문화 현상에 관한 기본 개념과 원리를 습득하여, 개인과 사회구조, 문화현상, 사회제도, 사회변동과 사회문제 등 인간의 사회적 행위와 문화의 여러 측면을 다양한 관점에서 이해한다.

② 사회·문화 현상에 대한 여러 가지 자료를 수집, 분석, 종합, 평가하여 지식을 구성하는 능력과 사회·문화적 쟁점에 대한 가치 탐구 능력을 기른다.

③ 사회·문화 현상에 대한 이해와 탐구 방법을 토대로 공동체의 문제에 대한 합리적인 해결책을 탐색하는 문제 해결력과 의사결정 능력을 함양한다.

④ 변화하는 세계 속에서 비교 문화적 이해 능력과 개방적 태도를 지닌 세계시민으로서 주체적으로 사회에 참여할 수 있는 능력을 함양한다.

3. 내 용

1) 내용 체계

영 역	내용 요소
사회·문화 현상의 탐구	○ 사회·문화 현상 ○ 기능론, 갈등론 ○ 상징적 상호작용론 ○ 교환 이론 ○ 양적 연구, 질적 연구 ○ 자료 수집 방법 ○ 사회과학 연구 절차 ○ 연구 윤리
개인과 사회 구조	○ 사회화, 사회화 이론 ○ 지위와 역할, 역할 갈등, 사회적 상호 작용 ○ 사회 실재론, 사회 명목론 ○ 사회 집단, 사회 조직 ○ 관료제, 탈관료제적 조직 ○ 사회 구조, 일탈 행동
문화와 사회	○ 문화의 의미, 문화의 속성 ○ 문화를 보는 관점 ○ 문화의 세계화 ○ 문화상대주의, 문화의 요소, 문화의 기능 ○ 문화적 다양성, 문화 변동 ○ 지역 문화, 세대 문화, 반문화, 대중문화
사회 계층과 불평등	○ 사회 불평등, 사회 계층 구조 ○ 사회 이동 ○ 빈곤 문제, 성 불평등, 사회적 소수자 문제 ○ 사회 복지, 복지 제도
일상생활과 사회제도	○ 사회 제도, 결혼과 가족, 가족 문제 ○ 교육 제도, 교육의 기회 균등 ○ 대중매체, 종교적 갈등
현대 사회와 사회변동	○ 사회변동, 사회변동 이론 ○ 근대 사회, 근대화, 근대화 이론 ○ 인구 변천 과정 ○ 산업화, 도시화, 도시 문제 ○ 세계화, 정보화, 환경문제, 전쟁과 테러

2) 영역별 내용

(1) 사회·문화 현상의 탐구

사회과학적 탐구 대상으로서의 사회·문화 현상이 자연현상과 다른 특성을 지니고 있고, 사회·문화 현상의 탐구에는 독특한 관점과 접근 방법이 활용될 수 있음을 이해한다. 이러한 관점이나 접근 방법에 따라 사회·문화 현상의 연구 방법들이 지닌 특성을 비교, 분석하여 과학적 태도로 탐구 절차를 수행해 나가는 과정을 이해한다.

① 사회·문화 현상의 특성을 자연현상과 비교·분석하여 이해한다.

② 기능론, 갈등론, 상징적 상호작용론, 교환 이론 등 사회·문화 현상에 대한 다양한 이론적 시각들을 이해한다.

③ 사회·문화 현상에 대한 양적·질적 연구 방법의 특성과 차이점을 이해한다.

④ 사회·문화 현상에 대한 탐구 과정에서 필요한 자료 수집 방법의 유형과 특징을 이해한다.

⑤ 사회·문화 현상에 대한 탐구 절차를 이해하고 이를 실제 사례에 적용한다.

⑥ 사회·문화 현상의 탐구에 필요한 과학적 태도와 연구자의 윤리를 이해하고 이를 존중한다.

(2) 개인과 사회 구조

사회적 존재인 인간은 다양한 집단과 조직의 구성원으로서 상호 작용하면서 유기적인 관계망을 형성하고 있음을 이해한다. 이러한 사회적 관계망을 바탕으로 형성된 사회 구조 속에서 개인과 집단이 어떻게 상호작용을 하는지 이해한다. 아울러 일탈 행동의 원인을 파악하고 해결 방안을 탐색한다.

① 사회화의 개념을 이해하고 사회화를 바라보는 다양한 이론적 시각을 탐색한다.

② 여러 가지 사회화 기관의 유형을 구분하고 그 특징과 기능을 이해한다.

③ 사회적 지위와 역할의 의미를 파악하고 역할 갈등의 원인 및 해결 방안을 탐색한다.

④ 일상생활 속에서 협동, 경쟁, 갈등과 같은 사회적 상호작용의 유형을 탐색하고 그 특성을 비교·분석한다.

⑤ 개인과 사회의 관계를 바라보는 관점을 사회 실재론과 사회 명목론으로 구분

하여 이해한다.

⑥ 사회 집단의 의미를 이해하고 사회 집단의 유형별 특징을 비교·분석한다.

⑦ 사회 조직의 개념을 이해하고 관료제와 탈관료제적 조직의 다양한 특징을 살펴본다.

⑧ 사회 구조의 의미를 파악하고 일상생활에서 개인 및 집단이 사회 구조와 영향을 주고받는 관계에 있음을 이해한다.

⑨ 개인과 사회 구조의 관계 속에서 나타나는 일탈 행동의 원인을 이론적으로 분석하고 다양한 대처 방안을 모색한다.

(3) 문화와 사회

문화의 의미와 속성을 이해하고, 각 사회마다 문화가 다양할 뿐만 아니라 같은 문화도 시대에 따라 다양하게 변화하는 것임을 파악한다. 또한 문화가 개인의 일상생활과 사회 전반에 미치는 영향을 여러 측면에서 파악한다. 특히 세계화와 더불어 문화적 교류가 증가하면서 나타나는 현대 사회의 여러 가지 문화적 특징을 비판적 안목으로 파악하고 타 문화에 대한 개방적 태도를 갖는다. 아울러 문화 변동의 요인과 양상을 이해하고, 이에 능동적으로 대처할 수 있는 능력을 함양한다.

① 문화의 의미와 속성을 이해하고, 문화를 통해 현대 사회의 복합적인 사회현상을 이해한다.

② 기술, 언어, 상징, 예술, 가치, 규범 등 문화의 요소와 그 기능을 파악한다.

③ 문화를 바라보는 다양한 관점을 파악하고, 이를 바탕으로 자문화 및 타 문화를 이해할 수 있는 능력과 태도를 가진다.

④ 지역 문화, 세대 문화, 반문화 등의 하위문화와 대중문화에 나타나는 현대 사회의 다양한 문화적 양상을 파악한다.

⑤ 문화 변동의 요인과 양상을 이해하고 문화 변동에 따른 문제점을 파악하여 대처 방안을 모색한다.

⑥ 세계화와 더불어 나타나는 한국 사회의 문화적 다양성을 이해하고 한국의 문화적 정체성을 인식할 수 있는 안목을 기른다.

(4) 사회 계층과 불평등

경제적인 측면뿐만 아니라 사회문화적인 측면에서 나타나는 다양한 사회 계층과 불평등 현상을 살펴본다. 그리고 사회 불평등 현상의 원인을 설명하는 여러 이론적 시각을 이해하고, 사회 불평등의 해결 방안을 모색한다.

① 사회 불평등의 의미를 이해하고, 다양한 형태의 사회 불평등 현상을 살펴본다.
② 현대 사회의 계층과 불평등 현상에 대한 기능론과 갈등론의 관점을 비교·분석한다.
③ 사회계층 구조와 사회 이동의 의미와 특징을 이해한다.
④ 빈곤의 유형과 특징을 이해하고, 빈곤 문제를 해결하기 위한 방안을 모색한다.
⑤ 성 불평등의 의미를 이해하고, 성 불평등 현상이 발생하는 원인과 해결 방안을 탐색한다.
⑥ 사회적 소수자에 대한 차별 현황을 파악하고, 이를 개선하기 위한 방안을 모색한다.
⑦ 사회복지의 의미와 현황을 파악하고, 복지 제도의 역할과 한계를 살펴본다.

(5) 일상생활과 사회 제도

가족, 교육, 종교, 대중매체 등 여러 가지 사회 제도의 특징과 그 기능을 이해한다. 또한 이러한 사회 제도들과 관련된 사회적 쟁점이나 문제들을 파악하고 대안을 모색한다.

① 사회 제도의 의미를 이해하고, 사회 제도의 다양한 유형을 살펴본다.
② 가족의 의미와 기능을 이해하고, 다양한 형태를 살펴본다.
③ 가족 문제의 원인을 이론적으로 분석하고, 해결 방안을 모색한다.
④ 교육의 특성과 기능을 다양한 관점에서 이해한다.
⑤ 교육의 기회 균등 문제를 이론적으로 분석하고, 해결 방안을 모색한다.
⑥ 대중매체의 유형을 파악하고 각각의 특징을 비교·분석한다.
⑦ 대중매체의 역할과 기능에 대한 이론적 관점을 이해하고, 대중매체를 비판적으로 수용하는 태도를 가진다.
⑧ 종교의 본질과 기능을 이해하며, 종교적 갈등의 양상을 파악하고 타 종교를 개방적으로 바라보는 태도를 가진다.

(6) 현대 사회와 사회 변동

지속적으로 변화하는 사회의 역동적인 측면을 살펴본다. 이를 위하여 먼저 사회

변동을 이해하려는 다양한 관점을 이해한다. 그리고 사회변동의 구체적인 모습을 살펴보기 위하여 근대화, 인구와 도시의 변화 과정을 살펴보고, 현대 사회의 중요한 변화 양상인 세계화와 정보화를 이해한다. 아울러 현대 사회의 여러 가지 문제를 해결하고 바람직한 사회 변화를 이끌어 내려는 방안에 관해서 알아본다.

① 사회변동의 의미와 요인을 이해하고, 사회변동을 설명하는 다양한 이론적 관점을 탐색한다.

② 근대사회의 형성 배경을 알아보고, 근대화를 설명하는 다양한 이론적 시각을 살펴본다.

③ 산업화의 진전에 따른 노동의 구조와 변화 과정을 이해하고, 노동 문제의 원인 및 대처 방안을 탐색한다.

④ 도시화의 의미와 특성을 이해하고, 이에 따른 문제점과 대책을 탐색한다.

⑤ 인구 변천 과정을 이해하고, 이에 따른 문제점과 해결 방안을 탐색한다.

⑥ 세계화의 의미와 특징을 파악하고, 세계화 시대에 대비하는 우리 사회의 대처 방안을 모색한다.

⑦ 정보사회의 형성 과정과 특징을 이해하고, 정보화에 따른 문제점과 해결책을 탐색한다.

⑧ 환경문제, 전쟁과 테러 등 현대 사회가 당면한 전 지구적 차원의 문제들을 인식하고, 이에 대한 대응 방안을 모색한다.

4. 교수 · 학습 방법

① 학습자가 사회 · 문화 현상에 대한 흥미와 관심을 증진하고 기본 개념 및 원리를 이해하여 이를 실생활에 적용할 수 있도록 수업을 전개한다.

② 국민 공통 기본 교육과정의 사회 과목의 내용에 기초하여 현대의 사회 · 문화 현상에 대한 간학문적인 접근 방법을 습득하도록 한다.

③ 사회 · 문화 현상에 대하여 구체적 사실과 사례에서 출발하여 개념과 일반화를 습득하는 탐구 과정을 경험하도록 한다.

④ 학습자의 탐구 능력과 비판적 사고력, 그리고 문제 해결력 등을 신장시킬 수

있도록 다양한 탐구 주제와 교수 기법을 활용하여 수업을 전개한다.

⑤ 사회·문화 현상에 내재하는 다양한 가치관의 존재를 확인하고, 학습자 자신의 가치를 명료화하고 분석함으로써 가치 탐구 능력을 신장하도록 지도한다.

⑥ 교수·학습의 효율성을 높이기 위해 그래프, 통계표, 슬라이드, 영화, 연감, 신문, 방송, 사진, 기록물, 민속자료, 유물, 여행기 등 다양한 자료를 활용한다.

⑦ 학습 내용에 따라 토의·토론, 발표, 논술, 보고(서), 문화 기술지, 사례 연구, 면접, 사료 학습, 지역사회 답사 등 다양한 교수·학습 방법을 활용한다.

⑧ 정보화 사회에 요청되는 정보의 처리와 구성 능력 신장을 위해 신문 활용 교육(NIE), 인터넷 활용 교육(IIE) 등 다양한 정보 매체를 적극 활용하도록 한다.

5. 평 가

<평가의 기본 방향>
① '사회·문화' 과목의 평가는 교육과정에 제시된 목표, 내용, 교수·학습 방법과 일관성을 유지하면서 시행되도록 한다.

② 교육과정의 한 부분으로서 평가는 학습자 개개인의 학습 과정과 성취 수준을 이해하고 발달을 돕는 데 활용되도록 한다.

③ 평가의 결과는 교육 내용과 교수·학습 방법의 적절성을 진단하여 지속적인 교육과정의 개선을 위해 활용되도록 한다.

<영역별 평가 방향>
① '사회·문화 과목'의 평가는 교육과정에 제시된 목표에 따라 추출된 요소를 준거로 하여 이루어지도록 한다. 평가의 내용은 지식뿐만 아니라 기능, 가치·태도 영역에서 균형적으로 선정하도록 한다.

ⓐ 지식 영역의 평가는 사실적 지식의 습득 및 이해 여부, 사회·문화 현상에 대한 개념과 일반화의 습득 여부에 중점을 둔다.

ⓑ 기능 영역의 평가는 사회·문화 현상에 대한 정보의 획득과 활용 기능, 사회 탐구 및 가치 탐구 기능, 의사결정 기능 및 집단 참여 기능에 중점을 둔다.

ⓒ 가치·태도 영역의 평가는 학습자 개인의 가치 명료화 능력, 가치에 대한 분석 및 평가 능력을 측정하며, 국가·사회적 요구에 비추어 바람직한 가치관의 형성 여부에 중점을 둔다.

② '사회·문화' 과목의 평가에는 다음의 요소들을 포함하도록 한다.
ⓐ 사회현상과 자연현상과의 차이점을 이해하고, 사회·문화 현상에 대한 탐구 과정과 다양한 관점을 제시하고 설명할 수 있는가?
ⓑ 국내외의 각종 문헌이나 통계, 그래프, 그림 등을 적절하게 분석하고 해석할 수 있는가?
ⓒ 변화하는 사회현상에 대한 지식과 정보를 수집, 분석, 정리하여 사회를 올바르게 이해하고 있는가?
ⓓ 개인과 사회 구조의 관계 속에서 개인의 사회화가 갖는 의미를 이해하고 있는가?
ⓔ 문화의 의미와 속성을 이해하고, 현대 사회의 문화적 다양성을 파악하고 있는가?
ⓕ 한국 사회의 문화적 다양성을 파악하고, 한국의 문화적 정체성을 모색하는 태도를 가지고 있는가?
ⓖ 현대 사회의 계층과 불평등 현상을 이해하고, 사회 불평등 문제의 해결 방안을 탐색하는 태도를 가지고 있는가?
ⓗ 개인과 집단 간의 관계를 지위 및 역할과 관련지어 이해하고 있는가?
ⓘ 가족, 교육, 대중매체, 종교 등 사회 제도의 특징과 이와 관련된 문제를 파악하고 있는가?
ⓙ 현대 사회변동의 개념과 이론을 구체적으로 설명하고, 미래 사회는 어떻게 변화할지를 예측할 수 있는가?
ⓚ 사회변동과 더불어 나타나는 현대 사회의 문제점을 이해하고 있는가?
ⓛ 사회문제를 올바르게 이해하고 합리적으로 해결하려는 태도를 가지고 있는가?
ⓜ 개인의 성장과 사회의 발전을 조화롭게 실현할 수 있도록 노력하는 태도를 가지고 있는가?

\<평가의 유의점\>

① '사회・문화' 과목의 목표 특성에 따라 지필 평가 외에 면접, 관찰, 논술, 체크리스트, 포트폴리오 등을 통해 다양한 평가가 이루어질 수 있도록 한다.

② 단순한 사실이나 단편적 지식의 암기의 측정에 국한되지 않고 개념이나 원리의 이해 및 지식과 정보의 획득 과정과 활용 능력도 평가하도록 한다.

③ 사고력 신장이나 가치・태도의 변화를 측정하기 위해서 양적 자료뿐만 아니라 질적 자료도 수집하여 평가하도록 한다.

④ 평가의 타당도를 높이기 위해 학습자의 자기 평가, 동료 상호 평가, 활동 보고 등의 평가 방법을 적극 활용한다.

외국의 사회과 교육과정

〈표 44〉 외국의 사회과 교육과정

국가	교육과정 준립방식/교과서 발행제도	학제	사회과 시간배당	목표	주요 내용	특징	관련 교과
미 국	• 지방분산식 • 주정부 - 원칙(주에 따라 다름) 지 침 수립. • 지역학교구 - 교과서 및 교 수학습 자료, 교육과정 개발, 교육과 정 운 영 계 획 결정. • 교과서 자유발행.	• 복선형 (주에 따라 다름) • 8 - 4 - 4 • 6 - 3 - 3 - 4 • 6 - 6 - 4 • 12년간 의무교육	• 연간수업일수 약 180일 주 5일제 수업 • 분산식 교육 과정이므로 교육과정 안은 지역학교 구의 계획 에 의해 학교 의 책임자와 교사의 책임하 에 주마다 시 간이 주마다 다양함. • 7, 8학년 주당 5시간 40주	• 주마다 다름	누목 주의 경우 초등학교 사회과 교육과정의 주요 개념 목표는 변화, 시민성, 감정이입, 환경, 주체성, 상호의존성, 국가, 희소성, 기술 등 9가지 개념의 학습이 있다. 미국 사회과 교육과정에서는 역사, 지리, 공민영역의 하문적 기본개념 이외에 사회과 허습기능이 시 회과 교육 전반을 통하여 습득되도록 나 목 주의 경우는 1. 일반기능→정보습득 - 정보 사용 알기 - 정보의 제시 - 대인 및 집단관계에 참여 2. 문제발견/해결기능→문제발견 - 문제해결 - 문제론 - 문제전달 3. 자기관리기능→이가주의자 자아의 감퇴 - 인종 척 편견의 감소 - 스트레오 타입형의 지각의 감 퇴 - 강조하는 능력의 증진 - 다양성에 대한 건 설적인 태도의 증진 - 변화에 대한 건설적인 태 도의 계발 - 애매성에 대한 건설적인 태도의 함 양 - 갈등에 대한 건설적인 태도의 함양.	교육과정 운영은 학교 장에게 책임이 있음. 평가목적에 따라 초등 학교에서는 평가는 매 우 다양한 면에 평가 하고 그 결과 교사, 교 육행정가, 장학담당자, 학부모에게 정보를 제 공. 교육프로그램 개발 에 이용함. 학생 자기 평가를 매 우 권장하며 교사와 부 모든 많은 정보교환이 이루어지 성장을 돕 는다.	앙 주마다 명칭과 식이 다름. 사회, 사회과학, 시 민교육, 공민, 지리

국가	교육과정 조립방식 교과서 발행제도	학제	사회과 시간배당	목 표	주요 내용	특 징	관련 교과
영 국	• 지방분산식 학교교육과정 회 또는 네트 워크의 교육과 정 운영 모로 계 발 회사들의 자유경쟁 수립. • 자유발행 교과 서 및 학습지 도 자료, 학습 일체 자 유 개발.	독선형 초등6년 유아 2 - 초등교 4 년 초보 3, 4년 - 중간 3~5년 중등 7년 단선학교 7 종합학교 3~7년 고등교육 여러 종류의 학교 5~ 6세 11년간 의무 교육	역사 36% 환경교육 35% 사회 18% 인문 9%	교육과학성의 교육 과정지침 중 발췌 내용 • 성인생활 및 변 화하는 세계에 서 주입과 관 련 없는 지식 및 기능을 습득 하도록 돕는다. • 종교 및 도덕적 가치에 대한 존 중심을 고취하 고, 다른 인종, 종교, 생활방식 등에 대한 관용 성을 가지도록 한다. • 자신들이 살고 있는 세계를 이해하고 개인 및 집단과 국 가 간의 상호 의존에 대해 이해하도록 돕 는다.	교육과학성의 교육과정지침 중 사회와 관련된 사회 적 능력과 도덕과 관련된 다음과 같은 내용을 지도하도록 계획한다. ㄱ) 신뢰롭고 책임감 있는 태도. ㄴ) 훌륭한 매너. 관심, 우정 등으로 타인을 존중. ㄷ) 교인이나 학교에서 보는 자료와 대상을 아끼고 주의 환경을 존중. ㄹ) 집단의 일원이나 타인으로 참가하여 규칙을 지키고 지시사항에 따름. ㅁ) 학교에서의 모임 종교적 관념과 도덕적 가치의 발달에 물두. ㅂ) 9세와 11세 학생은 선인들의 생활방식과 관련하여 역사의 변천에 인과관계를 인식. ㅅ) 9세와 11세 학생은 인구, 동물, 식물, 수도 또는 지역사회 내외의 자원 등 의 지리적 측면에서 최소한 하나의 한 측면에 관계된 활동.	교육과정에 대한 평가 는 교사, 학생, 학습자 등이 교사, 운영계획, 실제 등 여러 면에 걸쳐 분석 평가되도록 되어 있으며 학생평가는 일 반적으로 교사수준에 서 임의로 결정되는 경향을 취함.	학교마다 교과가 다름. 통합교과에 사회과 가 묶여 있기도 하 며 구분되어 있기 도 함.

국가	교육과정 조립방식 교과서 발행제도	학제	사회과 시간배당	목 표	주요 내용	특 징	관련 교과
프 랑 스	• 중앙집중식 • 교과서는 자유발행	단선형 초등 5년 - 중등 7년 초등은 준비과정 초급과정 2년 중급과정 2년 중등은 관찰과정 2년(6, 5학년) 진로과정 2년(4, 3학년) 그 이상 3년은 고등학교 및 직업고등학교 의무교육연한 10년	초등학교 주당 수업시수는 27시간 준비과정 역사·지리 1시간 국민윤리 1시간 초급과정 역사·지리 2시간 국민윤리 1시간 중급과정 역사·지리 2시간 국민윤리 1시간	학생들에게 그들이 현실과 더 나아가 시간과 공간 속에서 간단한 자료를 주의 깊게 비판의식을 갖고 발견하게 하는 현실을 관계 짓고 비교하고 이해하게 한다(역사, 지리). 책임 있는 사회적 행동, 정치, 세계에서의 프랑스의 위치, 국민리교육의 힘 조건계를 갖고 관리와 의무를 동시에 가지며 정직, 용기, 민족주의, 애국심을 길러 준다.	〈역사·지리〉 • 준비과정 - 시간과 시간의 리듬과 척도, 생일, 축제일. 방학, 기념일, 일일계획표, 친숙한 공간 관찰. 먼 곳과 비교, 자연환경과 인간 활동의 특징 • 초급과정 - 현재 근대와 프랑스 사회, 여러 시대의 프랑스 사회. 연대표 이용. 자연환경 인 간활동과 지구와 각 지역, 지구와 지도 간의 한다는 현실을 관 촌하고 기술하는 • 중급과정 - 유럽과 세계 발달선상에 맞추어 구 서를 시대별로 학습. 선사, 프랑스의 기원, 중세, 근대, 혁명시대, 19세기. 20세기 유럽과 세계 속의 프랑스 연구. 지구, 프랑스의 영토, 경제활동과 인구, 세계 속의 프랑스 〈국민윤리〉 • 준비과정 - 사회생활의 기본규율을 학습. 국가의 상징, 프랑스공화국, 섬싸기, 라미르 세이즈, 7월 14일 • 초급과정 - 공동생활규칙의 명백한 인식·사회제도, 국가, 공화국, 투표권, 국가제도, 크린, 시장과 고문, 학교 • 중급과정 - 인간과 시민의 권리선언(1789), 인 간선언(1948), 자유와 권리(1789), 프랑스의 제도, 생활과 사회의 활동, 세계 속의 프랑스, 시민과 공화국	교육과정의 개념은 국가수준에서 하나은 영은 응통성과 지율성을 특징으로 하며, 평가는 학생의 지식 보다 능력 전체를 매 달 각 가정에 성적 통지. 초등학교 졸업장은 국가에서 수여함.	〈역사·지리〉 〈국민윤리〉

국가	교육과정 조립방식 교과서 발행제도	학제	사회과 시간배당	목 표	주 요 내 용	특 징	관련 교과
일 본	● 복합형 중앙집중식 지방분산식 병행 ● 자유발행제이 면서 교과서 검정제	단선형 소6 - 중3 - 고3 - 대4 전문학교 5년, 초급대 2년 포함. 의무연한 6~15 세의 9년.	학년연간배당시 간주당시간 1: 68 (2) 2: 70 (2) 3: 105 (3) 4: 105 (3) 5: 105 (3) 6: 105 (3) 1시간 45분 수업	사회생활에 대한 기초적인 이해를 도모하고 민주적 평화적인 국가. 사 회의 일원으로서 필요한 공민적 자 질의 기초를 닦는다.	1학년 - 사람들이 일하는 모습, 공공시설, 도로의 안전 및 안전을 위해 일하는 사람, 가족의 일하는 모습, 계절의 변화 2학년 - 소매상인들이 일하는 모습, 농사나 어업이 일하는 모습, 공장이 일하는 모습, 지에 서 일하는 사람, 우편을 집배하는 사람 3학년 - 지역사회의 지리와 환경, 지역사회와 자연 과 환경, 지역사회의 상하, 지역사회의 생 활 모습 비교, 지역사회의 변천 4학년 - 지역사회흐름을 위한 협조, 지역개발, 지역환 경에의 적응 모습 5학년 - 일본의 산하, 농업, 수산업, 공업, 지리적 환경의 특징 탐색 6학년 - 사람과 공업 생산활동과 국민생활, 국토의 환경보전과 자연 이용, 국토환경과 사회자 료의 활용	우리나라 교육과정의 각 교과 구성체계와 비슷함. 목표, 학년목표 내용. 내용 취급 지도계획 작성 순으로 되어 있음. 내용은 연계성을 띠 고 점점 범위와 심도 가 깊어진다.	사 회

국가	교육과정 조립방식 교과서 발행제도	학제	사회과 시간배당	목표	주요 내용	특징	관련 교과
스웨덴	● 중앙집중식을 취하며 지방. 지역과 균형 조화 이룸.	단선형 의무종합학교 9 년 그 뒤 김나지 움, 전문학교, 직 업학교와 통합고 등학교, 대학교가 있음. 7~16세까지 9 년간 의무교육	일반교과 자연과학 사회과학 사회과학 인간 인간의 환경 인간의 활동 생활문제 학년 주당시간 1~3 동안 18(74시간 중) (6)/25중 4~6 동안 15(102시간 중) (5)/34중	● 인간의 생활조 건을 이해하고 인간과 자연 및 환경과의 상호작용을 이 해하게 한다. ● 자연현상에 대 한 지식과 과 가 및 현재의 인간의 활동. 시 민의 권리와 의 무. 신념에 대한 지식을 얻게 한다.	● 자연과학 - 자아개념과 자연 및 인간 활동에 대한 지식을 확대·심화하게 한다. - 인간→인체구조와 기능 및 건강에 대한 지식 - 인간의 활동→근로 및 산업에 대한 지식과 문 제해결력 ● 사회과학 - 자아개념과 타인에 대한 개념. 생활 문제에 대한 지식을 넓히게 한다. - 인간→발달과 성장. 타인과의 관계. 어린이의 권리 등에 대한 지식과 태도를 발달하게 한다. - 인간의 환경→가후. 지방지리. 환경 등에 대한 지식 - 인간의 활동(역사적 조망)→자신. 가족. 지방. 나라의 변천과 문제에 대한 통찰력을 기른다. - 인간의 활동(사회적 조망)→민주주의 기실원리 와 생활방식. 집단의 규칙. 생활. 경제문제. 환경 문제 등에 대한 지식과 태도를 발달하게 한다. - 생활문제→종교. 윤리. 신념. 애국 등 생활을 중심으로 한 가치관의 발달을 돕는 다.	교과내용은 경험성. 종립성을 특징으로 작관성의 요구에 응 할 수 있는 원리를 취함. 자연과학과 사회과학 을 묶는 통합과목인 일반교과가 있다. 학과시험은 실시되나. 종합시험은 안 함. 개인성적 평가는 하 지 않음 학력향상은 연령과 정학활동과 다양한 교과 교육으로 도모함.	일반교과 (General Subject)

초등 교사임용시험 기출 문제 풀이 및 해설
(교육과정: 사회과)

〈2001학년도〉

※ 다음은 초등학교 제3, 4학년 사회과 '자연학습'에 관련된 내용이다. 잘 읽고
물음에 답하시오. (총 5점)

> 3, 4학년 사회과는 학생들이 살고 있는 고장 및 지역의 지리, 역사, 사회문제를 교재화하는 것을 전제로
> 하고 있다. 따라서 사회과 교사에게는 지역 교재를 재구성하는 것이 필수적으로 요청된다.

1) 초등학교 제3, 4학년 학생들이 학습해야 할 지역 교재를 재구성한다고 할 때
유의해야 할 점을 3가지 쓰시오. (3점)

Answer point

① 교육과정의 목표나 핵심적인 내용은 그대로 반영하되, 지역의 특성을 고려하
여 강조해야 할 목표를 반영한다(시·군·구 단위).
② 목표 달성을 위한 하위적 내용을 보완한 후, 학습의 주제나 제재를 지역이나
학교에서 취급하기 용이한 것으로 선정한다.
③ 자료 구성과 학습 방법, 평가, 시간 운영 등에 융통성을 둔다.

2) 교재의 지역화가 갖는 교육적 의의를 2가지 쓰시오. (2점)

Answer point

① 생활 주변에서 직접적으로 접할 수 있는 생생한 자료를 수업에 활용함으로써, 실제적인 학습의 효과를 높일 수 있다.
② 자기가 살고 있는 지역(향토)의 이해를 깊게 하고, 애향심을 길러 줄 수 있다.

〈2002학년도〉

※ 다음의(가)는 사회과 수업 지도안 내용 중에서 전개 활동에 해당하는 부분이고, (나)는 사회과 수업에 대한 관점이다. (가)와 (나)를 읽고, 다음 물음에 답하시오. (총 5점)

(가) 사회과 수업 지도안

ㄱ형   ㄴ형

ㄱ형	ㄴ형
1. 전개활동 ① 우리 고장의 대표적인 문제 소개: 쓰레기 매립장 설치 문제 ② 쓰레기 매립장 설치 문제의 해결 과정설명: 쓰레기 매립장의 설치 계획 발표→주민들의 매립장 설치 반대 집회→주민들과 행정기관과의 협의회→매립장 설치 문제에 대한 공청회 개최→매립장 설치에 대한 찬성과 반대를 묻는 투표 실시. ③ 이상적인 해결 방법 제시: 당사자들 간의 대화와 타협. ④ 자신들의 지역문제에 대한 관심과 해결 노력 필요 강조.	① 쓰레기 매립장 설치 문제가 실린 신문기사 제시. ② 쓰레기 매립장 설치 문제에 대한 찬성과 반대 입장 확인. – 찬성과 반대를 주장하는 자 – 찬성과 반대를 주장하는 내용 – 찬성과 반대를 주장하는 근거 ③ 찬성과 반대 입장 비교하고 검토하기. ④ 찬성과 반대 입장이 미치는 영향 및 결과 예측하기. ⑤ 자기의 입장 선택하기와 행동하기.

(나) 사회과 수업에 대한 관점

```
A관점: 학생들에게 사회를 지속시키는 데 필수적인 원칙과 가치를 인식시키고 가르쳐야 한다.
B관점: 학생들에게 부정확한 이해와 감정보다는 객관적이고 과학적인 분석 과정에 충실하도록 가르쳐야 한다.
C관점: 학생들의 신념을 끊임없이 탐색하고, 근거를 가지고서 자신의 판단을 할 수 있도록 가르쳐야 한다.
D관점: 학생들로 하여금 과거의 전통, 현재의 제도 등을 재검토하고 비판할 수 있는 안목을 갖추도록 한다.
```

1) 김 교사는 수업 지도안 ㉠형을 활용하여 사회과 수업을 해 왔으나, 앞으로는 수업 지도안 ㉡형을 활용하고자 한다. 김 교사의 사회과 수업에 대한 관점이 어떻게 바뀌었는지 (나)에 제시된 관점들에서 선택하여 쓰시오. (3점)

Answer point

(A)관점 → (B)관점

2) 수업 지도안 ㉡형의 내용을 토대로 볼 때, 이 수업에서 가르치고자 하는 사회과의 고등(급) 사고력은 무엇인지 쓰시오. (2점)

Answer point

(합리적)의사결정 능력

〈2003학년도〉

※ 다음은 사회과 수업을 하기 위해 교사가 준비한 자료이다. 자료를 보고 물음에 답하시오. (총 5점)

<학습 자료>

<사례 1> 어느 날, 김영수 씨는 새들이 살고 있는 집을 곧 비워야 한다는 내용의 편지를 받게 되었다. 집주인의 사업이 잘되지 않아 담보로 잡혀 있던 집이 은행으로 넘어간 것이었다. 김영수 씨는 집주인에게 전셋돈을 돌려 달라고 했지만, 집주인은 전셋돈을 빼 줄 수가 없다고 했다. 할 수 없이 김영수 씨는 전셋돈을 돌려받기 위해 재판을 하기로 하였다.

<사례 2> 어느 추운 겨울날, 한 걸인이 빵 가게 앞에서 머뭇거리고 있었다. 때마침 주인이 가게를 비우자, 걸인은 빵을 훔쳐 도망쳤다. 이를 본 가게 주인은 소리를 지르며 걸인을 쫓아갔고, 거리에 있던 경찰도 쫓아갔다. 걸인은 얼마 못 가서 잡혔고, 그 일로 재판을 받게 되었다.

<학습 과제>

1. <사례 1>의 집주인과 <사례 2>의 걸인은 무엇을 잘못했는지 비교해 보자.
2. 김영수 씨 친구가 친구의 입장에서 김영수 씨를 대신하여 집주인을 상대로 어떤 행동을 할 수 있는지 또는 없는지 생각해 보고, 그 이유를 제시해 보자.
3. 걸인이 빵을 훔치는 것을 자신이 보았다면 어떤 행동을 할 수 있으며, 그 이유는 무엇인가?
4. <사례 1> 및 <사례 2>와 성격이 비슷한 사례들을 생각해 보고, 각 사례들의 문제를 해결하기 위해 어떤 재판을 적용할 수 있는지 토의해 보자.

1) 위의 학습 자료와 3개의 학습 과제를 토대로 하여, 학습 목표 진술에서 일반적으로 고려되는 요소인 조건, 내용, 행동이 포함된 학습 목표를 만들어 보시오. (3점)

Answer point

'사례 1'과 '사례 2'를 통해서(혹은 비교하여)(조건), 양자의 차이점과 공통점을(내용), 2가지 이상 말할 수 있다(행동).

2) 교사는 학습 과제 2와 3을 통해서 학생들이 다음과 같은 추론을 경험하기를 기대한다.

제1차 추론: <사례 1>과 <사례 2>의 차이점	제2차 추론: <사례 1>과 <사례 2>의 공통점
사적인 문제(분쟁)와 공적인 문제라는 점	재판을 통해 문제(분쟁)를 해결해야 한다는 점

제2차 추론을 통해 교사는 학생들이 <사례 1>과 <사례 2>의 공통점에 대한 이유와 근거를 도출할 수 있도록 지도해야 한다. 제2차 추론 내용에 대한 이유 및 근거에 관련된 법 원칙(법 지식)을 10자 이내로 쓰시오. (2점)

자력구제 금지의 원칙

<2004학년도>

※ 다음을 읽고 물음에 답하시오. (총 5점)

바람직한 시민의 자질 함양을 궁극적 목적으로 삼는 사회과는 내용과 방법 면에서(①) 중심의 통합적 접근을 통해서 합리적 의사결정 및 사회 참여 능력의 신장을 중시한다.
이를 위해 송 교사는 공업 단지의 확장 문제를 놓고 개발 대 보존으로 팽팽히 맞서고 있는 지역 주민 간의 갈등 상황을 소재로, 아래의 절차에 따라 의사결정 수업을 하였다. 송 교사는 특히 4단계에서 다수결의 원칙을 따르지 않고, 모둠 구성원의 협의를 통해 만장일치로 의사결정을 하도록 지도하였다.

<1단계> 사실의 이해와 분석
<2단계> 가치의 이해와 분석
<3단계> (②)
<4단계> 의사결정 및 실천

1) ①과 ②에 들어갈 적절한 말을 쓰시오. (2점)

① 문제(혹은 주제)   ② 대안 개발(작성) 및 평가

2) 다음은 이 수업에서 이루어진 논의들이다. 각 논의가 의사결정 수업의 어떤 단계에 해당되는지 쓰시오. (2점)

<논의 1> 공단 유치 후 이 지역의 OO강 수질이 나빠졌다.
<논의 2> 저공해 첨단 산업을 유치할 경우, 환경 악화 문제를 어느 정도 해결할 수 있지만 우리 지역 여건에서 그런 산업을 유치하는 것은 쉬운 일이 아니다.

<논의 3> 물질적 보상보다 조상으로부터 물려받은 땅을 보존하는 것이 더 중
요하다.

Answer point

<논의 1>: 1단계
<논의 2>: 2단계
<논의 3>: 3단계

3) 위와 같은 수업에서 다수결의 원칙으로 의사결정을 할 때 나타나는 문제점을
   1가지 쓰시오. (20자 이내)(1점)

Answer point

① 다수의 횡포가 나타날 수 있다.   ② 소수 의견이 무시될 우려가 있다.
③ 충분한 논의가 결핍될 수 있다.   ④ 다수의 의견이 항상 최선이 아니라는
                                      점이 무시될 수 있다.

〈2005학년도〉

※ 다음은 5학년 사회과 '환경문제'단원에 대한 수업 전개 과정의 일부이다. 물
   음에 답하시오. (총 5점)

학습 목표: 우리나라의 자연 재해와 환경오염 문제를 조사한다.	
학습 내용	교수·학습 활동
자연 재해	자연 재해 관련 자료를 재해의 종류에 따라 분류하기 ㉠ 기후 그래프를 보고 홍수와 가뭄 등의 발생 지역과 시기 알아보기
환경문제	뉴스와 영화 등에 나타난 도시화, 산업화로 인한 환경오염 사례 발표하기 ㉡ 우리 동네의 공기와 하천의 오염 및 소음 정도를 야외 조사하기

1) ㉠을 지도하기 위해서는 기후 그래프가 필요하다. 다음 자료를 보고 4월부터 7월까지의 기후 그래프를 그리시오. (2점)

구분(월)	1	2	3	4	5	6	7	8	9	10	11	12
기 온	0	2	7	15	20	23	26	26	21	15	9	3
강수량	35	26	24	25	50	125	400	396	106	43	23	7

Answer point

① 기온: 꺾은선 그래프,　② 강수량: 막대그래프

2) ㉡의 공기오염을 조사할 때 사용할 수 있는 방법 중 초등학교 수준에서 할 수 있는 것을 1가지 쓰시오. (1점)

Answer point

젖은 흰 수건을(도로, 주택가, 산 등에) 설치한 후 일정 시간 경과 후 비교하기

3) ㉡에서 행한 야외 조사 학습의 장점을 2가지 쓰시오. (2점)

Answer point

① 흥미와 호기심 유발.
② 생활경험과 시야를 넓힘.
③ 사회의 여러 요인간의 관계 이해.
④ 이론(지식)과 현장(실제)의 연계적 교육 효과 높임.

※ 다음은 사회과의 성격 및 내용에 관련된 글이다. 물음에 답하시오. (총 5점)

---

① 신문, 방송, 인터넷 등으로부터 시대 변화 및 사회적 관심에 부응하는 최신 자료를 수집하여 적절히 활용한다.
② 자기가 살고 있는 고장이나 시, 도의 특성을 올바르게 인식할 수 있도록 교육과정의 목표와 내용을 학교 실정에 알맞게 재구성하여 운영한다.
③ 우리 지역과 이웃 지역 사이에 일어날 수 있는 갈등을 찾아 해결책을 알아본다.

---

1) ①, ②에 해당되는 사회과의 내용 선정 및 조직과 관련된 특징을 쓰시오. (2점)

Answer point

① 시사 자료 활용, 사회적 측면 고려   ② 교육과정의 지역화(학교 교육과정,
교육과정 재구성)

2) 다음은 ③을 지도하기 위한 학습 활동 자료이다. 자료에 나타난 학습목표, 학습소재, 교수 · 학습 방법(모형)을 쓰시오. (3점)

단 계	내 용
상황설정	• 철수네 고장에는 쓰레기 매립장이 없어서 이웃 민수네 고장의 매립장을 사용하고 있다. 그 결과 쓰레기 매립장 주변 주민들의 피해가 커졌다.
역할분담	• 민수네 고장 주민: 쓰레기 매립장을 건립해서 사용하라. • 철수네 고장 주민: 사용 대가를 지불하겠으니 공동으로 사용하자.
실행규칙	• 민수네와 철수네 두 편으로 나누어 각각의 협상 조건을 토의한다. • 협상 조건이 적힌 카드를 5장씩 만들게 하여 15 – 20점씩 점수를 주고, 학생에게는 알리지 않는다. • 조건이 제시된 카드 10장 중 5장을 서로 의논하여 선택한다. • 카드 점수의 합을 기준으로 승패를 결정한다.
실시	• 맡은 역할과 실행 규칙에 따라 협상 활동을 한다. • 실제상황과 마찬가지로 의사결정 및 행동을 한다.
반성	• 학습 결과에 대해 토론하고 발표한다.

① 학습 목표: 쓰레기 매립장과 관련된 갈등을 합리적으로 해결할 수 있다.
② 학습 소재: 쓰레기 매립장 문제
③ 교수·학습 방법(모형): 모의놀이 학습(역할놀이 학습), 의사결정 모형

〈2007학년도〉

※ 다음은 사회과에서 사용하는 수업 모형이다. 물음에 답하시오. (총 5점)

(가) 수업 모형	(나) 수업 모형
문제 확인→가설 설정→자료 수집→가설 검증→결론 도출 및 일반화	문제 확인→사회 탐구→① 가치 탐구→대안 탐색과 결과 예측→선택 및 행동

1) (가)와 (나)의 수업 모형은 제7차 교육과정에서 제시된 사회과 기능 목표 중에서 어느 것과 더 관련이 깊은지 각각 쓰시오. (2점)

(가) 탐구 기능   (나) 의사결정 기능

2) 다음은 사회과 교사의 유형 파악을 위한 설문 항목이다. (나)수업 모형보다 (가)수업 모형을 선호하는 교사가 동의할 가능성이 더 높은 평가 항목의 기호를 2개 쓰시오. (2점)

설문 항목	매우 동의 안함	동의 안함	동의	매우동의
㉠ 사회과는 사회과학이다.				
㉡ 사회과의 내용은 통합적으로 구성되어야 한다.				
㉢ 사회과는 증거에 기반 한 가치중립적인 결론을 도출할 수 있는 능력을 길러 주어야 한다.				
㉣ 사회과는 학생들이 사회문제를 인식하고 해결할 수 있는 전략을 가르쳐야 한다.				

㉠, ㉢

3) 다음 (나)수업 모형의 ① 과정에서 교사가 활용할 수 있는 가치 학습의 유형 (모형)이다. 이 유형(모형)이 무엇인지 쓰시오. (1점)

여러 가지 대안 중에서 자신의 가치를 자유롭게 선택하고, 선택한 가치를 존중하고 여러 사람 앞에서 기꺼이 이야기하며, 선택한 가치에 따라 일관성 있게 행동하도록 한다.

가치명료화

〈2008학년도〉

※ 다음은 김 교사가 작성한 사회과 교수·학습 과정안의 일부이다. 물음에 답 하시오. (총 5점)

단 계	교수·학습 활동
도 입	• 자신이 살고 있는 지역의 문제점 확인하기. • 여러 문제 중에서 가장 알고 싶어 하는 '강의 오염' 문제 선정하기.
전 개	• 우리 지역의 강이 오염된 원인을 알아보기. • 모둠별로 활동하기. −1모둠: 지역 신문에서 관련 기사를 수집하고 분석하기. −2모둠: 강의 상류 쪽으로 현지 답사하기. −3모둠: 강이 오염되지 않도록 하기 위한 해결 방안을 모색하기.
정 리	• 우리 지역의 강이 오염된 것은 상류 쪽에 있는 공장의 폐수 때문임을 확인하기. • 강이 오염되지 않도록 하기 위한 해결 방안을 모색하기.

1) 김 교사는 수업 목표를 다음과 같이 진술하였다. ①, ②에 알맞은 말을 쓰시 오. (1점)

(지식) 목표: 우리 지역 강의 오염 문제를 확인하고 그 원인을 안다.
(①) 목표: 우리 지역의 강에 대한 자료의 수집과, 해석활동, 현장 조사 활동을 통해 문제 해결을 모색한다.
(②) 목표: 우리 지역 강의 오염 문제에 관심을 가지고 이를 해결하기 위하여 적극적인 자세를 가진다.

Answer point

① 기능   ② 가치·태도

2) 다음은 김 교사가 작성한 교수·학습 과정안을 보고 다른 교사들이 진술한 것이다. 적절한 진술을 한 교사를 2명 골라 쓰시오. (2점)

교사 A: 수업 목표는 주로 가치 갈등의 해결에 초점을 두었다.
교사 B: 수업 내용은 생활에서 부딪히는 문제를 중심으로 선정했다.
교사 C: 수업방법은 개념을 나열하는 방식이었다.
교사 D: 수업 단계는 사회 탐구 과정과 가치 탐구 과정을 모두 포함했다.
교사 E: 수업 활동은 통합적인 접근을 따랐다.

Answer point

교사 B,   교사 E

3) 다음은 사회과 교수, 학습 방법에 관한 글이다. ①, ②에 들어갈 말을 쓰시오. (2점)

사회과에서 사용하는 교수, 학습 방법에는 크게 두 가지 입장이 있다. 하나는 (①)을(를) 중요시하는 입장과 다른 하나는 (②)을(를) 중요시하는 입장이다. 전자는 주로 강의가 중심이 되고 교사 중심으로 이루어진다. 후자는 주로 학생의 흥미와 요구가 중심이 되고 학생 중심으로 이루어진다. 위의 김 교사의 교수·학습 방법에서 강조하는 것은 후자에 가깝다.

Answer point

① 전수(전달)(내용)   ② 문제 해결(방법)

(한국교육과정평가원 주최, 2008. 7. 5. 실시)

(1차 선택형)

13. 다음은 사회과에 대한 두 교사의 대화이다. 최 교사의 입장과 부합하는 것을 <보기>에서 고른 것은?

〈보기〉
정 교사: 전통적 문화유산과 사회적 가치를 가르치는 것이 중요하다고 생각해요. 어떻게 하면 학생들이 이를 수용하고 내면화하도록 할 것인가를 고민할 필요가 있어요.
최 교사: 제 생각은 다른데요. 학생들이 개인적으로나 사회적으로 의미 있는 문제를 가지고 이와 관련된 사실적 측면과 가치적 측면을 검토하여 이를 해결하도록 해야 하지 않을까요?

ㄱ. 반성적 탐구를 강조한다.
ㄴ. 합리적 의사 결정 능력이 시민성의 핵심 요소이다.
ㄷ. 교사는 학생들에게 시민의 자질을 전수해야 한다.
ㄹ. 사회과학적 지식에 대한 체계적인 학습을 중시한다.

① ㄱ, ㄴ   ② ㄱ, ㄷ   ③ ㄴ, ㄷ   ④ ㄴ, ㄹ   ⑤ ㄷ, ㄹ

Answer point

※ 정답: ①

※ 해설: 학생 중심 교수·학습은 반성적 탐구와 합리적 의사 결정력 신장이 핵심이다

14. 다음과 같이 탐구수업 모형에 따라 수업을 진행할 때, (가)단계에서 교사가 학생들에게 제시할 수 있는 예로 가장 적절한 것은?

학습 주제	가족 구성원의 역할
수업 과정	문제 제시 (가) 탐색 자료 수집 및 분석 가설 검증 및 일반화

① 가족은 핵가족과 확대가족으로 구분된다.

② 연령이 낮을수록 가사 활동에 더 참여해야 한다.

③ 시대에 따라 가정에서 남녀의 역할이 다를 것이다.

④ 가정에서 남자와 여자가 해야 할 역할은 무엇일까?

⑤ 도시는 농촌에 비해 핵가족화 경향이 두드러질 것이다.

Answer point

※ 정답: ③

※ 해설: (가) 단계는 '가설 설정' 단계로 탐구의 잠정적 결론을 미리 제시하는 것이다

15. 박 교사는 다음 사례를 활용해 모의재판 수업을 진행하였다. 교사의 학습 지도 내용 중 재판 제도에 비추어 적절하지 않은 것은?

> 홍길동 씨는 전세로 살고 있다. 어느 날 홍길동 씨는 한 통의 편지를 받았다. 그 내용은 전세로 살고 있는 집을 곧 비워야 한다는 것이었다. 집주인의 사업이 잘되지 않아 은행에 진 빚을 갚지 못하여, 담보로 잡혀 있던 집이 은행에 넘어간 것이었다. 홍길동 씨는 집주인에게 전셋돈을 돌려 달라고 했지만, 집 주인은 전셋돈을 줄 수 없다고 하였다. 이에 홍길동 씨는 돈을 돌려받기 위해 집주인을 상대로 재판을 청구하였다.

① 민사 재판 형식에 따라 모의 법정을 꾸미도록 하였다.

② 판사, 검사, 피고, 변호인으로 주요 배역이 구성되도록 하였다.

③ 피고는 집주인이 된다고 설명하였다.

④ 판사는 양심과 법에 따라 공정하게 재판을 해야 한다고 강조하였다.

⑤ 판결에 불만이 있을 경우 상급법원에 재심을 청구할 수 있다고 설명하였다.

Answer point

※ 정답: ②

※ 해설: 민사 재판은 원고, 피고, 증인, 판사 등의 배역이 있어야 한다. ②번의 예문은 형사 재판의 배역이다.

16. 다음은 교사가 사진자료를 활용하여 진행한 수업 장면이다. 이 수업의 목표로 가장 적절한 것은?

- 첫 번째 사진은 말들이 풀을 뜯고 있는 장면입니다. 넓은 평원을 초지로 활용하고 있네요.
- 두 번째 사진은 전통 가옥의 모습이에요. 바람에 날아가지 않도록 줄로 지붕을 그물처럼 엮어 놓았습니다.
- 세 번째 사진은 밭의 모습이네요. 이 지역에서 쉽게 구할 수 있는 검은 돌로 밭 둘레에 돌담을 쌓아 놓았네요.
- 네 번째 사진은 풍력 발전기입니다. 바람을 이용해 전기를 얻는 것이지요.

---

① 지도를 활용하여 지역의 특징을 설명할 수 있다.
② <u>자연환경과 인간 생활의 관계를 파악할 수 있다.</u>
③ 지역 간 상호 의존이 필요한 까닭을 말할 수 있다.
④ 지역 개발이 사회 환경에 미치는 영향을 알 수 있다.
⑤ 입지에 영향을 주는 인문환경 요소를 제시할 수 있다.

Answer point

※ 정답: ②

※ 해설: 자연환경과 인간 생활의 모습을 나타낸 지문으로 '인간과 공간'의 내용을 다루고 있다.

17. 다음은 교사가 사회수업 시간에 실시한 수행평가의 결과물이다. 이와 관련된 설명으로 가장 적절한 것은?

〖 역사일기 〗
제목: 타임머신을 타고 떠난 나의 즐거운 하루
6학년 반 번 이름:

오늘은 기쁜 날이다. 아빠가 사슴을 잡아서 돌아오셨기 때문이다. 아침 일찍부터 숲으로 사냥을 가셨던 아빠가 사슴을 어깨에 메고 웃으며 동굴로 들어오셨다. 엄마는 주먹 도끼로 사슴 가죽을 벗기고 고기를 구우셨다. 오랜만에 배부르게 저녁을 먹었다. 빗살무늬 토기에 담아 둔 고기를 내일도 먹어야지.

♣ 선생님 의견
재미있게 잘 표현했어요. 동굴 생활 모습과 주먹도끼 사용 모습이 시대에 맞게 잘 나타나 있어요. 그런데 빗살무늬 토기는 시대에 맞지 않네요. 다시 생각해 보세요.

---

① 교사가 활용한 평가 방법은 관찰기록법이다.

② 교사는 학생들의 상대적인 성취 정도를 파악하고자 한다.

③ <u>교사는 역사적 상상력을 통한 역사 이해를 강조하고 있다.</u>

④ 교사는 역사적 인과 관계의 파악 여부에 초점을 두어 의견을 제시하고 있다.

⑤ 교사는 '신석기 시대의 생활 모습을 일기로 써 보기'를 수행과제로 제시하였다.

| Answer point |

※ 정답: ③

※ 해설: 교사가 학생들에게 직접 주입, 교화하는 것이 아니라, 스스로 상상력을
　　　　발휘하여 탐구적으로 문제 해결을 하도록 접근하고 있다.

(2차 논술형)

※ 다음은 제7차 사회과 교육과정에 따른 초등학교 학년별 '학습 내용 사례'를
　　나타낸 것이다. 1) 이를 바탕으로 사회과 교육과정의 내용 조직(sequence)에
　　반영된 두 가지 원리를 찾아서 각각의 원리가 아래의 학년별 '학습 내용 사
　　례'에 어떻게 반영되어 있는지 구체적으로 서술하시오. 2) 사회과 교육과정
　　구성과 관련하여, 두 원리의 특성과 문제점을 각각 서술하시오. (8점, 시간
　　15분, 분량 500자 내외)

학 년	학습 내용 사례
3	시장 물자의 유통을 통하여 고장을 하나가 되도록 결합시켜 주며, 우리 고장은 시장에서의 물자 유통을 통하여 다른 고장과 상호 의존 관계를 맺고 있다.
4	생산이 분업화되고 유통이 발달할수록 경제생활에서 다른 지역과의 상호 의존성은 증대한다.
5	농업, 임업, 어업 등의 산업 활동이 이루어지고 있는 촌락은 도시와 상호 의존 관계를 맺고 있으며, 국토의 균형적 발전을 위하여 촌락의 개발이 필요하다.
6	우리나라는 세계의 여러 나라들과 수출, 수입 등 경제교류를 통해 서로 도움을 주고받으며 발전하고 있다.

10. 다음은 초등학교 제5학년 '도시 지역의 생활' 단원을 지도하기 위하여 교사가 설정한 수업 목표이다. '사회과 교육과정의 지역화' 유형 두 가지 중 이 목표를 반영하고 있는 지역과 유형에 대한 설명으로 적절한 것을 <보기>에서 모두 고른 것은?( )

○ 수업 목표
우리가 살고 있는 지역에 인접한 OO시와 OO시를 사례로 하여 도시 문제의 일반적 특징을 파악할 수 있다.

〈보기〉
ㄱ. 지역이 학습의 수단으로 활용된다.
ㄴ. 사랑해야 할 장소로서의 지역 개념에 기반을 둔다.
ㄷ. 사례 지역의 여러 가지 현상을 그 자체로 학습하려는 것이다.
ㄹ. 사례 지역의 사실과 현상 중 교육과정에 규정된 내용에 적합한 것들만 다룬다.

---

① ㄱ, ㄴ   ② ㄱ, ㄹ   ③ ㄴ, ㄷ   ④ ㄱ, ㄷ, ㄹ   ⑤ ㄴ, ㄷ, ㄹ

Answer point

※ 정답: ②

※ 해설: 사회과 교육과정 지역화의 개념은 사회과의 학습 대상이 되는 사회적 사실과 현상을 지역에서 찾아 교재화할 뿐 아니라 학교의 여건, 학생, 학부모, 지역사회의 요구까지 고려하여 내용을 재편성하고 운영하는 것을 뜻한다. 그리고 지역학습을 통해서 지역사회의 발전과 개선에 참여하려는 태도를 기르려는 의지까지도 포함시키는 것으로 볼 수 있다.

지역화는 크게 내용의 지역화와 방법의 지역화로 나눌 수 있는데, 첫째 내용의 지역화는 곧 '지역'에 대한 학습으로서 지역화이다. 이는 각각이 지역에 분포하는 지리적 역사적 및 사회적 현상과 사실 자체에 대하여 교수 학습하도록 하고자 하는 의미에서 지역화이다. 다시 말하자면 학습자들로 하여금 우리 고장 우리지역에 대한 지식과 이해를 넓히기 위한 목적에서 이루어지는 지역화이다. 둘째 방법의 지역화는 곧 '지역'으로써 학습하게 된다는 뜻에서 지역화이다.

　이 지문의 수업목표에 쓰인 지역화는 첫 번째 지역화를 뜻하는 것으로 답은 ㄱ,
ㄹ이 된다.

11. 다음은 초등학교 제6학년 '국민의 대표들이 모인 국회'를 학습한 후에 수행
　　평가 과제물로 학생이 제출한 개념도이다. 이 개념도에 대한 교사의 평가 내
　　용으로 옳은 것을 <보기>에서 고른 것은?

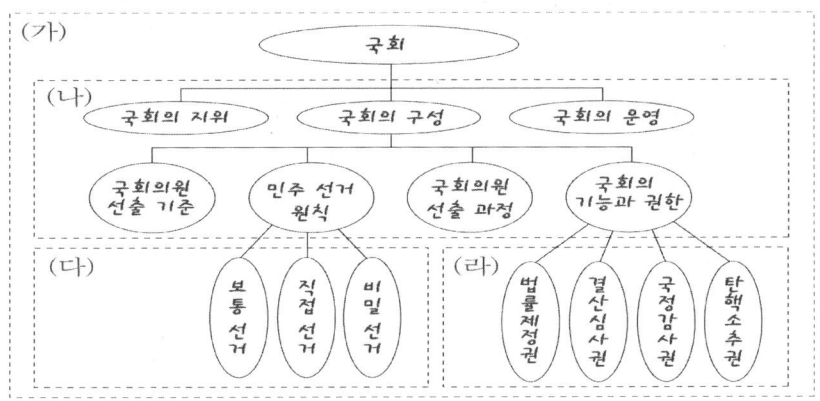

<보기>

| ㄱ. (가)에서 '국회'는 이 개념도의 최상위 개념으로 적절하지 않다.
ㄴ. (나)에서는 개념 간의 위계가 바르게 설정되어 있지 않다.
ㄷ. (다)에는 '투표 가치의 동가성'과 관련된 원칙이 빠져 있다.
ㄹ. (라)에는 국회의 기능과 권한으로 볼 수 없는 개념이 포함되어 있다. |
| --- |

① ㄱ, ㄴ　　② ㄱ, ㄷ　　③ ㄴ, ㄷ　　④ ㄴ, ㄹ　　⑤ ㄷ, ㄹ

Answer point

정답) ③

해설)

ㄱ. 국회의 지위, 국회의 구성, 국회의 운영으로 하위 개념이 계속 나뉘고 있으
　　므로 '국회'는 이 개념도의 최상위 개념으로 적절하다.

ㄴ. 국회의 하위 개념으로서 민주선거원칙은 적절하지 않다.

그러므로 (나)개념 간의 위계가 바르게 설정되어 있지 못하다.

ㄷ. 민주선거의 4대원칙으로는 보통선거, 평등선거, 비밀선거, 직접선거로서 (다)에는 빈부, 성별, 학력에 관계없이 누구나 한 표씩만 투표하는 투표가치의 동가성과 관련된 평등선거의 원칙이 빠져 있다.

ㄹ. 국회의 권한으로 입법에 관한 권한으로는 1. 헌법 개정 제안 및 의결, <u>2. 법률 제정 및 개정</u>(국민 생활에 필요한 법을 제정하고 필요한 내용을 고칠 수 있다.). 3. 조약 체결, 비준; 재정에 관한 권한으로 1. 예산안 심의확정, <u>2. 결산심사</u>(국회는 한 해 국가의 수입, 지출의 실적 심사를 통해 정부의 예산 집행에 대한 정치적 책임을 밝히고, 장래의 재정 계획과 그 운영에 중요한 자료로 활용한다.) 3. 재정입법; 일반 국정에 관한 권한으로는 <u>1. 국정 감사 및 조사</u>(국회는 국정 감사와 조사를 통해 국정 운영의 실태를 정확히 파악하고, 입법과 예산 심의를 위한 자료를 수집한다.) <u>2. 탄핵소추권</u>(헌법이나 법률 규정에 의해 일반적인 절차로 파면시키거나 일반 사법 기관에서 소추하기 곤란한 대통령 및 특정 고급공무원의 위법행위에 대한 탄핵의 소추를 의결할 수 있는 권리를 말한다.)

기타의 권한으로 긴급 명령, 긴급 재정 경제 처분, 명령 승인권, 계엄 해제 요구권, 국무총리, 대법원장, 감사원장 임명 동의권 등이 있다. 그러므로 (라)에는 모두 국회의 기능과 권한의 내용들이다.

12. 제5학년 '더불어 사는 정보화 세상'에서 인터넷 실명제를 주제로 다음과 같은 절차에 따라 논쟁문제 수업을 전개하고자 한다. 학습 단계에 따른 교사의 발문으로 적절한 것을 모두 고른 것은?( )

학습 단계	교사의 발문
문제 제기	○ 인터넷 실명제를 찬성하는가, 반대하는가? ○ 인터넷 실명제를 둘러싸고 어떤 의견들이 대립하고 있는가?
개념의 명확화	○ 인터넷 실명제의 뜻은 무엇인가?
사실 확인과 경험적 증명	○ ㄱ. 표현의 자유와 인격권의 보장 중에서 무엇이 더 우선적인가?
가치 갈등의 해결	○ ㄴ. 다른 나라에서는 인터넷 게시판을 어떻게 운영하는가?
대안 모색 및 결론	○ ㄷ. 인터넷 실명제의 문제점을 보완할 수 있는 다른 방법은 없는가?

① ㄱ　　② ㄴ　　③ ㄷ　　④ ㄱ, ㄴ　　⑤ ㄴ, ㄷ

Answer point

※ 정답: ③

※ 해설:

ㄱ. 가치 갈등의 해결 단계의 발문

ㄴ. 사실 확인과 경험적 증명 단계의 발문

13. 다음은 제4학년 '지도에 나타난 우리 시·도의 모습' 수업에서 교사와 학생이 나눈 대화이다. 지도(地圖)의 기본 요소에 대한 교사의 설명 중 옳은 것을 모두 고른 것은?(　)

교사: 지도를 제대로 보기 위해서는 방위, 축척, 기호 등 지도의 기본 요소를 읽을 수 있어야 합니다.
학생: 제3학년 때 방위와 나침반에 대해 배웠어요. 신기했어요. 정말 나침반의 바늘이 북쪽을 가리키나요?
교사: ㄱ) 나침반 바늘의 한쪽 끝이 정확히 북극점을 가리키지는 않지만 대략 북쪽을 향하고 있지요.
학생: 그런데 축척은 좀 어려워요.
교사: 축척은 지도를 만들기 위한 축소 비율, 그러니까 실제 거리를 짧게 줄인 비율을 말합니다. 따라서 ㄴ) 축척이 작으면 작을수록 자세한 정보를 알 수 있어요. 축척은 흔히 대축척과 소축척으로 구분해요. 하지만, ㄷ) 대축척과 소축척을 구분하는 기준은 정해져 있는 것이 아니라 상대적이랍니다.
학생: 선생님, 지도에 나온 여러 가지 기호들을 보니 실제 모양과 닮았어요. 기호는 실제 모양을 본떠서 만드는 것인가요?
교사: 꼭 그런 것만은 아니에요. ㄹ) 실제 모양과 관계없이 사람들 간의 약속에 의해 만들어진 기호들도 있습니다.

① ㄱ, ㄴ　② ㄱ, ㄹ　③ ㄴ, ㄷ　④ ㄱ, ㄷ, ㄹ　⑤ ㄴ, ㄷ, ㄹ

Answer point

※ 정답: ④

※ 해설:

ㄱ. 나침반이 가리키는 북은 자북, 북극점의 북은 진북.

ㄴ. 축척이 작은 지도일수록 넓은 지역을 표현한 것이기에 자세한 정보를 알 수 없다. 축척이 클수록 자세한 정보를 얻을 수 있다.

ㄷ. 지도의 축척은 정해져 있는 것이 아니라 상대적으로 크고 작음에 따라 소축척지도와 대축적지도로 나뉜다.

ㄹ. 온천 항구 등대와 같이 비슷한 모양을 떠 만든 기호도 있지만 소방서 공장 등과 같이 실제모양과 관계없이 시간의 약속에 의해 만들어진 기호들도 있다.

14. 다음 <보기>는 제6학년 '우리 민족과 국가의 성립' 단원을 수업하면서 교사가 제시한 발문들이다. 각 발문과 그것이 유도하려는 사고 유형을 가장 적절하게 짝지은 것은?(   )

ㄱ. 삼국 통일이 삼국의 왕족, 백성, 군인 등 다양한 집단에게 각각 어떤 의미였을지 각 집단의 입장에서 생각해 보세요.
ㄴ. 삼국 통일 이후 통일 신라와 후삼국 통일 이후, 고려의 도읍지는 각각 어느 지역인지 말해 보세요.
ㄷ. 후삼국을 통일한 시점의 고려는 통일 신라 탄생 시점과 비교해 국경의 위치가 어떻게 다른지 사회과부도에서 확인해 보세요.

	기억의 재생	사건의 분석	역사적 추론
①	ㄱ	ㄴ	ㄷ
②	ㄱ	ㄷ	ㄴ
③	ㄴ	ㄱ	ㄷ
④	ㄴ	ㄷ	ㄱ
⑤	ㄷ	ㄴ	ㄱ

Answer point

정답 ④

해설

ㄱ. 삼국통일이 각 집단에게 어떤 의미였는지 그 집단의 입장에서 생각해 보라는 발문을 던짐으로써 삼국 통일에 대해 역사적으로 추론하도록 유도한다.

ㄴ. 통일신라와 고려의 도읍지를 물어보는 발문을 통하여 기억을 재생시킨다.

ㄷ. 사회과부도에서 확인하도록 발문하면서 통일이라는 사건에 대해 분석하도록 한다.

중등 교사임용시험 기출 문제 풀이 및 해설
(일반사회: 2009학년도)

1. 미국 사회과의 성립 과정에서 나타난 역사적 사건들을 시대 순서대로 바르게 배열한 것은?(　　)

ㄱ. 미국 사회과 교육협의회(NCSS)가 창설되어 시민성 교육을 위한 효과적인 프로그램을 제공하였다.
ㄴ. 미국 교육협회(NEA) 사회과 위원회에서 훌륭한 시민 양성을 목적으로 하는 '사회과(social studies)'의 창설을 주장하였다.
ㄷ. 미국 교육협회 10인 위원회에서는 라틴어, 그리스어, 고대사 등과 함께 직업 생활이나 시민교육을 포괄하는 교육과정을 제시하였다.
ㄹ. 미국역사협회(AHA)의 7인 위원회에서는 고대사, 중세 및 근대사, 영국사, 미국사와 민주 정부(civil government)로 구성된 역사교육을 주장하였다.

---

① ㄴ - ㄹ - ㄷ - ㄱ　　② ㄷ - ㄴ - ㄱ - ㄹ　　③ ㄷ - ㄹ - ㄴ - ㄱ

④ ㄹ - ㄴ - ㄱ - ㄷ　　⑤ ㄹ - ㄷ - ㄴ - ㄱ

Answer point

☞정답: ③ 해설:
- NEA의 10인 위원회는 중등학교의 교육과정 및 대학 입학 자격요건의 검토를 목적으로 1892년에 구성되었다.
- AHA의 7인 위원회는 NEA로부터 역사교육에 관한 대학 입학 자격요건의 검토를 의뢰받아 1896년 구성되었다.
- 사회과위원회는 1913년 예비 보고서를 내고 1916년 사회과 설치를 권고하는 정식 보고서를 제출함으로써 비로소 사회과가 성립하였다.
- NCSS는 사회과 교육과정의 개발 및 그 보급을 목적으로 1921년 결성되었다.

---

2. 다음은 특정 시기 한국 사회과의 학년별 내용 체계를 나타낸 자료이다. 관련된 설명으로 옳은 것은?(　　)

	(A) 부분	주당 시수	지리 부분	주당 시수	역사 부분	주당 시수
1학년	공민생활 Ⅰ (공동생활)	1	이웃나라생활	2	이웃나라생활 (동양사)	2
2학년	공민생활 Ⅱ (정치생활)	1	먼나라생활	2	먼나라생활 (서양사)	2
3학년	공민생활 Ⅲ (경제생활)	1	우리나라생활	2	우리나라생활 (국사)	2
4학년	정치론	2	지리통론	2	인류문화사	2
5학년	경제론	2	인문지리	2	우리문화사	2
6학년	윤리철학	2	경제지리	2	인생과 문화	2

① A에 들어갈 용어는 '공민'이다.

② 초등 사회과의 내용 체계를 나타낸 자료이다.

③ 이 시기에는 사회과의 공식 명칭이 '사회과학과'였다.

④ 이 시기에는 '교수요목'이란 용어 대신 '교육과정'이란 용어가 사용되었다.

⑤ 이 시기에는 교과 명칭뿐만 아니라 내용 조직에서도 실질적인 통합이 이루어졌다.

Answer point

☞정답: 공민 해설:
문제의 표는 **교수요목기 중학교 사회생활과**의 학습 내용과 시간배당표이다.
중등 사회과는 초등 교육과정과는 달리 종합적 성격의 사회과 도입에 대한 합의도출에 실패하였다. 그 결과 중등학교의 사회과 교육과정은 역사, 지리, **공민**이 **분과형**으로 편성되었다.

---

3. 밑줄 친 'A 교사의 관점'과 동일한 입장에서 서술된 것을 <보기>에서 고른 것은?( )

〈○○○ 교수의 사회과 교육 연구 일지〉

오늘 A 교사와 면담을 하였다. 올해 경력 3년차의 A 교사는 대학 재학 시 사회과 교육론 강의에서 바아(R. Barr) 등이 주장한 3가지 사회과 전통에 대해 배웠으며 그중 하나를 사회과 교육에 대한 자신의 관점으로 채택하고 있었다. <u>A 교사의 관점</u>은 다음과 같은 설문 조사 결과에서도 일관성 있게 유지되었다.

문 항	동의함	동의하지 않음
학생들의 논리적인 능력은 갈등 해결을 위한의사 결정 과정에 대해 심사숙고할 때 향상될 수 있다.	○	
미록 위리 사회 체제가 불완전하더라도 학생들은 인간에 의해 고안된 것 가운데 최고의 체제로서 우리 사회 체제를 지켜 낼 수 있는 도덕적 신념을 가져야 한다.		○
자신의 가치와 자신이 내린 결정의 결과를 이해하는 학생은 개인적 문제와 사회적 문제에 대해보다 책임 있는 해답을 제시할 수 있다.	○	

<보 기>

ㄱ. 학생들은 사회 교사에게 시민으로서 갖추어야 할 기본적인 의무와 책임을 배워야 한다.
ㄴ. 학생들은 자신이 속한 사회의 신념, 태도 그리고 가치에 내재한 논리를 이해하고 수용해야 한다.
ㄷ. 학생들은 우리가 누리고 있는 자유와 권리의 토대를 제공해 주는 사회적 전통을 존중해야 한다.
ㄹ. 자신들이 선택한 문제들에 대해 심사숙고해 본 학생들은 좀 더 독립적으로 사고와 행동을 할 수 있다.
ㅁ. 국가에 대한 충성을 가르칠 때에는 특정한 가치나 제도가 아니라 학생들의 욕구와 흥미에 대한 반성적 과정에 초점을 두어야 한다.

① ㄱ, ㄴ   ② ㄱ, ㄷ   ③ ㄴ, ㄹ   ④ ㄷ, ㅁ   ⑤ ㄹ, ㅁ

Answer point

☞정답: ⑤ 해설:
바아(R. Barr) 등이 주장한 3가지 사회과 전통에는 문화유산전달 모형, 사회과학모형, 반성적 사고 모형이 있다. 제시문의 A 교사의 관점은 반성적 사고 모형에 속한다. 이는 반성적 사고력을 기르는 것을 사회과 교육에서 가장 중요시하는 모형이다. 반성적 사고란 주어진 문제를 현실적으로 파악하고 논리적으로든 경험적으로든 증명할 수 있는 증거에 의하여 결론을 도출해 내는 사고 방법이다.
ㄱ, ㄴ, ㄷ은 문화유산전달 모형과 관련이 있다.

4. 밑줄 친 부분에 해당하는 것으로 가장 적절한 것은?(   )

교육학 전공 학생이었던 나는 새벽같이 서울의 한 학교로 달려갔다. 가 보니 많은 교육자들이 주시하는 가운데 한 학급의 한 시간 수업을 강당으로 옮겨 공개 수업을 하고 있었다. 나는 그 수업을 참관하면서 거듭 눈물을 흘렸다. 아동들이 우리말로 자유롭게 토론하는 것을 보니 감격스럽지 않을 수가 없었던 것이다. 다른 참관 인사들도 눈물을 닦고 있었다. 드디어 해방이 되었다는 사실에 미국이 그저 고맙기만 하였다.
나는 학교로 돌아가서 이날의 감격을 교육학 교수에게 소상히 보고하였다. 그러자 교수는 겉만 보지 말고 속까지 캐 보라고 하면서 새로운 과제를 내주는 것이었다. 미국의 교과목 중 사회 교과에 대해 알아 오라는 것이었다. 그래서 미군정청에 가서 자료를 얻어 보니 이게 웬일인가. 미국의 어느 한 주의 사회 교과의 내용 체계를 번역하여 우리 학교에 시달하고 있는 것이었다. 나는 그제야 얼마 전에 참관했던 수업의 내용을 머리에 떠올렸고, 그것이 미국식 사회 교과 수업이었음을 알게 되었다. 미군정이 생각하는 사회 교과의 목적은 내가 생각하는 것과는 달랐다.

① 이데올로기에 기초한 반공 교육

② **전체주의 청산을 위한 민주주의 교육**

③ 독립국가 건설을 위한 민족의식 교육

④ 사회과학적 지식 습득을 통한 시민교육

⑤ 산업사회로의 발전을 위한 인적 자원 형성

미군정기의 사회과 교육에 대해 묻는 문제이다. 1945년 이후 미군정시대에 미국의 콜로라도 주 덴버시의 사회과 교육을 모형으로 하는 종합형 사회생활과 교육이 실시되었다. 군정청 학무국에서는 교수요목 제정위원회를 조직하여 민주시민 육성을 위한 사회과의 교수요목을 제정하고, 이에 따라 교과서를 편찬하였다. 이 시기를 교수요목시대라고 한다.
따라서 이때의 사회과 교육과정은 미국의 영향을 많이 받았다. <u>미국은 일제하에 실시되던 일본식 교과목이 민주적이지 못하고 군국주의적이라는 이유로 이들 교과목을 폐지하고 그 대신에 자유와 평등, 인권존중, 국민의 정치참여 등을 내용으로 하는 민주주의적인 사회과를 만들었다.</u>

5. 밑줄 친 '이 원리'에 대한 설명으로 적절한 것을 <보기>에서 고른 것은?(   )

<u>이 원리</u>에 따르면 교육과정은 학습자가 경험한 혹은 경험하게 될 공간적 차원들을 고려하여 조직되어야 한다. 정보화 사회에서는 공간의 개념을 설정할 때 물리적인 차원보다는 시간적, 심리적, 경험적 차원들이 더 중요한 의미를 가지기 때문에 이 원리의 보다 융통성 있는 적용이 요구되고 있다.

〈보 기〉

ㄱ. 입체적인 나선 조직으로 교육과정을 구성한다.
ㄴ. 동심원 확대법 혹은 흥미 확대법 등으로도 불린다.
ㄷ. 내용 요소와 관련된 스트랜드를 중심으로 통합하는 원리이다.
ㄹ. 학습자의 발달 수준, 사회적 경험의 정도, 사회기능 등을 고려한다.

① ㄱ, ㄴ   ② ㄱ, ㄷ   ③ ㄴ, ㄷ   ④ ㄴ, ㄹ   ⑤ ㄷ, ㄹ

이 원리는 환경확대법을 말한다. 환경확대법은 어린이들이 그들의 생활 속에서 직접 경험할 수 있는 학습주제로부터 학습을 시작할 수 있도록 하고 있다. 따라서 어린이가 경험할 수 있는 곳에서부터 학습 대상이 점차 확대되어 가는 방식으로 교육과정이 조직되며, 지역과 향토지리가 자연스러운 출발점이 된다.
ㄱ은 나선형교육과정의 원리로, 똑같은 일반화를 반복해서 가르치되 학년이 올라감에 따라 그 폭과 깊이를 달리한다는 것이다.

6. 밑줄 친 '수업 계획'을 통해 A 교사가 추구하는 목표로서 가장 적절한 것은?(   )

A 교사는 "문화에 대한 진정한 학습은 인류학자가 하는 활동을 경험해 봄으로써 가능하다."는 신념을 가지고 있다. 학생들은 그런 A 교사의 <u>수업 계획</u>에 따라 새로운 체험을 하게 되었다. 학생들은 고령자와 생활 습관 사이의 관계를 연구 주제로 선정한 후 조사 대상 지역으로 이동하여 고령자 현황을 조사하였다. 그리고 고령자들의 일상생활을 노동과 여가 활동 및 식생활 중심으로 관찰하였으며, 면접을 통해 지역 주민 및 자녀와의 관계에 대한 자료도 수집하였다. 학생들은 수집된 자료를 분석하고 보고서를 작성하는 과정을 통해 고령자에 대한 이해의 기초를 마련하였으며, 이를 통해 노인 문화에 대해 다시 생각해 볼 수 있게 되었다.

① 문화유산의 전승

② 사회과학적 지식의 전달

③ 지역사회 참여를 통한 비판 의식 함양

④ 적극적인 상호작용을 통한 사회성 함양

⑤ **사회과학 영역의 전문적인 탐구 능력 함양**

Answer point

☞정답: ⑤ 해설:
A 교사는 사회과 교육의 본질에 관한 5개의 모형 중에서 사회과학모형에 기초하여 수업 계획을 세웠다. 사회과학모형은 1960년대에 오면서 각종 사회과학을 가르치는 것을 사회과 교육의 본질로 보는 입장이다. 사회과학의 지식, 개념, 일반화, 이론 등을 체계적으로 교육하고 가치중립적인 사회과학적 탐구력을 함양하는 것을 중요시한다.

---

7. 다음 대화에서 제7차 교육과정의 학년별 내용 체계에 대해 옳게 말하고 있는 학생은?(   )

> 담임교사: 내년이면 여러분도 고3입니다. 수능 사회 탐구 과목들을 선택하려면 많이 고민해야 합니다. 참고로 작년까지 배웠던 '사회'과목에 대해 생각해 보면 큰 도움이 됩니다.
>   (담임교사가 나간 후 학생들의 대화가 시작되었다.)
> 준수: 나는 중2 때 배웠던 법 관련 단원이 제일 어려웠어. 그래서 '법과 사회'는 되도록 선택하지 않으려고 해.
> 희선: 난 중3 때 배웠던 국민 소득과 경제 성장 관련 단원이 어려웠어. 사회 선생님께서 알기 쉽게 설명해 주셔서 어느 정도 기억은 나지만 그래도 이해하기가 어려웠어.
> 지선: 그러면 '정치'를 선택하는 게 어떨까? 우리 중3 때 민주 정치 관련 단원을 배우면서 시민의 역할에 대해 많은 생각을 하게 되었잖아.
> 종호: 난 '사회문화'를 권하고 싶어. 중학교 1학년 들어오자마자 사회화 과정 관련 단원을 배웠는데 너무 재미있었어.

① 준수, 희선   ② **준수, 지선**   ③ 희선, 지선   ④ 희선, 종호   ⑤ 지선, 종호

Answer point

☞정답: ② 해설:
▶인간과 사회(일반 사회) 내용체계
준수: 법 관련 단원은 8학년 사회생활과 법 규범에서 나오기 때문에 맞는 말이다.
희선: 국민 소득과 경제 성장 단원은 10학년 사회에 배정되어 있으므로 틀린 말이다.
지선: 민주 정치 관련 단원은 9학년 사회에 배정되어 있으므로 맞는 말이다.
종호: 7학년에는 지역과 사회 탐구가 배정되어 있고, 사회화 과정 관련 단원은 8학년 개인과 사회의 발전 단원에 배정되어 있다.

---

8. 다음 글에서 강조하는 내용으로 적절한 것을 <보기>에서 고른 것은?(   )

사회 교사는 시민성 함양이라는 목적하에 다양한 학문적 배경을 가진 주제와 과제뿐만 아니라 탐구 기능과 가치 및 태도까지 다루게 됩니다. 쉽지 않은 일입니다. 그러나 우리는 가르쳐야 합니다. 이 과업을 훌륭하게 수행하기 위해 사회 교사는 교과 내용을 적절한 표현이나 설명 방식을 통해 학생들이 잘 이해하고 배울 수 있도록 가르쳐야 할 것입니다. 즉, 교과 내용을 어떻게 조직하고 제시할 것인가에 대한 아이디어를 개발하고, 가르쳐야 할 내용을 해석하고 변환하는 노력이 요구됩니다. 이를 위해서 사회 교사는 교과 내용뿐만 아니라 가르치는 상황, 학생의 인지적 정의적 발달 정도, 자신의 축적된 경험 등에 대해서도 항상 관심을 기울여야 할 것입니다.

〈보 기〉
ㄱ. 표준화된 교수법의 숙련
ㄴ. 반성적 실천가로서의 교사 역할 수행
ㄷ. 성과 중심 교사교육 프로그램의 성공적 완수
ㄹ. 교수 내용 지식(pedagogical content knowledge)의 개발

① ㄱ, ㄴ   ② ㄱ, ㄷ   ③ ㄴ,ㄷ   ④ ㄴ,ㄹ   ⑤ ㄷ,ㄹ

Answer point

☞정답: ④ 해설:
보기는 교사의 전문성 신장의 필요성과 그 방법에 대해 말하고 있다. 교사는 전문성 신장을 위해 교과 내용의 지식뿐만 아니라 교수 내용지식을 필수적으로 갖추고 있어야 한다.

교수 내용지식(PCK)이란 각 교과의 내용을 구성하는 주제나 아이디어 하나하나와 관련하여 다양한 인지 능력과 선행 경험을 가지고 교실에 들어오는 학습자들이 이것들을 효과적으로 이해할 수 있도록 또는 설정된 수업 목표를 성공적으로 달성하게 할 수 있도록 각각의 주제나 아이디어를 재구성하고, 해석하며 번역하는 교사의 능력 및 지식을 의미한다. 이것은 교과의 배경이 되는 학문 영역의 지식도 아니며 교육학 일반 이론에 관한 지식도 아닌, 두 차원의 화학적 결합과도 같은 성격의 지식이다.
schon이 주장하는 '반성적 실행가로서의 교사자질'은 현장교사와 무관한 외부의 자질 연구에 의해 교사를 변화되어야 할 대상으로 보는 관점에서 벗어나 현장교사 스스로 자신의 교사자질을 개선해야 한다는 내재적 자질 개선방법에 토대를 두고 있다. 즉, 현장수업 속에서 교사가 끊임없이 행위 중의 반성을 통하여 교사 스스로 자신의 교사자질을 개선해 가야 한다는 것이다. 이러한 전문적 자질을 바탕으로 교사들은 좋은 수업을 진행한다.

ㄱ. 표준화된 교수법으로는 학생들의 다양한 흥미와 적성을 고려한 수업을 진행하기 어렵다.
ㄷ. 성과 중심 교사교육 프로그램은 학습현장 외부에서 교사를 평가하는 것이므로 교사의 내재적 자질 개선과는 무관하다.

9. 밑줄 친 '이 모형'을 활용한 수업 단계로서 가장 적절한 것은?(   )

이 모형을 제안한 이들은 우리 사회의 주된 임무가 '인간의 존엄과 가치를 증진하는 일'이라고 생각했다. 이들은 '개인의 자유와 인간의 존엄성이 왜 사회의 중심적인 목표가 되어야 하는지'를 정당화하거나 합리화하는 것은 근본적으로 불가능한 문제라고 주장했다. 이들에 따르면 우리는 인간의 존엄성을 서로 약속함으로써 인간을 수단이 아니라 목적으로 대하는 것이 가능하다. 결국 이들에게 있어서는 이처럼 우리가 약속한 가치들이 가치와 관련된 갈등을 해결해 줄 수 있는 결정적인 기준이 된다.

① 문제 인식—대안 탐색—비용·편익 분석—대안 선택 및 결론—행동

② 문제 인식—가설 설정—용어 정의—자료 수집 및 분석—가설 검증—일반화

③ 문제 인식—개인적 차원의 의사결정—만장일치에 의한 모둠 차원의 의사결정—평가 및 반성

④ **문제 인식—정의와 개념의 명료화—사실 문제의 확인—대립되는 가치 확인—기본적 가치 확인—가치 갈등 해결**

⑤ 문제 인식—자신의 입장 발표—반대 관점 및 개념 갈등과 불확실성 경험—지적 호기심과 관점 채택—재개념화와 종합 및 통합

Answer point

☞정답: ④ 해설:

'이 모형'은 논쟁문제수업 모형이다.

논쟁문제수업 모형은 가치분석의 기준을 사회의 기본가치로 한다. 문제의 마지막 문장에 '결국 이들에게 있어서는 이처럼 우리가 약속한 가치들이 가치와 관련된 갈등을 해결해 줄 수 있는 결정적인 기준이 된다.'에서 사회의 기본가치가 가치 갈등의 해결 기준이 된다는 것을 알 수 있다. 그러므로 논쟁문제수업 모형의 교수단계를 찾는다면 ④번이 정답이 된다.

---

10. 다음 수업에서 활용한 가치 수업 모형의 문제점을 <보기>에서 고른 것은?(   )

학생 활동지

주제: 두발 길이 제한

유의점: '두발 길이 제한'과 관련된 가치 학습은 각 질문에 대한 여러분의 응답으로 대체할 것입니다. 선생님은 어떤 설명이나 학급 토의도 거치지 않을 것입니다. 따라서 충실히 생각해서 과제를 수행하기 바랍니다.

(가) '두발 길이 제한'에 대한 자신의 생각을 표시하시오.

| 매우 | 5 | 4 | 3 | 2 | 1 | 매우 |
| 찬성 | | | | | | 반대 |

(나) 다음 질문에 대해 자신의 생각을 쓰시오.

◦ 여러분은 언제부터 이렇게 생각했나요?
◦ 여러분은 이렇게 결정하기 전에 다양한 측면에서 생각해 보았나요?
◦ 이 선택의 장·단점은 무엇일까요?
◦ 이 선택이 여러분에게 왜 중요한가요?
◦ 이 선택이 만족스러운가요?
◦ 여러분 생각을 학급 친구들에게도 얘기할 수 있나요?
◦ 여러분과 같은 생각을 가지고 만들어진 모임이 있다면 가입할 건가요?
◦ 여러분은 자신의 선택에 따른 행동을 일관성 있게 행할 건가요?

<보 기>

ㄱ. 사회적 가치에 대한 합의 도출을 고려하지 않는다.
ㄴ. 보편적 가치에 주안점을 두는 반면 개인적 가치나 신념을 경시한다.
ㄷ. 가치 위계에서 더 높은 수준에 있는 가치를 가르치는 데 한계가 있다.
ㄹ. 억압에서 해방과 비판 의식 함양을 위한 가치를 지나치게 강조한다.

① ㄱ, ㄴ   ② ㄱ, ㄷ   ③ ㄴ, ㄷ   ④ ㄴ, ㄹ   ⑤ ㄷ, ㄹ

Answer point

☞정답: ② 해설:
문제의 가치 수업 모형은 가치명료화 모형이다.
가치명료화 모형은 가치가 무엇인지 명백히 해 주는 장점을 가지고 있고, 자기 스스로 가치갈등을 해결하고 자기가 선택한 가치를 내면화하는 것을 도와주는 장점을 가지고 있다. 반면에 가치상대주의에 기반 하고 있다는 점, 보통의 상담프로그램과 구분이 되지 않는다는 점, 교사의 역할이 지나치게 소극적이라는 점, 가치의 문제를 공표하게 함으로써 개인의 자유를 침해한다는 점, 지나치게 개인적인 문제를 다루고 있다는 점 등에서 많은 비판의 대상이 되기도 한다.

11. 다음 자료는 ○○고등학교의 중간고사 문항 및 분석 결과이다. 이에 대한 설명으로 옳은 것을 <보기>에서 고른 것은?( )

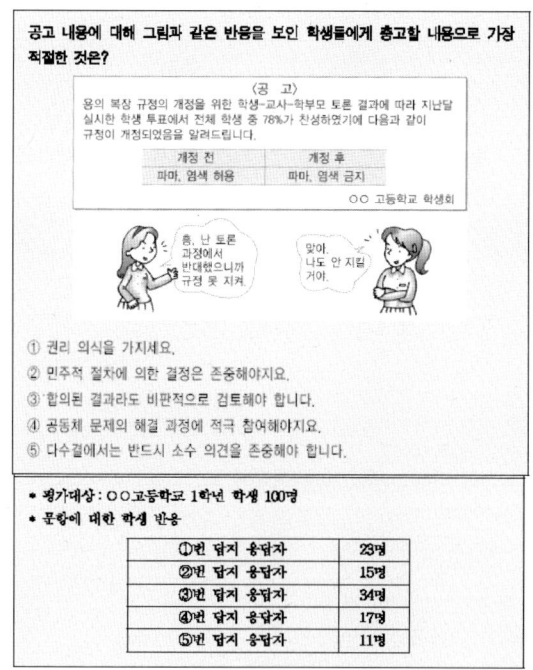

<보 기>

ㄱ. 이 문항의 변별도는 0.15이다.
ㄴ. 문항에 대한 학생 정답률은 11%이다.
ㄷ. 민주적 의사결정 과정을 소재로 한 문항이다.
ㄹ. 공정한 채점을 위해 5점 척도법이 사용되고 있다.
ㅁ. 문항 형태상으로는 객관식 선다형 문항에 해당한다.

① ㄱ, ㄴ ② ㄱ, ㄷ ③ ㄴ, ㄹ ④ ㄷ, ㅁ ⑤ ㄹ, ㅁ

Answer point

☞정답: ④ 해설:

ㄱ. 변별도
–문항변별도란? '그 문항이 무엇을 측정하고 있느냐, 그 문항이 측정해야 할 것을 측정하고 있느냐, 그 문항이 학생의 능력을 변별하는 힘이 있느냐'를 묻는 것으로, 문항 타당도(item validity)와 동의어이다.

–문항변별도의 특징?
(1) 검사의 총점이라는 내적 준거에 의해 문항 타당도를 고려한다.
(2) 변별도 지수(rt)는 +부호를 가지면서 그 값이 크게 나와야 바람직하다. rt가 양수(+)이면 정적 변별력을 갖고, rt가 0에 가까우면 변별력이 거의 없다는 것을 의미한다(+.30~+.70까지가 가장 바람직한 분포이다). rt가 음수(−)인 경우는 하위 집단이 상위 집단보다 더 높은 점수를 얻은 경우로서 이는 어딘가 심하게 잘못되어 있음을 의미한다.
(3) 변별도 지수는 상관계수와 마찬가지로 −1.00~+1.00에 분포된다.
(4) 상대평가(규준지향평가)와 절대평가(목표지향평가) 모두에 유용하게 쓰인다.
(5) 학습의 실패자와 성공자의 변별이 잘되는 교육 목표가 어느 것인지를 확인하는 데 중요한 정보를 제공한다.

–문항변별도 계산?
(1) 문항 점수와 전체 검사에서 얻은 점수 간의 상관관계로 계산
: 문항 변별도를 구하는 가장 표준이 되는 방법으로 전체 감사에서 얻음 점수가 높은 학생들이 어떤 문항에서 높은 점수를 보이는 경향이 강하다면 그 문항의 변별도는 높은 것으로 본다.
(2) 상하위 차이 지수의 산출:

$$rt = (2(RH - RL)/N$$
RH: 상위집단의 정답자수, RL: 하위집단의 정답자수, N: 전체 반응자수

ㄴ. 정답률 계산
–제시된 중간고사 문항의 적절한 답은 ②번이므로 정답률은 15%가 되겠다.

12. 다음은 개념학습과 관련된 중간고사 문항에 대한 학생 답안지이다. 이 학생의 점수는?( )

○○대학교 2008년 〈사회과 교육론 중간고사〉

학번: 060305 성명: 홍길동

※ 다음 질문의 진위 여부에 대해 ○ 또는 ×로 표시하시오(각 문항의 배점은 모두 1점임.).

	문항	답란	채점란
1	대통령제와 의원내각제는 동위 개념이다.	○	
2	통치 기구는 입법부의 상위 개념이다.	○	
3	사회 경제적 지위(S. E. S)는 접합개념에 해당한다.	○	
4	출생지는 '대한민국 국민'이 되기 위한 '결정적 속성(critical attribute)'에 해당한다.	×	
5	'명동 거리의 인파'는 사회집단에 대한 비예(non‒example)에 해당한다.	○	

① 1점   ② 2점   ③ 3점   ④ 4점   ⑤ **5점**

Answer point

☞정답: ⑤ 해설:

개념학습
• 여러 가지 개념
- 상위 개념·동위개념·하위 개념: 개념이 포괄하는 정도가 높은 것은 상위 개념, 그 정도가 동일한 것은 동위개념, 낮은 것은 하위 개념이다.
- 접합개념: 개념을 구성하는 여러 가지 속성들이 부가적으로 모여서 개념을 구성하는 개념이다.

• 개념학습의 모형 ‒ 속성모형
- 결정적 속성과 비결정적 속성: 결정적 속성은 그 대상만이 가지고 있는 것으로서 다른 것과 구분되는 중요한 특징인데, 비결정적 속성은 개념의 특징이기는 하지만 다른 대상에서도 발견할 수 있는 특징이다.
- 비예: 속성모형에서는 먼저 교사가 학생들에게 개념의 결정적 속성과 비결정적 속성을 이해하거나 발견하도록 하고, 다음에 그 특징에 맞는 예와 예가 아닌 것(non‒example)을 이해하도록 한다.

13. 다음 주장들의 입장과 논의 대상에 대한 설명으로 적절한 것은?(   )

○ 도시의 폭격으로 수천 명의 사상자가 발생했다는 발표가 있자 곧이어 뻔뻔스럽게도 비누와 술의 광고가 뒤따른다. ……(중략)…… 어느 여배우의 아침 식사 버릇을 마치 중대한 과학적 또는 예술적인 사건을 보도할 때처럼 비중 있게 보도한다. 이리하여 우리들이 품는 감정과 비판적인 판단은 방해를 받게 되며 마침내 이 세계에서 일어나고 있는 사실에 대한 우리들의 태도는 아무런 활기도 찾아볼 수 없는 무관심한 성질의 것이 된다. 자유라는 이름하에서의 생활은 일체의 구조를 상실하게 된다. 즉 그 생활은 수없이 많은 단편으로 이루어져 있으며 각각 서로 분리되어 전체로서의 감각은 조금도 찾아볼 수 없다.

― 프롬(E. Fromm), 『자유로부터의 도피』 ―

○ 그들은 정치에 대해 제3자적 입장을 취하고 있다. 그들은 급진적인 것도 자유주의적인 것도 아니며 또한 보수주의적인 것도 반동적인 것도 아니다. 그들은 말하자면 비활동적인 것이다. 만일 '바보(idiot)'라는 그리스어의 뜻을 '사생활에 치우친 인간(privatized man)'으로 받아들인다면 미국 시민은 지금 그와 같은 바보로 주로 구성되고 있다는 결론을 내려야 할 것이다.

― 밀스(C. W. Mills), 『화이트 칼라』 ―

---

① 사람들의 관심이 비정치적 영역에 집중되고 있음을 비판적 시각에서 지적하고 있다.

② 국민이 정치에 적극적으로 관심을 가지는 것이 금지되어 있는 상황을 비판하고 있다.

③ 국민의 교육 수준이 낮고 참정권이 제한되어 있기 때문에 나타나는 현상을 대상으로 하고 있다.

④ 현실의 정치는 유능한 전문가에 일임하는 것이 정치 발전을 위한 합리적인 방안이라고 보고 있다.

⑤ 일반 대중이 생활상의 불안과 궁핍으로 인해 합리적이 조직화를 추구하지 못하고 있음을 지적하고 있다.

Answer point

☞정답: ① 해설:
첫 번째 자료에서 도시의 폭격으로 수천 명의 사상자가 발생했다는 발표에 이어 바로 비누와 술의 광고가 나왔다는 것과 어느 여배우의 아침식사가 중대하게 다뤄진다는 면을 비판적으로 말하고 있다. 그리고 두 번째 자료에서는 '그들'이 정치에 대해 제3자적 입장을 취하고 있다면서 사람들이 비정치적 영역에 더 관심을 가지고 있다는 것을 비판적인 시각에서 지적하고 있다.

14. 다음 선거 결과 자료를 토대로 (가)국과 (나)국의 선거 제도에 대해 추론한
    것으로 가장 적절한 것은?(   )

(가)국: 대통령제

구 분	A당	B당	C당
지역구 1위 득표자 수	28	12	10
소속 지역구 후보 득표 합계(%)	40	30	30
의석수(지역구 50석 + 비례대표 20석)	36	18	16

(나)국: 의원내각제

구 분	갑당	을당	병당
지역구 1위 득표자 수	25	20	5
소속 지역구 후보 득표 합계(%)	40	30	30
의석수(지역구 50석 + 비례대표 20석)	38	48	34

① (가)국의 비례대표 선출 방식은 지역구 1위 득표자 수에 따른다.
② **(나)국은 선거 이후 연립내각이 구성되었을 것이다.**
③ (나)국의 선거제도는 현재 우리나라의 국회의원 선거제도와 같다.
④ (가)국과 (나)국은 소수대표제를 채택하고 있을 것이다.
⑤ (가)국은 (나)국보다 소수 정당이 원내에 진출할 가능성이 높다.

Answer point

☞정답: ② 해설:
(나)국에서는 어느 정당도 과반수의 득표를 얻지 못하여 당끼리 연합하여 내각을 구성하는 연립내각의 형태가
나타날 것이다.

---

15. 다음은 전쟁 원인에 대한 국제정치 이론가들의 주장이다. 이에 대한 옳은 설
    명을 <보기>에서 모두 고른 것은?(   )

(가) 인간이란 원래 이기적이고 탐욕스러운 존재이다. 정치는 이기적인 인간들이 힘을 추구하는 권력투쟁 과정
     이며, 힘의 효과적인 조직체인 국가이익을 추구한다. 국가 간의 관계에서도 강한 국가가 탐욕을 부릴 때
     전쟁이 일어난다.
(나) 근대 자본주의 세계 체제는 중심부 - 반주변부 - 주변부로 구성되어 팽창했다. 중심부인 서구의 번영은 주
     변부의 희생을 바탕으로 이룩한 것이다. 이러한 자본주의 세계체제가 지속되는 한 갈등과 전쟁이 끊임없
     이 이어진다.

〈보 기〉

ㄱ. (가)의 관점에서 국제정치의 핵심적 행위자는 국가이며, 국가는 단일한 합리적 행위자로 간주된다.
ㄴ. (나)의 관점에서 미국이 20세기 세계경제의 지도적 중심부 역할을 하고 있다고 분석한다.
ㄷ. (가)는 신자유주의 이론으로, (나)는 구성주의 이론으로 발전한다.
ㄹ. (가)는 인간 본성의 관점에서, (나)는 구조적 관점에서 전쟁의 원인을 찾는다.

① ㄱ, ㄴ ② ㄱ, ㄷ ③ ㄷ, ㄹ ④ ㄱ, ㄴ, ㄹ ⑤ ㄴ, ㄷ, ㄹ

Answer point

☞정답: ④ 해설:
(가)는 모겐소와 같은 전통적 현실주의 입장이다. (1940~1960년대) 전통적 현실주의의 가정은 국가 간의 이익의 조화는 없으며, 국가의 유일한 합리적 행위자성을 강조한다. 전쟁의 원인을 인간의 본성에서 구하며 국가를 국제정치의 핵심적 행위자로 본다.
신현실주의(1980년 초)는 인간성이 아닌 국제체계의 무정부성으로 인한 자력구제적 특징을 강조한다.
반면에 전통적 자유주의는 현실주의에 대한 비판과 함께 등장했으며 국가는 국제체계에서 가장 중요한 행위자가 아니고 다양한 행위자에 주목하고 국제제도를 통해 국가 간의 협력이 가능함을 가정한다.
신자유주의는 국가의 행동은 권력에 의해 지배를 받는다는 것을 인정하면서 동시에 제도의 도움으로 제한적인 협력이 가능하다고 본다.

(나)는 구조적 관점에서 국제 관계를 바라보는 종속이론이다. 종속이론은 개발도상국의 주체적 발전을 강조하며 한 나라의 발전을 세계체제와의 관련성 속에서 파악했다는 점에 의의가 있으나 라틴아메리카의 경험을 토대로 한 것으로 선진국과의 관계 속에서 발전을 이룩한 신흥공업국을 설명하는 데 한계가 있다.
구성주의란 국제체제는 원래부터 주어진 것이 아니라 사회적으로 만들어진 것이라고 본다. 즉 행위자들의 행동에 따라 국제체제는 변할 수 있다는 것으로 국제질서를 낙관적으로 전망하는 것이다.

16. 다음 기구들과 밀접하게 관련된 우리나라 정치상황을 <보기>에서 찾아 바르게 연결한 것은?( )

(가) 이 기구는 국회가 구성되고 새 정부가 수립될 때까지 국가의 최고 통치 기관이었다. 국회의 모든 권한을 행사하였고, 계엄 및 해제안 의결 등의 권한까지도 보유하였다. 내각에 통제를 가하고, 대법원장과 대법원 판사에 대한 임명제청권과 법관에 대한 임명승인권을 보유하였다.

(나) 이 기구는 통일에 관한 중요 정책의 결정이나 변경, 토론 없는 무기명투표로 대통령 선출, 국회의원 정수의 3분의 1 선출, 국회의원이 제안한 헌법 개정안을 국회 의결 후 최종적으로 확정하는 권한을 가졌다.

(다) 이 기구는 새로운 국회가 구성될 때까지 국회의 권한을 대행한 과도 입법 기구이며, 대통령의 자문 보좌 기관의 역할도 하였다. 그리고 이 기구가 제정한 법률에 대해서는 이의를 제기할 수 없도록 헌법에 규정하였다.

ㄱ. 정부 형태가 의원내각제에서 대통령제로 변화되었다.
ㄴ. '한국적 민주주의'의 실현을 명분으로 대통령의 권한이 대폭 강화되었다.
ㄷ. 4 · 13 호헌 선언에 반대하고 대통령 직선제를 요구하는 시민의 목소리가 높아졌다.
ㄹ. '정의 사회 구현'이라는 구호 아래 사회 정화 운동이 대대적으로 전개되었다.

	(가)	(나)	(다)
①	ㄱ	ㄴ	ㄹ
②	ㄱ	ㄷ	ㄹ
③	ㄴ	ㄷ	ㄹ
④	ㄹ	ㄴ	ㄱ
⑤	ㄹ	ㄷ	ㄱ

Answer point

☞정답: ① 해설:
우리 헌정사의 초헌법적 · 과도기적 입법기구가 설치되었던 시대 상황에 대한 이해가 되어 있는지를 묻는 문제이다.
(가)는 박정희가 5 · 16 직후에 설치한 국가최고통치의결기관으로 총선거에 의해 국회가 구성되고 제3공화국이 구성될 때까지 대한민국 최고 통치기관의 지위가 있었던 국가재건최고회의에 관한 내용이다. 4 · 19혁명 후 채택했던 의원내각제가 제대로 정착되지 못하자 박정희를 비롯한 군부가 쿠데타를 일으킨 후 대통령제로 개헌을 했다.
(나)는 박정희 대통령이 김대중 후보와의 대선전에서 국민의 민의에 놀라 '한국적 민주주의'를 명분으로 만든 유신헌법에 의거하여 설치한 통일주체 국민회의의 내용이다. 집행부 절대 우위의 대통령제를 채택했다. 사실상 총통제이며 통일주체국민회의에 의한 간선제였다.
(다)는 박정희 대통령 서거 후 전두환의 신군부가 주도한 5공화국 헌법 부칙에 의해 설치된 과도 입법기구인 국가보위입법회의에 관한 내용이다. 전두환은 대통령선거인단에 의한 간접선거로 대통령에 당선됐으며 사회정화를 명분으로 인권유린정책을 남발하기도 했다.

---

17. 다음 글에 대한 옳은 설명을 <보기>에서 고른 것은?(   )

(가) 자유는 가치 있는 것을 행하고 즐길 수 있는 '적극적' 능력이다. 공동선은 집단에 대한 헌신이 아니라 개인의 자유를 통해서 실현될 수 있다. 국가는 정책을 통해 개인 이익의 편향성을 제거하고 공동선을 추구함으로써 자유의 신장에 기여할 수 있다.
(나) 개인의 자유는 '자연적'이며 타고난 것이다. 자유를 제한하는 어떠한 조치도 시민들의 동의를 받아야 한다. 정부의 정당성은 개인의 삶에 개입하기보다는 그들의 생명, 자유, 재산을 위협하지 않는 것에 달려 있다.

<보기>

ㄱ. (가)는 그린(T. H. Green)의 사상이며 복지국가 이론에 영향을 주었다.
ㄴ. (나)는 홉스(T. Hobbes)의 주장이며 개인주의 사상의 형성에 영향을 주었다.
ㄷ. (가)와 (나)는 개인의 자유를 중요시한다는 점에서 자유주의 사상에 속한다.
ㄹ. (가)와 (나)는 자연권 사상에 근거한 것이며, 인간다운 생활을 할 권리를 중요시한다.

① ㄱ, ㄴ ② ㄱ, ㄷ ③ ㄴ, ㄷ
④ ㄴ, ㄹ ⑤ ㄷ, ㄹ

Answer point

☞ 정답: ② 해설:

로크는 정부가 국민의 동의에 기초하지 않는 권한을 행사하거나 국민의 생명·자유·재산을 위협할 경우는 국민은 정부를 재구성할 권한이 있다고 주자했다. 스미스는 경제에 대한 국가의 불개입원칙을 강조했으며, 스펜서는 사회진보를 위해서는 적자생존을 통한 우량한 사회 구성원이 선택되는 자연적 질서가 방해되지 않아야 한다고 주장한다. 존 스튜어드 밀은 사회의 다수세력으로부터 가해지는 제한도 철폐되어야 한다고 주장한다. 로크와 스미스, 스펜서 및 밀을 고전적 자유주의자라고 칭한다. 반면에 1875년부터 영국의 장기불황으로 빈곤·실업 문제가 증가하게 되어 사회적 약자들의 실질적 평등을 보장하기 위해 정부의 민간영역에의 개입을 주장하게 되는데, 토마스 힐 그린과 존 홉슨, 홉하우스 등이다. 이들을 신자유주의자라고 칭하기도 한다. 토마스 힐 그린은 민간영역에 대한 개입 여부가 중요하기보다 개입의 질이 중요하다고 보고, 보다 많은 사람들이 보다 많은 자유를 누리는 것이 좋은 국가 개입이라고 했다.

한편, 오스트리아 경제학자인 하이에크와 미제스는 경제상황에 대한 제한된 정보만을 지닌 국가 개입의 한계를 지적하면서 자유 시장경제를 옹호했고 이것은 미국의 시카고학파로 이어졌다.

로크는 자연권 사상에 기초하여 소극적 자유를 강조했으며, 토마스 힐 그린은 적극적 자유·실질적 평등 실현을 위해 국가 개입을 강조했다. 기본권 측면에서는 로크는 자유권을 강조했으며, 그린은 사회권을 강조했다. 인간답게 살 권리, 환경권, 근로권, 교육권, 보건권 등은 사회권의 내용이다.

18. 다음 글에서 나타나고 있는 아테네 민주정치의 특징으로 보기 <u>어려운</u> 것은?( )

우리의 정치체제는 민주정치라고 불리고 있는데, 그 까닭은 정치를 소수의 사람들이 책임지지 않고 <u>다수의 사람들이 골고루 책임지고 있기 때문입니다.(①)</u> 여기서는 모든 사람이 법 앞에 평등하며, 출신 계급보다는 개인 능력을 고려하여 공직자를 선출합니다. 국가에 기여할 수 있는 사람이라면 어느 누구도 가난 때문에 이름도 없이 헛되이 죽는 일이 없습니다.(⑤) 우리는 자유롭게 공직에 종사하고 활기차게 일상생활에 힘씁니다. 질투심으로 가득 차서 서로 감시하는 것과는 거리가 멉니다. ……(중략)…… <u>사적인 일에는 어떠한 경우에도 간섭치 않으며, 공적인 일을 할 때는 혹시라도 법에 어긋날까 두려워합니다.(③)</u> 언제나 법과 판사를 존중하며, 특히 학대받는 사람을 보호하고 수치스러운 일을 하지 말라는 불문율을 마음에 새기고 있습니다. ……(중략)…… 우리는 정치에 아무런 관심도 갖지 않는 사람을 자기 일에만 몰두하는 사람이라고 말하지 않습니다. 우리는 그를 아테네에서 전혀 하는 일이 없는 사람이라고 말합니다. 우리는 말과 행동 사이에 어떠한 불일치점도 있다고 생각하지 않기 때문에 <u>우리 아테네인은 직접 정책에 대한 결정을 내리거나 정책을 올바른 토론에 회부합니다.(②)</u> 가장 나쁜 일은 결과를 올바로 토의하기도 전에 저돌적으로 행동하는 것입니다.

－투키디데스, 『펠로폰네소스 전쟁사』－

① 다수에 의한 지배 원리가 수용되었다.

② 토론이 공공제도를 운영하는 주요한 수단이었다.

③ 자유와 준법정신이 공적 활동의 전제 조건이었다.

④ **폴리스의 시민이 아닌 개인으로서의 자유를 존중하였다.**

⑤ 재산상의 이유로 공공 생활에서 배제되는 시민이 없도록 배려하였다.

☞정답: ④ 해설:

정치형태로서 아테네 민주정치는 치자와 피치자의 자동성의 원리가 적용되던 시기이다. 가난 때문에 공동생활에서 배제되지 않으며 토론을 통해 공적 문제를 해결하고 자유와 준법정신을 전제로 한다. 정치에 무관심한 사람은 아테네에서 전혀 하는 일이 없는 사람이라고 지적하고 있으므로 개인의 자유보다 폴리스 시민의 지위가 강조된다.

19. 다음 신문기사를 통해 추론할 수 있는 A 국의 통치 구조에 대한 설명으로 옳은 것을 <보기>에서 고른 것은?(   )

국제	○ ○ 신 문	2008년 10월 ○○일

A국 '11월 총선설' 과연 진실은?

㉠ A 국 집권당인 '갑'당 내부에서 내년으로 예정된 총선을 올해 11월로 앞당겨 실시하자는 의견이 나오고 있다. 요즘처럼 여당 지지율이 높은 상황이라면 ㉡ 조기 총선을 통해 과반 의석을 차지하는 것이 가능하다는 분석 때문이다. 지난 총선에서 과반수 의석 획득에 실패하여 국정 운영에 어려움을 겪을 수밖에 없었던 '갑'당으로서는 지금과 같은 호기를 놓치기 아까울 것이다. 행정부 수반인 ㉢ 총리 ○○는 별다른 언급을 하지 않고 있지만 그의 측근으로 알려진 ㉣ 국방부 장관 △△가 적극적으로 주장하고 있다. 연정 파트너인 '을'당은 이에 대해 적극적 반대 의사를 표명하고 있어 그 귀추가 주목된다.

― ⟨보 기⟩ ―

ㄱ. ㉠에서는 국가 권력에 대한 민주적 정당성 부여가 이원화되어 있다.
ㄴ. ㉡은 총리의 법률안 거부권 행사 등과 같은 원인이 있을 경우 가능하다.
ㄷ. ㉢은 입법부에 대해 법률안을 제출할 수 있다.
ㄹ. ㉣은 각료로서의 지위뿐만 아니라 의원으로서의 지위도 함께 가지고 있다.

① ㄱ, ㄴ   ② ㄱ, ㄷ   ③ ㄴ, ㄷ   ④ ㄴ, ㄹ   ⑤ ㄷ, ㄹ

☞정답: ⑤ 해설:

대통령제는 대통령과 국회의원이 모두 직선 선출함으로써 민주적 정당성이 이원화되었고, 의원내각제는 의원만 직선함으로써 민주적 정당성이 일원화되었다.

대통령제는 대통령이 국가원수지위와 행정부 수반의 지위를 동시에 가지므로 집행부가 일원적이고, 의원내각제는 집행부가 대통령 또는 군주와 내각의 두 기구로 구성되는 이원적 구조이다.

법률안 거부권과 의회의 각료에 대한 탄핵소추권은 대통령제의 요소이다.

의원내각제는 입법부와 행정부의 공화를 특징으로 하고 내각이 법률안 제출권을 가지며 의원과 각료를 겸직할 수 있다.

20. 다음은 여러 종류의 경제적 의사결정에 대한 설명이다. 합리적인 선택에 해당하는 것을 고른 것은?(　　)

(가) 영화를 보다가 너무 재미없다고 생각하게 된 수진 씨. 이미 치른 관람료를 잊어버리고 남은 시간 동안 영화를 계속 보는 것과 나가서 산책을 하는 것 중 어느 것이 더 좋은지를 따져 본 후 산책을 하기로 했다.

(나) CEO인 정호 씨는 다음과 같은 조사 자료를 바탕으로 새로운 기계를 금년 말에 도입하기로 했다. 시중 이자율이 연 5%인 상황에서 사용 연한이 5년인 이 기계의 도입 비용은 1억 원이고, 기계 도입에 따른 예상 수입은 내년부터 매년 2,100만 원으로 예상된다(단, 시중 이자율은 향우 5년간 변동이 없는 것으로 가정한다.).

(다) 원래 커피를 좋아했던 주현 씨. 원두커피 전문점이 장사가 잘된다는 소식을 듣고 월 200만 원의 수업이 보장되는 지금의 직장을 그만두고 커피 전문점을 내어 볼 요량으로 관련 자료를 수집했다. 그 결과 1년간의 판매 예상수입은 1억 원이고, 커피 원두 값과 종업원 인건비, 임대료, 전기료 및 수도료 등이 7천만 원으로 예상되고 있다. 주현 씨는 커피 전문점을 개업하기로 결정했다.

(라) 조그만 중소기업을 운영하는 철수 씨, 지난달 말에 수입과 비용을 계산해 본 결과 고정비용은 3,000만 원이고 변동(가변)비용은 4,000만 원인데 총수입은 6,000만 원이었다. 총비용이 총수입보다 높아 손실을 보게 된 철수 씨는 생산을 중단했다.

① (가), (나)　　② **(가), (다)**　　③ (나), (다)　　④ (나), (라)　　⑤ (다), (라)

Answer point

☞정답: ② 해설:

(가) 영화 관람료는 매몰비용이므로 남은 시간 동안 영화를 계속 보는 데 따른 편익과 산책을 하는 데 따른 편익을 비교하면 된다.

(나) 기계 도입에 따른 비용(기회비용)은 최초비용 1억 원과 이자의 합계인 1억 원×$(1.05)^6$인 반면, 기계 도입에 따른 예상 수익은 2,100만 원×5년=10,500만 원이므로, 기회비용이 예상 수익을 초과하므로 기계를 도입하는 선택은 합리적이지 않다.

(다) 기회비용은(7천만 원+포기한 수입 200만 원/월×12개월)=9,400만 원이므로, 판매예상수입 1억 원보다 적으므로, 커피 전문점 개업 결정은 합리적이다.

(라) 고정비용은 매몰비용이므로 생산 중단을 결정할 때는 고려할 필요가 없고, 변동(가변)비용만 고려하면 된다. {총수입－변동(가변비용)}이 0보다 크므로 생산을 중단한 결정은 합리적이지 않다.

21. 다음에 제시된 경제 목표와 조사 자료를 근거로 새로운 일자리 창출을 위한 경기 부양책을 수행하기 위해 정부가 발행해야 할 국공채 발행액의 규모로 옳은 것은?(단, 추가적인 정부 지출의 재원은 오직 국공채 발행을 통해서 조달하는 것으로 한다.) (　　)

〈자료 1〉 정부는 10만 명에게 새로운 일자리를 제공하고자 한다.
〈자료 2〉 국내총생산이 2% 증가하면 실업률은 1% 감소한다.
〈자료 3〉 경제활동 인구수는 1000만 명이다.
〈자료 4〉 정부지출 승수는 2이다.
〈자료 5〉 국내 총생산의 규모는 100조 원이다.

① 1조 원   ② 2조 원   ③ 4조 원   ④ 6조 원   ⑤ 8조 원

Answer point

☞정답: ① 해설:
자료 1~5의 논리적 단계를 조합하여 구성하면 문제를 쉽게 해결할 수 있다.
국공채 발행을 통해 일자리 10만 개 창출하는 것이므로:
국공채 발행(구하는 답)
⇨ 같은 금액의 정부 지출 증가.
⇨ 승수효과에 따른 GDP 증가. 〈자료 4〉
⇨ [GDP 2% 증가→실업률 1% 감소] 이용한
실업자 수 감소 계산 〈자료 2〉
＝일자리 10만 개 창출.

국공채 발행액을 X로 놓고 계산할 수도 있지만, 역순으로 계산하는 것이 수월하다.

10만 명에게 일자리 제공.
＝실업자 10만 명 감소.
＝실업률(＝실업자 수/경제활동 인구수) 1% 감소.
⇨ 이를 위해 GDP 2% 증가 필요.
＝GDP 2조 증가 필요.
⇨ 이를 위해 정부 지출 1조 원 증가 필요.
(정부지출승수＝2)
⇨ 동액(1조원)의 국공채 발행 필요.

---

22. 다음은 '환율의 변동'이란 주제의 경제 수업 계획서이다.

〈도 입〉
1. 이번 시간의 학습 목표가 '환율의 변동'임을 안내하고 관련된 언론상의 보도 내용에 대해 물어보고 학생들의 관심을 환기한다. 2. 중학교 사회 시간에 배운 상품 시장에서 수요·공급 원리에 의한 가격의 결정과 변동을 다시 한 번 정리한다.
〈전 개〉
1. 환율은 외환시장에서 수요와 공급에 의해 결정되는 '가격'의 일종임을 이해한다. 2. 환율은 기본적으로 수요와 공급에 의해 변동될 수 있음을 이해한다. 3. 외환시장에서 외환에 대한 수요와 공급이 어떤 이유로 발생하는지를 이해한다. 4. 최근의 신문 자료와 관련 보고서 등을 분석하여 우리나라 환율 상승의 구체적인 원인을 수요 측 요인과 공급 측 요인으로 나누어 제시할 수 있다.
〈정 리〉
1. 수요와 공급 요인 이외의 환율의 변동에 영향을 미치는 요인을 알아본다. 2. 환율을 안정시킬 수 있는 방안에 대해 논의해 본다.

다음 중 수업 활동이 끝난 이후에 학생들이 내린 추론으로 옳은 것은?(단, 다른 조건은 일정하다고 가정한다.) (   )

① 영희: 환율이 오르면 외환의 공급은 증가할 거야.

② 철수: 외환에 대한 수요가 감소하고 공급도 감소한다면 환율이 내릴 거야.

③ 미연: 환율이 오른다는 것은 외환에 대한 수요가 공급에 비해 상대적으로 작다는 것을 의미해.

④ **영웅: 환율이 더 오를 것을 예상하여 발생한 외환에 대한 가수요는 환율 상승을 부채질할 거야.**

⑤ 지혜: 요즘과 같은 시기에 국내 기업의 해외 투자 증가는 우리나라의 환율 안정을 위해 도움이 될 거야.

Answer point

☞정답: ④ 해설:

이와 같은 유형의 문제에서는 암기했던 내용을 잊고 주어진 자료에 충실한 것이 문제를 빨리 정확하게 해결할 수 있는 지름길이다.

가장 주요한 것은 '전개'에서 주어진 자료에 근거해서 선지의 타당성을 따지는 것이다. 그리고 나서 남은 부분인 '정리'의 과제를 적용하는 과정, 즉 경제 이론을 활용하는 과정을 수행하도록 한다.

① 환율을 가격으로 볼 때 외환의 공급이 증가하는 것이 아니라 외환의 공급량이 증가한다고 해야 타당할 것이다(물론 환율 변동이 외환 시장의 수요 공급에 어떤 영향을 미치는지도 따져봐야 한다.).

② 수요곡선과 공급곡선이 함께 좌측으로 이동할 경우 이 정보만으로는 가격인 환율의 변동방향을 알 수 없다.

③ "수요가 공급에 비해 상대적으로 작다."라는 표현은 사실 명확하지 않다. '주어진 환율수준에서'라는 조건이 주어져야 정확하며, 그 경우 초과공급을 의미한다. 그러나 출제 의도상 초과공급을 의미하는 것으로 간주해야 하고, 가격인 환율의 하락을 가져와야 한다.

④ 가수요는 수요 증가(각 가격 수준에서 수요량의 증가) 즉 수요곡선의 우측 이동을 가져오는 요인이다. 따라서 가격인 환율의 상승을 가져온다.

⑤ '요즘과 같은 시기'는 환율 급등(원화 가치의 급격한 하락)을 지칭한다. 이 부분은 '정리'의 1과 2와 관련지어 생각해야 하는 것으로, 해외 투자 증가 시 투자 자금 마련을 위한 외화 수요 증가로 이어진다는 경제 이론을 적용해야 한다. 따라서 환율상승이 가속화된다.

23. 그림은 '아빠의 청춘'이라는 연극을 공연 중인 ○○기획사의 전략 회의 장면 이다. 이에 대한 설명으로 가장 적절한 것은?(   )

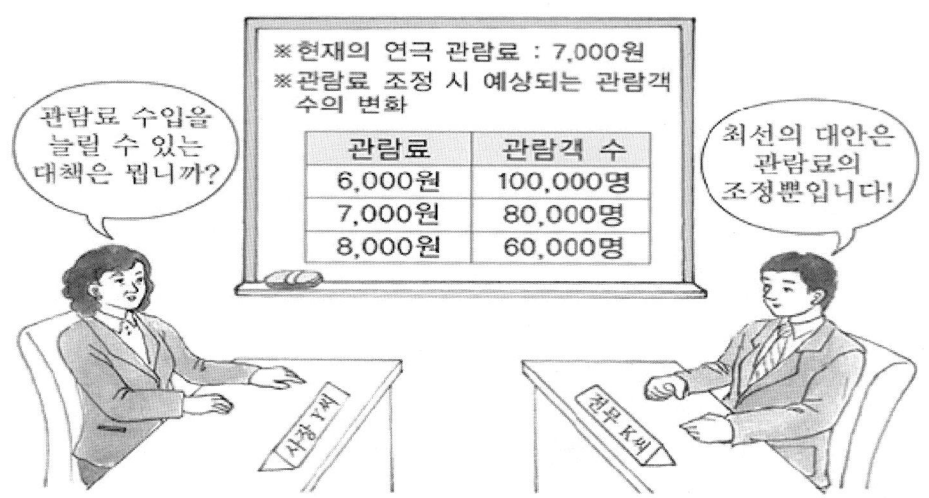

① 현재 OO기획사의 매출액 규모는 6억 원이다.

② 위 연극 서비스의 시장균형가격은 6,000원이다.

③ **위 연극 서비스 수요의 가격 탄력성은 탄력적이다.**

④ 전무 K 씨가 경제 전문가라면 관람료 인상을 제안할 것이다.

⑤ 위 연극 서비스의 수요곡선은 수직선에 가까운 형태를 띤다.

Answer point

☞정답: ③ 해설:

① 현재 매출액은 현재의 관람료 7,000원 * 관람객 수 80,000명 = 5억 6천만 원이다.

② 불완전 경쟁시장에서 공급곡선이 존재하지 않는 경우이므로 시장균형 가격은 존재하지 않는다.

③ 가격 인상 시 판매 수입이 감소(가격 인하 시 판매 수입이 증가)하는 경우(∵ 가격 변화율 < 수요량 변화율) 이므로 수요의 가격 탄력성은 탄력적이다.

④ 관람료를 인하해야 판매수입이 증가하므로 수요의 가격탄력성을 아는 경제전문가라면 관람료 인하를 제안 함이 타당하다.

⑤ 탄력적인 수요일수록 수요곡선이 수평선에 가까운 형태를 띤다.

24. 지난해 ○○ 커피숍의 손익계산서가 다음과 같다고 가정한다. 이에 대해 옳게 추론한 것을 <보기>에서 모두 고른 것은?(   )

○ 총수입: 10억 원
○ 총비용: 임금 3억 원 귀속 임금 1억 원
건물임대료 1억 원 귀속 건물임대료 5천만 원
이자 1억 원 귀속 이자 5천만 원
재료비 1억 원 홍보비 1억 5천만 원
정상이윤 5천만 원

〈보 기〉

ㄱ. 지난해 ○○커피숍이 거둔 경제적 이윤은 5천만 원이다.
ㄴ. 지난해 ○○커피숍이 지출한 회계적 비용은 7억 5천만 원이다.
ㄷ. 지난해 ○○커피숍의 경영에 따른 총기회비용의 크기는 10억 원이다.
ㄹ. 연 10%의 이자율을 가정했을 경우, 지난해 ○○커피숍 사장이 차입한 자금의 규모는 10억 원이다.
ㅁ. 각 건물에는 단독 소유주만 존재한다고 가정했을 경우, 지난해 ○○커피숍 사장이 운용한 커피숍의 수는 한 개다.

① ㄱ, ㄷ   ② ㄴ, ㅁ   ③ ㄱ, ㄴ, ㄹ   ④ ㄴ, ㄷ, ㄹ   ⑤ ㄷ, ㄹ, ㅁ

Answer point

☞정답: ④ 해설:
ㄱ. 총비용은 9억 5천만 원이고 이를 총수입에서 뺀 5천만 원 전액이 정상이윤이므로 ○○커피숍의 경제적 이윤은 0이다.
ㄴ. 회계적 비용은 7억 5천만 원, 암묵적 비용은 정상이윤 5천만 원을 포함한 2억 5천만 원이다.
ㄷ. 총비용은 경제적 비용과 동일하며, 회계적 비용과 암묵적 비용의 합계로 10억 원이다.
ㄹ. 연 10%의 이자율로 1년 간 1억 원의 이자를 지출했으므로 ○○커피숍 사장은 10억 원을 차입한 것이다. 귀속 이자 5천만 원은 ○○커피숍 사장의 개인 자금을 사용한 데 따른 기회비용이므로 실제 차입한 금액과 무관하다.
ㅁ. 각 건물에 단독 소유주만 존재하므로, 실제 임대료를 지출한 타인 소유의 건물과 귀속 임대료를 계산한 ○○커피숍 사장 소유의 건물 2곳에서 커피숍을 운영한 것이다.

25. (A), (B)에 들어갈 용어로 적절하게 묶인 것은?(   )

사람들은 일반적으로 앞으로 물가가 상승할 것으로 예상되면 각자가 보유하고 있는 화폐를 사용하여 재화나 서비스를 구입하려고 할 것이다. 물가가 상승할 경우 자신들이 보유하고 있는 화폐의 실질적 가치가 하락하여 화폐를 보유하는 데 따른 가회비용이 커질 것으로 생각하기 때문이다. 이 경우 화폐 보유에 따른 기회비용이란, 보유하는 화폐를 다른 용도로 사용하면 얻을 수 있는 이익을 말한다. 그 결과 총수요에 변동이 생겨 경제 전체적으로는 (A)이 발생할 가능성이 높고, 통화 당국은 (B)과(와) 같은 정책을 펼 가능성이 높다.

	Ⓐ	Ⓑ
①	인플레이션	정부지출 축소
②	디플레이션	재할인율 인하
③	**인플레이션**	**지급준비율 인상**
④	디플레이션	콜금리 목표치의 인하
⑤	스태그플레이션	소득세율 인하

Answer point

☞정답: ③ 해설:

제시문에서는 사람들의 인플레이션 기대 심리가 실제 인플레이션으로 이어지는 메커니즘을 설명하고 있다. 물가 상승 기대는 곧 화폐 보유의 기회비용 상승 시대를 뜻한다는 것이고, 이에 따라 소비를 늘려 화폐 보유에 따른 기회비용 부담을 낮추려 한다는 것이다. 이처럼 소비가 증가하면 총수요가 증가하여 인플레이션이 발생한다. 인플레이션에 대응하는 정책은 결국 재정정책이나 통화정책에 있어서 긴축 기조를 가져오는 것인데, 제시문에서 이러한 정책의 주체를 통화 당국으로 한정했으므로 긴축적인 통화정책 즉 지급준비율 인상, 재할인율 인상, 국공채 발행(공개시장 매각)이 이에 해당한다.

---

26. 표는 A 국과 B 국이 자전거 1단위와 옷 1단위를 생산하는 데 소요되는 생산비를 나타낸 것이다. 이에 대한 설명으로 옳은 것을 <보기>에서 고른 것은?( )
(단, A 국과 B 국에는 자유무역만 존재하며 두 상품 간 교역조건은 1:1이다.)

국가＼상품	자전거	옷
A국	90	100
B국	140	120

〈보 기〉

ㄱ. A 국은 옷 생산에 비교우위가 있다.
ㄴ. 자전거의 옷 1단위당 교환 비율은 1.2~1.6 사이에서 결정된다.
ㄷ. 자전거 1단위를 생산하는 데 따른 기회비용은 B 국이 A 국보다 크다.
ㄹ. A 국이 비교우위를 갖는 상품을 특화 생산한 후 교역할 경우, A 국은 특화 상품의 9분의 1 단위에 해당하는 무역이익을 얻을 수 있다.

① ㄱ, ㄴ ② ㄱ, ㄷ ③ ㄴ, ㄷ ④ ㄴ, ㄹ ⑤ ㄷ, ㄹ

27. 다음은 어느 연구 계획서의 일부이다. 이 연구에 적용할 연구 방법론의 조사 과정을 적합한 것을 <보기>에서 고른 것은?(   )

최근 몇 년 동안 외국인 근로자와 결혼 이민 여성들이 부쩍 늘고 있어서, 이러한 추세가 지속된다면 다문화·다민족 사회가 머지않아 도래할 것이다. 타 인종·타민족과 공존할 수 있도록 다문화주의가 요구되며, 그것의 출발점은 우리의 '단일 민족' 이데올로기를 극복하는 것이다. 이를 위해, 어떻게 그 이데올로기가 일상생활의 상호 작용에서 –의도적이든 비의도적이든– 차별 기제로 작용하는지 파악할 필요가 있다. 본 연구는 외국인 근로자가 우리의 일상적 행위를 어떻게 해석함으로써 문화적 장벽과 소외를 느끼는지 이해하고자 한다.

〈보 기〉

ㄱ. 신뢰도를 높이기 위해 '단일 민족' 이데올로기와 차별을 연관한 가설을 설정한다.
ㄴ. 외국인 근로자가 밀집된 지역을 선정한다.
ㄷ. 자료 수집 방법으로 참여 관찰법, 면접법, 문헌 연구법을 활용한다.
ㄹ. 가치중립을 위해 외국인 근로자에 대한 연구자의 주관적인 체험을 통제한다.

① ㄱ, ㄴ   ② ㄱ, ㄷ   ③ ㄴ, ㄷ   ④ ㄴ, ㄹ   ⑤ ㄷ, ㄹ

28. 다음 글에 나타난 개인과 사회에 관한 관점에 부합하는 것을 <보기>에서 고른 것은?(   )

성스러운 의식은 어떻게 발생하는가? ……(중략)…… 한곳에 모인다는 그 사실 자체가 강력한 흥분제처럼 작용한다. 일단 개인들이 모이고 나면, 그 모임에 의해 이상할 정도로 그들을 재빨리 열광시키는 일종의 전류가 생겨난다. 열광 상태에 도달하면, 평상시와는 다르게 행동하고 생각하게 만드는 일종의 외적인 힘에 의해 자신이 지배당하고 이끌리는 것을 느낀다. 그의 동료들 또한 같은 방식으로 변화되는 것을 느끼며, 울부짖음, 몸짓, 태도 등을 통해 그들의 감정을 표현한다. 이러한 격정적이 사회환경 가운데서 그리고 격정 자체로부터 종교적 관념이 생겨난다.

〈보 기〉

ㄱ. 계층은 이론가가 사회 구성원들을 임의적으로 범주화한 것이다.
ㄴ. 계급의 이해관계는 그 구성원들이 믿는 이해관계와 다를 수 있다.
ㄷ. 인간은 물질적 생산과정에서 자신들의 의지와는 독립된 일정한 생산 관계에 참여한다.
ㄹ. 국가가 특정한 일을 한다고 말하는 것은 사실상 정치가나 공무원이 하는 일에 대해 말하는 것이다.

① ㄱ, ㄴ   ② ㄱ, ㄷ   ③ ㄴ, ㄷ   ④ ㄴ, ㄹ   ⑤ ㄷ, ㄹ

Answer point
☞정답: ③ 해설:
ㄱ. 계층 이론가가 임의적으로 범주화한 것이 아니라 사람이 모임에 따라 생겨난다.
ㄹ. 전혀 관련 없는 이야기이다.

29. 다음 글에서 밑줄 친 학자의 주장으로 옳지 않는 것은?(   )

그는 마르크스가 동물과 다른 인간의 본질을 노동으로 환원한 점을 비판하면서, 인간의 본질을 노동과 상호작용으로 구분하였다. 이후에 그는 노동을 목적 합리적 행위, 상호작용을 의사소통적 행위라는 용어로 개념화하면서, 두 가지 행위 유형을 근대의 합리성 문제와 연결하였다. 마르크스나 베버가 생산력의 증대와 생활에 대한 기술 관료적 통제의 증가 등 목적 합리성의 확대에 초점을 맞추었다면, 그는 목적 합리성과 의사소통적 합리성의 불균형적 발달에 초점을 두었다. 그는 왜곡되고 자유롭지 못한 의사소통을 근대성의 문제로 부각시켰으며, 의사소통 합리성의 회복을 사회 진화의 종착점으로 간주하였다.

① 근대 시민사회의 역사적 단초는 17～18세기의 '문예적 공론장'이다.

② 헌법의 기본권 보장과 언론 매체의 독립은 의사소통 구조의 합리화에 필요하다.

③ 목적 합리성에 의해 의사소통 합리성이 쇠퇴되어 '생활세계의 식민화'가 진행되었다.

④ 후기 자본주의 사회는 '생활세계의 식민화'로 인해 정당성 위기를 극복하기 어렵다.

⑤ 환경 운동, 여성 운동, 생활공동체 운동 등 신사회 운동을 통해 국가 관료적

통제와 자본주의 경제를 변혁해야 한다.

Answer point

☞정답: ⑤ 해설:

하버마스는 인간의 해방은 '합리적 의사소통'을 통해 가능하다고 생각하였다. 즉, 인간 사이의 의사소통은 언어의 의미 불완전성으로 인해 의사소통에서 필연적으로 왜곡되는 측면이 생기고 이러한 왜곡된 의사소통의 급간을 줄여 나가는 합리적 의사소통이 진행되면 인간 간의 갈등 또한 줄어들 것이라는 주장이다. 그래서 하버마스는 마르크스가 노동과 상호작용의 개념에서 인류의 역사를 도구주의적인 노동으로만 환원시키고 있음을 비판했다. 하버마스는 이러한 문제점을 인식하여 노동과 상호작용의 새로운 개념화를 시도하여 마르크스의 '생산력'은 '노동'으로, '생산 관계'는 '상호작용'으로 대체한다. 그러므로 현실에서 물질적 권력 요인이 상호작용 과정의 출발에 지대한 영향력을 갖는 경우에 대해 하버마스는 그러한 외적 영향력이 의사소통구조 안에 들어와 있는 그 폭력적 관계가 문제인 것이고, 이러한 현상을 왜곡된 '의사소통'이라고 규정한다.

---

30. 다음 밑줄 친 '이론'을 사회학적 관점에서 바르게 설명한 것을 <보기>에서 모두 고른 것은?(   )

> 시카고학파에 따르면, 대도시 내의 이민자들이 많이 모인 지역에서는 범죄율이 높지만 그 외의 다른 지역에서는 그만큼 높은 비율이 나타나지 않는다. 시카고학파의 영향을 받은 이 이론은 범죄율이 높은 사회해체와 문화갈등들에 주목하면서, 친밀한 집단 사이에 의해 특정한 범행기술, 범행동기, 충동, 합리화 태도 그리고 법위반에 대한 호의적인 생각 등이 학습된다는 것을 강조하였다.

〈보 기〉

ㄱ. 상징적 상호작용론의 입장에서 범죄의 사회화에 초점을 두고 있다.
ㄴ. 교제에 의해 학습되는 요소를 일탈요인으로 보는 교환이론적 관점을 반영한다.
ㄷ. 일탈의 원인으로 가치 합의의 부재에 주목한다는 점에서 기능주의를 배경으로 한다.
ㄹ. 이민자 집단이 준법 행위에 대한 부정적인 태도를 가질 수 있음을 고려한다는 점에서 갈등주의의 단면을 보여 준다.

① ㄱ, ㄴ   ② ㄴ, ㄹ   ③ ㄱ, ㄴ, ㄷ   ④ ㄱ, ㄷ, ㄹ   ⑤ ㄴ, ㄷ, ㄹ

Answer point

☞정답: ④ 해설:

제시문은 차별적 교제이론에 관한 설명이다. 차별적 교제이론은 기본적으로 기능론과 상징적 상호작용론을 바탕으로 하는 일탈이론이다. 합의된 규범을 어기는 것이 일탈이라는 기본적 전제를 가지고 있으므로 기능론적 시각이 내포되어 있는 것이다. 의미형성과 그 의미형성에 따른 실천을 강조하는 상징적 상호작용론적 요소도 가지고 있다. 이 문제에서는 더 나아가 이민자집단의 하위문화가 저항적 성격을 가질 수도 있음에 주목하여 갈등론의 한 단면과도 연관될 수 있음을 이해하는지도 묻고 있습니다. ㄴ 선택지는 '교환이론' 때문에 틀린 것이다.

31. 다음은 문화에 대한 두 가지 개념 정의다. 이에 대한 설명으로 옳은 것을 <보기>에서 고른 것은?(   )

(가) 문화는 인간이 사회 구성원으로서 얻은 지식, 예술, 법률, 도덕, 관습 그리고 다른 모든 능력이나 습관을 포함하는 복합적 총체다.

(나) 문화는 사람의 행위나 구체적인 사물 그 자체가 아니라 그 속에서부터 추출된 하나의 추상으로서 사람들의 의식 속에 있는 모델이며, 이것에 의해 사람들의 상호작용이 가능하게 된다.

〈보 기〉

ㄱ. (가)는 문화가 후천적으로 학습된 것임을 의미하고 있다.
ㄴ. (나)는 인간의 행위를 관찰한 결과가 문화라고 인식하는 입장이다.
ㄷ. (가)와 (나)는 문화가 사회 구성원들에 의해 공유된 것이라는 입장을 취한다.
ㄹ. (가)는 (나)에 비해 사람들이 어떤 행동을 하게 되는 기본적인 규칙이나 원리를 밝히는 데 유리하다.

① ㄱ, ㄷ   ② ㄴ, ㄷ   ③ ㄴ, ㄹ   ④ ㄱ, ㄴ, ㄹ   ⑤ ㄱ, ㄷ, ㄹ

Answer point

☞정답: ① 해설:
(가)의 정의 총체적인 관점에서 정의되는 문화로서 알프레드 크로버(A. Kroeber)의 정의로서 문화는 사회 구성원들에 의해서 공유되고 후천적으로 학습이 된 것이라는 견해를 가진 정의이다. (나)의 정의는 구디너프(W. H. Goodenough, 1961)가 말한 것으로 한 사회의 성원들이 삶의 양식이 기초하고 있는 관념체계나 개념체계를 문화로 간주하는 것이다.

32. 표에 대한 해석으로 옳은 것을 <보기>에서 모두 고른 것은?(   )

지역	연도	일반가구	가구원 수별 가구 분포(%)				
			1인 가구	2인 가구	3인 가구	4인 가구	5인 이상
A	1980	4,800	5.0	10.7	15.3	22.3	46.7
	2000	11,000	14.6	16.8	21.5	33.6	13.5
B	1980	3,300	5.0	10.3	13.3	17.4	54.0
	2000	3,100	18.9	27.3	18.4	21.7	13.7

지역	연도	일반가구	세대별 가구 분포(%)			
			1세대	2세대	3세대	4세대
A	1980	4,400	10.0	76.1	13.6	0.3
	2000	9,500	14.0	76.8	9.1	0.1
B	1980	3,100	7.6	68.3	23.2	0.9
	2000	2,500	27.6	59.1	12.9	0.4

ㄱ. 핵가족화는 A지역에 비해 B지역에서 더 많이 진전되었다.

ㄴ. 2000년 기준으로 1인 가구의 수는 B지역이 A지역보다 더 많다.

ㄷ. 1980년 기준으로 비혈연 가구의 수는 A지역이 B지역보다 더 많다.

ㄹ. A지역에서 혈연 가구의 증가율은 1세대 가구 수의 증가율보다 더 크다.

① ㄱ, ㄴ   ② ㄱ, ㄷ   ③ ㄴ, ㄹ   ④ ㄱ, ㄷ, ㄹ   ⑤ ㄴ, ㄷ, ㄹ

Answer point

☞정답: ② 해설:

ㄴ은 2000년을 기준으로 1인 가구의 수를 비교해 보면 표 2에서 확인할 수 있는데 가구의 분포 퍼센트는 B가 더 높게 나타났지만 실제 거주 세대를 살펴보면 A는 약 1,350가구 B는 300가구가 조금 넘어서이다. ㄹ에서 표 2를 보면 세대별 증감의 정도가 나와 있는데 A를 보면 1세대 가구와 2세대 가구만 소폭의 상승을 보이고 나머지는 감소의 추세를 보인다. 또한 1세대 가구의 증가율이 2세대 가구의 증가율보다 높기 때문에 ㄹ의 설명은 틀린 것이다.

33. 다음 글에 나타난 인류학 이론에 대한 설명으로 옳은 것을 <보기>에서 고른 것은?( )

세계 각지의 부계 사회 중 상당수는 외삼촌과 생질(누이의 아들) 사이의 관계를 중시하고 있다. 아프리카의 바쏭가의 부족의 경우 외삼촌이 일생 동안 생질을 돌보아야 하며 생질이 아프면 그를 위하여 희생 제물을 바친다. 반면, 생질은 외삼촌에게 치근거려도 된다. 예를 들면 생질은 외삼촌의 집에 가서 외삼촌 몫으로 차려진 음식을 다 먹어도 되고 외삼촌이 자기 선조에게 제사를 지내려고 차려 놓은 술과 고기를 훔쳐 먹기도 한다. 외삼촌과 관련된 행동은 고모와의 관계와 대비된다. 외삼촌에게 버릇없이 구는 관습이 나타나는 곳에서는 일반적으로 고모에 대한 특별한 존경 및 복종의 의무가 존재한다. 외삼촌과 고모에 대한 행위의 차이는 바쏭가 부족의 사회 구조에 의해 결정된 것이며, 이러한 관습은 바쏭가 부족의 사회적 관계 유지를 위해 필요하다.

ㄱ. 문화의 기능보다는 사회에서 형성되고 소중히 되는 문화의 의미를 더 중요시한다.

ㄴ. 사회제도들이 구조적인 정합성을 가지고 있다고 인식하기 때문에 문화 변동을 설명하기 어렵다.

ㄷ. 사람들의 행위는 사회제도들 사이에 존재하는 관계의 유형이 표면적으로 나타난 것이라고 인식한다.

ㄹ. 문화의 형태는 사회마다 다를지라도 그 심층 구조는 동일하다는 입장에서 문화의 보편적 원리를 찾고자 한다.

① ㄱ, ㄴ   ② ㄱ, ㄷ   ③ ㄴ, ㄷ   ④ ㄴ, ㄹ   ⑤ ㄷ, ㄹ

Answer point

☞정답: ③ 해설:

문화의 기능론적 측면을 중시하는 측면을 설명한 글이다. ㄹ이 답이 아닌 이유는 '문화의 형태가 사회마다 다를지라도' 때문이다. 보기에서는 문화의 형태 또한 사회에서 공통적으로 발견되는 측면을 강조하고 있다.

34. 다음 사례에 대한 설명으로 옳은 것은?(   )

2008년 8월 9일 갑(19세 10월)은 친구인 을(20세 2월)과 병(20세 6월)에게 원한관계에 있는 A를 살해해 달라고 부탁하였다. 이에 을과 병은 A를 살해하기로 하였으나 범행 장소에 함께 있던 을은 A가 살려 달라고 애원하자 자신의 행동을 뉘우치며 그 자리를 떠났다. 한편 A를 살해한 후 도주한 혐의를 받고 있는 병은 살인의 범죄 사실로 기소되어 국민 참여 재판에 회부되었고, 배심원은 병에 대하여 유죄로 평결하였다. 그리고 친구 집에서 숨어 지내던 갑은 11월 9일 경찰에 의해 체포되었다.

① 교사범인 갑의 형은 정범인 병의 형보다 감경한다.

② 을은 살인죄의 중지미수범에 해당한다.

③ 검사는 갑을 지방법원 소년부에 송치할 수도 있고 공소제기를 할 수도 있다.

④ 법원1은 병에 대하여 가석방이 허가되지 않는 무기징역을 선고할 수 있다.

⑤ **병에 대하여 배심원이 유죄로 평결했더라도 법원은 증거불충분을 이유로 무죄를 선고할 수 있다.**

Answer point

☞정답: ⑤ 해설:

문제에 따르면 먼저 갑과 을과 병은 형사미성년자(만 14세)가 아니며, 또한 소년법상의 소년(만 19세)도 아니므로, 통상의 형사절차가 그대로 진행된다는 점을 알 수 있다.

① 먼저 일반적으로 갑은 교사범이므로, 형법 제31조 제1항에 의하면 교사범은 정범과 동일한 형으로 처벌한다. 이때의 동일형이란 동일한 법정형을 의미하며, 선고형은 정범보다 무겁거나 가벼울 수 있다. 따라서 지문은 옳지 않다.

② 을과 병은 공동정범인데, 범행 장소에 가서 피해자와 같이 있는 것으로 보아 살해행위의 실행의 착수는 있다고 판단된다. 문제는 을에게 중지미수를 인정하려면 을의 중지행위가 결과불발생과 인과관계가 있어야 한다. 즉 결과의 불발생을 위한 진지한 노력이 있어야 하는 것이다. 따라서 을은 뉘우친 것에 그치지 않고, 나아가 병의 살해행위를 적극적으로 방지하여 살인의 결과가 일어나지 않도록 해야만, 중지미수가 설립되는데 사안의 경우 살해의 결과가 발생하였으므로, 미수의 문제는 발생하지 않는 것이다. 따라서 지문은 옳지 않다.

③ 갑(만 19세 10월)은 소년법상의 소년이 아니므로, 통상의 형사절차가 진행된다. 따라서 지문은 옳지 않다.

④ 법원이 가석방이 허용되지 않는 무기징역을 선고하려면 최소한 죄형법정주의원칙상 법률의 규정이 필요하다. 그런데 현행법이 인정하고 있는 형벌 중 그런 것은 존재하지 않는다. 또한 가석방제도는 자유형을 집행받고 있는 자가 개전의 정이 현저한 경우, 일정한 요건에 따라서 인정되는 특별예방사상의 표현이다. 따라서 선고형이 무기형일 경우 10년이 경과한 후에 일정한 심사에 의해 가석방이 인정되어, 무기의 경우 10년의 가석방 기간을 거쳐 그 기간이 경과한 때에는 형의 집행을 종료한 것으로 간주한다. 따라서 지문은 옳지 않다.

⑤ 지문의 범죄 사실에 대해 국민 참여 재판에 회부된 것은 정당하다. 또한 국민의 형사 재판 참여에 관한 법률 제46조 5항에 따라 배심원의 평결과 의견은 법원을 기속하지 아니한다. 따라서 지문의 내용은 옳다.

35. 다음 사례의 (가)~(라)에 들어갈 적절한 단어로 묶인 것은?(   )

갑의 상해행위로 인하여 피해를 입은 을은 갑을 상해죄로 고소하였으나 검사는 피의 사실을 인정할 만한 충분한 증거가 없다는 이유로 불기소 처분하였다. 이에 을은 관할 고등법원에 (가)을(를) 하였고 법원의 공소제기 결정에 따라 검사는 갑을 상해죄로 구속기소하였다. 제1심 공판절차에서 갑은 법원에 (나)을(를) 청구하였으나 기각되었으며, 지방법원 단독판사는 갑에게 징역 1년을 선고하였다. 갑은 제1심판결의 양형부당을 이유로 (다)에 (라)를 제기하였다.

	(가)	(나)	(다)	(라)
①	항고 –	보석 –	지방법원본원 합의부 –	항소
②	항고 –	구속적부심사 –	고등법원 –	상고
③	재심신청 –	구속적부심사 –	고등법원 –	항소
④	**재정신청 –**	**보석 –**	**지방법원 본원합의부 –**	**항소**
⑤	재정신청 –	구속취소 –	지방법원 본원합의부 –	상고

Answer point
☞정답: ④ 해설:
- 재정신청: 고소나 고발이 있는 특정범죄사건을 검사가 불기소 처분하였을 때, 고등법원이 고소인 또는 고발인의 재정신청(裁定申請)에 의하여 그 사건을 관할지방법원의 심판에 부하는 결정을 하면 그 사건에 대하여 공소가 제기된 것으로 보는 절차이다.
- 구속적부심사와 보석: 구속적부심사란 구속된 피의자에 대하여 법원이 구속의 적법성과 필요성을 심사하여 그 타당성이 없으면 피의자를 석방하는 제도로 형사피의자의 석방을 위한 제도라는 점에서 형사피고인까지를 대상으로 하는 보석(保釋)과 구별된다. 보석은 보증금을 납부하고, 도망하거나 기타 일정한 사유가 있는 때에는 이것을 몰수하는 제재조건으로 법원이 구속된 피고인을 석방시키는 제도이다.
- 항소와 상고: 항소란 하급법원에서 받은 제일심의 판결에 불복할 때 그 파기 또는 변경을 직접 상급법원인 고등법원 또는 지방법원 합의부에 신청하는 일로, 상고(上告)는 항소심의 결과에 대해 따를 수 없을 때 대법원에 사건에 대한 법률관계를 명확히 하여 판결하여 주기를 신청하는 것을 말한다.

36. 다음 글에 나타난 국가기관이 관장하는 심판대상과 이에 대한 설명으로 옳은 것을 <보기>에서 고른 것은?(   )

이 기관은 헌법의 규범력과 실효성을 보장하고, 헌법에서 보장하고 있는 기본권을 실현하며, 국가작용의 합헌성을 보장하여 모든 국가작용이 헌법질서 속에서 행해지도록 함으로써 헌법을 보호하고 실현하는 것을 목표로 지난 20년 동안 그 역할을 충실하게 수행해 왔다는 평가를 받고 있다. 그러나 이러한 긍정적인 평가와는 달리 심판대상에서 법원의 재판을 제외하고 있기 때문에, 재판이라는 이름으로 국민의 기본권이 침해되는 사태에 대해서는 효과적으로 대응할 수 없다는 비판도 있다.

<보 기>
ㄱ. 헌법개정안에 대한 국민투표의 절차에 하자가 있음을 이유로 투표효력의 무효심판을 청구한 경우.
ㄴ. 공권력의 불행사로 인해 헌법상 보장된 국민의 기본권이 침해되었음을 이유로 헌법소원심판을 청구한 경우.
ㄷ. 법관이 그 직무집행에 있어서 헌법을 위배하였음을 이유로 국회가 탄핵의 소추를 의결하여 탄핵심판을 청구한 경우.
ㄹ. 정당의 활동이 정당법의 규정을 위반하였음을 이유로 정부가 중앙선거 관리위원회의 심의를 거쳐 정당 해산심판을 청구한 경우.

① ㄱ, ㄴ　　② ㄱ, ㄷ　　③ ㄴ, ㄷ　　④ ㄴ, ㄹ　　⑤ ㄷ, ㄹ

Answer point

☞정답: ③ 해설:
보기의 내용은 헌법재판소에 관한 설명이다. 그런데 다음 보기의 내용 중 ㄱ의 내용은 대법원의 권한을 말하고 있으며, ㄴ은 헌법소원심판권한, ㄷ은 탄핵심판권한을 설명하고 있다. 그런데 ㄹ은 얼핏 옳은 내용으로 보이지만, 위헌정당해산청구의 경우 중앙선거 관리위원회의 심의가 필요적 전치 심의가 아니므로, 오히려 국무회의의 심의 의결을 거쳐야 하는 내용으로 수정되어야 한다.

37. 다음에서 갑과 을이 제기하려는 행정소송과 행정심판의 종류로 옳은 것은?(　　)

◎ 국가공무원인 갑은 비위사실로 면직처분을 받자 면직이 무효라고 주장하면서 여전히 공무원으로서의 권리와 의무를 지니고 있다는 공무원의 지위 확인을 구하는 행정소송을 제기하고 있다.
◎ A시에 거주하는 을은 '공공기관의 정보공개에 관한 법률'이 정하는 요건을 갖추어 시장의 예산과 그 집행내역에 대한 정보 공개를 청구하였으나 A시는 비공개 결정 사실을 을에게 문서로 통지하였다. 을은 비공개 결정이 위법, 부당하다고 보아 행정심판을 제기하고자 한다.

　　　　　갑　　　　　　　　　을
① 취소소송무효 등 －　　　확인 심판
② 최소소송부작위위법 －　　확인 심판
③ **당사자소송 －**　　　　**취소 심판**
④ 당사자소송부작위위법 －　확인 심판
⑤ 의무이행소송 －　　　　　취소 심판

Answer point

☞정답: ③ 해설:
예시에서 갑의 경우는 자신이 면직처분을 받은 것이 부당하다고 하여서 공무원의 지위를 다시 찾기 위해서 즉 자신의 권리를 찾기 위해서 소송을 하는 것이므로 국가와 문제가 있을 시 하는 당사자 소송이 정답이고, 을의 예시는 공공기관에서 결정한 행위가 위법하다고 여겨서 그에 관해서 행정심판을 요청하는 것이므로 행정청의 위법 혹은 부당한 처분의 취소 또는 변경을 요청하는 취소심판이 정답이다.

38. 다음은 의사표시의 수와 결합 형태에 따라 법률행위를 분류한 것이다. (가), (나), (다)의 법률행위 유형과 <보기>의 사례들을 옳게 연결한 것은?(   )

(가) 권리주체가 행하는 의사표시만으로 성립하는 법률행위
(나) 여러 명의 당사자가 서로 상대방에 대하여 내용적으로 일치하는 의사표시를 함으로써 성립하는 법률행위
(다) 같은 방향의 여러 의사표시가 합치함으로써 성립하는 법률행위

<보 기>

ㄱ. 저당권 설정   ㄴ. 사단법인 설립
ㄷ. 재단법인 설립   ㄹ. 법정대리인의 동의(同意)
ㅁ. 채무자의 사해(詐害)행위에 대한 채권자의 취소권 행사

	(가)	(나)	(다)
①	ㄱ	ㄹ, ㄴ	ㅁ, ㄷ
②	ㄱ	ㄹ	ㅁ, ㄴ, ㄷ
③	ㄷ	ㄹ, ㅁ, ㄱ	ㄴ
④	ㄷ	ㄹ	ㅁ, ㄱ, ㄴ
⑤	ㄹ	ㅁ, ㄱ, ㄴ	ㄷ

Answer point

☞정답: ④ 해설:
(가)는 단독행위를, (나)은 계약을, (다)은 합동행위를 말한다.
단독행위에는 상대방이 있는 단독행위로, 법정대리인의 동의, 채무면제, 매매계약의 해제, 법정대리인의 취소 등이 있으며, 상대방 없는 단독행위는 유언, 재단법인 설립행위, 소유권포기 행위 등이 있으며, 채권자취소권의 행사는 타인의 권리의무의 변동을 목적으로 하기 때문에 특히 법률의 규정이 필요하며, 재판상 행사되는 것이 특색이다.
(나)는 계약을 말하고, 저당권 설정행위도 그 예이다. 또한 (다)에는 사단법인의 설립행위를 예로 들 수 있다.
합동행위 개념은 동정허위표시규정과 자기계약 쌍방대리금지규정을 적용하지 않으려는 실익이 있다.

39. 다음 사례들에 대한 설명으로 옳은 것을 <보기>에서 고른 것은?(   )

(가) 만 17세인 철수는 만일의 경우를 대비해서 혼자서 유언의 전체 내용과 연월일, 주소, 성명을 직접 쓰고 날인(捺印)해서 유언장을 작성하였다.
(나) 영태는 재산의 절반을 3남매 중 막내인 진철에게 물려주기로 하고, 진철의 아들인 만 21세의 성진이 증인으로 참석한 자리에서 유언의 취지와 본인 성명, 연월일을 말했다. 성진은 이 유언이 정확하다며 자신의 성명을 말하고 전체 내용을 녹음하였다.
(다) 입원 중인 종수가 의식이 불완전하며 말을 못 하고 고개만 끄덕일 수 있는 상태에서, 종수의 아내가 쓴 쪽지를 보면서 공증인이 유언 내용의 취지를 말해 주고 "그렇습니까?"라고 묻자 종수는 고개만 끄덕거렸다. 공증인의 사무직원이 유언의 내용을 필기하고 이를 공증인이 낭독하여 유언장을 작성하였다.

<보 기>

ㄱ. (가)에서 철수의 유언은 자필증서에 의한 유언으로 유효하다.

ㄴ. (가)에서 철수가 녹음에 의한 유언을 하기 위해서는 1년 후에 해야 한다.

ㄷ. (나)에서 성진은 영태의 유언과 직접 관련된 자의 아들이어서 증인의 자격이 없다.

ㄹ. (다)에서 종수의 유언은 종수의 진정한 의사에 합치하는 경우에 한하여 유효하다.

① ㄱ, ㄴ　　② ㄱ, ㄷ　　③ ㄴ, ㄷ　　④ ㄴ, ㄹ　　⑤ ㄷ, ㄹ

Answer point

☞정답: ② 해설:

유언은 만 17세(민법 1061조) 이상이면 할 수 있다. 특히 자필증서에 의한 유언의 경우에는 전체 내용, 연월일, 성명, 날인 등이 필요하다. 녹음유언의 경우에는 유언자가 유언취지, 성명, 연월일을 구술하고, 참여한 증인이 정확함과 성명을 구술하여야 한다. 자필증서의 경우를 제외하고는 증인의 참여가 필요하다. 이 경우 행위무능력자, 유언에 의하여 이익을 얻을 자 및 그 배우자와 직계혈족은 증인이 될 수 없다. 공정증서에 의한 유언의 경우 증인 2인이 필요하고, 그 면전에서 유언자가 유언의 취지를 구술한 후, 공증인이 낭독해야 한다. 비밀증서에 의한 유언은 특히 그 방식에 흠결이 있는 경우 자필증서에 의한 유언으로 본다. 다만 구수증서에 의한 유언의 경우는 질병 기타 긴박한 사유의 경우 특별한 경우만 인정되므로 형식과 방식이 간단하다. 따라서 유언의 요건을 완화해서 해석한다. 증인 2인 이상의 참여 가운데 그중 1인에게 취지를 구수해야 한다. 구수받은 자가 이를 필기 낭독하여, 유언자와 증인이 정확함을 승인한 후 서명, 또는 기명날인해야 한다.

---

40. 다음의 법조문이 직접 적용되는 사례를 <보기>에서 고른 것은?(　　)

<민법 제760조>

제1항 수인(數人)이 공동의 불법행위로 타인에게 손해를 가한 때에는 연대하여 그 손해를 배상할 책임이 있다.

제2항 공동 아닌 수인의 행위 중 어느 자의 행위가 그 손해를 가한 것인지를 알 수 없는 때에도 전항과 같다.

제3항 교사자(敎唆者)나 방조자(傍助者)는 공동행위자로 본다.

<보 기>

ㄱ. 길을 지나던 A는 흉기를 들이대며 돈을 뺏으려는 B로부터 자신을 방어하다가 마침 옆을 지나던 C를 밀쳐서 골절상을 입게 하였다.

ㄴ. 주인 A로부터 건물을 임차한 B는 옥의 간판을 설치하였는데, 간판이 너무 무거워 떨어지는 바람에 건물 앞을 지나던 사람이 부상을 입었다.

ㄷ. 거의 같은 시기에 건축된 A의 건물과 B의 건물이 C의 건물에 대해 전체적으로 수인(受忍) 한도를 초과하는 일조(日照) 침해의 결과를 야기하였다.

ㄹ. A는 친구 B가 맡긴 B의 애완견을 데리고 공원에 갔다가 애완견을 화장실 앞에 두고 잠시 화장실에 다녀온 사이 그 애완견이 다른 사람을 물어 상처를 입혔다.

ㅁ. A의 자동차가 과속으로 달리다 횡단보도 상의 B를 치어 B가 넘어진 순간, A의 자동차와 일정거리를 유지하지 않고 과속으로 뒤따라오던 C의 자동차가 B를 치어 B가 사망하였다.

① ㄱ, ㄴ　　② ㄱ, ㄹ　　③ ㄴ, ㅁ　　④ ㄷ, ㄹ　　⑤ ㄷ, ㅁ

Answer point

☞정답: ⑤ 해설:

공동불법행위(760조)의 성립에는 행위자 상호 간의 의사의 공통이나 공동인식이 필요하지 아니하고, 객관적으로 그 각 행위에 관련 공동성이 있으면 족하다. 즉 각 행위가 독립하여 불법행위의 요건을 갖추고 있으면서, 위법하게 피해자에게 손해를 가한 것이라는 것이 인정되어야 한다.

ㄱ은 정당방위(민법 761조 1항)로서 위법성이 조각되는 경우이고, ㄴ은 공작물책임으로 건물소유자인 A는 B가 손해방지에 필요한 주의를 해태하지 아니한 경우에 한하여 책임을 지는 무과실책임을 진다. ㄹ은 동물의 직접 점유자의 책임으로서 간접 점유자나 소유자는 책임을 지지 않는다(민법 759조).

중등 교사임용시험 기출 문제 풀이 및 해설
(공통사회: 2009학년도)

1. 다음은 오수벨의 설명식 수업 단계에 따라 작성한 중학교 3학년 '인구 성장과 경제 발달'에 대한 수업 과정안이다. 이에 대한 설명으로 가장 알맞은 것은?(   )

학습 목표: 인구 성장과 경제 발달 간의 관계를 설명할 수 있다.		
	교수 • 학습 활동	교수 • 학습 자료
(가)	부모의 형제 수와 자신의 형제수를 비교하도록 한다.	
(나)	인구 성광과 경제 발달 간의 관계를 설명한다.	
(다)	〈자료 1〉을 보고 연평균 인구 성장률이 높은 국기와 낮은 국가를 분류하도록 한다. 〈자료 2〉를 보고 1인당 GDR가 높은 국가와 낮은 국가를 분류하도록 한다.	〈자료 1〉 세계 국가별연평균 인구 성장률 지도 〈자료 2〉 세계 국가별1인당 GDP 지도
(라)	〈자료 3〉을 보고 중부 아프리카와 서부 유럽 인구 성장를 추이를 비교하도록 한다. 〈자료 4〉를 보고 중부 이프리카와 서부 유럽 정제 성장를 추이를 비교하도록 한다.	〈자료 3〉 중주 아프리카와 서부 유럽 인구 성장를 그래프 (1960~2000년) 〈자료 4〉 중부 이프리카와 서부 유럽의 경제 성장를 그래프 (1960~2000년)
(마)	(다)~(라)의 학습 활동 결과를 확인한 후 인구 성장과 경제 발달간의 관계에 대하여 정리한다.	

① (가)는 학습자의 기존 인지 구조와 갈등을 일으키는 선행 조직자이다.

② (나)는 새로운 지식을 내면화하여 학습자의 기존 인지 구조를 수정하는 과정이다.

③ (다)는 학습자의 인지 구조에 파지되어 있는 지식을 재생하도록 하는 과정이다.

④ (다), (라)는 (나)의 학습 활동 결과 얻은 지식을 점진적으로 분화시키는 과정이다.

⑤ (마)는 (다)~(라)의 학습 활동으로부터 새로운 일반화를 발견하도록 하는 과정이다.

2. (가)는 고등학교 1학년 학생을 대상으로 실시한 학업 성취도 평가 문항이고, (나)는 문항 반응 결과이다. 이에 대한 해석으로 가장 알맞은 것은?(   )

(가)

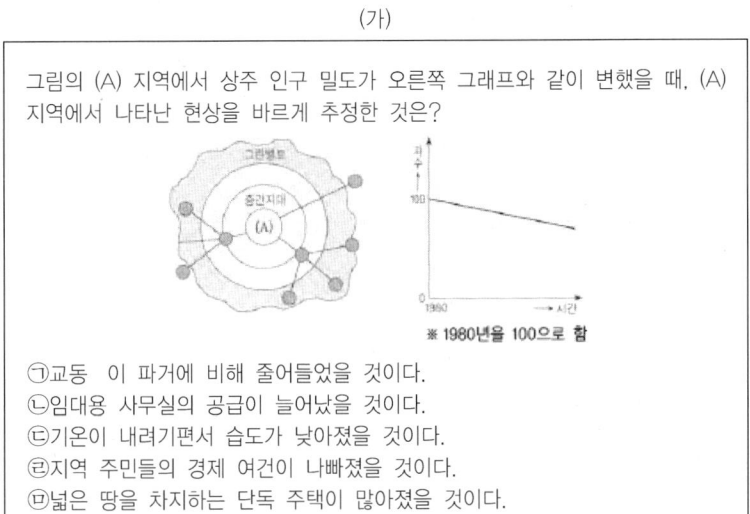

그림의 (A) 지역에서 상주 인구 밀도가 오른쪽 그래프와 같이 변했을 때, (A) 지역에서 나타난 현상을 바르게 추정한 것은?

※ 1980년을 100으로 함

㉠교통 이 과거에 비해 줄어들었을 것이다.
㉡임대용 사무실의 공급이 늘어났을 것이다.
㉢기온이 내려가면서 습도가 낮아졌을 것이다.
㉣지역 주민들의 경제 여건이 나빠졌을 것이다.
㉤넓은 땅을 차지하는 단독 주택이 많아졌을 것이다.

(나)

정답률 (%)	변별도	답지 반응 분포(%)					성취수준별 정답률(%)			
		㉠	㉡	㉢	㉣	㉤	우수 학력	보통 학력	기초 학력	기초 미달
55.4	0.52	17.5	55.4	4.0	9.1	14.0	92.6	74.8	41.5	14.5

① 답지 반응 분포를 볼 때 ㉠과 ㉤은 매력적인 오답으로서 정답률을 낮추는 역할을 한다.

② 기초학력 학생의 58.5%는 그래프의 의미를 읽지 못하였기 때문에 오답에 반응하였다.

③ 변별도를 볼 때 상위집단과 하위집단이 거의 같은 반응을 한 것으로 해석할 수 있다.

④ 성취 수준별 정답률은 학생의 개인차를 엄밀하게 변별하고 서열화하기 위한 자료이다.

⑤ 학생의 절반 이상이 도심의 상주인구 감소를 도심의 주간 인구 감소로 잘못 알고 있다.

3. (가), (나)의 예시로 적합한 것을 <보기 A>에서, (다), (라)가 나타내는 지식의 종류를 <보기 B>에서 알맞게 고른 것은?(   )

예비 교사인 명희는 교육실습 중 자신이 가르친 '관광자원이 풍부한 관동 지방' 단원의 수업 녹화 테이프를 분석한 후 자신이 사용한 질문의 유형을 분석하였다. 분석 결과, 명희는 수업 시간에 (가)개방적 질문은 전혀 사용하지 않았으며, (나)폐쇄적 질문에만 의존하여 수업을 진행하였다는 것을 알게 되었다. 명희는 (다)폐쇄적 질문에 비해 개방적 질문이 학생들의 발산적 사고를 촉진한다는 사실을 깨닫고, 다음 수업에서는 개방적 질문을 많이 활용해야겠다고 생각했다. 그러나 다음 수업에서도 명희는 복잡하게 진행되는 (라)수업환경에서 언제 개방적, 혹은 폐쇄적 질문을 던지는 것이 효과적인지 몰라 개방적 질문을 제대로 활용할 수 없었다.

<보기 A>

ㄱ. 최한월 평균기온이 3℃ 상승하면 생활이 어떻게 달라질까?
ㄴ. 강원도에 새로운 스키장을 건설한다면 어디가 좋을까?
ㄷ. 기후 그래프에서 막대그래프가 나타내는 것은 무엇인가?

<보기 B>

a. 명제(선언)적 지식
b. 방법(절차)적 지식
c. 상황(조건)적 지식

	(가)	(나)	(다)	(라)
①	ㄱ	ㄴ	a	b
②	ㄱ	ㄷ	a	c
③	ㄴ	ㄱ	b	a
④	ㄴ	ㄷ	b	c
⑤	ㄷ	ㄱ	c	a

☞정답: ② 해설:

개방적 질문은 보다 포괄적인 데 반해 폐쇄형 질문은 범위가 좁고 한정되어 있다.

◆ 개방적 질문: 모든 반응을 유도, 넓은 시야를 제공, 내담자의 관점, 의견, 사고, 감정까지 끌어냄.

◆ 폐쇄형 질문: 특정한 답변 요구, 명백한 사실.

개방적 질문은 바람직한 촉진관계를 열어 놓는 반면 폐쇄적 질문은 그것을 닫아 놓는 것이 보통이다. 예를 들어 "시험이 끝나고서 기분이 어땠습니까?" vs "자네는 시험이 끝나서 기분이 좋았지, 안 그래?"의 두 가지 질문이 있을 경우 포괄적이고 모든 반응을 유도하는 전자가 개방적 지식이고, '좋았다'와 '좋지 않다' 두 가지 대답 중 하나만을 이끌어 내는 후자가 폐쇄형 질문이다.

◗명제적 지식◖

명제적 지식이란 '~인 것을 안다' 또는 '~라는 것을 안다'로 표현되는 지식을 말한다. 다시 말하면 어떤 사실이나 이론의 원리에 대하여 우리가 아는 것을 뜻한다. 따라서 명제적 지식이 문장으로 표현될 때는 대체로 진위를 구별할 수 있는 문장으로 나타낸다. '지구는 둥글다'는 문장은 진(眞)으로 표현된 문장이므로 하나의 명제이다. 그러나 감탄문이나 명령문은 명제가 아니다. 따라서 우리의 많은 지식들이 거의 하나의 명제로서 문장으로 표현되어 나타나기 때문에 그것을 명제적 지식이라고 부른다. 명제적 지식은 다시 ① 사실적 지식, ② 논리적 지식, ③ 규범적 지식으로 분류된다.

◗방법적 지식◖

우리의 앎(지식)을 표시하는 방법은 두 가지가 있다. 하나는 '안다'이고 하나는 '알고 있는 것, 아는 것, 알게 된 것'이다. 전자는 과정으로서의 지식이고, 후자는 결과로서의 지식이다. 과정으로서의 지식이 '안기' 즉 '~을 안다'의 앎에는 두 가지를 생각할 수 있다. 하나는 '나는 수영을 할 줄 안다'라고 할 때와 같이 '~을 할 줄 안다'의 앎이고, 다른 하나는 '나는 지구가 태양의 주위를 돈다는 것을 안다'의 경우인 '~라는 것을 안다'의 앎이다. 우리는 후자의 경우는 명제적 지식이라 한다. 그리고 '나는 자전거를 탈 줄 안다', '나는 피아노를 칠 줄 안다'에서와 같은 '할 줄 안다'의 앎을 방법적 지식이라고 부른다. 따라서 명제적 지식은 know that의 지식이고 방법적 지식은 know how의 지식이다.

◗상황(조건)적 지식◖

명제적 지식과 방법적 지식을 언제 사용하며, 그렇게 사용하는 것이 왜 중요한지를 아는 것.

4. 다음은 '해안지형과 해저지형'에 대한 수업 활동 계획이다. 교사의 계획을 가장 효율적으로 실현할 수 있는 학술자료를 순서대로 배열한 것은?

(가) 해안의 주요 지형을 도식적으로 나타내고 있는 자료를 이용해서 주요 해안지형과 해안의 특색을 파악하도록 한다.

(나) 파랑의 침식작용과 퇴적작용의 원리를 나타내는 자료로 해안지형의 형성 과정을 이해하도록 한다.

(다) 황해안의 간척사업에 의한 시기별 지형 변화를 넓은 지역에 걸쳐 가시적으로 보여 주는 자료를 제시하여, 해안지형의 개발과 보존에 대해 탐구하도록 한다.

(라) 수심에 따른 해저지형을 잘 나타내고 있는 자료를 이용하여 주요 해저지형과 그 특색을 파악하도록 한다.

	(가)	(나)	(다)	(라)
①	모식도 -	플래시 -	위성영상 -	단면도

② 플래시 - 위성영상 - 모식도 - 단면도

③ 모식도 - 플래시 - 지형도 - 사진

④ 모식도 - 사진 - 위성영상 - 지형도

⑤ 플래시 - 사진 - 지형도 - 항공사진

Answer point

☞정답: ① 해설 :

◆ 모식도: 어떤 물건 또는 구조물의 모양을 그대로 따서 입체적으로 그린 그림.

◆ 단면도: 물체를 평면으로 잘랐다고 가정하여 그 내부 구조를 나타낸 그림. 단면 정도에 따라 전단면도, 반 단면도, 부분 단면도 따위가 있다.

◆ 지형도: 지표의 형태 및 지표에 분포하는 사물을 정확하고 상세하게 그린 지도. 대표적인 일반도로서 등 고선으로 땅의 높낮이를 나타내며 수계, 교통로, 취락, 토지 이용, 지명 따위를 표시한다. 우리나라에서는 5,000분의 1, 2만 5,000분의 1, 5만분의 1 따위의 축척으로 된 세 종류가 발행되고 있다. 늑지모도·지 세도.

따라서 (가) 도식적으로 주요 해안지형과 해안의 특색을 파악하기 위해서는 모식도를 이용하는 것이 가장 효 율적이고, (나) 형성 과정을 이해하기 위해서는 플래시를 이용하여 영상으로 과정을 쉽게 이해할 수 있도록 도울 수 있으며, (다) 넓은 지역의 지형 변화를 보여 주기 위해서는 위성영상이 적합하고, (라) 수심에 따른 해 저지형을 이해하기 위해서는 단면도가 가장 적합하다.

---

5. 김 교사는 학생들이 자연제방에 대해 오개념(misconception)을 갖고 있다는 것을 알고 다음과 같이 수업을 진행하였다. ㉠~㉤에 대한 설명으로 적절하지 않은 것은?( )

김 교사는 ㉠ 학생들에게 자신이 생각하고 있는 자연제방의 모식도를 그려 보게 하였다. ㉡ 3~4명의 소집 단을 구성하여 학생들이 그린 모식도를 서로 비교해 보도록 하였다. 대부분의 학생들은 김 교사가 예상한 대 로 ㉢ 하천의 양안을 따라 좁고, 길게 발달한 모양의 자연제방을 그렸다. 특히, 그 모양은 하천과 배후습지 사이에 위치한 블록지의 모습이었다. ㉣ 김 교사는 학생들에게 자연제방을 찍은 여러 장의 사진을 보여 주 고, ㉤ 사진에서 자연제방을 찾아 그 특징을 설명해 보도록 하였다. 마지막으로 김 교사는 그동안 학생들이 자연제방에 대해 잘못 알고 있던 부분을 명확하게 지적하고 설명하였다.

① ㉠: 학생들의 자연제방에 대한 선지식을 확인하기 위해 도해적으로 표현하게 한 것이다.

② ㉡: 학생들 간에 자연제방에 대한 이해수준이 다르다면 상호작용을 통해 자 연제방에 대한 오개념이 수정될 수 있다.

③ ㉢: 자연제방에 포함된 '제방'이라는 일상적 영어와 교과서, 참고서에 자주 등장하는 과장된 모식도가 학생들의 오개념 형성에 영향을 주었을 것이다.

④ ㉣: 학생들의 자연제방에 대한 선지식과 상충되는 사진을 제시하여 인지적

갈등을 유발하는 것이 목적이다.

⑤ ㉤: 교사가 보여 준 사진 속의 자연제방은 자연제방에 대한 학생들의 사적
지리를 대표한다.

Answer point

☞정답: ⑤ 해설:
㉠ 학생들에게 자신이 생각하고 있는 자연제방의 모식도를 그려 보게 함으로써 학생들의 자연제방에 대한 선
지식을 확인할 수 있다. ㉡ 소집단을 구성하여 학생들이 그린 모식도를 서로 비교해 보도록 하여 오개념을
수정할 수 있다. ㉢ 학생들은 김 교사가 예상한 대로 자연제방의 그림을 그렸는데 그것으로 '제방'이라는
일상적 용어와 교과서, 참고서에 자주 등장하는 과장된 모식도가 학생들의 오개념 형성에 영향을 주었음을 알
수 있다. ㉣ 학생들의 선지식과 상충되는 사진을 제시하여 인지적 갈등을 유발하고, ㉤ 사진에서 자연제방을
찾아 그 특징을 설명하게 하는데 이때 사진은 자연제방의 특징을 잘 나타낼 수 있는 대표적 자연제방의 모습
이여야 한다.

---

6. 다음은 개념 학습과 관련된 중간고사 문항에 대한 학생 답안지이다. 이 학생
의 점수는?(   )

<u>○○대학교 2008년〈사회과 교육론 중간고사〉</u>

학번: 060305 성명: 홍길동

* 다음 질문의 진위 여부어 대해 O 도는 X로 표시하시오.(각 문항의 배점은 모두 1점임.)

	문항	답란	채점란
1	대통령제와 의원내각제는 동위 개념이다.	O	
2	통치 기구는 입법부의 상위 개념이다.	O	
3	사회 경제적 지위(S.E.S.)는 접합 내념에 해당한다.	O	
4	출생지는 '대한민국 국민'이 되기 위한 '결정적 속성(critical attribute)'	X	
5	'명동 거리의 인파'는 사회집단에 대한 비예(non–example)에 해담한다	O	

① 1점   ② 2점   ③ 3점   ④ 4짐   ⑤ 5점

Answer point

☞정답: ⑤ 해설:
① 대통령제와 의원내각제는 모두 정부 형태의 하나로서 동위 개념이다.
② 통치 기구는 입법부의 상위 개념이 맞다.
③ 사회 경제적 지위는 접합개념에 해당한다.
④ 출생지는 '대한민국 국민'이 되기 위한 '결정적 속성'에 해당하는 것이 맞다.
⑤ '명동 거리의 인파'는 지속적인 상호작용이 없기 때문에 사회 집단에 속하지 않는다.

7. 밑줄 친 'A 교사의 관점'과 동일한 입장에서 서술된 것을 <보기>에서 고른 것은?(   )

〈○○○ 교수의 사회과 교육 연구 일지〉

오늘 A 교사와 면담을 하였다. 올해 경력 3년차의 A 교사는 대학 재학 시 사회과 교육론 강의에서 바아(R. Barr) 등이 주장한 3가지 사회과 전통에 대해 배웠으며 그중 하나를 사회과 교육에 대한 자신의 관점으로 채택하고 있었다. A 교사의 관점은 다음과 같은 설문 조사 결과에서도 일관성 있게 유지되었다.

문 항	동의함	동의하지 않음
학생들의 논리적인 능력은 갈등 해결을 위한 의사결정 과정에 대해 심사숙고할 때 향상될 수 있다.	○	
비록 우리 사회 체제가 불완전하더라도 학생들은 인간에 의해 고안된 것 가운데 최고의 체제로서 우리 사회 체제를 지켜 낼 수 있는 도덕적 신념을 가져야 한다.		○
자신의 가치와 자신이 내린 결정의 결과를 이해하는 학생은 개인적 문제와 사회적 문제에 대해 보다 책임 있는 해답을 제시할 수 있다.	○	

〈보 기〉

ㄱ. 학생들은 사회 교사에게 시민으로서 갖추어야 할 기본적인 의무와 책임을 배워야 한다.
ㄴ. 학생들은 자신이 속한 사회의 신념, 태도 그리고 가치에 내재한 논리를 이해하고 수용해야 한다.
ㄷ. 학생들은 우리가 누리고 있는 자유와 권리의 토대를 제공해 주는 사회적 전통을 존중해야 한다.
ㄹ. 자신들이 선택한 문제들에 대해 심사숙고해 본 학생들은 좀 더 독립적으로 사고와 행동을 할 수 있다.
ㅁ. 국가에 대한 충성을 가르칠 때에는 특정한 가치나 제도가 아니라 학생들의 욕구와 흥미에 대한 반성적 과정에 초점을 두어야 한다.

① ㄱ, ㄴ   ② ㄱ, ㄷ   ③ ㄴ, ㄹ   ④ ㄷ, ㅁ   ⑤ ㄹ, ㅁ

Answer point

☞정답: ⑤ 해설:
ㄹ. 자신들이 선택한 문제에 대해 심사숙고해 본 학생들은 좀 더 독립적으로 사고와 행동을 할 수 있다.
ㅁ. 국가에 대한 충성을 가르칠 때에는 특정한 가치나 제도가 아니라 학생들의 욕구와 흥미에 대한 반성적 과정에 초점을 두어야 한다.
⇒20세기 초의 교과중심주의적인 사회과, 1960년대의 학문중심주의 사회과, 그리고 1980년대 전후의 반성적 탐구를 중심으로 하는 쟁점 중심 사회과 관점들은 모두 당대의 사회적 요구, 지식관, 가정, 탐구의 준거 등과 같은 사회 인식론적 관점을 통해 바르게 이해될 수 있음을 알 수 있다. 그리고 최근의 사회과 교육의 성격에 대한 대안적인 사고방식 역시 이러한 맥락에서 이해될 수 있다. 즉, 7차 사회과 교육과정에서 '합리적 의사결정 능력', '학습의 구성성과 자기주도성', '다중시민성', '학습력 발달', '수준별 교육과정에 따른 개별화 학습', '통합 학습', '수행 평가' 등을 강조하고 중시하는 것은 모두 쟁점 중심 사회과와 관련된 사회적 인식이 작용하고 있기 때문인 것이다.

8. 밑줄 친 '이 원리'에 대한 설명으로 적절한 것을 <보기>에서 고른 것은?

이 원리에 따르면 교육과정은 학습자가 경험한 혹은 경험하게 될 공간적 차원들을 고려하여 조직되어야 한다. 정보화 사회에서는 공간의 개념을 설정할 때 물리적인 차원보다는 시간적, 심리적, 경험적 차원들이 더 중요한 의미를 가지기 때문에 이 원리의 보다 융통성 있는 적용이 요구되고 있다.

〈보 기〉

ㄱ. 입체적인 나선 조직으로 교육과정을 구성한다.
ㄴ. 동심원 확대법 혹은 흥미 확대법 등으로도 불린다.
ㄷ. 내용 요소와 관련된 스트랜드를 중심으로 통합하는 원리이다.
ㄹ. 학습자의 발달 수준, 사회적 경험의 정도, 사회기능 등을 고려한다.

① ㄱ, ㄴ   ② ㄱ, ㄷ   ③ ㄴ, ㄷ   ④ ㄴ, ㄹ   ⑤ ㄷ, ㄹ

Answer point

☞정답: ④ 해설:
ㄴ. 동심원 확대법, 흥미 확대법으로 불린다.
ㄹ. 학습자의 발달 수준, 사회적 경험 정도, 사회기능 등을 고려한다.

---

9. 다음 글에서 강조하는 내용을 적절한 것을 <보기>에서 고른 것은?

사회 교사는 시민성 함양이라는 목적하에 다양한 학문적 배경을 가진 주체와 과제뿐만 아니라 탐구 기능과 가치 및 태도까지 다루게 됩니다. 쉽지 않은 일입니다. 그러나 우리는 가르쳐야 합니다. 이 과업을 훌륭하게 수행하기 위해 사회 교사는 교과 내용을 적절한 표현이나 설명 방식을 통해 학생들이 잘 이해하고, 배울 수 있도록 가르쳐야 할 것입니다. 즉, 교과 내용을 어떻게 조직하고 제시할 것인가에 대한 아이디어를 개발하고, 가르쳐야 할 내용을 해석하고 변환하는 노력이 요구됩니다. 이를 위해서 사회 교사는 교과 내용뿐만 아니라 가르치는 상황, 학생의 인지적, 정의적 발달 정도, 자신의 축적된 경험 등에 대해서도 항상 관심을 기울여야 할 것입니다.

〈보 기〉

ㄱ. 표준화된 교수법의 숙련
ㄴ. 반성적 실천가로서의 교사 역할 수행
ㄷ. 성과 중심 교사교육 프로그램의 성공적 완수
ㄹ. 교수 내용 지식의 개발

① ㄱ, ㄴ   ② ㄱ, ㄷ   ③ ㄴ, ㄷ   ④ ㄴ, ㄹ   ⑤ ㄷ, ㄹ

☞정답: ④ 해설:
ㄴ. 반성적 실천가로서의 교사 역할 수행
ㄹ. 교수 내용 지식의 개발
⇒본문에 내용을 살펴보면 '교과 내용을 어떻게 가르치고 제시할 것인가에 대한 아이디어를 개발하고, 가르쳐
    야 할 내용을 해석하고 변환하려는 노력이 필요합니다.', '다양한 환경에 알맞게' 이러한 표현들을 살펴보
    았을 때, 내용에서 강조하고 있는 내용은 교사의 반성적 실천가로서의 역할과 끊임없는 교수 내용적 지식
    의 개발이다. ㄱ과 ㄷ을 살펴보면 표준화된 교수 방법과 성과지향적인 프로그램의 개발은 정답과 거리가
    멀다.

10. 박 교사는 '에스파냐의 아메리카 침략'을 주제로 역사수업을 하고 있다. 대
    화 중에 '맥락적 감정이입'을 드러낸 학생을 고른 것은?(   )

박 교사: 16세기 에스파냐가 코르테스와 피사로를 앞세워 아스텍과 잉카를 정복했어요. 이때 에스파냐의 군
대는 수백 명에 불과했는데 수십만 명에 가까운 아메리카 원주민과의 전쟁에서 승리했어요. 여러분 생각은 어
때요?
지수: 원주민이 하나로 단결해서 에스파냐 군대에 저항했다면 침입을 막아 낼 수 있었을 것 같은데요?
박 교사: 글쎄……. 오히려 아스텍 제국에 적대적인 원주민들이 에스파냐 군대에 합세해서 그들의 정복을 도
왔다고 해요.
경민: 그 원주민들은 백인의 우수한 무기를 보고 자신들의 목적에 그들을 이용하려고 했던 것은 아닐까요?
영희: 그런데 원주민은 에스파냐 군대를 피부색이 다르다고 해서 무조건 적이라고 생각하지는 않았던 것 같
아요.
박 교사: 어쨌든 백인의 무기와 그들에 의해 전파된 전염병 때문에 원주민 수가 급속히 감소했어요.
현지: 정말 안타까워요. 자신들의 생존이나 이해관계보다 대의를 생각했어야 했는데……. "흩어지면 죽고 뭉
치면 산다."라는 교훈이 생각나네요.

① 지수, 경민   ② 지수, 현지   ③ 경민, 영희   ④ 경민, 현지   ⑤ 영희, 현지

☞정답: ③ 해설:
⇒현재적 관점을 버리고 그 시대의 맥락과 상황에 입각해서 맥락적 감정이입을 할 경우에는 그 당시 사람들
    의 행동은 '동감'하지 못하지만 '이해'할 수 있는 행동으로 해석될 수 있을 것이다.
※ 역사적 감정이입: 증거와 자신의 경험을 토대로 과거의 상황과 행위자의 성향을 고려하여 과거의 제도나 행
    위자의 의도, 목적, 가치 등을 이해하는 역사적 기능을 뜻하는 것으로 공감이나 동일시와는 일단 구분된다.
* 어쉬비와리 감정이입 모델(노란책 302P - 308P 참조)
1단계: 결함 있는 과거
2단계: 일반화된 정형 - 관습적인 또는 정형화된 해석
3단계: 일상적 감정이입 - 행위, 제도 등을 특정한 상황에 대한 증거에 의해서 이해한다.
4단계: 제한적 역사적 감정이입
5단계: 맥락적 역사적 감정이입 - 광범한 맥락 속에서 이해나 설명을 하려고 한다. 정보나 증거가 충분하지
    않으면 사색을 사용한다.

11. 다음은 역사교사들의 교수, 학습 사례 보고서 내용의 일부이다. 영역 고유 인지이론(domain – specific cognitive theory)의 관점이 드러난 것을 <보기>에서 모두 고른 것은?(   )

〈보 기〉

ㄱ. 20세기 한국사에서 주요 사건의 의미나 해석을 스스로 이끌어 내지 못하는 학생들에게 메타 인지와 같은 사고전략을 가르쳐서 적용해 보게 했다.

ㄴ. 중학교와 고등학교 역사수업에서 교수, 학습 방법을 선택할 때 학생들의 연령이 아니라 역사 사실에 대해 학생들이 알고 있는 역사 지식의 양과 구조를 고려했다.

ㄷ. 아프리카 역사에 대한 선행 지식이 풍부한 중학생들에게 아프리카 여러 왕국의 정치, 문화, 교역 등 역사 발전 상황을 비교하고 그 역사적 의의를 생각해 보게 했다.

ㄹ. 초등학생들에게 한국 역사에 등장하는 주요 인물을 다룬 역사소설이나 전기 같은 내러티브를 읽거나 토론하게 함으로써 역사 전개의 인과관계를 이해할 수 있도록 했다.

① ㄱ, ㄷ   ② ㄴ, ㄷ   ③ ㄱ, ㄷ, ㄹ   ④ ㄴ, ㄷ, ㄹ   ⑤ ㄱ, ㄴ, ㄷ, ㄹ

Answer point

☞정답: ④ 해설:

⇒영역 고유 인지이론은 모든 학문 영역에 적용될 수 있는 일반적 사고 법칙이나 학습 원리가 존재하지 않는다고 보며 사고와 학습에 있어서의 사전 지식의 역할을 강조한다. 각 지식 영역이 지니고 있는 고유의 특성이 사고 과정과 전략에 영향을 미치며 학습자가 어느 발달단계에 있느냐보다 특정 지식 내용에 있어서 어떤 개념이 어떻게 구조화되고 조직되느냐가 학습을 결정한다는 것이다. 곧 인지 발달은 특정한 개념 체계와 그 통합의 여부에 달려 있으며 이러한 조직화된 사전 지식체계를 스키마(schema)라고 부른다. 사고는 기술이 아니라 스키마의 재구성이며 특정한 지식 영역의 조건 내에서 있으므로(domain dependence) 일반적인 사고 기술을 개념화하고 명료화시켜 독립된 교육 대상으로 가르치는 것은 효용이 없으며 다른 지식 영역에 쉽게 전이되지 않는다고 본다. 문제 해결 과정에 있어서도 일반적인 문제 해결의 기술보다는 특정한 종류의 문제에 대한 특정한 지식과 연습이 중요하며 특정 문제 해결의 경험이 누적됨으로써 일반적인 문제 해결의 능력을 가질 수 있게 된다는 것이다. 그러므로 정답은 4번이 된다.

12. 다음은 어느 예비 교사가 쓴 역사 에세이의 일부이다. 밑줄 친 연구 성과에 해당하는 것을 <보기>에서 모두 고른 것은?(   )

우리나라 중 · 고등학교 세계사 교육 내용은 '유럽 중심 – 중국 부중심'을 두 축으로 한 구성 체계를 취했다고 본다. 심지어 제7차 교육과정의 고등학교 사회는 신항로 개척, 시민혁명, 산업혁명만을 선정하여 세계사 영역을 통합한 것으로 여겼을 정도로 유럽 중심 사관이 지배적이다. 역사학계와 역사교육계는 1980년대 이후 유럽 중심의 세계사 인식에서 벗어나야 했지만, 실제로는 역사교과서에서 비유럽 세계의 서술 비중을 늘리는 부분적 수정만 이루어졌을 뿐이다. 기술과 문명에서 앞선 서구가 지난 500년 동안 세계의 진보적 변화를 주도했다는 전제는 아직도 건재하다. 하지만 유럽 중심의 세계사를 넘어서려는 연구자들의 성과가 축적되고 있다. 따라서 역사교사들은 이러한 문제의식을 갖고 다원적 세계사 구성 방안에 대해 숙고할 필요가 있다.

<보 기>

ㄱ. 16세기 이전에 이미 유라시아 '세계 시장' 또는 '세계 체제'가 성립되어 있었으며 유럽은 그 주변부에 불과하였다.
ㄴ. 바스쿠 다 가마가 '인도 항로를 발견'하기 전부터 인도는 북아프리카 – 인도 – 동남아에 이르는 세계 시장의 중심에 있었다.
ㄷ. 근대 유럽의 경제는 아메리카의 재화를 가지고 아시아의 생산, 시장, 무역에 끼어들어 챙긴 이익을 바탕으로 성장하였다.
ㄹ. 전근대시기에 아시아는 농업 생산의 발전에 따라 농업문명이 발달하였고, 지중해나 유럽은 상업중심의 도시문명이 발달하였다.

① ㄱ, ㄴ   ② ㄱ, ㄷ   ③ ㄴ, ㄹ   ④ ㄱ, ㄴ, ㄷ   ⑤ ㄴ, ㄷ, ㄹ

Answer point

☞정답: ④ 해설:
⇒본문에 밑줄 친 내용을 보면 '유럽 중심의 세계사를 넘어서려는 연구자들의 성과'와 관련된 내용이 답이다. 'ㄹ'을 보면 아시아는 농업 중심의 농업문명이 발달하였고, 유럽은 도시중심의 상업문명이 발달한 것으로 간주함으로써 아시아가 유럽사회의 낙후되어 있는 내용으로 서술하고 있다. 나머지 'ㄱ' 'ㄴ' 'ㄷ' 모두는 유럽보다 아시아 중심의 서술을 하고 있다.

---

13. 역사수업에서 다음 자료를 활용할 때 얻을 수 있는 장점으로 가장 적절한 것은?(   )

> 비잔티움 제국은 서로마가 멸망한 후에도 천 년 가까이 역사를 유지했다. 하지만 우리는 이 제국의 역사에 대해 서유럽의 역사만큼 잘 알지 못한다. 그리고 사람들은 왠지 비잔티움을 서유럽의 여러 국가에 비해 볼품없는 역사를 지닌 나라라고 생각한다. 우리의 이러한 터무니없는 선입견은 어디서 비롯된 것일까?
> 나는 비잔티움 역사에 대해 부정적인 평가가 기번(E, Gibbon)과 같은 계몽주의 역사가들에서 비롯되었다고 본다. 그는 비잔티움 제국을 허약하고 불행했던 나라로 그렸다. 그 이유는 아마도 비잔티움을 자신이 그토록 찬양했던 로마 제국의 종말을 초래한 당사자로 여겼기 때문일 것이다. 불행하게도 이후 역사가들은 비잔티움을 독살과 음모, 배신과 형제 살해, 사제, 환관, 여성의 술책으로 얼룩진 나라로 기록했다.
> 하지만 나는 결코 비잔티움 역사가 비열하고 천박하거나 단조롭고 지루한 이야기라고 생각하지 않는다. 오히려 예술, 문학, 정치, 외교, 전쟁 등 각 방면에서 비잔티움의 업적이 새롭게 평가되어야 하지 않을까?

① 역사적 사실에 근거하여 역사를 서술하는 방법을 알 수 있다.
② 인과적 필요성에 따라 역사를 설명하는 방법을 학습할 수 있다.
③ 역사적 사실은 관점에 따라 새롭게 구성될 수 있다는 것을 알 수 있다.
④ 개념이나 일반화를 활용하여 논리적으로 역사를 설명하는 방식을 학습할 수 있다.
⑤ 과거 모습을 있는 그대로 살려 내는 것이 역사가가 하는 일이라는 것을 알 수 있다.

14. 그래프는 영서 지방에서 나타날 수 있는 기온의 수직 분포를 시간대별로 간략하게 그린 것이다. 이와 같은 현상에 대한 설명으로 옳지 않은 것은?(   )

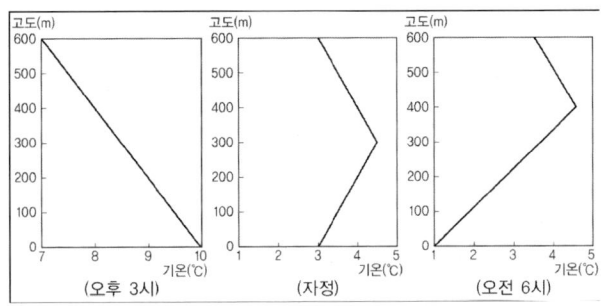

① 새벽에 바람이 불면 약화된다.

② 지구복사보다 대기에 의한 장파복사가 많은 밤에 잘 나타난다.

③ 이런 현상을 피하기 위해 산기슭에 마을이나 과수원이 발달한다.

④ 대기가 안정되어 있어서 상·하층 간의 공기혼합이 활발하지 않다.

⑤ 황해 상에 자리한 이동성 고기압이 영향을 미친다.

15. 화강암의 풍화와 지형발달 관계를 나타낸 모식도이다. 단계별 특징으로 알맞은 것을 보기에서 모두 고른 것은?(   )

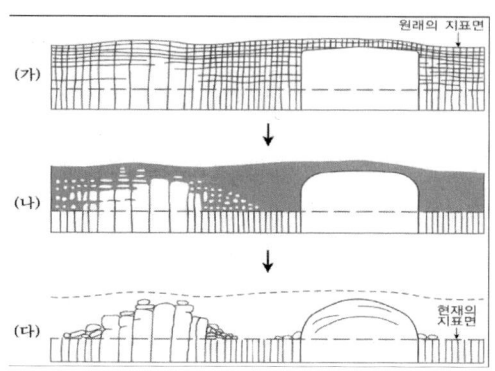

〈보 기〉

ㄱ. (가)-(나) 단계에서 국지적 지반 융기 현상이 있었다.
ㄴ. (가)-(나) 단계를 거치면서 구상풍화가 진행되었다.
ㄷ. (나)-(다) 단계에서는 부분적으로 기계적 풍화도 진행된다.
ㄹ. (다) 단계에서는 원력으로 구성된 암괴원이 발달할 수 있다.
ㅁ. (다) 단계에서 발견되는 '카올리나이트'는 기계적 풍화의 결과이다.

① ㄱ, ㄴ, ㅁ   ② ㄱ, ㄷ, ㄹ   ③ ㄴ, ㄷ, ㄹ   ④ ㄴ, ㄷ, ㅁ   ⑤ ㄴ, ㄹ, ㅁ

Answer point

☞ 정답: ③ 해설:
구상풍화: 모서리 부분이 풍화 작용을 가장 많이 받으면서 둥근 모양으로 변하고 그 주변부는 붕괴되는 풍화 작용이다.
(가)그림이 (나)그림에서는 모서리 부분이 둥글어진 것을 확인할 수 있다.
암괴원: 산의 사면에 돌들이 기계적 풍화작용에 의해 쌓여 생긴 암석으로 이루어진 지역.

16. 도심으로부터 거리에 따른 토지용도별 지대 변화를 나타낸 그래프이다. A~ F 중 슬럼화 가능성이 높은 곳을 모두 고른 것은?(   )

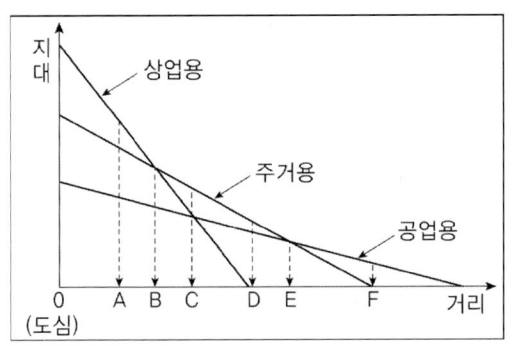

① A, F   ② B, E   ③ C, E   ④ B, C, D   ⑤ D, E, F

17. 지도(가)는 1990년 이후 수도권 각 시, 군의 인구증감, (나)는 서울의 통근권 범위를 나타낸 것이다. 이에 따른 수도권의 변화를 설명하는 개념으로 알맞은 것을 <보기>에서 모두 고른 것은?(   )

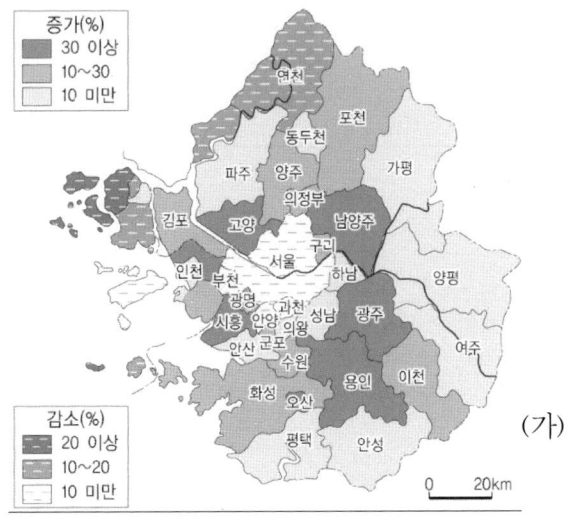

(가)

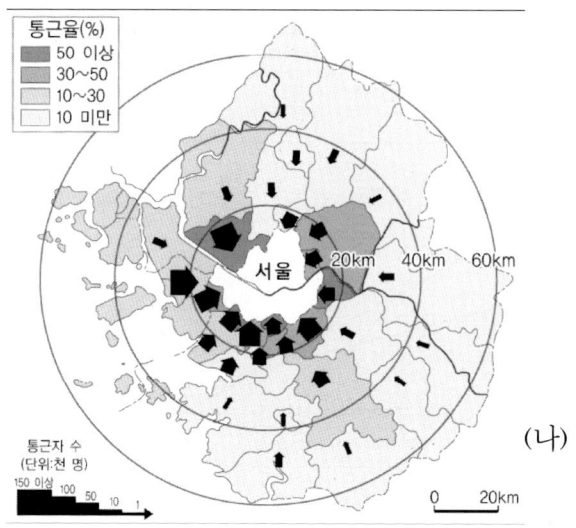

통근율(%)
- 50 이상
- 30~50
- 10~30
- 10 미만

서울 20km 40km 60km

(나)

통근자 수
(단위:천 명)
150 이상 100 50 10 1

0 20km

〈보 기〉

ㄱ. 재도시화
ㄴ. 광역도시화
ㄷ. 차별적 도시화
ㄹ. 분산적 도시화
ㅁ. 거주(주거)교외화
ㅂ. 고용(산업)교외화

① ㄱ, ㄴ, ㅂ ② ㄱ, ㄷ, ㄹ ③ ㄴ, ㄷ, ㅁ ④ ㄴ, ㄹ, ㅁ ⑤ ㄹ, ㅁ, ㅂ

Answer point

☞정답: ④ 해설:

(가) 지도에서 서울이나 서울에서 거리가 있는 지역은 인구가 감소했다. 하지만 서울과 가까운 경기도 지역 도시들은 인구가 크게 증가한 모습을 확인할 수 있다.

(나) 지도에서는 서울과 가까운 경기도 지역의 인구 대다수가 서울로 통근하고 있는 것을 알 수 있다.

따라서 (가), (나) 두 지도를 통해 광역도시화, 분산적 도시화, 주거교외화를 확인할 수 있다.

18. 다음과 같은 지도를 제작할 때 고려해야 할 요인을 <보기>에서 모두 고른
    것은?(   )

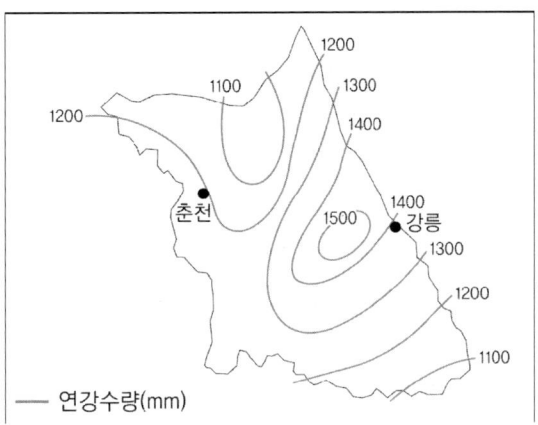

---- 연강수량(mm)

ㄱ. 내삽(보간)법의 선택
ㄴ. 자료 수집 지점의 수
ㄷ. 자료 수집 지점의 분포
ㄹ. 자료의 이산성

① ㄱ, ㄴ   ② ㄷ, ㄹ   ③ ㄱ, ㄴ, ㄷ   ④ ㄱ, ㄴ, ㄹ   ⑤ ㄴ, ㄷ, ㄹ

Answer point

☞정답: ③ 해설:
내삽법: 둘 이상의 변수에 대한 함수 값을 알고 그것들 사이의 임의의 변수에 대한 함숫값 관계 내지는 그
근삿값을 구하는 계산법

19. 그림은 삼각주 형태에 영향을 미치는 유수, 파랑, 조류 작용의 관계를 나타낸 것이다. (가), (나)와 같은 형태의 삼각주가 형성되는 조건을 갖춘 지점으로 알맞게 짝지은 것은?(   )

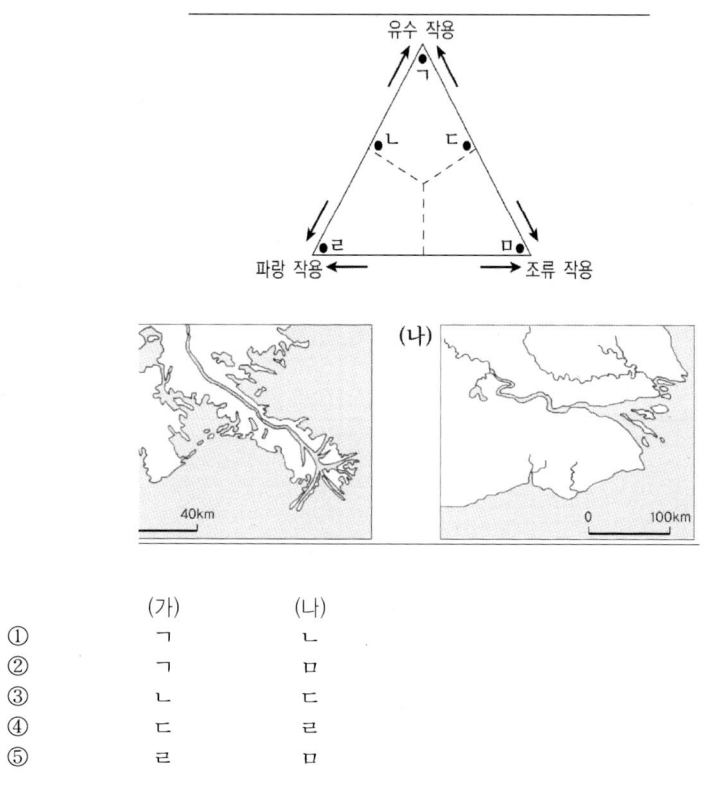

	(가)	(나)
①	ㄱ	ㄴ
②	ㄱ	ㅁ
③	ㄴ	ㄷ
④	ㄷ	ㄹ
⑤	ㄹ	ㅁ

Answer point

☞정답: ② 해설:
(가) 삼각주는 유수작용이 가장 크고 (나) 삼각주는 조류작용이 가장 크다.
유수작용: 유수는 침식, 운반, 퇴적 작용을 하면서 지표면을 평탄하게 한다.
조류작용: 밀물과 썰물 때문에 일어나는 바닷물의 흐름.

20. (가) 그래프는 어떤 자원의 상위 10개국 생산량 비율을, (나) 지도는 이 자원에 대한 우리나라의 해외 개발지를 나타낸 것이다. 이 자원에 대한 설명으로 옳은 것을 <보기>에서 모두 고른 것은?(   )

(가)

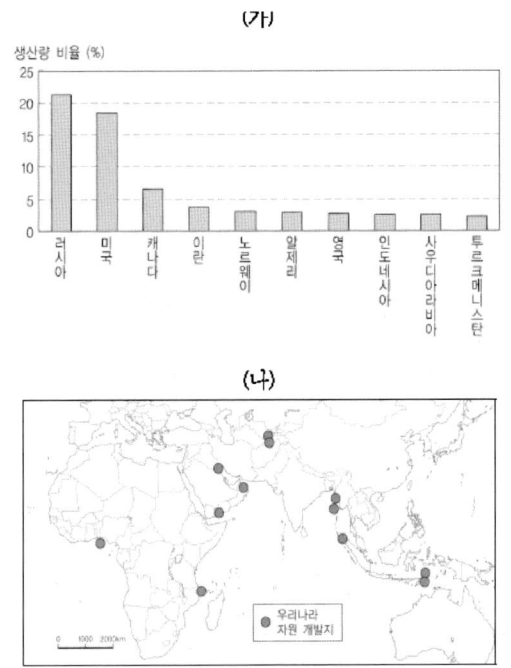

(나)

<보 기>

ㄱ. 남북위 35~60도 사이에 집중 분포하며 국제 이동량이 많다.
ㄴ. 신생대 제3기층의 배사구조를 이루는 지역에서 주로 생산된다.
ㄷ. 우리나라에서는 발전 설비 용량과 발전량에서 차지하는 비중이 가장 크다.
ㄹ. 오염물질이 적은 청정에너지로 최근 처리기술과 수송기술이 발달하여 산출량이 점점 늘고 있다.
ㅁ. 에너지 자원일 뿐만 아니라 제철 공업과 화학 공업의 원료로도 중요하기 때문에 우리나라와 일본의 수입 비중이 높다.

① ㄱ, ㄴ, ㄷ   ② ㄱ, ㄴ, ㄹ   ③ ㄴ, ㄷ, ㄹ   ④ ㄴ, ㄹ, ㅁ   ⑤ ㄷ, ㄹ, ㅁ

☞정답: ② 해설:

보기에 제시된 자원은 천연가스이다. 따라서 천연가스의 특징을 고르면 된다. 석유는 돌에서 나온 기름으로, 주성분이 탄소와 수소의 결합물인 탄화수소이다. 물속에 살던 생물체가 죽은 후 땅속에 묻혀 오랜 세월이 지나면 만들어진다. 하지만 모든 생물체의 잔해가 석유로 만들어지지는 않는다. 생물체가 퇴적된 후, 적당한 온도에서 일정시간이 지나야 석유가 만들어진다. 석유가 형성되기에 가장 적합한 온도는 60~120℃이나 이 이상의 온도가 되면 천연가스로 변하게 된다. 이처럼 생성과정은 석탄과 유사하며, 석유가 생산될 때 함께 섞여서 생산되기도 하나 대부분 별도로 생산된다. 천연가스의 주요성분은 80~85%가 메탄(CH4)가스로 되어 있는 반면에 공해물질의 함량이 지극히 적다는 이점 때문에 에너지원으로서 이용가치를 높이 평가받고 있다. 그러나 천연가스는 기체 상태이기 때문에 많은 양을 한곳에 저장하는 데에는 많은 어려움이 있을 뿐만 아니라 파이프라인을 통한 수송 이외에는 대량으로 운반하는 데에 큰 문제가 따르고 있다. 그러나 천연가스 액화기술이 개발되어, 대량저장과 원거리 대량수송이 가능하게 되었다. 천연가스의 세계적인 확인 가채매장량은 약 141조 ㎥로서 가채연수는 약 66.4년인 것으로 추정되고 있으며, 이를 매장된 지역별 분포율로 살펴보면 OPEC가 가장 많은 57.6조 ㎥인 40.8%를 차지하고 있으며, 비OECD 유럽이 56.7조 ㎥인 40.2%, OECD가 14.9조 ㎥로서 10.6%, 기타 11.8조 ㎥인 8.4%를 점유하고 있는 것으로 분석되고 있다.

액화천연가스는 천연가스가 생성될 때 포함된 수분과 질소 같은 불순물을 제거한 후 -162℃의 아주 낮은 온도에서 액화시킨 상태로서 필요한 곳으로 수송한 후 다시 기화시켜 사용한다. 우리나라에는 1986년 처음 도입되기 시작하였으며 사용량이 점차 증가하는 추세이다.

액화천연가스는 공해요인이 거의 없는 청정에너지로 최근 들어 크게 각광받는 에너지원의 하나이다. 특히 폭발 범위가 적어 위험성 측면에서 어느 정도 보장이 가능하며, 높은 발열량에 따라 그 이용 분야가 다양하다.

21. 지도(가)는 최근에 세계적으로 성장하고 있는 도시 응집체의 분포이고, (나)는 중국 남부 지역의 사례이다. 이러한 도시 응집체의 특성에 대한 설명으로 옳은 것은?(   )

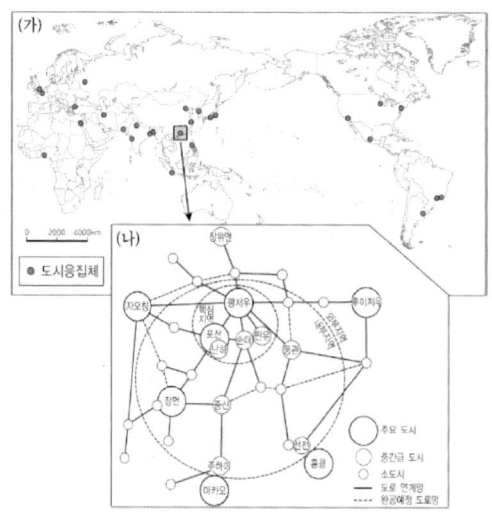

① 세계 경제의 지배적 중심지이다.

② 네트워크형 신산업의 초집적지이다.

③ 지구적 경쟁에서 결정기능을 수행한다.

④ 연속적인 광역 도시권을 형성하고 있다.

⑤ 도시응집체의 위계는 인구규모에 따른다.

22. 지도에 검게 표시된 지역의 지형 특징을 옳게 설명한 것은?(   )

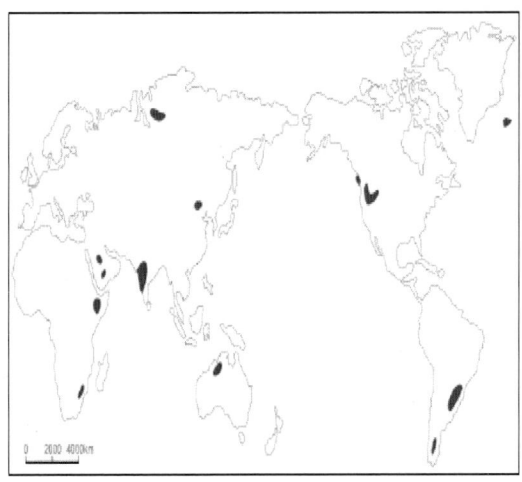

① 장기간 침식과 퇴적으로 형성된 퇴적 분지이다.

② 고생대와 중생대 지층으로 이루어진 수평지층이다.

③ 수평지층의 조륙운동으로 형성되었으며, 메사와 뷰트가 발달한다.

④ 열하를 따라 다량의 현무암질 용암이 분출하여 기존 평원을 덮어서 만들어진 대평원이다.

⑤ 선캄브리아기의 변성암으로 구성되었고, 고생대 이후 지각 변동을 받지 않아 기복이 작다.

☞정답: ④ 해설:

보기의 그림은 용암대지(용암평원)의 분포를 나타내고 있다. 용암대지는 유동성이 큰 용암이 폭발적인 활동이 아닌 대량 유출되었을 때 형성된다. 광대한 면적을 덮는 큰 규모의 것이 많다. 유동성이 큰 현무암질이 대부분이다. 인도의 데칸 고원, 컬럼비아 강 대지, 파타고니아대지, 개마고원 등이 있다.

유동성이 큰 용암이 폭발적인 활동을 하지 않고 대량으로 유출되었을 때 대지를 형성한다. 그러므로 광대한 면적을 덮는 경우가 많으며, 규모가 큰 것이 많다. 용암의 유동성이 매우 큰. 즉 점성이 작은 용암은 대부분의 경우 현무암이므로, 세계의 용암대지는 대부분 현무암으로 되어 있다. 그리고 용암의 유출구는 단일한 것이 아니고, 많은 화구군에서 나오는 경우와 대규모 열극(裂隙)에서 유출하는 경우가 있다.

세계에서 가장 규모가 큰 용암대지는 인도의 데칸 고원(50만 ㎢)과 스코틀랜드 북대서양에 걸친 것(50만 ㎢)이며, 그 밖에 북아메리카의 컬럼비아 강 대지(15만 ㎢), 아르헨티나의 파타고니아대지(6.5만 ㎢), 한국 북부의 개마고원(9만 ㎢) 등이 있다. 지구상의 용암대지의 총면적은 200만 라고 하며, 그 형성 시기는 중생대 백악기로부터 신생대제3기에 걸친 것이 많다. 이와 같이 대량의 현무암인 용암이 대지를 형성하므로, 그 현무암을 특히 대지현무암이라고 한다. 이 대량의 대지현무암은, 지하 내부에 존재하는 원생(原生) 마그마의 원래 성분이 지표에 분출한 것이라고 생각된다.

①번은 퇴적분지, ②번은 수평지층, ⑤은 우리나라 대부분의 지질에 관한 설명이다. ③번 또한 대지나 고원이기는 하지만 용암으로 인한 지형이 아니다. 두꺼운 퇴적암층이 수평을 유지한 채 융기를 하면 대지 또는 고원이 형성된다. 대지표면의 경암층이 침식을 받아 제거되면 그 밑의 연암층은 오래 지탱하지 못하고 다시 경암층의 지표면이 넓게 펼쳐지게 되는데 이때 침식을 덜 받은 부분은 경암층으로 덮여 있어서 정상부가 평평한 메사로 남는다. 메사는 대개 수십 미터 높이의 암벽으로 둘러싸였다. 메사의 정상부가 아주 좁아지면 이를 뷰트라고 한다. 정리하면 정상부의 너비가 언덕의 높이보다 넓으면 메사, 좁으면 뷰트라고 편의상 구분하게 되는 것이다.

23. 다음 선거 결과 자료를 토대로 (가) 국과 (나) 국의 선거 제도에 대해 추론한 것으로 가장 적절한 것은?(   )

(가) 국: 대통령제

구 분	A당	B당	C당
지역구 1위 득표자 수	28	12	10
소속 지역구 후보 득표 합계(%)	40	30	30
의석수(지역구 50석 + 비례대표 20석)	36	18	16

(나) 국: 의원내각제

구 분	갑당	을당	병당
지역구 1위 득표자 수	25	20	5
소속 지역구 후보 득표 합계(%)	40	30	30
의석수(지역구 100석 + 비례대표 20석)	38	48	34

① (가) 국의 비례대표 선출 방식은 지역구 1위 득표자 수에 따른다.

② (나) 국은 선거 이후 연립내각이 구성되었을 것이다.

③ (나) 국의 선거제도는 현재 우리나라의 국회의원 선거제도와 같다.

④ (가) 국과 (나) 국은 소수대표제를 채택하고 있을 것이다.

⑤ (가) 국은 (나) 국보다 소수 정당이 원내에 진출할 가능성이 높다.

Answer point

☞정답: ② 해설:

대통령제와 의원내각제에 관한 올바른 특징을 고르면 되는 문제이다.

◆ 대통령제

권력분립의 원리에 기초를 두고 입법부·행정부·사법부, 특히 입법부와 행정부 상호 간에 견제와 균형을 통해서 권력의 집중을 방지하고 국민의 자유와 권리를 최대한 보장하는 현대 민주국가의 정부형태. 대통령중심제 또는 대통령책임제라고도 한다. 이러한 제도는 미국에서 시작된 것. 대통령제는 무엇보다도 행정부와 국회의 상호적 독립 또는 분리, 즉 권력분립을 그 본질적 요소로 한다. 그러나 현대 민주정치의 필연적 현상 형태인 정당정치가 발전함에 따라 대통령제의 이러한 권력분립도 변모를 하지 않을 수 없게 되었다. 예를 들면, 미국에서는 양대 정당의 발달로 말미암아, 법적인 권력분립주의는 대통령 소속 정당과 국회 내 다수당이 같을 경우에는 정당을 통하여 실제로 권력융화주의를 나타내는 듯한 변용을 하고 있다. 그러나 그것은 어디까지나 실제로 지나지 않고, 법적으로는 권력분립주의가 철저히 지켜지고 있으므로, 내각책임제와 판이할 뿐 아니라 대통령의 임기와 국회 양원의원의 임기의 차이로 말미암아 대통령 소속 정당과 국회 내 다수당의 인원이 달라짐으로써 국정의 실제 운용에 있어서도 권력분립의 원리가 전형적으로 나타나는 때가 있다.

대통령제의 장점을 보면 다음과 같다. 적어도 대통령의 임기 동안은 정국이 안정될 수 있고, 국회나 일반 국민의 행정부에 대한 경솔하고도 부당한 간섭을 막을 수 있으며, 참다운 민의를 반영하는 정당정치가 아직 실현되지 못한 후진국에서는 국회 내 다수당에의 입법권과 행정권의 융화는 다수당 압제의 폐단을 가져올 염려가 있으므로 이 제도로써 고전적인 견제와 균형원리를 살릴 수 있다는 것이다.

이에 대하여 단점은 다음과 같다. 이 제도가 18세기의 권력분립주의에 의한 국회와 행정부 간의 독립과 견제를 그 원리로 삼고 있기 때문에 법상 동격의 지위에 있는 양자 사이의 대립 및 억제로 인한 시간적·경제적 낭비를 가져와 정책을 빨리 시행할 수 없고, 국내외적으로 국가 활동의 확대가 요구되는 현대국가의 요청을 만족시킬 수 없으며, 민주정치가 발달하지 못하고 정당정치가 무르익지 못한 후진국가에서는 정부 독선 또는 대통령 독재를 가져올 염려가 있는데, 이것은 후진국가에서의 신대통령제에 잘 나타나 있고, 평화적·합법적으로 대통령을 임기 전에 바꿀 수 없으므로 무력혁명이 일어날 위험이 많은 동시에 대통령도 그 뜻에 반하는 국회를 해산할 수 없으므로 국회에 대한 불법적인 탄압, 국회의원 선거간섭, 심지어는 쿠데타까지도 서슴지 않을 염려가 있으며, 국정운영의 책임이 대통령과 국회에 나누어져 민주정치의 기본원리인 책임정치의 원리가 확립되지 못한다는 점 등이다.

◆ 의원내각제

정부의 성립과 존립이 국회의 신임을 필수조건으로 하는 정부형태 내각책임제 또는 의회정부제라고도 한다. 대통령제와 함께 현대 입헌민주국가의 양대 정부형태를 이룬다. 이 제도에서는 내각이 그 성립 및 존속에 있어 특히 하원의 신임을 필요로 하며, 국회(하원)의 내각불신임이 있을 때에는 내각은 총사직하거나 국회(하원)를 해산하여 국민에게 신임을 묻는 총선거를 실시하고 그 결과에 따라 진퇴를 결정하여야 한다. 이 제도는 입법부와 행정부에 관한 한, 대통령제에서와 같은 엄격한 권력분립의 원리가 적용되지 않는다. 오히려 '권력의 융화' 또는 '융화를 통한 의존'의 원리에서 국회(하원)가 내각을 조직·해산하는 권한을 가짐으로써 내각에 대한 국회(하원)의 법적 우위성을 인정하는 데 그 특징이 있다. 그리고 국회(하원)의 다수당 또는 연합함으로써 다수를 차지하는 연합정당들이 입법부인 국회(하원)를 지배한다. 동시에 행정부의 핵심인 다수당 내각 또는 연립내각을 조직함으로써 정당을 통한 입법권과 행정권의 연대가 이루어진다. 이와 같이 이 제도는 국회의 내각신임에 의한 국회의 법적 우위성을 기초로 하는 입법권과 행정권의 융합을 그 원리로 한다. 그러나 이것이 국회의 법적인 절대우위성과 국회의 입법권 및 행정권의 집중을 의미하는 것은 아니다. 즉 국회와 내각은 별개의 국가기관이고, 국회는 내각의 행정권을 스스로 행사할 수 없을 뿐만 아니라 내각에 대한 지시통제권을 가지지 않는다.

그 장점으로는 민선의원으로 조직되는 국회(하원)의 신임하에 내각이 존속하므로 행정부에 민의반영이 잘 이루어진다는 점과, 국회와 내각의 융화로 현대 복지국가의 '일하는 국가'의 요청에 더 적합하다는 점 등이다. 그 단점으로는 군소정당이 난립하는 국가에서는 내각이 약체이고 정국이 불안정하다는 점, 국회를 중심으로 한 정쟁이 심하다는 점, 후진민주국가에서는 집권당의 압제 위험이 크다는 점 등이다.

24. 다음에 제시된 경제 목표와 조사 자료를 근거로 새로운 일자리 창출을 위한 경기 부양책을 수행하기 위해 정부가 발행해야 할 국공채 발행액의 규모로 옳은 것은?(   )

(단, 추가적인 정부 지출의 재원은 오직 국공채의 발행을 통해서 조달하는 것으로 한다.)

〈자료 1〉 정부는 10만 명에게 새로운 일자리를 제공하고자 한다.
〈자료 2〉 국내총생산이 2% 증가하면 실업률은 1% 감소한다.
〈자료 3〉 경제활동 인구수는 1,000만 명이다.
〈자료 4〉 정부지출승수는 2이다.
〈자료 5〉 국내총생산의 규모는 100조 원이다.

① 1조 원   ② 2조 원   ③ 4조 원   ④ 6조 원   ⑤ 8조 원

Answer point
☞정답: ① 해설:
E＝Y, 즉 Goods market인 GDP를 뜻하고 정부지출승수는 G이다.

25. 다음 주장들의 입장과 논의 대상에 대한 설명으로 적절한 것은?(   )

● 도시의 폭격으로 수천 명의 사상자가 발생했다는 발표가 있자, 곧이어 뻔뻔스럽게도 비누와 술의 광고가 뒤따른다.
……(중략)…… 어느 여배우의 아침 식사 버릇을 마치 중대한 과학적 또는 예술적 사건을 보도할 때처럼 비중 있게 보도한다. 이리하여 우리들의 품는 감정과 비판적인 판단은 방해를 받게 되며 마침내 이 세계에서 일어나고 있는 사실에 대한 우리들의 태도는 아무런 활기도 찾아볼 수 없는 무관심한 성질의 것이 된다. 자유라는 이름하에서의 생활은 일체의 구조를 상실하게 된다. 즉 그 생활은 수없이 많은 단편으로 이루어져 있으며 각각 서로 분리되어 전체로서의 감각은 조금도 찾아볼 수 없다.
－ 프롬(E. Fromm), 『자유로부터의 도피』

● 그들은 정치에 대해 제3자적 입장을 취하고 있다. 그들은 급진적인 것도 자유주의적인 것도 아니며 또한 보수주의적인 것도 반동적인 것도 아니다. 그들은 말하자면 비활동적인 것이다. 만일 '바보(idiot)'라는 그리스어의 뜻을 '사생활에 치우친 인간(privatized man)'으로 받아들인다면 미국 시민은 지금 그와 같은 바보로 주로 구성되고 있다는 결론을 내려야 할 것이다.
－밀스(C. W. Mills), 『화이트 칼라』

① 사람들의 관심이 비정치적 영역에 집중되고 있음을 비판적 시각에서 지적하고 있다.

② 국민이 정치에 적극적으로 관심을 가지는 것이 금지되어 있는 상황을 비판하고 있다.

③ 국민의 교육수준이 낮고 참정권이 제한되어 있기 때문에 나타나는 현상을 대상으로 하고 있다.

④ 현실의 정치는 유능한 전문가에게 일임하는 것이 정치 발전을 위한 합리적인 방안이라고 보고 있다.

⑤ 일반 대중이 생활상의 불안과 궁핍으로 인해 합리적인 조직화를 추구하지 못하고 있음을 지적하고 있다.

Answer point

☞정답: ① 해설:
제시된 두 개의 글은 사람들의 정치적 무관심과 정치보다는 다른 영역에 집중하는 세태를 비판적으로 나타낸 글이다. 프롬의 글은 사회, 정치적 사건들이 발생해도 곧이어 다른 대중적 예술, 소비, 유행, 단편적인 이야기들을 쏟아 냄으로써 사람들의 인식이 정치에 잠시 머무는 점을 비판하며 밀스는 인간이 정치에 보수적, 반동적, 급진적, 진보적 등등 중에서 어느 입장도 갖고 있지 않지만 중립도 아니며 정치적으로 무관심하며 정치에 관한 지식이 없는 것을 비꼬아 바보에 빗대어 설명하고 있다. 따라서 ① 사람들의 관심이 비정치적 영역에 집중되고 있음을 비판적 시각에서 지적하고 있다는 것이 옳은 답이다.
③ 국민의 교육수준이 낮고 참정권이 제한되어 있다는 것은 1900년대 초중기의 선진국과 중진국을 말하며 일부 개도국의 상황이다.

---

26. 다음은 여러 종류의 경제적 의사결정에 대한 설명이다. 합리적인 선택에 해당하는 것을 고른 것은?(   )

(가) 영화를 보다가 너무 재미없다고 생각하게 된 수진 씨. 이미 치른 관람료는 잊어버리고 남은 시간 동안 영화를 계속 보는 것과 나가서 산책을 하는 것 중 어느 것이 더 좋은지를 따져본 후 산책을 하기로 했다.

(나) CEO인 경호 씨는 다음과 같은 조사 자료를 바탕으로 새로운 기계를 금년 말에 도입하기로 했다. 시중 이자율이 연 5%인 상황에서 사용 연한이 5년인 이 기계의 도입 비용은 1억 원이고, 기계 도입에 따른 예상 수익은 내년부터 매년 2,100만 원으로 예상된다(단, 시중 이자율은 향후 5년간 변동이 없는 것으로 가정한다.).

(다) 원래 커피를 좋아했던 주현 씨, 원두커피 전문점이 장사가 잘된다는 소식을 듣고 월 200만 원의 수입이 보장되는 지금의 직장을 그만두고 커피 전문점을 내어 볼 요량으로 관련 자료를 수집했다. 그 결과 1년 간의 판매 예상 수입은 1억 원이고, 커피 원두 값과 종업원 인건비, 임대료, 전기료 및 수도료 등이 7천만 원으로 예상되고 있다. 주현 씨는 커피 전문점을 개업하기로 결정했다.

(라) 조그마한 중소기업을 운영하는 철수 씨, 지난달 말에 수입과 비용을 계산해 본 결과 고정비용은 3,000만 원이고 변동(가변)비용은 4,000만 원인데 총수입은 6,000만 원이었다. 총비용이 총수입보다 높아 손실을 보게 된 철수 씨는 생산을 중단했다.

① (가), (나) ② (가), (다) ③ (나), (다) ④ (나), (라) ⑤ (다), (라)

Answer point

☞정답: ② 해설:

경제의 기회비용과 관련된 글들이다. 기회비용이란 어떤 재화의 여러 가지 종류의 용도 중 어느 한 가지 만을 선택한 경우, 나머지 포기한 용도에서 얻을 수 있는 이익의 평가액(評價額)을 말한다. 기회원가(機會原價)라고도 한다. 기업가가 특정한 선택을 하였기 때문에 포기한 나머지 선택의 가치를 말하며 기업에 투자한 돈을 은행에 예금했다면 이자를 받을 수 있는데, 이 이자가 이 기업가에게는 기회비용이 된다.

일정한 생산요소를 가지고 어떤 생산물을 생산한다는 것은 그만큼 다른 생산물의 생산을 단념하는 것을 의미한다. 그 경우 생산의 기회를 잃게 된 다른 생산물을 생산했을 때의 이익을 실제로 생산된 생산물의 일종의 비용으로 간주할 수가 있다. 이러한 비용을 기회비용이라 한다.

기업가의 경우 자기 기업에 투자함으로써 얻어지는 이윤은 기회비용인 이자보다도 많지 않으면 안 된다. 그렇지 않다면 기업소유자로서는 돈을 빌려 주는 편이 유리하기 때문이다. 경제학에서는 언제나 회계비용(Accounting Cost)뿐만 아니라 기회비용을 고려하여 반영하여야 한다. 한정된 생산요소를 가지고 다양한 선택의 기회가 존재한다. 기회비용의 사고방식은 경제이론의 분석도구 중에서도 중요한 것으로 채택되고 있다.

(가)의 수진 씨는 영화와 산책을 비교한 결과 산책 쪽에 우위를 두고 그것의 가치가 더 높다고 평가하였다. 다른 부수적인 비용은 없으며 이미 치른 값은 고려하지 않기로 했다. 따라서 산책이 더 높은 가치를 갖고 있으므로 기회비용이 더 적으므로 산책을 택하는 것이 옳다.

(다)주현 씨가 현재 다니는 직장은 월 200, 즉 1년 소득은 2,400만 원이다. 그리고 새로 개업할 커피전문점의 1년 예상 수익은 1억 원이고, 그것을 위한 생산비용은 7,000만 원이다. 따라서 순이익은 3,000만 원이다. 이때 생활비 같은 부수적 비용은 직장을 다닐 때나 커피 점을 냈을 때나 똑같이 들어가므로 여전히 순이익은 커피 전문점을 냈을 때가 더 높다. 따라서 커피전문점을 내는 주현 씨의 선택은 합리적이다.

---

27. 지난해 ○○커피숍의 손익계산서가 다음과 같다고 가정한다. 이에 대해 옳게 추론한 것을 <보기>에서 모두 고른 것은?(   )

· 총수입: 10억 원
· 총비용: 임금 3억 원, 귀속 임금 1억 원, 건물임대료 1억 원, 귀속 건물 임대료 5천만 원, 이자 1억 원, 귀속 이자 5천만 원, 재료비 1억 원, 홍보비 1억 5천만 원, 정상이윤 5천만 원

ㄱ. 지난해 ○○커피숍이 거둔 경제적 이윤은 5천만 원이다.
ㄴ. 지난해 ○○커피숍이 지출한 회계적 비용은 7억 5천만 원이다.
ㄷ. 지난해 ○○커피숍의 경영에 따른 총기회비용의 크기는 10억 원이다.
ㄹ. 연 10%의 이자율을 가정했을 경우, 지난해 ○○커피숍 사장이 차입한 자금의 규모는 10억 원이다.
ㅁ. 각 건물에서 단독 소유주만 존재한다고 가정했을 경우, 지난해 ○○커피숍 사장이 운영한 커피숍의 수는 한 개다.

① ㄱ, ㄷ   ② ㄴ, ㅁ   ③ ㄱ, ㄴ, ㄹ   ④ ㄴ, ㄷ, ㄹ   ⑤ ㄷ, ㄹ, ㅁ

Answer point

☞정답: ④ 해설:
ⓛ 커피숍이 지출한 회계적 비용은 7억 5천만 원이고, ⓒ 총기회 비용의 크기는 10억 원이며, ② 커피숍 사장이 차입한 자금의 규모는 10억 원이다. 그러므로 답은 ④번이다.

28. 다음은 어느 연구계획서의 일부이다. 이 연구에 적용할 연구 방법론의 조사 과정으로 적합한 것을 <보기>에서 모두 고른 것은?(   )

최근 몇 년 동안 외국인 근로자와 결혼 이민 여성들이 부쩍 늘고 있어서 이러한 추세가 지속된다면, 다문화·다민족 사회가 머지않아 도래할 것이다. 타 인종·타민족과 공존할 수 있도록 다문화주의가 요구되며, 그것의 출발점은 우리의 '단일민족' 이데올로기를 극복하는 것이다. 이를 위해 어떻게 그 이데올로기가 일상생활의 상호작용에서 – 의도적이든 비의도적이든 – 차별기제로 작용하는지 파악할 필요가 있다. 본 연구는 외국인 근로자가 우리의 일상적 행위를 어떻게 해석함으로써 문화적 장벽과 소외를 느끼는지 이해하고자 한다.

ㄱ. 신뢰도를 높이기 위해 '단일민족' 이데올로기와 차별을 연관한 가설을 설정한다.
ㄴ. 외국인 근로자가 밀집된 지역을 선정한다.
ㄷ. 자료 수집 방법으로 참여관찰법, 면접법, 문헌연구법을 활용한다.
ㄹ. 가치중립을 위해 외국인 근로자에 대한 연구자의 주관적인 체험을 통제한다.

① ㄱ, ㄴ   ② ㄱ, ㄷ   ③ ㄴ, ㄷ   ④ ㄴ, ㄹ   ⑤ ㄷ, ㄹ

Answer point

☞정답: ③ 해설:
보기의 글은 해석적 연구 방법에 대한 내용이다. 해석적 연구 방법의 장점은 주관적 의식의 심층 이해가 가능하다는 것과 인간의 행동과 개인적 사회적 의미를 파악할 수 있다는 것이다. 반면 해석적 연구 방법의 단점은 객관적 법칙 발견이 곤란하며 비교나 분석이 곤란하고 정확성과 정밀성이 결여된다는 점이다. ⓛ과 같이 직접 관찰할 집단을 선정하는 것은 좋은 방법이며 ⓒ은 해석적 연구 방법에는 참여 관찰법, 면접법, 문헌 연구법 등이 있으므로 옳다.

29. 다음은 문화에 대한 두 가지 개념 정의다. 이에 대한 설명으로 옳은 것을 <보기>에서 모두 고른 것은?(   )

(가) 문화는 인간이 사회 구성원으로서 얻은 지식, 신앙, 예술, 법률, 도덕, 관습, 그리고 다른 모든 능력이나 습관을 포함하는 복합적 총체이다.
(나) 문화는 사람의 행위나 구체적인 사물 그 자체가 아니라 그것으로부터 추출된 하나의 추상으로서 사람들의 의식 속 에 있는 모델이며, 이것에 의해 사람들의 상호작용이 가능하게 된다.

ㄱ. (가)는 문화가 후천적으로 학습된 것임을 의미하고 있다.
ㄴ. (나)는 인간의 행위를 관찰한 결과가 문화라고 인식하는 입장이다.
ㄷ. (가)와 (나)는 문화가 사회 구성원들에 의해 공유된 것이라는 입장을 취한다.
ㄹ. (가)는 (나)에 비해 사람들이 어떤 행동을 하게 되는 기본적인 규칙이나 원리를 밝히는 데 더 유리하다.

① ㄱ, ㄷ   ② ㄴ, ㄷ   ③ ㄴ, ㄹ   ④ ㄱ, ㄴ, ㄹ   ⑤ ㄱ, ㄷ, ㄹ

Answer point

☞정답: ① 해설:
보기의 글은 문화의 속성 중 학습성에 대한 내용으로 '문화는 선천적인 것이 아니라 학습되는 것'이라고 주장하고 있다. 문화의 학습성에 관련된 예를 들면 언어를 들 수 있다. 문화의 학습성에 대한 내용으로는 ㉠, ㉢이므로 정답은 ①번임을 알 수 있다. 문화의 속성에는 학습성 이외에도 축적성, 전체성, 공유성, 변동성이 있다.

30. 다음 사례에 대한 설명으로 옳은 것은?(   )

2008년 8월 9일 갑(19세 10월)은 친구인 을(20세 2월)과 병(20세 6월)에게 원한관계에 있는 A를 살해해 달라고 부탁하였다. 이에 을과 병은 A를 살해하기로 하였으나 범행 장소에 함께 있던 을은 A가 살려 달라고 애원하자 자신의 행동을 뉘우치며 그 자리를 떠났다. 한편 A를 살해한 후 도주한 혐의를 받고 있는 병은 살인의 범죄 사실로 기소되어 국민 참여 재판에 회부되었고, 배심원은 병에 대하여 유죄로 평결하였다. 그리고 친구 집에서 숨어 지내던 갑은 11월 9일 경찰에 의해 체포되었다.

① 교사범인 갑의 형은 정범인 병의 형보다 감경한다.
② 을은 살인죄의 중지미수범에 해당한다.
③ 검사는 갑을 지방법원소년부에 송치할 수도 있고 공소제기를 할 수도 있다.
④ 법원은 병에 대하여 가석방이 허가되지 않는 무기징역을 선고할 수 있다.
⑤ 병에 대하여 배심원이 유죄로 평결했더라도 법원은 증거불충분을 이유로 무죄를 선고할 수 있다.

31. 다음의 법조문이 직접 적용되는 사례를 <보기>에서 고른 것은?(   )

〈민법 제760조〉
제1항 수인(數人)이 공동의 불법행위로 타인에게 손해를 가한 때에는 연대하여 그 손해를 배상할 책임이 있다.
제2항 공동 아닌 수인의 행위 중 어느 자의 행위가 그 손해를 가한 것인지를 알 수 없는 때에도 전항과 같다.
제3항 교사자(敎唆者)나 방조자(幇助者)는 공동행위자로 본다.

ㄱ. 길을 지나던 A는 흉기를 들이대며 돈을 뺏으려는 B로부터 자신을 방어하다가 마침 옆을 지나던 C를 밀쳐서 골절상을 입게 하였다.
ㄴ. 주인 A로부터 건물을 임차한 B는 옥외 간판을 설치하였는데, 간판이 너무 무거워 떨어지는 바람에 건물 앞을 지나던 사람이 부상을 입었다.
ㄷ. 거의 같은 시기에 건축된 A의 건물과 B의 건물이 C의 건물에 대해 전체적으로 수인(受忍) 한도를 초과하는 일조(日照) 침해의 결과를 야기하였다.
ㄹ. A는 친구 B가 맡긴 B의 애완견을 데리고 공원에 갔다가 애완견을 화장실 앞에 두고 잠시 화장실에 다녀온 사이 그 애완견이 다른 사람을 물어 상처를 입혔다.
ㅁ. A의 자동차가 과속으로 달리다 횡단보도 상의 B를 치어 B가 넘어진 순간, A의 자동차와 일정 거리를 유지하지 않고 과속으로 뒤따라오던 C의 자동차가 B를 치어 B가 사망하였다.

① ㄱ, ㄴ   ② ㄱ, ㄹ   ③ ㄴ, ㅁ   ④ ㄷ, ㄹ   ⑤ ㄷ, ㅁ

32. 그림은 고구려 도읍지와 그 주변 지역의 주요 유적을 표시한 것이다. (가)~
(마)에 대한 설명으로 옳은 것은?( )

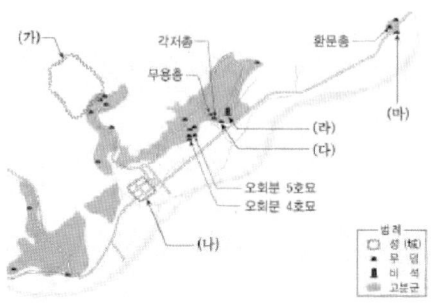

① (가)는 주몽집단이 부여로부터 이주하여 처음 자리 잡은 곳이다.
② (나)로 천도한 이유는 남진을 적극 추진하여 백제와 신라를 압박하기 위해서
였다.
③ (다)는 돌무지무덤으로 묘역에서 명문(銘文) 자료가 발견되었다.
④ (라)에는 위(魏)의 고구려 침공을 격퇴한 내용이 실려 있다.
⑤ (마)는 돌방무덤으로 관련 인물에 고나한 묵서(墨書)와 생전의 모습을 그린
벽화가 있다.

Answer point

☞정답: ③ 해설:
(다)의 장군총은 중국 길림성 집안현 통구의 용산에 있는 고구려시대의 돌무지무덤으로 무덤이 위치한 자
리는 주위에 잔자갈을 넓게 깔아서 일정한 넓이의 묘역을 만들었다. 광개토대왕의 비석에서 불과 500m
거리에 위치하고 있는 적석총에서 '태왕릉이 산처럼 굳건하고 평안하기를 바란다(願太王陵 安如山 固如
岳).'라는 의미의 명문(銘文) 벽돌이 출토되었고 화강암으로 7층의 피라미드형 이루고 있다.

---

33. (가), (나)에 대한 설명으로 적절하지 않은 것은?( )

(가) 나는 옛날 공(公)의 문하에 있었고 공은 지금 우리 수선사(修禪社)에 들어왔으니, 공은 불교의 유생(儒
生)이요 나는 유교의 불자(佛子)입니다. 서로 손과 주인이 되고 스승과 제자가 됨은 예로부터 그러하였고 지
금에야 비롯된 것은 아닙니다. 그 이름만을 생각한다면 불교와 유교는 아주 다르지만, 그 실제를 알면 유교와
불교는 다르지 않다고 보아야 하지 않겠습니까? …… 이 말에 의하면 유교와 도교의 종(宗)은 불법(佛法)에
서 흘러나온 것이며, 방편은 다르나 실제는 같은 것입니다.

(나) 사람이 태어날 때 천지의 이(理)를 받아 성(性)이 되었다. 그 형체를 이룬 바는 기(氣)이고, 이와 기를 합
하여 능히 신명(神明)한 것은 심(心)이다. 유가(儒家)에서는 이를 주로 하여 심과 기를 다스리니, 그 하나를
근본으로 하여 나머지 둘을 기르는 것이요, 노씨(老氏)는 기를 주로 하여 양생(養生)으로써 도(道)를 삼고, 석
씨(釋氏)는 심을 주로 하여 부동(不動)으로써 종(宗)을 삼아 각기 그 하나를 지키고 그 둘을 버린 것이다.

① (가)는 유교와 불교의 일치와 융합을 강조하고 있다.

② (가)의 글쓴이는 최씨무신정권과 긴밀한 유대관계를 맺고 있었다.

③ (나)는 이(理)의 측면에서 양생(養生)과 부동(不動)을 긍정하고 있다.

④ (나)의 글쓴이는 공민왕대 성균관의 부흥을 통해 성장한 신흥 유학자이다.

⑤ (가)는 불교를 우위에 두고 있는 반면 (나)는 성리학을 우위에 두고 있다.

34. (가)~(마)는 임진왜란의 상황을 묘사한 것이다. 이에 대한 설명으로 옳지 않은 것은?(   )

(가) 고니시 부대가 들어오자 배수진을 치고 있던 신립은 비장한 각오로 전투에 임하였다. 일본군이 단월 역을 따라 길을 나누어 공격하면서 조총을 쏘아 대자, 신립은 적진을 돌파하여 했지만 실패하고 달천강에 투신하였다.

(나) 이순신은 일본군을 한산도 앞바다로 유인, 학익진을 펼치고 맹렬히 공격하였다. 조선 수군은 와키자카의 전선 약 60척을 격파하고 무수한 적을 섬멸하는 전과를 올렸다.

(다) 진주성의 관군민은 목사 김시민의 지휘하에 끓는 물을 붓거나 짚에 불을 붙여 던지면서 끈질기게 저항하였다. 성 밖에서는 최경회, 최강, 임계영, 조응도 등이 일본군의 배후를 교란하고자 하였다.

(라) 권율의 부대는 정예병 4천을 뽑아 행주산 위에 진을 치고 있었다. 고니시, 구로다 등이 지휘하는 일본군의 공세가 시작되자 권율은 관군과 의승군을 독려하여 화차, 진천, 총통 등을 쏘아 대며 분전하였다.

(마) 선조는 이여송으로부터 『기효신서』의 신병법을 활용하는 것이 일본군을 방어하는 데 상책이라는 말을 듣고 은밀히 그 병서를 구입하여 유성룡에게 보였다.

① (가) - 신립의 조선군은 기병 중심의 전술을 구사하였다.

② (나) - 조선 수군이 남해안 일대의 제해권을 장악하는 계기가 되었다.

③ (다) - 관군과 의병이 격렬히 저항했으나 버티지 못하고 성은 결국 함락되었다.

④ (라) - 일본군의 북진이 저지되고 서울 철병을 서두르게 한 계기가 되었다.

⑤ (마) - 『기효신서』의 병법은 훈련도감의 조직과 전술의 기본 골격이 되었다.

☞정답: ③ 해설:

(다) - 관군과 의병이 격렬히 저항했으나 버티지 못하고 성은 결국 함락되었다.

[진주대첩]

1592년 6월 이후 전국에서 봉기한 의병들의 맹활약으로 기세가 꺾인 왜군은 병력을 집중하여 어떻게든지 하삼도의 관문인 경상도를 손아귀에 넣으려 했지만 전란 이래 진주성만은 공략하지 못하였다. 진주성은 앞은 남강이 흐르고 후방 삼면은 험준한 형세로 석벽을 높이 쌓아 올린 매우 견고한 성이었다. 도요토미 히데요시는 남도를 장악할 수 있는 본거지이자 전라도 침입의 교두보 역할을 해낼 수 있는 요충지가 바로 진주성이라 여기고 공략을 명령하였다.

1592년 10월 4일 왜군은 2만의 군사를 이끌고 진주성을 포위하였다. 성안에는 목사 김시민을 위시한 3천8백여 명의 병력과 백성들이 합세하여 결전태세를 갖추었고, 성 밖에서는 경상도 의병이 왜군을 배후에서 견제하고 있었다. 이러한 상황에서 왜군은 섣불리 공격하지 못하다가 마침내 주위의 민가를 모조리 불 지르고 총탄과 화살을 마구 쏘아 대며 공격을 시작하였다. 왜군에 맞서 성안의 군사들은 현자총통을 비롯한 총포와 화살로, 백성들은 돌과 뜨거운 물로 대항하였다. 게다가 임계영, 최경회가 이끄는 전라도 의병 2천여 명이 성 밖에서 진주성을 지원하였다. 진주성을 공격한 지 이레만인 10월 10일 왜군은 퇴각하였고 마침내 민관군 할 것 없이 단결하여 항전하였던 조선은 진주성을 방어해 냈다. 이 제1차 진주성 전투는 진주대첩으로 한산대첩, 행주대첩과 더불어 임진왜란 삼대대첩의 하나로 왜군이 호남으로 진출하려던 계획을 좌절시킨 전략적으로도 매우 중요한 승리였다.

35. 다음 설명에 해당하는 시기에 일어난 사건을 <보기>에서 모두 고른 것은?( )

이해 2월 미국에서 매카시즘 선풍이 불기 시작하였다. 이는 미국 정계를 비롯하여 문화계에도 영향을 끼쳤다. 그리고 4년 뒤 한국에서는 정비석의 소설「자유부인」에 대한 논란이 일었다. 그때 어느 법학자는 이 소설을 비난하면서 냉전논리를 동원하기도 하였다. 그 후 정치권에서는 여당이 제출한 '신국가보안법'이 야당의 지지에도 불구하고 결국 국회에서 변칙 통과되었다. 그리고 이듬해에는 경제개발 3개년 계획이 입안되는 한편, 〈경향신문〉이 폐간되었다.

〈보기〉

ㄱ. 한국과학기술연구소설립
ㄴ. 대한민국학술원 개원
ㄷ. 한글학회의 『큰 사전』 완간
ㄹ. 『사상계』 창간

① ㄱ, ㄴ   ② ㄴ, ㄷ   ③ ㄱ, ㄴ, ㄷ   ④ ㄱ, ㄷ, ㄹ   ⑤ ㄴ, ㄷ, ㄹ

☞정답: ② 해설:

〈보기〉는 자유부인 - 1956년, 신국가보안법 - 1958년, 경향신문 폐간 - 1959년 즉, 1950년대에 관한 설명이다. ㄴ, ㄷ, ㄹ은 1950년대에 일어난 사건, ㄱ. 한국과학기술연구소는 1965년에 설립된 것이므로 답은 ②번이다.

ㄱ. 한국과학기술연구소 설립
1965년 한미 정상회담에서 양국 대통령이 공동성명을 발표하고 한국 공업발전을 위한 연구소 설립에 합의하였다.
ㄴ. 대한민국학술원 개원.
1952년 8월에 제정된 '문화보호법'에 따라 1954년 7월 설립되었으며, 1988년 12월 '대한민국학술원법'이 제정되어 '문화보호법'은 폐지되었다. 대한민국학술원은 국내외에 대한 과학자의 대표기관으로서, ① 학술 진흥에 관한 정책자문 및 건의, ② 학술연구와 그 지원, ③ 국내외 학술의 교류 및 학술행사 개최, ④ 학술원상 수여, ⑤ 기타 학술 진흥에 관한 사항 등을 행한다. 회원의 정수는 150명이다. 인문·사회과학부와 자연과학부로 크게 나누어, 인문·사회과학부에 제6분과회와 자연과학부에 제5분과회를 두고 있다.
ㄷ. 한글학회의 『큰 사전』 완간.
한글학회는 한글날 제정(1926년), 한글맞춤법 통일안 제정(1933년), 외래어 표기법 통일안 제정(1940년) 등을 통해 일제 강점 아래서도 우리 말글을 지키고 다듬어 왔다. 1942년에는 국어사전을 펴내려던 최현배·이희승·이극로 등 33명의 회원들이 일제에 검거되는 '조선어학회 사건'을 겪었다. 이들의 노력은 해방 정국과 한국전쟁의 혼란 속에서도 계속됐고, 마침내 1957년 10월 현대 국어사전의 초석이 된 여섯 권의 『큰 사전』을 완간했다.
ㄹ. 『사상계』 창간.
1953년 4월 1일 창간되어 1970년 5월 1일 통권 205호를 끝으로 폐간되었다. 초대 발행인 겸 편집인은 장준하(張俊河)였다. 1955년부터 주간과 편집위원제를 두었는데, 초대 주간은 김성한이 맡아 보았고 편집위원으로 홍이섭, 정병욱, 안병욱, 강봉식 등이 참여했다. 집필자들은 대학교수, 종교인, 언론인, 정치인, 문인 등이 대부분이었다. 체재는 국판 200쪽 안팎이었으며 특집호일 경우 400쪽으로 늘렸다. 원래 문교부 산하에 있는 국민사상연구원의 기관지로 발행되었던 '사상'을 속간하려는 목적으로 계획되었으나 국민사상연구원의 편집책임자였던 장준하가 '사상계'라는 독자적인 제호로 바꾸어 발행했다. 창간취지는 6·25전쟁이 끝날 무렵 징신적·물질적으로 고통을 받는 국민을 위해 민족의 앞길을 예비한다는 것이었다. 제1공화국 때부터 독재와 정치학을 철저히 비판한 잡지로 유명하며, 1959년 2월호에 실린 권두언 「무엇을 말하랴—민권을 짓밟는 횡포를 보고」은 대표적인 글이다. 1961년 7월호에 실린 함석헌의 「5·16을 어떻게 볼까」이 문제가 되어 발행인이 연행되고 판매봉쇄, 반품공세, 세무사찰, 제작 관계자들에 대한 감시 등의 숱한 고초를 겪었다. 1962년 8월 장준하가 필리핀에서 주는 막사이사이상을 받은 뒤로 정부의 부정을 더욱 과감하게 알렸다. 독자의 대부분은 대학생·지식인 등이었고, 정기구독자가 1960년대 초 1만 6,000명에 이르렀다. 1955년 신인상을 제정해 박경수, 강용준, 이청준, 강계순 등의 문인을 배출했고, 그 밖에 동인문학상, 논문상, 번역상 등을 제정해 시상하기도 했다. 1961년 통권 100호 기념호를 펴낸 외에도 여러 차례 특집호를 펴냈으나, 재정난이 계속되는 와중에 1970년 5월호에 김지하의 시 「오적 五賊」을 실었다는 이유로 당국으로부터 폐간처분을 받았다.

칙령 제41호
울릉도를 울도로 개칭하고 도감을 군수로 개정한 건.
제1조 울릉도를 울도라 개칭하여 강원도에 부속하고 도감을 군수로 개정하여 관제 중에 편입하고 궁등은 5등으로 할 사.
제2조 군청 위치는 태하동으로 정하고 구역은 울릉전도와 죽도, 석도를 관할할 사.
……(중략)……
제6조 본령은 반포일로부터 시행할 사.

광무 4년 10월 25일 봉
칙 의정부의정임시서리 찬성 내부대신이건하

36. 다음 자료와 관련된 설명으로 적절한 것을 <보기>에서 모두 고른 것은?(   )

〈보기〉

ㄱ. 명목상 지방관제에 편입되었을 뿐, 도감이 울릉도민으로 임명되던 자치적 성격에는 변함이 없었다.
ㄴ. 관보를 통해 반포됨으로써 시행되었는데, 이는 석도가 대한제국의 영토임을 칙령으로 재확인한 것을 의미한다.
ㄷ. 울릉도 시찰위원 우용정의 관제 개편 건의를 받아들인 것이다.
ㄹ. 석도는 독섬(돌섬)이라는 방언을 한역한 것으로, 차음하면 독도가 된다.

① ㄱ, ㄴ   ② ㄴ, ㄷ   ③ ㄷ, ㄹ   ④ ㄱ, ㄴ, ㄷ   ⑤ ㄴ, ㄷ, ㄹ

Answer point

☞정답: ⑤ 해설:

일본인들의 울릉도 왕래가 재개된 것은 19세기 중엽부터이지만, 그것이 조선 측 수토관에 의하여 확인된 것은 1881년(고종 18)에 이르러서였다. 이에 조선 측에서는 일본 외무성으로 서계를 보내어 항의하는 한편, 부호군(副護軍) 이규원(李奎遠)을 울릉도 검찰사(檢察使)에 임명, 현지에 파견하기로 결정하였다. 이는 개척 여부의 조사를 겸한 것으로, 이제까지의 공도정책의 수정을 시사하는 것이었다. 검찰사 이규원은 1882년 울릉도를 검찰하고 돌아와 그 결과를 국왕에게 보고하였다. 그 요지는 개척이 가능하며 현재도 많은 사람들이 살고 있다는 것이었다. 이에 따라 조선정부에서는 울릉도 개척을 결정하고 다음해부터 희망자를 모집하여 입거(入居)시키기 시작하였다. 그리하여 점차 민호(民戶)가 불어남에 따라 1895년 초에는 약 200년간 계속되어 오던 울릉도 수토제도를 폐지하였고, 이어 도감제(島監制)를 설치하여 도민 중에서 도감을 임명하게 되었다. 그러나 울릉도에 지방관이 파견되기 시작한 것은 1900년(광무 4) 내부시찰관(內部視察官) 우용정(禹用鼎)이 현지를 시찰하고 돌아온 뒤의 일이다. 정부는 우용정의 건의를 받아들여 이해 10월 칙령 제41호로 '울릉도를 울도(鬱島)로 개칭하고 도감을 군수로 개정한 건'을 제정ㆍ반포하였는데, 주목되는 것은 울도군의 관할구역으로 울릉전도(鬱陵全島)ㆍ죽도(竹島)와 함께 석도(石島)를 규정하고 있다는 사실이다. 죽도는 지금의 죽도(竹嶼), 울릉 '전도'는 울릉도와 이에 부속된 섬과 암초의 통칭이며, '석도'는 독도를 가리킨다. 석도를 훈독(訓讀)하면 '독섬' 혹은 '돌섬'이 되는데, 지금도 울릉도민들은 독도를 '독섬' 혹은 '돌섬'이라 부르고 있다. 1906년(광무 10) 4월 초 울도 군수 심흥택(沈興澤)의 보고서에 "본군소속 독도가 재어외양(在於外洋) 100여 리에 이삿더니……" 운운하고 있는데, '독도'는 독섬, 즉 석도에서 차음(借音)한 것이다. 그러니까 이 칙령 제41호는 대한제국 정부가 독도를 그 판도로 재확인한 것을 의미한다.

37. (가)~(마)는 동서 교역로를 이용한 여행이다. 이 중에 왕복 여정 모두 '바닷길'과 관련이 없는 것은?(   )

(가) 프랑스 왕 루이 9세의 명을 받은 루브룩은 1254년 몽골제국의 수도 카라코룸을 방문하고, 뭉케 칸을 만난 뒤 귀국하여 당시 몽골의 정세와 지리, 풍속, 언어, 종교 등을 자세히 기록한 「루브룩 여행기」를 남겼다.
(나) 로마의 황제 안토니우스가 소아시아를 정복한 뒤 파견했다는 사신이 166년에 후한의 수도인 뤄양을 찾아와 황제에게 상아, 서각, 대모를 바쳤다.
(다) 신라의 승려 혜초는 인도에 가서 10년 동안 불교 성지를 순례하고 오천축을 방문한 뒤, 당나라로 가서 역경 사업에 힘쓰면서 727년에 여행기로 「왕오천축국전」을 남겼다.
(라) 동진의 승려 법현은 399년에 인도로 가서 불교 유적을 둘러보고 날란다에서 불경을 구한 뒤, 13년 만에 귀국하여 현존하는 가장 오래된 인도여행기인 「불국기」를 남겼다.
(마) 예수회 소속의 마테오 리치는 1601년부터 10년간 베이징에 머물면서 『천주실의』와 『기하원본』 등을 출간하고 서양의 천문학, 역법, 지리학 등을 소개하였다.

① (가)　　② (나)　　③ (다)　　④ (라)　　⑤ (마)

Answer point

☞정답: ① 해설:

(가)를 제외한 나머지 (나), (다), (라), (마)는 비단길을 통한 여행이었다.

(가) 1253년 프란체스코파 수도사인 루브룩 출신의 윌리엄(William of Rubruck)이 몽골인을 개종해야겠다는 개인적 열정으로 프랑스의 국왕 루이 9세의 허락을 얻어 몽골을 방문하였다. 물론 소기의 목적을 달성하지는 못했지만 돌아온 뒤에 '여행기(Itinerarium)'를 남겼는데, 이것은 요한의 글처럼 공식적인 보고서가 아니었기 때문에 훨씬 더 다양하고 상세한 내용을 담고 있으며, 중세 유럽의 여행기 중에서도 백미로 손꼽히고 있다.

(나) 중국과 로마의 공식적인 접촉은 166년 로마제국의 황제 안토니우스가 한나라에 사절을 보내면서 시작된다. 중국의 『후한서』에 따르면 대진 황제 안돈 즉, 안토니우스의 사절이 베트남에 상륙한 후 한나라의 수도인 뤄양에 와서 상아, 무소 뿔, 바다거북껍질 등 선물로 바치고 황제를 알현하면서 양국관계가 공식적으로 시작되었다. 이처럼 한나라는 오아시스비단길과 바다비단길을 통해 직간접으로 로마제국과 교류하였다.

(다) 704(성덕왕 3)~787(원성왕 3)
723년 당나라 광주에 가서 인도승 금강지(Vajrabodha)의 제자가 되고, 그의 권유로 나신국을 경유하여 인도 동해안에 도착, 727년경 당나라 안서도호부가 있는 구자로 돌아왔다.
733년 당나라 장안의 천복사의 도량에서 금강지와 함께 『대승유가금강성해만주실리천비천발대교왕경』이라는 밀교경전을 연구, 740년부터 이 경전의 한역에 착수하였으나 이듬해 금강지의 죽음으로 중단되었다. 금강지의 법통을 이은 불공삼장의 6대 제자의 한 사람으로 당나라에서 이름을 떨쳤으며, 그의 인도 기행문인 『왕오천축국전』이 1908년에 프랑스의 동양학자 펠리오에 의해 중국 간쑤 성의 둔황에서 발견되어 이 방면의 사료로 중시되고 있다.

(라) 399년 長安을 출발하여 난주를 거쳐 둔황에 도착하였다. 둔황에서 여행에 필요한 양식을 공급받은 후 사막을 통과하여 17일 만에 선선(樓蘭)왕국에 도착하였다. 선선왕국은 불교를 신봉하고 있었으며 인도의 불교를 배워서 인도의 승려규율을 지키고 있었다. 그는 1개월 후에 선선을 출발하여 高昌을 거쳐 15일 후에 엔지(焉耆)에 도착하였다. 이곳에서는 4,000여 명의 소승불교의 승려들이 생활하고 있었다. 그는 카라샤르焉耆에서 2개월을 머문 후 다시 투루판으로 돌아와 여행의 자료들을 수집하고 몇 사람과 함께 타클라마칸사막을 통과하여 35일 만에 호탄에 도착하였다. 그는 기술하기를 호탄은 번영된 왕국이므로 많은 사람들이 살고 있었으며 수천 명의 승려들이 있었고 일부 승려들은 대승불교를 신봉하고 있었다. 이곳에서 3개월을 머문 후 카쉬카르 왕국을 거쳐 쿤룬산맥을 넘어 인도에 도착하였다. 414년에 해로로 중국에 돌아왔다.

(마) 마테오 리치는 1552년 이탈리아 중부 마체라타에서 태어났는데, 현재도 마체라타 대학교 본관에는 중국 사대부 모자를 쓴 조각상이 전시되어 있다. 로마대학교에서 1575년부터 1575년까지 수사학 인문과정을 공부했으며, 1577년부터 1579년까지 같은 대학교에서 철학과정을 마쳤다. 나머지 신학공부는 4년간(1578년~1582년) 인디아 고아에서 받았다. 1571년 예수회에 가입하였으며, 1580년 로마 가톨릭 사제서품을 받았다. 1578년 포르투갈 리스본을 출항하여 해외 선교에 나섰으며, 인도의 고아와 코친에서 주로 머물렀다. 1582년 마카오에 도착하여 중국어와 한문을 배웠는데, 그의 유창한 중국어 실력은 문서선교 즉, 문서로 '하느님 말씀'을 전달하는 일에 큰 도움이 되었다. 마테오 리치가 중국 선교사가 된 것은 미셀 루지에리 선교사의 간청과 아시아 선교책임자 알렉산드로 발리냐노의 중국 전도책임자 임명에 의한 것이다. 이에 대해 미셀 루지에리 선교사가 중국어를 잘 못 했기 때문에, 마테오가 중국선교사가 되었다는 견해도 있었지만, 중국어 문집이 발견되면서 잘못된 견해로 판명되었다. 동역자(同役者) 루지에리와 함께 중국 짜오칭에 1583년 정착한 마테오 리치는 1583년부터 1602년까지 세계지도들을 제작하여 중국은 세계의 중심이고, 그외 나라들은 오랑캐라는 오만함에 사로잡혀 있던 중국 사람들에게 새로운 인식을 심어 주었다. 1601년 그는 중국 베이징에 도착하는데, 이는 예수회의 전통선교방법에 의한 것이었다. 예수회에서는 '위에서 아래로의 전도'라고 하여 상위계급이나 지식인들에게 먼저 전도하여 복음이 확대되게 하려는 전도방법을 갖고 있었다. 하지만 예수회의 이러한 전도방식은 '아래로부터 위로의 전도방법'을 갖고 있던 프란체스코 수도회와 갈등을 빚었으며, 명나라 황제 만력제는 외국 사람들에게 무관심했기 때문에 마테오가 원하는 방향으로 일이 진행되지 못했다. 대신 나라의 쇠락을 걱정하는 개혁파 사대부들과의 교제를 할 수 있었고, 서광계(1562년~1633년), 이지조(1565~1630), 양정균 등 일부 사대부 지식인들은 기독교인이 되었다. 1610년 별세하여 베이징에 묻혔다.

38. 다음은 어떤 국가의 창업자가 남긴 유언이다. 이 국가에 대한 옳은 설명을 <보기>에서 모두 고른 것은?(   )

> 종교적 선입견을 품지 마라. 모든 백성들의 종교적 감성과 의례를 주의 깊게 살펴서 공정하게 대하라. 토착민의 마음을 사로잡으려면 소를 죽이지 마라. 어떤 종교 사권도 파괴하지 말고 국내의 평화를 유지하기 위해서는 그들을 모두 공평하게 대하라. 이슬람은 폭정과 박해라는 칼보다는 사랑과 애정으로 훨씬 더 잘 전파될 것이다. 이샤와 순니의 대립을 피하라. 다양한 계절이 있는 것처럼 백성들도 다양한 성향이 있다는 것을 명심하라.

〈보기〉

ㄱ. 세포이 항쟁의 진압을 계기로 영국 왕의 직할지가 되었다.
ㄴ. 시크교도와 마라타 동맹의 반란을 계기로 세력이 약화되기 시작하였다.
ㄷ. 고유문화와 이슬람 문화, 페르시아 문화가 조화를 이룬 건축물을 만들었다.
ㄹ. 영토가 북인도에서 중앙아시아를 넘어 소아시아까지 이르는 제국으로 발전하였다.

① ㄱ, ㄴ   ② ㄱ, ㄴ, ㄷ   ③ ㄱ, ㄷ, ㄹ   ④ ㄴ, ㄷ, ㄹ   ⑤ ㄱ, ㄴ, ㄷ, ㄹ

Answer point

☞정답: ② 해설:

제시된 글은 무굴제국의 바부르 왕이 아들인 후마윤에게 남긴 유언이다.

무굴제국은 16세기 전반에서 19세기 중엽(1526~1857년)까지 인도 지역을 통치한 이슬람제국이다. 무굴제국은 힌두교 전통의 인도 역사 가운데 가장 뚜렷한 흔적을 남긴 이슬람 왕조라 할 수 있다. 무굴제국의 강력한 권력을 상징하는 아그라성과 교외에 자리한 파테푸르 시크리 등지에서 이슬람 문화 흔적을 엿볼 수 있다.

무굴제국 시조인 바부르는 1526년께 중앙아시아 우즈베키스탄 지역에서 내려와 델리에 무굴제국을 세웠다. 그 후 무굴제국은 3대 악바르 황제 때 영역을 크게 확장했다. 바로 이때부터 약 1세기 동안 무굴제국 수도를 델리에서 아그라로 옮겼다. 악바르 황제는 북인도를 지배한 뒤 인도 각 지방까지 세력을 더욱 확장했다.

악바르 황제가 죽은 후 무굴제국은 샤자한과 아우랑제브로 이어지면서 전성기를 맞았다. 타지마할을 건축한 샤자한은 재위 기간에 아그라의 타지마할과 아그라성, 델리의 레드포트와 자마 마스지드 등 인도를 대표하는 수준 높은 건축물을 지었다.

아버지 샤자한을 폐위하고 왕위에 오른 아우랑제브는 여러 이슬람 왕조를 정복하며 영토를 확장했다. 그러나 1707년 아우랑제브가 데칸고원 원정 중 사망하면서 왕위 계승을 둘러싼 내분이 일어났고, 그 과정에서 무굴제국 세력은 급격히 약화됐다.

대내적으로는 힌두교도와 이슬람교도 간의 반목이 재연되면서 분열의 조짐이 여기저기서 나타나기 시작한다. 특히 마라타족의 흥기는 무굴에게 큰 위협이 아닐 수 없었다. 이들은 마하라슈트라 지방을 본거지로 활동하던 강인한 전사(戰士) 집단이었다.

무굴제국은 18세기 말에서 19세기에 걸쳐 영국 지배를 받으면서 명목상으로만 존재하게 된다. 그러다 1857년 북인도를 중심으로 일어난 세포이 항쟁으로 인도 병사들이 무굴 황제 바하두르 샤 2세를 추대해 새로운 정권을 수립했지만 영국의 탄압 정책이 강화되면서 무굴제국은 결국 멸망한다.

39. ㉠, ㉡의 선례가 되는 고대 역사가를 바르게 배열한 것은?(   )

> 헤겔은 ㉠ 세계사의 진행 과정을 밝히려고 하였다. 그는 세계사의 진행이란 바로 정신이 자유를 향해 나아가는 거대한 과정이라고 보았다. 그에 의하면 세계사는 이성의 지배하에서 진행된다. 즉, 역사란 자유를 본질로 하는 정신이 구현된 장이고, 이 정신을 전개시키는 것이 바로 이성이다. 한편 헤겔과는 달리 랑케는 만유재신론적 사상에 입각하여 각 민족의 특수성을 강조했다. 또한 그는 19세기 이후의 역사 연구 방법을 정립하는 데 기여하였다. 역사는 "과거는 과연 어떠했는가?"만을 서술해야 한다고 주장함으로써 역사 서술의 원칙을 세웠다. 이로써 랑케는 역사 인식과 서술에서 ㉡ 엄격한 사실주의적, 객관주의적 태도의 한 모범을 세웠다.

	㉠의 선례	㉡의 선례
①	리비우스,	헤로도토스
②	투키디데스,	폴리비오스
③	헤로도토스,	리비우스
④	헤로도토스,	투키디데스
⑤	폴리비오스,	투키디데스

Answer point

☞ 정답: ⑤ 해설:

☞ **폴리비오스**: 메갈로폴리스 출생. 아카이아동맹에 속하는 정치가로 활약하다가 BC 168년에 피드나의 싸움에서 패하고 체포되어 로마로 압송되었다. 소(小)스키피오를 교육하였고 스키피오 그룹의 중심인물이 되었다. 로마 세계통일의 역사적 유래 및 그 세계사적 의의를 밝히기 위해, 그리스어로 제1포에니전쟁에서 BC 144년까지의 로마 역사를 『역사』 40권으로 저술하였는데, 로마의 세계 지배를 그 국제(國制)의 우수성에 있다고 결론지었다. 그의 정체순환사관(政體循環史觀)과 혼합정체론(混合政體論)은 특히 유명하다.

☞ **투키디데스**: 그리스의 역사가. 아테네 출생. 장군이었으나 추방당해 20년간 망명 생활을 했다. 그동안 『펠로폰네소스 전쟁사』를 저술하였다. 이 책은 엄밀한 사료 비판, 인간 심리에 대한 깊은 통찰로 역사서의 고전으로 평가받는다. 또한 투키디데스는 교훈적 역사가의 시조로 꼽힌다.

역사가로서 투키디데스의 권위는 절대적인 것이었다. 8권으로 나누어진 투키디데스 『펠로폰네소스 전쟁사』는 펠로폰네소스 전쟁이 끝나기 6년 반 전인 B.C. 411년 가을에 일어난 사건들까지만 기술하고 갑자기 중단되었다. 그리스의 역사가로 투키디데스보다 젊은 동시대인인 크라티포스, 한 세대 뒤에 살았던 크세노폰, B.C. 4세기 말에 살았던 테오폼포스는 모두 투키디데스가 중단한 부분부터 그리스 역사를 쓰기 시작하였다. 이는 투키디데스의 저술인 『펠로폰네소스 전쟁사』의 마지막 권이 불완전한 상태로 발표되었음을 알 수 있다. 또 다른 역사가인 시라쿠사의 필리스토스는 나중에 『시칠리아 역사』를 쓰면서 투키디데스의 글을 거의 그대로 인용했다. 이로써 『펠로폰네소스 전쟁사』가 정확하고 검증된 기록이라는 것을 짐작할 수 있다. 이 전쟁을 연구하는 현대 역사가들이나 고대 역사가들은 투키디데스의 저서를 번역하거나 요약하고 보안하는 것 말고는 거의 아무 일도 할 수 없었다고 밝히고 있다. 특히 투키디데스는 포위 공격, 체결되었다가 곧 깨진 동맹, 전쟁이 지루하게 계속되는 동안 사람들이 취한 행동 등에 대한 이야기를 써 내려갔다. 흥미진진한 일화를 생생하게 서술하고, 지상전과 해전의 전술을 세심하게 묘사하고 있다. 투키디데스는 또한 아테네와 대조적인 스파르타의 좀처럼 동요하지 않는 침착성도 묘사하고 있다. 이러한 특성은 때로는 상당한 성공을 거두기도 하였지만 적에게 너무 관대하게 보이기도 했다. 투키디데스는 아테네 시민으로서 자신이 목격한 전쟁의 진실에 대한 열정으로 가득 차 있었다. 이런 열정 덕분에 적국이었음에도 불구하고 스파르타에 대한 편파성에서 벗어날 수 있었다. 뿐만 아니라 역사가로서 사건의 자세한 내용과 순서뿐만 아니라, 사건의 상대적인 중요성도 정확하게 기술할 수 있었다. 예를 들어 투키디데스는 자신이 직접 지휘한 전투의 중요성을 과장하지 않았고, 자신의 실패를 변명하지도 않았다. 또한 자신의 추방을 전쟁 과정에서 일어난 사건으로 언급하지 않고, '2번째 서문(B.C. 421년 강화조약이 맺어진 뒤에 씀.)'에서 사람들을 좀 더 폭넓게 접촉할 수 있었던 기회로 언급한 것은 투키디데스다운 서술이다.

40. 다음은 어떤 주교가 교구 내의 한 귀부인에게 보내는 편지를 재구성한 것이다. ㉮에 대해 설명한 것으로 적절하지 않은 것은?(   )

친애하는 레이디 마들렌

주님의 이름으로 그대에게 평강이 함께 하시길.
일전에 저를 방문하셨을 때, 저에게 영지의 살림을 걱정하신 것이 기억이 납니다. 그에 관해 잠시 말씀드리자면, 먼저 집사와 상의하여 1년 동안 영지에서 나오는 수입이 어느 정도인지에 대해 파악해야 합니다. 그 다음으로 1년간의 지출에 대해서 계획을 세워야 합니다. 이를 위해 어떤 물건들이 필요한지, 수량은 어느 정도인지 목록을 작성하시고, 이를 어느 (㉮)에서 가장 싸게 구입할 수 있을지 파악해야 합니다. 물론 (㉮)은(는) 1년에 한 번 열리기 때문에 여비 및 운송 경비도 알아 두셔야 하실 겁니다.
조만간 다시 뵐 수 있기를 바랍니다.
크리스트의 신실한 종, 로베르 주교

---

① 각각의 상품마다 거래일이 서로 달랐다.
② 외국 상인과 지방 상인을 연결하는 역할을 하였다.
③ 마지막 날에 모든 상인이 환전상에게 와서 거래 계좌를 결제하였다.
④ 거래 규칙을 위반하는 사람에게 상인 길드가 벌금을 부과하였다.
⑤ 12세기 초 샹파뉴 백작이 영지 내의 여러 도시에 설치하기 시작한 것이 기원이 되었다.

Answer point

☞정답: ④ 해설:
샹파뉴는 12세기에 들어 유럽 최대의 상품 및 화폐 교환을 위한 정기시가 되었다. 매년 6차례의 시장이 개설되었다.
1~2월의 라니(파리 동쪽 30km) 정기시, 3~4월의 바르(트루아 동쪽 52km) 정기시, 5~6월의 프로뱅 '5월 정기시', 7~8월의 트루아 '여름정기시', 9~10월의 프로뱅 정기시, 11~12월의 트루아 '겨울정기시'가 그 것이다. 각 정기시로 보자면 1년에 한두 달 정도의 기간에 불과하지만, 샹파뉴 정기시 전체로 보자면 일 년 내내 시장이 열리는 셈이다.
정기시가 다가오면 텅 비다시피 하던 장터에 사람들이 몰려들고 가게들이 문을 연다. 샹파뉴 백작은 감독관을 임명하고 거래가 이루어질 수 있도록 제반조치를 취하고 특히 치안유지를 위해 재판소가 설치된다.
처음 2주에 걸쳐 '옷시장'이 열리며, 그것이 문을 닫으면 '무게를 재는' 향료시장이 개설된다. 이러한 모든 거래에는 계약서가 작성되며, 아울러 화폐와 어음이 함께 교환된다.
상인들은 모든 거래와 인신의 자유를 백작으로부터 보장받으며, 그 대가로 거래 대금의 통상 60분의 1 정도를 거래세로 낸다. 백작은 샹파뉴에서의 자유만이 아니라 예컨대 프랑스의 국왕이나 다른 제후들과 조약을 맺어 샹파뉴로의 자유로운 출입을 보장한다.
트루아에 자치행정이 나타난 것은 12세기 말~13세기 초였지만 백작으로부터 특허장을 부여받은 것은 1230년의 일이었다. 이는 물론 자치권이 백작의 호의에서 비롯됐기 때문이다.

모든 도시가 이러했던 것은 아니며, 일부 도시는 특히 성직자가 영주였을 때는 자치권을 얻기 위해 치열한 투쟁을 전개해야 했다. 하지만 대부분의 도시는 국왕이나 영주의 용인 아래 상당한 세금의 납부를 대가로 자유를 얻었다. 그렇기 때문에 그 자유란 봉건제의 틀 속에서 왕권이 상대적으로 약했던 시대적 상황을 반영하는 것이었다. 더욱이 그 자유는 흔히 도시의 행정권을 장악하고 있던 소수 과두체제의 자유에 불과하기 십상이었다. 그렇기에 중세 말 유럽의 도시들은 격렬한 계급투쟁에 휩싸이기 일쑤였다.

13세기 말부터 샹파뉴의 정기시는 쇠퇴하기 시작했다. 계급투쟁과 높은 세금, 그리고 샹파뉴 백작 가문의 쇠락과 국왕 직영지로의 편입을 그 요인으로 꼽을 수 있다. 하지만 무엇보다도 정기시의 성공이 몰락의 가장 중요한 요인이다. 2세기에 가까운 오랜 기간에 걸쳐 유럽은 정기시를 통해 새로운 경제기법을 배워 13세기 말~14세기 초에 이르면 더 이상 정기시를 필요로 하지 않게 되었다.

중등 교사임용시험 가산점 분석

1. 2009학년도 중등 사회과 교사임용 후보자 경쟁시험 선발 인원

지역	공통사회		일반 사회		역사		지리	
	일반	장애인	일반	장애인	일반	장애인	일반	장애인
서울	13	2	19	1	19	3	18	1
인천	–	–	3	–	16	1	3	–
대구	–	–	2	–	9	1	5	–
대전	2	–	4	–	3	1	5	–
부산	–	–	2	–	4	1	2	–
광주	–	–	5	1	5	0	5	–
경기	19	1	34	2	53	3	34	2
경북	–	–	9	1	6	–	7	–
경남	–	–	8	1	9	1	8	1
충북	–	–	4	–	7	1	–	–
충남	–	–	8	–	8	1	13	2
강원	–	–	5	–	5	–	5	–
전북	–	–	5	–	5	–	5	–
전남	–	–	10	–	12	1	9	–
제주	–	–	4	–	6	–	–	–
합계	34	3	122	6	167	14	119	6
총 합계	471명							

2. 2009학년도 중등교사임용 후보자 경쟁시험 시·도교육청별 가산점

항목		서울	부산	대구	인천	광주	대전	울산	경기	강원	충북	충남	전북	전남	경북	경남	제주
사범대 동일학자(지역소재)		2	3	3	2	2	2	3	2	3	2	3	3	3	2.5	3	1.5
경기임용 실적(체육)		1~6	1~5	3~5	3	1~4	1~6	1~2.5	0.5~5	3~8	1~4	2~5	1~3	0.5~3	1~5	0.5~2.5	0.5~1.5
복수	복수전공	1	2	3	2	2	3	2.5	2	2	2	3	2	3	2	3	1.5
전공	부전공	0.5	1	2	1	1	2	2	1	1	1	-	1	1.5	1.5	2	1.5
정조처리분야 지역증		1	X	X	0.5~1	X	0.5~2	1.5~2	1~2	1~2	1~2	X	-	X	X	X	X
응시교과 관련지역증		-	-	-	1	-	-	-	1~2	-	-	-	-	-	-	-	-
한자지역증		-	-	-	-	-	-	-	1	-	-	-	-	-	-	-	-
영어교과	TSE-P	-	-	X	1~3	-	0.5~2	0.5~2.5	-	1~3	1~3	X	1~3	X	0.5~2	X	1~3
영어교과	TOFEL	1~2	X	X	1~3	X	0.5~2	0.5~2.5	1~2	1~3	1~3	X	1~3	X	0.5~2	X	1~3
영어교과	TOFEL(CBT)	1~2	-	-	1~3	-	-	-	-	-	-	-	-	-	-	X	-
영어교과	TOFEL(IBT)	1~2	-	-	1~3	-	-	-	-	-	-	-	-	-	-	-	-
영어교과	TOEIC	1~2	X	X	-	X	0.5~2	0.5~2.5	1~2	1~3	1~3	X	1~3	X	0.5~2	X	1~3
영어교과	TOEIC(S/W)	-	-	-	1~3	-	-	-	1~2	-	-	-	-	-	-	-	-
영어교과	TEPS	1~2	X	X	1~3	X	0.5~2	0.5~2.5	1~2	1~3	1~3	X	1~3	X	0.5~2	X	1~3
영어교과	(구)PELT 1차	-	X	X	1~3	X	-	-	1~2	1~3	1~3	X	1~3	X	0.5~2	-	1~3
영어교과	(구)PELTmain	1~2	-	X	1~3	X	0.5~2	0.5~2.5	1~2	1~3	1~3	X	1~3	X	0.5~2	X	1~3
영어교과	(구)PELTplus	1~2	-	-	1~3	-	-	-	-	1~3	-	-	-	-	-	-	-
영어교과	PELT(S/W)	-	-	-	-	-	-	-	1~2	-	-	-	-	-	-	-	-

- 음영 처리된 부분: 변경 또는 폐지.
- 원서접수 시 제출한 경우만 인정하며 기재 사항 누락 및 원본 미제출 시 접수 불가.
- 모든 제출서류에는 본인임을 확인할 수 있는 성명과 주민등록번호가 반드시 기재되어 있어야 함(미기재 시 접수 불가).
- 초등보건, 초등사서교과 응시자는 가산점 부여 대상에서 제외.
- 초등교육자격증은 복수(부)전공 가산점 부여대상에서 제외.
- 복수전공 가산점 적용 범위.
1. 2005학년도 입학생: 2010년에 공고되는 공개전형까지
2. 2004학년도 입학생: 2009년에 공고되는 공개전형까지
3. 2003학년도 입학생: 2008년에 공고되는 공개전형까지
4. 2002학년도 입학생: 2007년에 공고되는 공개전형까지
5. 2001학년도 이전 입학생: 2006년에 공고되는 공개전형까지

- 위 1~5에 해당하는 자 중 재학 중 또는 졸업 후 임용공개전형에 응시하기 전에 병역법에 의한 병역의무의 이행을 위하여 징집.
또는 소집된 자는 그 징집 또는 소집된 기간만큼 연장하여 적용함.

<지역별 가산점 분석>

- 영어, 체육 교과 외 가산점 공통 적용.
- 사범대 졸업자(지역소재): 모든 시 · 도별 적용.
- 복수 전공: 모든 시 · 도별 적용.
- 부전공: 충남 제외.
- 정보처리분야 자격증: 부산, 대구, 광주, 충남, 전남, 경북, 경남, 제주 폐지.
- 응시교과 관련 자격증: 인천, 경기만 적용.
- 한자 자격증: 경기만 적용.

사회과 교수·학습 지도(과정)안(예)

사회과 교수·학습 지도안[1]

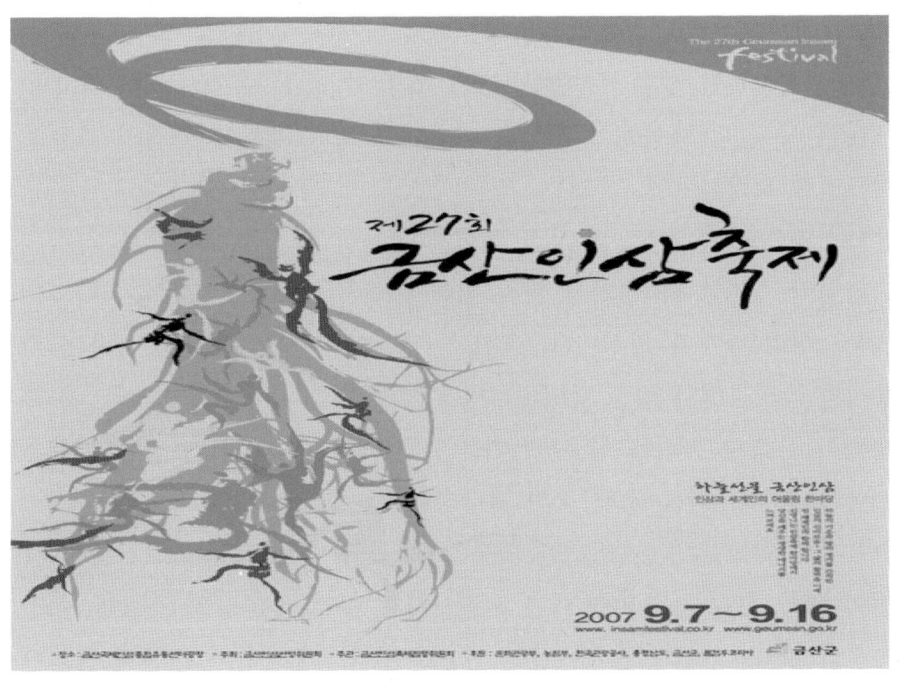

학년 반	제3학년 1반
지도교사	○ ○ ○

○ ○ 초 등 학 교

Ⅰ. 단원 선정의 동기

최근 우리를 둘러싸고 있는 이웃 나라와 역사 인식의 차이로 인해 국가 간의 갈등의 골이 점점 깊어지고, 우리의 역사적 자존심이 훼손되고 있다. 일본과의 독도 영유권 문제와 역사 왜곡뿐만 아니라 중국의 동북공정 정책으로 인하여 고구려를 중국의 역사라고 우기는 등 우리나라 역사가 주변 국가에 의해 굴절되어 우리 국민들이 울분을 터뜨리고 있는 이때, 교육 현장에 있는 우리 교사들은 그 어느 때보다도 역사교육의 필요성과 소중함을 절실히 깨닫게 된다.

그런데 초등학교에서의 역사교육은 먼 곳의 역사나 고장에도 없는 문화재, 전설 등에 대한 관심보다는 생활 주변에서 쉽게 접할 수 있는 유적, 유물, 역사적 인물, 풍습과 놀이 등에 더 아동들이 관심을 나타내고 있기 때문에 고장의 자료를 통해 접근하는 것이 효과적이다.

그럼에도 역사교육은 본질상 직접 체험하지 못한 과거를 대상으로 하기 때문에 구체적 경험이 가능한 타 교과에 비해 이해가 쉽지 않고, 학생의 흥미나 호기심을 유발하기가 어려운 것이 사실이다. 또한, 학생들이 흥미를 느끼는 내용이라도 '교사가 흥미를 유발하면서 접근 방법에서의 다양성을 줄 수 있는가?'라는 문제와 '다루는 방법이 학생의 능력에 상응하는가?'의 문제도 중요하다. 고장 체험학습은 그러한 면에서 유용한 학습 소재 중의 하나라고 할 수 있다.

다행히 우리 학교 주변은 이러한 역사 소재나, 유림의 고장으로 곳곳에 살아 있는 유물이 역사 학습 현장으로 다른 고장보다는 유리한 환경을 조성해 주고 있다. 게다가 우리 지역은 지역 특색을 살린 인삼, 약초와 더불어 향토 음식 문화가 있어 고장을 알리기 위한 문화 행사(축제)를 열기에도 적합해 조상의 빛난 얼과 자취를 되살려 몸에 익히고, 우리 고장의 문화 행사를 계획함으로써 우리 고장의 정체성을 알고 우리 고장은 내가 주인이며, 내가 지켜야 한다는 마음으로 고장 사랑, 나라 사랑 마음을 기르기 위해 본 단원으로 본시 학습을 계획하게 되었다.

Ⅱ. 단원 지도 계획

1. 단원명:

1) 우리 고장의 전통문화
2) 가정과 고장의 행사
3) 우리 고장의 전통문화 축제

2. 단원의 개관

본 단원은 고장에 전해 오는 민속(민속놀이)과 가정의례의 변화 모습을 알아봄으로써 고장의 전통문화를 이해하고 그 속에 담긴 정신을 받아들이는 데 주안점을 두고 있다. 또 고장의 전통문화 행사를 조사해 보거나 직접 참여함으로써 전통문화의 멋을 체험하고 전통문화 계승의 필요성과 의의를 학습하도록 한다.

첫째, '전해 오는 민속'에서는 지금까지 내려오고 있는 고장의 민속놀이에 담긴 멋과 정신을 감상과 체험을 통해서 배우게 된다. 민속(민속놀이) 중에서 학생들이 즐겁게 참여하고 기능을 익힐 수 있는 활동을 통하여 여가 선용 및 정서 발달에 기여하도록 한다.

둘째, '가정과 고장의 행사'에서는 가정생활 속에 내려오는 관혼상제의 변화 모습을 옛날과 오늘날로 비교해 봄으로써 가정 행사의 형식은 달라졌으나 의미는 같음을 배우게 된다. 가정의례는 일상생활의 중심이므로 학생들의 경험적 사실을 학습 자료로 도입하여 흥미와 생동감이 넘치는 학습이 이루어지도록 한다.

본 단원의 학습 방법은 개인, 가정, 고장의 여러 생활과 관련이 깊은 문화 영역이므로 가족사가 활용될 수 있고, 고장의 문화 행사를 위해서는 향토사적 접근도 가능하다. 또, 현장 체험 학습을 통하여 실제 감각적인 경험을 통하여 배우게 할 수도 있다.

3. 단원의 목표

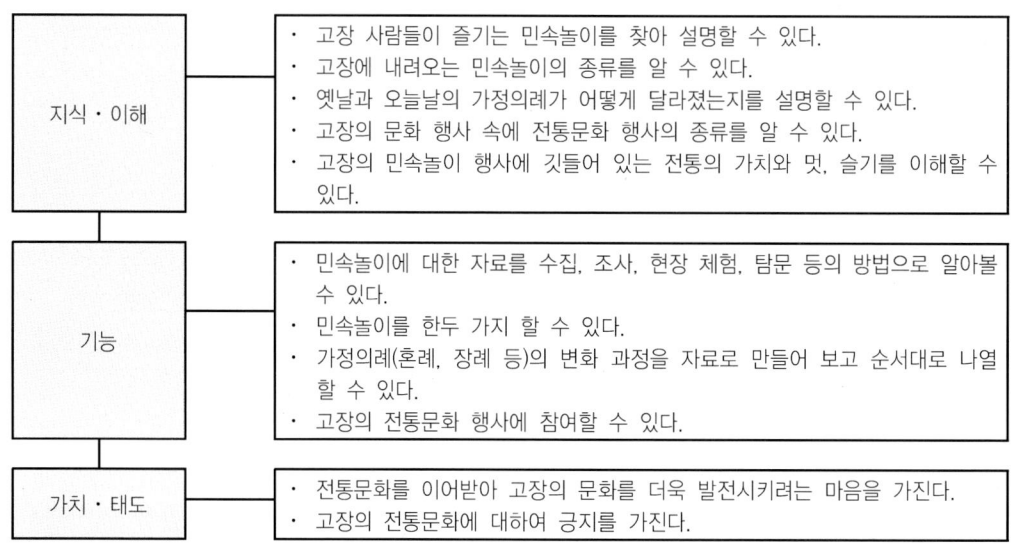

지식·이해	· 고장 사람들이 즐기는 민속놀이를 찾아 설명할 수 있다. · 고장에 내려오는 민속놀이의 종류를 알 수 있다. · 옛날과 오늘날의 가정의례가 어떻게 달라졌는지를 설명할 수 있다. · 고장의 문화 행사 속에 전통문화 행사의 종류를 알 수 있다. · 고장의 민속놀이 행사에 깃들어 있는 전통의 가치와 멋, 슬기를 이해할 수 있다.
기능	· 민속놀이에 대한 자료를 수집, 조사, 현장 체험, 탐문 등의 방법으로 알아볼 수 있다. · 민속놀이를 한두 가지 할 수 있다. · 가정의례(혼례, 장례 등)의 변화 과정을 자료로 만들어 보고 순서대로 나열할 수 있다. · 고장의 전통문화 행사에 참여할 수 있다.
가치·태도	· 전통문화를 이어받아 고장의 문화를 더욱 발전시키려는 마음을 가진다. · 고장의 전통문화에 대하여 긍지를 가진다.

4. 단원의 지도 계획

1) 단원 재구성의 필요성

본 단원은 고장과 관련된 내용이기 때문에 지역화 교재로 재구성이 필요한 단원이다. 특히 우리 고장 금산은 9월에 금산 인삼 문화 축제가 다채롭게 열리기 때문에 학생들에게 살아 숨 쉬는 고장의 유적 및 고장 문화 행사에 직접 내지 간접 체험하게 하여 우리 고장의 자긍심과 소속감을 느껴 고장 사랑의 마음을 갖도록 하기 위해서 가까이 있는 금산을 중심으로 열리는 축제를 이해하고 경험하도록 재구성되어야 할 것이다.

2) 단원의 지도 계획

단 원	주 제	제 재	제재별 주요 내용 요소	재구성 내용	차 시	교과서 쪽수
	단원 도입 및 계획		· 단원의 학습 내용을 대략적으로 알아보기 · 장기 학습 과제 정하기		1차시 (1/16)	38~39
2. 우리 고장의 전통 문화	전해 오는 민속	고장의 민속놀이	· 우리 고장에 전해 오는 민속놀이의 종류 · 민속놀이에 담긴 뜻 · 민속놀이 경험하기 ·	3차시를 2차시로 줄임	2차시 (2~3/16)	40~45
		할머니의 옛날 이야기	· 옛날부터 전해 내려오는 이야기 · 우리 고장에서 불리는 민요(노래) · 고장에 전해 오는 전래동요		3차시 (4 ~6/16)	46~52
		선택 학습	· 고장에 얽힌 이야기 · 우리 고장의 민속놀이 · 기준에 따라 민속놀이 분류하기		1차시 (7/16)	53
	가정과 고장의 행사	가정의 여러 행사	· 옛날과 오늘날의 가정 행사(결혼식 등)의 달라진 점 비교 · 가정의례에 담긴 뜻 찾아보기		3차시 (8~10/16)	54~61
		우리 고장의 전통문화 축제	· 고장에 전해 오는 문화축제 조사 계획 세우기	2차시를 3차시로 늘였으며, 단원정리의 1차시분의 내용과 통합함	1 차시 (11/16)	62~66 69
			· 고장의 문화 행사에 참여하고 축제 내용 소개하기		2차시 (12~13/16)	
			· 우리 고장의 행사 계획 세우고 다양한 방법으로 발표하기(69쪽 단원 정리 학습과 통합)		본시 (14/16)	
		선택 학습	· 다른 나라의 결혼식 알아보기 · 여러 가정의 제사 모습 알아보기 · 전통문화 행사에 대한 조사 보고서 쓰기		1차시 (15/16)	67
	단원 정리 학습		· 명절에 따른 민속놀이와 즐겨 먹는 음식 알아맞히기 · 가정의 여러 행사의 미래의 모습 상상하기 · 놀이를 통해 명절, 민속놀이, 전래동요 민요 알아맞히기		1차시 (16/16)	68~69

3) 지도상의 유의점 및 지도방향

☞ 제7차 교육과정의 사회과에서는 고장의 민속놀이가 3차시, 우리 고장의 전통 문화축제가 2차시로 구성되어 있었으나 민속놀이는 체육시간과 통합하여 실시할 수 있어서 3차시를 2차시로 줄였으며, 우리 고장의 전통문화 축제는 직접 체험하지 못한 아동들이 대부분이라 관계 기관에 직접 찾아가 조사 자료를 구하도록 계획하여 4차시로 늘여서 계획하였다. 그 대신에 2차시로 구성

된 단원정리학습에서의 '우리 힘으로 해결해요.'는 본시에 통합하여 지도하도록 하고 1차시로 재구성하였다.

☞ 현장 학습은 도우미 어머니의 협조를 얻어 실시하기로 계획하였으나 도우미의 협조가 이루어지지 않을 시에는 담임과 함께 동행하도록 한다.

☞ 고장의 문화 행사 관련 자료를 3주 전에 장기 과제로 제시하여 다양한 방법으로 자료를 수집하여 정리하면서 본시 수업에 대한 관심도를 높이도록 계획하였다.

☞ 이론적 탐구 조사보다 생생한 고장의 문화 축제를 직접 참여해 보는 것에 주안점을 두고 지도해야 할 것이나 현실적으로 지역 사정상 어려운 점이 있는 것을 감안해야 할 것이다.

Ⅲ. 교재 연구

1. 조사 학습

1) 목 적

조사 학습은 학습자에게 학교의 울타리를 벗어나 현실 사회에 참가할 기회를 제공함으로써 그들에게 사회인으로서의 자각을 촉구하도록 하기 위한 것이며, 조사 학습의 과정을 통하여 추리력, 독창력, 주의력, 정확성, 근면성, 협동성, 도덕적 태도, 연구에 대한 열의 등 학습에 임하는 바람직한 자질을 육성하고자 하는 목적을 가지고 있다.

2) 방 법

조사 학습은 자료의 출처에 따라 문헌 조사, 인터넷 조사 및 현장 조사로 나눌 수 있다. 문헌 조사는 문제에 따라 교과서, 보조 교과서, 지도, 사전, 백과사전 등을 보고 조사케 하는 경우이다. 야외 조사는 직접 현장에 나가서 조사하는 것이다.

고장의 모습, 기관에서 하는 일 등을 조사하는 경우이다. 또한 조사하는 방법에 따라 개인 조사와 공동 조사로 나눌 수도 있다.

조사 학습의 대상과 그 범위는 대단히 광범위하다. 간단한 측량, 측정에서부터 복잡한 사회생활의 실태 조사까지, 또 단순한 자료에 의한 추상적인 조사에서부터 면접, 견학 여행(Field Trip) 등에 이르기까지 구체적인 조사까지도 포함한다. 이 학습법은 모든 교과에서 행해지지만 특히 사회과 학습에서 많이 활용되는데 이는 학교와 지역사회를 결합하고, 사회의 문제를 교실로 끌어들일 수 있기 때문이다.

현장 조사	인터넷으로 조사하기	문헌으로 조사하기
- 조사 대상 지역 정하기 - 조사 대상에서 조사해야 할 내용 정하기 - 현지에서 조사하기 - 조사 결과 발표하기	- 조사내용 정하기 - 인터넷 웹사이트 찾기 - 조사내용 정리하기 - 인터넷 조사 결과 정리하기	- 조사 내용 정하기 - 조사해야 할 문헌목록 정하기 - 문헌의 내용 정리하기 - 각 문헌 내용의 비교 분석 - 문헌 조사 결과 만들기 - 문헌 조사 결과 발표하기

3) 조사 학습의 과정과 과정별 특징

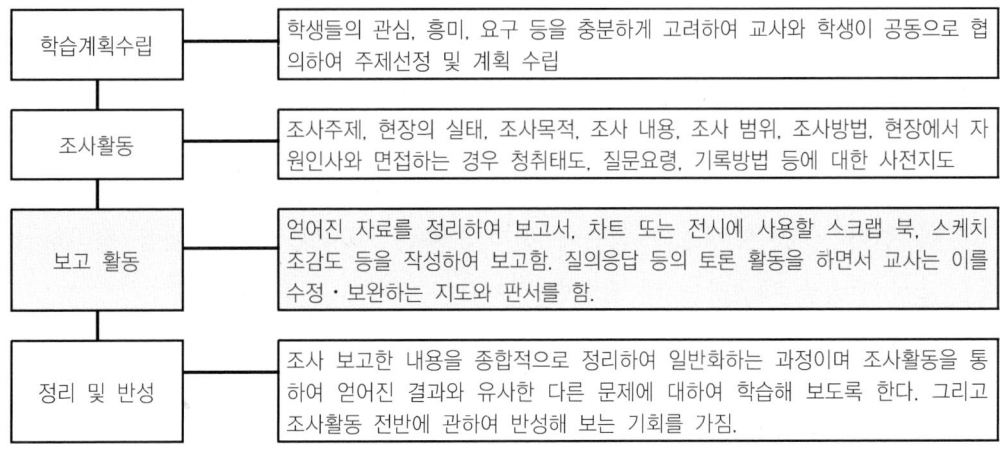

학습계획수립	학생들의 관심, 흥미, 요구 등을 충분하게 고려하여 교사와 학생이 공동으로 협의하여 주제선정 및 계획 수립
조사활동	조사주제, 현장의 실태, 조사목적, 조사 내용, 조사 범위, 조사방법, 현장에서 자원인사와 면접하는 경우 청취태도, 질문요령, 기록방법 등에 대한 사전지도
보고 활동	얻어진 자료를 정리하여 보고서, 차트 또는 전시에 사용할 스크랩 북, 스케치 조감도 등을 작성하여 보고함. 질의응답 등의 토론 활동을 하면서 교사는 이를 수정·보완하는 지도와 판서를 함.
정리 및 반성	조사 보고한 내용을 종합적으로 정리하여 일반화하는 과정이며 조사활동을 통하여 얻어진 결과와 유사한 다른 문제에 대하여 학습해 보도록 한다. 그리고 조사활동 전반에 관하여 반성해 보는 기회를 가짐.

4) 학습 절차

(1) 문헌 조사 학습

문제 제기→가설→문헌 자료 수집 및 검토→자료의 해석→보고서 작성발표 및 토의 정리.

(2) 사례 조사 학습

문제의 설정·대상 및 방법 결정→정보의 수집→수집 자료의 정확성 검토→보고서 작성→발표·토의·정리.

(3) 표본 조사 학습

문제의 설정→가설→조사 내용과 방법 결정→조사 계획 수립→조사→정확성 검토→보고서 작성→발표·토의·정리.

(4) 유의점

① 조사 학습에서는 적당한 문제를 선정하는 것이 학습을 효과적으로 하기 위한 필수 조건이다.

② 조사에는 계획이 중요한 것으로서 조사 문제에 대해서 윤곽을 파악하고 그 문제의 본질적인 특질은 무엇이며 필요로 하는 자료와 사용하는 방법은 무엇인가에 대해서 고찰해야 한다.

③ 조사는 학습자 자신이 필요를 느끼고 흥미를 일으켜 자발적으로 착수하도록 지도해야 한다. 그런데 흔히 교사가 중심이 되어 자기의 계획을 학습자에게 강제로 명령하는 일이 많은데 이것을 경계해야 한다. 그리고 조사가 길어지거나 복잡해져서 다른 학습에 방해가 되어서는 안 된다.

④ 조사 결과는 반드시 정리하여 문장이나 구두 또는 도해의 형식으로 보고되어야 한다. 이것은 상호의 학습에 편리를 주는 동시에 조사 결과를 평가하여 조사 기술을 개선하는 데 필요한 것이다.

5) 교사의 역할

조사 학습은 전적으로 조사의 시작에서 결론까지 학생이 이끌어 내는 것이기 때문에, 흔히 교사들은 방과 후 과제나 분단별 과제로 제시하는 경우가 많다. 그러나 효과적인 조사 학습을 위해서는 조사 문제를 결정하는 것에서 보고서를 작성하는 데 이르는 일련의 과정을 교사와 학생이 함께 계획하여야 하며, 교사는 학생이 추진하는 상황을 검토하고 조언하는 역할을 충실히 하여야 한다.

3. 금산의 축제

1) 비단고을 산꽃 축제

산꽃나라 산꽃세상! 도란도란 산꽃여행을 떠나 보세요.
가족과 친구들과 연인과 함께 걷는 산꽃나라 오솔길은
여러분을 봄꽃 나라로 인도할 것입니다.
장소는 금산군 군북면 산안리 일대 산꽃축제장입니다.

2) 금강 민속 축제

금강민속축제는 화합과 희망 그리고 감동이라는 주제로 '금강에 살으리랏다 금산 얼씨구'라는 슬로건 아래 민속 문화를 온몸으로 체험할 수 있는 생동감 넘치는 여름축제로 금산군 부리면 평촌리 '금강놀이 마당'에서 이틀 동안 열립니다.

3) 금산 인삼 축제

매월 10월 상달 길일을 택하여 인삼경작인 개인별로 삼장제라 하여 인삼포를 완성하고 인삼의 새싹이 돋아 오를 때면 인삼을 이 고장에 재배토록 하여 준 산신령에게 감사드리고 인삼밭의 피해를 막아 인삼농사가 풍성하게 되기를 기원하는 제사가 옛날부터 전해져 내려왔다.

이와 같은 삼장제를 현대적인 조화로 전승 군민 축제로 발전시키며 인삼주산지로서 인삼의 본질과 효능을 규명하여 널리 선양하고 인삼활용 방안의 적극적인 모색으로 소비를 창출, 군민 소득증대를 기함은 물론 금산 인삼을 널리 선양하고, 금산이 인삼의 종주로서의 면모를 일신하였으며, 전국 최고의 산업형문화관광축제로 자리 잡게 되었다.

4) 금산 장동 달맞이 축제

'가족과 함께 장동마을로 떠나는 애정과 효의 추억여행'
장소는 금산읍 양지리 장동마을이며 행사는 화합의 축제마당, 유등불놀이, 달맞이 놀이, 특별 체험 마당 행복한 추억 만들기 행사를 한다.

Ⅳ. 학생 실태

1. 학생 실태 조사

1) 사회과 조사 학습을 위한 가정환경

(N = 14)

구 분	컴퓨터	인터넷	프린터	백과사전	신문구독
학생수	14	12	3	0	

☞ 컴퓨터는 모두 보유하고 있으나 인터넷이 활용되지 않은 가구가 그중 2명이
었으며, 프린터를 갖추고 있는 아동은 3명밖에 없다. 따라서 보고서에 필요한
사진이나 그림을 구하기는 힘든 실정이다.

2) 조사보고 학습을 위한 기본 학습 능력

(N = 14)

문 항	주요 내용	학생수
자료 조사 능력	· 무엇을 조사할지 잘 알고 알맞은 방법으로 내용을 잘 조사한다.	2
	· 무엇을 조사할지 잘 알고 있으나 알맞은 방법으로 내용을 조사하지 못한다.	4
	· 무엇을 조사할지도 잘 모르고 조사 방법도 잘 알지 못한다.	8
조사된 자료 정리 능력	· 조사된 자료를 명확한 관점을 가지고 정리한다.	
	· 조사된 자료를 정리는 하나 관점이 명확하지 못함.	8
	· 조사된 자료를 정리하지 못한다.	6
조사된 자료의 설명 능력	· 조사된 자료를 자기 것으로 소화하여 설명한다.	2
	· 조사된 자료에 대한 설명이 다소 미흡하다.	4
	· 조사된 자료를 그냥 읽는 정도이다.	8

☞ 조사 **보고 학습을 위한 기본 학습 능력**은 질문지법, 관찰법으로 알아보았다. 대부분의 학생이 무엇을 조사해야 할지를 잘 알지 못했으며, 조사된 자료도 정리를 못 하거나 기준이나 관점을 갖고 정리하지 못하고 있었다. 그와 함께 조사된 자료를 설명하는 능력도 대부분 잘되지 않는 실정으로 이는 교사가 조사 학습을 제시할 때는 구체적이며 학생이 처리할 수 있는 수준의 주제를 제시해야겠으며, 정리하는 능력도 단계적인 지도가 필요한 것으로 나타났다.

3) 조사나 자료 수집 방법의 선호도

(N = 14)

구 분	문헌조사	인터뷰	인터넷 이용	현장조사	기 타	합 계
학생수	2		12			14

☞ **조사나 자료 수집**에 있어서 인터넷을 이용하는 학생이 12명이고, 책이나 문헌 조사가 2명이었다. 인터넷을 이용하는 경우도 프린터가 되지 않아 보고서 작성에 어려움이 있었다. 그리고 아직 정보의 판별력이 약하여 교육과정에 맞지 않은 자료의 수집, 조사 내용으로 인해 학습에 오히려 지장을 주는 경우가 있었다. 문헌조사도 관련 서적이나 백과사전보다는 간단한 요점정리형의 참고서에 의존하는 경우가 대부분이었다. 그러므로 학생들이 자료 조사, 수집이 이루어지기 전 정선된 자료의 조사, 수집을 위해 자료 수집 방법과 범위 등을 사전에 친절하게 안내하고 제시해야겠다.

4) 모둠 활동 참여도

(N = 14)

구 분	적극적으로 참여함	적극적이지는 못하지만 내용에 따라 참여함	소극적으로 잘 참여하지 못함	합 계
학생수	5	5	4	14

☞ 대체로 많은 학생들이 모둠 활동에 관심은 있으나 과제 활동에 자신감이 적

어 참여를 꺼리는 경우가 많다. 소극적으로 잘 참여하지 않는 학생의 대부분은 발표할 때 자신감이 부족하고 남에게 미루려고만 한다. 이를 극복하기 위해 발표를 모둠 번호를 정해 돌아가며 고루 발표할 기회를 주고 있다.

5) 고장의 문화 축제 이해 및 참여

(n = 14)

문 항	내 용	학생수
문화 축제에 대한 개념 이해	·문화 축제가 무엇인지 잘 알고 있다.	
	·문화 축제가 무엇인지 잘 알지 못한다.	14
고장의 문화 축제 인지도	·3개 이상 알고 있음.	
	·2개 알고 있음.	2
	·1개 알고 있음.	12
	·전혀 모름.	
고장의 문화 행사 참여도	·1번 이상 참가함.	14
	·한 번도 참가하지 않음.	

☞ 대부분의 학생이 고장의 문화 축제에 대해 1개 정도는 알고 있으며 언제 어디서 열리는지에 대해서는 잘 알고 있지 못했다. 우리 고장에서 열리는 축제에 참가한 경험이 1번 이상 있었다. 앞으로 우리 고장에서 열리는 장동 달맞이축제를 참가할 수 있도록 계획적인 지도가 필요하다.

V. 교수·학습 계획

1. 교수·학습의 개요

단 원	2. 우리 고장의 전통문화	제재 및 차시	(2) 우리 고장의 전통문화 축제(12/16)
주 제	2) 가정과 고장의 행사	시간 계획	10:40 - 11:20(40분)
학습 목표	◆ 우리 고장의 문화 축제를 여러 가지 방법으로 소개할 수 있다.		
학습 자료	교사용	프로젝션TV, 컴퓨터, 고장의 문화 행사 사진, 학습지	
	학생용	고장의 문화 행사 관련 사진이나 수집된 자료, 역할놀이 소품	

학습 형태	• 모둠별 협동학습
예습 과제	• 우리 고장의 문화 행사에 대해 알아오기. • 1모둠: 금강민속 축제, 2모둠: 산꽃축제, 금강민속축제축제 3모둠: 장동달맞이 축제
모둠별 협동학습	• 우리 고장의 특성과 홍보 행사를 다양한 방법으로 발표하게 하여 우리 고장의 자랑거리를 알며, 그 과정에서 우리 금산군의 한 사람으로 애향심을 기르고, 고장의 지역적 특성과 정체성에 대한 이해심을 높여 자긍심을 갖게 하는 데 주안점을 두고 있다.

2. 본시 교수 · 학습 과정안

단계 (시간)	학습 내용(형태)	교수 · 학습 활동		자료(◉) 및 유의점(☞)
		교 사	학 생	
도입 (4´)	동기 유발 (전체) 학습 문제 확인	■ 본시 학습 동기 유발 T 사진의 일부분을 보고 사진 내용 예상하기? T. 이 사진을 보면 어떤 생각이 드나요? T 자, 오늘은 무엇에 대해 공부해 볼까요? T 이번 시간에는 우리 고장의 문화 축제에 대해 모둠별로 여러 가지 방법으로 소개해 보는 활동을 하겠습니다.	■ 호기심 갖기 S1. 축제 같습니다. S1. 금산 축제입니다. S2. 문화 행사라고 합니다. S1. 직접 가보고 싶습니다. S2. 행사에 참여하고 싶습니다. S1. 우리 고장의 축제에 대해 공부할 것 같습니다. S2. 문화축제에 대해 공부할 것 같습니다.	◉ 고장문화 축제 관련 사진 ☞ 교과서를 보고 학습 문제를 파악하기
		◈ 우리 고장의 문화 축제에 대해 여러 가지 방법으로 소개해 보자.		
전 개	탐 색	T. 우리 금산에서 열리는 문화축제에는 어떤 것들이 있는지 말해 봅시다. T. 다른 고장 문화 축제에는 어떤 것이 있나요? T. 이 사진들의 공통점은 무엇일까요?	− 금산에서 개최되는 축제 말하기 S1. 문화 축제라고 합니다.	☞ 교과서 참고하여 발표하도록 한다.
전 개 (31´)	기본 활동 (9´) 소개 활동	■ 우리 고장의 자랑거리 알기. T. 고장마다 이런 문화 행사를 여는 까닭은 무엇일까요? T. 우리 금산에 이런 문화 축제와 비슷한 행사가 있습니까? T. 우리 고장의 축제를 모둠별로 조사해 온 것을 발표해 봅시다.	− 고장을 널리 알릴 수 있습니다. − 자신이 보았던 그때 상황을 생각해 발표하기. − 우리 고장의 축제를 모둠별로 조사해 온 것을 발표한다. − 역할놀이: 특산물홍보 − 산꽃 축제, 금강민속 축제 발표 − 인삼축제 조사 발표 − 장동달맞이 축제	우리 고장 자랑거리 사진 자료 ☞ 기능보다 내용이 알차게 되도록 한다.

단계 (시간)	학습 내용(형태)	교수·학습 활동		자료(◉) 및 유의점(♀)
		교 사	학 생	
정리 (5′)	학습 내용 정리	T. 이런 문화 행사를 열면 우리 고장에 어떤 도움이 될까요? T. 오늘 공부한 내용이나 느낀 점을 마인드맵으로 정리해 봅시다.	S. 관광객이 많이 올 것입니 다. S. 우리 고장이 널리 알려질 것입니다. S. 마인드맵으로 정리하기.	♀ 고장을 사랑하 는 마음이 내면 화되도록 한다. ◉ 생각그물 학습지
정리 (5′)	차시 예고 (전체)	T. 다음 시간을 위해 선택 2번은 모두 조사해야겠고, 그 외는 선택 1이나 3 중에 한 가지 준비하면 되겠습니다. 그럼 오늘 공부는 이것으로 마치 겠습니다.	S. 다음 시간 준비물 확인 및 책상정리하기.	♀ 교과서 67쪽을 보고 다음 시간 공부할 내용과 준비물을 확인한다.

3. 판서 계획

(2) 우리 고장의 전통문화 축제

우리 고장의 문화 축제를
여러 가지 방법으로
소개해 보자

- 장동달맞이 축제
- 산꽃 축제, 금강 민속축제
- 인삼 축제 조사 발표

- 활동 1 우리 고장의 자랑거리
  발표하기
- 활동 2 우리 고장 문화 축제
  특산물 홍보하기
- 활동 3 우리 고장의 문화
  축제 소개하기

4. 평가 계획

1) 평가 관점

(1) 학습 목표 도달도
■ 고장의 문화 축제를 잘 소개할 수 있는가?

(2) 학생활동
■ 소집단 협력 활동에 적극적으로 참여하였는가?

나. 수행 평가 계획

단 원		2. 우리 고장의 전통문화	제 재	②-(2) 우리 고장의 전통문화 축제
성취 기준		⊙ 우리 고장의 문화축제를 잘 소개할 수 있다.		⊙ 모둠 협력 활동에 적극적으로 참여할 수 있다.
평가 기준	상	우리 고장의 문화 행사를 능숙하게 잘 소개할 수 있다.		■ 고장의 문화축제를 왜 여는지 잘 알고 모둠 활동에 적극적으로 참여한다.
	중	우리 고장의 문화 행사를 간단하게 소개할 수 있다.		■ 고장의 문화 축제를 왜 여는지 잘 알고 있으나, 모둠 활동에는 다소 소극적임.
	하	우리 고장의 문화행사에 대해 소개하지 못한다.		■ 고장의 문화 축제를 왜 여는지 잘 이해하지 못하고, 모둠 활동에도 소극적임.
영 역		자기 평가(학생), 상호평가(모둠), 관찰 평가(교사)		

단 원	(2) 고장의 전통문화 축제	3학년 이름:
주 제	우리 고장의 자랑 거리를 생각 그물로 나타내어 봅시다.	

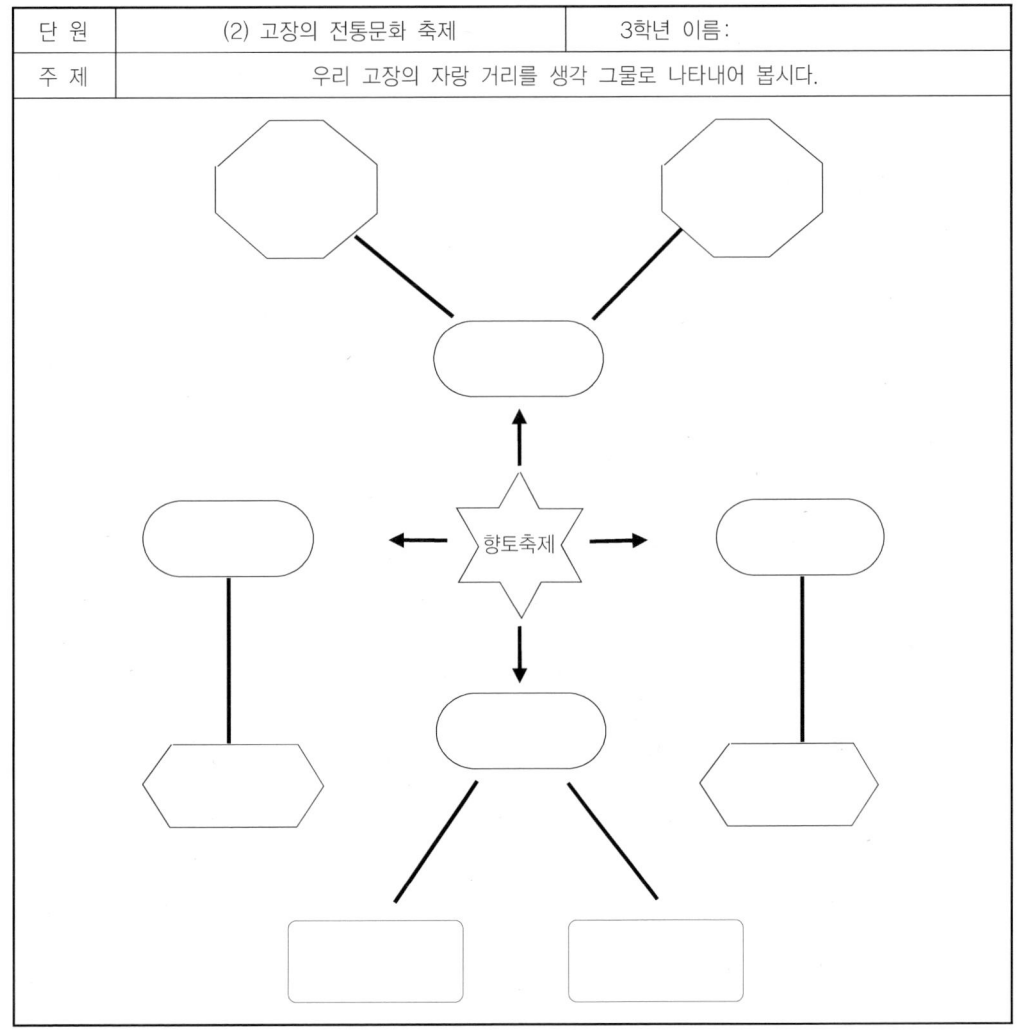

사회과 교수·학습 지도안[2]

□ 일 시: 20○○. ○. ○(요일)
□ 장 소: ○○초등학교

학 년	교 과
3	사회과

수업자: 교사 ○ ○ ○

1. 단원명: 3. 고장 생활의 중심지

2. 단원의 개관

이 단원은 1, 2학년 '슬기로운 생활'에서 가정과 이웃, 동네 등을 학습한 내용을 기초로 하여 시·군(구)으로 범위가 확대되는 고장 생활을 학습 범위로 하고 있다.

1단원에서 고장의 자연환경과 인문환경, 그림지도와 지도의 이해, 2단원에서 고장 사람들의 생활 모습, 시장과 유통, 산업, 직업 등을 학습한 것을 바탕으로 하여 그 연장선에서 학습이 전개되는 것이다. 따라서 이 단원에서는 고장 생활의 중심이 되는 지역과 우리 고장과 다른 고장과의 상호 관계 등을 포괄적으로 이해함으로써 3학년 1학기 전체적으로 정리하는 위치를 담당하고 있다.

이 단원의 학습 내용을 3학년 2학기의 고장의 변천과 전통문화의 계승, 고장의 여러 기관 등으로 이어져 3학년의 범위인 시·군(구) 전체 고장에 대한 이해를 높임으로써 고장 사람의 일원으로 고장 생활에 적응하고, 고장 발전에 기여하는 자세를 기르기 위하여 설정된 것이다.

3학년은 고장의 범위가 시·군(구)이므로 조사 활동 및 견학 활동이 활발히 이루어지도록 학생들과 의논하며, 공동 참여, 협동 및 탐구 활동이 활발히 이루어지도록 지도해야 한다.

3. 단원의 목표

〈지식·이해〉

- ○ 의식주 생활을 유지하는 데 기본적으로 필요한 것을 알 수 있다.
- ○ 고장에 있는 시장의 종류와 하는 일을 알 수 있다.
- ○ 역과 터미널에 사람들이 많이 다니는 까닭을 알 수 있다.
- ○ 시장과 터미널을 통해서 우리 고장과 이웃 고장의 상호 관계를 이해할 수 있다.

〈기능〉

- ○ 우리 고장에 시장이 위치하기에 알맞은 곳을 찾을 수 있다.
- ○ 시장 견학 계획을 세우고 견학을 할 수 있다.
- ○ 고장에서 사람들이 가장 많이 왕래하는 곳을 조사하여 알 수 있다.
- ○ 이웃 고장을 견학하고 보고서를 쓸 수 있다.

〈가치·태도〉

- ○ 공공시설을 바르게 이용하는 자세를 가진다.
- ○ 이웃 고장과 협력하는 태도를 가진다.

4. 단원의 계열

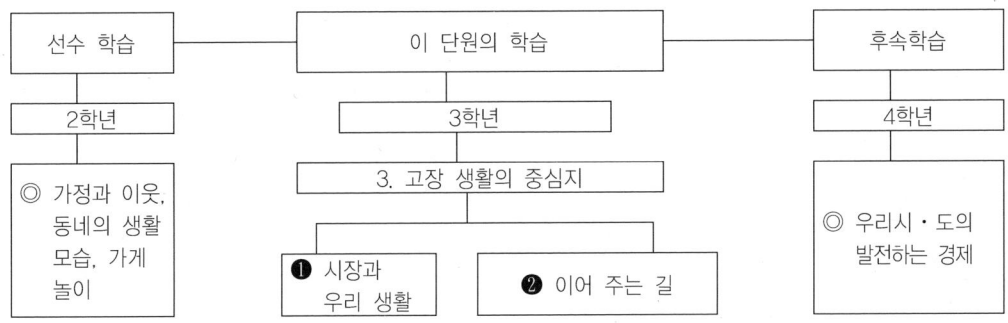

5. 단원의 지도 계획

단 원	주 제	제 재	쪽 수	차 시	제재별 주요 내용 요소
3.고장 생활의 중심지		단원 도입 및 계획	72~73	1차시 (1/16)	• 단원의 학습 내용을 대략적으로 알아보기. • 장기 학습 과제 정하기.
	1.시장과 우리 생활	① 시장이 있는 곳	74~79	2차시 (2~3/16)	• 의식주 생활에 꼭 필요한 것들 조사하기. • 물건들을 살 수 있는 곳 알기. • 시장의 입지적 특성 파악하기.
		② 시장이 하는 일	80~86	4차시 (4~6/16)	• 시장의 종류 알기(본시). • 시장으로 모이는 사람들이 하는 일 이해하기. • 시장의 구실 알아보기.
		선택 학습	87	1차시 (7/16)	• '시장' 하면 떠오르는 말 10가지 적어 보기. • 여러 가지 시장 중 한 가지를 골라 '시장 광고'하기. • '시장의 구실' 알아보기.
	2. 이어 주는 길	① 역과 터미널	88~93	3차시 (8~10/16)	• 사람들의 왕래가 많은 곳 조사하기. • 버스 터미널.
		② 이웃 고장으로의 여행	94~99	3차시 (11~13/16)	• 이웃 고장으로 가는 길. • 이웃 고장 보고서.
		선택 학습	100	1차시 (14/16)	• 그림편지 써 보기. • 기차역 주변의 특징 찾아보기.
	단원정리 학습		101~102	2차시 (15~16/16)	• 역과 시장의 공통점, 차이점 찾기. • 신은 어디서 사는 것이 편리할까요? • 역과 터미널 이외의 고장의 여러 중심지 찾아보기. • 교통이 끊긴 후의 상황 추론하기.

6. 평가 계획

1) 평가 방향

이 단원은 고장 사람들의 생활을 위하여 필요한 물건을 공급하고 지역 통합 기능을 하는 시장의 중요성을 파악하며, 이웃 고장들 간에 상호 의존 관계를 파악하는 데 초점이 있다. 따라서 시장을 조사, 분석할 수 있는 기능을 기르고, 고장 간 상호 의존 관계를 이해한 내용이 평가되어야 한다.

그러기 위해서는 조사 활동, 관찰 활동, 토의 등이 이루어지는 과정에서 대한 관찰 평가 및 보고서에 대한 평가가 이루어져야 한다.

2) 평가 방법

(1) 시장과 우리 생활

▫ 의식주 생활에 꼭 필요한 물건에 대해 토의하기.	▫ 관찰 평가
▫ 고장에 있는 상점의 종류 알아보기.	▫ 보고서 평가
▫ 생활에 쓰이는 물건의 생산지 조사하기.	▫ 보고서 평가
▫ 시장의 위치와 기능 알아보기.	▫ 지필 평가
▫ 시장을 견학하고 모습 이해하기.	▫ 현장견학 보고서 평가
▫ 시장의 종류와 매매되는 물건들 알아보기.	▫ 지필 평가
▫ 물건이 생산지에서 소비지로 이동하는 과정 이해하기.	▫ 보고서 평가

(2) 이어 주는 길

▫ 역과 터미널에서 사람이 모이는 이유 알아보기.	▫ 현장견학 보고서 평가
▫ 역과 터미널 주변의 모습 알아보기.	▫ 현장견학 보고서 평가
▫ 우리 고장과 이웃 고장이 주고받는 도움 이해하기.	▫ 지필 평가

7. 지도상의 유의점

첫째, 시장과 가게를 조사할 때 사전에 미리 연락하여 견학 내용, 견학 방법, 관찰 관점, 조사 양식, 지켜야 할 일 등 세밀한 계획을 세워야 하며, 특히 많은 학생들이 조사를 할 경우 상인들에게 불편을 초래할 수 있으므로 이 점에 유의하여 예절 바른 언행과 질서를 지켜 안전한 현장 학습이 이루어질 수 있도록 사전에 철저한 지도가 이루어져야 한다.

둘째, 아동들이 시장과 가게를 조사하는 데 그치지 않고 생산품이 어떻게 소비자에게로 전달되는지 유통 경로도 알 수 있도록 한다.

셋째, 조사 장소는 아동들과 가장 쉽게 접할 수 있는 시장이나 가게를 선택한다.

넷째, 협동학습은 아동들이 구조화된 행동을 할 수 있도록 협동학습 훈련을 충분히 익혀 시간을 절약하고 소란스러운 수업이 되지 않도록 한다.

다섯째, 학습활동이 끝난 후에는 아동들의 자료를 활용하여 내용을 요약, 정리, 빠진 부분을 보완해 주는 교사 주도 학습이 이루어져야 한다.

여섯째, 단순 지식의 수집 및 정리 차원의 학습보다는 직접 경험하고 체험할 수 있는 활동이 이루어지도록 한다.

일곱째, 새로운 시장인 인터넷 쇼핑의 인터넷 쇼핑몰 사이트에 들어가 물건을 구매하는 과정이나 사이트 등을 소개하면서 전자 쇼핑의 필요성을 아동 스스로 파악하도록 지도한다.

8. 교재 연구

1) 초등학교 사회과의 성격 및 목표

제7차 교육과정에서는 사회과의 개념을 "사회현상을 올바르게 인식하고, 사회 지식의 습득과 사회생활에 필요한 기능을 익히며 민주 사회 구성원에게 요청되는 가치와 태도를 지님으로써 민주시민으로서의 자질을 육성하는 교과"라고 정리하였다.

사회과의 궁극적 목표는 민주시민으로서 올바른 자질을 길러 주는 데 있으며, 바람직한 시민이란 "사회생활을 하는 데 필요한 지식을 가지며, 인권존중, 관용과 타협의 정신, 사회 정의 실현, 공동체의식, 참여와 책임 의식 등의 민주적 가치와 태도를 함양하고, 나아가 개인적 및 사회적 문제를 합리적으로 해결하는 능력을 기름으로써 개인의 발전은 물론 국가, 사회, 인류의 발전에 기여할 수 있는 자질을 갖춘 사람"을 일컫는다. 여기서 바람직한 시민은 곧 주권자로서의 한국인을 말하며, 이러한 인간상은 한국 및 세계의 사회·문화적 상황 속에서 21세기를 현명하게 살아가는 한국인을 뜻한다.

2) 3학년 사회과 내용

3학년 사회과의 내용은 시·군을 범위로 한 '고장의 생활'이 그 중심이며, '고장의 모습', '고장 생활의 중심지', '고장 생활의 변호', '살기 좋은 고장을 위한 노력'

등 4개 단원으로 구성되어 있다.

'슬기로운 생활' 교과의 가정, 학교, 이웃, 마을 등 일상생활 속에서 경험하는 자연환경과 사회현상에 대한 학습을 시간적, 공간적으로 확대한 것이며, 4학년 사회과의 시·도 지역의 생활에 대한 학습의 기초를 이루고 있다. 따라서 읍·면, 시·군·구 등의 고장 생활을 중심으로, 고장의 모습, 주민 생활의 모습, 고장의 변화, 고장의 발전을 위한 노력에 대해 알아보기 위하여 공간적, 경험적으로 동심원적 확대법, 시간적 소급법을 적용하였다.

지역의 성격과 생활경험을 강조한 3학년 사회과의 내용은, 고장의 자연환경과 그 이용 모습, 고장 사람들의 물자 생산과 유통 및 그 이용, 고장 생활의 변화, 고장 생활의 문제점 및 해결을 통한 발전 방안을 탐구하는 데 필요한 절차와 방법 등을 학습하기에 적합하도록 구성하였다.

3) 3학년의 단원별 내용 요소

(1) 우리 고장의 모습
 ① 고장의 모습과 지도: 1. 지도의 요소와 지도 읽는 방법, 2. 고장의 그림지도 그리기, 3. 고장의 그림지도 읽기/(심화) 고장을 모습을 표현하는 여러 가지 방법(조감도, 사진, 그림지도 등); 지도에 나타난 고장의 특징(자연환경, 인문환경, 생활 모습 등)
 ② 고장 사람들이 살아가는 모습: 1. 고장의 지리적 현상의 위치와 분포, 2. 고장의 변화하는 모습과 생활 모습, 3. 고장의 인구 구성과 직업, 4. 고장의 주요 산업/(심화) 고장 사람들의 자연환경 이용 모습과 문제점 및 해결 방안

(2) 고장 생활의 중심지
 ① 시장과 물자 이동: 1. 우리의 생활과 의식주, 2. 시장 견학, 3. 시장에서 유통되는 물건의 유통 경로(심화) 교통·통신의 발달과 시장의 변화; 물건의 유통을 통한 고장 간의 상호 의존.
 ② 터미널과 교통: 1. 기차역과 버스 터미널, 2. 교통의 결절지의 기능(심화) 고장의 교통과 물자 유통의 문제점; 고장의 교통과 물자 유통을 발전시키는 방안.

(3) 고장 생활의 변화

① 생활 도구의 변화: 1. 도구의 변화, 2. 도구의 발달과 생활 변화, 3. 도구를 통해 알 수 있는 조상들의 삶(심화) 미래의 생활 도구를 상상해 보기.

② 교통·통신의 변화: 1. 교통수단의 변화, 2. 통신 방법의 변화, 3. 교통·통신의 발달에 따른 고장의 발전(심화), 교통수단의 미래에 대한 상상, 통신수단의 변화가 생활에 미치는 영향.

③ 놀이와 행사의 변화: 1. 전해 오는 민속, 2. 가정의례의 변화, 3. 고장의 행사와 문화 전통의 계승(심화), 오늘날 놀이 내용이 옛날과 달라진 이유.

(4) 살기 좋은 고장을 위한 노력

① 고장의 여러 기관과 단체: 1. 살기 좋은 고장을 위해 해야 할 일들, 2. 살기 좋은 고장 만들기, 3. 우리 고장의 미래 모습(심화), 다른 고장 사람들의 노력을 찾아보고, 그 특징을 우리 고장과 비교하기.

9. 수업자 의도

현행 사회과 교육과정에서는 사회과의 개념을 "사회현상을 올바르게 인식하고, 사회 지식의 습득과 사회생활에 필요한 기능을 익히며, 민주 사회 구성원에게 요청되는 가치와 태도를 지님으로써 민주시민으로서의 자질을 육성하는 교과"라고 정의하였다. 즉 사회과는 민주 사회의 본질적 특성과 사회 구성원으로서 갖추어야 할 자질에 관한 요소로부터 목표를 추출하고, 사회과학과 그 밖의 분야로부터 내용을 선정, 조직하여 학생들의 경험을 바탕으로 사회현상을 학습하게 하는 교과임을 분명히 밝히고 있다.

따라서 본 수업자는 이러한 교육과정의 목표를 직시하면서 사회현상에서 야기되는 제반 사회과학적 자원들을 교재화한 지식을 아동 중심의 탐구적인 지식으로 획득할 수 있는 학습을 적용하였다. 이의 과제를 실천하기 위해서

첫째, 부모님과 함께 서천군의 시장 중 한 군데를 선택하여 견학할 수 있도록 하였다.

둘째, 역할을 분담하여 학습 문제와 관련된 다양한 자료를 활용함으로써 문제

해결에 필요한 정보를 찾도록 하여 학습자 중심의 학습이 이루어지도록 하였으며,

셋째, 학습자 개인과 더불어 집단원의 창의성을 발휘한 아동 수준의 합리적인 문제 해결 이후에 교사 주도 학습으로 학습 내용을 정리하고,

넷째, 아동들의 흥미와 수준을 고려한 심화·보충 활동을 통하여 자신이 획득한 지식을 일반화할 수 있는 기회를 마련하도록 하였다.

이 수업은 고장의 중심지로서 시장, 곧 생산과 소비의 중심지로서 시장, 물자 유통의 중심지로서의 시장을 학습하게 되는데, 고장은 시장의 유통기능에 의하여 하나의 생활권으로 통합되어 있고 시장을 중심으로 한 물자교류를 통하여 우리 고장은 다른 고장과 상호 의존적인 관계를 맺고 있음을 이해시키도록 하는 단원이다. 이 수업을 진행하는 데에는 고장의 시장을 직접 견학하여 상점의 종류, 물건을 사가는 사람, 최근 변화하고 있는 시장의 기능을 조사하고, 학습에 필요한 여러 가지 사진, 통계, 광고 전단, 실제 관찰 자료 등을 수집하도록 하는 것이 중요하다.

10. 본시 학습 제재 구성과 지역화 학습 방법

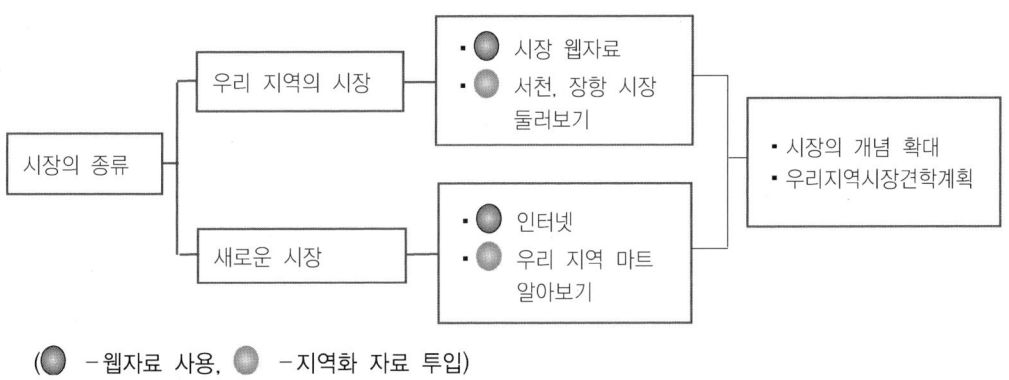

(● -웹자료 사용, ● -지역화 자료 투입)

11. 지도의 주안점

① 제3학년은 고장의 범위가 시·군(구)이므로 조사 활동 및 견학 활동이 이루어질 수 있도록 학생들과 의논하며, 공동 참여, 협동 및 탐구 활동이 활발히

이루어지도록 한다.

② 본 단원을 지도하는 과정에서 수집된 자료들은 내용에 따라 재구성하여 지도하되, 우리 고장과 관련지어 지도하는 데 중점을 둔다.

③ 시장과 가게를 현장 조사할 경우, 사전에 연락, 견학 인원, 관찰 내용, 견학 방법, 안전사항 등에 대하여 세밀한 계획을 세워야 한다.

④ 시장과 가게에서 일하고 있는 사람들 중에는 어려운 처지에 있는 사람들도 많이 있다. 교사는 이들이 어려운 처지에 있으면서도 성실하게 일을 하고, 고장 사람들의 생활에도 많은 도움을 주고 있다는 것을 주지시키며, 이러한 학습을 통해 우리 고장이 시장을 중심으로 결합되고, 다른 고장과 상호 의존적 관계를 맺게 됨을 파악할 수 있도록 지도해야 한다.

12. 본시 학습 지도

가) 단원: 3 - 1 - 3. 고장 생활의 중심지

나) 제재: 시장의 종류(4/16)

다) 학습 목표
① 우리 고장에 있는 시장의 종류를 설명할 수 있다(탐구 지식).
② 시장 견학한 내용을 토대로 조사 보고서를 작성할 수 있다(탐구기능).
③ 협동 학습에 적극적으로 참여한다(가치 · 태도).

라) 예습과제
① 우리 주변에서 볼 수 있는 가게와 시장을 조사해 오기.
② 시장을 견학하여 보고, 듣고, 알게 된 점을 시장 견학 보고서에 적어 오기.
③ 새로 생겨나는 시장에 관한 자료 가져오기.

단 원	3. 고장 생활의 중심지 ① 시장이 하는 일		차 시	4/16	쪽 수	사회 80 – 82
본시주제	시장의 종류 알아보기		교수 – 학습모형	문제 해결 학습 모형		
			지도교사	○○초등학교 ○○○		
학습목표	· 우리 고장에 있는 시장의 종류를 알 수 있다.					

단 계	학습내용	교수 – 학습활동		시 간	자료 및 유의점
		교 사	학 생		
문제파악 문제탐색 활동 및 문제해결	동기유발 공부할 문제 확인 학습활동 안내	◉ 마음 열기 o 시장에 가면 ~말 잇기 게임 o 고장에 있는 여러 시장들을 구경한 경험 발표하기. – 어떤 물건이 필요해서 시장에 갔었는지 발표한다. – 어떤 물건을 샀는지 발표한다. o 동기유발 자료를 보며 학습에 대한 흥미와 호기심 가지기 ◉ 공부할 문제 파악하기 – 교과서 p.80~82쪽을 보고 공부할 문제 확인하기. ┌─────── 공부할 문제 ───────┐ │ 우리 고장에 있는 시장의 종류를 알아보자. │ └──────────────────────────┘ ◉ 학습활동안내 – 활동1, 활동2, 활동3 （활동 1） 시장의 종류 알아보기. ▶ 시장의 종류에 대해 알기. – 시장 견학과 과제로 조사해 온 자료를 보고 시장의 종류 파악. o 여는 시기에 따라 – 상설시장, 정기시장(5일장) o 파는 물건에 따라 – 농산물 시장, 수산물 시장, 한약재 시장, 모시 시장 o 파는 형태에 따라 – 소매시장, 도매시장, 백화점, 대형할인점 – 우리 고장에는 어떤 종류의 시장이 있는가? 준비한 사진 자료로 전반적인 시장의 종류를 말한다.		5´ 2´	* 시장의 물건 파는 모습 사진 자료(재래 시장, 5일 장, 백화점, 쇼핑센터 사진등) PPT 시장 관련 조사자료 살펴보기

단 계	학습내용	교수 – 학습활동 교 사	학 생	시 간	자료 및 유의점

정 리
 	
평 가
 	
예 고
	정리활동
	
	형성평가
	
	차시예고
		활동 2 새로 생겨나는 시장의 종류
		▶ 우리 고장에 없는 새로 생겨나는 시장의 종류 알아보기.
		ㅇ 새로 생겨나는 시장의 종류를 알아본다.
		– TV 홈쇼핑, 통신판매, 대형할인점, 인터넷상거래 등.
		▶ 인터넷 쇼핑의 장단점 알아보기.
		ㅇ 장점과 단점을 말하여 본다.
		– 시간을 절약하고 값싸게 구입할 수 있다.
		– 제품에 대하여 속을 수도 있으므로 잘 알아보고 사야 한다.
		
		활동 3 시장놀이 하기.
		ㅇ 시장을 견학할 때 조사할 내용 정하기.
		  (상점의 종류, 물건의 종류, 물건을 사 가는 사람들,
		  시장에 모이는 사람들의 모습 등)
		ㅇ 시장 조사 정리 발표하기.
		– 시장에는 어떤 상점들이 있는가?
		– 각 상점에서 파는 물건은 어떤 것들이 있는가?
		– 어떤 사람들이 물건을 사러 오는가?
		
		▶ 학습정리
		ㅇ 내용을 종합하여 시장의 종류를 정리한다.
		– 우리 주변에서 볼 수 있는 시장의 종류 정리하기.
		– 우리 고장에 없는 시장의 종류 정리하기.
		ㅇ 재래시장과 백화점(오늘날 시장)의 공통점과 차이점에 대해
		  발표하도록 한다.
		
		▶ 형성평가
		ㅇ 시장 관련 퀴즈를 통하여 평가를 실시한다.
		– 학생들은 퀴즈 문제를 잘 듣고 평가에 임한다.
		
		▶ 차시 예고
		– 시장에서 파는 물건 알아보기.
				23′
				
				5′
				
				5′
					http://w ww.woori. com
					
					견학 시 주의할 점을 알기
					
					학습지 및 ppt
					
					형성평가는 시간이 부족할 경우 정리활동으로 대처한다.

■ 평가 계획

영 역	평 가 내 용	평 가 방 법
지식 면	· 우리 고장에 있는 시장의 종류를 이해하고 있는가?	발표 · 관찰
기능 면	· 주제와 관련 있는 내용을 골라 말할 수 있는가?	자기평가 · 관찰 · 발표
태도 면	· 다른 학생의 발표를 잘 듣는가?	관 찰

■ 참고 자료

3학년 학급 실태.

학생수: ○○명

남: ○명 여: ○명 계: ○○명

1. 사회과 관련 흥미도

- 학생들이 사회과를 처음 접하는 데도 불구하고 사회과에 대한 흥미가 전반적으로 떨어져 있는 실정이다.
- 학생들이 지역화 자료에 대한 관심이 부족한 편이다.

2. 학업 성취 욕구

- 발표하려는 의지는 좋으나 자신감 있게 발표하는 면이 미흡하다.
- 국어 교과의 학업 성취도는 아주 양호하나 사회과의 성취 욕구는 미흡한 상태임.

3. 개인별 실태

이 름	실태분석
○○○	1. 발음이 부정확하고 자신의 발음에 대해 친구들을 많이 의식하여 발표하기를 꺼림. 2. 고집이 세며 모르는 것에 대한 질문을 잘함.
○○○	1. 명랑하고 활발하며 발표를 잘하고 이해력이 우수함. 2. 문제를 해결하기 위한 노력을 하는 면이 바람직한 어린이임.
○○○	1. 적극적으로 수업에 임하나 자신의 생각을 끝까지 마무리하지 못하는 아쉬움이 있음. 2. 피아노 연주를 잘함.
○○○	1. 수업에 집중하는 면이 미흡하며 문제에 대한 이해력이 미흡함.
○○○	1. 자기가 관심 있는 영역과 분야에서는 적극적인 자세로 임하고 자신의 생각을 잘 발표함. 2. 모르는 부분에 대해서는 알려고 하는 면이 요구됨.
○○○	1. 예의 바르고 착하나 적극적인 자세가 미흡한 편임.

사회과 교수 · 학습 과정안[3]

◈ 단원: 2 - ② - [1] 윷놀이와 컴퓨터 게임
◈ 주제: 여가생활의 변화 모습 알기

일 시	20○○년 ○월 ○일(수요일) 5교시
장 소	4학년 1반 교실
학 반	4학년 1반(여: ○명, 남: ○명)
지도교사	교사 ○ ○ ○

○ ○ 초 등 학 교

1. 단원의 개관

1) 사회관

사회가 변화함에 따라 가정생활과 더불어 여가 생활도 크게 바뀌었다. 현대 사회의 가족 형태는 전통 사회와는 다른 특징을 갖고 있고 그 안에서 여가 생활이 이루어진다. 그러나 현대 가정은 가정의 뿌리가 흔들리면서 많은 사회적 문제를 낳고 있다.

이러한 상황에서 현대 사회 가정 형태의 특징을 이해하고 화목한 가정생활의 중요성과 소중함에 대해 생각해 볼 필요가 있다. 또한, 가정 안에서나 밖에서의 여가 시간을 효과적으로 활용할 수 있는 사회인이 요구된다.

이 단원에서는 이러한 사회의 기본적 단위인 가정의 특징을 이해하고 화목한 가정생활의 중요성을 깨닫게 하고, 건전한 여가 생활은 개인의 자아 발전과 원만한 가정생활에 필요한 것임을 깨닫도록 지도한다.

2) 학생관

피아제(Piaget, Jean)의 인지발달론에 의하면 초등학교 4학년 학생들은 구체적·조작적 사고기에서 형식적인 조작기로의 이양 단계에 접해 있는 시기로 구체적인 활동을 통하여 사물을 특정 사실에 따라 분류할 수 있다고 한다.

따라서 사회과 수업에서는 학생이 직접 체험하고 경험할 수 있는 활동을 전개하여 학습 활동에 흥미를 가지게 하고, 주도면밀한 학습계획과 안내, 조별 과제 해결에 대한 성취동기 부여, 허용적인 분위기 조성 등을 통하여 자신의 탐구과제나 문제를 창의적으로 해결하도록 안내해 주어야 한다.

이 단원에서는 학생들이 사회의 기본 단위인 가정 내에서 구성원 간의 원활한 상호 작용을 할 수 있도록 지도하고, 의미 있는 여가 생활은 우리의 자아실현과 밀접한 관계임을 깨닫도록 지도한다.

3) 교재관

이 단원은 사회의 기본적 단위인 가정의 특징을 이해하고, 화목한 가정생활의 중요성을 깨닫게 하려는 단원이다.

'가정생활의 변화'에서는 학생들의 가정에 대한 조사 결과나 가정에 대한 관찰 결과를 통하여 현대 가정의 다양성을 파악하고 이를 전통적인 가정 형태와 비교해 보게 한다. 또, 가족 구성원의 역할에서 변화된 것과 그렇지 않은 것을 찾아봄으로써 화목한 가정을 위해 필요한 각자의 역할을 깨닫게 한다.

'여가 생활의 변화'에서는 가족의 여가 생활을 파악하게 하여 건전한 여가 생활은 우리의 자아실현과 밀접한 관계가 있다는 것을 깨닫게 한다. 옛날의 놀이와 오늘날의 놀이를 비교하여 흥미를 가지도록 하고, 반 아이들의 여가 활동을 조사하여 사회 조사법의 기초 능력을 기르도록 지도한다.

2. 단원의 목표

1) 지식 · 이해
(1) 현대 가정생활의 특징과 다양성을 이해할 수 있다.

(2) 전통적인 가정생활과 가정 형태가 오늘날 달라진 점을 파악할 수 있다.

(3) 가족 구성원들이 하는 일과 그 특징을 이해할 수 있다.

(4) 조상들의 여가 생활 내용과 의미를 알 수 있다.

2) 기 능

(1) 가족의 여러 모습에 대하여 조사하고, 그 특징을 정리할 수 있다.

(2) 가족의 소중함을 나타내 주는 자료를 모아 정리할 수 있다.

(3) 우리 조상들이 즐기던 여가 생활을 조사할 수 있다.

(4) 조사한 자료를 기준을 세워 분류할 수 있다.

(5) 바람직한 여가 생활에 대하여 조사할 수 있다.

3) 가치 · 태도

(1) 가정의 화목을 위해 가족 구성원으로서 역할을 다하려는 태도를 가진다.

(2) 여가 생활의 중요성을 깨닫는다.

(3) 건전한 여가 생활을 보내려는 태도를 가진다.

3. 단원의 학습 계열

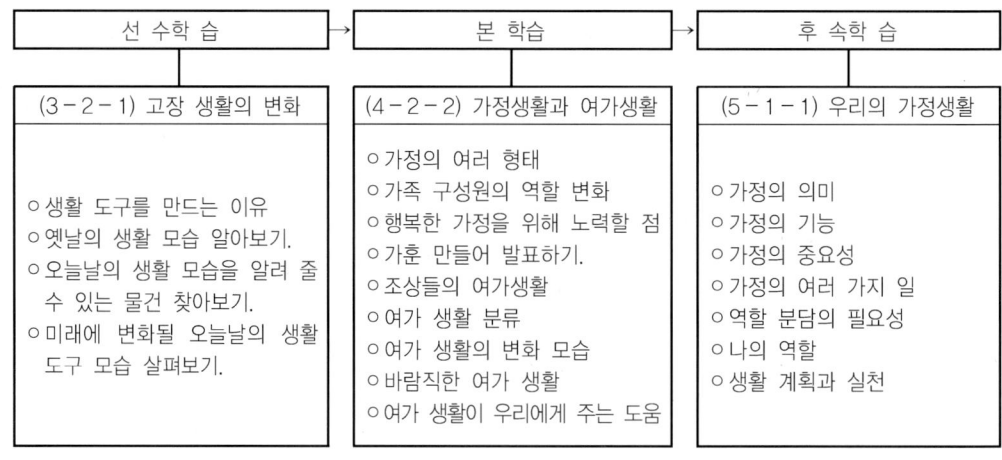

선 수 학 습 → 본 학습 → 후 속 학 습

(3-2-1) 고장 생활의 변화	(4-2-2) 가정생활과 여가생활	(5-1-1) 우리의 가정생활
ㅇ생활 도구를 만드는 이유 ㅇ옛날의 생활 모습 알아보기. ㅇ오늘날의 생활 모습을 알려 줄 수 있는 물건 찾아보기. ㅇ미래에 변화될 오늘날의 생활 도구 모습 살펴보기.	ㅇ가정의 여러 형태 ㅇ가족 구성원의 역할 변화 ㅇ행복한 가정을 위해 노력할 점 ㅇ가훈 만들어 발표하기. ㅇ조상들의 여가생활 ㅇ여가 생활 분류 ㅇ여가 생활의 변화 모습 ㅇ바람직한 여가 생활 ㅇ여가 생활이 우리에게 주는 도움	ㅇ가정의 의미 ㅇ가정의 기능 ㅇ가정의 중요성 ㅇ가정의 여러 가지 일 ㅇ역할 분담의 필요성 ㅇ나의 역할 ㅇ생활 계획과 실천

4. 과제 분석

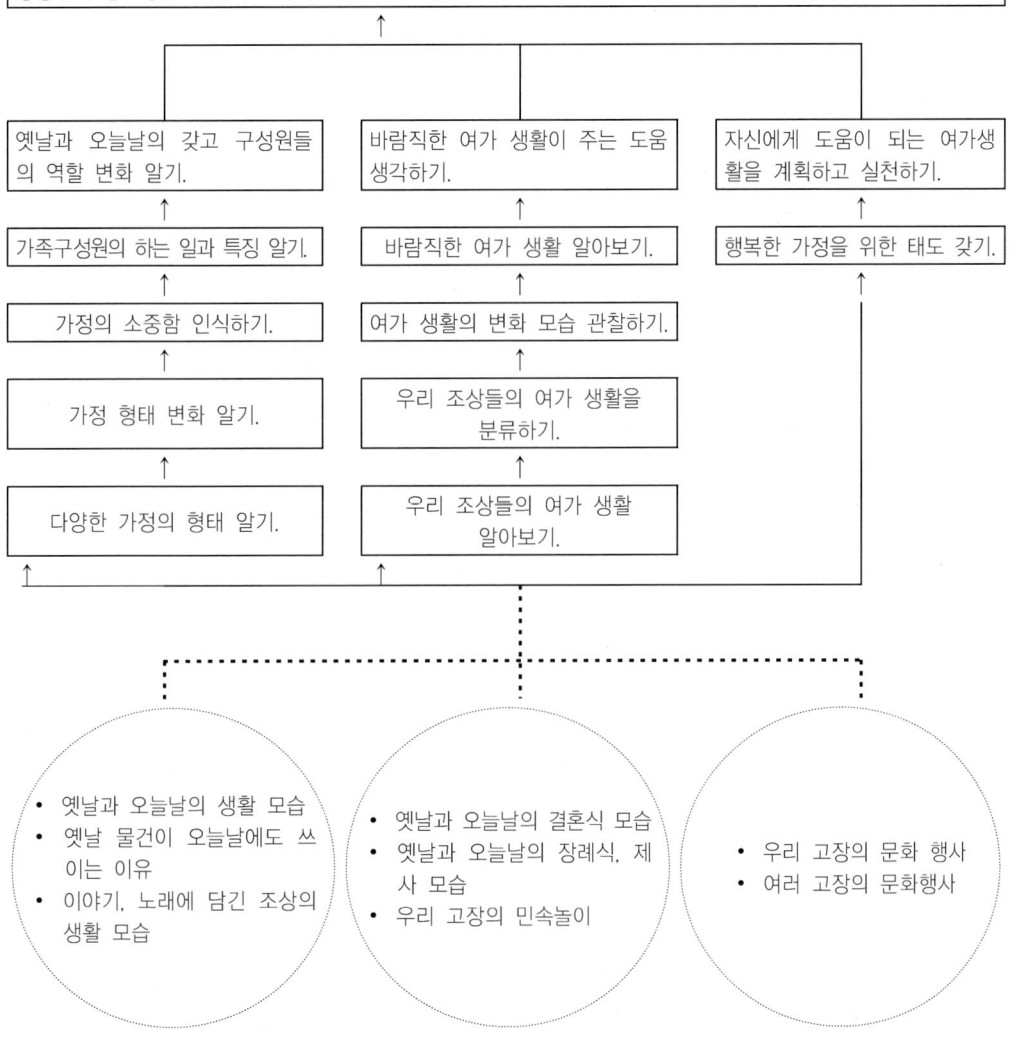

옛날과 오늘날의 다양한 가정의 특징과 가족 구성원들 간의 역할 및 여가 생활의 변화를 파악하고 화목한 가정생활의 중요성을 깨닫게 하며 건전한 여가 생활을 보내려는 태도를 기른다.

| 옛날과 오늘날의 갖고 구성원들의 역할 변화 알기. | 바람직한 여가 생활이 주는 도움 생각하기. | 자신에게 도움이 되는 여가생활을 계획하고 실천하기. |

가족구성원의 하는 일과 특징 알기.

바람직한 여가 생활 알아보기.

행복한 가정을 위한 태도 갖기.

가정의 소중함 인식하기.

여가 생활의 변화 모습 관찰하기.

가정 형태 변화 알기.

우리 조상들의 여가 생활을 분류하기.

다양한 가정의 형태 알기.

우리 조상들의 여가 생활 알아보기.

- 옛날과 오늘날의 생활 모습
- 옛날 물건이 오늘날에도 쓰이는 이유
- 이야기, 노래에 담긴 조상의 생활 모습

- 옛날과 오늘날의 결혼식 모습
- 옛날과 오늘날의 장례식, 제사 모습
- 우리 고장의 민속놀이

- 우리 고장의 문화 행사
- 여러 고장의 문화행사

5. 단원의 지도 계획

단 원	차 시	학습 주제	주요 내용 및 활동	쪽 수	자료 및 예습적 과제
2 - ❶ 가 정 생 활 의 변 화	1/13	단원 학습 계획 세우기.	○ 단원의 학습 내용 대략적으로 살펴보기. ○ 장기 학습 계획 세우기. ○ 단원 학습에 필요한 준비물과 자료 알아보기.	교56~93 탐50~87	
	2/13	가정의 여러 형태 알아보기.	○ 가정의 다양한 형태 알아보기. ○ 가정생활의 변화 알아보기. ○ 옛날과 오늘날의 가정생활의 좋은 점 비교하기. ○ 핵가족이 많아지고 있는 까닭 알아보기.	교58~62 탐52~56	■ 옛날과 오늘날의 가족사진, 빙고게임 학습지 ○ 가족 신문 만들어 오기.
	3/13	가정의 소중함 알아보기.	○ 가정의 소중함을 알려 주는 사례 찾아보기. ○ 가정의 다양한 기능 알아보기. ○ 가정과 다른 모듬살이와의 관계 알아보기.	교63~65 탐57~60	■ 이산가족 상봉 장면 ○ 가정 소개 방법 생각하기.
	4/13	가족 구성원들의 역할 알아보기.	○ 가족 구성원들의 하는 일 알아보기. ○ 옛날과 오늘날의 가족 구성원이 하는 일 비교하기. ○ 미래 가족 구성원들의 역할 변화 생각하기.	교66~69 탐61~64	■ 가족 구성원들이 하는 일 조사표, 도화지, 색종이 ○ 자기 집 자랑거리 생각해 오기.
	5/1	행복한 가정을 위해 노력할 점 알아보기.	○ 가족이 힘을 모아야 할 일 알아보기. ○ 행복한 가정을 위해 해야 할 일 알아보기. ○ 가정의 행복도 측정 도구를 만들어 측정하기. ○ 행복한 가정 이야기 역할극 꾸미기.	교70~72 탐65~70	■ 역할극 대본 및 소품, 편지지 ○ 행복했던 가정 생활경험 생각해 오기.
	6/13	선택 학습	○ 가족 구성원들이 가정을 위해 하는 일 알아보기. ○ 가훈의 뜻과 정한 까닭 알아보기. ○ 핵가족이 계속 늘어나는 것이 바람직한가에 대해 토론하기.	교73	■ 선택 학습 주제 해결에 필요한 자료 ○ 가훈의 뜻과 그렇게 정한 까닭을 부모님께 여쭈어 보기.

단 원	차 시	학습 주제	주요 내용 및 활동	쪽 수	자료 및 예습적 과제
2-❷ 여 가 생 활 의 변 화	7/13	우리 조상들의 여가 생활 알아 보기.	○ 여가 생활의 뜻 알아보기. ○ 조상들의 여가 생활 찾아보기. ○ 조상들의 여가 생활 분류하기. ○ 조상들의 여가 생활 분류 게임하기.	교74~78 탐71~76	■ 여가 생활 모습 ○ 우리나라 민속놀이 조사해 오기.
	8/13 (본시)	여가 생활의 변화 알아보기.	○ 오늘날의 여가 생활 알아보기. ○ 여가 생활의 변화 알아보기. ○ 옛날과 오늘날의 여가 생활 차이 비교하기. ○ 오늘날 여가 생활이 다양해진 까닭 알아보기.	교79~81 탐77~78	■ 오늘날 여가 생활 모습 ○ 옛날과 오늘날의 여가 생활 모습 사진 수집해 오기.
	9/13	바람직한 여가 생활 알아보기.	○ 컴퓨터를 이용한 여가 생활에 대하여 토론하기. ○ 바람직한 여가 생활의 조건 알아보기. ○ 여가 생활 광고 만들기.	교82~85 탐79~83	■ 여가 생활표, 광고 예시문, 각종 신문 ○ 자신이 즐기는 여가 생활 소개 준비하기.
	10/13	바람직한 여가 생활이 우리 생활에 주는 도움 알아보기.	○ 바람직한 여가 생활이 우리 생활에 주는 도움 알아보기. ○ 나의 여가 생활 평가하기. ○ 나에게 도움을 주는 여가 생활 계획하기.	교86~88 탐84~87	■ 여가 생활 계획서 ○ 여가 생활이 자신의 생활에 도움이 된 경험 생각해 오기.
	11/13	선택 학습	○ 민속놀이 방법과 규칙을 알고 놀이하기. ○ 친구들의 여가 생활 조사하기. ○ 바람직한 여가 생활 토의하기.	교89	■ 민속놀이 도구, 여가 생활 조사표 ○ 주제 해결을 위한 자료 수집해 오기.
	12/13	단원 정리 학습	○ 가족사진을 보고, 옛날과 오늘날의 가족 비교하기. ○ '텔레비전 안 보기' 계획에 따른 여가 생활의 변화와 장점 찾아보기.	교90	○ 공통 학습 해결에 필요한 자료 수집해 오기.
	13/13	단원 정리 학습	○ '보충 학습' 재미있어요! ○ '심화 학습' 우리 힘으로 해결해요.	교91~93.	■ 사인펜, 색연필, 풀 ○ 주제 선택 학습 해결을 위한 자료 수집하기.

6. 단원의 평가 계획

영 역	평가 관점	평가 방법		
		지 필	관 찰	자료 해석
지 식	◦ 현대 가정생활의 특징과 다양성을 이해할 수 있는가? ◦ 전통적인 가정생활과 가정 형태가 오늘날과 달라진 점을 파악할 수 있는가? ◦ 가족 구성원들이 하는 일과 그 특징을 이해할 수 있는가? ◦ 조상들의 여가 생활 내용과 그 의미를 알 수 있는가?	○ ○	○ ○	
기 능	◦ 가족의 여러 모습에 대하여 조사하고, 그 특징을 정리할 수 있는가? ◦ 가족의 소중함을 나타내 주는 자료를 모아 정리할 수 있는가? ◦ 우리 조상들이 즐기던 여가 생활을 조사할 수 있는가? ◦ 조사한 자료를 기준을 세워 분류할 수 있는가? ◦ 바람직한 여가 생활에 대하여 조사할 수 있는가?			○ ○ ○ ○ ○ ○
가 치 · 태 도	◦ 가정의 화목을 위해 가족 구성원으로서 역할을 다하려는 태도를 지니는가? ◦ 여가 생활의 중요성을 깨닫고 있는가? ◦ 건전한 여가 생활을 보내려는 태도를 지니고 있는가?		○ ○ ○	

7. 지도의 질제

1) 본시 교수 · 학습 과정안

일 시	200○.○.○( )	대 상	여 8명. 남 6명	장 소	4~1 교실	시 간	40분
단 원	2-❷-1 윷놀이와 컴퓨터 게임			차 시	8/13	쪽 수	교 79~81 탐 77~78
학습 주제	여가 생활의 변화 모습 알기						
학습 목표	옛날과 오늘날의 여가생활 변화 모습을 비교하여 그 차이점을 알 수 있다.						
학습 전략	학습 집단	대집단 활동→소집단 활동→개별 활동→대집단 활동					
	수업 모형	조사 학습					

단 계	학습 요소	교수 · 학습 활동	시 간	자료 및 유의점
문제 인식 문제 파악	동기유발 공부할 문제 유추 공부할 문제 확인 공부할 문제 명료화	○ '고누놀이'와 '장기'를 그림을 보여 준다. • 조상들의 여가 생활에 대하여 이야기 나 누기. ‐ 조상들의 여가 생활 중 무엇 무엇을 그린 그림인가요? ‐ 조상들의 여가 생활에는 어떤 것들이 있었 나요? ‐ 조상들의 여가 생활을 분류하는 기준에는 무엇 무엇이 있나요? ‐ 이 그림은 어떤 기준으로 분류할 수 있을 까요? ○ 오늘날 여가 생활의 모습을 보여 준다. • 어른과 어린이들의 다양한 여가 생활 모습 을 보고 이야기 나누기. ‐ 무엇 무엇을 하는 모습인가요? ‐ 여러분들은 주로 어떤 여가 생활을 하고 있나요? ‐ 부모님들은 주로 어떤 여가 생활을 하고 있나요? ○ 본시에 공부할 문제를 생각해 본다. ○ 공부할 문제를 알아본다. 옛날과 오늘날의 여가 생활 변화 모습을 비교하여 그 차이점을 알아봅시다. ○ 여가 생활의 개념을 명확히 인지한다. ○ 오늘날의 여가 생활을 기준에 따라 분류 해 보고 옛날 여가 생활과의 차이점 알아 본다.	8 ′	○ '옛날 사람들 은 어떻게 살았 을 까' 도서 ○ 다양한 여가생 활 사진

단 계	학습 요소	교수·학습 활동	시간	자료 및 유의점
	학습 안내	○ 학습할 순서를 알아본다. • 활동 1〉오늘날의 여가 생활 모습 알아보기. • 활동 2〉여가 생활의 변화 모습 알아보기.		○ 조사할 기준을 미리 알려 준다.
문제 해결	오늘날의 여가 생활 모습 여가 생활의 변화모습	○ 우리 학교 학생들의 여가 생활의 모습을 알아본다. • 우리 학교 학생들의 여가 생활 알아보기. – 우리 학교 학생들이 즐기는 여가 생활에는 어떤 것들이 있을까요? – 어떤 여가 생활이 가장 높은 비율을 차지했을까요? ○ 오늘날 여가 생활 모습을 알아본다. • 어린이들의 여가 생활 발표하기. • 어른들의 여가 생활 발표하기. ○ 기준에 따라 여가 생활 모습을 분류한다. • 분류 기준 정하기. • 기준에 따라 분류하기. ○ 오늘날의 여가 생활 특징을 발표한다. • 여가 생활 종류가 많음. • 어른과 어린이의 여가 생활이 뚜렷이 구분되지 않음. • 여자와 남자의 여가 생활이 뚜렷이 구분되지 않음. • 전문적인 여가 생활이 많아짐. ○ 옛날과 오늘날의 여가 생활 모습을 알아본다. • 옛날에는 많이 하였으나 오늘날에는 특별한 때에 볼 수 있는 것 알아보기. • 옛날부터 이어지고 있는 여가 생활에는 어떤 것들이 있는지 알아보기. • 옛날에는 없었으나 오늘날 새로 생긴 여가 생활에는 어떤 것들이 있는지 알아보기. • 미래에는 어떤 여가 생활이 생길지 발표하기. ○ 옛날과 오늘날의 여가 생활의 차이점을 알아본다. • 옛날과 오늘날의 여가 생활 변화 모습을 기준에 따라 비교하기. • 옛날에 비해 오늘날의 여가 생활이 다양해진 까닭 토의하여 발표하기.	25′	○ 여가생활 설문지 분석 ○ 예습과제 ○ 화이트보드, 포스트잇 ○ 학습지

단 계	학습 요소	교수·학습 활동	시 간	자료 및 유의점
정 리	평 가 학습 정리	○ 공부한 내용을 확인한다. • 옛날과 오늘날의 여가 생활의 차이점. ○ 공부한 내용을 정리한다. • 옛날과 오늘날의 여가 생활의 모습 발표하기. – 사람 수: 옛날에는 여럿이 했으나 오늘날에는 개인이나 회원이 중심이 됨. – 신분: 옛날에는 신분에 따라 달랐으나 오늘날에는 차이가 없음. – 성별: 옛날에는 차이가 있었으나 오늘날에는 거의 없음. – 계절: 옛날에는 계절에 따라 달랐으나 오늘날에는 별로 영향을 받지 않음. – 목적: 옛날에는 주로 단합을 위해서 하였으나 오늘날에는 취미 활동으로 이루어짐. ○ 다음 시간에 공부할 내용을 확인한다. 바람직한 여가 생활 알아보기	7′	○ 정답 번호판 ○ PPT 자료

2) 판서 계획

```
                    2-②-1 윷놀이와 컴퓨터 게임

  옛날과 오늘날의 여가 생활
  모습을 비교하여 차이점을 말하      옛날과 오늘날의 여가생활의 변화
  여 봅시다.
                          구 분   옛날   오늘날
                          사람 수                        학습 활동 안내
                          신 분
                          성 별
                          계 절
                          목 적
```

3) 형성평가 계획

평가 문제	옛날과 오늘날의 여가 생활의 모습을 설명한 것 중 바른 것은 어느 것입니까? ① 옛날에는 적은 사람이 함께했으나 오늘날에는 많은 사람들이 함께 활동한다. ② 옛날에는 신분에 따라 달랐으나 오늘날에는 차이가 없다. ③ 옛날에는 남녀의 차이가 없었으나 오늘날에는 차이가 있다. ④ 옛날에는 취미로 하였으나 오늘날에는 단합을 위해 활동한다. ⑤ 옛날에는 계절의 영향을 받지 않았으나 오늘날에는 계절의 영향을 많이 받는다.
평가 방법	지 필
정 답	②

사회과 교수 · 학습안[4]

단 원	3. 환경 보전과 국토 개발
일 시	20○○년 ○월 ○일(○) 5교시
대 상	5학년 1반 31명(남 16명, 여 15명)
지도교사	교사 ○ ○ ○

○ ○ 초 등 학 교

1. 단원: 3. 환경 보전과 국토 개발(1) 자연 재해와 환경문제

2. 단원의 개관

1) 사회관

21세기는 급격한 산업화로 인한 자연환경의 보전과 지속되어야 할 개발이라는

두 길 사이에서 여러 가지 문제가 야기되고 있다. 생활의 편리함과 윤택함을 추구하기 위해 무분별한 자연개발은 환경오염과 지구 온난화, 기상이변 등 환경의 파괴를 가져오게 되었다. 이런 현상은 한 나라에 국한된 문제가 아니라 지구촌의 문제가 되어 시급히 해결해야 할 과제이다.

이에 사회과에서는 자연환경의 변화에 따른 문제점과 지역 간의 갈등을 민주적·합리적으로 해결할 수 있는 민주시민의 자질을 육성하는 데 역점을 두고 있다. 특히 이 단원은 인간의 자연환경에 대한 적응과 개발이라는 두 가지 태도에 따른 문제점과 그 해결방안을 모색하는 데 주안점을 두고 있다. 이러한 사회과 제7차 교육과정의 취지로 볼 때, 환경문제에 대한 지역사회, 국가, 지구촌 사회의 요구에 부응하기 위해 학생들의 자기 주도적이고 능동적인 새로운 시민적 자질의 역량을 증대시킬 필요가 있다.

따라서 이 단원에서는 학생들에게 우리나라의 자연재해와 환경 파괴, 오염 문제를 살펴보고, 환경 기초 시설 설치와 관련된 여러 형태의 갈등을 해결하는 방안을 모색하도록 한다. 이를 위해 다양한 사례를 수집하고 조사·분석하는 활동으로 사고력과 판단력을 향상시키고자 한다. 그리고 학생들에게 탐구 과정을 바탕으로 환경문제를 우리 고장의 문제에서 지구촌의 문제로 확대하여 파악할 수 있도록 지도해야겠다.

2) 학생관

브루너(J. S. Bruner)에 의하면 학습자들의 공간적 의식의 발달단계가 동심원적으로 확대되어 나간다고 한다. 초등학교 5학년은 지역적으로 보다 넓은 범위의 내용을 직접 경험하지 않고도 떨어져 있는 지역 상호 간의 관계를 유추하기도 하고 그 지역이 처해 있는 특수성을 인식할 수 있으며 직면한 문제 사태에서 해결 가능한 모든 방안을 종합적으로 고려해 보는 것이 가능하다고 한다.

(1) 이에 비추어 본 학급의 학생들의 실태는 사회과 과제해결에 있어 친구들과 협력하여 해결하기를 좋아하고 자료 수집은 52%(16명)가 인터넷을 활용한다고 응답하였으며 토의 활동을 통한 문제 해결은 71%(22명)가 선호하지 않는 것으로 나타나 주어진 탐구 과제에 대한 자주적인 조사 학습 능력 및 토의활동을 통한 가치

탐구 능력이 부족한 실정이다.

(2) 따라서 학생들이 주어진 과제를 적극적으로 해결하도록 하기 위해 다양한 형태의 조사·토의·현장학습의 기회를 제공해 주어 자주적으로 문제를 해결할 수 있는 능력을 길러 학생들이 스스로 성취감을 맛볼 수 있도록 해야겠다. 그리고 학생들이 여러 가지 자료를 분석하는 비판적, 반성적 사고 과정을 통해 학습 과제를 능동적으로 해결할 수 있도록 지도하겠다.

3) 교재관

이 단원의 구성은 인간의 자연환경에 대한 보전과 개발이라는 두 가지 태도에 따른 자연환경의 변화 및 그에 따른 문제점과 해결 방안을 모색하도록 되어 있다. 이를 바탕으로 선수 학습을 살펴보면 4학년에서 우리 고장의 자연 재해 극복과 환경오염 문제에 대해 공부하였다. 그리고 6학년에서는 지구촌의 다양한 문제를 파악하고 해결하는 학습 활동으로 확대된다.

본 학급 학생들의 자연 재해에 관한 관심과 선수 학습 정도를 조사 분석한 결과 자연 재해에 대해 학생들이 잘 이해하고 있고 우리나라 또는 다른 나라에서 발생하고 있는 자연 재해에 대해서도 관심이 많다. 그리고 그 심각성에 대해서도 인식하고 있는 것으로 나타났다. 그러나 학생들이 우리 지역에서는 큰 자연 재해가 발생하지 않으므로 이에 대한 대비에는 소홀한 것으로 보인다.

따라서 환경문제와 자연 재해에 대하여 문헌조사, 인터넷 검색, 현장학습 등 다양한 방법으로 자료를 수집하여 자기 주도적으로 문제를 해결해 나아가도록 지도해야겠다. 그리고 학생들이 관련 자료의 수집과 해석하는 능력을 함양하는 데 지도의 중점을 두어야겠다. 또한 우리 생활과 자연환경과의 관계를 파악하여 자연을 지키는 활동의 중요성을 깨닫고 우리가 사는 지역, 우리나라, 더 나아가 지구촌의 환경을 지키기 위하여 할 수 있는 일을 찾아 실천하도록 지도해야겠다.

3. 단원의 목표

1) 지식·이해 영역

(1) 우리는 자연환경과 밀접한 관계를 가지고 생활하고 있음을 이해할 수 있다.
(2) 우리나라의 주요 자연 재해의 종류를 알 수 있다.
(3) 자연 재해를 극복하기 위한 노력을 알 수 있다.
(4) 환경오염 문제와 환경 보전 방법을 알 수 있다.
(5) 환경 기초 시설 설치와 관련된 갈등 사례를 통하여 민주적 의사결정 방법을 알 수 있다.
(6) 국토 개발의 필요성을 이해하고, 환경을 잘 보전하면서 추진하고 있는 모습을 설명할 수 있다.

2) 기능 영역

(1) 검색·수집 및 분류한 자료를 지도화하고 그래프로 나타낼 수 있다.
(2) 환경오염 문제를 해결하기 위하여 다양한 자료를 모으고 종합할 수 있다.
(3) 환경 보전과 국토 개발에 관한 여러 가지 정보를 해석하고 분석할 수 있다.

3) 가치·태도 영역

(1) 민주적이고 합리적인 방법으로 갈등 사태를 해결하려는 태도를 가진다.
(2) 자원을 효율적으로 이용하고, 국토를 환경 친화적으로 개발하려는 마음을 가진다.

4. 학습의 계통 및 관련

선수 학습	→	본 단원	→	후속학습

3－1－2 우리 고장 사람들의 생활 모습	5－1－3 환경 보전과 국토 개발	6－2－2 함께 살아가는 세계
○ 계절에 따라 달라지는 생활 · 계절을 준비하는 사례 조사하기. · 계절에 따른 영향과 미래의 계절 생활 모습 알기. 3－2－1 살기 좋은 우리 고장 ○ 함께 노력하는 고장 사람들 · 우리 고장에서 해결해야 할 문제에 대해 알아보기. · 깨끗한 거리를 만들기 위해 해야 할 일 알아보기. 4－1－1 우리 시·도의 모습 ○ 우리 시·도의 자연환경과 생활 · 계절에 따른 우리 시·도의 기후에 대해 알아보기. · 우리 시·도의 자연 재해와 극복과정에 대해 알아보기. ○ 새로워지는 우리 시·도 · 우리 시·도의 여러 가지 문제에 대해 알아보기.	○ 우리는 자연의 일부 · 우리 생활과 자연의 관계알기. · 자연이 우리에게 주는 도움 알아보기. · 자연의 중요성 알기. ○ 자연 재해 · 계절 및 지역에 따른 자연재해 알아보기. · 자연 재해를 극복하기 위한 노력 조사하기. ○ 환경문제 · 우리 주변의 환경문제 조사하기. · 세계적인 환경 보호 활동 조사하기. · 자연환경을 보전하는 방법 알기. ○ 환경문제의 합리적 해결 · 환경 보전을 위한 노력 알기. · 지역의 환경문제를 해결할 수 있는 방법 찾기. ○ 환경을 생각하는 국토 개발 · 국토 개발 사업의 필요성과 목적 알기. · 우리나라 국토 종합 개발 사업의 주요 성과 알아보기. · 제4차 국토 종합 개발 사업의주요 성과 알아보기. · 우리 시·도의 국토 종합계획 세우기	○ 세계를 한눈 · 세계 지도, 지구본에 나타난 세계 지형의 특징 · 세계 지도와 지구본의 특징과 쓰임. ○ 더 가까워지는 세계의 여러 나라 · 세계 여러 나라의 분류. · 세계 여러 나라의 특징과 생활 모습. ○ 인터넷으로 하나가 된 지구촌 · 세계를 지구촌이라고 하는 까닭 알기. · 교통·통신 및 과학·기술의 발달이 지구촌 생활에 미치는 영향 알기. ○ 지구촌의 여러 문제 · 지구촌에서 발생하는 여러 가지 문제에 대해 알아보기. · 지구촌의 문제를 해결하기 위해 어떤 노력이 이루어지는지 알아보기. · 국제 뉴스와 우리나라에 미칠 영향 알기. · 지구촌 문제를 중심으로 지구촌 신문 만들기.

5. 지도 계획(총 17시간)

소단원	차 시	교과서 쪽수		학습 내용	시간 (분)	자 료
		교과서	보조 교과서			
단원 도입	1/17	96 – 97	96 – 97	· 단원의 학습 내용을 대략적으로 알아보기. · 장기 학습 과제 선정 및 학습 방법, 자료 소개하기.	40	ppt자료, 프로젝션 TV
(1) 자연 재해와 환경 문제	2 – 3/17	98 – 103	98 – 102	① 우리는 자연의 일부 · 우리 생활과 자연의 관계 알아보기. · 자연이 우리에게 주는 도움 알아보기. · 자연을 지키는 활동의 중요성 알기.	80	사진자료, 토의학습지
	4/17	104 – 106	103 – 106	② 자연 재해 · 계절 및 지역에 따른 자연 재해 알아보기.	40	분류판, 사진자료, 색사인펜, 백지도
	5/17 (본시)	107 – 111	107 – 109	· 여러 가지 자연 재해를 극복하기 위한 방법 찾기.	40	자연 재해 VCR, 공부 할 문제 제 시판, 학습 활동 안내 판, 모둠별 조사보고서, 토의학습지, 인터뷰 VCR, 프로젝션TV
	6 – 7/17	112 – 120	110 – 115	③ 환경문제 · 우리 주변의 환경문제 조사하기. · 세계적인 환경 보호 활동 조사하기. · 자연환경을 보존하는 방법 알아보기.	80	토의학습지, 사 진 자 료, ppt자료, 프 로 젝 션 T V, 실물 제시기
	8/17	121	·	· 우리 고장의 환경 지도 그리기. · 자연 재해 예방 달력 만들기.	40	조사보고서, 도화지, 색 사인펜, 실 물 제시기

소단원	차시	교과서 쪽수		학습 내용	시간 (분)	자료
		교과서	보조 교과서			
(2) 환 경 과 더 불 어 살 아 가 는 길	9 – 11/ 17	122 – 129	116 – 124	① 환경문제의 합리적 해결 · 환경 보전을 위한 노력 알아보기. · 환경 기초 시설 설치를 둘러싼 다툼 살펴보기. · 지역의 환경문제를 합리적으로 해결할 수 있는 방법 찾기.	120	사 진 자 료 , 실물 제시기, 환경 관련 홍보물, 환경마크가 붙어있는 상품, 사인펜, 전지, 신문 기사, 인터넷 자료
	12 – 15/ 17	130 – 139	125 – 135	② 환경을 생각하는 국토 개발 · 국토 개발 사업의 필요성과 목적 알아보기. · 우리나라 국토 종합 개발 사업의 주요성과 알아보기. · 제4차 국토 종합 계획의 주요 내용 조사하기. · 우리 시·도의 국토 종합 계획 조사하기.	160	사진, 신문, 스크랩자료, 비디오자료, 우리도의 백지도, 스티커
	16/17	140	·	【선택 학습】 · 환경 기초 시설에 대해 알아보기. · 물이 부족한 미래의 생활 모습 알아보기.	40	학습지, 색연필, 사진자료, 실물 제시기
단원 정리 학습	17/17	141 – 143	·	【단원 정리 학습】 · 자연 재해 극복을 위한 국토 개발 생각하기. · 환경 보전 자료 찾아보기. · 올바른 물 사용법. · 환경 보전 노랫말 바꾸어 부르기. · 관광 휴양지 개발 계획 세워 보기. · 통일에 대배한 국토 개발.	40	스크랩자료, 색사인펜, 스티커, 신문기사, 인터넷 자료

6. 단원 학습을 위한 학생 실태 분석

1) 사회과 학습의 흥미도 조사

N=31

문항번호	항 목	응답관점	인원(명)	비율(%)
1	사회공부가 재미있습니까?	그렇다	4	13
		그저 그렇다	19	61
		아니다	8	26
2	가정에서 사회 과제를 해결하는 것이 즐겁습니까?	그렇다	3	10
		그저 그렇다	13	42
		아니다	15	48

사회과에 대한 학생들의 흥미도를 보면 '재미있다'고 응답한 학생이 13%(4명), '그저 그렇다'가 61%(19명), '재미없다'가 28%(8명)로 대부분의 학생들이 사회공부에 흥미가 적고 어려움을 느끼고 있음을 알 수 있다. 그리고 가정학습 과제 해결에도 부담을 느끼고 있는 것으로 나타났다. 이는 학생들이 학습 내용의 범위가 우리나라로 확대되면서 자신의 생활과 동떨어진 내용으로 인식하여 어렵게 느끼는 것으로 생각된다. 그러므로 학습 내용을 학생들의 주변 생활과 관련시켜 제시하고 문제를 해결하도록 유도하겠다. 그리고 학습 과제를 제시할 때도 과제를 해결하는 방법과 도움이 될 만한 자료를 사전에 안내하여 학생들이 쉽고 재미있게 과제를 해결하도록 하겠다.

2) 문제 해결 태도 조사

N=31

문항번호	항 목	응답관점	인원(명)	비율(%)
3	사회과 과제는 어떻게 해결하는 것이 좋습니까?	혼자	8	26
		모둠별로	19	61
		학급 전체	4	13
4	사회 공부나 과제해결을 위해서 교과서 이외의 자료를 얻기 위해 어떻게 합니까?	관련 도서 이용	3	10
		인터넷 활용	16	52
		직접 찾아가서	5	16
		다른 사람에게 물어서	5	16
		참고서 활용	2	6
		참고 자료 없음	0	0
5	과제 해결을 위한 토의 활동에 적극적으로 참여합니까?	그렇다	9	29
		그저 그렇다	14	45
		아니다	8	26

과제 해결에 있어 학생들의 선호를 보면 61%(19명)가 모둠별로 해결하는 것이 좋다고 응답하였고 과제 해결을 위한 참고 자료를 52%(16명)가 인터넷을 활용, 직접 찾아가거나 다른 사람을 통한 문제 해결은 각각 16%(5명)으로 나타났다. 과제 해결을 위해 토의 활동에 적극적으로 참여한다는 학생이 29%(9명)로 토의 활동 참여율이 비교적 낮은 것으로 나타났다. 이것으로 보아 학생들이 사회과 과제 해결에 있어 친구들과 서로 협력하여 해결하기를 좋아하나 토의 활동에는 참여율이 낮고 짧은 시간에 쉽게 구할 수 있는 인터넷 자료를 많이 활용하고 있음을 알 수 있다.
그래서 학생들이 주어진 과제를 적극적으로 해결하도록 하기 위해 장기 과제를 부여하여 시간을 충분히 주고 다양한 현장 학습 프로그램을 개발하여 재미있게 참여하도록 유도해야겠다. 그리고 토의 활동에 적극적으로 참여할 수 있도록 토의 방법과 절차에 관한 지도를 하여야겠다.

3) 단원 관련 지적 이해도 조사

N=31

문항번호	항 목	응답관점	인원(명)	비율(%)
6	여러분이 알고 있는 자연 재해에 대해 아는 대로 쓰시오.	알고 있다	30	97
		알지 못한다	1	3
7	우리가 사는 지역에서 일어난 자연재해에 대해 아는 대로 쓰시오.	알고 있다	21	68
		알지 못한다	10	32
8	오늘날 지구촌에서 발생하는 자연 재해는 어느 정도라고 생각합니까?	자주 발생한다	20	65
		보통이다	9	29
		거의 발생하지 않는다	2	6

자연 재해에 대해 알고 있는 학생이 97%(30명), 자기가 사는 지역에서 일어난 자연 재해에 대해 알고 있는 학생은 68%(21명), 오늘날 지구촌에서 자주 발생하는 자연 재해의 심각함을 인식하는 학생이 65%(20명)로 대부분의 학생들이 선수 학습이 잘되어 있고 자연 재해에 대해 관심과 그 심각성에 대해서도 느끼고 있음을 알 수 있다.

그러므로 자연 재해에 대한 지도 시 학생들에게 장기학습 과제를 주어 자기 주도적으로 조사탐구활동을 통해 해결하도록 유도하겠다. 그리고 자신이 속한 지역에 관심을 가지고 지역의 문제를 해결하려는 마음을 갖도록 하며 우리나라, 나아가 세계 지구촌의 자연 재해가 한 개인의 생활 습관이나 생활 태도와도 관련 있음을 알게 하여 지구의 자연환경을 보전하려는 태도를 가질 수 있도록 지도하겠다.

7. 평가 계획(관점)

영역＼내용	평 가 관 점	지 필 선택형	진위형	완성형	단답형	실 기 자료 해석	자료 수집
지식·이해	우리는 자연환경과 밀접한 관계를 가지고 생활하고 있음을 이해하고 있는가?	○				○	
	우리나라의 주요 자연 재해의 종류를 알고 있는가?	○					○
	자연 재해를 극복하기 위한 노력을 알고 있는가?			○			○
	환경오염 문제와 환경 보전 방법을 알고 있는가?			○			○
	환경 기초 시설 설치와 관련된 갈등 사례를 통하여 민주적 의사결정 방법을 알고 있는가?				○	○	
	국토 개발의 필요성을 이해하고 환경을 잘 보전하면서 추진하고 있는 모습을 설명할 수 있는가?			○			○
기 능	수집하고 분류한 자료를 지도화하고 그래프로 나타낼 수 있는가?						○
	환경오염 문제를 해결하기 위하여 다양한 자료를 모으고 종합할 수 있는가				○		○
	환경 보전과 국토 개발에 관한 여러 가지 정보를 해석하고 분석할 수 있는가?	○				○	
가치·태도	민주적이고 합리적인 방법으로 갈등 사태를 해결하려는 태도를 갖고 있는가?		○				
	자원을 효율적으로 이용하고 국토를 환경 친화적으로 개발하려는 마음을 갖고 있는가?			○			

8. 수업자의 교수 · 학습 전략

적용수업 모형		탐구학습 모형
수업 준비	목표 인지	이 단원은 인간의 자연환경에 대한 적응과 개발이라는 두 가지 태도에서 자연환경의 변화 및 그에 따른 문제점과 해결하는 방안을 모색해 볼 수 있도록 하는 데 지도의 초점을 두고 있다. 본 수업은 '여러 가지 자연 재해를 극복하기 위한 방법을 찾을 수 있다'로 학생들이 사전 조사 학습을 통해 자연 재해를 극복하기 위한 노력을 찾아보고 자연 재해를 극복하기 위해 해야 할 일을 토의하도록 계획하였다.
	자료 준비	○ 문제 확인 단계에서 자연 재해 관련 동영상을 준비해 자연재해로 인한 피해를 알아본다. ○ 탐색 및 문제 해결 단계 '활동 1'에서 사전과제로 제시한 자연재해를 극복하기 위한 노력을 모둠별로 조사하여 발표하게 하며, '활동 2'에서 토의학습지를 통해 자연 재해를 극복하기 위해 노력할 일을 토의하도록 하고 우리가 살고 있는 지역에서는 어떤 노력을 하고 있는지 인터뷰 자료를 준비해 알아본다. ○ 정리단계에서는 자연 재해 VCR자료를 통해 학생들이 학습한 내용을 다시 확인하고 정리하도록 한다.
수업 전개	문제 제시 단계	○ 자연 재해로 인한 피해를 알아보고 사전 과제 확인을 통해 공부할 내용을 확인시킨다.
	문제 추구 단계	○ 공부할 문제를 해결하기 위한 학습 활동 순서를 안내하여 학습 흐름을 알게 한다.
	문제 해결 단계	○ 모둠별 사전 과제로 조사한 자연 재해를 극복하기 위한 노력을 발표를 통해 알아보고, 우리가 살고 있는 지역에서 어떤 노력을 하고 있으며, 이를 극복하기 위해 노력할 일을 토의하면서 생활에서 대비하고 실천하려는 태도를 갖게 한다.
	적용 발전단계	○ 학교나 가정에서 자연 재해를 줄이기 위해 하는 일을 찾아보고 그 필요성에 대해 확인한다.
	정리단계	○ 최근 우리나라에서 일어난 자연 재해 VCR자료를 통해 배운 내용을 다시 한 번 확인 지도한다. ○ 다음 차시에 공부할 내용을 안내하고 과제 분담과 해결계획을 세워 다음시간에 학습이 잘 이루어질 수 있도록 한다.
수업 후 활동		○ 모둠별 사전 조사하여 발표한 자연 재해를 극복하기 위한 노력과 방법을 교실에 게시하여 보충학습이 이루어지도록 한다. ○ 자연 재해를 극복하기 위한 모둠별 토의 내용을 게시하여 생활에서 대비하고 실천하도록 한다.

9. 교수·학습의 실제

1) 본시 교수·학습 개요

단 원	3. 환경 보전과 국토개발	일 시	2008. 6. 4(수) 5교시	장 소	5−1 교실
소단원	(1) 자연 재해와 환경문제	차 시	5/17	소요시간	40분
교과서	107~111	사회과 탐구	107~109	지도교사	이 춘 숙
학습목표	◦ 여러 가지 자연 재해를 극복하기 위한 방법을 찾을 수 있다.				
수업전략	최적 학습 모형	◦ 문제 해결 학습모형			
수업전략	학습 집단 조직	◦ 대집단 지도, 소집단 활동 병행			
수업전략	중심 학습 활동	◦ 조사 발표하기 ◦ 토의하기			
교수·학습 자료	일반자료	교사	공부할 문제 제시판, 학습활동 안내판, 토의학습지		
교수·학습 자료	일반자료	학생	모둠별 조사보고서		
교수·학습 자료	멀티미디어자료		프로젝션 TV, 자연 재해 VCR, 인터뷰 VCR		

2) 지도 과정

학습 단계	학습과정 (학습 내용)	교수·학습 활동		시간	자료 및 유의점
		교사 활동	학생 활동		
문제제시	동기유발 공부할 문제 파악	◦ 자연 재해 관련 동영상 자료를 제시한다. • 중국에서 발생한 지진 관련 동영상 제시하기. − 어떤 일이 일어났나요? − 이런 일로 어떤 피해를 입었나요? ◦ 조사과제와 동기유발을 상기시켜 공부할 문제를 찾아보게 한다.	◦ 자연 재해 관련 동영상을 본다. • 동영상을 보고 문제점을 찾아보기. − 지진이 일어나 학교 건물이 무너져 많은 학생들이 목숨을 잃었습니다. − 많은 사람이 다치거나 목숨을 잃고 엄청난 재산 피해를 보게 되었어요. ◦ 공부할 문제를 찾아 발표한다.	5′	• VCR자료 • 프로젝션 TV • 공부할 문제 제시판
문제제시		자연 재해를 극복하기 위한 방법 알아보기			
문제추구	학습활동 확인	◦ 학습활동을 안내한다.	◦ 학습활동 순서와 방법을 알아본다.		• 학습활동 안내판
문제추구		〈활동1〉 자연 재해를 극복하기 위해 어떻게 했을까? 〈활동2〉 자연 재해를 줄이기 위해 이렇게 해야 하겠구나!			

학습 단계	학습과정 (학습 내용)	교수 · 학습 활동		시간	자료 및 유의점
		교사 활동	학생 활동		
문제 해결	자연 재해 극복을 위한 노력 토의하기 지역의 실태	〈활동 1〉 자연 재해를 극복하기 위해 어떻게 했을까? ○ 자연 재해 해결사 모임으로 이동하여 해결 방법을 발표하게 한다. • 해결사들이 조사한 내용을 정리하여 발표하게 한다. • 발표 – 질의 – 답변 및 수정 – 정리하게 하기. 〈활동 2〉 자연 재해를 줄이기 위해 이렇게 해야 하겠구나! ○ 해결사 별로 자연 재해를 선택하여 극복하기 위한 의견을 교환하게 한다. • 자연 재해를 극복하기 위해 앞으로 노력할 일을 토의하기. • 자연 재해를 극복하기 위한 토의 내용을 발표하게 하기. ○ 우리가 살고 있는 지역에서 자연재해를 극복하기 위한 노력을 알게 한다. • 인터뷰한 비디오 자료 보여 주기.	○ 자연 재해 해결사 활동 내용을 확인하고 발표한다. • 자연 재해 해결사 활동 내용을 발표하기. – 자연 재해 해결 기관 – 자연 재해 방재 시설 – 자연 재해 방재 시설(우리 지역) – 피해 컸던 자연 재해 • 학습 내용과 관련하여 질의 응답하기. ○ 선택한 자연 재해를 극복하기 위한 방법에 대해 의견을 교환한다. • 자연 재해를 극복하기 위해 할 일을 토의하기. – 정부에서 할 일 – 주민이 할 일 – 기타 기관에서 하는 일 • 해결사 별로 토의 내용 발표하기. ○ 인터뷰 자료를 통해 우리가 사는 지역에서 어떻게 노력하는지 알아본다. • 인터뷰 자료로 확인하기.	16′ 10′	• 모둠별 조사 보고서 • 조사한 내용을 다양한 방법으로 발표하게 한다. • 학생들의 질의, 답변 내용 중 보충지도가 필요한 내용을 기록하여 지도하도록 한다. • 토의 학습지 • 토의 시 상대방의 의견을 존중하며 적극적으로 참여하도록 한다. • 인터뷰 자료 • 프로젝션 TV

학습 단계	학습과정 (학습 내용)	교수 · 학습 활동		시간	자료 및 유의점
		교사 활동	학생 활동		
적용 발전 정리	적용하기. 학습활동 정리하기. 차시 예고	○ 우리 학교나 가정에서 자연재해의 피해를 줄이기 위해 하는 일을 찾아 발표하게 한다. • 학교나 가정에서 노력하고 있는 일 알아보게 하기. ○ 학습 활동을 정리하게 한다. • 자연 재해 동영상을 보고 느낀 점과 자신이 실천할 일을 발표하게 하기.	○ 학교나 가정에서 자연 재해를 줄이기 위해 하는 일을 알아본다. • 학교나 가정에서 노력하고 있는 일을 찾아 발표하기. • 학습 활동을 정리한다. • 자연 재해를 극복하기 위한 방법과 피해를 최소화하기 위한 노력을 생각하여 발표하기.	3´ 6´	• VCR자료 • 프로젝션 TV • 학습 과제를 파악하도록 하여 다음 시간 학습 준비가 잘 이루어지도록 한다.
		우리 주변의 환경 문제 실태를 조사 · 분석하기			
		○ 다음 시간에 공부할 내용을 예고한다. • 환경문제 해결사가 되어 우리 주변의 환경 상태를 조사하게 하기. – 어떤 것을 조사해야 할까요?	○ 다음 시간에 공부할 내용을 알아본다. • 자기가 살고 있는 지역을 중심으로 환경상태를 조사하기. – 공기 상태 측정 – 하천 상태 관찰 – 소음 측정 – 멀리 있는 물체가 어떻게 보이는지 관찰		

3) 판서 계획

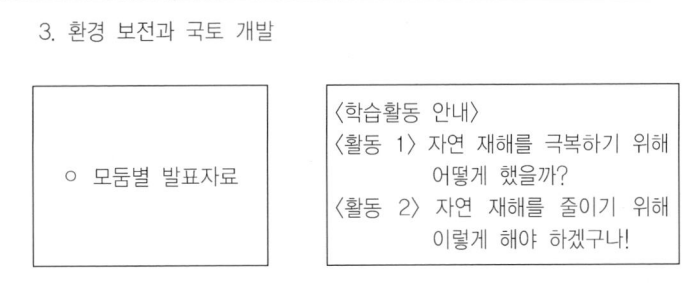

4) 형성평가 계획

(1) 이원목적 분류표

평가내용	평가요소	내 용			행 동		
		인간과 공간	인간과 시간	인간과 사회	지식·이해	기 능	가치·태도
자연 재해를 극복하기 위한 기관과 시설 알기	자연 재해를 극복하기 위한 노력 알기	○		○	○		
자연 재해를 줄이기 위한 방안 찾기	자연 재해 극복 방안 찾기	○		○		○	
학습활동에 적극적으로 참여하기	학습활동 참여 태도	○		○			○

(2) 평가 내용 및 기준

평가 영역	평가내용	평가기준	평가 척도	평가 시기	평가 방법
지식·이해	자연 재해를 극복하기 위한 기관과 시설 알기	자연 재해를 극복하기 위해 여러 기관에서 하는 일을 알고 옛날과 오늘날의 시설에 대해 자세히 알고 있다.	상	수업 중	조사 보고서
		자연 재해를 극복하기 위한 기관과 시설을 알고 있다.	중		
		자연 재해를 극복하기 위한 기관과 시설을 잘 알지 못한다.	하		
기 능	자연 재해를 줄이기 위한 방안 찾기	자연 재해를 줄이기 위해 노력하는 예를 찾아 소개하고 적절한 해결 방안을 제시한다.	상	수업 중 수업 후	학습지, 체크리스트법
		자연 재해를 줄일 수 있는 적절한 해결 방안을 제시한다.	중		
		자연 재해를 줄이기 위한 해결 방안이 적절하지 못한다.	하		
가치·태도	학습활동에 적극적으로 참여하기	모둠과제 해결을 위해 관심과 흥미를 갖고 모둠원끼리 협력하며 발표활동에도 적극적으로 참여한다.	상	수업 중	체크리스트법
		모둠과제 해결에 관심과 흥미를 갖고 참여한다.	중		
		모둠과제 해결을 위한 노력이 소극적이다.	하		

5) 학습지

○○초교	사회과 토의 학습지		5학년 1반
5-1-3-5	주제	자연 재해를 극복하기 위한 노력	모둠명:

※ 여러 가지 자연 재해 중에서 한 가지를 선택하여 자연 재해를 극복하기 위해 노력할 일을 토의하여 써 봅시다.

자연 재해 이름( )	
자연 재해를 극복하기 위해 노력할 일	
정 부	
주 민	
기타 기관	

※ 설문지

안녕하세요?
선생님이 여러분에게 사회과 공부에 관해서 몇 가지 질문을 하고자 합니다.
이 질문은 여러분의 성적을 평가하거나 성적에 포함되는 것이 아니고 선생님이 여러분을 가르치는 데 도움을 얻고자 하는 자료입니다.
응답한 내용은 장래의 주인공이 될 여러분을 어떻게 지도할 것인가 연구하는 데 귀중한 자료가 될 것입니다. 끝까지 잘 읽고 솔직하게 답해 주시기 바랍니다.

200○. ○. ○.
○○초등학교 교사 ○ ○ ○

```
☺ 해당되는 곳에 ∨해 주세요.

1. 사회공부가 재미있습니까?
   ① 재미있다 ② 보통이다 ③ 재미없다

2. 가정에서 사회과 과제(조사, 탐구 등) 해결하는 것이 즐겁습니까?
   ① 재미있다 ② 보통이다 ③ 재미없다

3. 사회과 과제는 어떻게 해결하는 것이 좋습니까?
   ① 혼자 ② 모둠별로 ③ 학급 전체가

4. 사회 공부나 과제해결을 위해서 교과서 이외의 자료를 얻기 위해 어떻게 합니까?
   ① 관련도서를 이용한다. ② 인터넷을 활용한다. ③ 현장을 찾아간다.
   ④ 다른 사람에게 물어본다. ⑤ 전과를 활용한다. ⑥ 자료 활용을 안 한다.

5. 어떤 문제를 놓고 친구들과 토의하는 것이 재미있습니까?
   ① 재미있다 ② 보통이다 ③ 재미없다

6. 여러분이 알고 있는 자연재해에 대해 아는 대로 쓰시오.
   (      )

7. 우리가 사는 지역에서 일어난 자연재해에 대해 아는 대로 쓰시오.
   (      )

8. 오늘날 지구촌에서 발생하는 자연재해는 어느 정도라고 생각합니까?
   ① 자주 발생한다. ② 보통이다. ③ 거의 발생하지 않는다.
```

참고문헌

· 교육부(2000). 초등학교 교육과정 해설. 연기: 대한교과서주식회사.
· 교육인적자원부(2008). 초등학교교사용지도서(사회 − 3 − 1). 연기: 대한교과서주식회사.
· 교육인적자원부(2008). 초등학교교사용 지도서(사회 − 3 − 2). 연기: 대한교과서주식회사.
· 교육인적자원부(2008). 초등학교교사용 지도서(사회 − 4 − 1). 연기: 대한교과서주식회사.
· 교육인적자원부(2008). 초등학교교사용 지도서(사회 − 4 − 2). 연기: 대한교과서주식회사.
· 교육인적자원부(2008). 초등학교교사용 지도서(사회 − 5 − 1). 연기: 대한교과서주식회사.
· 교육인적자원부(2008). 초등학교교사용 지도서(사회 − 5 − 2). 연기: 대한교과서주식회사.
· 교육인적자원부(2008). 초등학교교사용 지도서(사회 − 6 − 1). 연기: 대한교과서주식회사.
· 교육인적자원부(2008). 초등학교교사용 지도서(사회 − 6 − 2). 연기: 대한교과서주식회사.
· 김동일 외(2003). 아동발달과 학습. 서울: 교육출판사.

- 대전교육과학연구원(2000). 초등 수업 모형 핸드북.
- 박인현(2008), 초등사회과 교육. 파주: 교육과학사.
- 충청남도교육청(2000). 초등학교 교육과정 핸드북, 대전: 용해인쇄소.

참고자료

- 공주교육대학교부설초등학교(2008). 교수·학습 길라잡이. 공주교대부설초등학교.
- (2008). 수업실습안내. 공주교대부설초등학교.

사회과 교수 · 학습 과정안[5]

일 시	20○○년 ○월 ○일(○) 6교시(14:00 – 14:40)				
교 과	사 회	장 소	6 – 1 교실	대 상	6학년1반 (○명)
단 원	3. 대한민국의 발전				
주 제	(2) 대한민국의 수립과 발전				
제재 (차시)	대한민국 정부의 수립과정 알아보기(4/17)				
수업자	교사 ○ ○ ○				

○ ○ 초 등 학 교

1 단 원

3. 대한민국의 발전

❷ 대한민국의 수립과 발전

① 분단을 딛고 일어선 대한민국

사 회 관

이 단원은 일제 강점기에 독립을 위해 애쓰신 조상들과 그들이 나라의 독립과 주권을 지키기 위해 국내외에서 여러 가지 방법으로 일본에 대항한 역사적 사실을 파악하게 함으로써 조상들의 독립정신과 애국심을 깨닫게 하고, 그 정신을 바탕으로 대한민국이 수립되었고, 발전하였으며, 민주화 운동의 전개로 이어져 왔음을 종합적인 관점에서 이해시키고 그 정신을 계승시키려는 데 주안점을 두고 있다.

첫째 주제에서는 우리 조상들이 일본에 대항하여 무력 투쟁과 아울러 애국 계몽 운동과 민족문화 수호 운동을 전개하였음을 여러 가지 자료를 통해 알게 한다.

둘째 주제에서는 대한민국의 수립, 6·25전쟁, 주요 민주화 운동을 중심으로 민주주의의 달성 과정을 이해하고 경제 성장 관련 통계 자료를 통해 우리나라의 경제적 과제와 전망을 파악하도록 한다.

학 생 관

사회과 역사 수업은 학생들의 조사 학습과 교사의 강의식 교육이 보편적으로 많이 이용되는 방법이다. 따라서 본 단원의 수업 또한 사건과 인물에 대한 사전 조사 활동은 필수적이며, 이를 중심으로 진행하였을 경우, 조사내용이 비슷하여 흥미를 유발하기에 어려움이 많다. 본 학급 학생들 또한 대다수가 발표력이 부족하고 피동적인 학생들이 대부분으로 조사 발표학습보다는 대한민국의 건국과정 및 발전과정에서 있었던 여러 가지 사건들의 흐름을 확인하고 가치 갈등이 발생되는 사건들에 대한 자신의 입장을 생각하고 당시의 인물들이 결정한 내용의 타당성을 확인함으로써 학습의 흥미를 유도하고 흐름을 이해시키는 것이 효과적이다.

3 단원의 목표

가. 지식·이해

(1) 을사조약이 체결된 과정을 통해 일본의 침략을 이해한다.

(2) 일제강점기하에서 펼친 의병 운동과 3·1운동의 의의를 이해한다.

(3) 3·1운동과 대한민국 임시 정부 수립의 관계를 연관 지어 설명할 수 있다.

(4) 대한민국 임시정부의 성격과 활동, 주요 인사들을 알 수 있다.

(5) 대한민국 정부 수립과정에서 주요 사건과 인물의 활동 모습을 알 수 있다.

나. 기 능

    (1) 을사조약 이후 전개된 의병 운동 자료를 모아 정리할 수 있다.

    (2) 의병 운동이 일어난 지역과 의병장들에 대해 조사할 수 있다.

    (3) 대한민국 수립과 발전 과정에서의 주요 사건들을 조사할 수 있다.

    (4) 조사한 결과를 의병지도나 연표로 나타낼 수 있다.

다 . 가치 태도

    (1) 나라의 주권을 되찾기 위해 일본에 대항한 조상들의 애국심과 자주독립 정신을 알고 본받으려는 태도를 가진다.

    (2) 나라를 위해 목숨을 바치신 분들의 유가족을 도우려는 마음자세를 가진다.

    (3) 나라의 소중함을 알고, 나라의 발전을 위해 노력하는 자세를 가진다.

4 과제분석

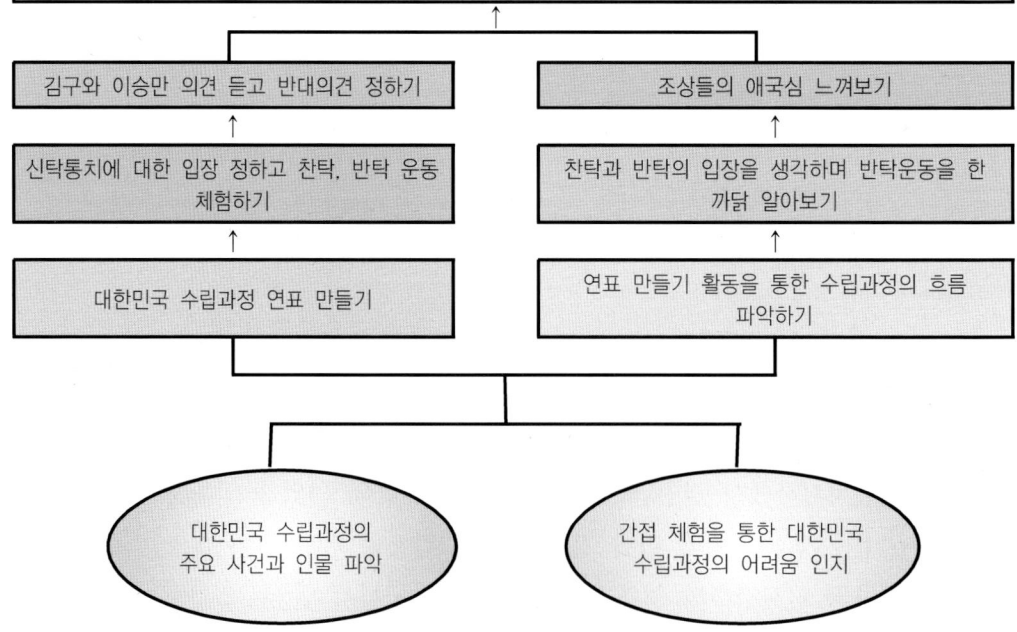

단원의 차시별 지도 계획(8차시)

단 원	주 제	제 재	제재별 주요내용 요소	교수학습 자료	교과서 쪽 수	차 시
3. 새 로 운 세 계 에 서 우 리 가 할 일	❷ 대한민국의 수립과 발전	❶ 분단을 딛고 일어선 대한민국	▪ 대한민국 정부의 수립 과정 알아보기.	사진자료, 동영상 등	교120~124 탐124~126	(본시) 7/14
			▪ 6·25전쟁의 원인, 경과, 영향에 대해 조사하기.	인터넷 학습만화	교120~124 탐124~126	8/14
		❷ 민주시민이 승리하던 날들	▪ 4·19 혁명의 전개 과정에 대하여 알아보기. ▪ 5·18 민주화 운동의 의미와 6월 민주 항쟁에 대하여 조사하기.	사례, 사진	교125~128 탐127~130	9~10
		❸ 한강의 기적에서 통일로	▪ 경제 발전 과정을 설명하기. ▪ 석유 파동과 경제 위기 극복 과정 설명하기. ▪ 나아진 국민 생활 모습 설명하기. ▪ 통일을 위한 정부와 국민의 노력 알아보기.	신문기사 방송내용	교129~134 탐131~137	11~12
		선택 학습	▪ 5·10 총선거에 대한 이승만과 김구의 입장을 정리하고 자신의 생각 말해보기. ▪ 4·19 혁명을 취재 기자의 입장에서 대답하기 위한 질문을 정리하기. ▪ 경제 위기에 처한 후에 국민들, 기업, 그리고 정부가 벌인 노력을 정리하기.	신문기사 인터넷자료 도화지, 사인펜, 신문	교135	13
		단원정리학습	▪ 일제강점기에 우리 민족이 벌인 주권 지키기 운동을 찾아보기. ▪ 일제 강점기부터 대한민국을 수립하기까지의 역사적 인물과 사건으로 역사퀴즈 대회 열기. ▪ 여러 항일 운동 중에서 하나를 골라 자세히 조사하기. ▪ 4·19 혁명과 5·18 민주화 운동, 6월 민주 항쟁을 비교하기.		교136~137	14

6   단원의 평가 계획

가. 평가의 방향

이 단원은 일제강점기에 일본에 대항해서 국내외에서 펼친 항일 운동과 광복 이후 오늘날까지 전개되어 온 민주화의 과정에서 나타난 우리 민족의 애국심과 자주 독립성을 깨닫게 하는 데에 주안점이 있다. 따라서 다양한 사실 자료의 수집, 정리와 더불어 항일투쟁의 유적과 유물이 있는 곳에 현장 학습 기회를 가지게 하여 지적, 기능적, 정의적 평가가 골고루 이루어지도록 한다.

나. 평가 방법

❶ 나라를 되찾기 위한 노력
- 우리 민족의 자주 독립을 위해 노력한 인물의 사전 만들기 - **포트폴리오**
- 일제의 우리나라 탄압 내용과 사진 자료 스크랩하기 - **포트폴리오**
- 3·1운동 이후의 독립 운동 전개 모습 설명하기 - **보고서 및 발표**
- 항일 투쟁의 유적과 유물이 있는 곳의 현장학습 - **보고서**

❷ 대한민국의 수립과 발전
- 국토 분단의 원인과 과정의 이해 - **지필**
- 4·19 혁명과 5·18 민주화 운동의 공통점 - **지필, 발표**
- 4·19 혁명 이후 오늘날까지의 국사 연표 작성 - **작품 평가**

7   지도상의 유의점

가. 수집, 조사된 자료를 종합, 정리하여 새로운 아이디어를 창출할 수 있는 학습이 되도록 교사는 모둠학습을 할 때의 태도를 중점적으로 지도한다.

나. 형식적인 토의학습이 진행되지 않도록 토의 주제와 활동 주제를 명확히 제시

하여 학생들이 토의과정에 적극 참여할 수 있도록 지도한다.

다. 대립되는 의견의 옳고 그름을 판단하기보다는 시대적 상황과 나라의 발전을 위해 결정한 내용으로 잘못된 가치 판단을 하지 않도록 안내한다.

8 학급 실태

가. 전체적인 면

(1) 학급구성: 남자 20명, 여자 18명으로 남녀 성비가 고른 편이다.

(2) 수업에 임하는 태도는 바르고 집중하는 편이나 발표 면에서 적극성이 부족하여 능동적으로 발표에 임하지 못한다.

(3) 약 30% 정도는 발표 지적 시 자신의 주장을 조리 있게 말할 수 있으나, 대다수의 학생이 소극적이고 표현력이 약한 편이다.

(4) 소집단 학습에서 역할분담에 따라 학생 간 상호작용은 잘 이루어지나 활발하지는 못하다.

(5) 남학생보다는 여학생들의 학습의욕(수준)이 더 강하며(높으며) 과제 수행도 여학생들이 더 잘해 오는 편이다.

(6) 학생 전체가 사회과 학습에 관심이 많고 재미있어 하나 학습량이 많아 어려움을 느끼는 학생도 있으며, 학기 초 사전 안내를 통해 사회과 역사책을 약 50%의 학생이 꾸준히 읽고 있으며, 몇몇 학생의 경우 역사에 대한 해박한 지식을 갖고 있다.

나. 모둠조직: 이질집단

모둠 구성 시 학습 분위기와 인성교육에도 도움이 될 것 같아 이질 집단으로 구성했으며 학습 태도의 적극성으로 기준을 삼았다.

칠 판　우수아: ◉　보통: ○　부진: △

9　지도의 실제

단 원	2-(1) 분단을 딛고 일어선 대한민국	일 시	2008년 6월 26일(목)	장 소	6-1
차 시	3/16	소요시간	40분	지도교사	이 근 용
학습목표	주요 사건과 역사 인물탐구를 통해 대한민국 정부 수립 과정을 말할 수 있다.				
수업전략	최적 학습 모형	가치 분석 학습			
	학습 집단 조직	전체 - 모둠 - 전체			
	중심 학습 활동	주요 사건 및 인물에 대한 간접 체험 활동을 통하여 대한민국 건국과정 알아보기.			
교수·학습 자료	일반 자료	교사	피켓 재료, 회의봉		
		학생	사인펜 또는 색연필		
	멀티미디어자료	건국과정 주요 사건 동영상 및 사진자료, ppt 자료			

가. 지도 과정

단계	학습 내용	교수·학습 활동		시간	자료 및 유의점
		교 사 활 동	학 생 활 동		
학습문제의 확인	동기 유발 학습 문제 제시	◆ 동기 유발 ◆ 8·15 해방과 8·15 대한민국 정부 수립 사진 자료를 보고 공통점 알아 보기. ㅡ 어떤 사건에 대한 사진인가요? ㅡ 공통점은 무엇인가요? ㅡ 차이점은 무엇인가요? ◆ 식민지 독립과 정부 수립 년도가 차이가 나는 까닭을 말해 보기. ◈ 공부할 문제를 알아보기. ┌─────────────────────────┐ 주요 사건과 역사 인물탐구를 통해 대한민국 정부 수립 과정을 말해 보자. └─────────────────────────┘	◆ 영상자료를 살펴본다. ㅡ 일본 식민지에서 독립한 날 모습입니다. ㅡ 대한민국 정부 수립 모습 사진입니다. ㅡ 똑같이 8·15일에 있었던 일입니다. ㅡ 발생한 년도가 다릅니다. ◆ 차이가 나는 이유를 말해 본다.	5′	• 식민지 독립부터 정부 수립까지 3년이라는 시간의 차이가 난다는 점을 인식하고 원인이 무엇일까에 대한 호기심 유발에 목적을 두고 진행.
	학습 안내	◆ 본시 학습 내용을 안내한다.	◆ 본시 학습 내용을 알아본다. [활동 1] 연표 만들기를 통한 정부 수립과정 알아보기. [활동 2] 주요 사건 및 역사 인물 탐구하고, 간접 체험하기.		• 학습 안내 제시 자료

사실의 수집 및 조작화 사실의 타당 성 검토 가치 의 선택 과 행동	활동 1	◆ 대한민국 정부 수립 과정 연 표 만들기. ◆ 모둠별 연표 만들기 재료를 이용하여 대한민국 정부 수 립과정 연표를 만든다. - 맨 처음에 있었던 일은 무엇 인가요? - 대한민국 정부 수립과정을 순서대로 배열해 봅시다.	◆ 교과서를 읽어 가며 주어진 자료를 사건의 순서대로 배 열한다. - 38도선을 기준으로 남북분단. - 칠판에 정부 수립과정 자료를 붙인다.	10′	※ 사전 예습과 제 확인과 교과서 내용 파악에 중점 을 두고 진행. ※ 과제확인 및 수행평가 • 연표 만들기. 자료(사인펜)
	활동 2	◆ 주요사건 및 인물 탐구하기. ◆ 38도선으로 나눈 까닭 알아 보기. - 38도선으로 남북이 나뉜 까 닭은 무엇인가요? ◆ 신탁통치에 대한 모둠별 입 장 정하고 시위 해 보기. - 신탁통치의 뜻은? - 신탁통치에 대한 우리 민족의 입장은? - 모둠별 신탁 통치 입장 정하기. ◆ 5·10 총선거 실시 과정 알아보기. - 남북한 총선거가 결정된 원인 은 무엇인가? - 이승만, 김구의 입장 알아보기. ◆ 510 총선거에 대한 반의견 정하기. ◆ 총선거, 헌법제정, 정부 수립 과정 알아보기. - 남한만의 총선거가 실시된 것 은 언제인가요? - 헌법이 제정된 때는 언제인가요? - 대한민국 정부가 수립된 것은 언제인가요?	◆ 주요사건 및 인물들에 대하 여 알아본다. - 일본군의 무장 해제 등 - 우리나라를 대신 다스려 주는 것. - 반대의 의견이 많았으나, 일 부는 찬성하였음. - 토론으로 신탁통치에 대한 입 장 정하고 피켓을 만들어 찬 탁 반탁 운동 벌이기. - 반탁 운동과 국제연합의 승인 등 - 이승만: 남한만의 단독정부 수립. - 김구: 남북한 통일 정부 수립. - 김구와 이승만의 의견 듣고 총선거에 대한 토론과 입장을 정해 본다. - 1948년 5월 10일 - 1948년 7월 17일 - 1948년 8월 15일	15′ 6′ 4′	※ 수행평가 영역 김구와 이승만 모의 연설 자료 동영상 * 결정 내용에 대한 이유를 들어 보며 옳 고 그름보다 애국심에 의 한 결정이었 음을 지도.
학습 정리	학습 내용 정리 차시 예고	◆ 학습 내용 정리 ◆ 학습한 내용을 정리한다. * 퀴즈 올림피아드로 학습 내용 을 파악한다. ◆ 차시 예고 ◆ 다음 차시에 학습할 내용을 안내한다. * 차시 학습 내용 안내.	◆ O. X 퀴즈 문제를 해결하며 배운 내용을 알아본다. ◆ 차시의 학습 문제 확인하기. - 다음 차시의 배울 내용을 확 인한다.	5′	• OX 퀴즈 문제 PPT 자료

나. 판서 계획

❷ 대한민국의 수립과 발전
① 분단을 딛고 일어선 대한민국
(1) 대한민국 정부의 수립 과정

〈학습 문제〉〈학습 활동〉 [활동 1] 연표 만들기를 통한 정부 수립과정 알아보기.
주요 사건과 역사 인물탐구를 [활동 2] 주요 사건 및 역사 인물 탐구하고 간접 체험하기.
통해 대한민국 정부 수립 과정을 알 수 있다.

다. 본 차시 평가 계획

평가문항		▶ 신탁통치의 의미를 알고 찬탁과 반탁에 대한 자신의 입장을 정할 수 있다.
평가 기준	상	− 신탁통치의 뜻과 의미를 알고 모둠의 의사표현을 명확히 하였다.
	중	− 신탁통치의 뜻을 알지만, 주장을 내세우지만 주장에 대한 근거가 빈약하다.
	하	− 신탁통치의 뜻과 의미를 모르고, 주장을 펼치지 못한다.

사회과 교수·학습안[6]

> 1. 단 원: 3. 새로워지는 우리 시·도
> 2. 학 년: 제4학년 2반(21명)
> 3. 일 시: 20○○. ○. ○(○) 5교시
> 4. 장 소: 4학년 2반 교실
> 5. 지도자: 교사 ○ ○ ○

○ ○ 초 등 학 교

1. 단원: 3. 새로워지는 우리 시·도 (1) 지방 자치와 주민 생활

2. 단원의 개관

1) 사회관

우리나라에 지방 자치 제도가 도입된 지가 오래되지는 않았지만, 주민들이 바라는 살기 좋은 고장을 만들기 위한 지방 자치 단체와 지역 주민들의 노력은 활발하게 이루어지고 있다. 또한, 지역의 경제 발전과 아름다운 환경의 보존, 희망이 있는 고장의 미래를 위하여 지역의 문제를 스스로 해결하기 위한 노력은 계속되고 있다.

그러나 지역의 대표를 바르게 뽑는다거나 지역에 각종 사회문제가 발생하였을 때 이를 합리적인 의사결정 과정을 통해 해결하려는 노력과 방법은 부족하다. 또한 지방 자치 단체장 및 지방 의회 의원들이 제 역할을 못 하여 지역사회의 원성을 사는 경우도 발생하고 있다.

따라서 학생들이 지방 자치에 대한 학습을 통해 우리 고장에 대해 관심을 높이고 고장의 여러 가지 문제를 찾아볼 수 있게 해야겠다. 또한 지역사회의 문제를 해결하는 데 최선을 다하는 지역의 대표를 뽑을 수 있는 사고력을 길러 주고, 지역사회에서 발생하는 사회문제를 합리적으로 해결하는 방법을 익히도록 지도해야겠다.

2) 학생관

J. Piaget에 의하면 초등학교 3~4학년 학생들은 구체적·조작적 사고기에서 형식적인 조작기로의 이양 단계에 접해 있는 시기로 논리적인 사고를 통해 형식적 단계에 근접한 활동이 가능하고, 보이지 않는 추상적인 법칙이나 이론보다는 구체적인 활동을 통하여 사물을 특정 사실에 따라 분류할 수 있다고 한다.

이에 관련하여, 본 학급의 학생들은 사회과의 학습 과제를 해결하는 것이 즐겁다는 학생이 33%(7명), 과제 해결에 보통이거나 즐겁지 않은 학생이 67%(14명)로 나타났으며, 평소 사회적 현상에 관심이 적고 사회적 기초 지식이 부족하여 학습에 잘 참여하지 못하는 학생이 38%(8명)로 나타났다. 결국 학습자의 경험이나 생활과 관련성이 높은 흥미 있는 학습 내용을 통해 학습자 자신의 욕구를 자극시키는 창의적이고 능동적인 학습이 요구됨을 알 수 있다.

따라서 학생이 직접 체험하고 경험할 수 있는 활동으로 수업을 전개하여 사회교과에 대한 흥미를 갖도록 지도해야겠다. 또한 체계적인 학습계획과 안내, 조별 과제 해결에 대한 성취동기 부여, 허용적인 분위기 조성 등을 통하여 자신의 탐구과제나 문제를 창의적으로 해결하도록 지도해야겠다.

3) 교재관

이 단원의 선수 학습에서는 3학년의 '살기 좋은 고장을 위한 노력'에서 고장의 기관에 대해 알아보았다. 이를 토대로, 본 단원에서는 주민 대표를 뽑는 과정을 알며 고장 사람들 간에 발생하는 문제를 합리적으로 조정하고 결정을 내리는 것이 중요하다는 것을 깨닫도록 하였다. 그리고 지역의 미래 모습을 예측해 봄으로써 지역의 발전에 대한 관심과 애향심을 길러 주도록 하였다. 또한 후속학습으로는 5학년 때에 도시와 촌락의 인구 이동과 문제점에 대하여 공부하게 되고 6학년에서는 우리나라의 민주 정치에 대하여 심화·발전시키도록 하였다.

본 학급 학생들의 지방 자치에 대한 인식 정도는 잘 알고 있는 학생이 19%(4명)

로서 그 방법과 절차 등에 대하여 기초적인 수준에 머물고 있으며, 지역의 여러 가지 문제와 그 해결 방법의 인식 19%(4명)도 부족한 편이다.

따라서 본 단원에서는 학생 활동 중심의 학습을 통해 지역의 대표를 뽑는 과정을 이해하게 하고, 조사 학습, 토의학습, 의사결정 학습, 역할 놀이 등 다양한 학습 방법을 통해 지방자치의 원리와 장차 우리 지역의 발전을 위해 노력하려는 태도를 갖도록 지도해야겠다.

3. 단원의 목표

1) 지식 · 이해 영역

(1) 지방 자치 단체의 종류와 하는 일을 이해할 수 있다.
(2) 지역 주민들이 지역의 대표를 뽑는 원리와 절차를 이해할 수 있다.
(3) 지방 자치 단체의 조직과 그곳에서 하는 일을 이해할 수 있다.
(4) 고장에는 여러 가지 문제가 발생하고 있음을 알 수 있다.
(5) 지역사회문제에 대한 주민들의 의견과 해결 방법이 다양함을 이해할 수 있다.

2) 기능 영역

(1) 우리 지역을 상징하는 것들을 조사하여 그 의미와 유래를 파악할 수 있다.
(2) 우리 지역의 문제 중에서 주민들의 의견이 엇갈리는 사례를 찾아낼 수 있다.
(3) 우리 지역의 발전 계획을 파악하고, 그에 대한 의견을 말할 수 있다.
(4) 지역 주민들의 의견을 알기 위한 간단한 설문 조사를 할 수 있다.
(5) 고장의 앞날의 모습을 여러 가지 자료를 보고 예측할 수 있다.

3) 가치 · 태도 영역

(1) 시 · 도청과 시 · 도의회에서 벌이는 사업에 자발적인 협력 정신을 가진다.
(2) 지방 선거에 대하여 관심을 가진다.
(3) 지역사회의 문제에 관심을 가지고 적극적인 해결 태도를 지닌다.

(4) 지역사회의 문제 해결 과정에서 다른 사람의 입장을 이해하려고 노력한다.

4. 학습의 계통 및 관련

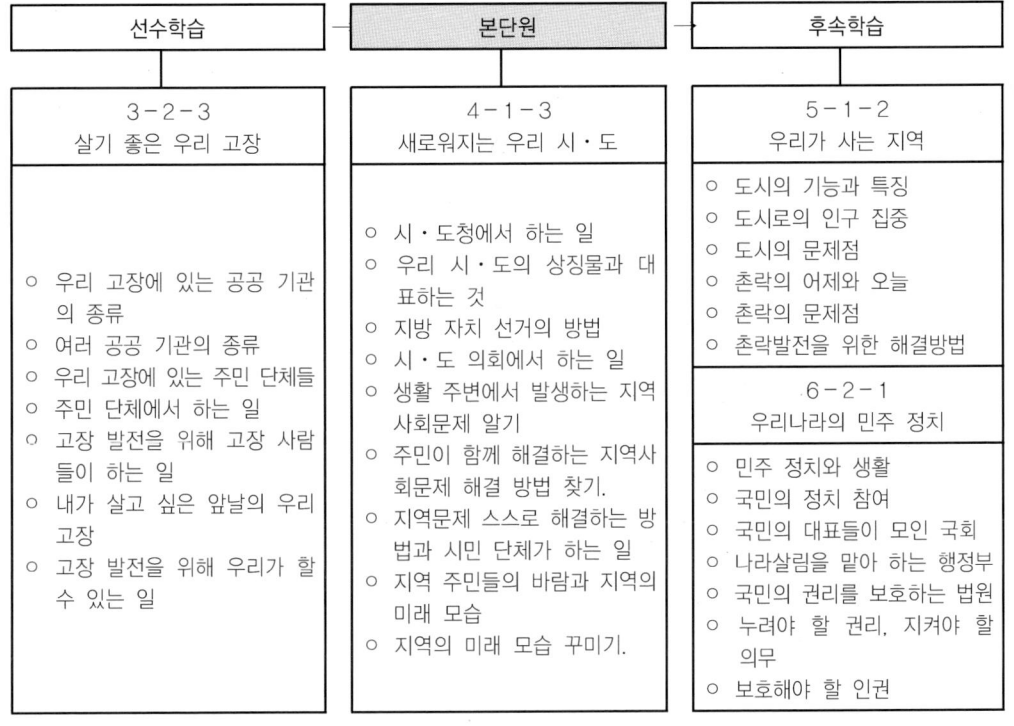

선수학습 →	본단원 →	후속학습
3-2-3 살기 좋은 우리 고장	**4-1-3** 새로워지는 우리 시·도	**5-1-2** 우리가 사는 지역
○ 우리 고장에 있는 공공 기관의 종류 ○ 여러 공공 기관의 종류 ○ 우리 고장에 있는 주민 단체들 ○ 주민 단체에서 하는 일 ○ 고장 발전을 위해 고장 사람들이 하는 일 ○ 내가 살고 싶은 앞날의 우리 고장 ○ 고장 발전을 위해 우리가 할 수 있는 일	○ 시·도청에서 하는 일 ○ 우리 시·도의 상징물과 대표하는 것 ○ 지방 자치 선거의 방법 ○ 시·도 의회에서 하는 일 ○ 생활 주변에서 발생하는 지역사회문제 알기 ○ 주민이 함께 해결하는 지역사회문제 해결 방법 찾기. ○ 지역문제 스스로 해결하는 방법과 시민 단체가 하는 일 ○ 지역 주민들의 바람과 지역의 미래 모습 ○ 지역의 미래 모습 꾸미기.	○ 도시의 기능과 특징 ○ 도시로의 인구 집중 ○ 도시의 문제점 ○ 촌락의 어제와 오늘 ○ 촌락의 문제점 ○ 촌락발전을 위한 해결방법
		6-2-1 우리나라의 민주 정치
		○ 민주 정치와 생활 ○ 국민의 정치 참여 ○ 국민의 대표들이 모인 국회 ○ 나라살림을 맡아 하는 행정부 ○ 국민의 권리를 보호하는 법원 ○ 누려야 할 권리, 지켜야 할 의무 ○ 보호해야 할 인권

5. 과제 분석

지역의 대표를 뽑는 원리와 절차를 이해하고, 고장에는 여러 가지 문제가 발생하고 있음을 알며, 지역의 문제를 찾아 해결 방법을 탐구함으로써 지역사회의 문제에 관심을 갖고. 문제 해결 과정에서 다른 사람의 입장을 이해하려고 노력하는 태도를 갖는다.

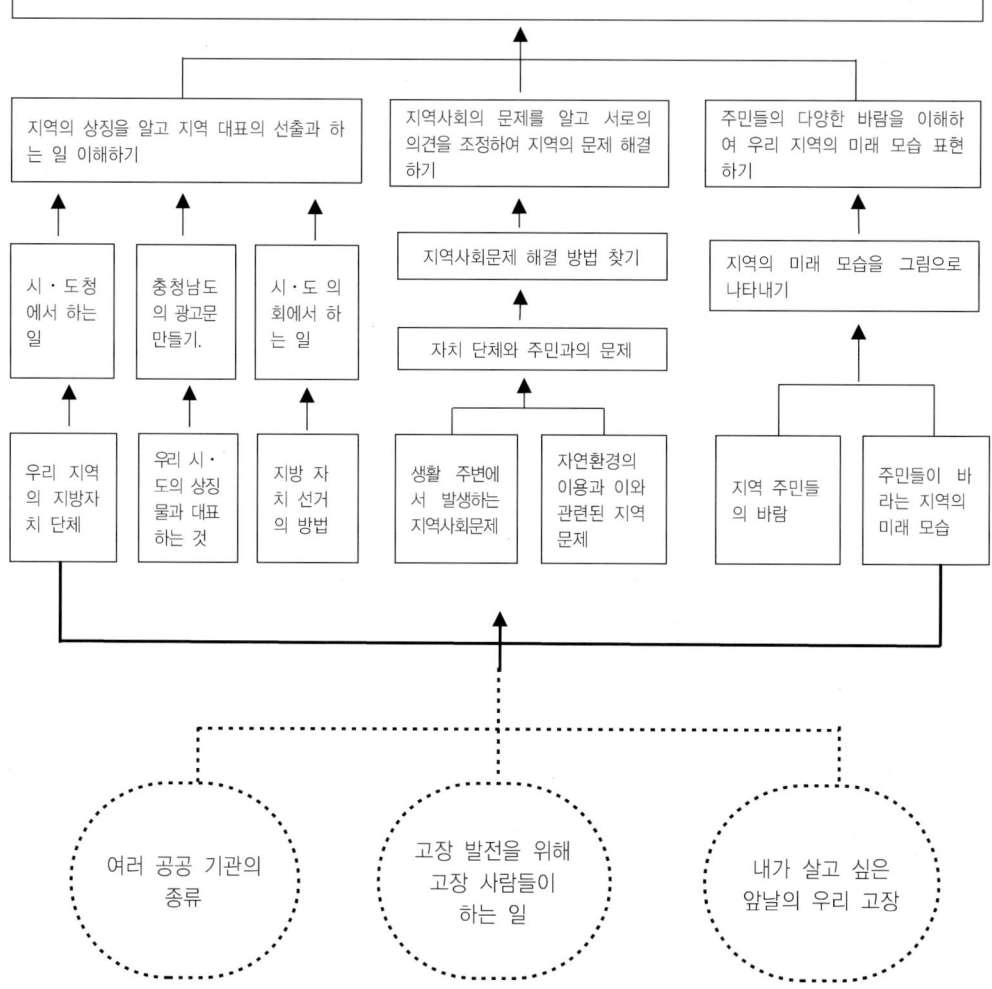

6. 학생 실태 분석

문항 번호	항 목	응답관점	인원(명)	비율(%)
1	사회과 수업시간이 재미있습니까?	매우 그렇다	4	19
		그렇다	7	33
		보통이다	8	38
		거의 아니다	1	5
		전혀 아니다	1	5
2	사회과의 과제를 해결하는 것이 즐겁습니까?	매우 그렇다	0	0
		그렇다	7	33
		보통이다	13	62
		거의 아니다	1	5
		전혀 아니다	0	0
3	사회과 과제 해결에 필요한 자료를 스스로 구할 수 있습니까?	매우 그렇다	2	10
		그렇다	8	38
		보통이다	8	38
		거의 아니다	3	14
		전혀 아니다	0	0
4	과제를 해결할 때 교과서 이외의 자료를 활용합니까?	매우 그렇다	5	24
		그렇다	5	24
		보통이다	8	38
		거의 아니다	3	14
		전혀 아니다	0	0
5	지방 자치란 무엇인지 아는 대로 쓰시오.	잘 알고 있다	4	19
		보통이다	9	43
		알지 못한다	8	38
6	주민이 직접 뽑는 주민의 대표를 아는 대로 쓰시오.	알고 있다	3	14
		보통이다	10	48
		알지 못한다	8	38
7	우리 고장의 문제점에는 어떤 것이 있는지 생각나는 대로 쓰시오.	잘 알고 있다	4	19
		보통이다	9	43
		알지 못한다	8	38

　　사회과에 대한 학생들의 흥미도를 보면 '재미있습니까?'에 긍정적으로 답한 학생이 52%(11명)로 비교적 사회공부에 흥미가 많으나 '과제를 해결하는 데 즐겁습니까?'에 긍정적으로 답한 학생은 33%(7명)로 적어 과제에 어려움을 느끼고 있음을

알 수 있다. 그런데 스스로 자료를 찾아 과제를 해결하거나 교과서 이외의 자료를 활용하는 학생이 48%(10명)로 높은 이유는 학부모들이 과제해결에 도움을 주지 못하는 것으로 판단된다. 과제에 따라서 그 결과물을 보면 원하는 목표에 도달하지 않는 것이 많으며, 이것은 지적 이해도가 낮은 원인이기도 할 것이다.

그러므로 과제를 해결하는 방법과 도움이 될 만한 자료를 학습 과제를 제시할 때 안내하여 학생들이 쉽고 재미있게 해결하도록 하며, 친구들과 협력하여 해결할 수 있는 과제를 선정하여 적극적으로 학습하도록 하는 태도를 기를 수 있도록 지도해야겠다.

7. 지도 계획(총 18시간)

소단원	차 시	학습 내용	시 간	자료 및 유의점
단원 도입	1	○ 단원의 주요 학습 내용 확인	40′	① 이 단원의 자료는 우리 도의 상징물과 대표하는 것을 조사하여 그 의미와 유래를 파악하는 데 주안점을 둔다. ② 학습 목표와 관련된 자료를 프레젠테이션 화면으로 활용할 수 있도록 한다. ③ 기본 학습지는 전 아동이 스스로 다양한 방법으로 과제를 해결할 수 있도록 한다.
(1) 지방 자치와 주민 생활	2	○ 우리 지역의 지방 자치 단체	40′	
	3	○ 시·도청에서 하는 일	40′	
	4	○ 우리 시·도의 상징물과 대표하는 것	40′	
	5	○ 충청남도의 광고문 만들기	40′	
	6 (본시)	○ 지방 자치 선거의 방법	40′	
	7	○ 시·도 의회에서 하는 일	40′	
(2) 우리 시·도의 여러 가지 문제와 해결	8	○ 생활 주변에서 발생하는 지역사회문제	40′	
	9	○ 자연환경의 이용과 이와 관련된 지역문제	40′	
	10	○ 자치 단체와 주민과의 문제	40′	
	11	○ 주민이 함께 해결하는 지역사회문제 해결 방법 찾기.	40′	
	12	○ 지역문제 스스로 해결하는 방법과 시민 단체가 하는 일	40′	
(3) 우리 시·도의 미래	13	○ 지역 주민들의 바람	40′	
	14	○ 주민들이 바라는 지역의 미래 모습	40′	
	15	○ 지역의 미래 모습 꾸미기.	40′	
	16	○ 지역의 미래 모습을 그림지도로 나타내기.	40′	
	17	○ 30년 후의 우리 지역의 미래 모습	40′	
정리 학습	18	○ 이 단원에서 알아본 주요 내용 정리하기.	40′	

8. 평가 계획(관점)

내용 영역	평가관점	지 필				실 기	
		단답형	선택형	완성형	진위형	자료해석	자료수집
지식·이해	1) 지방 자치 단체의 종류와 하는 일을 이해하는가?		O				
	2) 지역 주민들이 지역의 대표를 뽑는 원리와 절차를 이해하는가?			O		O	
	3) 지방 자치 단체의 조직과 그곳에서 하는 일을 이해하는가?		O				O
	4) 고장에는 여러 가지 문제가 발생하고 있음을 인식하는가?				O		
	5) 지역사회문제에 대한 주민들의 의견과 해결 방법이 다양함을 이해하는가?			O		O	
기 능	1) 우리 지역을 상징하는 것들을 조사하여 그 의미와 유래를 파악할 수 있는가?			O			O
	2) 우리 지역의 문제 중에서 주민들의 의견이 엇갈리는 사례를 찾아낼 수 있는가?			O			O
	3) 우리 지역의 발전 계획을 파악하고, 그에 대한 의견을 말할 수 있는가?	O					
	4) 지역 주민들의 의견을 알기 위한 간단한 설문 조사를 할 수 있는가?			O		O	
	5) 고장의 앞날의 모습을 여러 가지 자료를 보고 예측할 수 있는가?			O		O	
가치·태도	1) 시·도청과 시·도의회에서 벌이는 사업에 자발적인 협력 정신을 가지는가?		O				
	2) 지방 선거에 대하여 관심을 가지는가?	O					
	3) 지역사회의 문제에 관심을 가지고 적극적인 해결 태도를 지니는가?	O					
	4) 지역사회의 문제 해결 과정에서 다른 사람의 입장을 이해하려고 노력하는가?			O			

9. 지도의 실제

1) 본시 교수·학습 개요

단 원	3. 새로워지는 우리 시·도		일 시	2008. 6. 24(화) 5교시	장 소	4-2 교실
차 시	6/18		소요시간	40분	지도교사	류 치 호
학습목표	지역의 대표를 뽑는 과정을 알고 선거 운동을 해 볼 수 있다.					
수업전략	최적 학습 모형		문제 해결 모형			
	학습 집단 조직		대집단 활동→모둠 활동→대집단 활동			
	중심 학습 활동		선거과정 알기, 지방자치단체장의 자격과 임기, 선거운동 준비하기, 합동연설회하기.			
교수·학습 자료	일반자료	교 사	공부할 문제 카드, 그림 자료, 사진 자료			
		학 생	모둠별 발표 자료			
	멀티미디어자료		TV, 컴퓨터, ppt 자료			

2) 지도 과정

단계	학습 내용	교수·학습 활동		시간	자료및 유의점
		교사활동	학생활동		
문제 파악	동기유발 공부할 문제확인	○ 학생회장과 지방자치단체장들의 공통점을 찾게 한다. • 학생회장과 지방자치단체장들의 모습 살펴보게 하기. - 누구의 모습인가요? - 다음 사람들은 어디의 대표일까요? - 학생회장, 지방자치단체장들은 어떻게 대표가 되었을까요? - 내일 선거는 누구를 뽑는 선거입니까? ○ 공부할 문제를 알아보게 한다.	○ 학생회장과 지방자치단체장들의 공통점을 찾는다. • 학생회장과 지방자치단체장들의 모습 살펴보기. - 우리 반, 우리 학교의 회장(대표)입니다. - 우리 지역의 대표입니다. - 선거를 통해 대표가 되었습니다. - 충청남도교육감을 뽑는 선거입니다. ○ 공부할 문제를 확인한다.	5′	• 학생회장, 지방자치단체장 사진 • ppt • 공부할 문제 카드
		지역의 대표를 뽑는 과정을 알고 선거 운동 해 보기			
문제 추구	학습 활동 안내 선거 과정 알기	○ 학습 활동의 순서를 제시한다.	○ 학습 내용과 방법 및 순서를 확인한다.	8′	• 그림카드 • 선거권자의 연령도 알아본다. (만 19세 이상)
		〈학습 활동 순서〉 【활동1】 선거과정 알기 【활동2】 선거운동 준비하기 【활동3】 합동연설회하기			
		○ 선거를 치르는 과정을 알아보게 한다. • 선거의 과정 알아보게 하기. - 선거는 어떤 순서를 거치는가요? ○ 지방자치단체장 또는 지방의회의원의 자격과 임기를 알아보게 한다. • 자격과 임기 알아보게 하기. - 지방자치단체장 또는 지방의회의원은 몇 살부터 가능합니까? - 다른 지역 사람도 될까요? - 임기는 얼마일까요?	○ 선거를 치르는 과정을 알아본다. • 선거의 과정 알아보기. - 선거공고, 후보자등록, 선거운동, 투표, 개표, 당선자확정의 순서를 거칩니다. ○ 지방자치단체장 또는 지방의회의원의 자격과 임기를 알아본다. • 자격과 임기 알아보기. - 25세 이상인 사람입니다. - 자격이 없습니다. - 임기는 4년입니다.		

단계	학습 내용	교수·학습 활동 교사활동	교수·학습 활동 학생활동	시간	자료및 유의점
문제 해결	모의선거 역할 정하기 선거운동 준비하기 합동연설회 하기	○ 교육감 입후보자와 선거 운동원, 선거관리위원 등을 정하게 한다. • 역할 정하게 하기. – ○○모둠 후보자는 누구입니까? ○ 선거운동에 필요한 준비를 하게 한다. – 선거운동에 필요한 준비물에는 무엇이 있을까요? ○ 후보자의 연설문과 그 외 준비물을 준비하게 한다. • 합동 연설회를 하기 위한 준비를 하기. ○ 각 후보별로 연설을 하게 한다. • 모둠별로 연설하게 하기.	○ 교육감 입후보자와 선거 운동원, 선거관리위원 등을 정한다. • 역할 정하기. – 후보자는 ○○○입니다. ○ 선거운동에 필요한 준비를 한다. – 선전벽보, 홍보어깨띠, 연설문 등이 필요합니다. ○ 후보자의 연설문과 그 외 준비물을 준비한다. • 합동 연설회를 하기 위한 준비를 하기. ○ 각 후보별로 연설을 한다. • 모둠별로 연설하기.	20′	• 어깨띠, 두꺼운 도화지, 학습지 • 우리 지역의 교육과 관련된 문제점을 해결하겠다는 내용이 포함되게 한다.
적용 발전	우리들의 할 일	○ 합동 연설회를 보고 느낌을 말해 보게 한다. – 어떤 후보가 합동 연설회를 잘했다고 생각합니까? ○ 실제 교육감 투표일에 할 수 있는 일에는 무엇이 있을지 말해보게 한다. – 어른들이 투표를 하러 가실 수 있도록 여러분이 할 수 있는 일에는 무엇이 있나요?	○ 합동 연설회를 보고 느낌을 말한다. – ○○○ 후보가 잘했다고 생각합니다. ○ 실제 교육감 투표일에 할 수 있는 일에는 무엇이 있을지 말해 본다. – 동생을 돌봅니다. 등	5′	• 부모님이 참여하실 수 있게 지도 한다.
학습 정리	학습정리 차시 예고	○ 학습 내용을 정리하고 차시 예고한다.	○ 공부한 내용을 알아보고 다음 시간에 공부할 내용을 안다.	2′	

시·도 의회에서 하는 일

3) 판서 계획

```
                          3. 새로워지는 우리 시·도

┌─────────────┬──────────────────────────┬──────────────────────────┐
│ 지역의 대표를  │ ○ 자격: 25세 이상, 지역에 거주 │ 〈학습 활동 안내〉          │
│ 뽑는 과정을 알 │ ○ 임기: 4년               │ 〈활동 1〉 선거과정 알기.    │
│ 고 선거 운동을 │ ○ 선거의 순서             │ 〈활동 2〉 선거운동 준비하기.│
│ 해 보기.     │    그림카드               │ 〈활동 3〉 합동연설회하기.   │
└─────────────┴──────────────────────────┴──────────────────────────┘
```

4) 형성평가 계획

	평 가 관 점	평가 방법	평가 시기
지식·이해	지역 주민들이 지역의 대표를 뽑는 원리와 절차를 이해하는가?	활동 결과물	수업 후
기 능	지역의 대표로 선출되기 위한 선거 준비를 할 수 있는가?	활동 결과물 관찰	수업 중
태 도	지방 선거에 대하여 관심을 가지는가?	관 찰	수업 중

5) 학습지

교 과	학 기	단 원	쪽 수	수 준	아하! 학습지		4학년 반
사 회	4-1	3	96	기 본	탐구과제	○○ 교육감후보 선거 연설	이름:

※ 우리 ○○시·도의 교육 발전을 위해서 여러분이 충청남도 교육감에 입후보
  하였습니다. 합동 연설회에서 할 연설문을 써 보세요. 연설문은 우리 충청남
  도의 학생들이 즐거운 마음으로 공부를 열심히 할 수 있게 하는 공약을 넣어
  보세요.

```
┌──────────────────────────────────────────────────────────────┐
│ 안녕하세요?                                                      │
│ 저는 ○○시·도 교육감에 출마한 기호 ( )번 ( )입니다.               │
│ 제가 ○○시·도 교육감이 되면 학생들이 즐거운 마음으로 열심히 공       │
│ 부할 수 있도록 다음과 같이 노력하겠습니다.                          │
└──────────────────────────────────────────────────────────────┘
```

※ 선거는 지역의 대표를 뽑는 중요한 일입니다. 선거의 과정을 알아봅시다.

6) 설문지

(학생용)

학생 여러분 안녕하세요?
이 질문지는 여러분들의 학력을 향상시키기 위하여 학습 흥미도 및 과제 능력(사회과)을 조사하는 것입니다. 설문 결과를 참고로 해서 학습 지도를 계획하고자 하니 사실대로 기록해 주시기 바랍니다. 또 학생들의 좋은 의견이 있으면 적어 주세요. 다음 문항을 잘 읽고 해당되는 번호(√) 표시하거나 의견을 (   )에 써 주시기 바랍니다.

20○○년 ○월 ○일
○○초등학교 교사 ○ ○ ○

---

1. 사회과 수업 시간이 재미있습니까?

   ① 매우 그렇다(   )   ② 그렇다(   )   ③ 보통이다(   )
   ④ 거의 아니다(   )   ⑤ 전혀 아니다(   )

2. 사회과의 과제를 해결하는 것이 즐겁습니까?

   ① 매우 그렇다(   )   ② 그렇다(   )   ③ 보통이다(   )
   ④ 거의 아니다(   )   ⑤ 전혀 아니다(   )

3. 사회과 과제 해결에 필요한 자료를 스스로 구할 수 있습니까?

   ① 매우 그렇다(   )   ② 그렇다(   )   ③ 보통이다(   )
   ④ 거의 아니다(   )   ⑤ 전혀 아니다(   )

4. 과제를 해결할 때 사회과 교과서 이외의 자료를 활용합니까?

   ① 매우 그렇다(   )   ② 그렇다(   )   ③ 보통이다(   )
   ④ 거의 아니다(   )   ⑤ 전혀 아니다(   )

5. 지방 자치란 무엇인지 아는 대로 쓰시오.

6. 주민이 직접 뽑는 주민의 대표를 아는 대로 쓰시오.

7. 우리 고장의 문제점에는 어떤 것이 있는지 생각나는 대로 쓰시오.

7) 학생 좌석 배치 현황

교 탁

●이○○	▲임○○		▲오○○	●강○○		●조○○	●김○○
●김○○	▲정○○		●변○○	★임○○		▲김○○	●이○○
〈특〉박○○	★최○○		▲이○○	▲김○○		▲김○○	★왕○○
			●정○○	★한○○		▲홍○○	

학습 능력 상황 표시(★: 상, ●: 중, ▲: 하, 〈특〉: 특수반)
(총 21명 4모둠)

참고문헌

- 교육부, 초등학교 교육과정 해설2000, 대한교과서주식회사.
- 교육인적자원부(2008). 초등학교교사용 지도서(사회 - 3 - 1), 대한교과서주식회사.
- 교육인적자원부(2007). 초등학교교사용 지도서(사회 - 3 - 2), 대한교과서주식회사.
- 교육인적자원부(2008). 초등학교교사용 지도서(사회 - 4 - 1), 대한교과서주식회사.
- 교육인적자원부(2007). 초등학교교사용 지도서(사회 - 4 - 2), 대한교과서주식회사.
- 교육인적자원부(2008). 초등학교교사용 지도서(사회 - 5 - 1), 대한교과서주식회사.
- 교육인적자원부(2007). 초등학교교사용 지도서(사회 - 5 - 2), 대한교과서주식회사.
- 교육인적자원부(2008). 초등학교교사용 지도서(사회 - 6 - 1), 대한교과서주식회사.
- 교육인적자원부(2007). 초등학교교사용 지도서(사회 - 6 - 2), 대한교과서주식회사.
- 충청남도교육청(2000). 초등학교 교육과정 핸드북, 용해인쇄소.

찾아보기

ㄱ

가치　13, 27, 39, 47, 77, 84, 108, 121, 160, 192, 237, 256, 300, 312, 317, 318, 380, 414, 416, 479, 486, 495, 497, 503, 537, 624, 665
가치 영역　91
가치 탐구　36, 40, 70, 74, 75, 320, 337, 451
가치의 내재화　70
가치의 명료화　59, 71, 320
감정이입　319
강의식　239
개념　14, 22, 27, 36, 53, 56, 61, 74, 75, 76, 101, 162, 238, 311, 474, 626
개념적 지식　26~28, 334
개별화의 원리　209, 224, 355
객관도　429, 459, 465, 471
객관주의　197
객체 중시　28, 29, 37, 335
거시적 조직　92
경제학　20, 32, 46, 81, 212
경험 중심 교육과정　309, 344, 348
계열성(Sequence)　33, 339
계획단계　201, 203, 220
고급사고력　84, 108, 110, 131, 234, 313, 328, 330
공공선　300
공민　29, 146, 148
공통사회　107, 150, 349
광역형　124, 343
교과 중심 교육과정　340, 344, 348
교수 매체　219, 258, 259, 263, 273
교수ㆍ학습 설계　184, 185

교수ㆍ학습 지도(과정)안　197, 298
교수요목기　182, 348
교양적 지식　26, 334
교화주의　47, 82, 338
교화형　39, 40
구성주의　18, 167, 190, 197, 301, 351
구조적 지식　26
국가주의　37, 168, 335
국민 공통기본교육과정　171, 304
국민정신교육　158, 159, 349
궁극적 목표　35, 42, 339
규범적 지식　27, 334
기능　14, 31, 74, 90, 122, 131, 160, 176, 185, 192, 208, 225, 226, 233, 330, 347, 445, 480, 488, 607, 622, 626
기능 목표　85, 177
기능 영역　90, 429, 452, 471, 672
기초적 지식　26, 381
기호관찰　199, 353

ㄴ

나선형식 교육과정　158
내용 구조　171
내용 조직　33, 92, 112, 131
내용 체계　69, 382, 416, 454, 498, 535
내용적 지식　197
논쟁문제수업 모형　321, 323

ㄷ

다원적 사회 16, 66
다원화 116
다중시민성 57, 336
다중지능적 237, 239
다학문적 접근 109, 110, 342
단순 재생법 232
도시화 29, 396, 443, 450, 502
동기 유발 168, 169, 215, 268
동심원적 확대법 119, 625
동일요소설 31, 334

ㄹ

레크리에이션 26
로젠샤인 199, 223

ㅁ

매체 활동 269
목표 72
문제 중심의 통합 113, 131, 343
문제 해결 능력 17, 18, 87, 126, 300, 444, 472
문제 해결 학습 42, 147, 154, 302, 348
문화유산 15, 26, 54, 121, 230, 344, 385, 535
문화인류학 18, 20, 106
미시적 조직 92
민주시민교육 60, 62, 362

ㅂ

반성적 탐구 15, 18, 39, 48, 69
반성적 탐구 모형 17, 18, 337
반추 102, 341
방법적 지식 26, 196, 197, 229, 334
범위(Scope) 33, 97, 119
법리모형 321
법리적 접근법 21, 41, 44, 48, 338
비형식적 평가 234, 251

ㅅ

사실 26, 27, 49, 76, 78, 132, 245, 351, 436, 487, 574
사실 탐구 36, 451
사실적 지식 19, 27, 303, 334
사회 인식 16, 25, 33, 37, 77, 86, 153
사회 참여 14, 178, 303, 412
사회 탐구 16, 70, 74, 76, 320, 487
사회과학 14, 19, 20, 32, 36, 38, 46, 92, 160, 308, 330, 339, 381, 626
사회과학 모형 14, 16, 337
사회생활 13, 14, 46, 53, 104, 147, 160, 299, 401, 624
사회생활과 147, 148, 150, 151, 348
사회적 변동 29, 48
사회적 효율성 29, 30~33, 79
사회학 20, 32, 63, 81, 105, 212
사회현상 13~15, 19, 42, 75, 171, 301, 495
상관형 111, 124, 343
생성형 128, 345
선다형 문항 245
선언적 지식 197, 351
선택 중심 교육과정 117, 304, 349
선행 조직자 564
성취도 평가 218, 219, 565
세계시민교육 57, 59, 73, 176
세계화 13, 55, 166, 178, 282, 336, 398, 410, 431, 440, 443, 500
수업 모형 178, 198, 199, 201, 205, 219, 269, 313, 353, 354, 519
수업 프로그램 201, 353
수직적 조직 97, 339
수평적 조직 97
수행평가 62, 233, 239, 244, 301, 330, 370, 471, 527
스트랜드(Strand) 114
시민교육 35, 46, 53, 60, 63, 80
시민성 14, 29, 40, 50, 52, 66
시민성 전달 모형 15, 337
시민적 자질 17, 29, 31, 37, 46, 79, 166, 338, 339
신뢰도 227, 429, 465

신문 활용 교육(NIE)   303, 412, 465, 503
실용도   250
실증주의   39, 308
실질도야   26, 334
실질적 가치   84
실질적 구조   27
심리적 배열   95, 340
심화 보충형   117

ㅇ

연속성   97, 112
연합형   111, 343
영역   90
유목관찰   200, 353
윤리적 특성   79, 80, 338
융합형   119, 159, 343
의사결정   14, 39, 47, 70, 82, 170, 225,
         320, 335, 396, 488, 497, 646
의사결정 능력   13, 14, 69, 84, 169, 217,
             382, 446, 487
의사결정력   25, 88, 320, 328, 380
인간과 사회생활   154
인간중심 교육과정   133, 145
인문학적 지식   19
인터넷 활용 교육(IIE)   303, 412, 458, 465,
                  503
일반 사회   23, 112, 150, 246, 401
일반화   27, 34, 49, 72, 74, 76, 92, 132,
       192, 303, 346, 452

ㅈ

자기 평가   234, 249, 437, 459, 505
잠재적 교육과정   65, 201, 347
적용 발문   270, 297, 298
전통적 평가   332
절차적 가치   84
절차적 지식   191, 196, 197, 351
정보 재생 발문   270
정보화   13, 18, 98, 170, 183, 282, 300,
       336, 398, 470, 503
정의적 목표   74, 83, 338

정치학   18, 20, 32, 81, 106, 212
제7차 사회과 교육과정   116, 177, 367, 525
주체 중시   28, 335
중핵 교육과정   32, 127
중학교과   333
지구촌   55, 116, 177, 397
지식   13, 14, 70, 90, 152, 190, 197, 241,
     300, 310, 334, 344, 351, 413, 487,
     535, 624
지식 영역   413, 452
지식의 구조   19, 27, 34, 155
지역(환경)확대법   157
지적 능력   14, 19, 51, 52, 123, 237
진단단계   220
집단융화의식   104
집단융화의식의   103

ㅊ

참평가   236, 237, 238
참평가론   236
채점 기준   248
척도   240, 411
초학과적 접근   110, 111
추론 발문   270, 297, 298
출발점 행동   189, 218, 219, 356

ㅋ

컴퓨터 보조 학습 프로그램(CAI)   303

ㅌ

타당도   250, 357, 471
타당성   101, 234
탈학문적 접근   110, 131, 343
탐구 학습   155
탐구수업   170, 302
태도   14, 31, 86, 149, 214, 219, 232,
     247, 351, 414, 445, 462, 487, 624,
     645, 662
통합 사회과   33, 46

통합교육과정　104, 105
통합성　42, 95
통합적 구성　167
통합형　38, 110

ㅍ

판서 요령　272
평가과제　237
포트폴리오(portfolio)　234, 248, 251

ㅎ

하버드 모형　322
학문 중심 교육과정　310, 345, 348
학문의 구조　34, 35
학습 가능성　102, 133
학습목표　193, 253, 267, 268, 437
학제적 접근　109, 111
합리적 사고　41, 114, 167, 479
행동적 가치　84
형식도야설　123, 344
형식적 평가　250
활동형　127
획일적 균일주의　116

기 타

10인 위원회　531

1차적 목표　42
2007년 개정 사회과 교육과정　89, 116, 118, 176, 214, 356
7인 위원회　531
Halo effect　233
KEDI　40, 220, 223, 224, 356
NCSS　17, 30, 33, 38, 48, 58, 85, 113, 378
Plan – Do – See　230, 232

인 명

Banks　39, 70, 320
Barr　17, 40, 47, 64, 66, 69, 71
Barth　40, 64, 66
Bruner　64, 70, 129, 308, 644
Corey　207
Dewey　29, 31, 32, 41
Engle　37, 38, 39, 40
Furst　200, 223
Glaser　189, 218, 223
Glenn　40, 335
Gronlund　356
Medley　200
Oliver　22, 37, 39, 41
Parker　112
Robinson　32
Rosenshine　199, 200, 223
Shermis　40, 47
Thorndike　26, 31
Tyler　225, 379
Walberg　225, 356
Wesley　38

박은종(朴殷鍾)

진주교육대학교 사회교육과, 충남대학교 대학원 사회교육과(석사) 및 교육학과(교육과정 및 교육심리 박사), 한국교원대학교 대학원 사회과교육학과, 공주대학교 대학원 사회교육학과(박사) 등을 졸업한 사회교육학 박사이다.

충남대학교 교육연구소 객원연구원, 충남대학교 인문과학연구소 객원연구원(Post doc), 한국교총 정책연구소 등의 객원연구원으로 사회과 교육에 대한 연구에 종사하여 왔으며, 공주대학교 사범대학 시간 강사, 동신대학교 교양교직학부 외래 교수, 홍익대학교 교양학부 외래 교수, 광주여자대학교 교양학부 외래 교수 등을 역임하면서 사회과 교육학, 교육학과 교수법, 교육과정 등을 강의하였다.

아울러, 교육과학기술연수원 강사, 충남교육연수원 강사, 전북교육연수원 강사 등을 역임하면서 사회과 교육학 등에 관련된 강의를 수행하였다. 충청남도당진교육청 장학사, 충청남도부여교육청 장학사 등을 역임하면서 사회과 교육학 관련 교육행정과 교육연구를 수행하기도 하였다. 현재, 충남교육연수원 교육연구사 겸 공주대학교 겸임교수로 재직하고 있다.

다년간 교원 교육전문지인 '새교실'지(誌)와 '교육자료'지(誌)에 사회과 수업안을 집필한 바 있다. 그리고 한국사회과교육학회, 한국사회과교육연구회 회원이며, 연구의 주 관심 영역은 사회과 교육학, 사회과 교육과정, 사회과 교수법 등이다. 최근에는 사회과 통합교육, 사회과 세계시민교육, 사회과 교육 비교 연구, 다문화 이해 교육 등에도 깊은 관심을 갖고 연구하고 있다.

학회지인 교육연구, 교육연구논총, 교육발전논총, 사회과학연구, 충남교육 등에 논문을 게재하고 있으며, 주요 저서로『한국 사회과 교육과정 탐구: 분석 및 모형 개발 탐색』등 다수가 있으며, 주요 논문으로는「세계화·정보화 시대의 바람직한 세계시민교육의 방향 모색에 관한 연구」등 여러 편이 있다.

○ e-mail: ejpark7@kongju.ac.kr

사회과 교육학 핸드북:Key Point

초판인쇄 | 2009년 4월 30일
초판발행 | 2009년 4월 30일

지은이 | 박은종
펴낸이 | 채종준
펴낸곳 | 한국학술정보㈜
주 소 | 경기도 파주시 교하읍 문발리 513-5 파주출판문화정보산업단지
전 화 | 031) 908-3181(대표)
팩 스 | 031) 908-3189
홈페이지 | http://www.kstudy.com
E-mail | 출판사업부 publish@kstudy.com

등 록 | 제일산-115호(2000. 6. 19)
가 격 | 35,000원

ISBN   978-89-534-3089-1 93370 (Paper Book)
        978-89-534-3090-7 98370 (e-Book)

내일을여는지식 ■ 은 시대와 시대의 지식을 이어 갑니다.